축사사역과 내적치유의 이해가이드

A Comprehensive Guide to Deliverance and Inner Healing
by John & Mark Sandford

Copyright © 1992, 2006 by John Loren Sandford and Mark Sandford
Published by Fleming H. Revell
a Division of Baker Book House Company
P.O. Box 6287, Grand Rapids, MI 49516-6287

Korean translation copyright © 2005 by Pure Nard
2F 16, Eonju-ro 69-gil Gangnam-gu, Seoul, Korea

The Korean edition is published by arrangement with Baker Book House Company.
All rights reserved.

본 저작물의 한국어판 저작권은 **Baker Book House Company**와의 독점 계약으로 한국어 판권은 '순전한 나드'가 소유합니다. 저작권자의 허락 없이 이 책의 일부 또는 전체를 무단 복제, 전재, 발췌하면 저작권법에 의해 처벌을 받습니다.

축사사역과 내적치유의 이해가이드

지은이 | 존 & 마크 샌드포드
옮긴이 | 심현석

초판발행 | 2006년 1월 12일
14쇄발행 | 2025년 3월 7일
펴 낸 이 | 허철

펴낸곳 | 도서출판 순전한나드
등록번호 | 제2010-000128

주　　소　| 서울 강남구 언주로69길 16, (역삼동)
도서문의　| 02) 574-6702
　　　　　Fax 02) 574-9704
홈페이지 | www.purenard.co.kr
표지디자인 | 나명균

ISBN 978-89-91455-31-3 03230

축사사역과 내적치유의 이해가이드

A Comprehensive Guide to Deliverance and Inner Healing

존 & 마크 샌드포드 지음 | 심현석 옮김

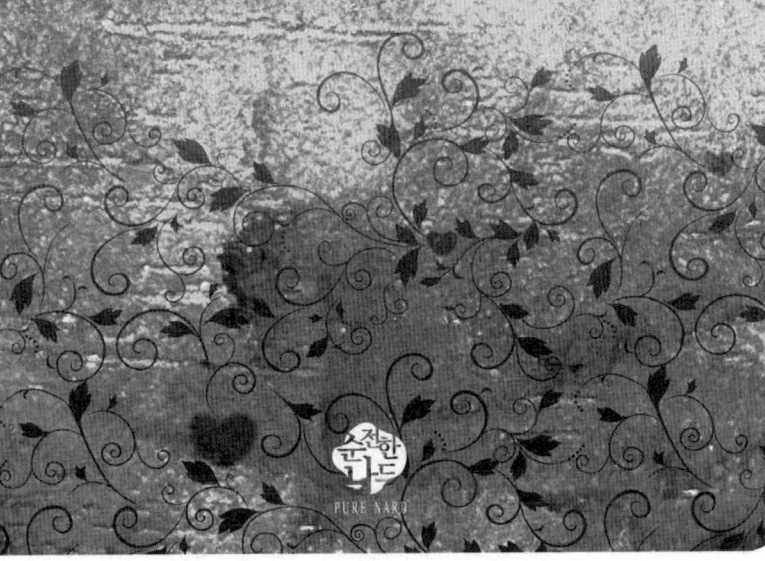

Contents

책 머리에   8

감사의 글   10

Section 1.
내적치유와 축사사역의 관계   13

1. 축사와 내적치유: 둘 다 옳은가? 어느 쪽도 아닌가?   14

2. 축사사역에 대한 분별있는 관점   25

3. 내적치유란   61

4. 이런 것은 내적치유가 아니다   100

5. 크리스천도 '마귀화' 될 수 있다   113

6. 축사 사역과 내적치유의 공통분모 – "전신갑주"   131

7. 반드시 해야 할 일, 하지 말아야 할 일   171

8. 정신병과 정신질환에 대한 균형잡힌 관점   219

9. 축사사역과 내적치유가 적절하지 않은 때   257

Section 2.

마귀의 다양한 역사로부터의 축사사역과 내적치유　　283

10. 장소를 축사하기　　284

11. 동물과 사물을 축사하는 것　　318

12. 전문가 마귀(Demonic Specialists)　　333

13. 견고한 진 – 개인 차원의 견고한 진, 집단 차원의 견고한 진　　382

Section 3.

신비사술, 이교, 강신술과 마귀의 관계
그리고 이에 대한 축사사역과 내적치유　　425

14. 신비사술(邪術)과 마귀　　426

15. 강신술, 미혹, 이교(異敎)　　479

부록　　495

부록 1 – 축사사역에 대해 성경은 이렇게 말하고 있다　　496

부록 2 – 속사람의 변화에 대해 성경은 이렇게 말한다　　502

부록 3 – 상처 입은 영의 치유에 대해 성경은 이렇게 말한다　　505

부록 4 – 과정을 위한 '능력' : 마술이 아님!　　512

부록 5 – 태아기의 상처와 죄에 대해 성경은 이렇게 말한다　　521

부록 6 – 태아 때 받은 상처에 대한 증거들　　524

어려운 시기에 우리 곁에 있어 주고
근심 가운데 있던 우리 부자를 위로하며,

또 수고로써 우리에게 힘을 주고
기도로써 격려를 아끼지 않았던
아내 폴라와 며느리 모린에게

우리의 기쁨과 승리를 함께 나누며
이 책을 바칩니다.

책 머리에 preface

　이 책은 집필하면서 방향이 잡혔다. 원래 마크와 나는 책을 쓰기 전 내적치유와 축사사역의 연합과 화해만을 의도했다. 그러한 의도로 첫 번째 섹션 "축사사역과 내적치유의 관계"가 완성되었다. 그 후, 편집자가 내게 "장소를 축사하기"라는 제목으로 글을 써 달라고 요청했다. 그리고 "사물과 동물을 축사하기"라는 장이 그 뒤에 이어졌다.

　이런 식으로 여러 글들이 모여 이 책의 큰 주제를 조직해 냈다. 이 책은 단지 축사사역과 내적치유에 관한 내용을 한 군데 모아 놓은 책이 아니다. 그 이상이라 하겠다. 나는 책을 써내려가면서 축사사역과 내적치유 사역에 대한 총체적인 지침서를 구상하고 있는 내 자신을 발견하게 되었다. 그래서 두 번째, 세 번째 섹션이 첨가된 것이다.

　우리는 성경적으로 확고한 내용, 신학적으로도 문제없는 내용을 이루기 위해 노력했다. 또한 책의 내용에 학자적 정확성을 기하기 위해 집필과정에서 신중했으며, 동시에 일반인들도 읽고, 쉽게 이해할 수 있도록 구성하였다.

　당신은 책의 몇 군데에서 마크와 나의 가르침이 중복된 것을 발견할 것이다. 중복된 내용은 중요하기 때문에, 우리는 한 주제에 대한 각기 다른 우리 둘의 견해를 모두 게재하였다. 게다가 각각의 장은 독립된 내용으로 이뤄져 있어서 강의 주제나 잡지 기사 등에 참고자료로 사용할 수 있을 것이다. 물론 비슷한 내용들이 몇 장에 걸쳐 삽입되어 있기도 하다.

　이 책 전체에 대한 우리의 기대와 목적은 두 가지다. 「첫째, 올바른 이해를 통해 축사 사역의 영역과 내적치유 영역의 연합과 화해를 도모하는 것, 그리고 둘째, 오늘날 주께서 부르신 부르심에 따라 그리스도의 몸 된 교회로 하여금 내적치유와 축사사역으로 무장하도록 돕는 것이다.」 세상은 분열되고 쪼개겨 있다. 그리고 학대당하고 상처 입은 사람들로 가득 차 있는 고립지가 되었다. 마지막 날, 하나님을 향한 사람들의 사랑이 식어질 것이고, 많은 사람들이 믿음에서 떨어져 나갈 것이라는 예언적인 성경 말씀에 따라, 역사를 지나오면서 점점 더 많은 사람이 하나님으로부터 등을 돌려왔다. 가정은 깨어지고 제 기능을 발휘하지 못한다. 이러한 역기능 가정에서 상처받은 사람들은 부지기수다.

하지만 하나님께서는 마지막 날, 모든 육체에 성령을 부어주신다. 요엘서 2장 28, 29절에 예언된 것처럼 말이다. 여기서 요엘은 하나님의 영이 크리스천에게만 부어진다고 말하지 않았음을 주목하라. 성령은 모든 육체에 부어진다. 이렇게 되면, 하나님을 알지 못하는 사람들에게도 영적인 일에 대한 갈급함이 생긴다. 그러나 옳은 길을 알지 못하면, 허다한 무리들은 자신의 영적인 갈급함을 채우기 위해 신비사술, 사탄숭배, 뉴에이지 운동 등을 찾게 될 것이다. 점점 더 하나님 아닌 많은 것들이 팽배해질 것이다. 그러므로 그리스도의 몸 된 교회는 혼미케 된 사람들, 상처 입은 대중을 치유하고 축사하기 위해 준비해야 한다.

역사상 가장 큰 규모의 '치유 복음 전도 시대'가 우리 앞에 펼쳐져 있다. 치유에 대한 요구가 이렇게 컸던 적은 유사 이래 없었다. 이를 위한 주님의 부르심은 정확하며, 우리는 피할 수 없다.

"가난한 자와 고아를 위하여 판단하며 곤란한 자와 빈궁한 자에게 공의를 베풀찌며 가난한 자와 궁핍한 자를 구원하여 악인들의 손에서 건질찌니라 하시는도다."(시 82:3-4)

감사의 글 Acknowledgments

만일 내 첫 번째 감사를 아내와 며느리에게 돌리지 않았다면, 마크와 나는 '임무 태만'을 저지른 것이 분명하다. 아내와 며느리는 이 책이 완성되기까지 아주 오랜 시간 인내하고 기다려 주었다. 그뿐 아니라 이들은 우리가 집필에 신경 쓰느라 가정 일에 많은 관심을 기울이지 못하는 상황도 넓은 아량으로 이해해 주었다.

우리는 축사 사역과 내적치유 사역의 재발견에 공헌한 선구적 크리스천들에게 감사드린다. 그들 중, 몇몇은 우리가 참조할 수 있도록 유용한 책과 자료들을 저술하였다. 우리가 이 길을 걷는 중, 넘어지고 좌절했던 것처럼, 그들 선배 역시 이 사역을 위해 일하다가 넘어지기도 하고 좌절하기도 했다. 하지만 그들을 통해 축적된 지혜가 우리에게 전해 내려왔다. 그리고 우리는 이 책의 독자들이 우리(혹은 다른 이들)의 가르침을 삶과 사역에 적용할 때, 훨씬 더 많이 정제되고 명확하게 된 지혜를 얻을 것이라 기대한다.

하나님께서는 자신의 교회를 정결케 하신다. 그리고 교회의 정화는 이 책을 쓰게 된 우리의 큼직한 목표 중 하나이다. 앞서 감사를 드렸지만, 우리가 이 책에 적어놓은 것을 실천에 옮기고, 우리의 가르침 가운데 부족한 부분을 채워줄 독자들에게 다시 한 번 감사를 표한다. 그들은 그리스도의 몸 된 교회를 위해 소중한 지혜를 발견하고 전수할 것이기 때문이다.

내 사위이자 마크의 매제인 토니 링컨(Tony Lincoln)에게 특별한 감사를 표한다. 토니는 우리가 책을 집필하는 중, 내용을 복잡하게 썼을 때, 독자가 읽기 쉽도록 교정을 봐줬고 때로는 뒤얽혀진 우리의 생각들을 일목요연하게 정리하는 일을 충실하게 담당해 줬다. 그리고 책이 출판될 때까지, 우리가 원고를 만들고 교정하던 그 오랜 시간을 기다려 주고 용기를 북돋아 준 Chosen Books의 제인 켐벨(Jane Campbell)과 앤 맥매스(Ann McMath)에게 감사드린다.

A Comprehensive Guide to
Deliverance and Inner Healing

Section 1.
내적치유와 축사사역의 관계
The Relationship Between Deliverance and Inner Healing

John

1.
축사와 내적치유:
둘 다 옳은가?
어느 쪽도 아닌가?

Deliverance and Inner Healing: Both-And, not Either-or

    축사인가 내적치유인가? 어느 것이 옳은가? 둘 중 하나라도 옳다는 근거를 갖고 있는가? 수년간 축사사역과 내적치유에 대한 논란이 거셌다. 어떤 사람은 축사사역을 사교(邪敎)의 어리석은 행위라고 이야기하고 또 어떤 이는 축사사역이 도움은커녕 오히려 해가 된다고 말한다. 내적치유에 있어서도 양상은 마찬가지다. 사람들은 내적치유를 기껏해야 유행을 타는 심리학 정도로 생각하여 '교회 밖의 일'로 간주하거나, 심지어는 사람들에게 피해만 주는 쓸모없는 일이라고 치부해 버린다.
    축사와 내적치유 사역은 최근에 재발견된 기술이다. 원래 축사와 내적치유 사역은 성경의 역사만큼 오래됐다. 우리는 신약성경의 여러 곳에서 축사와 내적치유 사역을 발견할 수 있다. 한 좋은 예로, 예수께서 우물가의 여인과 대화하는 장면을 살펴보자. 예수님은 여인과 대화하시며 내적치유 사역을 행하셨다. 사역이 끝난 후, 그 여인은 마을 사람들에게 외쳤다. "나의 행한 모든 일을 내게 말한 사람을 와 보라! 이는 그리스도가 아니냐?"(요 4:29) 예수님께서는 그녀의 전 생애를 치유하셨다. 치유 사역자들이 반드시 알아야 할 것은 내적치유가 성경에 근거를 두고 있을 뿐 아니라 성경의 핵심 주제라는 사실이다.

그럼에도 불구하고 오늘날 사람들이 축사사역과 내적치유 사역 모두를 불신하게 된 이유는 무엇인가? 역사를 살펴보면 그 답을 찾게 될 것이다.

이성에 의존하다 Reliance on Rationalism

볼테르와 루소로 대표되는 18세기 계몽주의를 출발점으로, 사람들은 하나님을 신뢰하기보다 자신의 지성과 이성을 의존하기 시작했다. 19세기 초 산업혁명으로 인해 더 많은 사람들이 하나님의 빛을 떠나 이성의 빛 가운데로 나아갔다. 특히 1870년 과학기술의 새벽이 동트기 시작한 이래로 이러한 양상은 가속화 되었다. 서구의 정신 속에 깊이 뿌리내렸던 '절대 성경, 절대 하나님'은 점차 사라졌다.

인생의 목적을 알고자 하나님의 응답을 기다리는 것, 혹은 기도와 경건의 삶을 지속하는 행위는 먼지 속에 사라지게 되었다. '진보'라는 단어가 이 시대의 슬로건이 되었는데 '진보'라는 단어에는 인간의 이성과 지성으로 무언가를 성취할 수 있다는 뜻이 내포되어 있다. 천년 넘도록 인류를 옭아매고 오염시켜 왔던 미신과 사술(邪術), 무지의 거미줄은 진보된 과학에 의해 제거되었다. 유토피아가 바로 눈앞에 펼쳐지는 듯했다.

하지만 우리가 실제로 경험한 것은 기대했던 바와 달랐다. 기술의 진보는 인류의 잔악함을 부추기는 촉매제로 작용했다. 두 차례의 세계대전, 수많은 군사작전, 핵 학살의 위험, 생태계의 파괴, 전례 없는 기아 사태 및 가난과 인종차별 문제는 순진하고 평범하게 살았던 과거 세대의 삶의 방식을 통째로 뒤흔들어 놓았다. 최근에 미국 성인의 절반에 달하는 사람들이 자살을 심각하게 고려해 봤다는 통계가 있었다. 결코 놀랄 일이 아니다.

마귀에 대하여 Dealing With the Demonic

계몽시대의 도래 후, 과학기술은 성경의 가르침을 비난하였고, 성경에 근거한 믿음에 맹공격을 퍼부었다. 많은 사람들이 마귀는 존재하지 않는다고 생각했으며, 사탄과 지옥의 존재여부까지 의심하기에 이르렀다. 마귀, 사탄, 지옥은 아직 덜 계몽된 사람들의 정신세계에나 존재하는 것들로 여겨졌다. 사실 누가 마귀의 존재에 대해 알고 싶어 하겠는가? 곧, 이성과 과학은 풀리지 않은 채로 남겨진 미스터리들을 삶의 영역 밖으로 축출하기 시작했다.

정신과의사들은 과거 한 때, '마귀의 역사'라고 여겨졌던 신체적 증상들에 병리학적 명칭을 붙여주었다. 그리고 그러한 증상을 치료하기 위해 약물을 사용하였으며, 발달된 의료 기술로 고안된 여러 가지 치료방법을 시행했다. 근대인들은 이제 안도의 한숨을 내 쉬며 "중세의 암흑기(Dark Ages)는 끝났다!"고 선포했다. 마귀의 힘에 드리워진 어두운 세상이 이성의 강한 빛에 녹아 내렸다고 생각한 것이다. 물론 당시의 과학 기술로도 설명해내지 못한 많은 현상들이 과제로 남아 있었다. 하지만 사람들은 머잖아 이성의 힘이 모든 수수께끼를 풀어낼 거라 믿었다.

오늘날 몇몇의 고지식한 이상주의자들이나 "네 잠재력은 무엇이든 해낼 수 있다"를 외쳐대는 뉴에이지 운동가들은 여전히 인간의 이성과 성선설에 희망을 걸고 있다. 어둠의 세력이 존재하는 많은 증거가 있음에도 불구하고 이들은 마귀의 존재 자체를 인정하려 들지 않는다.

이와는 반대로 모든 장소에 마귀가 존재한다고 믿고, 또 모든 사람들 안에 마귀가 도사린다고 말하는 퇴마사들이 있다. 이들 퇴마사의 극단적인 주장은 오히려 진리를 어둡게 하는 역효과를 냈다. 이상주의자들은 이들의 마귀론에 혀를 내두르며 어둠의 세력이 존재한다는 사실을 더욱 완강히 부정하면서 이성의 방어벽을 두텁게 쌓아갔다. '엑소시스트' 같은 영화나 그 아류작들은 전혀 도움이 안 된다. 사람들은 이들 공포 영화가 보여주는 마귀의 역사로부터 거리를 두기 위해 다음과 같이 믿기 시작한다. '저런 일은 현실에선 일어나지 않아. 설사 일어난다 하더라도 마귀나 귀신이 개입된 게 아닐거야.' 이렇게 스스로를 안심시키며 사람들은 점점 마귀의 존재를 부인하기에 이르렀다. 즉, 사람들은 마귀에 의해 일어나는 여러 현상들을 이성의 빛에 비추어 재해석하고, 마귀의 역사보다는 좀 더 안전해 보이는, 이른바 정신 질환 정도로 인식하기 원한다는 것이다.

그러나 이 땅에 강간, 근친상간, 가정폭력, 아동학대, 증가하는 범죄율, 잔인한 게릴라 전, 테러범들의 학살은 끊이지 않았다. 마귀의 모든 역사를 부인하고자 하는 전폭적인 노력에도 불구하고 이러한 인간의 잔인성은, 어쩌면 눈에 보이지 않는 영적 세계가 존재할지도 모른다는 가능성을 시사했다.

하지만 성령의 은사를 믿는 그리스도인들에게 성경이 "실재(實在)한다"고 증거해 온 존재를 인정하는 것은 그리 어려운 일이 아니다. 특히 오늘날처럼 사탄 숭배주의가 판치는 세상에선 더더욱 그렇다. 성경을 부인하는 세상도 사탄의 존재는 인정하지 않는가?

따라서 마귀의 존재 여부는 더 이상 논란의 대상이 되지 않는다. 문제는 그리스도의 몸 된 교회가 성령의 은사로 방대하게 축사사역 했던 것이 단지 12세기 후반 일뿐, 그 이후에는 축사사역이 목격되지 않았다는 점이다. 결국 성경의 역사만큼 오래되었지만, 축사 사역은 오늘날 전혀 새로운 영역의 사역이 되어버렸다. 새로운 사역이라는 생각에 사역자들은 축사 사역하기를 주저하고, 사역을 한다 해도 실수에 빠지는 경우가 많다. 이후 세대들이 이러한 문제의 해결을 위해 많은 노력을 기울여야 할 형편이다.

축사 사역은 교회 역사 전반에 걸쳐 거의 생략됐던 적이 없을 정도로 일반화 되었었다. 하지만 이전 세대들은 축사 사역을 혐오스러운 대상으로 여겼다. 그래서 축사사역은 주술행위나 금기사항으로 비하되곤 했다. 오늘날 로마 가톨릭이나 성공회가 축사 사역을 어떤 시각으로 바라보는지 살펴보라. 새로운 것에 내해 항상 억제해 오던 이들 종교가, 축사사역에 대해 극도로 주의하는 것은 당연하지 않은가?

지금은 대인 치료가 가능할 정도로 의술이 성숙했지만, 의학의 발달 과정 중 많은 실수가 저질러졌음은 부인할 수 없는 사실이다. 의사들은 단순한 감기에 걸린 죠지 워싱턴(미국의 초대 대통령)을 치료하려다가 결국 그에게 '과다출혈'을 일으켜 죽게 했다.

러시아의 음악가 차이코프스키와 그의 어머니의 경우도 마찬가지다. 차이코프스키 모자를 질병 균으로부터 차단하기 위해 당시 의사가 시술한 방법은 펄펄 끓는 물에 그들의 몸을 담그는 것이었다. 결국 차이코프스키 모자는 그렇게 화상을 입고 사망했다.

잘 알지 못하는 영역, 특히 초자연적인 영역에 대해서 우리는 자연스레 공포감을 갖게 된다. 그렇기 때문에 다른 영역에서 일어나는 실수에 대해선 관대한 태도를 지니지만 축사사역에서 일어나는 실수에는 용납함이 없다. 자연스레 축사 사역자들은 사역에 임할 때, 필요 이상으로 위축되어 방어적인 태도를 취하게 되었다. 그리고 반드시 성공해야 한다는 강박관념에 사로잡혀 자신의 능력 너머의 것들을 추구하기 시작했다.

축사사역자들은 내적치유 사역자들에게 곱지 않은 시선을 보낸다. 내적치유 사역자들은 자신을 심리학자들과 구분 지으려고 하는 반면, 축사 사역자들은 내적치유와 심리학이 동일하다고 간주해 버린다. 심리학자들이 축사 사역자들을 무지한 마녀 사냥꾼으로 간주해 버린다면 축사 사역자들은 내적치유가 신비주의 사교에 근간한 것이라고 비판을 가한다. 축사 사역자들은 내적치유에 대해 다음과 같이 말한다.

"내적치유는 효과적이지 못하다."

"균형 잡히지 않은 사역기술이다."

"내적치유 사역자는 마귀의 존재에 대해 아직 눈 뜨지 못했다."

축사 사역자들 중 어떤 이는 "내적치유는 마귀의 역사를 이용하는 심리학과 같다"고 하면서 "이는 사탄의 사역이다"라고 비하하기까지 한다.

그러면 내적치유는 정확히 무엇인가? What Exactly Is Inner Healing?

축사사역과 마찬가지로, 내적치유 사역은 근래에 재발견된 역사 깊은 사역이라고 할 수 있다. 사실 '내적치유'는 잘못된 명칭이다. 처음, 이 사역은 '기억의 치유'라고 불려졌다. 하지만 '기억의 치유'라는 명칭은 '내적치유'보다 더 부적합하다. 실제로 이 사역은 '변화와 성숙을 위한 기도와 상담사역'이라고 불려야 한다. (이하 내적치유)

내적치유는 단순히 마음에 상처받은 사람을 치유하는 사역만은 아니다. 물론 상처 입은 이를 치유하는 일도 이 사역의 일부이다. 하지만 내적치유를 정확히 말하자면 신자로 하여금 더 자주, 더 효과적으로 그리스도의 십자가, 죽음, 그의 부활과 그 안에 있는 풍성한 생명을 경험토록 돕는 사역이다. 주님께서는 자기 백성을 성숙케 하는 도구로써 내적치유를 사용하셨다. "오직 사랑 안에서 참된 것을 하여 범사에 그에게까지 자랄찌라. 그는 머리니 곧 그리스도라."(엡 4:15)

처음 우리가 예수님을 우리의 구세주라고 영접했을 때 우리의 마음은 그의 죽음과 부활 그리고 보혈에 대해 충분히 이해하지 못했다. 내적치유는 이러한 우리의 마음에 십자가의 죽음과 보혈 그리고 그리스도의 부활을 적용하는 사역이다. 사도 바울은 "형제들아 너희가 삼가 혹 너희 중에 누가 믿지 아니하는 악심을 품고 살아 계신 하나님에게서 떨어질까 염려할 것이요."(히 3:12) 우리는 그리스도와 함께 온전히 죽고 그 안에서 다시 부활했다. 하지만 이 복된 소식을 믿으려고도 않고 받아들이지도 않으려는 불신이 우리 마음 깊은 곳 어딘가에 자리잡고 있다. 그래서 그리스도가 이루신 완벽한 일이 아직 우리의 마음 속에서 온전히 자리잡지 못한다. 그리스도 안에서 우리는 새로운 피조물이다. 하지만 우리의 옛 자아와 기질들은 마치 우리가 주님을 영접한 적이 없다는 듯, 낡고 지저분한 구습을 좇아 행한다. 결국 내적치유란, 믿는 자들의 믿지 않는 마음에 복음을 선포하는 일이라고 할 수 있다.

바울은 그리스도인이 세상사람으로 치부되는 것을 허용하지 않았다. 그에게 있어서 거듭난 신자들은 다시 창조된 피조물이었다. "그런즉 누구든지 그리스도 안에 있으면 새로운 피조물이라 이전 것은 지나갔으니 보라 새 것이 되었도다."(고후 5:17) 하지만 바울은 이미 구원받은 신자들에게 두려움과 떨림으로 너희 구원을 이루라고 말했다. 이것은 아이러니이다. 구원받은 우리는 신분상 이미 완벽하게 되었다. 하지만 우리는 그 구원을 부여잡아야 하며 삶의 전 영역이 효과적으로 구원되도록 노력해야 한다. 내적치유는 삶의 전 영역, 우리 인격과 성품 전반에 걸쳐 우리의 구원이 효과적으로 이뤄지도록 도와주는 기도와 상담 사역이다.

아브라함이 가나안 땅을 지날 때, 하나님은 그 땅을 주셨다. 바로 그 시점부터, 유대인들은 신분상 팔레스타인 지방의 주인이다. 하지만 이후에 하나님께서 아브라함에게 말씀하시길 "너와 너의 자손이 이방인의 땅, 애굽에 가야 한다. 그리고 거기서 그들의 종으로 400년을 살아야 한다." 하셨다. 결국 유대인들은 400년이 지난 후에야 요단강을 건넜고 팔레스타인의 거인들을 죽여야 했다. 그리고 높은 방어벽으로 둘러진 여러 도시와 싸워야 했다. 이미 그들의 소유된 땅을 얻기 위해서 말이다! 이와 마찬가지로, 우리가 예수님을 우리의 주로, 우리의 구세주로 영접한 순간, 신분상 우리의 영혼은 온전케 됨을 입었다. 하지만 우리는 내면의 요단강을 건너야 하고 우리 안에 있는 거인들을 죽여야 한다. 우리 내면의 돌 같은 마음으로 가득 채워진 방어벽들을 무너뜨려야 한다. 우리가 이미 소유한 것을 얻기 위해서 말이다.

그러므로 내적치유 사역자들은 피사역자(내담자)의 인격과 성품을 주시해야 한다. 예수님을 주와 구세주로 영접한 이후에도 죽지 않고 남아있는 오래된 성품이 무엇인지 발견해야 하기 때문이다.

두 분야의 갈등   Conflicts Between the Two Disciplines

내적치유와 축사 사역 사이에는 적어도 두 가지 갈등이 존재한다.

첫째, 축사 사역자들은 내적치유 사역자들이 내담자의 인격구조를 분석하는 것을 못마땅하게 여긴다. 그들의 눈에 비친 내적치유 사역자들의 행동은 심리학자들의 그것과 너무 많이 닮아 있기 때문이다. 축사 사역자들은 많은 사람들이 내적치유를 통해 사교의 속임수에 빠져든다고 생각한다.

둘째, 내적치유자들은 우리의 인격 속에 있는 '옛 사람'을 통해 마귀가 들어온다는 견해를 갖고 있다. 마귀를 쫓아내기만 하면 모든 문제가 해결된다는 축사자들의 생각에 내적치유자들은 동조하지 않는다. 축사사역으로 마귀는 축출되지만, 우리 인격 속에 있는 옛사람이 그리스도의 십자가 위에서 제거되지는 않기 때문이다. 이럴 경우 사역은 종종 실패로 끝나게 되고, 내적치유자들은 슬픔과 아쉬움을 표한다. 내적치유 없는 축사 사역의 결과는 다음과 같다: "더러운 귀신이 사람에게서 나갔을 때에 물 없는 곳으로 다니며 쉬기를 구하되 얻지 못하고 이에 가로되 내가 나온 내 집으로 돌아가리라 하고 와 보니 그 집이 비고 소제되고 수리되었거늘 이에 가서 저보다 더 악한 귀신 일곱을 데리고 들어가서 거하니 그 사람의 나중 형편이 전보다 더욱 심하게 되느니라 이 악한 세대가 또한 이렇게 되리라."(마 12:43-45)

너무나 많은 경우에, 폴라와 나는 축사사역자들이 끝내지 못한 뒷일을 처리해야 했다. 물론 내적치유자들이 마귀를 축출하지 못했을 때, 축사 사역자들이 나서서 뒷감당하는 경우도 있지만 말이다.

그래서 내적치유가 본의 아니게 논쟁거리가 되고 그 중요성에 손상을 입었다. 문제의 일부는 영적으로 성숙하지 않은 신자들이 충분한 성경지식 없이 내적치유 사역에 발을 들여놓았다는 것이다. 또 다른 문제는 많은 사람들이 거짓된 상상력(심상, 구상화)을 이용하거나, 사술 혹은 세속적인 심리학의 기술에 지나치게 의존하는데 있다. 어떤 사역자들은 이와 같은 문제들로 인해 비아냥거림을 당했다. 물론 비웃음 당하지 않은 내적치유 사역자들도 있다.

내 개인적인 이야기를 하겠다. 폴라와 나는 거짓된 상상력의 사용에 대해 항상 경고해 왔다. 폴라가 저술한 책 「속사람의 변화」(순전한 나드)의 처음 일곱 단원을 통해 우리는 심리학의 한계와 심리학의 속임수에 대해 경고의 나팔을 불어 댔다. 그리고 사역자들이 하나님의 말씀 위에 온전히 설 것을 강권했다. 그럼에도 불구하고, 폴라와 나에게 심리학 선생이라는 꼬리표를 붙였다. (실제로 사람들은 우리를 '심리학 선생'이라며 비아냥거렸다.) 우리는 계속해서 뉴에이지 운동의 위험성을 경고해 왔지만 많은 사람들은 그 경고를 무시해 버렸다. 심지어 우리가 뉴에이지 운동가라고 생각하는 사람도 있었다. 정도야 다르겠지만, 거의 모든 내적치유 사역자들 및 사역 관계자들은 이와 비슷한 비난을 겪어야만 했다.

　내 생각에 사람들이 내적치유를 반대하는 근본적인 이유는 내적치유 사역이 아직 성숙단계에 이르지 않았거나, 혹은 치유 사역자들이 많은 실수를 저질렀기 때문이 아니다. 오히려 기독교인들이 자신의 내면에 남아 있는 죄 된 성품을 인정하기 싫어하는 성품 때문이라고 하겠다. 예수를 구세주로 받아들인 이후에는 죄 된 성품이 드러나야 하고 그 성품이 반드시 죽어야만 한다는 사실을 인정하기가 두려운 것이다. 거기에 근본적 이유가 내재되어 있다. 자신의 죄성과 대면하기 싫어서, 또 죄성이 죽임당하는 것을 막고자, 많은 핑계가 동원되었다. 그래서 만일 내적치유 사역에 조그만 실수가 있었다는 소문이 돌면, 곧 그 소문은 정보가 되고, 치유를 반대하는 커다란 핑계거리로 사용되었다. 어떤 신자들은 내적치유자들의 적은 실수에 집착하여, 성숙한 사역자들의 공로마저 무시하기에 이르렀다. 뿐만 아니라 오늘날까지 이 양쪽의 사역자들, 즉 내적치유 사역자들과 축사 사역자들은 그들 모두가 그리스도의 몸을 이루는 데 공헌하고 있음을 이해하지 못하고 대부분 서로가 서로를 비난하며 무시해 왔다.

　개인적인 이야기를 다시 한 번 하겠다. 폴라와 나는 은사주의 각성운동이 태동했던 1958년부터 지금까지 축사 사역에 관여하고 있다. 내 생각에 나와 폴라는 그리스도의 몸 안에서 그 어떤 누구보다 더 많은 축사 사역을 한 것 같다.

(어쩌면 데렉 프린스나 빌 스브리츠키가 우리 보다 더 많은 축사 사역을 했을지도 모르지만 말이다.) 게다가 폴라와 나는 '변화와 성숙을 위한 기도와 상담 사역'을 재발견해 낸 선두 주자이기도 하다. 그리고 「속사람의 변화」(순전한 나드)라는 책은 많은 기독 대학교에서 상담과 기도 사역 과목의 기초 교재로 사용되고 있다.

우리 부부의 이러한 사역 환경 속에 아들 마크가 자랐다. 다섯 살 되던 해, 마크는 십대 소년배들에게 성추행을 당했다. 그 사건은 어린아이가 감당하기엔 너무나 비참한 것이었다. 마크는 그 기억을 되뇌일 때마다 괴로워해야 했다. 성인이 된 마크는 상담자로 쓰임 받았는데, 그가 다른 사람들을 상담하던 어느 날, 주님께서는 어린시절 그에게 일어난 아픔을 기억나게 하셨다. (이 이야기는 폴라가 쓴 책 「성 추행 피해자의 치유」에 기록되어 있다.) 결론을 말하자면 마크는 많은 상담을 받았는데 그 상담이 진행되는 가운데 마크 안에 내재하던 많은 마귀들이 쫓겨났고, 마크 속에 죽지 않고 남아있는 인격구조들은 십자가의 죽음으로 내몰렸다. 결국 마크는 서서히 자유로워지는 경험을 했다.

결국 마크는 축사 사역과 내적치유의 상호 관계를 가장 잘 이해하는 사역자가 되었다. 그는 지금 유능한 상담자와 교사로서 '엘리야의 집' 사역을 돕고 있다.

마크와 나는 거의 유일하게 축사와 내적치유 사역의 자격요건을 갖추었고 이 두 사역의 절충을 위해 부름 받았다. 우리가 믿는 바, 축사와 내적치유는 상호보완적이다. 양쪽의 사역기술 모두 그 자체로는 불완전하며 부적절한 사역 방법이다.

우리는 서로 충돌하고 있는 이 두 영역이 어떻게 하면 그리스도의 몸 안에서 조화되어 더 성공적인 '축사 사역'으로, 그리고 더 나은 '변화와 성숙을 위한 기도와 상담사역'으로 변화될 수 있는지 보여 줄 것이다.

그러므로 계속 읽으라. 하지만 어느 한쪽으로 치우치는 생각은 버리라.

여러분이 책상에 앉아서 읽을 수 있도록, 책 읽는 동안만큼은 여러분 안에 있는 불신의 마귀, 무신론의 마귀를 축사하지는 않을 것이다. 하지만 만약 우리가 축사해야 한다면, 그렇게 할 것이다!

2.
축사사역에 대한 분별력있는 관점

Deliverance and Inner Healing

A Sensible View of Deliverance

John

1906년 로스앤젤레스 '아주사'라는 작은 마을에, 소수의 사람들이지만 경건하고, 믿어 의심치 않는 신자들에게 성령이 임했다. 그 후 하나님의 능력이 거대한 파도처럼 미국전역을 휩쓸었고 그 파도는 곧 전 세계로 확산되었다. 아주사 성령의 역사를 통해 하나님의 성회(The Assemblies of God), 사중 복음의 국제 교회(The International Church of the Four square Gospel) 테네시 주에 있는 하나님의 교회 및 엘림 성경학원(Elim Bible Institute)과 많은 오순절파 교회들이 탄생하게 되었다. 이들 신흥 교회, 교단들이 태동함과 동시에 축사사역도 이에 발맞추어 갑작스럽게 흥행했다.

과거에 주류를 이루던 오래된 교단의 경우엔, 제2차 세계대전 발발 이후 10년이 지나서야 성령의 능력이 나타나기 시작했다. 1950년대 말, 소수의 성공회, 감리회, 장로회, 루터회 그리고 당시 내가 속해 있던 조합교회(Congregationalists)에 성령의 능력이 재발견되기 시작했다. 그 후 10년 넘도록 연속된 성령의 기름 부으심으로 인해 주류 교단에 속한 개신교 신자들은 성령 안에서 풍성한 삶을 영위하게 되었고 성령을 맛보는 신자들의 숫자도 점차 증가하였다. 극소수였지만 로마 가톨릭 신자들도 성령의 역사를 체험하였다.

1970년대에 들어서자 많은 개신교 신자들뿐 아니라 더 많은 가톨릭 신자들이 성령 충만을 경험하기에 이르렀다. 이들 중 대부분은 자신이 속한 교단에 그대로 남았으나 어떤 사람들은 영의 양식을 얻으려고, 또 성령님을 더 많이 알고자 하는 갈급한 마음에 하나님의 성회 또는 신생 교단 교회로 이적하였다. 하지만 이들 신흥 은사주의자들(charismata라는 말로 연유된 Charismatics)은 오랜 구습의 이성주의, 지성주의를 여전히 붙들고 있었다. 계몽시대의 올가미로부터 자유하지 못한 사람들이 대부분이었다.

이들은 '감정'을 다루는 축사 사역을 꺼렸다. 예를 들면 마귀가 사람을 억압할 수 있다는 가능성 조차 인정하지 않는 정도였다. 그들에게 있어서 축사사역은 미신적인 냄새를 풍길뿐더러, 이성과 지성으로 용납될 수 있는 성질의 것이 아니었기 때문이다.

하지만 이들 신흥 은사주의자들의 선배 격이랄 수 있는 즉, 40년대 '늦은 비 부흥 운동' 때 성령을 경험했던 은사주의자들은 달랐다. 그들 대부분은 노동계층이었다. 당시 사회적, 문화적 규제는 사라지는 추세였다. 그들이 즐겨 듣던 컨트리뮤직은 고전 음악보다 개방적이고, 40, 50년대 중산층이 즐겼던 스윙보다도 훨씬 더 감각적이었다. 그들에게 '감정'이란 지극히 자연스러운 것이었다. 그들은 상류 계층의 지식 우월주의에 별로 신경쓰지 않았다. 물론 이들은 감정적인 세대였기에 그들의 삶 가운데 많은 실수가 있었고 절제의 덕이 결여되었지만, '감정'을 다루는 축사 사역을 이해함에 있어서 별 어려움은 없었다.

(물론 이들 신흥 교파 가운데는 상류계층 사람들도 많이 있었다. 그리고 오랜 전통교회에도 노동계층이 있었던 것이 사실이다. 우리는 일반화하여 말한 것이다. 우리의 주장이 모든 상황에 딱 들어맞는 것은 아니다. 단지 독자가 자

기 교회를 연구할 때 우리의 견해가 도움이 되기 바랄 뿐이다.)

　상류계층으로 이뤄진 기존의 기독교, 즉 주류 기독교는 근 10년 동안 축사 사역을 반대해왔다. 그들은 이성과 지성을 소중히 여겼다. 그들이 소유했던 이성과 지성은 스스로의 삶을 통제할 수 있다는 자신감을 갖게 했다. 그리고 미신, 무지의 공포로부터 해방감, 이에 수반되는 무의식 속의 자만감, 우월감을 선사했다. 결국 상류층의 기독교인들은 낮은 교육수준의 사람들이 오랫동안 알아왔던 현상들을 인정하지 못했다. 왜냐하면 그런 것들을 받아들인다는 것은 지금까지 잘 지켜온 합리주의의 깨끗한 성역에 들여놓기 껄끄러운 무언가를 비치해 두는 일과 같았기 때문이다. 그들은 자신의 지적 능력 보다 뛰어난 능력, 즉 초인적 지성을 인정하고 싶어 하지 않았다.

　그들에게 더 힘든 일은, 마귀가 그들 안에 존재할 수 있다는, 심지어 그들의 이성마저 조정할 수 있다는 가능성과 대면하는 것이었다. 이것이 그들에겐 더 끔찍한 일이었다.

　그러나 결국, 70년대 말과 80년대 초반에 이르자, 지성과 이성을 붙들었던 은사주의자들도 더 이상 마귀의 존재를 부인할 수 없게 되었다. 마귀의 존재 여부를 놓고 시작된 이 끈질긴 싸움은 그들이 항복하고 그 존재를 인정하기에 이르러서야 끝이 났다. 하지만 그들은 곧, 또 다른 극단으로 치우쳤다. 그들은 모든 장소, 모든 사람들 그리고 심지어 모든 사물에까지도 마귀가 거주한다고 믿었다. 결국 항복의 결과, 은사주의자들은 상식도 균형도 날려버리게 된 것이다. 믿었던 이성과 지성은 이들의 생각을 보호하는 역할을 했다기보다 현실의 재발견을 방해하는 훼방꾼이었다. 훼방꾼이 사라지자 이들은 극단으로 치우쳤다. 어쨌든 이제 그들이 자신을 방어하기 위해, 더 이상 이성과 지성을 의존할 수 없음은 명백해졌다.

　대학 교육을 받은 사람들은 어떤 현상이 나타날 때, 그것에 대해 분명히 이해할 수 있을 때까지 연구하고 분석하도록 훈련 받았다. 하지만 마귀의 존재에 대해선 이성적인 연구와 합리적인 설명을 기대할 수 없다. 결국 마귀의 존재라는 현상을 깔끔하고 멋지게 다듬어 논리라는 상자 속에 담는 일은 불가능하다는 것이다. 이성으로는 설명할 수 없는 파괴와 대량학살에 대해 은사주의자들은 속수무책이었다. 단지 '마귀가 그랬다'고 생각할 수밖에 없었다. 결국 파괴와 대량학살에 공헌한 마귀의 무리들은 전 세계 은사주의자들을 위협하며 그들의 관점을 뒤엎어 버렸다. 그들의 일부는 다시금 이성을 중시하게 되었다. 무질서와 혼란이 야기된 것이다. 그들의 생각 속에 인생은 원래 긍정적이고, 안전한 것이어야 했다. 이 세상의 슬로건은 진보였다. 하지만 진보를 거듭해 온 오늘날, '무질서와 혼란'이 이 시대의 새로운 '질서'가 되었다.

마귀의 존재를 인정함으로 인해, 그들의 생각 속에 무질서와 혼란이 야기되자 사람들은 다시금 이성을 우상시하기 시작했다. 그리고 이성을 통해 크리스천의 삶이 지배될 수 있다는 터무니없는 생각이 전보다 더 많이 일어나게 되었다. 은사주의자들은 믿음에 대해 기본적으로 영지주의(그노시스교의)적인 입장을 취했다. 영지주의 입장에서는 어떤 현상이든 합리적으로 설명되기만 하면 신뢰의 대상이 될 수 있다. 따라서 모든 영적인 현상들은 합리적 설명의 틀에 맞춰지기 위해 그 내용이 축소되어야만 했다. 발생한 현상의 원인과 결과를 설명할 수 없는 경우, 그 현상은 실제적이지 못한 것으로 간주되었기 때문이다. 인생에서 일어나는 현상(특히 내면의 상처)을 다루기 위해서 합리적인 정신을 품어야 했다.

물론 이것은 믿음의 행위가 아니다. 하나님의 자녀라면 성령 안에서 행해야 한다.(롬 8:14) 현상들은 지성의 힘이 아닌 기도와 성령의 계시를 통해 해석되고 다뤄져야 한다. 하지만 오랜 습관은 잘 죽지 않는 법이다. 70년대 말, 80년대 초, 대부분의 은사주의자들은 기도하고 성령을 의지하는 새로운(?) 길을 택하지 않고, 오랜 습관의 명령에 따라 지성을 의지하였다. 우리는 아직 하박국 2장 4절의 말씀을 실질적으로 이해하지 못한다. "교만한 자의 영혼은 올바르지 못하나, 의인은 믿음으로 살리라."

　내가 믿기에 하나님께서는 마귀의 존재에 대한 여러 증거를 보이셨고 동시에 축사사역을 허락하셨다. 그리고 우리의 삶이 성령에 의해 지배되기보다는 논리적 사고나 편견에 얼마나 많이 지배 받는지 깨닫게 하신다. 심지어 오늘날까지도 마귀의 존재를 부인하거나 축사 사역의 당위성을 인정하지 않는 기독교인은 예수 그리스도에게서 보다는 그들이 우상화한 '세상의 지식' 안에서 안정감을 찾는다. 만일 우리가 우리의 논리적 사고 체계를 넘어 어딘가에 마귀가 존재한다는 가능성을 인정하게 되면 우리는 스스로의 삶을 통제할 수 있는 권리를 놓는 것이다. 물론 그동안 스스로의 삶을 통제해온 것은 성령님이 아닌 자신의 마음속 폭군이었다.

　한동안 교회사의 한 부분이 어리석은 행동들로 장식되었던 적이 있다. 교회 내 상담실에는 구토물을 받아내는 양동이가 놓여 있었다. 사람들은 기도 및 상담 사역을 통해, 자신들의 몸속에 있는 귀신들을 '구토' 해내도록 강요받았고, 바닥에서 심한 경련을 일으키거나 데굴데굴 구르도록 인도 받았다. (물론 축사 사역 중 귀신이 떠날 때, 사람들은 때로 구토증세를 보이기도 하고, 심하게 경련을 일으키기도 한다. 문제는 내담자들이 이러한 현상을 필수사항으로 여겨 억지로 토하고 몸의 경련이 일어나는 것처럼 꾸며낼 때, 축사 사역이 매우 어리석은 행위가 되고, 사역의 가치 또한 저하된다는 것이다.)

　게다가 많은 사역자들의 생각에 귀신은 귀머거리였나 보다. 그들은 잘 듣지 못하는 귀신에게 목청껏 소리를 질러대야 축사사역이 잘 된다고 생각했다. 당시 은사주의자를 비롯한 많은 기독교인들은 마치 귀신이 전지전능한 양, 사람들의 모든 태도나 모든 생각 속에 마귀가 존재한다고 생각했다. 기독교인들은 혹여나 마귀가 부지불식간에 자신에게 들어올까 두려워 스스로의 몸을 주의 면밀하게 관찰하기 시작했다.

　하지만 마침내 교회는 균형점을 잡았다. 교회가 균형을 찾기 까지는 불과 몇 년 밖에 걸리지 않았지만, 그 기간이 너무나 지루할 정도로 길게 느껴졌다. 오늘날 대부분의 경우, 직면한 문제가 무엇이든지 간에 그 문제의 주된 원인이 귀신의 역사라는 결론에 도달하기 전까지 우리는 다른 여러 가능성들을 검토한다. 영적 능력으로 무장한 기독교인들 대부분은 문제 해결을 시도하기에 앞서 문제 원인을 분별해 낼 때까지 기다린다. 그리고 그들의 개인적 분별의 결과가 다른 사람들이 분별해낸 것과 일치하는지 검토하고자 한다.

우리는 깊이 생각하고 면밀히 검토하는 가운데 축사사역의 성숙을 기할 수 있다. 그래서 우리는 팀으로 사역한다. 나 홀로 외로운 공격대원으로는 축사 사역에 임하지 않는다. 왜냐하면 후속 조치의 필요성을 인식하기 때문이다. 우리는 강한 싸인이나 축사의 반응이 드러날 것을 기대하지 않도록 배웠다. 우리는 그렇게 사역하는 법을 체득했다. 만약 축사의 증거로 여러 가지 현상이 드러나더라도 우리는 침착함을 잃지 않는다.

교회가 균형을 찾은 것은 나의 기쁨이다. 하지만 무엇보다 가장 중요한 것은 그리스도의 몸 된 교회의 사역자들이 축사사역과 내적치유를 접목하는 방법을 배우게 된 것이다.

나는 사역의 현장에 있는 사람들에게 지식과 지혜가 턱없이 모자란 것을 많이 목격해 왔다. 그래서 이 책을 썼다. 많은 사람들은 내가 축사사역의 거장이라고 생각하지만 내 생각에 우리 모두는 신참내기이다. (하지만 나는 적어도 내가 매일 매일 더 많은 것을 배워야 한다는 필요성을 알고 있다.) 33년의 실전 경험에도 불구하고 내가 배운 것을 독자들과 나누기 위해서 나는 마귀가 어떤 존재인지를 복습해야 했다. 마귀의 존재에 대해 설명한 후에 신자의 경우건 불신자의 경우건 '귀신들리게 되는' 네 단계를 설명하겠다.

타락한 천사 - 마귀 Demons as Fallen Angels

교회가 일반적으로 인정하는 것은, 마귀들은 루시퍼가 하늘에서 반란을 일으키는 동안 루시퍼와 함께 무리를 이루어 하나님을 대적했던 타락 천사들이라는 것이다.

> 하늘에 또 다른 이적이 보이니 보라 한 큰 붉은 용이 있어 머리가 일곱이요 뿔이 열이라 그 여러 머리에 일곱 면류관이 있는데 그 꼬리가 하늘 별 삼분의 일을 끌어다가 땅에 던지더라
>
> - 요한계시록 12:3-4상

그러므로 하나님의 천사들 중 3분의 1이 사탄을 섬기게 된 것이다. 노엘 깁슨, 필리스 깁슨 부부의 「사악한 불법 거주자들을 쫓아내고 그들의 속박을 파쇄하기」라는 책에서 마귀가 누구이고 어디서 왔는지가 잘 설명되어 있다.

신약성경이 확실하게 증거 하는 바, 마귀들은 원래 하나님의 임재 영역 가운데 있었기에 그들은 영적인 원리를 잘 안다.

1) 마귀들은 죄를 범한 후 그 지위가 회복되지 않은 천사들이라고 기록되어 있다.(벧전 3:19, 벧후 2:4, 유 1:6)
2) 사탄과 마찬가지로 마귀들은 역겹고, 사악하며, 부정한 존재이다. 천사로서 이전에 누리던 영광과 정 반대의 존재가 되었다.(엡 6:12, 막 7:25, 막 9:25)
3) 마귀는 예수의 신성, 권위, 능력을 매우 잘 아는 존재다.(막 1:24, 막 3:11, 막 5:7 눅 4:41, 행 19:15)
4) 마귀는 그들에게 내려진 심판을 두려워하고 무저갱에 갇히는 것을 무서워한다.(눅 8:28, 31)
5) 마귀는 이 땅에서 자신들을 다스릴 권세가 예수 그리스도에게 있음을 보여 줬다. 마귀는 예수 그리스도의 모든 명령에 순종해야 했다.(마 8:31-

32, 막 1:25-26)

6) 우리가 믿음으로 예수의 이름을 사용하면 마귀는 지금도 그 이름에 두려워하고 복종한다.(막 16:17, 행 8:5-7, 행 16:18) 마귀들이 지금도 예수의 이름에 벌벌 떨고 복종하는 것은 이미 그들을 정복한 예수의 권위에 그들이 종속되었기 때문이다. 마귀들은 이렇게 예수의 권위에 복종한다. 이 사실은 영적 존재들은 영원하다는 사실, 그리고 신자들에겐 예수 그리스도로부터 넘겨받은 '위임자의 능력'이 있음을 확인시켜 준다.(부록 3을 보라.)

빌 즈브리츠키와 다른 많은 교사들, 그리고 여러 작가들이 마귀의 힘에 대해 언급했는데 그들의 글을 읽고 내가 공감한 점은, 마귀라는 존재는 사탄의 통치 아래 기어 들어간 타락한 천사들이고 그들이 인간을 공격한다는 사실이다.

3분의 1가량 되는 타락 천사들은 하나님의 천사였을 때의 계급 구조를 모방했고 천사장의 지위도 그들의 지휘 체계에 넣었다. 그 3분의 1가운데 천사장급 마귀들이 있다. 에베소서 6장 12절은 이들을 '정사들과 권세들, 이 세상 어둠의 주관자들, 공중의 사악한 권세잡은 영적 존재들'이라고 부른다. 하나님의 지휘체계를 모방한 사탄은 어떤 한 지역을 다스리도록 정사와 권세를 임명했을 것이다.

구약성경 다니엘서를 보면, 다니엘이 유대 민족을 위해 기도하기로 작정했을 때 하나님의 천사가 그에게 3주 정도 더디 도착하는 대목이 나온다. 다니엘은 이 3주 동안을 매일같이 금식하며 기도해야 했다. 마침내 하나님의 천사가 도착하여 말하길, "바사국의 왕자가 21일 동안 나를 만류하였다. 그런데 보라, 천사장들 중 하나인 미가엘이 나를 도와 바사의 왕들로부터 나를 구해 주었다"했다.(단 10:13)

당시 페르시아에는 한 명의 왕이 존재했는데 천사가 말하길 '바사의 왕들'

이라고 했다. 그렇기 때문에, 천사가 말한 '페르시아의 왕들'은 이 땅의 왕을 지칭한 것이 아니다. 게다가 어떻게 이 땅의 권세자가 하늘의 천사를 만류할 수 있겠는가? 불가능하다. 나는 (또한 많은 사람들은) 그 전령 천사가 미가엘 천사장의 도움으로 공중의 정사들을 저지할 수 있었다고 확신한다.

마귀들의 떼 지은 공격 Infestation

성령의 지배를 받는 기독교인이라면 완전히 귀신들리는 일은 없다고 믿는다. 하지만 축사 사역을 받으러 나를 찾았던 수 백 명의 크리스천 중, 몇몇은 한 때 주님의 충성된 용사들로 서 있던 사람이었다. 그들은 1단계의 귀신들림에 고통당했다. (혹은 그 이상의 단계에 있었다.)

귀신들림의 제 1단계를, 나는 '떼 지은 공격'(infestation)이라 부른다. 이 단계에서 마귀들은 사람의 속에 들어가지 않고 그 사람의 주위를 둘러싼다. 떼 지은 공격은 불신자, 육체에 속한 그리스도인, 혹은 영적인 그리스도인에게도 발생하여 피해를 준다. 물론 옛 자아와 기질을 십자가에 못 박은 그리스도인의 경우 피해는 적다.

마귀의 떼 지은 공격은 우리의 삶 속 일부 제한된 영역이긴 하지만 마귀가 일시적인 지배력을 행사하는 것을 말한다. 우리의 성품 가운데 아직 구원 받지 못한 영역이 있다면, 그 영역을 통해 마귀가 틈탈 수 있기 때문이다.

예를 들어, 어떤 사람이 스스로 '나는 정의롭고 공정한 사람이다' 생각하면서 인종차별적인 편견은 십자가에 못 박기를 거부했다고 하자, 그러면 공정한 판단이나 의로운 행동이 요구되는 상황에서 그는 자신도 모르는 힘에 이끌리어 인종차별적인 행동을 서슴지 않게 될 것이다. 예수님이라면 그 상황에서 하지 않을 행동들을 말이다. 아마도 유색인 지원자를 입사시켜야 하는 결정의 순간, 그를 탈락시킬지도 모른다. 비록 그 유색인이 다른 입사 지원자보다 뛰어난 실력을 겸비했을 지라도 말이다. 그는 유색인 지원자보다 실력이 뒤지는 백인을 합격시키고는 그러한 자신의 선택을 합리화할 것이다. 그 사람이 알지 못하는 것은 첫째, 그의 선택이 합리적이지 못하다는 것, 그리고 둘째, 그가 마귀의 조종을 받았다는 것이다. 마귀의 떼 지은 공격은 그가 아직 십자가에 내려놓지 않은 오래된 성품과 긴밀하게 연결되어있다. 그리스도 안에서 새로이 내딛은 그의 발걸음은 마귀의 공격에 잠시 퇴보한다. 이 때, 마귀가 그의 자유의지를 꺾은 것은 아니다. 마귀가 그의 마음속에 숨어있는 욕심을 자극했지만, 그는 그의 자유의지로 욕심을 선택한 것이다. 그리스도를 닮고자 하는 그의 갈망은 잘못된 선택 아래 잠식당했다. 혹은 어떤 남편이 아내에 대해 질투심을 갖고 있다면 그가 자신의 질투심의 뿌리를 직시하지 못할 때, 본인이 잘 해낼 수 있는 영역에서도 그는 스스로를 어리석고 열등하다고 생각할 것이다. 그의 성품 가운데 구원 받지 못한 영역을 통해 마귀의 공격 통로가 열린 것이다.

떼 지은 공격의 경우 축사 사역의 필요성은 적다. 혹은 아예 축사 사역이 필요치 않은 경우도 종종 있다. 회개와 내적치유로 마귀의 침입 원인을 제거할 수 있기 때문이다. 하지만 옛 자아가 오랫동안 즐겨왔던 습관이 있거나, 혹은 그 습관의 뿌리가 강하고 깊게 내려진 경우라면 축사 사역이 필요할 것이다. 오랫동안 지속 되어온 습관은 마귀가 거주하는 집 역할을 할 수도 있기 때문이다.

이 경우, 마귀는 기독교인의 성품 중 한 영역이 자신을 향해 열려 있어서 들어갈 수 있다는 것을 안다. 물론, 기독교인의 영 깊은 곳으로 들어가는 것은 마귀에게는 아주 고통스러운 일이다. 왜냐하면 그들 안에 흐르는 그리스도의 보혈은 마귀에게 고통을 안겨 주고, 그들의 영 깊은 곳에 내주하시는 성령님은 그리스도의 거룩한 성소로부터 마귀를 쫓아내시기 때문이다. 하지만 마귀는 사람들을 심리학에서 말하는 '망상에 사로잡힌' 상태로 만들기 위해 노력한다. 크리스천들을 나쁜 감정, 나쁜 생각과 행동으로 유혹하며 크리스천의 성품 가운데 자신의 지배영역을 확장하려고 안간힘을 쓴다.

만일 마귀의 떼 지은 공격 가운데 있는 사람이 회개하고 하나님의 용서를 받아들인다면, 그리고 내적치유를 통해 그 뿌리가 제거 되면, 그 사람 속에 마귀가 정성을 기울여 건축해 놓은 작전 상황실은 파괴되고 집 없는 마귀는 곧 떠날 수밖에 없다.

가로막는 영들 Blocking Spirits

'마귀의 떼 지은 공격'이 다음 단계로 발전되는 과정 가운데 '가로막는 영'이 관여한다. 가로막는 영으로 발생되는 현상은 쉽게 분별된다. 가로막는 영의 영향력 아래 있는 사람들은 간단한 개념조차 이해하지 못한다. 물론 그들이 무식하거나 무지한 것은 절대 아니다. 예를 들면 그들은 각각의 두 가지 사실을 분석, 조합하여 하나의 결론을 유추해내는 기초적인 두뇌활동을 하지 못하는데 어린 아이들조차 척척 해내는 이런 것을 가로막는 영 아래에 놓인 사람은 하지 못한다. 그들을 만나 대화를 나눠보면 가로막는 영의 역사를 더 쉽게 확인해 볼 수 있다. 그들은 당신의 말을 듣는 즉시는 이해 하지만 5분 후 당신이 무슨 말을 했는지 까맣게 잊어버릴 것이다. 당신은 다시 설명해 줘야 한다. 본격적인 사역을 시작하려는데, 가로막는 영을 분별했다면 당신은 그것부터 제거해야 한다.

가로막는 영은 종종 사역 중에 분별된다. 사역자의 생각이 잘 정리되지 않는다든가, 바로 전에 떠올렸던 생각을 까맣게 잊은 경우라면 가로막는 영의 역사가 있다는 증거로 삼을 수 있다. 예를 들어 내담자에게 질문할 것을 머릿속에 정리해 뒀는데 막상 질문할 시간이 되어 입을 열자, 갑자기 질문할 내용이 떠오르지 않는다거나 한 문장조차 입 밖으로 내뱉기 어려울 정도로 생각이 이어지지 않는 경우가 있다. 당신은 타인의 말을 귀담아 듣고 반드시 그 내용을 기억하도록 훈련받은 사람일 수 있다. 하지만 내담자가 방금 이야기한 것마저 기억해 낼 수 없는 경우가 있을 것이다. 또 상담을 마친 후 내담자를 위해 기도해야 하는 상황에 이르러 눈을 감고 기도하기 시작한다. 그런데 당신은 어떤 문제로 상담을 해 줬는지 기억나지 않는다. 또 내담자를 위해 어떤 기도를 해야 하는지 생각해 낼 수 없다.

내 경우, 사람들을 위해 기도를 시작할 즈음, 종종 당혹감을 느끼곤 했다. 수년 동안 절친하게 지낸 친구에게 기도하는데도 불구하고 그들의 이름이 기억나지 않기 때문이다! (이름이 생각날 때까지는 굉장히 당황스럽다.)

대중 연설이나 설교를 많이 하는 사람이라면 대부분 가로막는 영이 어떤 역사를 하는지 경험해 보았을 것이다. 가로막는 영의 역사는 성령의 기름부음이 강한 설교시간 중에도 일어날 수 있다. 마귀는 듣는 사람의 마음을 혼미케 하여 순간순간 설교의 맥을 놓치도록 역사한다.

내담자에게 묻어 온 가로막는 영이 상담자를 가로막을 수 있다. 왜냐하면, 상담 사역 중 상담자는 내담자에게 감정 이입되어 내담자와 동일시되기 때문이다. 이제 내담자를 가로막았던 영이 상담자를 가로막기 위한 통로를 얻게 된다. 하지만 가로막는 영의 공격은 훈련된 상담자에게는 오히려 축복이다. 그동안 의심해왔던 가로막는 영의 존재가 체험으로 밝혀지기 때문이다. 상담자로서 당신은 가로막는 영이 하나님의 능력 안에서 제거되어야 할 존재임을 알게 되었다.

우리는 가로막는 영들을 단순히 묶고, 잠잠하라고 명령한 뒤 쫓아내면 된다. 만약 우리가 내담자에게서 가로막는 영을 분별한 뒤, "당신은 지금 가로막는 영의 영향력 아래 있습니다."라고 말한 상황이라면, 우리는 내담자와 함께 축사 기도를 하면 된다. 하지만 내담자에게서 가로막는 영을 분별해 냈다 하더라도 그 사실을 내담자에게 알리지 않는 편이 지혜롭다고 생각되면, 단지 가로막는 영을 조용히 묶고 던져버리라.

(때로 내담자에게 이러한 이야기를 하면 마귀는 내담자를 부추겨 상담자와 논쟁하도록 만든다. 내담자들은 화난 어조로 "가로막는 영은 내게 있는 것이 아니라 당신한테 있네요!"라고 말할 것이다. 그리고 논쟁 가운데, 결국 가로막

는 영이 당신을 가로막게 된다.)

나는 가로막는 영을 조용히 제거하는 방법이 매우 효과적이라고 생각한다. 이는 또한 상담 사역의 많은 경우에 반드시 필요한 기술이다.

가계의 영 Familiar Spirits

가계의 영은 사탄의 종 된 '타락한 천사'로서, 한 가족에 배치되어 그 가계의 역사 가운데 구원되지 않은 영역을 사용하여 가족 구성원을 '훔치고, 죽이고 또 파멸에 이르도록' 만드는 영이다.(요 10:10)

상담 사역 중, 가로막는 영과 그 외의 여러 마귀들을 불러들여 상담자를 좌절케 하는 것은 종종 가계의 영이다. 전문 상담자뿐 아니라, 누가 사역을 하던 간에 사역자를 좌절케 하고 피사역자를 파멸시키는 것이 바로 이 가계의 영이라 할 수 있다. (가계의 영에 대해선 후에 많이 언급할 것이다.)

그러므로 사역에 임하는 사람이라면, 내담자의 가계에 세대를 거쳐 반복되는 죄의 유형이 나타나는지, 있다면 그것이 무엇인지 분별해야 한다. 그리고 그것에 대해 반드시 기도해야 한다. 이렇게 해야만 가계의 영과 가로막는 영이 자신의 소유권을 주장하지 못한다. ('상처 입은 영혼의 치유'라는 책 13장에 기재된 '가계에 흐르는 죄'의 내용을 읽어 보라.)

간단히 말하면, 가계의 역사 속에 발견될 수 있는 어떤 죄든, 또 어떤 죄 된 성품이든 그것이 십자가에 못 박히지 않는 한, 그것은 마귀가 비집고 들어올 수 있는 출입구 역할을 하게 된다는 것이다. 이전 세대의 해결되지 않은 죄를 이어 받은 이후 세대들은 자신도 모르는 힘에 이끌려 그들이 원치 않는 행동을 하게 된다.

우리는 내담자를 위해 기도할 때, 그와 조상들 사이에 십자가를 놓는다. 그리고 가계의 역사 속에 조상들이 저지른 모든 죄의 패턴이 세대를 거쳐 내려오지 못하도록 그리스도의 십자가에서 온전히 파쇄되고 끊어졌음을 선포한다.

우리는 그 가족 위에 역사하는 가계의 영을 묶고 내어 쫓은 뒤 보호의 기도를 한다. 즉, 하나님께서 그 가족 위에 강한 천사를 보내주셔서 모든 해로부터 그들을 보호해 주실 것을 기도하는 것이다.(시 91:11-12, 시 34:7)

가로막는 영이나, 가계의 영을 축출하는 것, 또는 가계의 역사에 대해 기도하는 것이 항상 필수인 것은 아니다. 이러한 조치의 필요는 사역이 진행됨에 따라 자연스럽게 나타난다.

만약 우리의 친구가 그의 죄 된 성품을 회개하지 않아서 마귀의 떼 지은 공격을 받게 되었다고 하자. 그러면 일단, 가로막는 영이 그의 고집스런 성품을 부추겨 회개치 못하게 만드는 가능성을 고려해야 한다. 만일 당신이 가로막는 영을 묶고 쫓아내는 조치까지 취했는데도 그의 마음과 정신이 즉시 열리지 않고 계속 막혀 있다면, 가계의 영이 가로막는 영의 배후에서 버팀목이 되는 가능성을 고려해야 한다. 가계의 영으로부터 힘을 얻은 '가로막는 영'이 그에게 돌아와 계속 저항하는 것이기 때문이다.

만약 우리가 가계의 영을 축출하는 조치를 취했는데도 성공을 거두지 못했다면, 우리는 가계의 역사에 대해 기도해야 한다. 왜냐하면 가계의 역사 가운데 회개치 않은 영역이 있다면, 그 영역을 통해 여전히 가계의 영을 비롯한 여러 마귀들이 지배력을 행사하기 때문이다.

하지만 이 모든 과정을 반드시 거쳐야 한다는 생각에 마귀들을 한꺼번에 다루는 것은 어리석은 일이다. 내담자는 아마도 소극적인 자세를 취하는지 모른다. 즉, 마귀에게 통로를 열어 준 특정한 일부 영역에 대해서만 마음을 열지 모른다. 아직 내담자는 사역에 대해 마음을 열 준비가 되지 않았는데, 가로막는 영, 가계의 영, 그리고 가계의 역사를 한꺼번에 모두 다루는 것은 (물론 이들이 존재할 경우에만 다루어야 한다) 그 사람의 영혼이 소성되는 최종 목표를 위해 주님이 택하신 '장기간에 걸친 치유의 법칙'에 위배되는 것이다.

군인들처럼, 우리는 상관이 명령한 대로만 마귀를 축출해야 한다. 그리고 만일 우리가 어떤 사람에게서 마귀의 떼 지은 공격을 발견한 뒤, 조치를 취했는데 그 후에도 마귀들이 강하게 저항하여 떠나기를 거부한다고 하자. 우리는 그 다음 단계에선 어떤 조치를 취해야 하는지 위에서 배워 알고 있지만, 그렇다고 해서 주님의 명령 없이 후속 단계를 밟는 것은 잘못이다.

이제, 축사 사역과 내적치유의 상호 관계를 이해하는 것이 얼마나 중요한지 이야기하겠다. 우리는 마귀에게 통로로 내어준 성품을 치유할 것이다. 하지만 이것만으로는 떼 지은 마귀의 공격을 막아내지 못한다. 가로막는 영이 선수 치기 때문이다. 가로막는 영은 이미 마귀의 통로가 된 영역뿐 아니라 아직 치유되지 않은 채로 남겨진 여러 다른 영역으로 확장되었다. 가로막는 영은 그 모든 영역을 통해 우리의 사역을 방해할 것이다. 그렇기에 우리는 가로막는 영을 쫓아내기 전, 내담자가 회개하도록 인도한다.

내담자의 성품 가운데 아직 치유되지 않은 영역은 가계의 역사 속, 구원되지 않은 부분에 뿌리 내리고 안착할 것이다. 새로운 인질을 잡게 된 가계의 영은 여러 마귀들과 가로막는 영을 고용하여 인질에게 영향력을 행사하기 시작한다. 그렇기 때문에 우리가 가계의 역사로 침투하여 가계에 흐르는 끈질긴 죄를 십자가에 못 박으려면, 먼저 가계의 영을 축출해야 한다는 것이다.

그러므로 신중한 사역자들은 간단한 문제부터 처리한다. 축사사역과 내적치유사역의 열매가 보이지 않는 경우, 현명한 사역자들이라면 주님께 다음과 같이 여쭤볼 것이다. "주님, 제가 다음 단계의 조치를 취해야 합니까? 이 영적 전쟁에서 다음 단계는 무엇입니까?" 만약 기도를 통해 내적치유가 이뤄졌다면, 더 이상의 조치는 취하지 마라. 내적치유가 이뤄지지 않아서 조급할지라도, 무작정 다음 단계로 넘어가려는 충동은 버려야 한다. 우리는 주님께서 그의 계획을 분명히 나타내실 때까지 기다려야 한다. 주님께서는 다음 단계로써, 축사가 필요한지 혹은 내적치유 사역을 해야 할지를 가르쳐 주신다. 때론 아무깃도 하지 말 것을 일러주시기도 한다. 우리는 주님의 지시에 따라야 한다. 내담자가 성숙했는지, 마음을 열 준비가 되었는지를 온전히 파악하는 분은 주님밖에 없기 때문이다.

　내적치유 사역자들과 축사 사역자들은 주님의 뜻을 기다릴 줄 아는 겸손과 인내를 배워야 한다. 모든 생명이 그분의 손에 달려있다. 오직 하나님만이 우리 각 사람의 이름을 부르시며, 우리의 모든 것을 아시는 선한 목자이다. 하나님은, 그분의 말씀을 청종하는 사역자들에게 언제 마귀를 쫓아야 하는지, 또 언제 내적치유 사역이 적절한지를 가르쳐 주신다.

　폴라와 나 그리고 우리 엘리야의 집 사역자들은 지금까지 수많은 내적치유 사역자들, 축사 사역자들이 잘못 알고 행한 것을 수정해 주었다. 그들은 마귀가 분별되어지면, 그것을 '즉시 어떤 조치를 취해야' 하는 사인으로 인식하여 그들이 알고 있는 영적 무기를 총동원, 영적 전쟁을 치러왔다. 결국 그들은 차라리 아무런 조치를 취하지 않는 편이 훨씬 더 나았을 법한 결과들을 빚어냈다.

마귀의 거주 Inhabitation

　나는 귀신들림의 두 번째 단계를 '거주' 라고 부른다. '거주' 라는 것은 마귀가 어떤 사람에게 들어가지만 그 사람 속에 울타리 쳐진 영역에만 활동하는 것을 말한다. 그래서 울타리 밖의 감정이나, 생각에는 영향을 끼치지 못하는 상태를 말한다. 성령의 도움을 받으면 우리는 스스로의 의지로 마귀의 영향력을 울타리 안에 가둬 놓은 채, 마귀의 요구에 저항할 수 있고, 마귀의 요구를 파쇄 시킬 수도 있다.

　적절한 비유를 들겠다. 마귀를 결핵균이라고 생각해 보자. 결핵균이 침투하면, 우리 몸의 면역체계를 담당하는 백혈구는 포낭(포자)으로 그 균을 둘러싼다. 그러면 결핵균은 우리 몸에 피해를 거의 주지 못한다. 그럼에도 불구하고 이 결핵균은 죽지 않고 여전히 포낭 속에 살아 있다. 어느 시점이 되어 결핵균이 백혈구 포낭 밖으로 나오게 되면 우리는 약물을 투입해 이것을 제거해야만 한다. 내 경우가 그랬다.

아주 어린 시절, 나는 내게 하나님의 부르심이 있다는 것을 알았다. 그리고 고등학교 졸업반 되던 그 해 봄, 주님께서는 내가 사역자의 길을 걷게 될 거라고 분명히 말씀해 주셨다. 그 해 가을, 나는 교회에서 처음으로 설교하게 되었다. 그런데 설교가 끝난 후 어머니께서 내 쪽으로 다가오시더니 나를 의자에 앉히시고 차분히 말씀하셨다. 어머니께서는 내가 태어나기 전 8개월 즈음에 어떤 꿈을 꾸셨는데 그것은 아주 생생하고 또 영적인 꿈이었다. 꿈의 내용은 내가 주님을 위해 어떤 한 분야를 개척해 나가는 선구자가 된다는 것이었다.

어머니의 꿈 이야기는, 이미 내가 알고 있던 하나님의 부르심을 검증해 주었고, 나는 내가 해야 할 일을 알아내기 위해 미친 듯이 뛰어들었다.

그 당시, 내 안에는 두 가지 의문이 있었다. 초대 교회에서 뚜렷이 드러나던 그 힘, 저력은 어디로 갔는가? 그리고 주님이 사신 삶대로 살아가는 사람은 왜 그렇게도 적은가? 어떤 누구도 주님의 온유함을 삶에 담아내거나, 남을 위한 사랑과 헌신에 자신의 삶을 바치는 것 같지 않았다.

자유로운 분위기의 교회에서 자랐기 때문에 그런지 나는 교회나 성경 속에서 그 의문에 대한 해답을 찾으려 하지 않았다. 대신에 모든 종류의 신비사상을 공부하기 시작했다. 힌두교, 불교, 그리고 미국 인디언 사상은 아주 신물이 나도록 공부했다. 또한 장미십자회(Rosicrucianism)도 연구했고, 신(神)철학자들 예를 들면, 마담 블라파츠키(Madame Blavatsky) 같은 사람들의 글도 탐독했다. 에드가 케이스(Edgar Cayce), 지나 커미나라(Gina Cerminara) 외, 수많은 사람들이 저술한 환생론에 대해서는 깊이 묵상해 본 바 있다. (물론 지금은 환생이라는 것이 복음의 핵심인 '부활하여 영생한다' 라는 사실을 부인하는 반 기독교적 개념이라는 것을 안다.)

심지어 나는 과학적 강신(降神)회에 참여 하기도 했다. (그 강신회는 우리 지역의 한 감리교 교회에서 주최한 것이었다.)

이런 과정 중, 귀신이 내 안에 보금자리를 틀었다. 하지만 내 안의 도덕성과 영성은 그 귀신을 압도하여 울타리 안에 가둬놓을 정도로 강했다. 이 귀신은 내 생각이나 감정에 거의 영향력을 행사하지 못했다. 하지만 내 안에 귀신이 거주하고 있는 것은 사실이었다.

하지만 내가 성령세례를 받은 지 일주일 만에 그 귀신이 겉으로 드러나 결국 쫓겨났다. 마치 결핵균이 백혈구의 포낭 밖으로 나와 약물치료에 녹아난 것처럼 말이다. 성령께서 거하시는 곳에 불결한 것이 공존할 수 없기 때문에 숨어 있는 귀신이 쫓겨나간 것이다.

이 경험을 통해 나는 우리의 내부와 외부에서 일어나는 일에 대한 많은 것을 깨달았다. 나는 성령의 지배를 받는 기독교인들의 내부에도, 마귀의 거주가 가능하다는 것을 배웠다. (여기서 잠시, 성령의 지배를 받는 크리스천들이 '완전히 귀신들릴' 가능성이 있다고는 말하지 않았다. 내 경우 마귀는 나를 사로잡지 못했다. '완전한 귀신들림'이란 귀신의 전적인 지배와 통제를 말한다. 귀신은 나를 통제하지 못했다. 하지만 내 안에 거주했었다.) 하지만 우리가 성령님을 초대하여 그분으로 하여금 우리를 다스리도록 허락한다면 이미 싸움은 시작된 것이다. 성령님은 그가 내주하시는 성전으로부터 불결한 적이 완전히 축출될 때까지 그 싸움을 멈추지 않으신다.

여기서 나는 내부과 외부에 대해 분명히 해 둘 필요가 있다고 생각한다. 바울은 우리 안에 세 개의 '층'이 있다고 말한다.

"<u>내 안의 속사람 가운데</u>, 내가 하나님의 법을 즐거워하되, <u>내 안의 지체 가운데 또 다른 법이</u> 내 마음의 법과 싸워 내 육체 안에 거하는 죄의 법 아래로 나를 사로잡아 오는 것을 보는도다."(롬 7:22, 개역판, 밑줄 그은 부분은 나의 해석이다.)

내 해석은 이렇다. 바울 사도는 '내 안의 자아'를 그의 '영'을 지칭하는 말로 사용하였다. 내 안의 지체는 옛 자아와 버리지 못한 습관이 아직까지 건재하게 살아 있는 장소를 의미한다고 생각한다. 골로새서 3장 5~10절에 바울은 이 장소를 죽여야 한다고 말했다. 그리고 위의 말씀에서 내 마음은 바울 사도의 양심을 의미한다고 생각한다. 양심은 곧 내 안의 지체 속에 있는 죄 된 습관의 노예가 된다.

어떤 마귀도 '내 안의 자아'인 영 속에는 투숙객이 될 수 없다. 기독교인의 경우 그들의 영에는 성령님이 내주하시기 때문이다. 하지만 마귀가 지체에 투숙하여 옛 습관들을 침실로 사용하며, 그 사람의 마음, 양심에 영향을 줄 수는 있다.

이 그림에서 우리는 성령님을 우리의 영 가운데 활활 타오르는 장작불로 생각하면 된다. 바울 사도는 이미 거듭나고 성령 충만한 크리스천들에게 편지하기를 "사랑하는 자여, 육과 영의 모든 더러움으로부터 우리 자신을 성결케 하자…"(고후 7:1) 했다. 야고보 사도는 야고보서 4장 5절을 통해 우리에게 경고하고 있다. "너희가 하나님이 우리 속에 거하게 하신 성령이 시기하기까지 사모한다 하신 말씀을 헛된 줄로 생각하느뇨? 너희가 성경을 헛되이 상고하느냐?"

여기서 우리가 영적으로 거듭난 이후에도 죄 아래 거할 수 있음은 위의 성경구절이 증명한 사실이라 하겠다. 하지만 거듭난 이후 여전히 남아 있는 죄 된 습성들은 이제 곧 성령의 불로 태워질 땔감일 뿐이다.

그 불은, 가까이 다가서는 자가 누구든지 다 태워버린다. 마귀가 우리의 지체 속 죄 된 습성의 초대를 받아 지체에 거주한다 할지라도 영 속에는 들어갈 수 없다. 성령의 불에 파멸되기 때문이다. 그러므로 마귀가 우리 내면의 바깥으로 이동하면 이동할수록 더 편안하게 거주할 가능성이 높아진다. 성령의 불길에서 멀어질수록 그 불에 델 위험이 줄기 때문이다.

우리의 모든 녹슨 찌꺼기가 그 불에 온전히 삼키운 바 되어 우리 성품 속에 마귀의 잔재가 사라질 때까지 그 불은 맹렬히 타오를 것이다. 성령님은 수님의 불로 더 충만히, 더 자주 우리에게 세례 베풀기 원하신다.

떼 지어 공격하는 마귀는 지체에 들어오지 않는다. 그 마귀는 사람의 몸 밖에서 활동하면서 지체 안에 마귀에 의해 조정될 영역이 있는지 찾는다. 이렇게 생각하면 쉽다. 사람의 죄 된 습관 하나하나가 한 가닥 실이 되어 마귀의 손에 쥐어지고 마귀는 그 사람의 외부에서 꼭두각시 놀이하듯 그 사람을 조종한다.

거주의 단계는 위의 경우와 대조적으로, 마귀가 그 사람의 영 속에는 들어가 살 수 없지만 지체 속에는 침투하여 그곳에 자신의 터전을 마련하는 것이다. 내 경우, 사교에 심취한 행동들은 마귀가 둥지를 틀 수 있는 지체 역할을 했다. 내가 거기서 돌이켜 주님을 찾았을 때, 주님의 임재하심과 나의 회개를 통해 더러운 영의 터전은 거주불능 상태가 되었고, 숨어 있던 마귀는 겉으로 드러났다. 만약 윤리와 양심으로 내 자신을 통제하는 습관을 들이지 않았더라면, 나는 마귀를 가둬둘 수 없었을 테고, 그 결과 마귀는 내 삶에 활개치며 역사했을 것이다.

크리스천의 '지체'에 마귀가 실제로 거주한다는 것을 알게 된 것은, 내 경우뿐 아니라 다른 많은 사람들에게 축사 사역을 했던 경험으로부터였다. 사람들이 성령을 초청하면 성령께서 축사사역을 시작하신다. 사람들은 종종 성령께서 시작한 축사사역의 마무리를 위해 나를 부르곤 했다.

마귀의 거주를 이해함에 있어서 중요한 요소는 마귀가 사람의 내면 지체에 거주하긴 하지만 역사하지는 않는다는 것이다. 또한 마귀의 거주는 불신자들, 이름만 크리스천인 사람들에게만 지속적인 양상으로 나타난다는 것이다. 여기서 이름만은 교회에 오랫동안 다녔을 지라도, 거듭나서 새롭게 된다는 의미를 알지 못하는 상태를 뜻한다.

마귀의 거주아래 있는 불신자의 경우 엄청난 죄를 범하기 시작할 때, 혹은 마귀의 거주를 당한 이름만 크리스천 또는 은사주의자들이 주님으로부터 등을 돌리거나 극악한 죄를 범할 때, 마귀는 그 울타리 밖으로 나와 그 사람을 지배하기 시작한다. 하지만 만약 그들이 (내 경우와 마찬가지로) 성령 가운데 행하려고 시작한다면, 거주하던 마귀는 곧 울타리 밖으로 나오게 되고 그 사람 밖으로 강제 추방당한다.

위의 두 경우를 구분 짓는 차이점은 '통치' 이다. 마귀는 자신이 거주하고 있는 사람 안에서 활동하기 싫어하고 또 자신의 거주 사실이 알려지는 것을 원하지 않는다. 마귀는 오히려 안전하게 숨어 지내고 싶어 하기 때문이다. 하지만 성령님의 충만한 임재가 있을 경우, 숨어 있던 마귀는 겉으로 드러날 수밖에 없다.

그러나 만일, 그 사람이 명백하게 죄 가운데로 들어갈 경우엔, 마귀는 숨어 있기보다는 울타리 밖으로 나와 그 사람을 지배하는 편이 더 안전하다고 생각할 것이다. 이때 마귀는 그 사람의 외부에서 실을 당겼다 놓았다 하는 꼭두각시 인형놀이를 하는 게 아니다. 이제 마귀는 인형 속에 직접 손을 넣어 인형을 조종하기 시작한다. 마귀는 지체 속에서 활동하면서 기회가 올 때마다 그 사람을 능숙한 솜씨로 다룬다.

거주하는 마귀가 겉으로 드러난 경우는 비교적 쫓아내기 쉽다. 일단 겉으로 드러났다는 것은 이미 쫓겨나가는 길에 있음을 뜻하기 때문이다. 우리는 성령께서 시작하신 일을 단순히 마무리짓기만 하면 된다. 우리의 축사사역은 마귀를 감지하고, 또 그들이 떠나고 있음을 목격하는 것에서 출발한다. 마귀의 저항 때문에 가끔 우리는 엄한 명령을 해야 하는 순간이 있다. 하지만 결국 마귀는 순종하고 떠난다.

귀신들림 Obsession

만일 거주하던 마귀가 그 사람을 통치하기 위해 울타리 밖으로 나온 경우, 우리는 그것을 귀신들림의 세 번째 단계인 '귀신들림' 이라고 명한다. 여기서 더러운 마귀는 그 사람의 성품구조(지체) 속에 안전하게 자리 잡는다. 마귀가 자리한 영역 안에서는 그 사람이 무엇을 느끼든지, 무엇을 생각하든지, 혹은 어떤 행동을 하든지 그는 마귀의 광범위한 통치 아래 있다. 마귀의 숙주가 되는 사람은 마귀에게 사로잡혀서 의로운 마음을 유지할 능력이 상실된 상태다. 그는 평소에

도덕적인 모습을 보이려고 노력하지만 마귀의 통치 아래 있는 영역이 자극되는 순간 자신을 통제하는 능력을 잃게 된다. 마귀에게 통수권이 있기 때문이다.

귀신들림에는 두 종류가 있다. 성령 충만치 않은 경우의 귀신들림, 성령 충만한 사람들의 귀신들림이 그것이다. 먼저 성령 충만치 않은 경우의 귀신들림을 살펴보자. 마귀는 불신자들과 '이름만' 크리스천인 사람의 깊은 곳(영)까지 파고들 수 있다. 그리고 그들의 정신을 사로잡는다. 그런 사람들은 어떤 때는 본인의 의로운 의지로 행동하지만 다른 때엔 마귀가 조종하는 대로 행동한다.

성령 충만한 크리스천들도 사로잡힐 수 있다. 물론 위의 경우와는 다르다. 마귀는 성령 충만한 크리스천에게 떼 지은 공격을 강화하여 사로잡을 수 있다. 그러나 이 경우 마귀는 그 사람의 깊은 곳(영)까지는 침투하지 못한다. 하지만 부정적인 생각이나 죄 된 감정들 혹은 불순한 동기나 태도를 그 사람의 지체 속에 집어넣는 것만으로도 마귀는 자신의 업적에 기뻐할 것이다. 그 사람은 때로는 성령 충만한 삶을 유지하지만 때로는 자신에게 달라붙은 마귀의 통제아래 행한다. 크리스천이 주님께 더 가까이 다가갈수록 떼 지어 공격하는 마귀나 사로잡는 마귀들은 몹시 기분 나빠한다. 결국 그들은 좌절하고 그들의 통제권을 잃게 되며 거절당한다.

더 똑똑한 마귀는 조종하는 것을 자제하기도 한다. 자신의 통제 아래 있는 사람이 죄를 혐오한다거나 진정한 자유를 갈망하지 않는 이상, 마귀는 그가 죄 짓는 일에 깊이 관여하지 않는다. 쉽게 말해 자유롭게 놔두는 것이다. 성령 충만한 크리스천뿐 아니라 이름만 크리스천들도 마귀의 지배를 극복하기 위해 기도하고 성령으로 충만하게 되면 귀신들림으로부터 구원될 수 있다. 그러나 여기에 잘 이해되지 않는 '역설'이 있다. 때때로 우리는 마귀가 거주하는 사람이 더욱 더 깊은 죄에 빠지는 것을 보는데 이것은 세상의 종말이 가까워짐에 따라 마귀의 심판날도 가까워진다는 사실을 마귀 스스로가 알고 있기 때문이다. 그래서 마귀는 자신의 은신처에서 축출 당할 때까지 가능한 최고의 피해를 입히려 노력한다. 우리는 이러한 현실을 성경을 통해 확인할 수 있다.

> 그러므로 하늘과 그 가운데 거하는 자들은 즐거워하라 그러나 땅과 바다는 화 있을찐저 이는 마귀가 자기의 때가 얼마 못 된 줄 알므로 크게 분내어 너희에게 내려갔음이라 - 요한계시록 12:12

내 아들 마크는 책의 후반부에 마귀가 우리 삶의 한 영역에만 거하지 않고 많은 영역을 통제하기 위해 우리 옛 성품의 여러 차원 속으로 숨는다는 사실을 설명할 것이다. 또 그 숨는 방법도 이야기할 것이다. ('스티브'라는 사람의 예를 들어 설명할 것이다.) 앞서 말한 것처럼, 만일 거주하는 마귀가 자신의 행동 범위를 확장하지 않고 백혈구의 포낭 속에 싸인 채로 머문다면, 마귀를 쫓아내는 것은 비교적 간단하다. 내 경우, 나는 단지 사교(邪敎)와의 관계를 끊고 주님의 용서를 받아들였을 뿐이다. 이에 마귀는 드러났고 내 친구들은 그 마귀를 내쫓았다. 그러나 거주하는 마귀가 우리의 성품에까지 교묘히 파고들어 더 많은 지배력의 기반을 구축했다면, 그 사람은 '귀신들림' 가운데 있는 것이다. 그리고 이 경우 마귀의 지위를 파쇄시키는 것은 어려워졌다. 거듭 말하지만 여기서도 내적치유와 축사 사역의 관계를 이해하는 것이 중요하다. 만약 축사 사역자가 마귀를 분별하여 쫓았다고 하자. 하지만 그 마귀가 살던 집이 여전히 남아 있다면 아래의 성경말씀대로 이뤄질 것이다.

> 더러운 귀신이 사람에게서 나갔을 때에 물 없는 곳으로 다니며 쉬기를 구하되 얻지 못하고 이에 가로되 내가 나온 내 집으로 돌아가리라 하고 와 보니 그 집이 비고 소제되고 수리되었거늘 이에 가서 저보다 더 악한 귀신 일곱을 데리고 들어가서 거하니 그 사람의 나중 형편이 전보다 더욱 심하게 되느니라 이 악한 세대가 또한 이렇게 되리라 - 누가복음 11:24-26

축사 사역자들도 내적치유를 배워야 한다. 왜냐하면 귀신들림의 경우, 그 사람의 삶 가운데 어떤 영역이 귀신의 집 역할을 했는지 알아야 하기 때문이다. 귀신들림의 뿌리가 되는 원인이 발견되고, 회개를 통해 용서받고 옛 성품이 십자가에서 죽음을 맞아야, 집이 무너져 마귀가 다시 돌아올 수 없게 되는 것이다.

내적치유와 축사 사역이 불신자나 이름만 크리스천인 사람들에게도 적용되는가? 물론이다. 우리 예수님께서 치유하시고 축사 사역한 사람들 중, 정확히 크리스천이라 부를 수 있는 사람은 한 명도 없었다. 하지만 그들은 주님께로 다 가갔고, 치유 받은 뒤 믿음의 길을 걷게 되었다.

때때로 아직 거듭나지 않은 사람들이 와서 사역을 요구하는데 그 때마다 우리는 그들에게 우리의 유일한 방법은 구주 예수 그리스도께 기도하는 것이라고 일러준다. 우리가 믿는 것처럼 예수님을 믿도록 그들에게 강요하진 않는다. 하지만 그들은 예수님께서 우리의 능력 되신다는 사실, 또 그 분을 믿고 기도하면 효과가 있다는 사실을 알 필요가 있다. 우리는 믿음으로 사역하는 크리스천 상담가임을 분명히 알려준다. 원한다면 그들은 세상의 상담가들에게 갈 수도 있다. 우리는 내담자를 억지로 붙잡아두지 않는다.

오늘날까지, 우리를 찾아온 사람들 가운데, 사역을 받다가 중도에 포기하거나 떠나려고 한 사람은 한 명도 없었다. 또 우리 엘리야의 집을 떠난 간사 (Staff)도 거의 없다. 언제나 그렇듯, 상담 사역이 끝나기도 전에 내담자들은 이미 성령으로 충만한 신자가 되어 있었다.

이상하게도 주님께서는 신자들보다는 불신자들에게 훨씬 더 강력하고 논리적인 방법으로 사역하셨다. 그것은 아마도 이 사역을 통해 불신자들에게 복음이 전파되기 때문일 것이다. 아니면, 불신자들은 아직 사람의 전통, 장로의 유전을 배우지 않았기 때문이라고 생각한다.

"너희의 전한 유전으로 하나님의 말씀을 폐하며 또 이 같은 일을 많이 행하느니라."(막 7:13) 우리 모두는 기독교적인 방법이라고 사료되는 많은 것을 배워왔다. 하지만 결국 그것들은 하나님의 일을 가로막는 방법들로 일변했다.

귀신에 사로잡힘 (귀신에 통제됨) Possession

귀신들림 과정의 네 번째이자 마지막 단계는 '귀신에 사로잡힘' 이다. 귀신에 사로잡힘은 거주하는 마귀가 완전한 통제력을 갖게 되어 개인의 인격마저 그 통제 아래 눌려있는 상태를 말한다. 이제 생각하고, 느끼고, 행동하고 말하는 것은 마귀다. 그 사람은 마귀의 도구이자 통로가 될 뿐이다.

완전한 귀신에 사로잡힘은 기독교적 국가에선 드문 현상이다. 하나님께서 의인 열 명을 찾아낼 수 있는 도시에선, 그들 의인이 빚어낸 기독교적 분위기 때문에 불신자들조차 보호받는 것 같다. 하지만 폴라와 내가 극동지역의 여러 국가를 방문했을 때, 거의 완전한 귀신에 사로잡힘에 눌린 사람들을 많이 볼 수 있었다.

싱가포르에서 있었던 일이다. 택시를 잡으려고 줄서서 기다리는데 어디선가 시끄러운 고양이 울음소리가 계속 들려오는 것이었다. 그리고 어떤 남자가 열린 택시 문으로 손을 넣고는 구걸하는 광경을 보았다. 그의 행동은 마치 고양이의 움직임 같았다. 그리고 그는 자주 고양이 울음소리를 내었는데 당시 그는 고양이처럼 행동하는 마귀에게 온전히 사로잡혀 있었던 것이다. (만일 그가 완전히 사로잡혔더라면, 그는 두 발로 걸어서 택시에까지 다다를 수 없었을 것이다.)

대만의 태난(Tainan)에서 있었던 일이다. 그 지역 근방의 교회에서 집회가 있었는데, 폴라와 나는 그곳에서 벙어리 마귀에게 완전히 사로잡힌 한 소년을 만났다. 또 그 집회 가운데, 귀신에 사로잡힌 여성을 만났는데 그녀는 집회기간 내내 헛소리를 지껄이고 때로 욕설을 퍼부으며 집회를 방해했다.

귀신에 사로잡힌 사람에게 축사 사역할 때, 사역자들은 종종 마귀에게 초자연적인 힘을 드러내도록 유도하고 또 불결한 영이 몇 시간씩 고함지르도록 한다. 이런 식으로 축사 사역이 이뤄진다는 이야기를 들었을 때, 나는 마음이 아팠다. 그러한 고문은 피사역자들에게 고통만 안겨 줄뿐더러, 온전한 축사도 이뤄지지 않기 때문이다. 상황은 더 악화되어 버린다.

물론 한 번의 축사 사역을 통해 마귀가 드러나게 되고 또 마귀의 지배력이 파괴 되는 것은 매우 인상적이다. 하지만 그 후에도 뿌리가 되는 원인을 조심스럽게 다루기 위한 후속 조치가 필요하다. 그렇게 해야만 여러 겹으로 둘러사인 마귀의 지배력을 성공적으로 축출해 낼 수 있기 때문이다.

과거에 우리는 모태에서부터 사탄에게 바쳐져, 사탄에게 바치는 의례로 끔찍한 성폭행을 일삼으면서 사탄의 미사를 지내던 사람들과 만난 적이 있다. 그들 안에 사탄이 건축해 놓은 건물들을 주님께서, 하나하나 천천히 부수실 수 있도록 그들에게는 수차례의 길고 온화한 사역이 요구되었다. 만약에 이 사람들이 우리가 알고 있는 몇몇 덜 성숙한 사역자에게 갔더라면, 이미 상처투성이인 그들이 추가적으로 받게 될 아픔은 얼마나 컸을지, 상상조차 하기 싫다.

마찬가지로 내적치유 사역자들이 축사 사역에 관해 무지하거나 아는 것이 적다면, 그들 역시 사탄 숭배로부터 막 뛰쳐나온 이들에게 성공적으로 사역할 수는 없을 것이다. 내적치유와 축사 사역을 병행해야 하는 것은 예로부터 교회 사역의 현안이었다.

축사 사역 - 어리석게 해를 끼치는 방법들
Unwise and Harmful Practices in Deliverance Ministry

교회가 축사 사역을 받아들이고, 또 실제로 사역하게 될 정도의 성숙을 기했지만, 올바른 방법만을 사용할 정도로 성숙하진 못했다. 그래서 많은 교회가 성경적이지 못하고 도움보다는 오히려 해를 끼치는 방법들을 사용해 왔다.

태도와 감정을 마귀라고 부름 Calling Attitudes and Emotions Demons

잘못된 방법들 가운데 첫째는, 모든 감정과 태도 혹은 동기를 '마귀' 라고 명명하는 것이다. 그리스도의 몸 된 교회는 제발, 우리의 충고에 귀 기울이기 바란다. 분노, 색욕, 증오, 공포, 시기와 질투는 마귀가 아니다. 이런 것들은 육신의 정욕이다. 그리고 정욕은 쫓아낼 대상이 아니라, 회개를 통해 그리스도의 십자가에 못 박을 대상이다.

마귀가 우리의 감정이나 습관 속에 녹아들어 있을 수는 있다. 하지만 감정이나 태도 자체가 마귀인 것은 아니다. (마크는 이것에 대해 책의 후반부에 설명할 것이다.) 감정과 태도를 쫓아내려고 하는 것은 그 사람의 인격의 일부를 잘라내는 것과 같다. 이것은 그리스도의 방법이 아니다. 예수님께서는 그의 보혈과 십자가의 죽음, 그리고 부활을 통해 우리 속에 있는 모든 것을 영화롭게 바꾸시는 방법을 사용하시지, 우리 속에 있는 인격과 성품을 쫓아내지 않으신다. 우리의 죄 된 성품은 쫓아낼 대상이 아니라 그리스도를 닮은 성품으로 변화되어야 한다.

어떤 어리석은 축사 사역자들이 분노나 공포 같은 감정들을 쫓아내려고 시도할 경우 가끔씩 치유나 변화가 일어나는 경우도 있다. 그러나 그것은 실제로 그러한 감정들이 쫓겨난 것이 아니다. 사역자는 그 사람의 죄 된 태도와 감정을 지적했고 이에 찔림을 받은 그 사람이 회개하게 된 것이다. 결국 회개를 통해 치유된 것이다. 지적된 감정이 100% 육신의 정욕이었는지 아니면 마귀가 그 안에 녹아들어 있었는지는 상관없이 그 사람은 회개를 통해 치유 받게 된 것이라고, 나는 그렇게 믿는다.

영적 전쟁 가운데 회개만큼 강력한 무기는 없다. 회개를 통해 사탄의 공격 기반이 제거된다. 죄 된 태도와 감정을 지적하는 것은 축사와 내적치유 사역에 도움이 된다. 왜냐하면 그것을 통해 회개가 가능해지고, 또 회개를 통해 우리를 자유케 하시는 하나님의 능력이 풀어지기 때문이다. 회개 없이는 지속적인 축사사역의 열매를 기대하기 어렵다.

그러면 우리는 무엇을 해야 하는가? 사역자는 어떤 경로로, 또는 무슨 이유로 내담자가 정욕의 열매를 맺게 되었는지 그 뿌리가 되는 원인을 찾아야 한다. 내담자가 회개하면, 당신은 그의 죄된 동기, 태도 그리고 감정에 용서를 선포하고, 그의 성품에 박힌 뿌리와 줄기를 십자가에 못 박으라. 그 후에도, 마귀의 지속되는 거주가 분별된다면, 그때 마귀를 쫓아라. 아니면 순서를 바꿔서 사역해도 된다. 먼저 마귀를 묶고 쫓은 뒤, 성공적인 내적치유를 통해 마귀의 집을 부숴라.

내적치유를 먼저 해야 할지 혹은 축사사역을 먼저 해야 할지, 결정함에 있어서 주님의 인도를 기다려라. 만일 주님으로부터 특별히 무엇을 먼저 해야 한다는 사인이 없을 경우 축사 사역을 먼저 하든 내적치유를 먼저 하든 상관없다. 결과적으로 두 사역을 다 하게 되기 때문이다.

만일 어떤 불결한 영이 있어 피사역자의 태도나 감정 영역 중 한 특정한 부분에서 자신의 세력을 확장하고 부정적인 감정(예를 들어, 증오라 하자)을 조장하는 것이 관찰된다면, 우리는 그 불결한 영을 증오의 마귀라고 부를 수 있다. 하지만 그가 증오를 품게 된 것이 전부 증오의 마귀 때문일 거라는 착각은 피하라. 마귀를 증오의 영 혹은 두려움의 영이라고 부른다고 해서 잘못될 것은 없다. 하지만 마귀를 뭐라고 부르든지 우리가 반드시 기억해야 할 사실은 마귀는 항상 그들이 들어가 살 수 있는 육체의 집이 필요하고 그 집은 사람의 죄로 만들어진다는 것이다. 그러므로 불결한 영이 들어가 지배하도록 집 역할을 한 인격과 성품을 다뤄야 한다. 그것을 다루지 않은 채, 축사 사역을 시행해서는 안 된다.

마귀에게 이름을 말하라고 명령하는 것
Commanding Demons to Name Themselves

두 번째 어리석고 성경적이지 못한 축사 방법은 마귀에게 이름을 대라고 명령하는 것이다. 최근 들어, 축사 사역자들 가운데 이러한 양상이 습관처럼 나타나는 것이 목격된다. 하지만 예수님께서 마귀의 이름을 물어본 경우는 성경 어디에서도 찾아 볼 수 없다. 실제로 주님께서는 마귀더러 잠잠할 것을 명령하셨다.(막 1:25,34, 눅 4:35 마크와 나는 거라사의 마귀에 대해 후에 설명할텐데, 우리가 믿기론 예수님께서 마귀의 이름을 물으신 것이 아니다.)

약간의 상식을 동원해 보자. 전지(全知)하시며 우주의 주인 되시고 우리의 머리털 개수를 다 아시는 주님이, 자신의 양의 이름을 모두 아시는 선한 목자 되신 예수님, 마귀를 멸하기 위해 마귀로부터 정보를 얻어야 할 필요가 있으셨을까? 존재하는 모든 마귀의 이름을 과연 예수님께서 모르실까? 게다가 모든 거짓의 아비인 마귀가 우리의 명령대로 진실을 이야기할까? 더 중요한 질문을 던져보겠다. 우리는 성령님께 여쭤볼 수 있는데도 불구하고, 진실을 알기위해 왜 마귀에게 물어보는가? 그 사람을 괴롭히는 게 마귀든, 뭐든 간에, 왜 성령님께 묻질 않는가? 예수님께서는 보혜사 성령께서 우리가 알아야 할 모든 것을 말씀해 주신다고 약속하셨다. "보혜사 곧 아버지께서 내 이름으로 보내실 성령 그가 너희에게 모든 것을 가르치시고 내가 너희에게 말한 모든 것을 생각나게 하시리라."(요 14:26)

마귀가 모든 것을 말해 준다고 하시지 않았다!!

마귀에게 "너의 이름을 말하라"고 명령하는 것은, 마귀로 하여금 사람의 목소리를 이용해 역사할 수 있는 기회를 허락하는 것이라고 생각한다. 결국 이러한 명령을 통해 마귀가 통제할 수 있는 영역이 확장되는 셈이다. 왜 마귀에게 질문하는가? 우리가 치유해야 할 사람을 더 고통스럽게 만드는 위험을 감수하는 이유는 도대체 무엇인가? 우리 믿음의 주관자 되시며 모든 사역에의 모범이 되시는 예수님마저도 마귀에게 "잠잠하라" 하셨는데 말이다. 성령께서 진실을 말씀하지 않을까 봐 마귀에게 묻는 것인가?

우리는 거라사 지방에서 일어났던 일에 대해 성경이 말하는 것을 정확하게 읽지 않아서, 무슨 일이 일어났는지도 정확히 이해할 수 없을 것이다. 이 이야기는 마태복음(마 8:25-34)이나 마가복음(막 5:1-17)에도 나오긴 하지만 나는 여기에 누가의 기록을 인용했다.

> 갈릴리 맞은편 거라사인의 땅에 이르러 육지에 내리시매 그 도시 사람으로서 귀신 들린 자 하나가 예수를 만나니 이 사람은 오래 옷을 입지 아니하며 집에 거하지도 아니하고 무덤 사이에 거하는 자라 예수를 보고 부르짖으며 그 앞에 엎드리어 큰 소리로 불러 가로되 지극히 높으신 하나님의 아들 예수여 나와 당신과 무슨 상관이 있나이까 당신께 구하노니 나를 괴롭게 마옵소서 하니 이는 예수께서 이미 더러운 귀신을 명하사 이 사람에게서 나오라 하셨음이라 (귀신이 가끔 이 사람을 붙잡으므로 저가 쇠사슬과 고랑에 매이어 지키웠으되 그 맨 것을 끊고 귀신에게 몰려 광야로 나갔더라) 예수께서 네 이름이 무엇이냐 물으신즉 가로되 군대라 하니 이는 많은 귀신이 들렸음이라 무저갱으로 들어가라 하지 마시기를 간구하더니 마침 거기 많은 돼지 떼가 산에서 먹고 있는지라 귀신들이 그 돼지에게로 들어가게 허하심을 간구하니 이에 허하신대 귀신들이 그 사람에게서 나와 돼지에게로 들어가니 그 떼가 비탈로 내리달아 호수에 들어가 몰사하거늘
>
> – 누가복음 8:26-33

본문에 등장하는 단수명사, 복수명사 그리고 대명사는 꽤 헷갈린다.

29절, 예수께서 더러운 귀신(단수)에게 나오라고 명령하셨다.

29절 괄호 부분, 귀신이(단수) 이 사람을 붙잡으므로… 그 맨 것을 끊고 귀신(단수)에게 몰려 광야로 나갔다. 하지만 그 다음 절에서 그 귀신(단수)이 대답하길 "군대라" 하니 이는 많은 귀신들(복수)이 들렸기 때문이다.

이 남자는 한 마귀에게 사로잡혔는가 아니면 다수의 마귀들에게 사로잡힌 것인가? 둘 다 맞다. 지도자격인 마귀가 이 사람을 사로잡았다. 하지만 지도자 마귀는 곧 다른 마귀들을 초대하여 자기 수하에 두었다. 마태복음 12장 45절에

예수님께서 비유로 말씀하신 내용인 마귀가 나갔다가 더 악한 귀신 일곱을 데리고 돌아온 경우처럼 말이다. 비록 초대받은 다른 마귀들이 더 사악할 지라도, 그 남자에게 지도력을 행사하는 첫 번째 마귀의 통제를 따르게 된다. 그러므로 위에 언급한 남자는 한 마귀에 귀신들렸으나 다른 많은 마귀들이 함께 거주하는 경우라고 할 수 있다. 그러면 "너의 이름이 무엇이냐?"라는 예수님의 물음은 누구를 향한 것인가? 나는 예수님께서 지도자 마귀가 아닌 남자에게 질문하셨다고 믿는다. 예수님께선 모든 마귀의 이름을 이미 알고 계셨다. 물론 그 남자의 이름도 알고 계셨다. 예수님은 자신의 양의 이름을 모두 아신다. 그렇다면 예수님은 그 남자에게 왜 이름을 물으셨을까? 결론부터 말하자면 그것은 이미 예수님께서 마귀들에게 나오라고 명령하셨기 때문이다. (예수님은 그 남자에게 축사가 일어났다고 생각하셨다.)

다음의 예를 보면 예수님께서 왜 그 남자의 이름을 물으셨는지 쉽게 이해할 수 있을 것이다. 한 정신과 의사가 그의 환자에게 다음과 같이 물었다고 하자. "오늘, 당신은 누구십니까?" 혹은 "여기가 어디죠?" 이때, 만일 환자가 대답하길 "내 이름은 샘 스미스이고 지금 주립정신 병원에 있습니다."라고 했다면 정신과 의사는 그가 회복 상태에 있다고 진단을 내릴 것이다. 자신이 누구인지, 현재 어디에 있는지 등을 묻는 질문은 환자에게 현실 감각을 부여하는 도구가 된다. 만일 그 환자가 "나는 지금 엘바섬에 유배 중인 나폴레옹 보나파르트다"라고 대답했다면 정신과 의사는 이렇게 말할 것이다. "아직 멀었군…."

완전히 귀신에 사로잡힌 사람에게 축사 사역 할 때, 거쳐야 하는 한 가지 테스트는 그 사람에게 이름을 묻는 것이다. 예수님은 그의 "귀신은 떠나라"는 명령이 이미 이루어졌음을 확신하신 차원에서 그 남자에게 질문하신 것이다.(막 8:23-25을 상기하라. 예수님께서 한 눈먼 사람을 위해 기도하신 뒤에 "무엇이 보이냐?"고 물어보셨다. 그리고 그 사람이 대답하길 "사람들이 걷는 것이 마치 나무가 움직이는 것처럼 보입니다."라고 했을 때, 예수님께서는 그 사람의 눈이 완전히 나을 때까지 다시 기도하셨다.)

그래서 예수님은 그 거라사 지방의 남자에게 이름을 물어보셨다. 하지만 질문에 대답한 것은 그 남자가 아니었다. 물론 성경은 단순히 "He said, Legion." 즉 "그가 대답하되, 군대니이다."라고 기록하였다. 여기서 '그'는 누구를 말하는가? 마귀인가 아니면 마귀에 사로잡힌 남자인가? 질문에 답한 것은 마귀 들린 남자가 아니라 지도자 마귀였다.

이 응답을 통해 예수님께서 이미 알고 계셨던 사실이 확인되었다. 그 남자는 "아직 멀었군"의 단계에 있는 것이다. 예수님께서 그 남자에게 이름을 물었으나 마귀가 대답했다는 것은 여전히 마귀가 그 남자의 목소리를 통제한다는 사실의 방증인 것이다.

물론 여기서 주목할 점은 마귀가 말한 Legion(군대)는 마귀 자신의 이름이 아니라는 것이다. 지도자 마귀는 그 사람 속에 마귀들이 얼마나 많이 있는지를 예수님께 설명한 것이다. 로마 시대, Legion 은 3~6천 명가량의 군사로 이뤄졌다. 지도자 마귀는 자기 수하에 수천의 마귀를 거느리고 있음을 뽐내었을 때, 예수님께서 지레 겁먹고 아예 축사 사역을 시작도 안할 것이라 기대했던 모양이다.

마귀는 여러 가지 근거로 사람 속에 들어가고자 한다. 그것들이 사람 속에 들어가려는 이유 중 가장 큰 것은 하나님의 성전을 파괴하는 것이다. 또 다른 이유도 있으니 그것은 마귀가 육체(살) 속에 갇혀 지내는 것을 즐거워하기 때문이다. 마태복음 12장 43절에 보면 예수님께서 어떤 사람으로부터 나오라고 마귀에게 명령하셨을 때, 마귀는 그 사람에게서 나온 뒤 이리저리 방황하면서 '쉴 곳'을 찾았다고 기록되어 있다. 심지어 마귀에게는 차라리 돼지의 살 속에 거하는 것이 방황하는 것보다 훨씬 나은 선택이었다! 어떤 이유에서였는지는 분명치 않으나 예수님께선 마귀들이 돼지 몸속으로 들어가는 것을 허락하셨다. 물론 돼지 몸속으로 들어가는 것이 마귀가 기뻐할 일이 아니라는 것도 예수님은 알고 계셨다. 왜냐하면 결국 돼지들은 바다로 뛰어들어 익사했고 마귀들은 다시금 거주할 수 있는 살아 있는 육체를 찾기 위해 이리저리 방황해야 했기 때문이다.

이 사건에 대한 나의 해석이 정확하다면, 예수님께서는 마귀에게 이름을 말하라고 명령하시지 않았다. 오히려 귀신에 사로잡힌 남자에게 질문하셨다.

지도자격 마귀가 그 안에 얼마나 많은 마귀들이 도사리고 있는지 예수님을 위협하며 저항했을 때에도, 주님은 끈질기게 축사 사역을 하셨다. 그 남자는 결국 자유케 되었을 뿐 아니라, 옷도 제대로 갖춰 입고 올바른 정신으로 예수의 발치에 앉을 수 있게 되었다.(눅 8:35)

마크와 나는 이 사건과 관련된 견해가 꽤 중요하다고 믿는다. 그래서 마크는 책의 후반부에 이 이야기에 대한 자신만의 견해를 다시 설명할 것이다.

마귀의 드러남과 축사의 암시
Demonic Demonstrations and Suggestibility

세 번째로 어리석고 성경적이지 못한 축사 사역의 방법은, 사역 중 사역자가 큰 소리로 고함을 지르거나 피사역자에게 '마귀가 드러나는 현상'이 나타나는 것이다. 사역자가 고함치는 것은 때때로 필요하다. 마찬가지로 마귀가 드러나는 현상도 필요할 때가 있다. 하지만 사역에 임하는 피사역자에겐 '마귀가 떠나는 암시를 보여야만 한다'는 강박관념이 있음을 알라! 나는 심한 경련을 일으키거나 음식물을 토해내는 반응이 필요치 않을 때도 피사역자들이 종종 이 두 반응을 만들어 내는 것을 목격해 왔다. 그들은 의식 속 혹은 무의식 속에서, 축사 사역에는 이러한 반응이 반드시 수반되어야 한다는 강요 아닌 강요에 영향을 받는 것 같다.

처음 축사 사역을 시작했던 시기에, 나 역시 이러한 현상들에 집착했다. 나는 이것을 회개했고 주님께서 나를 깨끗케 하시길 기도했다. 또한 더 이상 축사의 암시에 집착함으로 나와 다른 이들이 더럽혀지지 않도록 기도했다. 이렇듯, 축사 사역으로 부름 받은 사람들은 자주 세심한 기도를 통해 자신이 십자가에서의 죽었음을 확실히 해야 할 필요가 있다.

축사 사역 중 사탄에게 욕하기 Reviling Satan in Deliverance Sessions

여기 또 다른 어리석은 방법이 있는데 그것은 축사 사역 중 마귀에게 욕설을 퍼붓는 습관이다. "이 더럽고 낡아빠진 멍청한 놈아! 이 거짓말쟁이며 파괴자야! 내가 온전한 열정으로 너를 증오하노니 너는 아무개로부터 당장 나올지어다." 우리는 사탄의 방법으로 사탄을 이길 수 없다. 하나님 나라의 품질 보증 마크는 '예절'이다. 반면에 사탄의 왕국은 무례함과 욕설로 특징지어진다. 고함치는 것과 욕설을 퍼붓는 것이 권위를 세워 준다고 생각하면 오산이다. 유다서 1장 9절을 보라. "그러나, 천사장 미가엘이 모세의 시체에 대하여 마귀와 다투어 변론할 때에" 미가엘은 사탄에게 임박한 형벌로 사탄에게 욕설하지 않고 단지 "주께서 너를 꾸짖으시기를 원하노라."라고 말했다. 우리가 사탄에게 상스런 욕을 퍼부을 만큼 미가엘 천사장보다 위대한가? 우리의 모든 행동은 예수님을 영화롭게 하는 것이어야 한다. 예수님은 누구에게도 욕하지 않으셨다. 우리도 욕해선 안 된다.

축사 사역의 외로운 공격대원 Lone Rangers in Ministry

축사 사역은 그 특성상 사역자 단독으로 해선 안 된다. 하나님께서는 둘 씩 짝지어 보내셨다.(전 4:9-12) 그 이유는 우리를 보호하시기 위해서, 영 분별의 정확성을 기하기 위해서, 균형 잡힌 사역을 위해서, 능력의 배가를 위해서, 만약 축사 사역자 자신이 부상당할 경우 치유와 구조를 위해서, 서로 서로 점검하기 위해서, 영 분별과 인지에 대해 수정을 기하기 위해서, 배가된 지혜로 더 지혜롭게 행동하기 위해서, 그리고 그 밖의 많은 좋은 이유를 위해서이다.

만일 혼자서 사역하라는 부르심이 있다면 혼자서 사역할 수는 있다. 하지만 가능하다면 팀으로 축사 사역하는 것이 가장 좋은 방법이다.

여성사역자는 제외시키기 Disallowing Women in Deliverance Ministry

혹자는 여성이 축사 사역에 손을 대선 안 된다고 말한다. 그들의 주장은 성경에 근거를 둔 것이 아니다. 마가복음 16장 17절엔 "이러한 이적은 믿는 자에게 함께하리니, 내 이름으로 그들이 마귀를 쫓을 것이며…"라고 기록되었다. 우리는 하나님의 말씀인 성경에 일점 일획도 가감해선 안 된다.(계 22:18-19) 예수님께서는 "오직 믿는 남성들만이 마귀를 쫓을 것이요."라고 말씀하시지 않았다.

이 장의 여러 부분에서 내가 축사 받은 경험을 간증했는데, 당시 축사 사역을 리드했던 사람은 앨리스 포그(Alice Fogg) 사모님이었다. 내가 알고 있는 최고의 축사 사역자들 중 몇몇은 여성들이었다. 그녀들 역시 다른 사역자들처럼 원칙을 지켰다. 그 원칙은 교회의 권위 아래서 다른 형제, 자매들과 조화를 이루는 가운데에서만 사역하는 것이다.

축사에 대한 어리석은 개념들 Other Folish Notions

예전에 어떤 부부가 축사 사역을 했는데, 그들은 교회 건물 안에서만 특히, 예배당이 아니면 사역을 하지 않으려 했다. 때론 교회 말고 다른 장소가 훨씬 적합했는데 교회를 고집하는 그들의 생각은 어리석다. 나는 예수님의 축사 사역 기록 중, 성전에서 행해진 기록은 없다고 본다.

어떤 사람들은 축사 사역을 위해 특정의 도구들(자잘한 것들)이 반드시 필요하다고 생각한다. 예를 들면 손에 쥘 수 있는 십자가나, 머리에 바를 기름이 담겨진 병 등등 말이다. 나는 그러한 도구들을 사용해 봤고 도움이 되는 것도 알고 있다. 하지만 그러한 도구들이 사역에 필수품은 아니다. 예수님은 그의 권위 외에 그 어떤 도구도 사용하시지 않았고, 필요하지도 않았다. 우리는 예수님이 가진 권위와 동일한 권위를 갖고 있다.(마 28:18-20, 막 16:17 그 외)

또 어떤 교단에서는 특별한 권위를 받은 사람이나 축사자의 직임을 부여받은 성직자만이 축사 사역을 할 수 있다고 규정지어 놓았다. 이렇게 규정해 놓는 것이 현명한 처사라면 나는 모든 교인들이 목회자가 만든 규정에 순종할 것을 권면하겠다. 하지만 이러한 처사가 성공적인 결과를 보장할지는 의문이다.

성직에 관한 성경의 원리를 따르자면 우리 모두가 예수님의 제사장이다. 마가복음 16장 17절은 "내 이름으로 소수의 특정한 사람만이 마귀를 내어 쫓을 것이요"라고 말하지 않았다. 예수님께서는 열 한 제자 앞에서 말씀하셨지만, 그의 말씀에 믿는 자들은 모든 믿는 사람을 의미한다. 그 말씀은 성직자 또는 남성에게만 제한되어 있지 않다.

모든 크리스천은 축사 사역을 할 수 있다. 어떤 사람은 특별히 이 사역으로 부름 받아, 직임에 따른 은사를 받았지만, 축사 사역을 위한 주님의 권위는 '경건한 모든 자'에게 부여되었다.(시 149:9)

그리스도의 몸된 교회는 부르심에 합당하도록 자라나야 한다. 내가 예언적으로 선포하건대, 우리 모두는 축사 사역을 배우고 이해해야 하며, 또 모두가 실전에서 축사 사역을 해야 한다. 이 세상이 점점 하나님으로부터 멀어지고 사교와 신비종교, 사탄숭배로 기울어지는 가운데 점점 더 많은 사람들이 축사를 필요로 하기 때문이다. 남을 도우라는 상위의 부르심에 응답하기 위한 축사 사역뿐 아니라, 우리 스스로의 보호를 위해 축사 사역을 이해할 필요가 있다.

우리는 군대다. 군대는 무장한다. 우리는 컴퓨터로 유치한 전쟁 게임을 하는 것이 아니다. 이 전투는 실제 상황이다. 어떻게 싸워야 하는지, 또 어디서 싸워야 하는지 배워야만 한다.

그러므로 계속 읽어라!

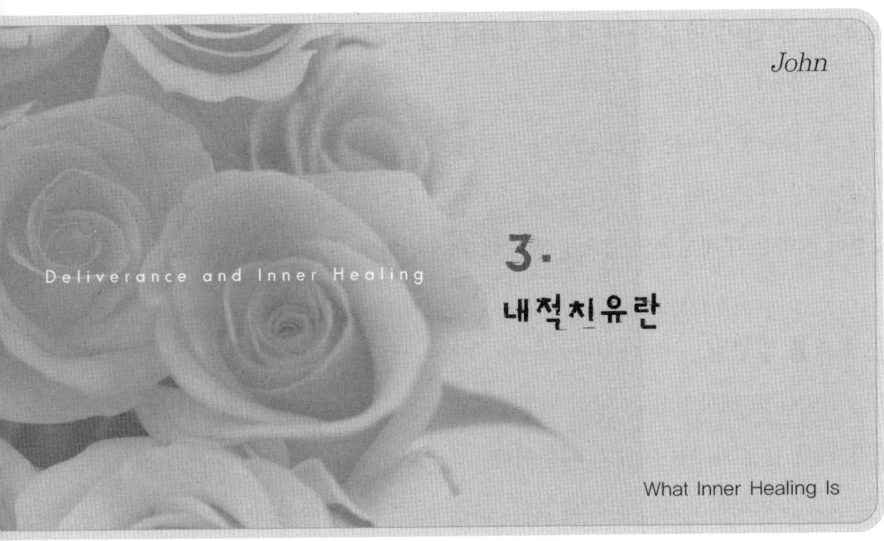

축사 사역과 마찬가지로 내적치유 역시 성경만큼이나 역사가 오래됐다. 제1장에서 이미 말한 것처럼 예수님과 대화를 나눈 후 우물가의 여인이 마을 사람에게 달려가 외치길 "와서 내가 한 모든 일을 다 내게 말한 이 사람을 보라"(요 4:29)고 했던 장면을 다시 한 번 보자. 이 여인의 증거를 통해 우리는 예수님이 내적치유 사역을 베푸셨음을 알게 된다.

예수님은 자신을 따르는 사람들에게 땅을 깊게 판 후, 반석위에 기초를 두라고 충고하셨다.(눅 6:48) 만일 이 말씀이 기독교로 개종하라는 명령이었다면, 그래서 개종한 것으로도 이미 충분한 양, 복음을 받아들여야 할 필요성만 언급하신 것이었다면 예수님은 땅을 깊게 파라는 말씀은 하실 필요가 없었다! 하지만 사실은 그렇지 않다. 예수님께서는 이미 자신을 주(主)라 시인한 사람들(기독교인들)에게 말씀하고 계신다. "왜 나를 '주여, 주여' 하고 부르느냐? 내가 말한 것은 지키지도 않으면서 말이다."(눅 6:46)

왜 우리는 주님이 말씀하신 대로 행하지 않는가?
Why Don't We Do As Jesus Says?

바로 이 질문에 우리는 찔림을 받아야 한다. 왜 우리는 주님의 말씀대로 행하지 않는가? 사실 이에 대한 많은 이유가 있다. 그 이유들을 하나하나 살펴보면 성경이 말하는 내적치유의 필요성에 대해 알게 된다.

쓴 뿌리를 발견함 Discovering Bitter Roots

주님 말씀대로 행하지 않는 여러 이유들 중 하나는 우리가 '옛 자아'의 모습을 알기 위해 깊게 파고들지 않기 때문이다. 그 옛 자아는 우리 안에 심겨진 예수님의 성품을 폄하하고 불경건하게 한다. 같은 맥락에서 생각할 수 있는 또 다른 이유는, 우리가 그 더럽히는 요소들을 아직 십자가에 못 박지 않았고 주님의 성품이라는 반석 위에 우리의 기초를 두지 않았다는 것이다.

한 신약 성경의 기자는 "누구도 하나님의 은혜에서 떨어지지 않도록 주의하라, 그렇지 않으면 쓴 뿌리가 자라나 그를 넘어뜨리고, 또 많은 사람들은 더럽힘을 입게 될 것이다."라고 말했다.(히 12:15) 우리가 예수님을 우리의 구세주로 영접한 순간, 예수님이 십자가에서 완성하신 일은 우리의 것이 된다. 우리가 지은 모든 죄는 씻겨나가고 우리의 죄 된 성품마저 치명적 손상을 입게 된다.

그런데 문제는 우리의 죄 된 성품이 죽은 채로 잠잠하게 있기를 거부한다는 것이다. 이것이 바로 히브리서에서 언급한 '쓴 뿌리가 돋아남'의 뜻이다. 우리의 마음에 예수님을 초대한 순간, 우리 내면의 모든 쓴 뿌리는 죽는다. 하지만 성경은 우리에게 그 뿌리가 다시 자라나 자신과 타인을 더럽히지 못하도록 주의를 기울여야 한다고 말한다.

여기에 내적치유의 정의가 있다. 성령님의 인도하심 아래, 땅을 깊게 파고들어가 다시금 싹트려고 통통하게 물오른 쓴 뿌리들을 찾는 것, 그리고 찾아낸 쓴 뿌리들을 십자가로 보내 효과적으로 죽이는 과정이 바로 내적치유이다. 이것의 극적인 실례를 이 장 후반에서 살펴볼 것이다.

믿지 않는 마음에 복음을 전하기 Evangelizing Unbelieving Hearts

우리가 주님의 말씀대로 행하지 않는 두 번째 이유는 우리 마음 깊은 곳에 불신이 자리 잡고 있기 때문이다. 내적치유 사역은 히브리서의 또 다른 명령에 순종하는 방법이다. "형제들아, 너희 중에 마귀가 틈타지 못하도록 주의 하라. 이는 믿지 않는 마음이니, 살아 계신 하나님으로부터 떨어져 나갈까 두려움이라."(히 3:12)

복음을 들은 후 크리스천이 되리라고 결심한 이후에도 사람들의 마음에는 아직 복음을 받아들이지 않는 '숨겨진 영역'이 있다. 숨겨진 부분은 예수님의 은혜에 대해 의심하기 시작하며 사악한 곳, 믿지 않는 마음이 되고 만다. 결국 내적치유는 복음이라 말할 수 있다. 복된 소식을 신자의 마음속, 믿지 않고 구원되지 않는 부분에 접목하는 사역이다.

몇 년 전, 주님은 내게 말씀하셨다. "존, 너는 그 말씀을 이해하지 못하는구나."

"어떤 말씀입니까, 주님?"

"네가 전도할 때마다 인용하는 로마서 10장 9절과 10절 말씀이다. 네가 어떻게 잘못 이해하고 있는지 보여 주마."

그리고 주님은 내게 그 말씀을 읽어주셨다. 주님은 그 말씀을 조금 변형시켜서 읽어주셨는데 내가 머릿속에 생각하고 있는 그대로였다.

"만일 네가 입으로 예수를 주라 시인하고 너의 생각으로 믿으면…."

예수님의 말씀이 이어졌다. "존, 나는 바울에게 '생각으로 믿는 자가 구원을 얻으리라'라고 말하지 않았다. 구원을 가져다주는 것은 마음속에 있는 믿음이다."

예수님은 많은 크리스천들이 오직 생각으로만 믿기 때문에 복음대로 살지 못함을 지적해 주셨다. "그들의 믿음이 아직 마음을 점령하지 못했다. 내적치유는 거듭난 크리스천의 더디 믿는 마음에 구원의 복음을 접목하는 사역이다." 라고 말씀해 주셨다.

예수님은 내게 로마서 10장 10절 말씀을 주목하라고 하셨다. "사람이 <u>마음으로 믿어 의롭게 되는 결과</u>를 낳고, 입술의 고백으로 구원의 열매를 맺는다." (주님이 강조하신 부분에 밑줄을 그었는데 이는 내 견해로 말씀을 재해석한 것이다.)

"존, 너는 수년간 상담 사역을 해왔는데, 사람들의 마음에서 진정으로 믿는 영역에는 십자가에서 이룬 일이 효과가 있음을 너는 보아왔다. 그의 마음속 믿는 영역은 나와 함께 십자가에서 죽었기에 내 의로움이 드러나게 되었다. 하지만 그 반대쪽을 살펴봐라. 당연히 거기에는 복음을 믿지 않는 영역이 있을 것이고 그 영역에는 나의 십자가가 효과를 발휘할 수 없다. 그렇기에 그들의 삶에 성령의 열매가 맺혀지지 않는다. 결국 '의롭게 되는 결과'를 낳지 못하는 것이다." 주님의 말씀이었다.

내적치유란, 신자들의 마음 가운데 믿지 않는 영역에 복음을 전하는 사역임을 깨닫게 되었다. 그들이 예수를 초청했을 때, 그들은 영과 생각으로만 구원을 받아들였다. 그들의 마음은 온전히 믿지 않았다. 그래서 구원의 사실을 거부해왔던 그들의 고집스런 마음에 예수의 보혈, 십자가의 죽음과 부활의 생명을 적용하는 것이 내적치유의 기능이다.

십자가에 못 박는 과정 The Process of Crucifixion

주님의 말씀대로 행하지 않는 세 번째 이유는 우리 자아가 온전히 죽지 않은 사실에 있다. 주께서 지적하신 우리의 죄 된 마음에 '매일같이 죽는 죽음'을 적용하는 과정이 바로 내적치유이다.

바울 사도는 고린도전서 15장 31절에 "나는 날마다 죽는다."라고 기록했다.

그리고 갈라디아서 2장 20절을 통해 "나는 그리스도와 함께 십자가에 못 박혔다."라고 고백했다. 또한 갈라디아서 5장 24절엔 "누구든지 그리스도 예수와 함께 십자가에 못 박힌 자는 육체와 그 정욕을 못 박았으니"라는 고백도 있다. 위에 언급한 갈라디아서 2장 20절에는 주님이 우리를 십자가에 못 박으심을 말씀하고 있고, 갈라디아서 5장 24절은 우리가 우리 스스로를 십자가에 못 박아야 함을 말씀하고 있다. 이러한 과정을 통해 우리는 주님 안에 거하게 된다. 즉 더 이상 우리 스스로의 삶을 살 수 없게 되는 것이다.

주님의 성품이 우리 안에 자리하지 못하도록 훼방하는 것이 무엇이든지 그 장애물과 함께 우리 자신을 못 박아 죽이는 방법이 내적치유이다. 우리의 자아가 십자가에서 죽어 변화되기 시작하는 가운데, 예수님을 초청하여 온전한 변화를 이루는 사역이 내적치유이다.

성화를 위한 중요한 도구 A Major Tool for Sanctification

주님의 말씀대로 행하지 않는 네 번째 이유는 우리의 마음이 새롭게 되지 못하고 우리가 변화 받지 못한 것에 있다.

변화의 과정 중에는 '성화'가 포함되는데, 내적치유는 성화의 과정에 중대한 역할을 한다. 성화란 다른 어떤 사람들 보다 좀 더 거룩해지려고 애쓰는 과정이 아니다. 성령께서 우리를 십자가의 죽음, 그리고 부활로 인도해 예수 안에서의 새 생명을 맛보게 하시는 과정이 바로 성화이다. "이 세상을 본받지 마라, 오직 너의 마음을 새롭게 함으로 변화되어 선하고 받을 만하며 온전한 하나님의 뜻이 무엇인지 분별하고," (로마서 12:2)

성화란 성령께서 우리 속에 거하는 모든 그릇된 것을 축복으로 바꾸시는 과정이다. 성화를 통해 우리의 사막이 물댄 동산으로, 우리의 약함이 강함으로 탈바꿈한다. (고후 12:9) 그리고 우리의 비천함이 영광으로 변화된다. (사 61:3) '변화'의 또 다른 의미는 로마서 8장 28절 말씀처럼 어떠한 형태로든 사탄의 승리가 더 이상 불가능하다는 것을 뜻한다. "그의 부르심대로 부름 받은 자들에게는 모든 일이 합력하여 선을 이룬다."(롬 8:28)

내적치유는 개개인의 기억을 지우거나 과거를 바꾸는 과정이 아니다. 내적치유에서는 오히려 우리 삶 속 가장 치욕스런 순간마저도 소중하게 여긴다. 왜냐하면, 그러한 경험을 통해 하나님께서는 우리의 마음 가운데 영원한 교훈을 새겨 넣으실 수 있기 때문이다. 또한 이러한 경험을 통해 하나님께서는 동일한 경험으로 고통 받는 사람들에게 다가설 수 있도록 우리를 준비시키실 수 있다.(히 2:18) 만약 우리가 우리 삶의 모든 일을 뒤돌아 볼 때 감사함을 느낄 수 있다면, 우리는 이미 치유되고 변화되었다고 할 수 있다. 우리 모두는 죄를 지어왔고 또 다른 사람들로부터 피해를 당하기도 했지만, 하나님은 지혜와 지식의 말씀을 우리 안에 새겨 넣어 주셔서 지금은 우리가 남을 도와 줄 수 있을 만큼 성숙하게 되었다.(고후 1:4)

성화와 변화는 모든 사람을 향한 하나님의 계획이다. 하나님께서는 여러 가지 방법을 통해 성화와 변화를 이루도록 디자인 해 놓으셨다. 골방에서의 기도, 성경읽기, 시험과 유혹, 우리 마음에 교훈을 새길 수 있는 좋은 일들, 형제와 자매를 본받음, 가르침, 설교 등등, 이런 방법들 중 그가 성화와 변화를 위해 사용하시는 가장 주요한 수단 하나는 내적치유이다.

내적치유의 목적 The Aim of Inner Healing

전에 말했듯이 내적치유라는 용어는 잘못된 이름이다. 치유라는 용어가 내포하는 의미는 무엇인가 잘못된 것을 바로잡는 것이다. 하지만 하나님께서는 우리의 영을 고칠의도가 전혀 없으시다. 왜냐하면 치유라는 것은 마치 헌 옷에 새 천 조각을 기워 넣는 행위와 같기 때문이다. 이에 반해, 하나님께서는 죄에 대한 유일한 해결책을 적용하신다. 그것은 바로 죽음이다. "죄범한 자는 죽을 지니라."(겔 18:4)

여기 희소식이 있다. 예수님께서 우리 대신 '죽음'이 되셨다. 우리가 어떤 사람의 마음 가운데 죄의 구조를 발견하면, 우리는 그를 단지 위로하고 용서하는 것으로 사역을 끝내지 않는다. 우리는 그 사람의 죄 된 구조를 낱낱이 드러낸 후, 그리스도와 함께 십자가에 못 박아 그것들을 죽음으로 내몬다.(롬 6:11) 하나님은 우리의 옛 습성을 도륙하여 온전히 죽인 후, 새로운 피조물로 부활하기를 원하신다.

만약 치유라는 단어에 옛 습성의 죽음, 부활을 통한 새 피조물로의 거듭남이라는 뜻이 내재 되어 있지 않는 한, 이러한 치유 과정에 영의 치유는 없다. 십자가의 죽음 없이는 어떠한 치유도 불가능하다. 생명으로 이르는 길은 죽음을 통하는 길 밖에 없다.(요 12:24, 마 10:39) 그러므로 내적치유는 '상담과 기도를 통한 변화와 성화의 과정'이라고 불려야 한다.

어떤 사람들은 내적치유가 상한 감정이 나 상처받은 기억을 치료하는 과정이라고 말한다. 이것은 적합치 못한 견해다. 우리는 상처 입은 감정을 달콤한 거짓말로 위로하거나 치료하지 않는다. 고린도후서 1장 4절에서처럼 우리는 사람들의 마음에 복음을 접목하고, 성화시키고, 변화시킨다. 사람의 성품을 예수 그리스도의 인격으로 바꿔놓는 것이 우리가 하는 일이다. 그리스도의 몸 된 교회가 교회의 머리되신 그리스도의 분량에 이르도록 하기 위해 사랑 가운데 진실을 말하는 것이 우리의 사역이다.(엡 4:15) 내적치유의 목적은 바로, 사람들을 변화시키는 것, 실제로 그리스도의 모든 몸을 바꾸어 그리스도의 충만한 분량에 이르는 성숙한 사람으로 변화시키는 것이다.(엡 4:13)

내적치유의 시행 How Inner Healing Is Don

하나님께서 우리의 옛 자아 가운데 아직 십자가에 못 박히지 않은 기질을 드러내실 때까지 상담하면서 서로의 이야기를 경청하는 것이 중요하다.

'겉사람'으로는 이미 다른 사람(특히 어린 시절에 상처를 줬던 사람)을 용서했다고 생각할 수 있으나 기도와 상담을 통해 그러한 용서는 온전치 못하다는 사실을 발견하게 된다. 용서하지 못하면, 어린 시절 어떤 상처에 대해 반응하던 방식이 성인이 되어서도 동일하게 나타난다. 동일한 상처를 받을 때마다 우리는 여전히 어린아이의 방법으로 반응하고 행동하게 된다.(고전 13:11) 혹은 내 안의 쓴 뿌리가 다시 돋아나 남을 더럽히기도 한다. 결국 상담 사역을 통하지 않고는 원인을 알 수조차 없는 결과들을 맛보는 것이다. 수없이 많은 상처와 그에 대한 반응들이 지금의 나를 조성하였다. 이미 낡아지고 죽어 없어져야 할 반응들이 마치 살아 있는 듯 우리를 현혹할 때, 내적치유야말로 이것들을 온전한 죽음으로 내몰 수 있는 가장 효과적인 방법이다.

보는 것과 회개하는 것 Seeing and Repenting

우리의 마음속 치유되지 않은 채 남아 있는 오래된 감정들, 상처에 반응하는 옛 방식이나 죄의 구조를 바라보는 것이 내적치유의 첫 단계이다. 다음 단계는 회개이다. (회개에 대해선 후에 더 깊게 다루겠다.) 우리는 변화되기로 마음먹어야 한다. 주님을 위해, 그리고 죽지 않은 나의 옛 모습 때문에 고통 받는 다른 사람을 위해…

십자가에 다가서기 Going to the Cross

다음 단계는 큰 목소리로 하나님의 용서를 구하는 기도와 우리 안에 남아있는 옛 기질들을 십자가의 죽음으로 옮기는 것이다.(골 3:9-10)

이렇게 해도 옛 기질들은 잘 죽지 않는다. 치유 받는 사람과 상담자 모두가 끈질기게 매달리기로 결단해야 한다. 우리 부부에게는 다음과 같은 글귀가 인쇄된 티셔츠를 입고 다니는 친구가 있다. "거룩한 산 제사가 되는 데 있어서 가장 큰 문제점은 그들이 살아 있기에 자꾸만 제단에서 내려와 도망간다는 것이다." 우리의 감정과 반응을 통제했던 옛 기질들이 완전히 숨을 거둘 때까지 십자가에 매달아 두는 것에는 인내와 끈기가 필요하다.

성숙 Ripeness

'성숙'이라는 말은 죄를 미워하는 마음이 선명해지는 상태를 뜻한다. 성숙한 상태에선 변화의 대가가 무엇이든 지불할 준비가 되어있다. 그래서 우리의 의지로 죄 된 옛 자아를 떠나보낼 수 있게 된다. 성숙의 또 다른 의미는 예수님께서 누가복음 8장 5절부터 15절에 언급하신 '좋은 땅'이 되기까지 기다리는 과정을 말한다. 좋은 땅은 하나님 말씀의 씨앗을 붙잡아 인내로써 열매를 맺는다.

한 사람이 무르익기 위해선 그를 참아 주는 주변의 충분한 사랑이 있어야 한다. 또한 변화를 향한 그 사람의 의지도 필요하다. 내적치유의 상담과정 중 가장 힘든 부분은 내담자가 좋은 땅이 될 때까지 조건 없는 사랑을 계속적으로 부어 주는 일이다. 그런데 바꾸어 생각하면 그것은 전혀 힘든 일이 아니다. 사랑을 통해 사람을 생명으로 인도하는 일은 예수님만이 하신다. 우리는 그 일에 기쁨으로 동참할 따름이다.

사랑을 통해 생명으로 인도하기 Loving People to Life

사람들은 수직 상승선으로 꾸준하게 자라지 않는다. 그들은 때로 수평선을 그리기도 하고, 아래로 치닫다가 다시 상승하는 양태를 보이면서 자란다. 우리 사역자들 외에, 누가 이렇게 더딘 성장과정을 지켜보면서 고통스러워할지 생각해 봤는가? 그것은 바로 예수님의 부름을 받아 사람들을 사랑하고 또 사랑을 통해 그들을 생명으로 인도하는 사람들이다. 이들은 때론 슬프고 힘든 과정 중에 눈물을 흘리지만 다시금 용기를 내어 무릎으로 중보 하는 사람들이다. 사도 바울은 갈라디아 사람들에게 "내 자녀들아, 그리스도의 모습이 너희 안에 형성되기까지 나는 또다시 수고하노라."라고 말한 것을 기억하라.(갈 4:19, 밑줄 친 부분은 내 해석이다.) 게다가 사람들은 생명으로 인도 받기를 거부하기도 하고 자신들에게 사랑을 베푼 사람을 공격하고 신랄하게 비판하기도 한다.

이러한 고통은 언제까지 계속되는가? 그들이 성숙할 때까지, 그리고 스스로 생명을 부여잡을 때까지다. 그들이 어린아이를 거쳐 그리스도 안에서 성숙한 아비가 될 때까지 그 고통은 계속될 것이다.

사영리 The Four Scriptural Laws

엘리야의 집(저자가 운영하는 내적치유 센터 이름)에서 상담사역 중 발생하는 모든 문제의 원인은 성경에서 제시하는 네 가지 기본적인 법칙에 귀속된다. 성경의 근본적인 목적은 이러한 문제들을 진단함에 있다고 말한다.

> 하나님의 말씀은 살았고 운동력이 있어 좌우의 날 선 검보다도 예리하여 영과 혼을 찔러 쪼개기까지 하며 - 히브리서 4:12-13

하나님의 말씀은 사람의 생각으로 이뤄지지 않았다. 하나님의 말씀은 영원하고, 모든 세대와 사람들에게 적용되는, 변하지 않는 계시로 이뤄져 있다. 하나님의 법은 절대적이다. 하나님의 법은 현실을 지배한다. 그러므로 변치 않는 하나님의 법은 모든 사람들의 문제를 진단할 수 있는 명백한 청진기이다.

부모공경의 원리 Honoring Parents

첫 번째 성경의 원리는 십계명 중에 약속이 있는 유일한 계명 "네 부모를 공경하라"이다. "그리하면 너의 하나님 여호와가 네게 준 땅에서 네가 생명이 길고 복을 누리리라."(신 5:16)

이 말씀은 현실에서 일어나는 일이다. 당신의 삶 가운데 부모를 공경하고 있는 영역이 있다면, 그 영역에선 당신의 삶이 형통할 것이다. 30년 넘도록 상담사역을 해왔지만 이 법의 예외는 단 한 번도 본 적이 없다.

부모를 공경한다는 의미는 부모님 말씀에 순종하고 부모님을 존경하려고 노력하는 행동을 뜻한다. 공경에는 '사랑'과 '소중히 여김'과 '용서'가 포함된다. 어떤 부모님은 공경 받을 이유가 전혀 없는데도, 하나님께서는 자녀들이 부모를 진심으로 공경하도록 요구하신다.

공경 받지 못할 부모를 공경하지 않은 경우에도, 하나님의 법은 동일하게 적용된다. 당신의 삶 가운데 자녀로서 부모를 공경하지 않은 영역이 있다면, 그 영역에서 당신의 삶은 형통하지 못할 것이다.

우리에게 상담을 의뢰하려고 사람들이 올 때마다, 그들이 어떤 문제를 꺼내든지, 우리의 치료 순서는 항상 똑같다. 첫째 우리는 현재 그 사람이 당면한 문제가 무엇인지 세부사항을 듣는다. 그리고 그 문제가 부모공경을 위반한 결과로 비롯된 것인지 아닌지를 살핀다. 하나님의 말씀은 사실이다. 만약 그가 부모님을 공경했다면 그의 삶은 형통했을 것인데, 만일 그가 아직 해결되지 않은 문제와 대면하고 있다면, 역으로 생각해 볼 때, 그가 부모님 중 한 명 혹은 두 분 다 공경치 않았다는 얘기가 된다.

이 법칙을 염두에 두고 상담한다면, 문제 해결은 그리 복잡하지 않다. 하나님이 제시한 법칙의 절대성은 이미 성경이 입증한 상태이기 때문이다.(시 19:7-14) 만일 우리가 하나님의 법(이 경우 부모 공경)을 지키지 않는다면 삶에 어려움이 야기된다.

판단 Judging

신명기 5장의 말씀에 근거를 둔 부모공경의 법칙은 자연스레 두 번째 법칙으로 연결된다. "비판을 받지 아니하려거든 비판하지 말라. 너희의 비판하는 그 비판으로 너희가 비판을 받을 것이요 너희의 헤아리는 그 헤아림으로 너희가 헤아림을 받을 것이니라."(마 7:1-2)

여기서 주님은 특별한 형태의 판단에 대해 말씀하신다. 우리가 친구의 차를 얻어 탔을 때, 그의 운전 능력에 대해서 판단하는 것은 문제가 되지 않는다. 또한 우리는 사업상 상대방이 신뢰할 만한지에 대해 판단할 수도 있다. 우리는 삶의 거의 모든 영역에서 서로를 평가한다. 우정, 관계, 데이트, 경쟁, 그리고 사업과 같은 영역에서 말이다. 이해와 긍휼의 마음에서 비롯된 평가는 징벌의 대상이 아니다. 사도 바울은 신자들에게 이 세대를 판단하라고 명령했으며 심지어 천사들도 판단하게 될 것이라고 기록했다. "성도가 세상을 판단할 것을 너희가 알지 못하느냐? 세상도 너희에게 판단을 받겠거든 지극히 작은 일 판단하기를 감당치 못하겠느냐? 우리가 천사를 판단할 것을 너희가 알지 못하느냐? 그러하거든 하물며 세상 일이랴?"(고전 6:2-3)

하지만 우리가 비판, 저주, 분노, 시기, 질투, 혹은 깊은 원한 등, 불순한 마음으로 남을 판단하면 하나님의 변치 않는 법칙이 적용되어 그 판단의 보답으로 징벌이 돌아오게 된다.

불순한 마음으로 부모님을 판단하는 것은 부모님을 공경치 않는 것이다. 결국 이 경우엔 부모공경의 법칙과 판단의 법칙 둘 다 적용된다. 우리의 판단은 결국 우리에게 되돌아온다. 그리고 우리의 삶이 형통치 못하게 된다.

심은 것을 거두는 법칙 Sowing and Reaping

위에 언급한 두 가지 법칙은 세 번째 법칙과 연결된다. "속지 마라, 하나님은 조롱받지 않으신다. 사람이 무엇을 뿌리든, 뿌린 대로 거두게 된다."(갈 6:7) 이 법칙에 예외란 없다. 법은 언제나 법이다. 모든 선행은 축복을 심고 축복을 거둔다. 그리고 모든 악행은 해로운 것을 심고 해로운 것을 추수한다.

"자기의 육체를 위하여 심는 자는 육체로부터 썩어진 것을 거두고 성령을 위하여 심는 자는 성령으로부터 영생을 거두리라."(갈 6:8) 이 말씀은 우리가 받게 될 상급을 잃어버리지 않을 것이라는 보장과 함께 우리가 육신적으로 행한 일의 결과를 회피할 수 없다는 경고도 말해 준다. 더 이상 육신적인 일에 손대지 않겠다고 생각하는 사람들도 이미 심어 놓은 것을 통해 해로운 열매를 거둘 수 있다. 실제로 회개하지 않고 남겨진 죄가 오래되면 될수록 더 큰 죄의 열매를 거두게 된다. "그들은 바람을 심고, 태풍을 거두게 된다."(호 8:7)

자녀들은 부모님의 실수와 잘못에 비판을 가하는 것은 말할 것도 없고 부모님의 훌륭한 가르침마저 인정하려 들지 않는다. 그들은 부모님을 공경치 않으며, 불결한 마음으로 부모를 판단한다. 자녀들은 결국 부드러운 피부를 갖고 있지만, 죄 덩어리이다! 천사를 닮은 예쁜 눈을 가졌을지라도 여전히 죄에 거한다! 그들은 결국 자신에게 되돌아오는 죄의 열매를 먹게 될 것이다.

지금 당장은 아니다. 우리는 뿌린 시점에 열매를 곧바로 거둘 수 없다. 혹은 줄기가 자라난 시점에도, 꽃이 필 때에도 추수는 불가능하다. 이삭이 패어도 익지 않으면 낫을 댈 수 없다. 추수는 많은 해가 지나, 자신이 저지른 행위를 까맣게 잊을 때에 일어난다. 결국, 어른이 되었을 때, 유소년기에 부모님을 거역함으로 심었던 씨앗의 엄청난 열매를 거두게 된다.

이것은 불공정해 보인다. 실제로 공정하지 않다. 하지만 하나님은 공정하시다. 불공정한 것은 삶이다. 아담이 죄지은 이후 우리의 삶은 공정과 거리가 멀어졌다. 하나님은 아담의 죄가 인류에게 전염되어 어린아이마저 마귀의 속박에 갇혀 부모를 거역하게 되리라는 것을 알고 계셨다. 그리고 그들이 성장했을 때, 삶 가운데 파괴의 열매를 거두게 될 것을 이미 알고 계셨다. 그래서 하나님은 구원의 계획을 세워 놓으셨다.

아주 정확한 시간에 하나님은 아들 예수를 이 땅에 보내셨다. 그리고 예수로 하여금 우리의 모든 죄과를 십자가에서 담당케 하셨다. 하나님의 자비는 단 한 가지를 기다린다. 그 한 가지는 회개이다. 과거에 심기워져 지금 파괴의 열매를 생산한, 혹은 앞으로 열매 맺게 할 씨앗, 즉 우리의 죄를 인정하고 자백하는 것이다.

"누가 자신의 잘못을 분별하겠는가? 숨겨진 죄로부터 나를 해방하소서."라는 다윗의 기록처럼 상담자는 내담자의 숨겨진 죄를 분별해야 한다. 우리들 중 누구도 자신의 마음을 분명하게 분별해 내지 못한다. 어떤 누구도 자신의 마음 속 숨은 동기를 감지할 수 없다. "마음의 계획은 깊은 우물과 같지만, 이해력을 가진 이가 물을 길어 올린다."(잠 20:5) 용서가 필요한 영역이 어디인지, 죽어져야 할 습관이 무엇인지 성령을 통해 알려주시는 분은 예수님이다. "내가 자책할 아무것도 깨닫지 못하나 그러나 이를 인하여 의롭다 함을 얻지 못하노라. 다만 나를 판단하실 이는 주시니라."(고전 4:4)

여기서 상담자는 사람의 마음속에 숨어 있어 하나님의 자비를 가로막는 것이 무엇인지 밝혀내고 그것을 십자가에 못 박아야 한다. 이렇듯 상담자는 어린 시절에 범한 죄를 제거하는 주님의 사역에 도구로 사용된다.

남을 판단한 대로 내가 변한다 Becoming What We Judge in Others

네 번째 법칙은 우리가 남을 판단했던 그대로 변한다는 것이다.(롬 2:1) 만일 다른 사람의 행동을 판단했다면, 판단한 사람은 그 행동을 동일하게 답습하거나, 그와 비슷한 행동을 하게 되는 운명에 처한다.

예전에 한 거듭난 신자가 내게 와서 말하길, 그는 자신의 아내를 사랑하고 아내와의 성생활을 즐긴다고 했다. 하지만 그는 한때 술집에 가서 어떤 여인을 만났고, 충동적으로 간음을 저지르게 되었다고 고백했다.

"나는 내 자신을 이해할 수 없어요. 나는 예수님을 사랑하고, 내 아내를 사랑한답니다. 나는 주님과 아내에게 신실하고 싶어요. 심지어 나는 술 냄새조차 맡기 싫어한다구요! 그런데 내가 술을 마시고 또 아내가 아닌 다른 여인과 동침한 것은 너무 나쁜 일입니다. 하지 말았어야 했어요. 도대체 원치 않는 일을 내가 왜 하게 되는 것입니까?"

당신은 이 청년의 고백과 동일한 간증을 로마서 7장에서 만나 볼 수 있다.

내가 원하는 바 선은 하지 아니하고 도리어 원치 아니하는 바 악은 행하

는도다 - 로마서 7: 19

나중에 이 청년의 아버지가 알콜 중독자이고 여색을 밝히는 사람이었다는 사실을 알게 되었다. 하지만 그다지 놀랄 일이 아니었다. 어린 시절, 이 청년은 아버지의 행동 때문에 아버지를 미워하고 판단했다.

자, 이제 하나님의 법이 절대적임을 염두에 두고 다음을 살펴보자. 소년은 아버지를 공경하지 않았다. 특히 음주와 간음의 영역에서 그 소년은 아버지를 판단했다. 동일한 영역에서 청년의 삶이 올바로 진행되지 못함은 자명하다. 어릴 적 아버지에게 내렸던 판단이 장성한 후 자신에게 되돌아온다. 이제 네 번째 법칙이 효과를 발휘한다. 그는 아버지와 동일한 행동을 한다. 결국 회개하고 아버지를 용서할 때까지, 청년은 아버지의 부정을 답습하게 된다.

나는 그 청년에게 이 간단한 법칙을 가르쳤다. 그는 잘 이해했고 자신의 아버지에게 내렸던 판단에 대해 회개했다. 그 순간부터 청년은 자유케 되었다. 이후 청년은 음주와 간음에 대한 충동과 욕구로부터 자유케 되었다.

어린 시절 나는 우리 가족의 작은 농장에서 열심히 일했다. 하지만 어머니는 열심히 일하는 내게 칭찬을 아끼셨다. 나는 어머니께서 내게 칭찬하지 않는 것에 대해 판단했고, 결혼해서 아이가 생기면, 자녀에겐 칭찬을 아끼지 않으리라 맹세했다. 하지만 내가 어른이 되고 부모가 되었을 때, 내 아이가 필요로 하는 칭찬을 아끼는 내 자신을 발견하게 되었다.

무엇 때문에 나는 칭찬에 인색했는가? 바로 냉혹한 하나님의 법칙 때문이다. 내가 회개하고 용서받을 때까지, 나는 내 어머니의 모습을 그대로 답습하도록 운명지어졌다.

책의 후반부에는 우리의 내적 맹세가 우리를 죄 된 행동으로 이끄는 모습을 살펴볼 것이다. 위에 언급한 경우엔 내가 어머니를 판단했기에, 내가 거둔 얼매는 나의 내적 맹세와는 정반대였다. 결국 내적 맹세는 나로 하여금 어머니의 모습을 그대로 본받도록 부추긴 셈이다. 자녀로서 우리는 부모님의 양육 방식을 싫어할지 모른다. 하지만 내 경우처럼, 어머니와는 반대로 행하겠다는 맹세가 어머니를 향한 판단과 어우러졌을 때, 하나님의 법칙에 따라 나는 어머니와 같이 아이들에게 칭찬을 아끼는 부모가 된 것이다.

그리스도의 십자가 외엔 하나님의 법칙을 피할 방법은 없다.

회개의 원칙 The Principle of Repentance

심리학자들은 유년기에 겪은 일들에 의해 사람의 성격이 결정된다고 믿는다. 유년기에 겪은 일, 그 중심엔 부모의 잘못이 있다. 그리고 그에 대한 원망이 자리하고 있을 것이다. 하지만 크리스천으로서 우리는 우리에게 일어난 일에 대해 어떻게 반응할지 결정할 수 있다고 믿는다. 결국 우리 스스로에게 책임이 있다는 얘기다.

성경은 긍휼의 마음으로 그의 자녀를 바라보시는 하나님에 대해 증거한다.(시 103:13) 하나님께선 비난받아 마땅한 부모를 판단하는 자녀에게 징계내리지 않으신다. 그럼에도 불구하고 하나님의 법은 '심음과 거둠'의 원칙을 시행할 수밖에 없다. 하나님은 그의 자녀들이 이 법에 올무매여 자멸하는 것을 원치 않으신다. 대부분의 경우 사람들이 무엇을 회개해야 할지 알게 되면, 그들은 회개할 것이고 곧 자유케 될 것이다. 이를 위해 상담자가 있다. 하나님께서 상담자들을 보내신 이유는 사람들의 마음에 회개를 접목하시기 위해서다.

만약 회개가 뒤따르지 않으면, 유년기의 죄를 들춰내는 것은 큰 도움이 안된다. 그러므로 크리스천 상담자는 진정한 회개로 인도해야 한다.

회개는 감정이 아니다. 눈물 한 바가지를 흘리는 것이 회개가 아니라는 얘기다. 회개는 우리의 마음으로 자신의 죄를 인정하는 것이다. 또 자신이 행한 일로 인해 주님과 주변의 사람들에게 상처 준 사실에 대해 미안한 마음을 갖는 것이며 우리의 의지를 들여 과거의 자아를 죽이고자 하는 행위이다. 동시에 하나님이 원하시는 모습으로 우리를 변화시키시도록 허락하는 과정이다.

우리의 죄를 발견하고, 미안한 마음을 갖는 것으론 부족하다. 물론 이 과정은 중요하다. 또한 남을 용서하고 하나님으로부터 용서 받는 것만으론 부족하다. 물론 용서의 과정도 중요하다. 하지만 상처를 가한 사람들에게 반응하는 우리의 옛 습관들은 반드시 십자가 위에서 죽어야 한다.

내적치유 사역에 몸담고 있는 많은 사람들은 마음 깊은 곳으로부터의 용서가 반드시 필요하다는 사실을 이해한다. 그리고 하나님의 용서를 마음 깊이 받아들여야 하는 필요성도 느낀다. 하지만 사역자들은 용서하고 용서 받는 단계에서 멈추고 만다! 결국 내담자의 마음에는 악한 생각과 행동을 양산하는 제조공장만이 남게 된다. 십자가의 죽음은 없다. 여기 유년기의 상처와 분노에 대해 언급한 중요한 성경구절이 두 군데 있다. "내가 그리스도와 함께 십자가에 못 박혔나니"(갈 2:20) 그리고 "그리스도 예수에게 속한 자마다 그 육신이 십자가에 못 박혔으니."(갈 5:24)

속박 아래 매여 있는 자녀로서 우리는 습관적인 죄를 반복하고 답습해 왔다. 이러한 모습은 반드시 십자가에 못 박혀야 한다. 어떻게? 우리의 죄 된 모습에 죽음을 선포함으로써.

예수님은 우리 대신에 십자가에 못 박히셨다. 예수님은 우리의 죄 된 성품과 함께 십자가에 못 박히셨다. 그러므로 우리는 예수께서 십자가에서 돌아가심을 믿음으로 우리의 죄성을 십자가에 못 박을 수 있다. 우리가 회개한 죄성은 더 이상 우리 안에 거주할 권한이 없다.

회개를 위해 우리는 우리를 붙잡고 있는 죄를 철저히 미워해야 한다. 얼마 동안 나는 특정한 죄를 끊으려고 무던히 노력을 기울였다. 그것을 위해 반복적으로 기도했지만, 그 효과는 오래가지 않았고 아무 소용도 없었다. 나는 하나님께 화가 났다.

"하나님, 나는 죄 짓지 않으려고 노력하는데 어째서 도와주지 않으시죠?"

나는 투덜댔다.

"넌 아직 그 죄를 혐오하지 않는단다."

"혐오하지 않는다니요. 그게 무슨 말씀입니까, 주님? 나는 그 죄를 미워합니다!"

"아들아, 그렇지 않다. 만일 네가 그 죄를 미워했다면, 너는 그 죄를 끊었을 것이다. 너는 그 죄를 사랑한다. 그래서 네가 계속해서 그 죄를 범하는 것이란다."

회개는 우리의 죄와, 죄성을 매우 혐오하여 우리가 그것에 죽음을 선포할 때에만 가능하다. 그 때에만 죄의 죽음이 현실이 된다. 우리는 진실로 더 이상 그 죄를 원치 않기 때문이다. 이러한 이유에서 사도 바울은 "악한 것을 증오하라"고 말했다.(롬 12:9)

회개는 전적으로 하나님의 은혜의 선물이다. 우리의 죄를 통해, 주님의 마음이 얼마나 아팠는지 또 다른 사람들이 얼마나 많은 상처를 입었는지 예수님께서 드러나게 해 주실 때에야 우리는 그 죄를 매우 증오하게 되고 죄의 길에서 돌이키게 된다. 그리고 주님이 우리의 마음을 변화시키시도록 하게 된다. 그제야 우리의 죄 된 성품이 주님과 함께 십자가에 못 박힐 수 있다.

마귀는 우리가 죄를 미워하지 못 하도록, 그래서 십자가에서의 온전한 죽음을 가로 막으려고 안간힘을 쓴다. 만일 가로막는 영에 의해 진정한 자각과 회개가 막힌다면 축사가 필요하다.

가장 흔한 죄 The Most Common Sinful Practices

내적치유 사역을 통해 우리가 다루는 죄의 모습을 전부 나열하기엔 지면이 부족하다. 나는 이미 몇 권의 책에서 이러한 죄의 모습을 지적해 놓았다. 독자들은 우리 부부가 저술한 「속사람의 변화(The Transformation of the Inner Man)」(순전한나드)와 「상처 입은 영의 치유(Healing the Wounded Spirit)」라는 두 권의 책을 통해 내적치유 사역 가운데 드러나는 죄의 모습을 살필 수 있다.

하지만 축사 사역만 알고 있는 독자, 혹은 우리의 가르침이 낯설게만 느껴지는 사람들을 위해 우리가 흔하게 다뤘던 네 가지 대표적인 죄를 아래에 적어둔다.

쓴 뿌리 판단과 쓴 뿌리 기대 Bitter Root Judgment and Expectancy

'옛 사람' 이 저지르는 가장 강하고 일반적인 죄는 '쓴 뿌리 판단' 과 '쓴 뿌리 기대' 이다. 크리스천 사역자라면 이를 반드시 죽음으로 내몰아야 할 것이다.

쓴 뿌리 판단은 법의 힘에 의해 작용한다. "우리는 심은 것을 거둔다."라는 갈라디아서 6장 7절 말씀이 그 근거가 된다. 히브리서의 저자는 히브리 사람들에게 쓴 뿌리의 판단에 대해 이렇게 이야기한다. "너희는 돌아보아 하나님 은혜에 이르지 못하는 자가 있는가 두려워하고 또 쓴 뿌리가 나서 괴롭게 하고 많은 사람이 이로 말미암아 더러움을 입을까 두려워하고."(히 12:15)

반면에, 쓴 뿌리 기대는 심리적인 것이다. 이것은 자신에게 예언하고 또 스스로 예언을 성취하는 작용이다. 예를 들면 다음과 같이 말하는 사람의 경우라 하겠다. "나는 내 삶이 어떤 특정한 방향으로 갈 것을 기대했는데, 종종 그렇게 되더군." 우리는 무의식 속에 기대라는 렌즈를 갖고 있다. 기대한대로 삶이 이뤄지든지 아니든지, 우리는 그 렌즈를 통해 우리의 삶을 보려는 경향이 있다. 또한 다른 사람들이 나를 볼 때에도, 내가 기대해온 모습으로 보도록 만든다.

린다(Linda)라는 이름의 여성에겐 항상 집을 비우는 아버지가 있었다. 아버지가 집에 계신 적이 손꼽을 정도였고 아버지로부터 칭찬을 듣는 것은 하늘의 별따기였다. 이러한 상황에서 린다는 잠재의식 속에 '모든 남자는 우리 아버지와 같을 거야' 라는 쓴 뿌리의 기대를 키워 왔다.

린다가 성장한 후, 많은 남자들이 그녀를 만났는데, 그들은 그녀를 대할 때마다 이해할 수 없는 자신의 모습에 혼란스러워했다. 그 남자들이 다른 여성을 만날 땐 예의를 갖추고 정중하게 행동했는데 어떻게 된 일인지, 린다를 만날 때면 자신도 모를 예의 없는 행동이 튀어나오기 때문이다. 린다를 만날 때, 그들의 입에선 여성들이 좋아할 만한 '준비된' 칭찬은 고사하고 오히려 혹평이나 불경한 욕설들이 나오게 되었다. 게다가 보통 좋아하는 여성이 생기면 남자들은 그 여성에게 전화하지만 린다를 좋아하는 남자들의 경우는 달랐다. 그들은 린다에게 전화 걸기로 마음먹어도 곧 전화하는 것을 까맣게 잊어버리곤 했다. 왜 그럴까? 그것은 린다의 쓴 뿌리 기대가 그 남성들을 가로막았기 때문이다.

쓴 뿌리 판단에는 쓴 뿌리 기대가 갖지 못하는 법적 구속력이 있다. 우리 안에 있는 쓴 뿌리는 다른 사람이 우리를 대하는 태도에 영향을 줄 수 있다. 이것이 바로 우리가 쓴 뿌리를 통해 다른 사람을 더럽히는 경우다. 법의 구속에 의해 쓴 뿌리 판단은 뿌린 것을 거둬야만 한다.

아래의 일화는 믿기 어렵겠지만, 실화다. 그리고 쓴 뿌리 판단의 힘이 다른 사람의 태도에 어떻게 영향을 주는가를 보여주는 좋은 예가 될 것이다.

베티(Betty)라는 이름의 여성이 상담을 부탁하며 내게 찾아왔다. 그녀는 아주 어렸을 때에도, 그 아버지의 명령에, 마치 부리는 인부처럼 가족 농장에서 일을 해야만 했다. 많은 경우 아버지는 술에 취해 집에 있었지만 그녀는 농장에서 일해야 했다. 그녀가 일을 마치고 집에 돌아오면 술에 절어 있는 아버지는 다짜고짜 화를 내기 일쑤였다. 심지어는 그녀에게 소리 지르면서 농장의 인부들과 성관계를 하지 않았냐며 다그치고 괴롭히기도 했다. 특히 그녀가 청소년기에 접어들자 아버지의 괴롭힘은 더 심해졌다.

베티는 어려서부터 아버지를 향해 쓴 뿌리 판단을 키워나갔다. 하지만 아버지를 향해 판단의 씨앗을 뿌려놓았다는 사실을 까맣게 잊은 채, 베티는 아주 아름다운 여성으로 자라나서 결혼하고 가정을 꾸리게 되었다.

결혼 후 남편은 직장을 잃었는데, 얼마 되지 않아서 생긴 일이다. 또 다른 직장을 구하려는 노력 대신 남편은 베티에게 나가서 돈을 벌어오라고 명령했다. 그리고 남편은 술을 마시며 집에 있었다. 그녀가 일을 마치고 집에 돌아오면 남편은 직장동료와 성관계하지 않았냐며 베티를 혹독하게 다그치곤 했다.

이렇게 지옥 같은 날들이 흘러 수년이 지난 뒤, 베티는 남편과 이혼했다. 베티는 곧 두 번째 남편을 만났다. 하지만 결혼 한 지 6개월도 채 지나지 않아서, 남편은 직장을 그만두었고 그녀는 지금의 남편과 전 남편을 먹여 살리기 위해 일자리를 구해야 했다. 놀랍게도 지금의 남편 역시 집에 있으면서 술을 마시기 시작했다. 그리고 그녀가 일터에서 돌아오면 직장에서 통간하지 않았냐며 다그쳤댔다. 더 이상의 변호도, 남편과의 논쟁도 베티에겐 아무 도움이 되지 않았다. 그리고 세속적인(일반) 상담자들은 지금의 남편과 이혼할 것을 종용할 뿐이었다. 결국 그녀는 두 번째 이혼의 아픔을 겪었다.

세월이 지나, 베티는 성령 충만한 크리스천이 되었다. 그녀는 비록 아버지를 용서하지 않았고 아버지에 대한 판단의 습관을 십자가에 못 박지 않았지만, 아버지를 향한 분노만큼은 온전히 제거되었다고 생각했다. 그리고 그녀는 스스로 '나는 이제 어느 정도 지혜롭게 성장한 크리스천이 되었다' 라고 생각했다. '지혜로운' 베티는 이제 크리스천 남성 가운데 자신의 세 번째 남편을 찾기 시작했다. 아주 신중하게 찾는 과정 중, 부유한 크리스천 남성을 만나 결혼했다. 베티는 이제 이 결혼만큼은 괜찮을 거라고 생각했다.

결혼한 지, 일 년이 지났을까? 그 남자는 베티에게 돈을 벌어올 것을 요구했다. 더 놀라운 일은 그 크리스천 남편은 일생에 단 한 번도 술을 마신 적이 없었는데, 집에서 빈둥대며 술을 마시기 시작했다는 것이다. (그리고 그 다음 단계는 말하지 않아도 알 수 있다.) 그녀가 직장에서 돌아오면, 왜 직장 동료와 불미스런 일을 저질렀냐고 다그치기 시작했다.

이 실화를 통해 남을 더럽히는 쓴 뿌리 판단을 볼 수 있지 않은가? 주위 사람들의 행동에 영향을 주거나 아예 통제하는 쓴 뿌리 판단의 힘을 볼 수 있지 않은가?

당신은 예수님이 말씀하신, 일만 달란트 탕감 받은 사람을 기억할 것이다.

그는 자신의 큰 빚을 탕감 받았지만, 자신에게 푼돈을 꿔 간 친구를 용서하지 않았다.(마 18:23-35) 우리가 십자가에서 우리의 모든 죄를 용서 받은 후에도 계속해서 다른 사람에게 섭섭했던 것이나 다른 사람으로부터 받은 상처를 품고 있다면, 우리는 일만 달란트를 빚진 사람과 같다. 결국 십자가에 못 박아 탕감 받은 모든 빚의 멍에를 다시 지는 셈이 된다. 내적치유가 필요한 이유는 이제 충분하지 않은가?

회개가 따르지 않는다면, 쓴 뿌리의 발견은 아무 도움도 되지 못한다. 베티가 상담을 의뢰하러 내게 찾아왔을 때, 그녀는 남편들에게 매우 화가 난 상태여서 문제의 근원을 살펴보자는 나의 제안을 거부했다. 일단 문제의 근원으로 들어가면 일부분 자신의 잘못을 인정해야 하기에 거부했던 것으로 생각된다. 결국 그녀는 문제의 근원을 알게 됐지만, 회개하지 않았다. 쓴 뿌리를 알게 된 것이 그녀로 하여금 남자들을 향해 더 큰 분노를 품게 만들었다. 베티는 자신의 삶에 관여된 모든 남자를 원망했다. "그들은 술을 마시지 말았어야 했어. 그들은 내가 간음했다고 거짓 참소하지 말아야 했어."

물론 그들은 그렇게 하지 말아야 했다. 분명 그들의 잘못이다. 하지만 결혼한 부부의 문제 중 한쪽이 90퍼센트 잘못하고 다른 한쪽이 10퍼센트 잘못한 경우는 없다. 결혼 생활의 문제는 항상 부부가 50대 50의 책임을 져야 한다. 베티는 자신의 쓴 뿌리 판단과 쓴 뿌리 기대 때문에 세 명의 남편이 더럽혀짐을 입었다는 사실을 인정하기 싫어했다.

쓴 뿌리 판단과 기대는 전적으로 베티의 책임이다. 하지만 하나님께선 동기를 품고 있는 마음을 감찰하신다. "그러므로 때가 이르기 전 곧 주께서 오시기까지 아무것도 판단치 말라 그가 어두움에 감추인 것들을 드러내고 마음의 뜻을 나타내시리니 그때에 각 사람에게 하나님께로부터 칭찬이 있으리라."(고전 4:5) 베티는 성령께서 오셔서 그녀의 마음속 동기를 폭로하시기 전까지 계속 판단을 해 왔다. 아픈 상처들로 얼룩진 과거를 뒤로하고 베티가 회개했다면, 하나님은 옳은 길을 선택한 것에 대해 그녀를 칭찬하셨을 것이다.

하지만 베티는 회개하지 않았다. 그리고 치유도 없었다.

샘(Sam)이라는 이름의 남자는 권위를 지닌 사람들과 지내는 것을 힘들어했다. 그의 상사는 단 한 번도 샘을 지지해 준 적이 없었다. 심지어 동료들보다 샘의 성과가 훨씬 나았음에도 불구하고 상사가 와서 팀원들을 꾸짖어야 할 때면, 혼나는 것은 항상 샘이었다. 샘은 과거에 직장을 잃은 경험이 많다. 수차례 해고를 당하는 과정 가운데 샘의 마음은 고용주들을 향해 쓴 뿌리를 키워 왔다. '그들은 너를 닳아 없어질 때까지 사용하다가 쓸모없을 때 해고할 거야.'

교회에서도 상황은 마찬가지였다. 교회를 위해 샘이 자원하여 행한 일들에 대해 목사님은 단 한 번도 칭찬한 적이 없다. 심지어 설교 중에도 샘을 직접 지적하여 비난하는 경우가 많았다. 샘의 장인 역시 다른 가족들에게 자신의 흠을 이야기했다.

이제 당신은 샘의 성장기에 그의 아버지가 어떠했을지 짐작할 것이다. 샘의 아버지는 비판적이고, 지배하려하고, 많은 것을 요구하며 아들을 인정해주지 않는 성격의 소유자였다.

하지만 아버지의 잘못이 샘의 어긋난 삶에 가장 중요한 요인은 아니다. 만일 샘이 아버지를 판단하지 않았다면, 그의 과거는 부정적인 모습으로 자리하지 않았을 것이다. 하지만 샘은 아버지를 판단했다. 이제 그의 판단과 기대는 직장 상사들에게 영향을 준다. 그들 자신도 왜 그렇게 했는지 도무지 이해할 수 없는 악한 행동을 샘에게 가했던 것이다.

샘이 나중에야 알게 된 사실인데 한번은 샘의 상사가 생각하길 '샘에게 가서 그가 얼마나 열심히 일했는지 말해 주고 또 칭찬해 줘야겠다.'고 했다. 그러나 그가 칭찬을 하려고 샘의 사무실에 들어간 순간, 믿지 못할 일이 벌어졌다. 그가 입을 열었는데 설명할 수 없는 비난이 쏟아지는 것이었다. 그리고 상사는 샘의 사무실을 나와 자신의 이마를 치며 "내가 지금 무슨 짓을 한 거지? 칭찬해 주러 갔다가 오히려 샘에게 몹쓸 소리만 던지다니, 도대체 나한테 무슨 문제가 있는 걸까?"라고 말했다.

그 상사는 더럽혀진 것이다. 샘은 자신의 쓴 뿌리를 인지하고 회개할 때까지 상사로부터 이러한 대접을 추수하게 될 것이다. 다행스런 일은 샘이 문제의 근원을 발견하고 회개했다는 것이다. 우리는 그의 쓴 뿌리를 십자가에 못 박아 죽였다. 그리고 샘의 안에 권위자들로부터 적합한 대접을 기대하는 새 마음을 창조하시길 하나님께 기도했다.

최근에 접한 소식인데, 그 이후 샘은 수년 동안 한 직장에 있으면서 그의 상사와 좋은 관계를 유지하고 있다고 했다.

조시(Josie)의 아버지는 그녀가 네 살 되던 해에 돌아가셨다. 이제 조시의 큰 오빠는 그녀에게 아버지와 같은 존재였다. 하지만 큰 오빠는 조시가 아홉 살 되던 해 운명했다. 그리고 그녀의 열 두 번째 생일날 작은 오빠가 결혼하여 집을 나갔다. 아이들의 마음은 어른의 마음처럼 이해심이 깊지 못하다. 조시의 버려진 작은 마음엔 이제 쓴 뿌리 판단과 기대가 무성하여 그녀의 인생 가운데 모든 남자들은 그녀를 버릴 운명에 처하게 되었다.

조시는 아름다운 여인으로 자라 신실한 청년과 결혼했다. 하지만 정상적인 결혼 생활은 불과 몇 년, 그녀의 남편은 아무 이유 없이 집을 떠나 돌아오지 않았다.

남편이 더럽혀진 이면에, 어린 시절 조시가 키워 온 쓴 뿌리 판단과 기대가 도사리고 있음을 알아내는 데에는 그리 많은 시간이 걸리지 않았다. 적은 가르침으로도 무엇이 문제의 원인이었는지 조시는 잘 이해했다. 조시는 무의식 속에서 그녀의 아버지와 오빠들을 공경하지 못했음을 깨닫고 곧 회개했다. 그리고 그녀의 판단과 기대를 통해 자신에게 상처를 남긴 남편 역시 용서했다. 나는 주님이 조시를 용서했음을 선포했고, 그녀 안에서 쓴 뿌리를 통해 반복되는 죄를 십자가에 못 박았다. 그리고 앞으로의 삶 가운데, 남편이 조시를 떠나지 않으리라 기대하는 새 마음을 창조하시도록 하나님께 간구했다. 두 주가 지나서 전화가 걸려왔는데, 조시의 목소리였다. 당시의 목소리는 기쁨으로 흥분된 상태였다. "남편이 돌아왔어요! 남편은 자기가 왜 집을 나갔었는지 이유는 모르겠지만 미안하다고 말했어요. 또 여전히 나를 사랑한다고 말했구요. 참, 그리고 아이들을 옆집에 맡기고는 이번 주말에 같이 여행하자고 했어요. 우린 두 번째 신혼여행을 떠나는 거에요!"

모든 치유가 조시의 경우처럼 빠르고 완전했으면!

조시의 남편은 후에 다음과 같이 얘기해줬다. "결혼 후, 얼마 지나지 않아서부터 언젠가는 내가 조시를 떠나야만 한다는 생각에 사로잡혔습니다. 그러한 생각이 끊이지 않아 괴로웠어요." 그는 조시를 사랑하고 존경했다. 그리고 그녀를 떠날 이유가 아무것도 없음을 알았지만, 결혼 후 몇 년이 지나서 그녀를 떠나야만 한다는 생각이 극에 달하자 결국 그 충동에 순종한 것이었다. 그는 아내를 떠나면 괴로워질 것을 알았지만, 또 왜 집을 떠나야 하는지 그 이유를 알지 못했지만, 어쨌든 떠나야 했다. 쓴 뿌리 판단이 주변 사람들을 더럽히는 완벽한 예화가 아닌가?

그럼 우리의 자유의지는 잠자고 있었는가? 우리는 무기력한 상태로, 또 무방비상태로 다른 사람의 쓴 뿌리의 힘에 더럽혀져야 하는가? 아니다. 우리에겐 우리의 행동을 결정할 자유 의지가 있다. 단지 "그 사람의 쓴 뿌리 때문이에요!"라고 변명할 수 있는 일이 아니다.

하지만 쓴 뿌리 판단과 기대에 내재하는 힘은 너무 강력해서 더럽혀짐을 거부하는 것은 마치 폭풍에 맞서는 것과 같다. 폭풍은 우리의 의지와 반대 방향으로 우리를 밀고 나간다.

쓴 뿌리가 항상 확실하게 드러나는 것은 아니다. 쟈넬리(Janelle)의 아버지는 일이 끝나고 단 한 번도 곧장 집으로 퇴근한 적이 없는 알콜 중독자였다. '잠깐 들러서 한 잔만 해야지.' 하던 게 서너 시간 걸린다. 오직 술에 취해서 폭력을 행하고 딸을 학대할 때 외에는 딸과 함께한 시간이 없다.

자넬리는 술은 입에도 안대는 목사와 결혼했다. 그는 자넬리를 사랑하고 항상 친절하게 대했다. 이제 그녀는 아버지의 속박으로부터 온전히 벗어난 것처럼 보였다. 하지만 판단을 심었으니 응당 거두는 것이 원칙이다. 그녀의 남편은 일중독자로 돌변하여 아내를 위해 할애할 시간이 없었다. 그의 모든 시간과 정력을 주님과 교회를 위해 쏟았다. 남편에겐 수년 동안 피로와 긴장이 축적되었다. 남편은 교인들에게 친절하고 자상함을 원칙으로 삼았지만 가끔씩 아내에겐 친절과 자상의 원칙을 무너뜨리곤 했다. 특히 자넬리가 남편의 빈자리에 대해 불만을 토로할 때면 남편의 무너지는 자상함은 걷잡을 수 없었다.

자넬리의 마음은 주님께 속해 있었기 때문에, 쓴 뿌리 판단이 남편을 더럽혔고 그의 일 중심 기질을 부추겨 일중독으로 몰고 갔다는 사실을 깨닫는 데에는 오랜 시간이 걸리지 않았다. 그녀는 회개했고 쓴 뿌리를 십자가에 못 박았다. 그 결과, 그녀의 남편은 처음으로 일 중독에 대한 자넬리의 염려 어린 충고를 귀담아 듣게 되었다. 더럽히는 쓴 뿌리가 더 이상 남편을 묶을 수 없었던 것이다. 그는 종종 집에서 쉬기로 결정했다. 그리고 아내가 자신에게 얼마나 소중하고 귀하게 선택된 존재인지 느낄 수 있도록 다방면의 노력을 기울이기 시작했다.

우리는 오렌지 나무를 심고 거기에서 사과가 열리기를 기대할 수 없다. 우리는 심은 것을 거둔다. 나의 배우자는 내가 판단했던 부모님의 모습일 수 있다. 더 심한 상태일 수도 있다. 결혼한 부부 가운데 상담과 교육 없이 이러한 사실을 이해하는 부부는 거의 없다.

많은 경우 부부가 이혼할 땐, 그들이 알지 못하는 힘에 이끌려 이혼하게 되는 것이다. 왜 서로에게 그렇게 화난 감정으로 반응하는지 그들은 자신의 행동을 이해하지 못한다. 쓴 뿌리 판단과 기대의 법칙이 그들의 행동을 지배한다.

그들은 지금 당면한 문제를 해결하고자 노력하지만 홍수를 막으려면 근원지에 댐을 건설해야 한다는 사실을 알지 못한다.

　마귀는 쓴 뿌리를 악용하여 자기의 영역을 확대해 나간다. 대부분의 경우, 문제는 마귀에 의해서가 아니라 우리 마음의 숨은 동기와 죄성에 기인한다.

　사역자로서 우리는 축사를 하고 내적치유를 적용해야겠지만, 반드시 기억할 것은 쓴 뿌리 판단과 기대의 경우 마귀의 역사가 문제의 원인 제공자로서 작용하기보다, 이미 다 자란 죄의 열매를 추수하는 데에 영향을 줄 뿐이라는 것이다. 상담과 기도는 우리의 쓴 뿌리 판단과 기대의 습관 구조가 변할 때까지, 그래서 주님이 우리의 삶을 변화시켜 재앙이 아닌 축복의 길로 우리를 인도할 것이라는 기대로 대체될 때까지 계속 되어야 한다.

　부부이건, 친구이건 친밀한 관계 가운데 있는 커플들이 직면하고 있는 질문이 여기에 있다. "우리가 함께 사는 것이 우리의 관계를 더 발전시킬까? 아니면 악화시킬까?" "우리가 서로 힘이 되어주는 관계가 될까? 아니면 상대방을 힘들게 하는 관계가 될까?" 이에 대한 답은 그들이 예수님으로 하여금 그들의 쓴 뿌리를 거두시도록 허락하여, 서로가 자유케 되고 또 주님 안에서 최상의 모습으로 변하느냐 혹은 주님이 하시도록 하지 않느냐에 달려있다.

내적 맹세　Inner Vows

　'내적 맹세'는 어린 시절 마음먹은 결단으로서, 우리 안에 프로그램화 된 것을 말한다. 내적 맹세는, 무엇을 맹세했든지 반복적으로 행동하도록 우리 뇌에 힘을 공급해준다. 이러한 맹세를 내적(inner)이라고 부르는 까닭은 어린 시절 맹세한 후 시간이 지나면 그 맹세한 내용이나 맹세했던 사실을 잊기 때문이다. 이러한 맹세는 숨어있고, 밖으로 드러나지 않기 때문에 더 강해진다. (성장한 후 맹세한 것은 그리 효과적이지 않다. 우리는 연초마다, 신년 계획을 다짐하지만 작심삼일로 끝나는 경우가 태반이다. 이를 보면 알 수 있지 않은가?)

　내적 맹세는 변화를 거부한다. 우리는 현재 끊지 못한 습관이나 행동을 버리고, 다르게 행동하고자 하지만 프로그램화된 내적맹세가 우리의 발목을 붙잡는다. 그렇기 때문에 예수님을 구세주로 영접한 이후에도 계속 패배하는 자신의 모습을 발견하게 된다.

예전에, 남편에게 아들을 낳아주고 싶었지만 매번 실패하는 여성이 내게 찾아와 상담을 의뢰했다. 상담하면서, 나는 그녀 속에 내적 맹세가 존재하는 것을 발견했다. 프랜(Fran)이라는 이름의 이 여성은 아들을 임신할 때마다 곧 유산하게 되었다. 그녀가 다니는 산부인과 의사는 그녀에게 아무 이상이 없다고 말했다. 남자아이를 출산하는 데 있어서 신체상의 문제는 없었다. 문제는 내면에 있었는데…

나는 내담자에게 늘 하던 대로 질문했다. "자매님은 아버지와 관계가 어떻습니까? 아버지께서 친절하게 대하셨나요? 아버지의 사랑을 받으며 자랐습니까?" 그녀의 아버지는 아주 친절하셨고, 딸을 향한 애정도 각별했다.

그러나 그녀의 오빠는 아버지와 달랐다. 오빠는 끊임없이 여동생을 놀리고 괴롭혔다. 어린 시절 프랜의 오빠는 부모님에게 그녀에 대해 거짓말을 하곤 했다. 그리고 그녀의 친구들에게 거짓 소문을 퍼뜨렸고 사악한 방법으로 이 여성을 골탕 먹이곤 했다. (여동생을 사랑하는 오빠가 장난치는 수준이 아니었다.)

프랜은 열 살 혹은 열두 살 즈음에 맹세했던 일을 떠올렸다. 그녀는 개울가를 걷다가 자갈을 들어 물속에 던져 넣고는 "나는 사내아이를 낳지 않을거야! 사내아이는 절대 낳지 않을 거라구!" 하고 외쳤다.

내적 맹세였다. 그 때의 맹세가 그녀의 '내적 컴퓨터'에 프로그램으로 인스톨되었다. 세월이 흘러 한 남자의 아내가 된 그녀가 사내아이를 낳고 싶어 한다고 해서 그 프로그램이 지워지는 것은 아니다. 임신 후 3~4개월이 되면 저장된 내적맹세는 작동하기 시작하여 그녀의 몸이 반응한다. 사내아이가 태속에 있으면 곧 그를 유산시키고 만다.

프랜은 오빠에 대한 판단을 회개했고 예수님의 이름으로 용서를 선포했다.

그리고 우리는 예수 이름의 권세를 가지고 내적 맹세를 파기했다. 또한 우리는 마태복음 16장 19절의 말씀을 의지하여, 사내아이를 유산시키는 내적맹세가 프랜으로부터 풀어져 떠날 것을 프랜의 몸에 대고 직접 명령했다. "내가 천국의 열쇠를 네게 주노니 무엇이든지 땅에서 묶으면 하늘에서도 묶일 것이요 땅에서 풀면 하늘에서도 풀리리라." (마 18:18도 참조하면 좋다.) 결국, 프랜은 쉽게 사내아이를 임신했고, 또 출산하게 되었다.

  모든 내적 맹세가 이처럼 극적이진 않다. 대다수의 내적 맹세는 미미하다. 예를 들면 학교에서 발표하다가 창피한 일을 당할 때, '다시는 사람들 앞에서 이야기하지 않겠다'고 맹세하는 경우랄 수 있다. 그래서 목사님이 다가와 성경 공부반을 맡아달라고 부탁할 때, 혹은 회중 앞에서 성경봉독을 하게 될 경우, 식은 땀을 흘리며 목소리는 떨리고 심장은 급속도로 뛰게 된다. 결국 '다시는 사람들 앞에 서지 않을 거야'라는 맹세를 거듭 반복한다. 자녀 중 둘째나 혹은 셋째 아이의 경우 '난 절대 물려받은 옷은 안 입겠어.'라는 맹세를 할 수 있다. 그들이 성인이 되면, 그렇게 필요하지 않더라도 새것만을 고집하게 된다.

  통제하는 어머니 아래서 자란 남자들에게 흔히 나타나는 내적 맹세가 있다. 이들은 결혼해서야 알게 될 사실들을 어린 시절에 미리 배우게 된다. '여자들은 모든 것을 기억한다.'는 사실을 말이다.

  당신은 어쩌면 자신이 5분 전에 말했던 내용도 잊어버릴 것이다. 하지만 당신의 아내는 두 시간 전이나, 5개월 전, 심지어 10년 전에 한 당신의 말도 기억해낼 것이다. 당신은 '여자의 기억'이라는 경기장 위에 서 있기 때문에 여자들과 말다툼하는 것은 이미 패한 싸움에 말려든 것과 같다. 그들(여성)은 모든 사람의 말을 기억한다. 당신은 자신이 했던 말도 기억하지 못하는데 말이다.

  이제 아들은 빨리 성장하여 어머니보다 더 강해진다. 그러면 이 왜소한 어머니가 어떻게 강한 아들을 통제할 수 있는가? 어머니는 '혀'로 아들을 통제할 줄 안다. 어머니는 어떻게 말할 때, 아들이 죄책감을 느끼는지 알고 있다. 아들은 곧 "당신이 한 말은 법정에서 불리하게 적용될 수 있습니다"라는 법칙을 깨닫는다. 그래서 아들은 어머니에게 아무 말도 안 하는 것이 상책이라고 깨닫는다. 그리고 맹세한다. '다시는 여자들에게 아무것도, 아무것도 이야기기하지 않을 거야!'

이제 어머니의 통제로부터 풀려나 자유를 얻은 아들들은 하나둘 또래 여성들과 벗하기 시작한다. 하지만 이들은 결혼 생활을 망가뜨릴 만큼 강한 맹세에 묶여 있다는 사실을 알지 못한다. 데이트할 나이가 되어 그들은 맘에 드는 여성과 만나 모든 것에 대해 이야기하기 시작한다. 그리고 마음이 맞으면 '이 여잔 내 배필이야!' 라고 기뻐하며 결혼한다. 얼마 동안 모든 것이 완벽하다. 남자는 행복해 다. 여전히 부부는 서로의 마음을 열고 진솔한 이야기를 나눈다. 남자는 부인에게 "당신은 최고의 친구야."라고 고백한다. 물론 아내는 최고의 친구이다.

그런데, 친구였던 아내가 어머니로 변한다. 순간, 남자의 마음속에 프로그램 되어있는 내적 맹세에 전원 스위치가 올려진다. 남자는 이제 아내의 질문에 함구로 대응한다. 아내는 여전히 남편을 반기며 "여보, 오늘 어땠어요?"라고 묻는다. "좋아," 남편은 얘기를 나누려 하지 않는다. "좋은 건 알겠는데, 어떻게 좋았는지 구체적으로 얘기해줘요. 오늘 어떤 일이 있었는지 알고 싶다구요." 아내는 곧 남편의 마음에 상처, 혹은 긴장감이 돈다는 걸 감지한다. 무언가 남편이 불편해 할 일이 있다는 것을 직감하는 것이다.

"다른 날처럼 좋았어. 오늘도 괜찮았다구."
"무슨 일인지 말씀해 봐요. 당신 무슨 일 있는 거죠? 왜 내게 말하지 않아요?"
"말했잖아. 도대체 알고 싶은게 뭐야? 다 말해 줄게."
"그럼, 오늘 무슨 일 있었는지 말해줘요."
"오늘은 다른 날처럼, 아무 특별한 일 없이 좋았어."

그는 자신의 비밀을 아내와 나누고자 하는 의도가 전혀 없다. 하지만 깨닫지 못한다. 그는 어린 시절 어머니에게 했던 대로 아내에게 반응하기 시작했다. 내적맹세가 그를 지배한 것이다.

아내는 계속 결혼 상담가에게 가자고 요구해댈지 모른다. 결국 남편은 아내와 함께 상담가를 찾아간다. 그곳에서 남편은 아내에게 속마음을 이야기할 필요가 있고, 마음을 여는 방법과 대화의 기술에 대해 배울 것이다. 아내는 안도의 한숨을 쉰다. 집에 돌아와 부부는 대화하기 시작한다. 하지만 몇 달 지나지 않아 남편이 또다시 아내와 이야기하길 꺼려한다. 내적 맹세가 너무 강한 나머지 남편의 의지로는 내적 맹세에 대항하기 힘들다.

만일 크리스천 상담가가 내적 맹세를 발견한다면, 그는 곧 그 뿌리가 어머니를 향한 남편의 판단이었음을 알아챌 것이다. 어쩌면 어린 시절 같은 반 여학생이 이 남자의 잘못을 고자질했던 것이 그 뿌리의 일부일 수 있다. 혹은 사촌 여동생 또는 굉장히 무서운 여자 선생님일 수도 있다. 하지만 일단 용서가 이뤄지면, 상담자는 그리스도 안에서의 권위로 그 남자의 내적 맹세를 끊을 수 있다. 그러면 남자는 자유를 누리게 될 것이다.

반면에 여자아이들은 아버지를 통해 자신의 가치가 발현되기를 소원한다. 모든 여자아이는 자신이 아버지의 마음을 통째로 사로잡을 만큼 소중한 하나님의 선물임을 알고 있다. 그러나 만약 딸이 아버지의 마음을 사로잡지 못하거나, 아버지가 딸을 사랑하지 않으면, 그녀는 스스로를 실패작으로 여긴다. 미인대회에 나가 일등을 할지라도 아버지의 인정을 받지 못하면 그녀는 자기 내면의 아름다움을 전혀 느끼지 못한다. 실제로 대충 밀가루 반죽해 놓은 양, 못생긴 여자아이일지라도 아버지로부터 "예쁘구나"라는 말을 들으면서 자랐다면, 그 딸은 자신감으로 충만한 여성이 된다. 아버지로부터 '예쁘다'는 이야기를 듣기 위해 여자아이들은 아버지 앞에서 예쁜 옷을 입고 짙은 화장도 하지만, 종종 아버지로부터 무시당하고 심한 경우엔 성폭력을 당하기도 한다. 이렇게 거절당하는 여자아이는 다음과 같은 맹세를 할지도 모른다. '나는 다시는 남자

앞에서 예쁘게 보이려고 노력하지 않을 거야. 남자들이 인정해 주지 않을 땐 가슴이 너무 아파.' 이러한 소녀가 어른이 되면, 남자들과 사랑하는 것이 쉽지 않아 자꾸 뒷걸음치려고만 할 것이다. 이들은 자신의 아름다움을 드러내려고 하지도 않는다. 어린 시절 성추행 당했던 여자아이는 더욱 강한 맹세를 할 것이다. '다시는 남자들이 날 이용하지 못하게 만들겠어.' '다시는 남자에게서 상처 받지 않을 거야.'

보통 이러한 맹세들은 결혼 전엔 난잡한 성행위, 결혼 후엔 성 불감증의 결과로 인도한다. 결혼 전에 만나는 상대이든, 결혼 상대자이든, 신뢰를 바탕으로 이루어진 만남이 아니라는 얘기다.

어린 아이들이 내적 맹세할 때, 그들의 맹세는 두려움과 상처에 기반을 둔 것이다. 마귀는 쓴 뿌리를 통해 아이들로 하여금 더욱 강한 맹세를 하도록 유도한다. 그리고 맹세의 효과는 증대된다. 이런 경우 축사가 필요하다고 하겠다. 하지만 용서가 수반되지 않고, 권세로써 맹세를 파기하지 않는 한, 축사나 내적 치유의 효과는 완전하지 않다.

부모의 전도, 역기능 부모 Parental Inversion

부모 중 한 명 혹은 둘 다 성숙하지 않았거나, 죄가 많은 경우, 또는 부모가 안 계시는 경우나, 아니면 어떤 이유로든 부모가 부모의 역할을 감당하지 못해서 장남이나 장녀가 부모의 자리를 대신하는 경우에 '부모의 전도'가 발생한다. 역기능 부모 아래서 자란 아이들은 대부분 책임감이 강한 어른으로 성장한다. 아이들은 의무를 팽개치는 것이 무엇을 의미하는지 뼈저리게 보고 배워왔다. 아래에 열거한 증상들이 어릴 적 역기능 부모 슬하에서 자랐던 어른들에게 많이 나타난다.

첫째, 그들은 예수 그리스도의 주(主) 되심을 신뢰하지 못한다. 그들은 '주님의 주 되심'(Lordship)에 대해서 어떠한 권위도 인정하지 않는다. 그들의 어린 시절 권위자였던 부모가 책임을 다하지 못했기 때문에 이들의 마음속에 쓴 뿌리 판단과 기대가 자라났다. 물론 무의식 속에서지만, 그 쓴 뿌리는 이들의 마음속에 "하나님도 네 부모처럼 책임을 다하지 않을 거야"라고 속삭여 놓았다. 결국 이들은 하나님이 온 우주를 다스리는 데 실패하지 않도록 옆에서 도와드려야 한다고 생각한다.

둘째, 그들은 쉬지 못한다. 어린 시절 그들은 항상 긴장 속에 살아야 했다. 어떤 나쁜 일이 돌발하면 이에 대응하기 위해 준비태세를 갖춰야만 했기 때문이다. 술 취한 아버지가 어머니에게 손찌검하고 동생들을 구타하는 경우 이런 사태를 막아야 했고 또 시끄러운 부부 싸움에 동생들이 상처 받지 않도록 동생들을 보호해야 했다.

이들은 부모로부터 양육이나 보호 받을 것을 기대해선 안 된다고 체득했다. 나 역시 역기능 부모 밑에서 자랐다. 나는 항상 신경질 내는 어머니로부터 스스로를 보호해야 했다. 가정에서 내가 편안함을 느꼈던 때는 오직 기르던 소와 대화하고 개와 함께 놀 때뿐이었다. 소와 개는 나를 사랑했고 내게 신경질 내지 않았다. 이렇게 자랐던 나는 하나님이 쉼과 안식을 주려고 계획해 놓은 곳에서조차 평안을 얻지 못했다. 하나님이 계획한 곳은 아내, 폴라의 품이었다. 나는 가정에서보다는 친구로부터 위안을 얻었다. 가정대신 친구를 찾은 것은 겨우 '영적인 간음' 밖에 되지 않는다고 생각했다. 이러한 생각을 십자가에 못 박고 폴라에게 마음을 열어 아내를 첫째가는 최고의 위로자로 인식하기까지, 나는 계속해서 친구로부터 위로를 얻었다.

셋째, 역기능 부모 밑에서 자란 사람들은 돌 같은 마음을 키워낸다. 그들은 자주 남을 돕고 다른 이에게 사랑을 베풀지만, 그 어느 누구도 자신의 마음속에 들여놓기를 거부한다. 그들은 다음과 같이 말하는 고상한 순교자와 같다. "음, 아무도 안 한다면, 내가 대신하겠소."

이들의 도움을 받는 주변 사람들은 자립하지 못하거나 자유를 느끼지 못한다. 왜냐하면 이들은 자기보다 약한 사람을 도와 그들로부터 전적인 의지를 얻어내는 것을 '사랑'이라고 정의 내리기 때문이다. 하지만 그들은 약한 사람이 힘을 얻어 자립하는 것을 싫어한다. 자신의 필요성이 없어지기 때문이다. 물론 무의식 속에서지만 말이다.

넷째, 역기능 부모 밑에서 자란 사람들은 인생을 즐기지 못하고 심지어 작은 즐거움조차 누릴 줄 모른다. 연휴나 장기간 휴가가 주어지면 그들은 일하지 않는 것에 대해 죄책감을 느껴 어쩔 줄 몰라 한다.

마지막으로, 이들은 남을 조종하려든다. 어린 시절, 그들은 가정을 통제해 왔다. 가정 내에 소란이나 감정의 대립이 일어나지 않도록 조종하는 법을 스스로 터득한 것이다. 이러한 특성은 자동반사적으로 나타나기에, 어른이 되어 그들은 자유에 대해 유창하게 설교하고 또 다른 사람이 자유케 되기를 소망한다고 말하지만 자신의 가정만큼은 통제하고 조종하려 든다. 그들은 자신이 가족을 통제한다는 사실을 깨닫지 못한다. 내 경우가 그랬다. 내가 우리 가족들과 카드게임을 할 때면, 가족들은 씁쓸한 웃음을 보이며 자리에서 일어나곤 했다. 그리고 이렇게 말했다. "우리 모두가 카드게임 그만하고 테이블에서 일어나려 해도 아빠는 우리가 못 일어나도록 만들 사람이에요."

'부모의 전도'는 부모를 용서함으로 해결할 수 있다. 하지만 종종 두 부모 중 한 명은 보호하면서 다른 한 명의 실수는 용서하지 못하는 모습을 보일 것이다.

그것이 내 경우다. 우리 부모님 두 분 다 역기능이었다는 사실은 너무 가슴 아픈 일이었다. 그래서 나는 신경질적인 어머니에 대한 증오는 움켜쥔 채, 아버지의 알콜 중독, 자주 집을 비운 죄, 어머니의 불 같은 성질을 다스리지 못한 무능에 대해서 용서하고 감싸주었다. 온전한 용서는 내가 두 분 부모님의 죄를 각각 용서하여 그들이 '칭의된 죄인'이라고 선포할 때 이뤄진다.

하나님은 책임감을 갖고 가정을 돌보는 사람들을 높여 주신다. 그러나 그 동전의 반대면에는 역기능 부모를 대신하여 부모의 위치에 서 있는 자녀가 그려져 있다. 역기능 부모 밑에서 자란 사람들은 하나님의 용서를 받아들여야 하며, 우주까지 다스리려 하는 통제자의 왕좌에서 내려와야 한다. 그들의 도움 없이도 하나님은 모든 것을 잘하실 수 있다는 사실이 그들에겐 충격으로 다가올 수 있다!

성취적 기질 Performance Orientation

성취적 기질은 예절 바르게 행동하라고 엄격히 요구하시는 부모님, 그래서 자녀들이 사랑을 느끼지 못할 정도로 너무 엄격하신 부모님 밑에서 자란 자녀들에게서 발견된다. 원래 성취적 기질은 어린 시절에 믿기로 결심해서, 자라는 과정 중에 자신의 성격처럼 굳어지게 된 거짓말에 불과하다. '나는 내 부모님을 만족시킬 만큼 잘 할 때만, 부모님의 사랑을 받는다.' 어른이 되면 이 거짓말은 다음과 같이 변한다. '나는 다른 사람들을 즐겁게 하고 그들의 기준에 따라 살 때에만 인정받을 수 있다.'

성취적 기질의 중심에는 두려움이 있다. 실패와 거절에 대한 두려움, 사랑 받지 못할 거라는 두려움, 사람들이 중시하는 기준에 맞춰 살지 못하게 될 두려움.

성취적 기질을 양산하는 가정에선 그 어떤 가족 구성원도 편하게 쉴 수 없다. 부모님의 훈계는 자녀들이 잘 되라는 순전한 목적만을 갖고 있는 게 아니다. 아이들의 그릇된 행동 하나가 부모의 명성에 먹칠할까 두려운 마음도 있다. 성취적 기질을 갖고 있는 사람은 외관상 건실하고 착실한 모습을 유지하기 위해 부단히 노력한다. 그것은 그들이 다음과 같은 거짓말을 믿기 때문이다. '만일 사람들이 나의 실제 모습을 알게 되면 그들은 나를 사랑하지 않을꺼야.'

성취 기질을 소유한 아이들은 끊이지 않는 긴장감 속에서 자라난다. 이들은 항상, 자신이 얼마나 잘하는지 혹은 다른 사람이 얼마나 잘하는지 비교하고 판단한다. 보통 아무도 평가하지 않는 것에도 이들은 주의를 기울인다. 그들은 다른 사람에 대해 비판적이며 그들에게 높은 기준을 요구한다.

하지만 이들 성취적 기질의 소유자는 자신을 향한 비판에 조금도 참을 줄 모른다. 심지어 단 한 번의 부드럽고 온화한 지적에도 그들은 자신이 사랑받지 못한다고 생각해 버린다. 아내 폴라는 성취적 기질이 매우 강한 사람이다. 내가 그녀의 발전을 위해 충고 한마디만 해도 그녀는 대뜸 "지금 당신은 날 사랑하지 않는군요"라고 소리 지르곤 했다. 나는 그때마다 내 머리를 쥐어뜯으면서 생각해야 했다. '이 사랑스러운 존재는 도대체 어디서 이런 생각을 주워 담아 온 거야!!'

성취적 기질로 인해 아내는 이런 식으로 생각했다. 사랑한다면 그 사람에게 모든 것을 맞출 것이다. 그래서 만일 내가 "당신은 뭔가 잘못하고 있소."라고 하면, 그녀에게는 그것이 "나는 당신을 사랑하지 않소."라고 말하는 것과 같았다. 이것이 폴라의 사고체계였다. 내가 폴라에게 그녀와 관련해서 무엇을 이야기하려고 하면, 그녀는 늘 "음, 당신이 한 일은 별로에요."라고 화제를 돌려버렸다.

그러면 나는 "나도 알아요. 내가 많은 일을 잘못한다는 걸 알고 있습니다. 하지만 지금은 나에 대해서 이야기하는 게 아니잖아요? 우리는 지금 당신에 대해서 얘기하는 거에요."라고 대답한다. 말이 끝나기 무섭게 폴라의 대답이 이어진다. "하지만 나는 당신에 대해서 더 이야기하고 싶군요. 당신은 이것도 잘못하고 저것도 잘못하고, 또…"

성취적 기질을 갖고 있는 사람이 자신의 실수를 인정하는 것은 끔찍한 일이다. 왜냐하면 그들에게 있어서 실수를 인정하는 것은 곧 거절당하는 것을 의미하기 때문이다. 그들과 함께 살면, 당신은 쉴 수 없다. 그들에게 조종당하고, 평가 또는 판단 받으며, 때로 일을 똑바로 하지 못할 때 심한 채찍질을 당할 것이기 때문이다. 그리고 사소한 실수에도 비난과 질책을 받게 될 것이다.

반성취적 기질의 보증은 주님 안에 있다. 성취적 기질이 없는 사람들은 모임이나 회의에 참여할 때, 그들이 서툴게 말하고 실수를 하더라도 거절당하지 않을 것을 확신한다. 아니, 오히려 계속 사랑을 받을 거라 믿기 때문에 그들은 말실수하는 것을 전혀 두려워하지 않는다. 반면에 성취적 기질의 사람은 자신의 가치와 판단 기준이 자신에게 있지 않고 타인의 시선에 있기 때문에, 그런 모임에 가면 일단 가만히 있고 본다. 그 모임에서 지켜야 할 규정을 충분히 인지할 때까지 조용히 앉아 있다가 규정에 따라 아주 조심스레 입을 열어 의견을 개진한다. 성취적 기질은 계산적이며 자기 통제적이다. 즉흥적으로 행동하는 것은 매우 난감한 일이다.

성경에 나오는 바리새인이야말로 온전한 성취적 기질의 소유자들이다. 그래서 그들은 예수님에게 그렇게도 화를 냈던 것이다. 예수님께선 사랑받기에 합당치 않은 죄인들을 용납하신 반면, 죄인들과 대조적인 스스로 의로운 바리새인들은 거절하셨다. 전혀 계산적이지 않은 예수님의 행동은 바리새인을 어리둥절케 했다. 바리새인은 이들 천한 죄인보다 훨씬 더 많은 사랑을 받아야 할 만큼 성경의 모든 계명을 지켜 왔기 때문이다.

거듭난 크리스천에게도 성취적 기질의 뿌리가 발견되는데 그것이 바로 불신앙이다. 그들의 마음은 '구원은 대가 없이 주어지는 선물'이라는 복음을 믿지 않는다. 비록 정신과 입으로는 이 복음을 고백하고 다른 이에게 전파했을 지라도 말이다.

내가 사역했던 한 성취적 기질의 여성은 복음주의 교회에 다니고 있었다. 밋지(Midge)라는 이름의 이 여인은 단 한 번도 교회에 빠진 적이 없다. 그 교회의 목사님은 매주 복음을 설교했고, 교회의 기도 모임 참여자들은 매주 한 번씩 그녀의 집에 모일 정도로 열심이었다. 하지만 우리가 그녀를 상담할 때마다 그녀는 이렇게 말했다. "만일 내가 조금이라도 잘못하면, 하나님은 나를 사랑하시지 않을 거예요."

그녀의 이러한 기질은 아버지와의 관계에서 비롯된 것이었다. 그녀의 아버지는 그녀를 조종하고 싶을 때마다 일부러 애정 표현을 감췄다. 한번은 그녀가 심하게 성폭행을 당해서 집에 돌아왔는데, 아버지는 화난 목소리로 그녀를 비난했다. "네가 사내놈을 유혹했으니까 강간당한 거야. 네가 창녀와 다를 게 뭐야? 넌 창녀야!"

밋지의 마음은 엄격하게 프로그램화 되었다. 그녀가 자유롭게 되기 위해서, 그녀는 내면에 숨어 있는 분노를 드러내야 했고 자신의 의지로 그 분노를 떠나 보내야 했다. 결론을 말하자면 밋지는 지금 조건 없는 사랑으로, 자신의 행동과는 전혀 상관없이, 하나님이 자신을 사랑하심을 마음 가득 신뢰하고 있다.

그러나 하나님의 사랑에 대한 전적인 신뢰가 방종인 것처럼 보이지 않으려면 다음의 말을 덧붙여야 할 것이다. 우리가 죄를 질 때에도 하나님은 여전히 우리를 사랑하신다. 하지만 우리의 죄로 말미암아, 또 하나님의 사랑으로 말미암아 끔찍한 결과가 초래되었다. 하나님의 끝없는 바보 같은 사랑은 우리가 아무 때나 또 무엇이나 해도 된다는 보증수표가 아니다. 왜냐하면 하나님의 법은 절대적이기 때문이다.(고전 1:18-21)

성취적 기질이 발전되어 종교의 영이 되면, 그 아래 지배되는 사람의 마음엔 곧 질투와 원한이 가득 자리잡는다. 교회는 그들에게 축사 사역을 해야 한다.

하지만 성취기질을 갖고 있는 개개인을 자유케 하기 위해선, 축사 사역뿐만 아니라 내적치유가 병행되어야 한다. 그들을 붙잡은 영은 질투, 비판, 증오, 자기 의, 두려움, 저주, 거짓 죄책감 그리고 거절감을 조성하는 데 전문가이기 때문이다. 상담자는 어떤 이유로 내담자안에 성취기질이 자리잡게 되었는지 그 원인을 밝혀야 한다. 즉 그가 다른 사람들로부터 사랑 받지 못할 거라고 생각하게 만든 요인이 무엇인지 밝혀내야 한다는 것이다. 그리고 내담자에게 '거절당하지 않을 거라는 확신'을 주기 위해선 용서와 내적치유가 필요함을 인식시켜야 한다. 온전한 사랑만이 두려움을 내어 쫓는다. 하지만 그 온전한 사랑은 성취기질을 갖고 있는 사람이 "예수님은 아무 조건 없이 나를 사랑하신다"는 사실을 진심으로 믿을 때까지 오랜 시간 지속적으로 적용되어야 한다.

여기에 크리스찬 상담자가 죽음으로 내몰아야 할 수없이 많은 옛 사람의 기질들을 언급할 수 있다. 하지만 앞에서 언급한 기본적인 내용을 통해 내적치유가 무엇인지 또, 어떤 역할을 하는지 충분히 설명했다고 생각한다.

옛 사람의 습관들은 십자가 위에서 한꺼풀씩 제거되어야 한다. 여기에 마귀가 연관되어 있을 수도 있다. 치유의 과정이 지속되는데 있어서 축사와 내적인 변화가 필요하다. 지혜로운 사역자라면 적절한 방법과 적절한 시점을 알기 위해 성령님의 지도에 따르려 할 것이다.

지금쯤이면 여러분은 내적치유가 상처 입은 사람의 마음을 만지고, 이제 그가 들은 바를 행할 수 있게 인도하는 전적으로 성경적인 방법이란 것을 깨달았으리라 생각한다.

4. 이런 것은 내적치유가 아니다

What Inner Healing Is Not

지금까지 우리는 내적치유가 무엇인지 다소 깊게 다뤄봤다. 이제 내적치유가 아닌 것을 살펴볼 차례다.

내적치유는 심리학이 아니다 Inner Healing Is Not Psychology

내적치유에 대한 충분한 정보 없이 사람들은 내적치유자들을 심리학자라고 부르며 비난해 왔다. 하지만 우리는 심리학자가 아니다. 심리학은 기껏해야 세상의 거짓말들을 연대순으로 가르칠 뿐이다. 심리학에선 어떠한 해답도 제시하지 않는다. 반면에 크리스천은 우리 주 예수 그리스도의 보혈과 십자가, 그리고 생명의 부활에서 해결책을 찾아준다.

내적치유에 심리학적 통찰력을 적용할 수는 있지만, 내적치유가 심리학의 자리에 서지는 않는다. 내적치유는 오히려 성경의 원칙들을 적용하며 사람의 마음을 이해하고 또 치료한다. 내적치유는 하나님의 말씀 위에 굳건히 서 있다.

(나중에 시간을 갖고 부록 2-5를 읽어 보라. 당신은 내적치유가 성경에서 제시한 사역 방법일 뿐 아니라 성경의 핵심주제라는 사실에 놀랄 것이다.)

심리학에선 사람들의 능력이 발휘될 수 있도록 회복시키는 것을 가장 큰 목표로 삼는다. 하지만 이것이 크리스천 상담자들에게 최고의 목표가 될 필요는 없다. 크리스천 상담자는 하나님께서 사람의 마음에 무엇인가 새겨 넣으려고 그 사람을 광야와 고난의 장소로 인도하셨음을 안다. 즉, 우리가 어려움을 겪도록 하나님이 허락하시는 데에는 다 이유가 있다는 얘기다. 만일 우리가 그러한 상황에서 너무 빨리 벗어난다면, 하나님께선 또 다른 어려움의 장소로 이동시키실 것이다. 지혜의 잠언은 하나님이 지피신 불에 물을 끼얹지 말라고 경고한다.

우리는 하나님의 계획하신 더 큰 목적을 놓치지 않기 위해 고통 가운데 있는 사람을 너무 빨리 위로해서도 안 된다. "우리의 잠시 받는 환난의 경한 것이 지극히 크고 영원한 영광의 중한 것을 우리에게 이루게 함이니 우리의 돌아보는 것은 보이는 것이 아니요 보이지 않는 것이니 보이는 것은 잠간이요 보이지 않는 것은 영원함이니라."(고후 4:17-18)

심리학자들은 사람들이 '자기 이미지'를 회복하는 것에 목적을 둔다. 그들은 우리가 선한 빛 아래 비춰진 자신의 이미지를 볼 때, 자신감을 회복할 것이라고 믿는다. 확실한 것은, 우리 모두가 다른 사람들이 인정하고 받아들일 수 있는 존재가 되려고 스스로를 계발한다는 것이다. 우리는 남들로부터 인정받길 원한다. 하지만 우리가 남들로부터 좋은 이미지로 평가 받은 후엔, 그 이미지를 잃지 않기 위해 부단히 노력해야만 한다. 이것은 아주 어렵고, 또 수고해야 성취할 수 있는 일임에 분명하다. 그렇기 때문에 예수님이 다음과 같이 말씀하신 게 아닐까 생각해본다. "수고하고 무거운 짐 진 자들아, 다 내게로 오라. 내가 너희를 쉬게 하리라."(마 11:28)

더군다나, 강한 자기 이미지는 육신 가운데 자신감을 창조해 낸다. 반면에 성경은 말하길, 육신의 무기로는 실패할 것이기 때문에 아무도 육체를 자랑해선 안 된다고 했다.(빌 3:4-11) 예수님을 우리의 구세주로 영접할 때 우리가 맛볼 수 있는 가장 중요한 죽음은 자기 이미지로부터 창조된 자신감의 죽음이다.

자기 이미지가 죽었지만, 대신에 우리는 크리스천의 이미지를 갖게 된다. 크리스천의 정체성은 자기 이미지와는 상반된다. 우리의 정체성은 우리의 손으로 쌓아 올린 것도 아니고 정체성을 유지하기 위해서 수고해야 하는 것도 아니다. 선물로 주어진 것이다. 우리는 하나님의 아들이자 동시에 예수의 피로 구속된 죄인들이다. 예수님 안에서 우리는 "군대를 무찌르고 성벽을 뛰어넘을 수 있다."(시 18:29) 또한 "내게 능력 주시는 자 안에서 모든 것을 할 수 있다."(빌 4:13) 올바른 자신감이란 성령께서 우리를 통해 하실 일을 신뢰할 때 생긴다. 능력은 우리의 힘에 있지 않고 우리 안에 계신 예수 그리스도로부터 나온다. '자기 이미지'를 통해선 우리가 영광을 취한다. 하지만 그리스도인의 정체성을 갖고 행한 모든 일은 하나님께 영광을 돌린다.

그러므로 크리스천 상담자는 사람들이 자기 이미지를 십자가에서 도말하도록 인도하고 그들 안에 그리스도의 새로운 정체성을 심어 줘야 한다. 자기 이미지를 쌓으려고 수고하는 모든 크리스천은 십자가의 공로를 대적하는 것이다.

심리학자들은 우리의 의식 속에 있는 경험이 우리의 삶을 지배해서 경험한 대로 우리의 삶이 이뤄진다고 믿는다. 아니 그렇게 믿도록 훈련 받았다. 이러한 사고방식은 17세기 수학자이자 철학가인 르네 데카르트(Rene Descartes)로부터 시작되었다. 그는 우리의 인생이 '타뷸라 라사'로부터 시작된다고 생각했다. (타뷸라 라사tabula rasa는 이태리어로서 글씨가 지워진 흑판, 혹은 기왓장을 의미한다.) 그래서 그 위에 우리의 경험이 적혀지고, 적혀진 경험대로 우리의 인생이 이뤄진다고 생각했다. 이 이론은 결정론자인 에밀리 더크하임(Emile Durkheim)이나 파블로프(Pavlov)와 같은 심리학자들에 의해 지지되었다. 파블로프는 특정한 신호를 주면 개가 침을 흘리는 '조건 반사' 실험으로 유명하다. 그는 이 실험을 이론화하여 사람도 마찬가지로 어떤 특정한 환경을 조성해 주면 통제될 수 있다고 믿었다.

이러한 이유로 몇몇 심리학자들은 범죄자의 행동에 대해 그 원인을 설명하지 못하는 멍청이가 되고 만다. "당신의 범죄는 어쩔 수 없는 일이었습니다. 부모와 사회가 당신을 범죄자가 되도록 내몰았기 때문이죠. 그러므로 당신에게 책임이 있다고 말할 수 없습니다. 문제는 우리에게 있습니다. 책임이 없으니 당신은 당장 감옥에서 풀려나야 합니다."

크리스천 상담자는 인생 가운데 발생하는 일에 대해 심리학자들과는 다른 견해를 갖고 있다. 크리스천 상담가는 인간은 자신의 의지대로 선택하고 행동할 수 있다고 믿는다. 우리는 어쩔 수 없는 상황 속에서, 어쩔 수 없이 죄를 범한 무고한 희생양이 아니다. 때문에 형벌을 보류해야 할 필요가 없다. 우리는 죄인이고 동시에 용서가 필요한 사람들이다.

세상의 심리학자들에게 있어서 죄의식은 사람들을 자유와 행복으로부터 가로막는 적이다. 하지만 크리스천에게 죄의식은 친구이다. 만일 우리가 우리 안에 있는 죄성을 깨닫지 못하면, 우리는 십자가에 다가설 수 없다. 그러므로 크리스천 상담자는 내담자들에게 죄의식을 충분히 느끼도록 인도해야 한다. 왜냐하면 인간은 자신이 죄인임을 느낄 때에만 회개하게 되고 회개할 때에만 그리스도 안에서 참 자유를 얻기 때문이다.

내적치유는 상상 속에서 이루어지는 것이 아니다
Inner Healing Is Not Imagination

내적치유에 곱지 않은 시선을 보내는 사람은 종종 사역자들이 상상을 통해 거짓된 느낌이나 마술과 같은 효과를 만들어낸다고 비난한다. 하지만 '엘리야의 집' 치유 센터에서 우리는 한 번도 이러한 효과를 본 적도 없고, 신뢰한 적도 없다. 앞서 말했듯이 그리스도에게 속하기 전, 나는 신비종교에 몰두했었다. 신비종교를 연구하면서 그들이 어떻게 상상력을 이용하는지 또 상상력의 위력이 얼마나 강한지 알게 되었다. 창세기에 언급된 '대홍수'는 인간이 상상력을 사악한 방법으로 사용했기 때문에 일어났다. "하나님께서 사람의 죄악이 온 땅에 가득하고, 사람의 마음속 생각과 상상하는 것이 오직 악함을 보셨다."(창 6:5, 밑줄 그은 부분은 내 해석이다.)

사람들이 정욕대로 원하는 것을 상상하게 만들거나, 또 기도의 능력을 빌어 그들이 원하는 것을 환상을 통해 보여 준다면 이것은 주님께서 엄격히 금하시는 마술이 된다.(신 18:9-13) 우리는 그들이 상상하고자 하는 것이 무엇인지 알아야 하며, 마술 쇼에서처럼 '펑' 하는 굉음과 함께 나타나는 환상의 정체가 무엇인지 밝혀내야 한다. 또한 사람들이 환상에만 주의를 기울일 뿐 교회의 머리 되신 그리스도 위에 굳건히 서 있지 않다는 것을 주의해야 할 것이다.(골 2:18-19) 하지만 다른 사람들의 실수 때문에 하나님으로부터 내려진 축복의 선물, 즉 상상력을 금하는 것은 잘못이다. 하나님께서 우리의 거룩한 상상력을 통해 환상을 보여 주실 때는 위에 언급한 내용과 전혀 다른 이야기가 된다.

우리가 상담을 하거나 다른 사람을 위해 기도하고 있을 때, 만일 성령님께서 우리 마음에 환상을 보여 주신다면, 그 환상은 주님으로부터 내려온 거룩하고 의로운 지침으로서 내담자에게 무엇이 문제인지, 또 치유를 위해 어떤 방법을 택해야 할지 알려 주게 될 것이다.

하나님은 자주, 내담자의 삶 가운데 어떤 일이 있었는지 내게 보여주셨다. 이것은 거룩하고 강력한 진단 도구로써의 '지혜의 은사'가 사역자에게 어떻게 접목되는지를 보여주는 좋은 예이다. 때때로 하나님 자신이 내담자에게 어떤 일을 하실지 보여주신다. 그래서 나는 하나님께서 내담자의 삶 가운데 심어놓으신 목적을 이루시도록 기도로 도울 수 있다. 내 아들 마크는 예수님이 주신 환상을 통해 하나님의 지도를 받는다. 그리고 겸손을 유지하려고 노력한다. 그렇기 때문에 그는 효과적으로 상담사역을 할 수 있다.

오래전, 당시 대통령의 누이인 루스 카터 스테플튼(Ruth Carter

Stapleton)이 내적치유에 급하게 손을 담근 적이 있었다. 꽤 유명세를 탔지만 당시 그녀는 미숙했기 때문에 진리와 거짓을 가려내지 못했다. 후에 그녀는 책을 한 권 썼는데 많은 크리스쳔은 그 책을 통해 잘못된 상상력을 학습하게 되었다. 그녀의 책에는 폭력적인 아버지로 인해 어린 시절 상처 입은 내담자의 이야기가 나온다. 그러한 내담자가 상담을 요구할 경우, 사역은 이렇게 진행되었다. 상담자의 기도를 통해 내담자는 어린 시절 상처 입은 자신 앞에 예수님께서 나타나시는 것을 상상했다. 또한 내담자는 자신의 아버지가 매우 자상하고 친절한 분이었다고 상상하도록 인도 받았다.

안타깝게도 그것은 거짓이다. 그의 아버지는 한 번도 온화하고 친절한 적이 없었다. 아버지가 친절한 분이라고 거짓되이 상상하는 것은 의도는 좋았지만 내담자로부터 아버지를 판단한 죄에 대해 회개할 기회를 앗아가는 것이다. 거짓된 상상을 하면 내담자의 마음속 오래된 죄의 습성이 십자가에 못 박힐 필요가 없어진다. 거짓된 상상은 단지 내담자가 당한 애석함을 더욱 증폭시킬 뿐이다.

스태플튼은 여러 세미나를 열었고 참여자들이 주님과 만나 이야기 나눌 수 있도록 '상상의 세계'로 안내했다. 그 여행은 영적인 요소를 조금 담고 있는 정신적인 게임과 전혀 다를 게 없었다. 이러한 그녀의 실수를 접하게 된 많은 교회에선 스태플튼의 사역 방법과 내적치유 사역을 혼동하였다. 결국 올바른 내적치유 사역마저도 많은 교회에서 외면당하고 불쾌한 것으로 간주되었다.

성령님은 축사 사역이나 내적치유 사역 가운데 놀라운 방법으로 상상력을 사용하신다. 우리는 우리 마음을 정결케 하여 하나님께서 우리의 상상력을 사용하실 수 있도록, 그래서 성령의 거룩한 목적을 이룰 수 있도록 준비해야 한다.

내적치유는 새로운 것이 아니다 Inner Healing Is Not New

내적치유는 교회 역사 속에서 항상 다른 이름으로 혹은 아무 이름도 붙여지지 않은 채, 계속 시행되어 왔다. 「열두 지파 족장들(야곱의 열두 아들)의 유언」이라는 책에서 (이 책은 아마 대략 주후 192년에 기록된 것 같다) 야곱의 열 두 아들 중 하나인 '갓'은 그의 동생 요셉에 대한 자신의 질투심와 증오심에 대하여 기록하였다. 그리고 12세기의 한 기독교인 저술가가 갓의 유언을 번역해 놓았다.

> 나는 요셉에게 저지른 일을 회개한 후에야 다음의 사실을 알게 되었다. 진실 된 마음의 회개 뒤엔, 경건한 성품이 찾아와 우리 마음속의 불신을 제거하고, 어둠을 쫓아내고, 마음의 눈을 밝히고, 영혼에 지식을 주며, 생각을 구원에 이르게 한다. 나는 이러한 모든 것이 사람에게서 나오지 않음을 안다. 이것은 오직 회개를 통해서만 가능하다. 하나님께서 내게 심장병을 주셨기 때문에, 내 아버지 야곱의 기도가 없었더라면 내 영은 곧 쉽게 죽음을 맞았을 것이다. 사람이 어떤 죄를 지으면 그 사람은 동일한 죄로 징계를 받게 된다. 요셉을 향한 내 마음이 무자비하였기에 내 마음(심장) 역시 무자비함(심장병)의 징계를 받았다. 그가 상인들에게 팔려가기 전까지 내가 그를 미워하고 시기했기 때문에 나 역시 11개월 동안 비난을 받게 되었다.

1,800년 전에 기록된 이 글은 오늘날 많은 내적치유자들이 하는 말과 동일하지 않은가? 질투와 시기심이 어떤 결과를 낳는지에 대해 알고 싶으면 '클레멘트의 첫 번째 편지'(First Letter of Clement)가 최고의 교재가 될테니, 한 번 읽어 보라.

믿음의 선조들은 성품의 결함에 대해선 한 치의 양보 없이 엄격했다. 그리고 그것을 십자가의 죽음으로 인도하는 방법도 알고 있었다. 초대 교부(敎父)들의 보고서마다 인간의 성품은 그리스도의 성품으로 변화되어야 한다고 기록되어 있다. 또한 그들은 '변화'는 천국을 가기 위한 필수조건 중 하나라고 생각했다. 그들의 신앙은 "이것 주세요, 저것 주세요" 하면서 그리스도가 우리를 위해 무언가 해 주시리라 고대하는, 오늘날의 신앙과는 꽤 다른 면모를 보인다.

내적치유는 '자기희생' 적인 사역이다. 주님은 이러한 자기희생의 사역으로 우리를 부르신다. 남을 위한 자기희생만이 아버지 하나님과의 교제 가운데 우리의 성품을 새롭게 할 수 있기 때문이다.

내적치유는 제2차 세계대전 동안에 재발견되기 시작했다. 아그네스 샌드포드(Agnes Sandford, 우리 가족과 아무 연관 없다) 여사는 육신의 치료를 위한 중보기도의 은사를 받았다. 병원에서 '회색 옷 입은 여인' 으로 불리던 샌드포드 여사는 껌, 사탕, 신문을 카트에 싣고 환자들에게 나눠주면서 이들 부상당한 군인들을 위해 몰래 뒤에서 기도했다. 그리고 기적적인 치유가 여기저기서 일어난 것이다.

그녀는 그곳에서 해리 골드스미스(Harry Goldsmith)라는 유태계 청년을 만났다. 그 청년은 전쟁 중 다리뼈의 3인치 정도를 잃었고 곧 다리를 절단해야 하는 상태에 있었다. 샌드포드 여사는 해리를 위해 기도해 줬고 또 어떻게 기도해야 하는지를 가르쳐줬다. 기적적으로 해리의 뼈가 새로이 자랐다. 그것도 정확히 3인치였다! 이제 그는 다리를 절단할 필요가 없었다. 그리고 해리는 기독교인이 되었다.

이후 해리는 정신과 의사가 되려고 공부했는데, 하루는 샌드포드 여사에게 편지를 써서 그가 왜 여전히 설명할 수 없는 분노에 자주 휩싸이는지 물어봤다. 그는 분노가 치밀어 올라 타자기를 벽에 던지고 싶었던 때가 한 두 번이 아니었다고 이야기했다.

그가 거듭났다는 사실을 알기 때문에 샌드포드 여사는 문제의 근원이 무엇인지 알아내려고 한참 고민했다. 그리고 얼마 후 주님께선 해리에 관해 말씀해 주셨다. 해리가 열 살 되던 해, 그는 '이방인' 소년배들에게 자주 맞았고 위협을 당했다. 이 사실을 알게 된 샌드포드 여사는 해리에게 그들을 용서할 것을 종용했다. 해리는 어린 시절 자신을 괴롭힌 아이들을 용서하고자 했다. 그러나 이제는 성인이 되어, 열 살 때의 감정을 불러일으킬 수가 없었다. 그래서 샌드포드 여사는 해리가 기억해 낼 수 있는 가장 어린 시절의 마음으로 돌아가 그들을 용서할 수 있도록 기도했다.

효과가 있었다. 해리의 설명할 수 없는 분노가 영원히 사라졌다. 그리고 아그네스 샌드포드에게는 또 다른 차원의 이해의 문이 열리게 된 것이다. 이제 그녀는 많은 기독교인들이 주님의 길을 걷다가 자주 넘어지는 이유를 깨닫게 되었다. 그것은 그들의 오랜 분노가 아직 다뤄지지 않은 채 마음속에 남아 있기 때문이었다.

성공회 교인으로서 샌드포드 여사는 내적치유가 참회제도의 연장선상에 있다고 생각했다. 그녀와 당시 교구 사제였던 남편 테드 샌드포드(Ted Sandford)는 '치유를 위한 기도'에 대해 그들이 알고 있는 바를 사람들에게 가르치려고 학교를 열었다. (후에 은사주의 각성운동을 이끌었던 리더 중 이 학교 출신이 많았다.) 샌드포드 부부가 세운 이 '목회적 보살핌'의 학교에서 그녀는 당시 '기억의 치유'라고 알려진 내적치유를 개척하였다. (하지만 샌드포드 여사는 자신이 가르치는 과목이 '기억의 치유'라고 불리는 것을 싫어했다.)

1959년, 샌드포드 여사는 '근본주의의 메카'로 불리던 미주리 스프링필드의 '복음 대학'(Evangel College)에서 강연하기로 되어 있었다. 그녀는 일리노이에 살고 있는 윌버 포그(Wilbur Fogg)와 그의 아내 앨리스(Alice Fogg)에게 자신의 수업에 참여하여 자신의 강의가 청중에게 잘 받아들여질 수 있도록 중보로 도와달라고 부탁했다. 당시 포그 부부는 내게 함께 가자고 했다. 나는 그곳에서 청중들이 마음을 열고 그녀의 가르침을 받아들이도록 열심히 기도했다. 왜냐하면 그들은 한번 구원받은 사람은 이미 변화되었기 때문에 마음속의 불신이나 감춰진 죄가 없다고 믿었기 때문이다.

샌드포드 여사는 수업에 참여한 청중들에게 놀라운 진리를 가르쳤다. 그녀가 성경을 펼쳐 가르칠 때, 그들의 마음도 펼쳐졌다. 수업이 끝난 후 포그 부부는 샌드포드 여사에게 나를 소개하면서 내 등의 통증을 치료해 달라는 기도를 부탁했다. 그녀는 무릎을 꿇고 내 등에 손을 얹었다. 그러자 놀랍게도 내 **뼈** 속으로 따뜻한 액체가 부어지는 것을 느꼈다. 그녀는 내 등을 위해서만 기도한 것이 아니라, 내가 어머니를 용서할 수 있도록 기도해줬다. 전에 언급했듯이 내게는 어머니와의 관계 속에서 생긴 아픈 상처가 많았다.

나는 이미 열세 살 때, 내게 화를 잘 내고 심한 말을 해왔던 어머니를 용서했다. 그 이후로 우리는 친밀하고 사랑하는 관계가 되었다. 그래서 나는 샌드포드 여사에게 "전 이미 오래전에 어머니를 용서했어요. 더 용서할 게 없습니다."라고 말하려고 했다. 하지만 나는 그녀가 쓴 책을 이미 읽었기 때문에 그녀가 기도한 것이 어떤 의미였는지 알고 있었다. 그녀의 기도는 열세 살 이전의 '나' 즉, 내가 다시 느낄 수 없는 어린 시절의 감정으로 어머니를 용서하도록 기도한 것이다.

그때 나는 마음 깊은 곳으로부터 어머니를 용서할 수 있었다. 그리고 내 등과 내 마음이 치유되기 시작하였다.

결론을 말하자면, 나는 아그네스 샌드포드 여사와 또 여러 다른 많은 교사들과 함께 '목회적 보살핌'이라는 학교에서 가르치기 시작했다. 우리는 모두 '속사람의 치유'라는 영역을 재발견한 개척자들이었다.

내적치유는 단지 위로하는 것이 아니다
Inner Healing Is Not Just Comfort

샌드포드 여사뿐 아니라 그 학교에서 배운 많은 학생들은 내적치유가 마음에 상처받은 사람에게 참 좋은 선물이라는 사실을 목격했다. 하지만 윌버 포그 신부를 제외한 내 믿음의 지도자들은 복음주의자들, 오순절파 사람들로서 복음주의적 신학으로 나를 몰고 갔다. 하지만 나는 주님께서 단지 제 기능하도록 사람들을 회복시키는 것, 그 이상의 무언가에 관심을 기울이신다는 것을 알게 되었다.

내가 대학원의 교회사 과정을 공부할 때부터 나는 사람들이 기독교로 개종한 이후에도 끊임없이 변화되어야 한다는 것을 알고 있었다. 또한 가장 유명한 선교사들의 영적인 가르침일 지라도 검증되어야 할 부분이 있다는 것을 알았다. 나는 내적치유가 교회를 정결케 하고 성화시키는 주님의 사역, 큰 그림 중 일부라고 믿기 시작했다. 그래서 아내 폴라와 함께 나는 복음적 성경 신학 가운데 내적치유 운동을 정착 시키려고 시도했다. 우리의 노력, 그리고 다른 많은 이들의 수고로 인해 교회는 이제 내적치유를 성경적인 근거가 확실하고, 교회에 꼭 필요한 사역으로 인식하기 시작했다.

반대 공격 Counterattck

하지만 사탄이 일격을 가했다. 내적치유에 손을 담근 많은 사람들이 지혜롭지 못하고 또 하나님의 말씀에 견고히 서있지 못했다. 그들은 신비종교와 거의 구분되지 못할 정도로 잘못된 상상력을 동원했다.

비통하게도 어떤 사람들은 잘못된 것을 가르쳤다. 잔인한 아버지를 친절하고 자애로운 아버지라고 상상하게 만들었던 사람처럼 말이다. 용서가 필요하고 쓴 뿌리 판단과 기대가 십자가에 못 박혀야 하는 마당에, 이러한 종류의 상상은 거짓이고, 십자가를 거부하는 행위이다.

몇몇 방법론자들은 단지 사람들을 위로하기만 했다. 그들은 내담자의 눈물 젖은 얘기, 그리고 그 고통에 대해 '나는 희생자일 뿐 전혀 책임 없음'의 주관적인 해석만을 들었다. 그리고 그들의 죄를 드러내는 것, 드러난 죄에 대해 회개로 인도하는 것은 꿈도 꿔보지 않았다. 이들 방법론자 중 어떤 사람은 심리학과 기독교 신앙을 뒤섞어놓은 여러 가지 기술들을 적용하기도 했다.

1980년대에 이르자, 기독교의 변증론자들은 위에 언급된 소수의 잘못된 내적치유자들뿐 아니라 교회사 이래, 내적치유 사역에 관계했던 모든 사람들을 반대하는 신앙적 논증을 펼치기 시작했다. 이들 기독교 변증론자들은 항상 교회 내의 실수들을 수정하려고 했고 여러 가지 공격으로부터 자신들의 신앙을 지켜내려고 했다. 그들은 교회내의 실수를 수정하려고 하는 사람은 누구든지 성경의 원칙을 따라야 하며, 그가 목격한 실수를 정확히 분석해야 하고, 그 사실을 지체에게 알려서 그리스도의 몸이 세워질 수 있도록 하는 것을 원칙으로 삼았다.

불행하게도 이들의 행동은 원칙과 달랐다. 아그네스 샌드포드는 당시 '신비 종교의 여왕'이라고 낙인찍히게 되었다. 사실 샌드포드 여사는 신비 종교를 반대해 왔는데 이는 참 아이러니하고 불공정한 처사였다. 나는 그녀와 함께 여러 교회를 돌아다니면서 신비 종교 및 이들의 주술적 행위를 축출하는 것에 힘썼다. 하지만 기독교 변증론자 중 어떤 누구도 샌드포드 여사와 함께 일했던 나, 혹은 다른 사람에게 사실 여부에 대해 묻지 않았다. 미리 의심하기 전에 샌드포드 여사의 신앙에 대해 그들이 알고 있는 바를 객관적으로 확인해야 하는 것이 옳지 않은가?

신비 종교와 뉴에이지 운동 실태를 밝히고 그들의 속임수에 대해 앞장서서 경고해 왔던 폴라와 나는, 곧 신비 종교주의자, 뉴에이지 운동가라고 비난 받았다.

이들 변증론자들의 어이없는 학자적 행태는 둘째치더라도, 나는 많은 기독교인들이 "두세 사람의 증인이 있을 때를 제외하고는 장로들에 대한 참소를 받아들이지 말라"는 성경의 가르침을 따르지 않는다는 사실에 더 소름 돋는다. (딤전 5:19) 두세 사람이 무고한 사람에 대해 거짓으로 증거할 가능성이 있기 때문에, 유대법에는 이들 증인들이 참소당한 사람 앞에서 송사하도록 했다. 그래야 피고도 자신을 변호할 수 있기 때문이다.

교회 안에 참 많은 사람들이 그리스도의 진실한 종들을, 그들이 쓴 책을 읽어 보거나 직접 이야기를 나눠 보지도 않은 채, 함부로 판단하는 것은 부끄러운 일이다. 이것은 주님 앞에 악취 나는 행동일 것이다. 판단한 자들은 주님 앞에서 회개하고 용서를 구해야 한다. 내적치유를 갈급해하던 많은 기독교인들이 이러한 잘못된 중상과 모략으로 인해 내적치유에서 등을 돌렸다.

개척자들에게 당부하는 말 A Word About Pioneers

개척자들에겐 따라갈 발자국이 없다. 그들은 실수할 수밖에 없다. 하지만 개척자는 다른 이들이 따라올 수 있도록 자신의 발자국을 새겨놓는다. 천국에선 물론이고, 이 땅에서도 언젠가는, 과거의 사역을 재발견하고 많은 사람들이 따라올 수 있도록 앞서나간 이들 크리스천 개척자가 인정받게 될 것이다.(사 58:12) 우리는 필요한 곳마다 주님의 보혈과 십자가, 그리고 부활의 생명을 접목하려고 노력해 온 내적치유의 풋내기들이다. 우리는 계속 전진해야 한다. 사람들의 비난과 오해 때문에 주저해선 안 된다.

누군가 말했다. "하나님은 그의 거룩한 말씀보다 더 큰 계시는 아직 주신 적이 없다." 우리가 실수해야 한다면, 사람을 구원하고 치유하는 진리를 찾기 위해 실수하자. 이것은 모든 사람에게 복음을 전해야 한다는 지상 대명령의 일부이다.

구원의 복음뿐 아니라 변화와 치유의 좋은 소식을 전하는 사람들과 함께하라. 사람들이 뭐라고 말하든지, 또 뭐라고 생각하든지 두려워하지 말고, 하나님이 우리에게 부탁하신 일이 온전히 이뤄질 때까지 전진하라.

Mark

5. 크리스천도 '마귀화' 될 수 있다

A Christian Can Be Demonized

거의 매달리다시피, 긴 의자에 앉아 있는 스티브의 이마엔 땀이 송글송글 맺혀있다. 그는 어금니를 꽉 물고 다짐했다. "나는 오늘 이 예배를 끝까지 드릴 거야."

그리고 여느 일요일처럼, 스티브의 귀에 어떤 목소리가 들려왔다. "하나님은 없어! 넌 지금 시간 낭비하는 거라구!"

스티브는 그 목소리에 귀를 닫고 설교에 집중하려고 안간힘을 썼다. 주변에 앉아 있는 모든 사람들은 집중하며 제이미슨 목사님의 말씀을 듣고 있었다. 스티브는 최대한 열심을 다해 목사님을 바라보았다. 목사님의 움직이는 입술을 보지만, 목사님의 입에서 나오는 말들이 뿔뿔이 흩어지는 것 같았다. 스티브는 귓전에 맴도는 목소리를 내쫓기가 힘들었다. 오히려 그 목소리는 점점 더 커져 갔다. "목사님 설교를 듣지 마. 사탄이 왕이니까!"

스티브는 오른편에 앉아 있는 여성을 힐끗 쳐다봤다. 그녀의 얼굴은 온화하고 평온해 보였다. 스티브는 갑자기 배가 아팠다. 변태적 성욕과 하나님에 대한 욕설이 그의 마음에 홍수처럼 일어났다. 그리고는 증오와 분노가 치밀었다. 그의 손이 떨리기 시작했고 그의 눈가에 맺힌 땀방울들이 바닥으로 쏟아지기 시작했다. "하나님은 없어. 스티브, 네가 하나님이야!"

"더 이상 안 되겠어."스티브는 더듬거리며 말했다. 눈물이 가득 고인 채 스티브는 자리에서 일어났고 비틀거리면서 조심스레 성전 밖으로 걸어 나갔다.

하지만 그는 집으로 돌아가지 않았다. 예배가 끝나고 모든 사람이 자리를 비울 때까지 성전 입구에서 머뭇거렸다. 제이미슨 목사님이 외투를 입고 교회 문을 나서려고 할 때, 스티브는 주저하며 목사님에게 다가갔다.

"목사님, 잠시 얘기 좀 나눌 수 있을까요?" 목사님은 고개를 돌려 땀으로 범벅된 스티브의 얼굴과 충혈 된 눈을 바라보았다. "물론이지." 목사님은 걱정하는 목소리로 대답했다. "그래 스티브, 무슨 일이니?" 스티브는 잠시 침묵하다가 천천히 입을 열어 말했다. "제가 이런 말씀을 드려도 될지 모르겠습니다." 말을 잇기가 두려워 스티브는 가만히 서 있었다.

"괜찮아, 얘기해 보렴"

"저는…" 스티브는 한숨을 내쉬면서 말을 이었다.

"목사님이 설교하실 때 도저히 참을 수가 없었습니다!" 그때 목사님의 눈에 당황하는 기색이 역력했다.

"아, 목사님의 설교가 싫었다는 게 아니라, 저는…" 스티브의 목소리가 떨리기 시작했다.

제이미슨 목사님의 염려는 더욱 커졌다. "뭐가 문제인지 말해보렴."

또 다른 침묵이 흘렀다. 그리고 스티브는 불쑥 말해 버렸다. "목사님, 크리스천도 귀신들릴 수 있나요? 목사님 설교 중에 계속 이상한 목소리가 들려와요. 그리고…" 스티브는 순간 목사님의 눈초리가 매서워졌음을 알아챘다. 이후 목사님의 구원에 대한 아주 길고 지루한 신학적 설명이 이어졌고, 스티브는 입을 연 것에 대해 후회했다.

"스티브, 잘 들으렴. 첫째로, 믿는 사람이 귀신 들린다는 것은 구원의 교리에 어긋나는 말이다. 우리는 그리스도에 속해 있지 사탄에 속한 게 아니란다. 둘째로 내가 알고 있는 바, 그건 성화의 교리에도 어긋난다. 바울 사도는 고린도후서 5장 17절에 그리스도 안에 있으면 누구든지 새로운 피조물이 된다고 했어. 옛것은 지나고 새 이 되는 거지. 새 피조물 안에 어떻게 마귀가 들어올 수 있겠니?"

스티브는 공손한 태도로 목사님의 말씀을 계속 들어야 할지, 아니면 그냥 떠나야 할지, 마음이 갈기갈기 찢어지는 듯했다. 스티브는 그저 '그리스도에 속했다,' '새 피조물이 된다'와 같은 구절들을 붙잡으려고 노력했다.

스티브는 생각했다. '난 이미 그 구절을 알고 있어. 그리고 또 믿는다구! 하지만 그 목소리를 떨쳐낼 순 없단 말이야!'

제이미슨 목사님이 "그리스도인은 영원히 그리스도의 소유다"라는 말씀을 하실 때 스티브가 불쑥 질문을 던졌다. "그러면 그 목소리는 뭐죠? 내가 구원받기 위해 참회의 기도를 얼마나 많이 했는데요? 그럼 제가 미쳤다는 말씀입니까?"

하지만 스티브는 자신이 미치지 않았음을 알고 있었다. 그가 받은 정신 테스트 결과가 이를 증명해 주었다.

목사님은 '귀신 들림'이라는 말을 곰곰이 생각하느라 잠시 침묵하셨다. 마귀나 축사에 대한 가르침은 거의 받은 적이 없기 때문에, 목사님은 그의 기억을 샅샅이 뒤지다가 명백하게 기록된 성경의 예를 생각해 냈다. '군대' 즉 수천의 마귀들에 붙들려서 낮이나 밤이나 벌거벗은 채 무덤을 돌아다니며, 소리 지르고 자해하던 사람의 이야기가 떠올랐다. 소름끼치는 이야기였다.

인간은 본성적으로 지적인 공허함을 싫어한다. 그 빈 공간은 무엇으로든 메워야 직성이 풀린다. 목사님의 의식 이면엔 마귀에 대한 이미지가 몇 가지 숨어 있었다. 그는 마귀에 대해 알지 못했기에 마귀에 대한 빈 공간을 그러한 이미지들로 채워 냈다. 그리고 그러한 이미지들이 조합되어 귀신들린 사람의 모습을 완성시켜 놓았다. 쉰 목소리, 목이 돌아가고, 녹색의 물질을 토해내는 그러한 이미지…. 마치 과거 대학 시절에 보았던 영화에서의 한 장면 같았다. '맞다. 엑소시스트!'

제이미슨 목사님은 스티브를 한참 쳐다보셨고 스티브는 당황하는 모습이었다. 목사님은 스티브에게서 그가 생각해낸 귀신들린 이미지를 찾을 수 없었다. 이제 목사님은 스티브가 귀신들릴 수 없다는 것을 증명하기 위해, 이 문제에 대해 성경적으로 결론 내릴 수 있는 구원과 성화의 가르침을 생각해 내려고 노력했다.

"스티브, 너 최근에 스트레스 많이 받니?"

'네, 사탄으로부터요.' 라고 스티브는 속으로 생각했다. 그의 삶엔 그다지 스트레스 받을 일이 없었다. 물론 한때, 그는 신비종교에 관여했었다. 하지만 이미 다 지난 일이었고 지금은 구원받지 않았는가? 스트레스 받을 일이라면 많은 사람들이 그를 교만하다고 생각하는 정도, 하지만 주변의 곱지 않은 시선이 그리 큰 스트레스를 주진 않았다. 그는 오래전에 다른 사람의 생각은 아예 무시하기로 다짐했었다. 하지만 그가 여자애들과 사이좋게 지내지 못하는 것은 조금 스트레스 받는 일이었다.

"음… 여차 친구가 없는 게 스트레스에요." 스티브는 목사님께 대답했다.

제이미슨 목사님은 대화 중 처음으로 미소를 지으며, "사탄은 그리스도인의 삶에 아무런 힘을 행사할 수 없단다. 그가 할 수 있는 것은 네게 '사탄은 할 수 있다' 라는 생각을 집어넣는 것뿐이란다. 네가 할 일은 주님 안에서 네가 누구인지 아는 것, 그리고 그 진리에 서 있는 것뿐이란다."

스티브는 목사님이 읊으시는 몇 개의 추가적인 성경구절을 인내하며 들어야 했다. 그리고 목사님께 감사를 표하고는 그 자리를 피했다.

돌아오는 주일, 스티브는 아침 예배에 참석했고, 여전히 장의자에 앉아서 그 목소리와 씨름하였다. 그리고 다시는 교회에 오지 않으리라 다짐했다.

온전히 귀신 들린 경우는 극히 드물다
There "Possession" is Extremely Rare

제이미슨 목사님의 말은 부분적으로 옳다. 스티브는 귀신 들리지 않았다. 하지만 스티브에겐 목사님이 줄 수 없었던 도움이 필요했다. 군대 마귀에 들린 남자가 영화 엑소시스트에 나오는 소녀와 같은 처지였지만, 그와 같은 경우는 성경에 단 한 번 밖에 언급되지 않았다는 사실을 제이미슨 목사님이 알았다면, 그는 스티브를 도와줄 수 있었을 것이다. 영어 성경에는 사람이 귀신들렸다 (demon-possessed)는 표현이 있는데 이것은 잘못 번역한 것이다. 귀신들림이라는 표현은 헬라원어의 신약성경에는 나오지 않는다.

대신에 세 가지 다른 용어가 '귀신들림'을 대신하고 있는데, 어떤 사본에는 '마귀를 갖고 있다'(have a demon)는 표현으로 되어 있다. 다른 번역 사본은 '마귀 안에 있다'(to be in a demon)라고 말한다. 하지만 가장 일반적인 표현은 '마귀화되다'(demonized)이다.

(돈 바샴Don Basham과 딕 레게트Dick Leggett가 저술한 「가장 위험한 게임The Most Dangerous Game」이라는 책을 참고하라.)

위에 언급된 세 가지 표현은 '군대 마귀'의 이야기가 나오는 곳(마 8:28, 막 5:1-20, 눅 8:26-39)에서 사용되었으며 세 가지 표현은 서로 바꿔 쓸 수 있다. 다시 말해 세 가지 다른 표현이지만 결국 한 가지 현상을 설명한다는 것이다. 그런데 이 세 가지 표현 중 그 어떤 것도 귀신의 온전한 통제와 주인 됨을 의미하진 않는다. 단지 그 사람이 어떤 방법으로든 귀신의 영향을 받고 있는 상황임을 나타낸다.

제이미슨 목사님의 경우 크리스천이 귀신들린다는 의견에 대해 두 가지 반대 진술을 폈다. 첫 번째 반대 의견은 성화에 대한 성경의 교리이다. 마귀는 새로운 피조물이 된 크리스천의 마음에 자리할 수 없다는 것이 그것이다. 하지만 나의 아버지 존 샌포드(John Sandford)는 이 책의 3장에 이미 이러한 의견에 대해 언급한 바 있다. 거기서 아버지는 거듭난 신자일지라도 그의 믿지 않는 마음에 복음을 접목해야 할 필요가 있다고 가르치셨다. 내적치유에 대한 그의 이러한 가르침은 축사 사역에 있어서도 진리이다.

두 번째 반대 의견은 우리가 그리스도의 소유이기 때문에 마귀가 우리 안에 거주할 수 없다는 것이었다. 만일 제이미슨 목사님이 마귀에 대해 충분히 연구했다면 이러한 의견을 개진하지 않았을 것이다.

나는 제이미슨 목사님이 잘못했다고 지적하는 게 아니다. 최근까지 교회는 마귀에 대해 그리 진지하게 다루지 않았다. 교회가 성령의 초자연적인 은사들을 등한시 한 것처럼 마귀들 역시 교회로부터 '무관심' 당해왔다. 성경은 마지막 날에 악한 것들이 활개를 칠 것이라 설명하고 있다.(딤후 3:1-5) 그러나 주후 1세기까지만 마귀가 활개쳤지 그 이후엔 이들 '사탄의 용사'가 활동을 자제했다. 얼마나 괴상한 일인가? 심지어 내가 대학원에서 보낸 3년의 기간 중 교수님이 마귀에 대해 가르친 것은 반 학기도 채 되지 않는다. 충분하지 않다. 하지만 다행히도 최근에 출간된 많은 책들이 그 부족분을 채워준다. 하지만 여전히 우리는 그러한 책에서도 일반적인 실수를 발견하게 된다. (이들 책에서 발견되는 실수에 대해선 후에 살펴볼 것이다.)

지금 나는 평신도뿐 아니라 제이미슨 목사님과 같이 대학원에서 배운 17분짜리 교리에 의존하는 '목사님들'에게도 이야기하는 것이다.

마귀는 한 분야를 특화한다 Demons Specialize

군대 마귀의 경우를 제외하고 성경에 나오는 모든 귀신들린 사람의 예화는 스티브와 같은 경우이다. 그들은 어느 정도 마귀에게 영향을 받지만, 완전히 지배당하고 조종 받는 것은 아니다. 한 사람을 완전히 지배하기 위해선 군대 규모의 마귀들이 소집되어야 하기 때문이다. 일개 마귀가 혼자서 할 수 있는 일이라고는 그 사람의 특정한 영역을 공격하는, 즉 한 분야를 특화하는 것뿐이다.

어떤 사람은 육체적으로 영향을 받을 수 있다. 누가복음 13장 11절에 나오는 여인처럼 질환의 영에 의해 18년간 장애를 앓던 경우나 귀머거리, 벙어리의 영에 영향을 받은 사람(막 9:25) 그리고 몸에 간질을 일으키는 마귀에 시달리며, 물에도 던져지고 불에도 던져졌던 소년의 경우가 그것이다.(마 17:15, 성경의 기록 중, 마귀가 한 번에 두 가지 영역을 특화한 것은 이 소년의 경우가 유일하다.)

다른 마귀들은 사람의 정신을 속이는 것에 특화한다. 후메네오와 빌레도는 부활이 이미 일어났다는 거짓 교리를 가르쳤는데(딤후 2:17-18), 그들은 마귀의 덫에 걸린 경우였다. 마귀는 그들을 속박한 후 그들을 통해 자기의 뜻을 행했다.(딤후 2:26) 바울은 디모데에게 "그러나 성령이 밝히 말씀하시기를 후일에 어떤 사람들이 믿음에서 떠나 미혹케 하는 영과 귀신의 가르침을 좇으리라"고 경고했다.(딤전 4:1) 또 다른 마귀는 사람의 감정을 동요시키는데 전문가이다. 사울 왕의 경우처럼 점점 심화되는 '악의에 찬 초조한 심리'를 조장해 마귀가 그를 괴롭혔던 경우를 예로 들 수 있다.(삼상 18:10-12) 바울 사도는 사탄이 분노를 이용하지 못하도록 주의하라고 에베소 교회에 당부했다. "해가 질 때까지 분을 품지 말고 마귀가 틈타지 않도록 주의하십시오."(엡 4:26-27)

마귀는 또한 사람들의 관계 속에서 그들의 전문 분야를 개척하기도 한다. 아비멜렉은 세겜사람들을 선동하여 세겜의 통치자들(약 70명에 달하는 자신의 형제들)을 살해할 수 있는 기반을 닦았다. 아비멜렉은 형제들의 피 위에 자신의 보금자리를 틀었다.(삿 9:1-6) 이때 하나님께서는 아비멜렉과 세겜 사람들에게 악한 영을 보내셔서 상호간에 배반행위가 악순환되도록 만드셨다. 이러한 가운데 세겜 사람들은 아비멜렉을 버리고 가알 왕을 섬겼다. 이에 대한 응징으로 아비멜렉은 세겜 성을 파괴했고 갈 곳 없는 난민들로 발 디딜 틈이 없던 성전에 불을 질렀다. 그 후에 데베스와의 전투에 출전한 아비멜렉은 한 여성이 떨어뜨린 맷돌에 머리를 맞아 죽었다.(삿 9:53-54)

지금 언급한 성경 인물들은 그들 안에 귀신이 특화한 영역을 제외하고는 스스로 자신을 통제할 수 있었다. 악한 영에 의해 육체적 장애를 앓게 된 여인의 경우는 정신적으로나 감정적인 장애는 없었다. 사울 왕의 경우 육체적 장애는 없었다. 여인이나 사울 모두, 각자의 정체성을 잃지 않았으며 생각하는 능력도 소유하고 있었다. 하지만 군대 마귀에게 사로잡힌 남자는 정신과 육체 모두 통제력을 빼앗긴 상태였다. 그는 스스로 옷 입을 능력도 없었고 자기 집에 거할 정신력도 없었다.(눅 8:27) 자신의 의지로 자기 몸을 통제할 수 없었을뿐더러 쇠사슬로도 자신의 몸을 가둘 수 없었다. 그는 가족이나 친지로부터 고립되어야 했다.(눅 8:29) 또한 자해하는 것을 멈출 수도 없었다.(막 5:5) 이 불쌍한 사람은 생각이든 행동이든 스스로 할 수 있는 것이 아무것도 없었다. 심지어 "네 이름이 무엇이냐?"는 예수님의 질문에, 자신의 이름을 생각해 낼 능력이 없어 대답하지 못했다.

대신에 마귀들이 대답했다. 마귀는 자신들의 정체인 '군대'를 그 사람의 이름인 것처럼 속여서 말했다. (이 이름에 대한 내 아버지의 설명은 2장에 나와 있다.) 마귀가 자신의 숙주(宿主)를 통제하기 위해선 군대 규모의 병력이 필요했다. (하퍼Harper 성경사전에 의하면, 로마시대 군대(legion) 조직은 5,400~6,000명의 보병으로 이뤄졌다.) 만일 스티브를 통제하려면 수천의 마귀가 달려들어야 했을 것이다. 만일 그가 하나의 마귀 혹은 한 다스의 마귀에게만 시달린다면, 이들 마귀는 스티브의 특정한 영역에서 활동을 할 뿐이다. 아버지는 마귀의 특화에 대해 12장에 자세히 서술해 놓으셨다.

마귀화 대 마귀의 공격 Attack Versus Demonization

크리스천은 하나님의 소유이기 때문에 마귀의 소유가 될 수 없다고 성경은 명백히 말하고 있다.(엡 1:14) 하지만 성경은 마귀가 틈 탈 수 있다고 명백히 말한다. '신약성경의 신학 사전'에 의하면, 에베소서 4장 27절에 나오는 틈, 발판(foothold)에 해당하는 헬라어는 '토포스'(topos)이다.

토포스라는 단어로부터 지리학 용어인 '지형학'(topography)이라는 단어가 파생되었다. 헬라어에선 이 토포스라는 단어가 마귀의 일시적인 행동을 지칭하지 않는다. 오히려 크리스천의 삶 가운데 작은 영역을 사탄이 반영구적으로 점령한 상태를 의미한다. 토포스, 이것이 바로 스티브에게 일어난 일이었다. 그는 외부에서 마귀가 공격하는, 단순한 상황이 아니라는 것을 알았다. 그는 마귀들을 꾸짖어 쫓았지만, 그들은 항상 빠른 속도로 되돌아 왔다. 한동안(한 순간이 아니라) 이 범법자들은 스티브 안에 터전을 마련했다. 스티브는 아무 영문도 모르는 채…

제이미슨 목사님이 스티브에게 주지 않았던, 아니 줄 수 없었던 답변은, 첫째로 귀신들림은 흔하지 않다는 것, 그리고 종종 마귀가 특화한다는 것이었다. 둘째로 마귀의 공격은 마귀화되는 것과 다르다는 것이다.

사도 바울은 '사탄의 사자(메신저)'에 의해 위험에 처한 적이 있다.(고후 12:7) 그리고 한동안 사탄은 바울이 데살로니가 교회로 가는 길을 막았다.(살전 2:18) 바울이 마귀화 된 것인가? 예수님의 경우는 어떤가? 예수님은 사탄으로부터 아주 고통스런 시험을 받으셨다.(마 4:1-11) 하지만 우리는 예수님이 마귀화 되었다고 말하지 않는다. 위의 두 경우는 단지 사탄의 공격이었을 뿐이다.

사탄의 공격과 마귀화됨을 구분 짓는 것은 바로 죄다. 아버지가 2장에서 설명하신 것처럼, '마귀화'는 회개하지 않은 채 남겨진 죄가 사탄을 초대하여 사탄의 뜻을 이루게 하는 경우에 발생한다. 예수님은 물론 죄가 없으시다. 바울의 경우 죄가 없진 않다. 그러나 바울이 자만할 것을 방지하시기 위해 하나님은 마귀의 공격을 허락하셨다. 이것은 바울이 자만하다는 얘기가 아니라 바울에게 위대한 계시가 주어졌기 때문이었다.(고후 12:7) 결국 바울은 자신의 죄 때문에 데살로니가 교회에 가는 길이 막혔던 것이 아니다. 죄가 없었기 때문에 마귀화도 없었다.

성경에 나타난 마귀화된 크리스천들의 예
Biblical Instance of Demonized Christians

성경에 나타난 예를 통해 알 수 있는 사실은 크리스천들이 죄 때문에 마귀화된다는 것이다. 바울은, 이미 우리가 살펴본 대로, 해결되지 않은 죄가 사탄을 향해 문을 열어주게 된다는 사실을 경고하고 있다.(엡 4:26-27) 마지막 날에 크리스천들은 이단을 통해 마귀화 될 것이다.(딤전 4:1) 바울은 디모데에게 배교자가 된 사람들을 온화하게 가르쳐 그들로 하여금 진리를 깨닫고 마귀의 함정에서 벗어날 수 있도록 도우라고 말했다.(딤후 2:26)

바울 사도는 후메네오와 알렉산더를 사탄에게 내어줘 저희로 징계를 받아 하나님을 욕하지 못하도록 했다.(딤전 1:20) 또한 바울은 고린도 교회에 편지하여 "나는 하와가 뱀의 교활함에 속은 것 같이 너희 마음도 그리스도를 향한 진실함과 깨끗함에서 떠나 부패할까 두렵다"고 훈계했다.(고후 11:3)

헬라어 사본에 '떠나 부패할까' 라는 말은 과거형이다. 바울은 그들이 이미 사탄에게 문을 열어 준 것에 대해 걱정하고 있었다. 바울은 또한 "사탄도 스스로 빛의 천사의 가면을 쓴다"라고 말하면서 거짓 사도에 대해 주의할 것을 요구했다.(고후 11:14) 바울은 "만일 누가 가서 우리의 전파하지 아니한 다른 예수를 전파하거나, 혹 너희가 받은 영과 다른 영을 전한다면 혹은 너희의 받지 아니한 다른 복음을 받게 할 때에는 너희가 잘 용납하는구나." 하며 탄식했다.(고후 11:4)

초대 크리스천들은 남을 속임으로 마귀화되었다. 아나니아가 자기 소유의 토지를 판 값의 일부를 감추고 속이려 했을 때, 베드로는 아나니아에게 "어떻게 사탄이 너의 마음에 가득차도록 하여 성령에게 거짓말 하느뇨?"라고 말했

다.(행 5:3)

또 다른 초대 크리스천들은 변태적인 성욕에 빠질 때 마귀화 되었다. "만일 어떤 남자가 그 아비의 아내와 성관계를 했다면 그를 사탄에게 넘겨주어 육신은 망하고 영은 주 예수의 날에 구원 얻게 하라"고 바울은 가르쳤다.(고전 5:5) 여기서 사탄이 죄 된 성품을 멸하는 게 아니다. 하나님이 멸하신다. 하지만 때때로 사람들은 죄 가운데 마귀와 더불어 인생의 바닥으로 추락하기 전까지는 하나님으로 하여금 자신을 온전히 다스리시도록 허락하지 않는다. 그래서 바울은 그들을 사탄에게 넘겨주라고 한 것이다.

마귀는 무저항의 죄와 연관되어 있다. 베드로는 신자들에게 "스스로를 추스르고 깨어 있으라"고 경고했다. 당신의 적, 마귀는 우는 사자가 삼킬 자를 찾는 것같이 당신 주변을 어슬렁거린다. 마귀를 저항하고 믿음 위에 굳건히 서라. 당신은 전 세계에 걸쳐 당신의 형제들이 동일한 어려움을 겪고 있음을 알고 있다.(벧전 5:8-9) 야고보 사도는 이와 비슷한 충고를 한다. "마귀를 대적하라 그러면 그가 너희로부터 도망할 것이다."(약 4:7)

만일 우리가 저항하지 않으면 루시퍼는 영원히 우리를 따라다닐 것이다.

마귀가 사용하는 죄의 종류 The Kinds of Sin Demons Use

제이미슨 목사님은 "죄가 마귀화되는 원인이라면 어떤 사람도 마귀화되는 것에서 자유치 못할 겁니다. 왜냐하면 모든 사람이 죄를 짓기 때문이죠."라고 말하면서 반대의견을 내세울지도 모른다.

하지만 모든 죄가 마귀에게 발 디딜 틈을 주는 것은 아니다. 마귀에게 문을 열어 주는 것은 아비의 아내와 성관계하는 것같이 중한 죄, 혹은 이보다 덜 중한 죄이긴 하지만 오랜 시간에 걸쳐 재미를 느낀 죄 된 습관들이다. 잠깐 이단적인 생각을 한다고 해서 바로 마귀화되진 않는다. 바울이 디모데에게 조심하라고 한 사람들은 이단종교를 오랫동안 신봉했었다. 심지어 그중 몇몇은 그들이 믿는 이단종교가 진리라고 가르쳤다. 마찬가지로 모든 종류의 분노가 마귀에게 틈을 내어 주는 것이 아니다. 해가 진 뒤에까지 마음에 분노를 품었을 때, 마귀에게 문을 열어 주게 된다.

아나니아를 끔찍한 죽음으로 인도했던 것은 사소한 '거짓말'이 아니었다. 예수님 당시 유대 문화에선, 남자들은 밀 두 말 값을 흥정하는 것을 즐기면서 오후 한때를 보내곤 했다. 밀 두 말 흥정하는데 한나절이 걸린다면, 땅을 팔기 위해선 적어도 몇 달 동안 흥정해야 했을 것이다. 당시 많은 사람들은 땅값을 흥정하는 일종의 구경거리를 보기 위해 몰려들었을 것이다. 결국 아나니아는 판 땅 값의 일부를 감추기 위해 그동안 판매 과정을 지켜본 많은 사람들을 속여야 했을 것이다. 즉 오랜 시간 계획하고 준비된 사기극인 것이다. 이는 결코 작은 거짓말이 아니었다.

마찬가지로 스티브 역시 중한 죄를 지었을 때 마귀화되었다. 그가 십대였을 때, 그는 점성술, 강령회(굿), 혹은 마법 주문 및 마녀 사냥 등의 신비종교에 탐닉했다. 스티브가 구원 받았을 때 그는 이러한 죄를 회개했다. 그렇다면 왜 스티브가 꾸짖어 내쫓았던 마귀들이 다시 돌아온 것일까? 그것은 거기에 마녀사냥의 죄 이상의 죄들이 연관되었기 때문이다.

시편 91편 1절부터 4절까지 보면 사람이 하나님을 신뢰할 때, "하나님께선 그 사람을 날개깃으로 덮으시고 그의 날개 아래 보호하시며 피난처가 되어주신다"고 기록되어있다. 하나님을 신뢰하는 자는 사탄의 탐색으로부터 감춰진다. 하지만 스티브가 신비종교에 들어갔을 때 그의 전 존재는 어둠의 권세에 노출되었다. 곧, 마귀는 거주하기 알맞게 잘 정돈된 스티브 속으로 들어갔다. 스티브는 왜 신비종교를 탐닉하게 되었을까? 의문을 갖지 않을 수 없다.

스티브는 오랫동안 거짓말을 일삼았는데, 바로 그 거짓말이 스티브를 신비종교에 빠뜨린 장본인이었다. 스티브의 거짓말이 사탄의 입장을 허락한 열린 통로였던 것이다.

스티브의 거짓말은 그의 일생동안 지속된 무기력감으로부터 발단되었다. 그는 다섯 남매 중 막내였다. 그의 형제는 모든 일에서 완벽을 기하도록 교육받았다. A학점을 네 개나 받았어도 B학점 한 개가 포함되었다면 그들에게 있어서 그 성적은 만족할 만한 수준이 아니었다. 그들은 당근 대신 항상 채찍을 받아야 했다. 심지어 중간고사 때 받은 B학점이 기말고사에서 A로 변해도 부모님은 절대 '잘했다'고 칭찬하지 않았다. 부모님의 칭찬은 항상 '다음에도 잘하면' 받을 수 있는, 유보된 당근이었기 때문이다.

스티브가 부모에게 들은 가장 칭찬에 가까운 말은 "어쨌든, 우리는 전에도 네가 항상 이렇게 해주길 바랐단다."였다. 교내 야구 시합에서 스티브는 4타수 3안타를 쳐냈는데, 게다가 그 3안타 모두 홈런이었는데도 불구하고 그의 아버지는 한 번 삼진 아웃 당한 것에 대해 질책했다. "스티브, 이렇게 하면 결코 삼진 당하지 않았을 텐데 말이야." 교내 연극제에서 흠 잡을 데 없는 연기를 소화해 내어 관중들로부터 박수갈채를 받았지만 스티브의 어머니는 "연기는 나쁘지 않았어. 아들아, 다음 번엔 좀 더 목소리를 크게 내려무나."할 뿐이었다.

'완벽'이라는 목표는 점점 성취하기 힘들어 보였다. 왜냐하면 그의 형, 누나들이 이미 최고 기록을 깨며, 또 다른 신기록들을 수립해 놓았기 때문이다. 그의 두 누나는 올A 장학생이었고, 그의 두 형은 학교에서 내로라하는 운동선수였다. "이런 겁쟁이 같으니라고, 사람들한테 네가 약골이라는 사실을 소문내려고 그러는 거니? 왜 너는 형이나 누나처럼 되지 못하니?"라는 비난을 피하기 위해 스티브는 형과 누나를 따라잡는데 그의 모든 힘을 소진했다.

이러한 가정에선, 뛰어난 업적을 통해서만 인정받게 된다. 힘없는 사람은 일찌감치 포기하려 할 것이다. 결국 스티브는 형제들 중 그 어떤 누구도 소유하지 못한 힘을 찾아야만 했다.

그는 신비 종교에서 그 힘을 찾았다. 신비로운 과학을 통해 그는 형제나 혹은 친구들이 꿈꿔 보지도 못한 것을 배우게 되었다. 결국 스티브는 마귀들을 초청했고 그들에게서 힘을 얻으려고 노력했다. 마귀의 힘을 빌려 스티브는 마법을 걸 수 있었고 아무도 할 수 없는 일을 일으키기도 했다. 그는 심지어 그의 경쟁자들을 아프게 하기도 했다. 때론 주문을 걸어 상대 야구팀이 삼진을 당하도록 만들거나 단순한 플라이 볼을 아웃 처리하지 못하게도 했다. 그는 물체를 공중에 띄울 수 있었고 3마일 밖에서 대화하는 소리도 들을 수 있었다.

그는 이러한 능력이 자신의 통제 아래 있다고 믿고 맘껏 즐겼다. 그러나 사실, 그는 거짓말을 믿었던 것이다. 실제로 스티브가 사탄의 힘을 통제한 것이 아니라 그가 사탄의 통제 아래 있었던 것이다. 만일 그가 거짓말로 자신을 속이는 일에 익숙하지 않았다면, 그는 이것이 자신의 능력이라고는 믿지 않았을 것이다. 하지만 스티브는 오랫동안 자신에게 솔직하지 못했다. 항상 거짓말을 말했고, 거짓말을 믿어 왔다.

많은 경우, 스티브는 부모님으로부터 '유보된 칭찬'에 실망감을 느꼈다. 형제들과 비교 당하면서 자신이 초라해지는 아픔도 많이 겪었다. 잘해내지 못한다는 비난에 수치스럽기도 했다. 하지만 그는 한 번도 상처를 받았다거나, 그러한 대우에 분노했다고 생각하지 않았다. 즉 '나는 상처받지 않았다' 고 다짐하며 자신을 속여 온 것이다. 올 A 학점을 받고 칭찬을 못 들으니 차라리 형, 누나와 비교 당한 뒤에, 부모님으로부터 받은 상처를 인정하지 않는 편이 오히려 쉬웠다. 결국 그는 거짓말을 믿기로 결심한 것이다. '부모님의 요구는 공정하다. 그리고 나는 유보된 칭찬에 대해 화가 나거나 불공평한 비교 혹은 수치심을 일으키는 비난에도 분노하지 않는다. 나는 내 힘을 이용하여 수치심을 떨쳐낼 수 있다. 게다가 다른 사람이 갖지 못한 힘을 가지고 있음에 나는 행복하다.'

사탄은 거짓의 아비다.(요 8:44) 사탄은 스티브에게 "너는 사탄의 힘을 조종할 수 있다"고 거짓말했고, 스티브는 그 거짓의 함정에 빠지고 말았다. 이제 사탄은 스티브가 믿은 거짓말을 통해 힘을 얻는다. 또한 스티브가 말한 모든 거짓말에서도 힘을 얻게 되었다. 거짓말은 마귀들이 집을 건축할 수 있는 머릿돌이 된다.

스티브는 그리스도를 영접한 후 신비종교에서 손을 떼었다. 하지만 그의 결단만으로 마귀를 떠나 보내기엔 충분하지 않았다. 스티브가 신비종교를 통해 믿어 온 거짓말이 열린 문 역할을 했고 그 열린 문으로 마귀가 들어왔다. 그 이후 마귀는 스티브의 삶 가운데 많은 거짓말들을 찾아냈다. 그러한 거짓말 하나하나가 마귀의 터전이 될 수 있었다. 그리고 스티브가 마귀의 거짓말을 믿었을 때, 마귀는 이에 힘을 얻어 자신의 세력을 확장할 수 있었다. 스티브가 이 거짓말들을 회개할 때까지 마귀에겐 아직 머물 수 있는 장소가 마련되어 있는 것이다.

거짓말을 통해 스티브의 교만도 배가되었다. "넌 항상 옳아!" 그는 자신이 틀렸다고 단 한 번도 생각해 본 적이 없었다. 그는 다른 사람의 충고를 거절해 왔기에 많은 친구들을 잃어버렸다. 그는 사과하지도 않았다. 그리고 여자애들이 그의 마음에 다가서려고 할 때마다 그의 내면에 있는 약한 자아가 드러날까 두려워서 항상 그녀에게서 단점을 찾곤 했다. "넌 너무 키가 커." "넌 너무 작아." "넌 너무 감성적이야." 그리고는 그 여자아이와 헤어져쓰다. 그가 신비종교 가운데 행했던 것처럼, 스티브는 항상 자신을 뽐내면서 남을 조종했다. 그리고 마귀는 기꺼이 스티브를 도와줬다.

그럼에도 불구하고 스티브의 주변에는 그의 '망상'을 의지하는 소수의 사람들이 있었다. 스티브가 이제 거듭나고 성령 충만한 크리스천이 되었을 때, 그들은 스티브를 통해 교회의 여러 문제점을 듣게 되었다. 스티브의 날카로운 비판을 들으며 그들은 스티브를 일종의 선지자로 여겼다. 스티브는 종종 긍휼의 마음이나 혹은 세심한 배려 없이 그의 은사를 사용했다. 그때마다 스티브는 어른들에게 꾸중을 들었다. 하지만 그는 자신에게 불리한 말은 듣지 않으려고 했다. 아주 오래전, 스티브는 인생이라는 게임 가운데 '아무도 나보다 앞설 수 없어!'라는 맹세를 했기 때문이다. (그 맹세 때문에 스티브는 신비 종교에 발을 들여

놓게 된 것이다.) 그리고 스티브가 이제는 신비 종교로부터 손을 씻었을지라도 그 내적 맹세는 여전히 남아 있다. 스티브는 그 맹세를 얼마나 소중히 여겼던지, 천국의 모든 축복을 준다 해도 그는 그 맹세를 깨지 않으려 했을 것이다.

이 맹세의 최대 수혜자는 마귀들이다. 스티브는 이 맹세 때문에 신비종교에 가담하여 "주술의 죄와 같은 반항"(삼상 15:23)을 저질렀고, 이에 마귀는 스티브 안에서 거주할 집을 얻게 됐다. 스티브가 기독교인이 된 이후에도 마귀는 여전히 남아 있었다. 그리고 마귀는 스티브가 믿고 있는 거짓말들을 그의 머릿속에 큰 소리로 거듭 외쳐댈 수 있었다. "하나님은 없어. 네가 하나님이야!"

스티브가 제이미슨 목사님을 찾았을 때, 그는 거의 바닥까지 내려간 상태였다. 내적치유와 축사 사역에 대해 좀 더 깊이 알고 있었더라면, 목사님은 스티브 안에 프로그램화 되어 있는 내적 맹세를 분별했을 것이고 스티브로 하여금 그 맹세를 파기하도록 도울 수 있었을 것이다. 그리고 스티브는 이러한 내적 맹세의 원인이 되는 쓴 뿌리를 다뤘을 것이다. 그러면 마귀는 그의 거처를 잃게 되고 마침내 스티브는 하늘에 계신 아버지로부터 오는 칭찬과 위로를 맛보았을 것이다. 매번 성적표를 보여드릴 때마다, 혹은 야구 경기가 끝날 때마다 부모님께 받고 싶었던 바로 그 칭찬과 위로를 말이다.

부인의 벽을 부수기 Breaching the Wall of Denial

'스티브'는 내가 상담해 온 여러 사람의 문제들이 복합된 경우였다. 신비종교에 가담했던 내담자들 가운데 스티브와 같은 종류의 사람들은 자만심이 강하고 힘, 권위에 급급해한다. 또 다른 부류의 사람들은 자신을 증오하는 것에 길들여져 있다. 그래서 그들은 신비종교를 이용해 자존심을 키우려고 노력했다. 이들 중 대부분은 상담에 응하여 그들 자신의 내면 속에 자리한 고통과 대면했지만, 일부는 상담조차 거부했다.

상담을 거부한 사람들은 가장 강력한 거짓말의 사슬에 매인 자들이었다. 그 사슬은 바로 부인이다. 그들에게 있어서 자신의 삶의 기반이 되어 온 것이 거짓말이며 그 거짓말이 얼마나 깊고 넓은지를 깨닫는 것은 두려운 일이다. 그래서 그들은 부인의 벽을 쌓게 된다. 마을의 모든 사람은 그가 술 취한 사실을 아는데 자기 혼자 술 취한 사실을 부인하는 '마을의 술주정꾼' 처럼 되어 버리는 것이다. (스티브의 지인들 모두가 스티브의 교만 때문에 힘들어했다. 하지만 스티브는 올 A학점의 환상에 깊이 중독되어 있어서 그 환상을 지키기 위해 어떠한 진리도 왜곡하려 했다.)

우리의 옛 자아를 정당화하기 위해 우리가 붙잡고 있는 것이 거짓말이든, 환상이든 하나님께서는 이것이 깨어지길 원하신다. 부인의 벽이 깨질 때까지 우리를 향한 하나님의 사랑은 우리가 밑바닥에 내동댕이쳐지는 것도 허락하신다.

우리는 구원 받은 이후 얼마 동안 '신혼여행' 과 같은 기쁨의 시간들을 보낸다. 그러나 신혼여행이 끝나면, 얼마나 많은 사람들이 자신의 의롭지 못한 모습에 좌절하고 두려워하는가? 그러나 사실은 우리가 그동안 부인의 성벽 안에 감춰왔던 죄들과 대면하게 된 것뿐이다. 그 죄는 마귀의 은신처 노릇을 해 왔다. 성령께서 우리의 마음에 충만히 거하시자마자 그 죄들이 밖으로 드러났고 그 죄 속에서 휴식을 취하던 마귀들이 성령의 임재에 고문당하게 되자 자신의 실체를 드러내게 된 것이다. 그래서 구원 받은 후 우리들은 우리의 의롭지 못한 모습을 발견하게 되는 것이다.

스티브가 마귀의 목소리를 듣는다고 고백한 것에 대해, 제이미슨 목사님은 '이는 죄를 정복하신 하나님을 불신하는 행위' 라고 생각했다. (실제로 마귀는 스티브의 귀에 소리를 질러댔다.) 하지만 예수님도 스티브가 쌓아올린 부인의 벽을 파헤치고 싶어 하셨는데, 제이미슨 목사님은 일언지하에 스티브의 고백을 부인했다. 스티브가 성령 충만한 그리스도인이 되자 마귀는 이제 자신의 터전을 잃게 될까 두려워 최후의 수단으로 스티브의 귀에 거짓말을 외치는 발악을 한 것이다. 만일 스티브가 거짓말에 대해 회개하면, 마귀는 행복했던 집과 작별을 고하고 다시금 쉴 곳을 찾아 방황해야 하기 때문이다.

최근에 우리는 이러한 일이 교회에서 많이 발생하는 것을 목격한다. 오랫동안 교회는 한 번 구원받은 신자는 성화되었기에 그 속에 마귀가 침투할 수 없다는 신학의 성벽 속으로 몸을 움츠려 왔다. 그리고 그 성벽에 반대되는 것은 부인해 왔다. 결국 편협한 성화론에 매달려 그 이면에 도사리고 있는 마귀의 역사를 부인한 것이다. 우리는 '자, 이제 우리의 성화가 완성되었다.' 라고 위안하며 스스로를 속여 왔다.

하지만 우리를 향한 하나님의 사랑은 너무 커서, 하나님은 우리가 부인의 벽 속에 갇힌 채로 지내는 것을 허락지 않으셨다. 우리가 우리의 죄를 부인하면 할수록 죄는 더욱더 심각하게 자라나기 때문이다. 지속적인 회개로 부르시는 주님의 요구에 'No' 라고 거부할 때, 지옥의 권세와 우리 내면에 존재하는 부인의 힘이 연합하여, 우리를 큰 죄 아래로 사로잡는다. 저명한 기독교 인사들이 변태적 성도착증에 빠지거나 성추문에 연루된 것을 우리는 많이 봐 왔다. 그들도 시작은 우리와 같았다.

이 땅에 '제이미슨 목사님' 이 많기 때문에, 많은 '스티브' 들이 해결책을 찾지 못하고 계속해서 신음하고 있다. 시간이 지나도 이 땅의 스티브들이 그냥 방치된 채 남겨져 더 심각한 상태가 되게 해서는 안 된다. 너무 늦기 전에 그들이 밑바닥까지 내동댕이쳐지길 원한다. 이 책을 쓴 이유는 그들이 좀 더 살살 내동댕이쳐지도록 하기 위함이다.

Mark

6. 축사사역과 내적치유의 공통분모 – "전신갑주"

Deliverance and Inner Healing Meet at the Armor

> 종말로 너희가 주 안에서와 그 힘의 능력으로 강건하여지고 마귀의 궤계를 능히 대적하기 위하여 하나님의 전신갑주를 입으라 우리의 씨름은 혈과 육에 대한 것이 아니요 정사와 권세와 이 어두움의 세상 주관자들과 하늘에 있는 악의 영들에게 대함이라 그런즉 서서 진리로 너희 허리띠를 띠고 의의 흉배를 붙이고 평안의 복음의 예비한 것으로 신을 신고 모든 것 위에 믿음의 방패를 가지고 이로써 능히 악한 자의 모든 화전을 소멸하고 구원의 투구와 성령의 검 곧 하나님의 말씀을 가지라
>
> – 에베소서 6:10-12, 14-17

앞 장에 등장했던 스티브에게 에베소서 6장의 전신갑주는 별 효과가 없어 보였다. 스티브는 그 이유가 무엇인지 내게 물었다. 매일 아침마다 그는 하나님께 완전히 무장시켜 달라고 기도했지만, 참소자의 화전은 시커먼 연기를 뿜으

며 활활 타오른 채 그 위용을 뽐내고 있었다.

어리둥절한 상태에서 그의 머리속엔 하나님의 은혜에 대한 이해가 왜곡된 채 자리하고 있었다. 그는 거듭남의 경험 너머에 있는 '성화'의 필요성을 최소화하는, 혹은 아예 무시하는 교리에 흠뻑 젖어 있었다. 그러므로 스티브에게 전신갑주는 악마의 존재를 무시해도 된다는 보증수표 혹은 마법의 지팡이정도로 밖에 여겨지지 않았다. 나는 전신갑주의 의미에 대해 스티브에게 설명했다. "전신 갑주는 우리의 신뢰와 믿음을 하나님께 둔다는 표현이다."

이전에 우리가 하나님 외에 믿었던 다른 것을 물리칠 수 있도록, 하나님을 향한 우리의 믿음과 신뢰는 날마다 성장해야 한다. 의의 흉배를 입은 사람은 다음과 같이 말할 것이다. "나는 나의 선함을 신뢰하지 않아도 된다. 주님께서 나의 '의'가 되시기 때문이다. 나는 그 사실을 믿기만 하면 된다." 구원의 투구를 쓴 사람은 다음과 같이 말할 것이다. "남이 나를 뭐라고 생각하든 나는 걱정할 필요가 없다. 나는 주님 안에서 내가 누구인지 알기 때문이다. 내 머리를 덮고 있는 이 구원의 투구는 모든 근심으로부터 나의 생각을 지켜줄 것이다."

아침마다 했던 스티브의 기도가 별 효과를 보지 못한 이유는 이제 명백해졌다. 그는 예수님이 자신의 '의'가 된다고 믿지 않았다. 앞 장에 설명한 것처럼, 스티브는 남들과 타협하지 않고, 다른 사람의 충고에 귀 기울이지 않음으로 또 절대 사과하지 않음으로 자신의 의를 옹호해 왔다. 그는 하나님께서 자신의 '자기이미지'마저 보호해 주신다는 사실도 믿지 않았다. 자신의 불안감을 감추기 위해 그는 항상 "나는 남보다 낫다"고 생각했다. 스티브는 이미 스스로 만들어낸 거짓 흉배와 거짓 투구를 입고 있었다. 그렇기 때문에 그가 전신갑주를 달라고 기도했을 때, 아무것도 받지 못했던 것이다. 그가 진정한 전신갑주를 얻기 위해 할 수 있는 일은, 오직 거짓의 갑주를 벗겨주실 하나님의 은혜만 간구하는 것이었다. 그것 외엔 다른 도리가 없었다.

스티브가 스스로 만든 '전신 갑주'는 마귀의 공격에 대한 방어기구로서도 쓸모없었을 뿐 아니라 오히려 마귀의 무기로 역이용되었다! 사도 바울은 마귀가 우리의 죄뿐 아니라 율법으로 인해 힘을 얻을 수 있다고 설명했다.

> 또 너희의 범죄와 육체의 무할례로 죽었던 너희를 하나님이 그와 함께 살리시고 우리에게 모든 죄를 사하시고 우리를 거스리고 우리를 대적하는 의문에 쓴 증서를 도말하시고 제하여 버리사 십자가에 못 박으시고 <u>정사와 권세들을 무장 해제시키셔서</u> 그것들을 사람들 앞에 밝히 드러내시고 십자가로 승리하셨느니라 - 골로새서 2:13-15 (밑줄 그은 부분은 내 해석이다.)

하나님께서 죄를 용서하시고 의문에 쓴 증서를 도말하여 마귀를 무장 해제시키셨다면, 스티브는 회개를 거부하고 율법 아래서 스스로를 정당화했기 때문에 마귀에게 재무장할 기회를 제공한 것이다.

마귀는 회개하지 않은 죄를 통해 다시 들어올 수 있다. 때문에 그 사람의 남아 있는 죄는 곧 누가복음 11장 21-22절이 설명하고 있는 마귀의 무기가 된다.

> 강한 자가 무장을 하고 자기 집을 지킬 때에는 그 소유가 안전하되 더 강한 자가 와서 저를 이길 때에는 저의 믿던 무장을 빼앗고 저의 재물을 나누느니라

위의 말씀은 회개하지 않은 죄는 이전에 축출된 마귀로 하여금 다시 돌아오도록 한다는 원리를 전한다. 그것도 무장한 일곱 귀신을 더 데리고 '금의환향'하는 것이다.

사탄은 스티브의 회개하지 않는 마음을 그의 전략으로 삼았다. 수치감으로부터 스스로를 보호하기 위해 그는 교만의 흉배를 붙였고, 무력감을 느끼지 않으려고 남보다 우월하다는 자기우월의 방패를 치켜세웠다. 그러나 결과는 스

티브의 의도와 정 반대였다. 사람들은 '교만' 하고자 하는 스티브에게 망신을 주었고 스티브가 우월감을 드러냈을 때, 사람들은 스티브와 겨뤄 이기고 싶어했다. 교만과 우월감에 대한 욕망을 특화한 마귀는 스티브가 더욱 교만해지고 더욱 우월감을 갖도록 인도하였다. 그리고 스티브는 전에 느낄 수 없던 깊은 수치감과 내면의 수렁 속으로 던져졌다. 더욱 깊은 소용돌이로 내려가면서, 그는 더 큰 교만, 더 큰 우월감의 마귀와 손잡게 되었다.

나는 우리가 만들어 놓은 흉배, 투구 등 각각의 가짜 전신 갑주에 해당하는 죄를 찾으려 하거나, 찾아낸 죄에 대해 매번 축사하는 것을 권하지 않는다. 그렇게 하는 것이 아주 효과 있는 것처럼 보이긴 하다. 하지만 마귀화된 영역에는 회개치 않으려는 마음, 그리고 항상 죄의 옹호가 있음을 기억해야 한다. 회개치 않는 심령에는 에베소서 6장의 전신갑주가 실질적인 무기라기보다는 단지 은유적 표현이고 비유로서 적용될 뿐이다. 반면에 사탄은 그의 재량 하에 마음껏 부릴 수 있는, 광범위한 '정욕의 방위시스템' 을 구축하고 있다. 다음의 사례연구를 통해 현실 속에서 일어날 수 있는 추가적인 두 가지 가능성에 대해 살펴보자.

불신의 방패 The Shield of Mistrust

사탄이 찾아낸 가장 쓸 만한 무기 즉, 우리가 쉽게 회개되지 않는 죄는 '쓴 뿌리 판단' 과 '쓴 뿌리 기대' 그리고 '내적 맹세' 이다. (3과에서 아버지가 자세히 설명했다.) 이들은 육신이 지금껏 만들어 온 것 중 가장 믿을 만한 자기 방어 수단 이랄 수 있다. 성인이 되어 구축한 자기 방어체계는 어린 시절에 만든 자기 방어 시스템만큼 뿌리가 깊지 않고 효과도 그리 강하지 않다. 어린 시절에 지어놓은 방어벽은 그 기초가 '혼' 의 깊은 영역에 놓여 있다. 아래에 적어놓은 페기(Peggy)와 제니(Jenny)의 일화를 통해 어린 시절의 방어벽과 그릇된 믿음의 방패가 어떤 것인지 살펴보자.

페기는 두 차례의 씁쓸한 사랑에 신음했었다. 그녀가 사랑했던 두 남자는 모두 젠틀한 모습의 바람둥이들이었다. 양의 탈을 쓴 늑대라는 표현이 어울리겠다. 그들은 오직 페기의 처녀성을 빼앗기 위해 장미빛 사랑의 환상으로 유혹해 왔다. 결국 두 번의 배신에 상심한 페기는 다시는 남자를 신뢰하지 않겠다고 맹세했다.

하지만 함께 눈물 흘리며 울어 줬던, 좋은 친구들의 위로를 통해 페기는 남자에 대한 시각을 다시 바꾸게 되었다. 그녀는 삶 가운데 자신에게 친절하게 대했던 남자들을 머릿속에 떠올렸다. 친절했던 데이트 상대들, 학창시절 사랑어린 맘으로 존경했던 선생님, 재밌게 장난치는 사랑하는 삼촌, 그리고 무엇보다 이들 모두를 뛰어넘는 아버지를 떠올린 것이다.

물론 몇몇 나쁜 남자들도 있었다. 그리고 나쁜 남자들의 무리 속에 최근에 자신을 배신했던 두 명의 남자를 새로이 쳐 넣었다. 이것도 삶의 일부다! 그녀는 이렇게 생각하며 그들을 용서했다. 적어도 어떤 남자를 조심해야 할지 배우게 되었다고 스스로 위안하면서 페기는 거짓의 방패를 내려놓았다. 다시는 남자를 믿지 않겠다던 맹세를 파기했고 하나님께 속한 믿음의 방패를 거머쥐었다. 그 방패는 결국 진정한 신사를 만날 수 있도록 인도했다.

제니는 일찍이 수많은 배신을 당했다. 제니가 어렸을 때, 아버지는 매일 밤 선술집에 들렸기 때문에 귀가시간은 항상 늦었다. 아버지는 늦은 밤에도 저녁 상을 차리라고 어머니에게 고함을 질렀다. 좀 더 일찍 와서 가족과 함께 저녁을 먹지 않겠냐는 어머니의 제안에 아버지는 여러 가지 변명들을, 그것도 화난 목소리로 늘어놓았다. 어머니는 간청했지만 아버지로부터 돌아오는 것은 저주와 욕설뿐이었다. 속상한 나머지, 어머니가 울면 식순에 따라 아버지는 분노를 터뜨렸다.

한 번은 어머니가 아버지에게 "제니랑 동물원에 같이 가세요."라고 이야기하는 것을 제니가 우연히 듣게 되었다. (동물원이었는지 그냥 공원이었는지 자세히는 모르지만) 아버지는 온전히 약속을 지킬 분이 아니었다. 약속한 날이 되자, 아버지는 동물원에 갈 수 없는 몇 가지 핑계를 화난 목소리로 늘어놓았다. 그 상황에서 만약 어머니가 아버지를 끈질기게 추궁했다면 제니는 극도의 긴장감에 눌려 곧 숨이 멎었을지도 모른다. 왜냐하면 아버지에게는 분노 폭발의 한계선이 있는데 그 선을 넘어서면 어머니나 두 모녀 모두 심한 욕설과 함께 엄청난 폭행을 겪어야 하기 때문이다.

이런 환경 가운데 제니는 아버지를 향해 마음을 닫아 버렸다. 그녀는 친구들이 집에 놀러 와서 아버지의 무례함과 욕지거리에 당황할까 두려워, 친구들의 방문을 원천 봉쇄했다. 제니는 '난 아빠가 필요 없어' 라고 스스로에게 말했다. 비록 큰 소리로 말한 것은 아니지만, 또 의식 속에서 말한 것은 아니지만, 제니는 이 말을 뱉음으로 남자들을 믿지 않겠다는 내적 맹세를 프로그램화한 셈이다. 아버지를 모델로 삼아 그려낸 남성의 이미지에 적용받지 않은 유일한 사람은 삼촌이었다. 하지만 상냥한 삼촌과 함께했던 많은 시간도, '남자는 다 아빠 같아' 라는 생각을 바꾸진 못했다.

그 맹세는 곧 제니의 '믿음의 방패' 가 되었다. 하지만 이것은 그녀가 더 이상 상처 받지 않으려고 몸부림치며 부여잡은 거짓 방패일 뿐이었다. 십대가 된 제니는 남자아이들과 데이트하기 시작했다. 그녀에게 흑심을 품고 거짓된 호의를 베푼 나쁜 남자 아이들과 만나고 또 헤어짐을 겪은 후에, 그녀의 마음속 수년 동안 깊이 잠겨있던 배신감과 고통의 감정이 분출하였다. 어린 시절 제니는 '다시는 남자를 믿지 않으리라' 는 맹세로 자신을 보호했다. 이제 그녀는 자신의 아버지뿐 아니라 많은 남자들을 향해 불신의 방패를 올려 들었다. 실망감, 당혹감, 그리고 수치감이 찾아 올 때마다 제니는 이 방패로 자신을 보호했다.

그러나 육적인 방어체계의 결정적인 단점은 마귀의 공격을 초청한다는 것이다. 제니는 남자를 믿지 않겠다는 자신의 맹세가 마귀의 공격으로부터 자신을 보호해 줄 거라고 생각했다. 하지만 결과는 정반대였다.

이 방어체계는 제니가 믿기로 결심한 거짓말, 즉 '믿을 만한 남자는 하나도 없다' 라는 거짓말에 기초한 것이기 때문에, 그녀는 믿을 만한 남자와 믿어선 안 될 남자를 구분할 능력을 상실하게 되었다. 거짓말에 기초한 육신의 방패가 신뢰할 만한 남자의 접근조차 막아버렸기 때문이다. 더 심한 배신으로부터 자신을 보호하려는 차원에서 제니는 자신이 알고 있는 최고의 남자들로부터 결점들을 찾으려고 노력했다. 아주 신사적인 데이트 상대들이나, 존경할 만한 선생님, 혹은 상냥했던 삼촌에게서조차 결점들을 찾아내려고 했다. 그들로부터 받은 아주 미미한 상처일지라도, 제니는 자신의 방패를 더욱 견고히 할 구실로 삼았던 것이다.

외로운 제니는 이제 사람들과의 관계 가운데 겉돌게 되었다. 실제로 배신을 당하기도하고 또 배신당하는 것을 상상하면서 매순간 지치기도 했다. 남자들로부터 아무리 미세한 상처를 받을지라도 그녀의 실망감은 걷잡을 수 없이 커졌다. 그리고 어떤 남자도 믿을 것이 못 된다는 마음은 더욱 견고해졌다. 이렇게 그녀는 깊은 고독의 동굴로 들어갔고 또 다시 탈진하게 되는 악순환을 겪게 되었다.

어떤 면에서 보면 제니의 방패는 점점 약해졌다고 말할 수 있다. 사탄은 거짓의 아비이기 때문에 제니의 방패는 결국 사탄의 소유로 넘어갈 것이기 때문이다. 하나님이 주신 믿음의 방패로 스스로를 방어해야 했건만, 제니는 거짓의 방패를 들고 있었기에 쓴 뿌리의 마귀가 쏜 화살은 그 방패를 뚫고 지나가 제니의 영혼에 손상을 입혔다. 그 화살들은 제니로 하여금 과거의 상처를 떠올리게 하였다. 그녀는 남성의 약점들을 더욱더 날카롭게 지적했다. 심지어 남자를 생각하는 것 자체가 고통스러웠다.

제니의 고통은 페기의 고통과 달랐다. 페기는 일생동안 만났던 좋은 남자들의 기억과 최근에 겪은 나쁜 남자의 기억을 적절하게 조화시켜 남자에 대한 견해에 있어 어느 쪽으로 치우침 없이 균형을 이뤘지만, 제니에겐 떠올릴 만한 좋은 남자와의 추억이 없다. 그녀는 페기보다 나쁜 남자들을 몇 명 더 많이 알고 있을 뿐이었다. 페기는 상처 가운데에도 다른 남자들과의 좋은 관계를 지속했지만, 제니는 자기가 파 놓은 동굴 속으로 들어갔다. 페기는 비교적 쉽게 마음을 열었지만, 제니는 마음을 열고 받아들일 만한 남자가 없었다. 비록 제니가 그런 남자를 한 명 찾았다고 하더라도 과연 그녀가 마음을 열고 그 남자를 받아들일 지는 미지수다. 왜냐하면 페기의 아버지는 자신의 상처에 대해 다른 사람에게 이야기 나누는 것이 얼마나 중요한지를 가르친 반면, 제니의 아버지는 제니가 상처받은 사실 자체를 인정하지 못하도록 만들었기 때문이다. 페기의 경우는 성인이 되어 마음의 상처를 잊으려는 의도에서 일시적으로 내뱉은 맹세였고 제니는 어린 시절의 맹세가 평생의 방어체계로 굳어버린 경우다.

거짓의 허리띠 Girding the Loins with Lies

나는 제니처럼 희망 없는 전투, 진퇴양난의 처지에 놓인 사람들과 많이 상담했다. 이들은 스스로를 방어하기 위해 손수 만들었던 무기들을 사탄에게 빼앗겨왔다. 사탄은 이들에게서 빼앗은 무기로 이들을 공격했다. 쉽게 말하면 자신이 만든 무기에 자신이 희생되는 격이다. 이에 그들은 더 큰 좌절감을 안고 전투에 임하게 된다.

프랭크(Frank)라는 남자에겐 항상 불평을 일삼는 어머니가 있었다. 프랭크는 자신의 노력으론 절대 어머니를 기쁘게 할 수 없음을 깨달았다. 그래서 프랭크는 어머니가 듣기 원하는 말이라고 생각되는 것만 이야기하기로 마음먹었다. 마음에서 우러나오는 진실을 말하면 어머니의 신뢰를 살 수 없었기 때문이다. 결국 거절감과 비난으로부터 자신을 보호하기 위해 프랭크는 진리 아닌 거짓말의 허리띠를 두르기 시작했다. 여기에 거짓말의 영이 프랭크를 도왔다. 프랭크는 이제 본인도 어쩔 수 없는 늪으로 빠져들게 되어 시간이 지날수록 점점 더 능숙한 거짓말을 하게 되었다. 이후, 프랭크의 오랜 친구들은 그가 거짓말한 사실을 알아차리고 배신감을 느끼며 프랭크와 절교했다. 프랭크는 곧 새로운 친구들을 사귀었는데, 그들 역시 프랭크의 거짓말이 탄로나자 분개했다. 하지만 거짓말의 기술은 나날이 발전을 거듭했기 때문에 인생의 후반부에 사귄 친구들이 프랭크의 거짓말을 알아차리기까지는 더 많은 시간이 소요되었다. 그러나 능숙한 거짓말은 폭로될 시점을 조금 더 늦출 뿐, 결국 친구들은 더 많이 화가 났고 아주 격렬히 프랭크를 거절했다.

프랭크는 그의 거짓말을 가리기 위한 또 다른 거짓말을 둘러대는데 노력해야 했다. 그 과정에서 거짓말의 영은 점점 더 강해졌다.

우리의 자녀에게 주는 전신갑주 The Armor We Give Our Children

만일 제니 혹은 프랭크가 어린 시절 '부모로부터의 인정' 이라는 갑옷으로 옷 입혀졌다면, 그들이 어느 정도 나이가 되었을 때 하나님의 전신갑주를 입는 것에 별 어려움을 느끼지 않았을 것이다. 아버지는 내게 "자녀들에게 '성육신'은 부모다"라고 늘 말씀해 주셨다. 하나님을 본 적 없고, 하나님에 대해 개념적으로 알 수 있을 만큼 성장하지 않은 아이들에게 있어서 하나님을 볼 수 있는 유일한 통로는, 하나님의 아주 작은 모형이긴 하지만 바로 부모의 모습을 통해서이다.

그래서 다윗은 "심지어 내가 모친의 젖을 먹을 때에 나로 하여금 주님을 의지하게 하셨나이다"라고 시편에 기록하고 있다.(시 22:9) 아래에 기록한 이사야의 외침은 지금도 계속 이 세대를 향해 울리고 있다. "여인이 어찌 그 젖 먹는 자식을 잊겠으며 자기 태에서 난 아들을 긍휼히 여기지 않겠느냐 그들은 혹시 잊을찌라도 나는 너를 잊지 아니할 것이라."(시 49:15) 이사야는 우리가 육신의 어미를 통해 보고 느끼고 배운 것들이 우리가 하나님을 바라보는 관점이 된다고 말하고 있다. 솔로몬은 신실한 부모가 자녀에게 전해야 할 말들을 기록했다. "내 아들아, 만일 네가 나의 말을 받아들이고 나의 명령을 마음에 새기면…. 너는 하나님을 경외하는 것이 어떤 것인지 이해하게 될 것이며, 하나님

아는 지식을 찾게 될 것이다."

만일 부모가 말과 행동을 통해 자녀에게 거짓된 하나님의 이미지를 심어줬다면, 자녀들이 자랐을 때 하나님의 전신갑주를 신뢰하는 것이 얼마나 어려울지 생각해 보았는가? 제니의 아버지는 자신의 행동을 통해 약속을 지키지 않는 하나님, 자녀에게 믿음의 방패를 주지 못하는 하나님의 이미지를 그려냈다. 프랭크의 어머니는 마음의 진실을 말해도 믿지 않는 하나님, 그래서 진리의 허리띠를 두를 수 없게 만드는 하나님의 이미지를 프랭크의 마음에 심어놓았다. 이러한 자녀들이 스스로 방어체계를 구축하는 것은 당연하지 않은가? 상황을 더 악화시키는 것은 이들에게 하나님은 무서운 분으로 여겨진다는 것이다. 마치 하나님이 우리의 대적인 것처럼 말이다. 자녀들이 거짓말로 스스로를 보호하기 시작할 때 거짓의 아비 마귀는 힘을 얻고 자녀들에게 속임의 말을 속삭인다. "그래. 나는 너의 친구다."

부모를 탓할 수 없다 We Cannot blame Parents

제니의 경우나 프랭크의 경우에도 마찬가지이지만 자녀들의 죄 혹은 자녀들이 마귀화 된 것에 대해 부모를 비난해선 안 된다는 점을 성경은 분명히 하고 있다.

물론, 부모님의 실수는 자녀들에게 죄 지을 기회를 제공한다. 당신이 부모라면 다음의 경고에 귀를 기울여야 한다. "누구든지 나를 믿는 이 소자 중 하나를 실족케 하면 차라리 연자 맷돌을 그 목에 달리우고 깊은 바다에 빠뜨리우는 것이 나으니라."(마 18:6) 그러나 자녀들의 행동에 대한 궁극적인 책임은 자녀들 자신에게 있다. "아비는 그 자식들을 인하여 죽임을 당치 않을 것이요 자식들은 그 아비를 인하여 죽임을 당치 않을 것이라 각 사람은 자기 죄에 죽임을 당할 것이니라."(신 24:16)

우리처럼 예수님도 죄 된 세상 가운데 죄 된 부모 슬하에서 자랐다. 하지만 성경은 예수님에 대해 "우리에게 있는 대제사장은… 모든 일에 우리와 한결같이 시험을 받은 자로되 죄는 없으시니라"라고 증거한다.(히 4:15) 게다가 자식으로 하여금 죄 짓도록 혹은 올바로 행동하도록 강요한다고 해서 자녀가 꼭 부모 뜻대로 행한다는 보장도 없다. 따라서 위에 언급한 페기, 제니, 프랭크의 경우, 문제는 본인 스스로가 죄를 짓기로 결심했다는 것에 있다.

만일 자녀들이 예수님께로 돌이키면 그들은 진리를 알게 될 것이고 또 진리가 그들을 자유케 할 것이라고 성경은 약속한다.(요 8:32) 제니의 경우, 그녀는 이미 어렸을 때 모든 남자가 다 아버지와 같지 않다는 것을 알고 있었다. 그렇기 때문에, 남성에 대해 그녀의 마음이 돌 같이 굳어진 것을 아버지의 책임으로는 돌릴 수 없다. 그녀의 삼촌과 자상한 선생님을 비롯한 몇몇 남성들을 통해, "연약함을 체휼하고 우리를 불쌍히 여기시는 하나님"의 모습을 보았기 때문이다. (히 4:15) 제니는 거짓말을 믿지 않기로 결정할 수 있었고, 또 아버지를 용서하여 "아버지와 같은 남자들"에게 긍휼의 마음을 베풀 것을 선택할 수 있었다.

만일 우리가 항상 주어진 환경을 탓한다면, 이 세대의 모든 사람들은 바로 이전 세대를 비난할 것이다. 자신이 저지른 잘못에 대해 책임지려 하는 사람은 아무도 없을 것이다.

스스로를 비난하면 안 된다 Nor Should We Shame Ourselves

무거운 짐을 져야 할 책임이 자녀 스스로에게 있다는 이야기를 듣고 어떤 독자는 분노를 터뜨릴 것이다. 바리새인과 같이 위선적인 사람들조차, 내가 위에 언급한 내용은 불공정한 것이라 결론 내릴 것이다. 우리 주변엔 하나님의 마음으로 자녀를 보호해야 했을 부모로부터 오히려 학대를 당한 사람들이 있다. 어떤 사람은 부모님으로부터 몽둥이나 심지어 허리띠 혹은 머리빗으로 온몸에 시퍼런 멍이 들 때까지 맞았을 것이다. 부모로부터 하나님의 사랑과 같은 따뜻한 관심과 보호를 기대했건만 돌아오는 것이라곤 성적인 학대와 강간뿐이었던 자녀들도 있을 것이다.

그들은 이렇게 말한다. "그 당시 내 주변에 상담자나 조언자도 없었고, 나는 단지 어린아이였는데, 그때 내가 부모를 용서하기로 선택해야 했었다구? 보이지 않는 하나님이 그 당시 내 곁에 있었다는 걸 내가 어떻게 아느냐 말이야? 나는 전혀 못 느꼈다구! 나를 자신의 품에 품고 있는 하나님을 어떻게 느끼냐구! 부모님의 행동이 하나님과 정반대였는데 내가 어떻게 하나님 안에서 안식처를 찾느냐 말이야? 지금 내 모습이 이렇게 된 게 내 책임이라구?"

그들은 물론, 자신의 과거에 대해 스스로를 비난해선 안 된다. 역사상 가장 이해하기 힘든 아이러니는 우리가 죄인 되기를 선택하지 않았는데도 불구하고 아담의 원죄로 인해 우리는 태어나면서부터 정죄와 판단을 품고 태어난다는 것이다. 이것이 우리의 일반적인 운명이라면, 부모에게 학대 받으며 자란 아이들이 부모를 판단하고 정죄하는 것은 당연한 일이다. 그럼에도 성경은 자신의 행동에 대한 책임이 스스로에게 있다는 원칙을 확고히 한다.

어려움 속에 있는 자녀를 향해 하나님이 긍휼을 베푸신다는 사실을 믿지 않으면서 입술로는 하나님의 은혜를 찬양하는 사람들이 있다. 바리새인과 같은 사람이다. 바리새인은 죄인들, 불쌍한 자들을 긍휼히 여기지 않았다. 오히려 죄인의 아픈 생채기에 '율법'이라는 소금을 뿌리고 문질러서 더 큰 고통을 주곤 했다. 그리고는 자신이 진리를 행했다고 생각했다. 당시 죄인들의 뇌리에 하나님은 이러한 바리새인들의 모습으로 인식되었다. 그래서 그들은 바리새인같이 자신을 정죄할 것만 같은 하나님을 항상 두려워했다. 그러나 하나님은 체벌하지 않으신다. 예레미야는 다음과 같이 죄인들을 위로한다. "주께서 자녀들을 고생과 근심하게 하심이 본심이 아니시로다."(애 3:33) 히브리어로 본심이라는 말은 진실된 마음으로부터라는 뜻이다. 예수님은 니고데모라는 이름의 겸손한 바리새인에게 "하나님이 그 아들을 세상에 보내신 것은 세상을 심판하려 하심이 아니요 저로 말미암아 세상이 구원을 받게 하려 하심이라"고 말씀하셨다. (요 3:17)

성경에 회개하고자 마음을 돌이킨 사람에게 하나님의 진노가 내려졌다는 기록은 없다. 그리고 예수님 역시 자신의 육신을 자랑하는 바리새인들에게만 화를 내셨을 뿐, 죄인을 정죄하신 적이 없으시다. 하나님께서는 우리의 수치심을 드러내려고 혈안 된, 그런 분이 아니다. 그는 우리의 육적인 방어체계가 하나님과 우리 사이를 가로막고 있다는 사실을 알려주기 원하실 뿐이다.

'자녀들에게 책임이 있는가?' 이 어려운 질문에 대한 나의 대답은 다음과 같다. 성경에 의하면, 받아들이긴 어렵겠지만, 상황이 자녀로 하여금 어쩔 수 없이 죄를 짓도록 만들었을 지라도, 그 죄는 자녀의 책임이지 다른 사람이 대신 질 수 있는 짐이 아니라는 것이다. 또한 형제의 도움을 통해 죄를 고백하게 되었을지라도(약 5:16) 죄 짐을 벗겨 달라고 하나님께 간구해야 할 사람은 바로 본인이다.

그러나 기억하라. 하나님은 우리를 정죄하지 않으시고, 오히려 우리의 문제를 해결하기 원하신다. 그것도 특이하리만큼 놀라운 사랑으로 말이다.

> 우리가 아직 연약할 때에 기약대로 그리스도께서 경건치 않은 자를 위하여 죽으셨도다 의인을 위하여 죽는 자가 쉽지 않고 선인을 위하여 용감히 죽는 자가 혹 있거니와 우리가 아직 죄인 되었을 때에 그리스도께서 우리를 위하여 죽으심으로 하나님께서 우리에게 대한 자기의 사랑을 확증하셨느니라 - 롬 5:6-8

죄의 결과는 우리가 짊어질 수 있는 무게가 아니다. 그래서 예수님이 우리를 대신하여 그 고통을 어깨에 짊어지셨다. 오직 우리는 우리의 고통을 십자가 앞에 내려놓기만 하면 된다.

마귀를 비난하면 안 된다 Nor Can We Blame Demons!

자신의 죄에 대해 스스로가 책임이 있다는 사실을 인정할 때만 우리는 십자가의 공로를 얻게 된다. 하지만 가끔씩 사람들은 자신의 죄의 원인을 마귀에게 돌리며 마귀를 비난하는데 이것은 올바른 행동이 아니다. 어떤 사역자는 분노, 두려움, 미움의 감정에 대고 축사 사역을 한다. 이러한 감정은 우리의 죄 된 마음의 열매인데도 불구하고 그들은 이러한 감정을 마귀라고 생각하는지 귀신 쫓듯 내쫓는다. 어떤 사람들은 '육체'의 문제를 다루는데 있어서 항상 마귀가 주된 원인이 된다고 생각한다. 마치 이것이 공식인 것처럼 말이다.

한 때 여러 축사사역 본부들이 밀집한 지역에 살았던 적이 있다. 이미 다른 사역 센터를 방문한 뒤 내게 상담 받으러 찾아온 사람이 종종 있었다. 대부분의 사람들은 이러한 사역이 좋다고 생각했다. 사역을 받은 후, 그들은 성령의 역사하심을 체험했고 평안을 느꼈다.

하지만 다른 많은 경우에, 사람들은 단지 회전문 효과만을 맛봐야 했다. 마귀가 떠났으나 다시 찾아와서 한층 더 심도 있는 축사가 필요한 상태로 전락하게 될 뿐이었다. 성경의 원칙에 굳건히 서 있는 사역자들이 "당신의 죄를 통해 마귀가 되돌아온 겁니다."라고 말했을 때, 그들은 정죄 당한 느낌이었다. 게다가 사역자들이 마귀가 되돌아오도록 만든 특정한 죄를 밝혀내지 못할 때, 내담자들은 정죄감으로부터 헤어날 도리가 없다고 느낀다.

문제는, 축사의 기본이 '회개'라는 것을 사역자들 스스로가 충분히 배우지 못했다는 것이다. 그들은 마귀를 꾸짖는 데엔 전문가이나, 사람의 마음이 부패한 사실을 분별하지 못한다. 그래서 그들은 회개를 요구하긴 하지만 형식적일 뿐이다. 단지 '마귀가 다시 돌아올 때를 대비하여' 회개를 요구하는 것이다. 회개가 축사 사역의 옵션사항인 것처럼 말이다.

물론, 나는 다른 사역 센터에서 실망했던 사람들에게만 사역했다. 대다수의 사람들은 자신이 받은 사역에 대해 불만을 갖지 않았다. 다음과 같이 말하면 논란의 여지가 있겠지만, 예수님은 축사 사역하기 전, 개개인의 죄 문제를 다루시는 데에 많은 시간을 할애하시지 않았다. ('복음 전도 여행자'인 예수님이 각각의 사람들에게 많은 시간을 할애할 수는 없었다.)

하지만 예수님은 여전히 축사 사역이나 내적치유가 자신의 가르침보다 앞설 수 없다고 생각하셨다. 그 가르침은 바로 '회개'였다. 누구든지 예수님의 가르침대로 회개하고자 하는 자는 그들의 마음을 살펴, 구세주인 예수님과 자신 사이에 어떤 특정한 죄가 가로막고 있는지 발견할 수 있었다.

예수님과 잠시 만나 축사사역을 받은 경우에도 회개가 사역의 근본이 될 만큼 중요했는데 하물며, 예수님이 원하시는 '제자화'에 있어서 회개는 얼마나 더 중요한 기본이 되겠는가? 특히 예수님이 시간을 할애하여 개개인을 제자화 하실 경우엔 말할 필요도 없었을 것이다. 사람들의 육신적 습관은 그들 가운데 너무 깊이 박혀 있어서, 그들은 자신의 마음 속 숨은 동기를 발견하지 못한다. 심도있는 제자화 양육을 받거나, 예리한 분별력으로 육신의 뒤얽힌 죄를 밝혀내는 사람과 함께 있지 않는 한, 사람들은 자신의 마음속을 알 수 없을 것이다.

축사 사역을 준비함에 있어서 우리는 반드시 성령으로 하여금 우리 마음의 죄를 밝히시도록 허락해야 한다. 밝혀진 죄에 대해 우리가 회개할 때만 사탄의 공격 기반이 무너지기 때문이다. 우리가 알아야 할 사실은 마귀는 죄를 만들어 내지 않는다는 것이다. 우리가 죄를 짓는 것이다. 예수님은 "무엇이든지 밖에서 사람에게로 들어가는 것은 능히 사람을 더럽게 하지 못하되 사람 안에서 나오는 것이 사람을 더럽게 하는 것이니라"고 말씀하셨다.(막 7:15) 우리가 우리 자신을 먼저 더럽히지 않는 한 마귀가 우리를 먼저 더럽힐 수는 없다.

또한 2장에서 본 것처럼, 죄가 있는 곳에 항상 마귀가 개입되어 있다고 생각하면 안 된다. 만일 마귀가 전지전능하고 무소 부재하다면 모든 곳에서 일어나는 모든 죄에 마귀가 영향을 미칠 것이다. 그러나 사실은 그렇지 않다. 마귀는 단지 기회주의자일 뿐이다. 마귀는 자기에게 유리한 기회가 생길 때만 자신의 영향력을 발휘한다. 그렇기 때문에 중한 죄를 진 사람에게 축사 사역이 그리 많이 필요하지 않거나, 경미한 죄를 진 사람이 심각하게 마귀화된 경우를 계속 목격하게 되는데 내게는 그리 놀랄 일은 아니다.

미미한 죄를 지었으나 심각하게 마귀화된 여성을 알고 있다. 여기서 그녀의 이름을 그냥 "메리"(Mary)라고 하겠다. 메리는 자신을 통제하려 하고 자주 수치심을 안겨 주는 어머니로부터 마음에 심한 상처를 받았다. 어머니는 거의 성추행 수준에 가까운 정도로 딸의 몸에 대해서 희롱하기도 했다. 메리는 자라면서 낮은 자존감과 자기 정죄감을 달고 살았으며, 폭식과 게으름을 떨쳐내지 못해, 폭식과의 전쟁, 게으름과의 전쟁을 선포해야 할 정도였다. 하지만 그녀가 받은 상처나 죄는 수백의 마귀가 달려들기엔 너무 미미하지 않은가?

하지만 나는 곧 메리가 신비종교에 관여했던 사실을 알게 되었다. 당시 메리는 그것이 별 문제가 되지 않을 거라고 생각했다. 그녀가 신비종교에 관여한 이유는 첫째 그녀는 성경이 신비 종교를 금하고 있는 것에 대해 무지했고, 둘째 하나님에 대한 갈급함을 잘못된 곳에서 찾았던 것이었다. 그녀가 읽은 책 중에는 뉴에이지 운동에서 사용하는 여러 가지 방법을 소개해 놓은 것도 있었는데, 예를 들면 자기암시, 저절로 손이 움직이며 써지는 글, 그리고 별자리 운세 등이었다. 그녀는 이러한 방법을 통해 영혼의 궁금함과 답답함에 약간의 해갈을 느꼈다. 그리고 메리는 이어서, 진자 추를 사용하기에 이르렀다. 성경책을 책상 위에 놓고, 그 위에 진자 추를 실에 메달아 손으로 실끝을 붙잡으면 준비는 완료된다. 그리고 메리는 여러 가지 질문을 던진다. 이에 진자추는 "예"라는 응답으로 남북방향으로 흔들리고 "아니요"라는 대답으로 동서방향으로 흔들렸다.

뒤늦게 메리는 하나님께서 신비 종교 행위를 엄금하시고 이것에 관련한 사람들을 벌한다는 사실을 알게 되었다. 하지만 이미 그녀는 어둠의 힘에 '혼'의 창문을 활짝 열어 놓은 상태였다. 열린 창을 통해 주변에서 어슬렁대던 마귀들이 그녀에게 달려들었다.

그 와중에, 메리는 심각하게 마귀화된 남자를 만나 결혼했다. 그 남자는 성전환 수술로 여성이 되기 원하는, 즉 트랜스젠더가 되고 싶어 하는 남자였다. 그는 자신의 남성적 성향을 굉장히 혐오한 나머지 바늘로 자신의 성기를 찔러 댔다. 또 그렇게 해도 전혀 통증을 느끼지 못했다. 한번은 마취하지 않은 채로 면도칼을 들어 자신의 성기 일부를 잘라냈다. 그리고 스스로 상처를 꿰매기까지 했다. 남편의 혼 안에서 쉬고 있던 많은 기회주의자들은 이제 메리에게서 절호의 찬스를 발견했다. 수많은 마귀는 곧 메리 안에서 어머니를 향한 분노의 마음, 미움의 감정을 발견하고 그 죄된 감정의 구석구석마다 신속하게 침투해 자기만의 보금자리를 폈다.

메리와 함께한 사역은 항상 상담으로 시작하여 축사 사역으로 끝났는데 매번 축사할 때마다 마귀는 메리의 머리를 흔들며 내게 욕을 퍼부었다. "안 돼, 멈춰. 더 이상 하지마!" 만일 메리가 심각하게 마귀화된 남자와 결혼하지 않았다면, 신비종교로 인해 열려진 문으로 들어간 몇 안 되는 마귀만 상대하면 됐을 것이다. 그리고 만일 그녀가 아예 신비종교에 관여하지 않았더라면, 그보다 훨씬 적은 마귀만이 그녀에게 영향을 미쳤을 것이다.

'마귀화'는 과정이다 Demonization Is a Process

마귀화 되는 것은 한순간에도 가능하다. 예를 들면 단 한 차례의 강신굿에 마귀화될 수 있다. 십계명 중 첫째 계명은 "너는 나 외에 다른 신을 네게 두지 말며"(출 20:3)이다. 신명기 18장 10절과 11절은 신비종교 행위자와의 접촉을 금하고 있다. 그들은 하나님 아닌 다른 것에서 그들의 에너지를 내려 받은 자이다. 만일 우리가 어둠의 세력에게 무언가를 요구하면, 어둠의 세력은 곧 우리가 바라는 것 이상의 것들을 주려고 할 것이다. 성경의 많은 부분에서 이러한 사실을 증거하고 있다.

혹은 단 한 번의 변태적 성행위를 통해 마귀화될 수 있다. 만일 당신의 섹스파트너에게서 마귀가 성적인 죄를 특화하고 있다면, 마귀는 곧 당신에게 들어갈 것이다. 창녀 막달라 마리아에게 일곱 귀신이 들어갔던 사실을 기억하라. 물론 예수님이 구원해 주셨지만 말이다.(막 16:9)

그런데 왜 축사는 단 한 번에 이뤄지지 않는가? 물론 때때로, 짧은 기도나 회개를 통해 간단히 축사가 이뤄지기도 한다. 죄 짓는데 들인 시간보다 더 짧은 시간동안 축사가 이뤄질 때도 있다. 하지만 때때로 축사는 마귀화되는 것이 과정인 것처럼 여러 단계를 거쳐 이뤄지기도 한다. 제니와 프랭크의 경우를 다시 살펴보자. 하나님에 대한 그들의 불신이 죄를 초래했다. 그들의 죄는 곧 거짓의 전신 갑주가 되었다. 갑주는 마귀의 공격을 불러들였고 그들은 자신의 방어체계를 더욱 견고히 했다. 아이러니하게도 견고해진 방어체계가 마귀에게 더욱 강한 힘을 부여했다. 그리고 제니와 프랭크는 깊은 수렁으로 내몰리게 되었다.

사람이 거짓된 전신갑주로 무장하는 데에는 많은 시간이 걸린다. 그래서 한 꺼풀 한 꺼풀 벗겨내는 데에도 많은 시간이 걸릴 수 있는 것이다. 물론 어떤 사람은 하나님을 온전히 신뢰함으로 즉각적인 기적을 받을 준비가 되어 있다. 하지만 많은 사람의 경우 자신의 방어체계를 무너뜨릴 수 있을 정도로 하나님을 충분히 신뢰하는 데에는 오랜 시간이 걸린다. 축사에 많은 시간이 걸린다고 해서, 또 이것을 지루한 과정이라 생각하여 포기하는 것은 하나님이 아니라 사람이다. 사람의 의지이다. 하나님은 사람의 자유 의지를 지배하지 않으신다. 그리고 하나님의 의지는 치료하시는 것이다. 그분의 뜻은 온전한 치유이지 환자에게 수치감을 주는 것이 아니다. 하나님은 우리의 갑옷을 한 겹, 한 겹 벗겨내신다. 양파껍질 벗겨내듯이.

'에이프릴'의 이야기 April's Story

만일 우리가 내적치유와 축사를 필요로 하는 다른 사람의 입장에 서보지 않으면, 점진적인 치유와 오랜 시간을 들여 축사해야 하는 과정의 필요성을 이해하기가 쉽지 않을 것이다. 그래서 여기에 에이프릴의 이야기를 적어 놓는다. 그녀는 내가 만난 그 어떤 사람들보다도 더 열악한 환경 속에서 고통을 받았다. 여기에 그녀의 이야기를 자세히 풀어놓는 이유는 우리가 상담하는 사람들이 어쩌면 또 다른 '에이프릴'일 수 있기 때문이다. 이 이야기를 듣게 되면 당신은 아마도, 치유 사역 중에 너무 쉽게, 또 너무 빨리 사역을 마쳐서 내담자의 고통에 또 다른 고통을 더하는 과오는 피할 수 있게 될 것이다. (물론 당신의 내담자가 경험했던 고통이 에이프릴의 그것만큼 심한지는, 그들과 긴 시간을 함께하지 않는 한 알 수 있는 방법이 없지만 말이다.)

에이프릴은 우울증과 끊이지 않는 염려, 낮은 자존감으로부터 자유케되기 원해서 내게 찾아왔다. 내게 찾아왔을 당시 그녀의 삶은 이전과 비교해 조금은 덜 우울했지만, 과거의 고통으로부터 아직 온전히 탈출하진 못한 상황이었다. 내가 그녀의 어린 시절에 대해 물었을 때, 그녀는 네 살 때 삼촌에게 성추행 당했던 것을 어렴풋이 기억해 냈다. 그 사건을 제외하곤 그녀가 자란 환경은 지극히 평범한 '기능장애 가정'의 모습일 뿐이었다.

그녀의 아버지는 항상 완벽을 추구했다. 에이프릴은 A학점을 받기 위해 노력했으나 C학점을 받곤 했다. 그것도 그럴 것이 비록 부모님께 알리지 않았지만, 그녀는 독서 장애 및, 학습 장애로 고생했기 때문이었다. 그녀는 최선을 다했다고 말씀드렸지만, 아버지는 "아니, 너는 최선을 다하지 않았어. 네 능력으로도 충분히 할 수 있는데 말이야. 봐라. 네 언니도 하는데 왜 넌 못하는 거야?"라고 대답했다.

아버지는 그녀의 과오에 대해 항상 엄중히 벌하셨다. 만일 그녀가 언니와 말다툼하면, 그녀는 벽돌 한 무더기를 마당 저편에 옮겨야 했는데 항상 한 장씩 들어다 옮겨야 했다. 다 옮겼으면 다시 제자리에 일렬로 옮겨 놓아야 했다. 잘못을 저지르지 않는데, 언니가 거짓말로 일렀을 때에도 에이프릴은 변명을 해선 안 되었다. 만일 아버지가 에이프릴에게 잘못을 저질렀을 때면, 아버지는

"내가 너를 혼내지 않고 넘어간 일이 얼마나 많은지만 기억해라."라고 말할 뿐 단 한 번의 사과도 하지 않았다.

그녀는 쌓이는 스트레스를 운동을 통해 풀 수도 없었다. 그녀는 일곱 살 때 심장 수술을 받는데 의사는 점프를 해서도 안 되고, 높은 데를 오르거나 달리는 것도 안 된다고 처방했다. 에이프릴은 동네 아이들과 뛰놀며 어울릴 수 없었다. 게다가 수술 후, 어머니는 자신의 친구들 앞에 에이프릴을 세워놓고 "얘는 살아있는 기적이에요"라고 시작하여 에이프릴의 심장 수술 및 성장과정을 장황하게 늘어놓곤 했는데 그때마다 에이프릴은 자신을 너무 기이한 사람으로 만드는 것이 아니냐며 어머니께 불평했다. 하지만 어머니의 대답은 항상 "에이프릴. 난 좋은 엄마란다. 얘야, 너는 내가 나쁜 엄마라고 생각하니?"였다.

외견상, 에이프릴이 당면한 과제는 어머니의 기분을 좋게 만드는 것이었다. 에이프릴이 잘못할 때면, 어머니의 반응은 동일했다. "너 어떻게 나한테 이럴 수 있니?" 어머니는 에이프릴의 잘못이 하나님의 법에 어긋나지는 않을까 혹은 에이프릴의 삶에 어려움을 초래하진 않을까 염려한 게 아니다. 어머니는 단지 에이프릴의 잘못이 자신의 기분을 망친 것에 화가 났을 뿐이었다.

에이프릴의 모든 가치 기준은 어머니와 아버지였다. 심지어 프라이버시마져도 에이프릴에겐 없었다. 어머니는 에이프릴의 일기와 편지를 읽을 권리, 사적인 물건을 뒤져볼 권리를 갖고 있었다. 어머니와 아버지는 또한 딸과의 비밀을 깰 권리도 갖고 있었다. 게다가 그들은 아무 때나 욕실에 들어갈 수 있었다. 심지어 에이프릴이 목욕 중에 있더라도 말이다. 만일 그녀가 수치심에 노크 없이 불쑥 문을 여는 아버지에게 한마디 던지면, 아버지는 자신의 잘못은 생각 않고 단지 그녀의 태도가 겸손치 않다며 에이프릴을 꾸짖었다.

에이프릴은 집안에서 지켜지는 무언의 규칙에 복종하는 삶을 살았다. "어떠한 대가를 치르더라도 남을 기쁘게 하라. 가정을 욕 먹이지 마라. 감정적으로 스스로를 다스려라. 모든 권리를 부모에게 양도하라." 이러한 상황 속에서 자신의 무기력함을 느낀 그녀는 하늘의 아버지건, 이 땅의 부모이건 그들 모두를 신뢰하지 않기로 결심했다.

이러한 결심 때문에 그녀는 자신이 성추행 당한 기억을 쉽게 잊은 것 같다. 또한 그녀는 아버지가 정떨어지게도 "만일 어떤 여자가 강간당했다면, 그 여자는 강간당하길 원했기 때문에 당한거야." 그리고 "애들은 가끔 자신이 성추행 당했다고 거짓말 한다"라고 말하는 것을 들어야 했다. 아버지는 에이프릴을 겨냥하여 이러한 비난을 쏟은 것이 아니었다. 만일 아버지가 그녀에게 일어난 일을 알았다면 딸애를 강간한 자기 동생 바이런(Byron)을 비난했을 것이다. 아버지의 성격을 봐선 동생의 수족까지도 절단하려 했을지도 모른다. 하지만 아버지는 그 사실을 모른다. 어쨌든 아버지의 발언에 에이프릴은 정죄당하는 느낌을 받았고 보호받지 못한다는 생각에 사로잡혔다. 결국 부모와 하나님에 대한 불신은 수십 배나 더 증가 되었다. 홀로 상처를 감당해야 하는 상황 속에서 그녀는 자신의 방어체계를 구축하기 시작했다.

만일 에이프릴에게 또 다른 차원의 고통과 분노가 더해지지만 않았어도, 그녀와의 상담 기간은 몇 달은 더 짧았을 것이다. 에이프릴은 도움을 얻기 위해 크리스천 상담 센터를 방문하여 에릭(Erik)이란 남자를 만났다. 그의 호감 가는 미소와 온화한 태도는 그녀의 자존감을 세워주기에 충분했다. 결국 에릭은 그녀를 자신의 치유상담 센터에 고용했다. 그리고 에이프릴을 이사회의 일원, 그리고 자신의 개인 비서로 삼았다. 심지어 그는 그녀를 신뢰하여 상담사역을 맡기기까지 했다. 에이프릴은 이제야 비로소 자신을 온전히 받아주는 사람을 만났다고 생각했다. 그리고 에릭을 잃을까 두려운 마음에 그의 태도에 일어나는 변화를 간과해버리기 시작했다.

에릭은 점점 그녀의 노동력을 착취했다. 에이프릴은 일주일 내내 하루도 쉬는 날 없이 또 하루에 18-20시간 정도 일해야 했다. 에릭은 또한 이중적인 말로 그녀의 마음에 아픔을 주었는데, 한 번은 치유 세미나에서 그녀에게 좋은 일

거리를 맡기기로 약속하고는 결국 다른 사람에게 그 일을 맡긴 적도 있었다. 또한 집회에서 에릭은 에이프릴에게 고의적으로 엉뚱한 일을 하도록 지시하고는 사람들 앞에서 그녀의 엉뚱한 행동 때문에 수련회가 엉망이 됐다고 비난한 적도 있었다. 그는 또한 그녀의 프라이버시를 허락하지 않았다. 그녀가 자리를 비울 때마다, 그는 그녀의 뒤를 밟았다. 그래서 에이프릴로 하여금 자신을 떠나지 못하도록, 떠나는 것을 두려워하도록 만들었다. 이것은 상식적으로 이해할 수 있는 일이 아니었다. 에릭이 그녀의 마음을 얻은 이후로부터, 그는 이러한 방법으로 또, 세뇌하는 방법을 동원하여 그녀의 의지를 체계적으로 꺾어 버렸다. 이러한 에릭의 행동에 에이프릴은 점점 지치게 되었고 결국 판단력마저 흐려지게 되었다. 조금씩, 조금씩 에이프릴은 자신의 마음을 에릭에게 넘겨주었다.

상담을 받을 때면, 에릭은 그녀에게 빈정거림과 욕설을 사용했다. 그는 에이프릴의 죄를 추궁하기 위해 그녀에게 얼굴을 가까이 대고 고함을 질렀다. "도… 도대체… 무슨 죄요?" 에이프릴이 겁먹은 소리로 묻자 에릭은 "네가 더 잘 알잖아."라며 능글맞게 웃었다. 며칠 동안의 노력에도 불구하고 에이프릴은 자신 안에 숨겨진 죄를 떠올리지 못했다. 사역에 아무 성과가 나타나지 않자, 화가 머리끝까지 치밀어 오른 에릭은 그녀를 더욱 괴롭혔다. 결국 에이프릴의 고집스러움에 대한 벌로써 에릭은 그녀가 더 이상 어린 시절의 감정을 느끼지 못하도록 그녀의 영혼이 작은 상자 속에 갇히게 되기를 기도했다.

물론 하나님은 그 기도에 응답하지 않으셨다. 하지만 마귀가 그 기도를 듣고 있었다. 그리고 응답했다. 그 기도 후 에이프릴은 슬픔, 분노 심지어 기쁨의 감정도 느낄 수 없었다. 에이프릴은 어린 시절 성추행 당한 사건에 대해 마음을 터놓고 이야기하고 싶었지만, 에릭은 그 이야기로부터 단지 필요한 정보만을 캐냈을 뿐이었다. 당시 에릭은, 만일 모든 것을 말하지 않으면, 하나님은 그녀의 모든 기억을 생생하게 재생시켜, 그녀의 육신마저도 그 기억의 아픔을 다시 한 번 맛보게 될 거라고 협박했다. 그녀는 에릭을 만족시키기 위해 모든 것을 이야기했고, 자신의 두려움을 숨겨야 했다.

심신은 이미 탈진할 대로 탈진했고 정신은 멍해졌다. 이제 에이프릴은 그 다음에 일어날 일에 전혀 저항하지 못하게 되었다. 에릭은 그녀에게 자신의 세 번째 첩이 되어 달라고 요구했다. 에이프릴은 일부다처제를 소스라칠 정도로 싫어했지만, 에릭은 "이건 성경적으로 올바른 거야"라며 논리 정연하게 설득했다.

그녀는, 그동안 에릭으로부터 "만일 당신이 앞으로 어떤 일을 해야 할지 모른다면, 사람들에게 기도를 부탁하십시오. 하지만 그들에게 당신이 처한 상황을 일체 말하지 마십시오. 기도하는 사람의 사적인 편견이 개입되지 않아야 올바른 응답을 얻기 때문입니다."라고 배워 왔다. 이것은 잘못된 가르침이다. 하지만 에이프릴은 에릭의 가르침을 믿고 아무 정보도 알리지 않은 채 친구들에게 기도 부탁을 했다. 그녀의 친구들은 에이프릴의 상황에 대해 전혀 알지 못한 채 기도한 후, "어떤 문제인지는 모르겠지만 그것은 네가 선택한 거야. 그리고 하나님도 네가 선택한 것을 기뻐하신다."라고 대답해줬다. 그녀는 그것이 정확한 응답인지 알지 못했지만 친구들의 분별에 순종하기로 했다. 에이프릴은 에릭의 세 번째 첩이 되었다. 에릭은 자신의 '일부다처' 행태가 아직 덜 계몽된 일반인들에게 알려져선 안 된다고 에이프릴에게 여러 번 경고했다.

또다시 그는 세뇌 기술을 사용했다. 부드러운 그의 태도가 점점 거칠게 변했다. 온갖 포르노 비디오를 틀어놓고 에릭은 에이프릴을 때리기도 하고 그녀에게 변태적 성행위를 요구하면서 "이렇게 하는 것이 바로 아내의 도리다!"라고 강요했다. 변태적 성도착의 마귀에 억눌릴 때마다 에릭의 눈동자가 연한 갈색에서 짙은 검정으로 변하는 것을 목격한 에이프릴은 두려움에 떨곤 했다.

"자기는 뭣 때문에 여기에 있지?"하며 에릭이 물을 때마다 에이프릴은 "사랑이요…"라고 주저하며 대답했다. "아니야. 자기는 내 씨를 받아 주는 암캐일 뿐이야. 자기는 그거 하나 때문에 여기에 필요한 존재야." 그녀가 야윈 소리로

"아니에요, 난 당신을 사랑해서 여기 있는 거에요"라고 저항하면 에릭은 그녀의 뺨을 후려치고, 곧 거칠게 섹스를 하기 시작했다. 에이프릴이 이것이 강간이었음을 깨달은 것은 수년이 지나서였다. 확실히 에릭은 크리스쳔 상담자가 아니다. 그는 부정한 힘을 즐기는 '사회병자'였다.

에릭의 도에 지나친 행동이 극에 달한 일이 있었다. 하루는 상담센터의 간사들이 모여 회의를 하기로 했는데, 에릭은 회의 중에 먹을 수 있는 식료품을 사오라고 에이프릴을 보냈다. 에릭은 음식이 얼마나 필요할지 알지 못했기 때문에 음식을 적게 준비하라고 했고, 에이프릴은 에릭이 요구한 이상의 음식을 준비했다. 결국 에릭은 간사들 앞에서 왜 이렇게 음식을 많이 사왔냐며 에이프릴을 호되게 꾸짖었다. 심지어 그의 목에 핏줄이 설 정도였다. 하지만 준비한 음식이 동이 나자 에릭은 왜 이렇게 음식이 적냐며 그녀를 다시 한 번 꾸짖었다. 에이프릴이 에릭에게 화내지 말라고 말하자 에릭은 탁자를 짚고 일어서서 온갖 상스런 욕을 퍼부었고 이에 더 이상 참지 못한 에이프릴은 부엌칼을 번쩍 들어 탁자에 내리 꽂았다. 그 칼은 에릭의 손으로부터 몇 센티미터 안 떨어진 곳에 꽂혔다. 순간 그는 바짝 긴장했다. 곧 그녀는 그 칼로 테이블에 금을 긋기 시작했다. 에릭은 움직이지도, 입을 열지도 못했다. 그리고 그녀는 칼을 손에 쥔 채로 계속 서 있었다. 그 순간을 기점으로 변화가 있었다. 이제 떠날 때가 온 것이다.

곧 에이프릴은 자신의 짐을 챙겼다. 그리고 재빨리 친구에게 전화하여 도움을 구했고 회의가 끝나기 전 친구와 함께 유유히 그곳을 빠져나오게 되었다.

상담 과정에 필요한 일반적인 교훈
Some Common Lessons for the Process

에이프릴에게 사역을 시작할 때, 나는 에릭이 입힌 피해로부터 그녀를 원상태로 돌려놓기 위해 많은 노력을 기울였다. 그녀의 신뢰를 회복하기 위해 나의 치유 사역이 성경의 표준을 따른다는 증거를 몇 가지 보여줘야 했다.

강제로 죄를 찾으려고 할 필요가 없다. 나는 에릭의 가르침과 달리, 죄가 드러날 때까지 그녀는 결백하다는 것을 일러줬다. 그래서 알지 못하는 죄들 때문에 며칠 동안 판단 받고 괴롭힘 당할 필요가 없다고 이야기 해줬다. 죄가 있는지 없는지 판단하는 것은 주님이 하실 일이기 때문이다.

> 너희에게나 다른 사람에게나 판단 받는 것이 내게는 매우 작은 일이라 나도 나를 판단치 아니하노니 - 고전 4:3

> 내가 자책할 아무것도 깨닫지 못하나 그러나 이를 인하여 의롭다 함을 얻지 못하노라 다만 나를 판단하실 이는 주시니라 그러므로 때가 이르기 전 곧 주께서 오시기까지 아무것도 판단치 말라 그가 어두움에 감추인 것들을 드러내고 마음의 뜻을 나타내시리니 그때에 각 사람에게 하나님께로부터 칭찬이 있으리라 - 고전 4:4-5

하나님은 당신을 위한 사역 속도를 따로 정해놓으셨다. 나는 에이프릴이 너무 빨리 아픈 기억을 떠올리지 않도록 주의를 기울였다. 하나님은 그녀의 길에 빛이 되셔서(시 119:105), 그녀가 따라 걸을 수 있는 속도로 보조를 맞추신다. 예전에 아버지는 이스라엘 여행 중, 기념품으로 남포등을 하나 사오셨는데, 그것은 늙은 목자가 손에 들고 다니며 자신이 걷는 길을 비추는 등이라고 하셨다. 목자의 손에 들려진 채, 그 등은 바로 다음 내디딜 곳만 비춰낸다. 나는 에이프릴을 아픈 기억의 어둠 속으로 성급히 인도하지 않았다. 대신에 그녀 스스로가 하나님이 날마다 밝혀주시는 안전한 계단에 한 걸음 한 걸음 내딛도록 인도했다.

당신은 과거의 추한 기억 전부를 세부적으로 회상할 필요가 없다. 과거의 모든 아픈 상처를 들춰내는 것은 어쩌면 십자가의 공로를 부인하는 일일지도 모른다. 우리는 이사야 53장을 통해 우리의 고통 받는 종이 "실로 우리의 질고를 지고 우리의 슬픔을 당하셨거늘…. 그리고 그가 받은 상처로 인해 우리가 나음을 입었다"는 사실을 알고 있다.(사 53:4절 초반, 5절 후반)

나는 에이프릴에게 우리 엘리야의 집에 간사로 사역하는 산드라의 비유적 표현을 들려줬다. 산드라(Sandra Sinner-Young) 자매는 깊은 상처의 기억에 대해 다음과 같이 적절하게 비유했다. "아픈 기억은 한 바가지 가득 담긴, 시고 떫은 체리와 같다." 어린아이가 감당하기엔 성추행은 너무 끔찍한 기억이다. 그래서 하나님은 에이프릴로부터 그 기억을 멀리 치워버리셨다. 하지만 이제 에이프릴은 그 고통을 대면하기에 충분할 만큼 강해졌다. 그러나 그녀는 에릭이 주장한 것과 달리, 그 아픈 기억의 처음과 끝 모두를 대면할 필요는 없었다. 우리는 한 바가지 가득 담긴 체리를 다 먹지 않고도 그 속에 있는 체리 몇 개만 집어 먹음으로 그 바가지에 담긴 모든 체리가 시고 떨떠름하다는 사실을 알 수 있다. 마찬가지로 아픈 기억의 단편, 그리고 이에 연관된 몇몇 아픈 감정들을 맛보기만 해도, 그녀는 오랫동안 부인해왔던 아픔들을 인정하게 될 것이고, 용서와 회개를 통해 곧 한 양동이 가득한 하나님의 위로를 맛보게 될 것이다.

아마도 주님은 에이프릴에게 한 바가지 가득 담긴 체리를 맛보라고 건네 줬을지 모른다. 어쩌면 한 줌의 체리만, 혹은 한 개도 안 줬을지 모른다. 어쨌든 그녀가 맛보고 남긴 모든 체리를 예수님은 십자가 위에서 먹을 것이다. 또 그녀를 위해 모든 아픔을 대신 지실 것이다.

에이프릴은 점진적으로 에릭을 용서했다. 매번의 용서와 회개가 있을 때마다 예수님은 그녀를 위해 점점 더 많은 체리를 삼키셔야 했다. 신뢰는 싹텄고 곧 그녀의 숨어있는 기억들은 겉으로 드러나기 시작했다. 그 기억들은 순서 없이 드러났지만 매번의 상담사역 중에 겉으로 드러난 각각의 기억들은 서로 이

어지고 얽혀서 하나의 큰 주제를 만들어 냈다. 짧은 기억의 섬광들, 고립되어 숨어있는 공포감들이 차례차례 드러나 결국 하나의 무시무시한 이야기를 만들어 낸 것이다. 나는 그녀에게 감당할 수 있는 기억들만 대면하라고 거듭 충고해 줬다. 하지만 사역에 적응한 후, 그녀는 용기가 생겨서인지, 더 많은 것과 대면하고자 했다. 더 많이 대면할수록 그녀는 자기 스스로를 통제하는 힘이 생기는 것 같다고 했다. 그녀는 빛 가운데 드러난 악마의 모습은 상상했던 것처럼 그리 무섭지 않다는 것을 깨달았다. 하지만 에이프릴이 여전히 감당하기 벅차하는 아픈 기억으로부터 보호하시기 위해 하나님은, 그녀가 겪은 가장 섬뜩한 기억을 환상을 통해 내게 보여 주셨다. 이 사실을 말하자, 그녀는 곧 눈물어린 깊은 감사를 하나님께 표했다.

그녀의 삼촌 바이런(Byron)은 그녀의 아버지에 대한 증오심으로 에이프릴을 어둔 곳으로 끌고 가 거기서 강간했다. 그녀는 삼촌이 내뱉은 협박의 말을 기억해냈다. "이 사실을 누구한테든 얘기하면, 네 엄마가 보는 앞에서 너를 다시 강간하겠어. 그리고 네 부모를 다 죽인 뒤 너를 죽일 테다. 그리고 어쨌든 네가 이 사실을 말하더라도 아무도 너를 믿지 않을 거야. 그들은 네가 미쳤다고 생각해서 너를 어둔 곳에 가두겠지." 그녀는 무섭고 두려웠다. 그리고 그 사건으로 인해 그녀의 내면에 일어난 분노는, 그녀가 예상한 것보다 더 심한 결과를 만들어 냈다. 너무 심한 상처고 너무 큰 분노였다. 어떻게 그녀가 용서할 수 있겠는가?

당신은 남을 용서해야 한다는 압박을 느낄 필요가 없다 "용서하고픈 마음을 느끼지 못하더라도 그것은 위선적인 게 아니다"라는 에릭의 가르침은 옳았다. 그녀가 배운 바, 위선은 믿음에 반대되는 행위이지 감정에 반대되는 행위는 아니다. 다윗은 수년간 자신의 생명을 위협하는 사울 왕으로부터 피해야 했다. 하지만 사울 왕을 죽일 수 있는 기회가 찾아올 때마다 다윗은 "하나님이 기름 부은 자에게 손댈 수 없다"고 말하고 사울을 용서했다. 하지만 시편에 드러난 것처럼, 다윗은 서슴지 않고 사울 왕을 향해 분노의 감정을 표출했다. 용서는 미운 감정을 마비시킨 상태가 아니다. 용서는 우리의 의지에 달렸다. 하지만 용서 역시 하나님의 사역이고 은혜의 선물이다.

나는 종종 용서를 설명하기 위해 다음과 같은 예화를 그려 보인다. 상처는 피부에 박힌 나무 가시와 같다. 분노는 그 나무 가시 주위에 생긴 고름과 같다. 당신은 고름을 짜낼 수 있다. 하지만 그 나무 가시가 계속 박혀 있는 한, 계속해서 고름은 만들어질 것이다. 우리는 기도를 통해 박힌 나무 가시를 제거해야 한다.

가시가 제거된 후에도 분노의 고름이 몰려들 수 있다. 이제 그 고름을 짜내고 나면 더 이상의 고름은 생기지 않는다. 가시가 제거되었기 때문이다. 에베소서 4장 26절의 말씀처럼, 우리는 "분노 중에도 죄를 짓지 않아야 한다. 그리고 해 진 후에도 분노를 품어 마귀가 틈을 얻는 일이 생기지 않도록 해야 한다." 용서의 기도 후에도 분노가 다시금 일어날 수 있다. 다시 제거하라. 하지만 이제 그 분노의 감정은 계속 일어나지 않을 것이다.

계속되는 에이프릴의 이야기: 과정
April's Story Continued: The Process Unfolds

에이프릴이 에릭의 곁을 떠나기 전으로 돌아가자. 그녀는 '공정하지 못한 하나님'을 더 이상 참지 못했다. 그래서 끔찍한 계획을 상상하곤 했다. 그것은 에릭이 잠들면, 고기 칼로 에릭을 찔러 침대에 박히도록 한 뒤, 산 채로 에릭의 가죽을 벗기는 상상이었다. 특히 그의 성기를 잘라내는 상상을 하면 그녀는 일종의 희열을 느꼈다. 그녀가 모든 증거를 없앤 후에야 이 기괴한 살인 사건을 조사하려고 사람들이 범죄현장에 도착하는 그런 상상이었다.

하지만 '그가 죽지 않으면 어떻게 하나?' 그녀는 에릭이 살아나서 자신에게 복수하는 상상에 이르자 겁이 났다. 그리고 그 상상은 산산조각 났다.

에이프릴은 "용서의 감정을 느끼지 못한다고 해서 위선자가 되는 것은 아니다"라는 에릭의 지혜에 마음을 열었다. 하지만 에릭으로부터의 학대는 그가 내뱉은 지혜의 말과는 거리가 멀었다. 에이프릴이 자신의 마음을 열었을 때, 에릭의 가시나무가 에이프릴의 마음에 들어와 상처를 남겼다. 그것은 잠언 26장 9절의 경우였다. "미련한 자의 입의 잠언은 술 취한 자의 손에 든 가시나무와 같았다." 마음을 열어봤자 상처만 받는다면, 이제 그 사람은 마음을 아주 천천히 열거나 다시는 마음을 열려고 하지 않을 것이다.

에이프릴은 마음 열기를 아주 두려워한 경우였다. 심지어 그녀는 하나님께도 마음을 닫기로 결심했다. 그녀가 겪고 있는 문제의 유일한 해결책이 용서임을 알긴 했지만, 에이프릴은 "나는 에릭의 짐을 덜어줄 생각은 없어요!"라고 말했다. 그러나 실제로 짐을 메고 있는 사람은 에릭이 아니라 바로 에이프릴이었다. 하나님은 이렇게 말씀하신다. "내가 자유케하기 원하는 사람은 바로 너다."라고….

그녀에게 용서의 결정은 고통스러운 과정이었다. 치욕을 느끼면서 그녀는 이를 갈고 몸을 부르르 떨어야 했다. "좋아요. 에릭을 용서하려는 의도가 내 마음속에 생기도록 하나님을 허락합니다." 소극적인 결단이었지만, 이후 아주 잔잔하고 평안한 주님의 대답이 들려왔다.

"그래 그 정도면 충분해."

결국 에이프릴은 그녀의 분노를 기도에 쏟아 넣기 시작했다. 때로는 친구와 이야기 할 때, 그 분노를 토로하기도 했고, 허공에 대고, 또는 부는 바람에 자신의 분노를 뿜기도 했다. 매번 상담할 때, 에이프릴은 용서의 시간을 따로 가져야 했다. 이러한 몸부림 끝에 에이프릴은 결국 에릭을 용서하게 되었다. 상담 사역 기간 중 어떤 날은 감사하게도, 그녀가 분노의 감정을 뿜어내기 이전에 먼저 용서를 선택한 적도 있었다. 우리는 그때그때 적절한 방법으로 사역했다.

주님은 남을 기쁘게 해야 한다는 의무감으로부터 점차 그녀를 자유케 하셨다. 그녀의 감정을 짓누르던 마귀는 그녀를 억누를 기반을 상실하게 되었고, 어쩔 수 없이 도망쳐야 했다. 마귀는 더 이상 뒤에 숨어 있을 방어막이 없었고, 하나님의 통찰 가운데 온전히 발가벗긴 채로 드러났기 때문에 도망치는 길밖에 없었다.

예전에 에이프릴은 어떤 전혀 알지 못하는 사람으로부터 도망치는 꿈을 꿨다. 검은 머리의 그 남자는 에이프릴을 등 뒤에서 붙잡아 그녀의 얼굴에 뭔가를 뿌리고는 그녀의 모든 저항하는 힘을 앗아갔다. 그녀는 그의 팔에 자신의 몸을 맡긴 채 거친 숨을 몰아쉬면서 결국 도망가기를 포기해야 했다. 에이프릴은 눈을 들어 그 젊은이를 쳐다보고 "혹시… 내가 과거에 어디선가 본 듯한, 아니 나와 친했던 사람…"임을 알아챘다. 그는 위로의 목소리로 에이프릴에게 입을 열어 말했다. "시간이 지나면 너는 아픈 기억들을 떠올릴 수 있을 거야. 서두를 필요는 없단다."

나는 그 젊은이가 예수님임을 알았다. 마음속에서 그녀는 그 온화한 젊은이와 다시금 친밀한 관계를 시작하게 되었다. 이 젊은 신사는 에릭과 달리 그녀의 마음 문 밖에 서서 그녀의 마음 문이 열릴 때까지 두드리며 인내하고, 기다리고 계셨다.

상담이 진행되는 가운데, 에이프릴을 향한 사탄의 계획은 점점 선명하게 드러났다. 에이프릴이 겪은 에릭의 학대, 삼촌의 성추행은 그녀의 마음속에 아픈 감정을 시시 때때로 재생하기 위하여 사탄이 계획해 놓은 아주 극악무도한 짓이었다. 물론 역기능 가정에서 자라며 체득한 규칙들 역시 그녀를 침체에 빠트리려는 사탄의 치밀한 계획이었다. "항상 남을 기쁘게 하라. 가족을 욕먹이지 마라. 항상 자신을 통제하라. 프라이버시나 개인적인 생각, 감정, 그리고 자신의 의지마저도 권력자에게 넘겨라." 결국 하나님의 방어체계가 무너진 후 에이프릴은 그녀가 모을 수 있는 모든 가짜 방패들을 사용하기 시작했다.

기억의 단편: 바이런 삼촌의 땀에 젖은 손이 그녀의 목을 졸랐다. 숨을 헐

떡이며 그녀는 생각했다. '나 더 이상 숨 못 쉬겠어.' 하지만 그 말은 입 밖으로 나오지 못한 채, 그녀의 가슴에 맺혀버렸다. 바이런 삼촌은 그녀의 뺨을 후려쳤다. 얼굴이 따끔거렸다. 삼촌은 곧 그녀의 얼굴에 베개를 올려놓고 손으로 짓누르며 "아무 소리도 내지 마"라고 윽박질렀다. 그리고 그녀는 정신을 잃었다.

기억의 단편: 에릭은 그녀에게서 눈물을 쏟아내게 하고는 조롱하듯 그녀를 위로하기 시작했다. 그래서 결국 에릭은 그녀의 '위로자'이며, 영웅이 되었다.

기억의 단편: 아버지는 그녀가 울 때 경멸하는 투로 말했다. "질질 짜려거든 네 방에 들어가서 해라."

각각의 기억의 단편 속에서 그녀가 흘렸던 눈물은, 이제는 소중한 눈물로 여겨지게 되었다. 이제 어린 시절의 에이프릴은 충분한 위로를 받았다. 그리고 그녀는 자신에게 상처를 입힌 사람들을 용서하기 시작했다. 그 다음 단계로 그녀는 아래와 같은 내적 맹세들로 쌓아올린 방어벽을 허물기 시작했다. "다시는 누구도 나를 통제하게 놔두지 않겠어." "나는 다신 상처받지 않을 거야." "누구에게도 내 마음을 털어놓지 않을 테야. 어차피 그들은 내 마음의 이야기를 들을 자격이 없어."라는 방어벽을 말이다.

에릭이 에이프릴의 감정을 무시하여 그녀를 좌절케 했을 때, 그는 이미 공포에 질린 내면의 "어린 에이프릴"을 다시금 어두운 곳으로 몰아넣고 성폭행으로 그녀를 정복했다.

바이런 삼촌: "여자들은 이것 때문에 존재한다. 너도 이것에 익숙해져야 해."

에릭: "당신은 무엇 때문에 존재하지?"

갑자기 다음의 질문이 내 마음속에 떠올라 나는 당황했다. 하지민 조심스레 입을 열었다. "에이프릴, 이렇게 질문하면 당신이 당황스러울 것을 압니다. 그렇지만, 묻겠습니다. 혹시 물건을 사용하여 자위행위를 합니까?"

"네." 그녀의 쑥스러운 대답이었다.

에릭은 기구를 사용하여 에이프릴을 성추행을 한 적이 있다. 그녀 역시 동일한 행위를 하며 스스로 생각하길 '그래, 다른 사람들도 나를 더럽힐 권리가 있지'라고 했다. 치유의 기도를 통해 그녀는 회개했고 그러한 거짓말로 더 이상 자신의 허리에 띠 띠지 않을 것을 약속했다.

예수님은 밖에서 사람의 속으로 들어가는 것이 그 사람을 더럽히는 것이 아니라 사람에게서 나오는 것이 그 사람을 더럽힌다고 하셨다.(막 7:18-20) 에이프릴은 자신이 피해자임에도 불구하고 본인 스스로가 더럽다는 거짓말을 믿어 왔다. '나는 더럽다' 라는 거짓말은 삼촌에게서 받은 심한 상처로 인해 그녀의 마음에 자리잡았다. 그녀는 자문해 봤다.

그때 엄마와 아빠는 왜 바이런 삼촌의 집에 나를 두고 떠나셨을까? 부모님이 다시는 돌아오지 않을 것만 같았어. 나는 평생토록 이곳에 있어야 할 것 같았어. 왜 이런 일이 생긴 거지? 아마도 내가 나쁜 여자애라서 그런 걸 거야. 그래. 내게 문제가 있어….

에이프릴은 기도하면서 누가 이 일에 진정한 잘못이 있는지 깨닫게 되었고, 잘못을 저지른 바이런 삼촌을 용서하게 되었다. 그녀는 자신에게 잘못이 있다는 거짓말을 내려놓았다. 이에 거짓의 아비는 그의 요새를 잃어버렸다. 후에 나는 더럽힘의 마귀를 꾸짖었고 그 마귀는 그녀에게서 떠났다.

하지만 아직도 에이프릴은 온전하지 못했다. 비록 어머니와 아버지를 다시 만났을 때, 그녀는 예전과 달리 평안함을 느꼈지만, 마음 한 편에선 "부모님은 나를 사랑하지 않으셔. 그래서 난 부모님 곁에 있고 싶지 않아."라는 음성이 들려왔다. 결국 부모님과의 재결합은 깨어졌으며 그녀의 내면에서는 불화의 마음이 세를 확장시키고 있었다. 에이프릴은 수치스러운 감정이 차오르는 것을 외면하고 싶었다. 그래서 에이프릴은 사탄을 허락했고 사탄은 현재의 에이프릴과 수치스러운 기억 속에 머무르고 있는 또 다른 에이프릴의 자아를 분리시키는 쐐기를 이용했다.

하나님께서는 얼룩으로 더러워진 천 조각 같은 에이프릴의 모든 부분을 깨끗이 씻으시고 헤진 부분을 꿰매어 다시금 영광스런 모습으로 바꾸셨다. 영광, 그것이 바로 에이프릴의 본래 모습이다. 회복된 여러 부분들 중 하나는 그녀의 육체였다. 에릭은 아마도 에이프릴에게서 '파괴자'란 뜻을 가진 '아바돈'이라는 이름의 마귀를 쫓았을 것이다. 하지만 에릭 자신이 파괴자였다. 아바돈 마귀는 에릭을 통해 계속해서 에이프릴의 영혼과 육체의 연합을 무너뜨리려고 했다. 그녀의 건강은 너무 안 좋았다. 심장병, 관절염, 악관절, 두통, 극심한 위장병 및 여성이 앓는 질병들이 그녀의 육체에 고통을 안겨 주고 있었다.

내가 아바돈을 쫓고 몇몇 하급의 질병 마귀들을 쫓아냈을 때, 에이프릴의 몸은 회복되기 시작했다. 아픈 관절들이 점점 차도를 보이기 시작한 것이다. 허리 통증과 속쓰림의 증상들이 가라앉았고 두통은 멈췄으며 생리통 역시 많이 완화되었다.

과거 그녀의 삼촌이 내뱉은 조롱과 비난의 말들이 에이프릴의 마음에 깊이 자리잡았는데, 그것은 아바돈을 비롯한 여러 마귀들이 거주할 집 역할을 했다. "야, 네 머리칼은 참 예쁘구나."라고 말하면서 삼촌은 그녀의 머리에 침을 뱉었다. "너는 내 신발에 묻은 저 개똥보다 못생겼다." "네 얼굴을 칼로 도려냈어야 했는데.." "지금, 네 아버지는 자신의 예쁘고 어린 딸이 어떤 상황에 처했는지 생각은 할 수나 있을까?" 그는 기분 나쁜 미소를 짓고 섬뜩한 말들을 적나라하게 뱉으면서 시퍼렇게 날이 선 칼을 그녀의 살갗에 대고 이곳저곳을 훑어댔다.

에이프릴은 삼촌의 말을 믿었다. 그리고 그녀는 자신의 죄에 대한 대가로써 아바돈 마귀가 안겨 주는 육체의 고통을 반드시 느껴야만 한다고 생각했다. 하지만 그녀는 아픔을 두려워했기에 통증은 잊으려고 노력했다. 그녀는 결국 통증 잊는 일에 전문가가 되었다. 그녀를 만난 척추 교정치료사는 그녀의 허리와 어깨 근육이 너무 단단히 뭉쳐 있음에 놀람을 금치 못했다. 에이프릴도 놀랐다. 왜냐하면 그녀는 자신의 허리가 그 정도로 뻣뻣할 줄은 생각도 못했기 때문이다. 통증을 잊기로 작정했기에 그녀는 아픔을 전혀 느끼지 못했던 것이다. 아픔을 느끼지 못했으니 몸 상태가 망가져도 치료받을 생각을 하지 않았던 것이다.

용서의 과정 가운데 에이프릴은 더럽힘을 입은 자신이 아닌, 자신을 더럽힌 사람들에게 문제의 책임이 있음을 재차 확인해야 했다. 물론 그녀는 자신의 쓴 뿌리와 사탄에게 침입통로로 내어준 거짓말에 대해서 책임이 있다. 또한 그녀는 자신의 몸이 병약하다는 거짓말을 받아들였기 때문에 건강상의 문제에 대해 어느 정도 책임이 있었다. 하지만 가장 큰 문제의 책임은 자신을 더럽힌 사람에게 있었다. 우리는 에이프릴이 하나님의 온전하심을 느끼도록 그리고 하나님께서 그녀의 모든 영역, 곧 머리, 위장, 다리, 발, 손에 축복을 내리시도록 기도했다. 돌아온 탕자를 사랑으로 축복해준 아버지처럼 말이다.

에이프릴은 용서하고자 하는 마음이 생기는 것을 허락하기로 선택했다. 이제 사탄은 침입경로를 잃어버렸다. 우리는 그녀가 마치 우주 공간에서 방황하는 것처럼 느끼도록 만든 마귀, 그녀의 영이 육체로부터 분리된 것처럼 느끼게 한 마귀를 꾸짖었다. 에이프릴은 더 이상 육체 속에 거하지 않겠다고 맹세했던 것을 회개했다. 그리고 그 내적맹세를 통해 육신의 아픔을 잊기로 하면서, 거짓 방어체계를 구축한 것도 회개했다.

환상 가운데 나는 그녀의 눈이 종종 어두워져서 심할 경우 맹안(盲眼)이 되는 것을 보았다. "네, 맞아요. 때때로 그런 일이 발생했어요. 물론 지금은 아니지만요." 에이프릴은 바이런 삼촌이 칼로 자신의 눈을 도려내겠다고 협박했던 말을 기억해냈다. 우리는 시력을 감퇴시키는 마귀를 내쫓았다. 그리고 에이프릴은 자신의 눈이 창조주가 주신 선물임을 인정했다.

에이프릴의 경우 내면(영혼)과 외부(육체)가 나눠지게 되었는데 그녀의 머릿속에 떠오른 기억의 단편들이 그 원인을 알려줬다.

기억의 단편: 삼촌은 그녀를 "공주님"이라고 불렀다가 곧 "창녀" "더러운 쓰레기"라고 하고 또 "아무도 널 원치 않아"라는 말을 했다.

주님께서 이러한 호칭들의 권세를 무효화 하시고 에이프릴의 자존감을 회복하셨다. 바로 그때, '나는 가치 없다' 라는 거짓말의 흉배가 에이프릴에게서 떨어져 나갔다. 무가치함의 마귀가 떠났고, 그 마귀와 함께 그녀의 머릿속에 맴도는 거짓말들도 사라지게 되었다. 점차 그녀는 자신을 소중히 여기게 되었다. 자신의 지성, 아름다움, 여성스러움에 대해서 전과 같지 않은 자존감이 생겼고, 그동안 부인해 왔던 자신의 창조성과 요리 실력도 인정하기 시작했다.

기억의 단편: 바이런 삼촌은 에이프릴을 발로 걷어차면서 "자, 어서 가. 어디 한 번 빠져나가 보라구!" 그리고 삼촌은 현관문을 닫았다.

기억의 단편: 에릭은 말했다. "언제든지 떠나고 싶을 때 떠나십시오." 그리고 그는 인간의 이성으로 이해할 수 없는 방법을 동원해 에이프릴을 감시했다.

기억의 단편: 자신의 일기를 읽는 어머니… 욕실 문을 벌컥 연 아버지에게 노크하라고 했을 때 아버지는 '버르장머리하고는' 하고 중얼거리셨다.

내적치유를 통해 에이프릴은 이제 자신의 목소리를 낼 수 있게 되었다. 그녀는 "안돼. 어떤 누구도 나를 가두거나 소유할 수 없어. 나는 더 이상 어떤 거짓말도 믿지 않을 거야"라고 말했다. 그녀는 자신을 예속한 에릭과 바이런 삼촌을 용서했다. 그리고 자신도 모르는 사이 자신의 모든 권리를 양도하도록 만든 부모님도 용서했다. 하나님은 에이프릴이 거짓의 띠를 맨 것에 대해 용서하셨다. 이에 사탄은 또 다른 요새를 빼앗겨 버렸다.

그리고 우리는 사로잡는 영을 감지했다. 나는 환상 가운데, 입을 쫙 벌려 날카로운 어금니를 드러낸 커다란 뱀을 보았는데 어찌나 큰지 사람도 삼킬 수 있을 정도였다. 그녀는 가끔 꿈속에서 엄청 큰 뱀을 보았다고 말했나. 꿈에 나온 그 뱀은 에이프릴을 계속 노려보았고 자신은 마치 궁지에 몰린 쥐처럼 아무 힘없이 뱀에게 삼켜지기만을 기다린다고 했다. 우리는 사로잡는 영을 쫓았다. 에이프릴은 자신의 의지를 되찾아가고 있다.

이제 과거로부터 현재로 이어진 부정의 끈들은 모두 끊어지고, 에이프릴의 삶은 균형 잡혀져 있다. 또한 그녀는 부모님을 "되찾았다." 에릭이나 바이런 삼촌과 달리 부모님은 의도적으로 악했던 것이 아니라 눈이 가리워져 있어 제기능을 다 하지 못한 것뿐이었다. 부모님은 그들의 최선으로 에이프릴을 진정 사랑했다.

이제 그녀는 아버지의 작업실에서 보낸 시간들을 회상했다. 아버지는 자동차와, 전기 기구 및 정원 가꾸는 일에 대해서 에이프릴에게 열정적으로 가르쳤다. 그는 자녀들과 함께 자연의 아름다움을 이야기 했고 방울뱀이나 독성이 강한 떡갈나무가 얼마나 위험한지 말해줬다. 에이프릴은 아버지가 습관처럼 농담하신 후 자신의 반응을 살피며 슬쩍 웃으시는 모습을 좋아했다.

어머니는 '어머니'가 되기를 사모했다. 에이프릴은 엄마가 큰 빵을 굽는 동안 자신이 작은 파이를 만들었던 일을 기억해냈다. 그들은 반짝거리는 크리스마스트리 장식을 만들기도 했다. 에이프릴은 "이건 세상에서 가장 못생긴 트리야"라고 말하며 크게 웃었던 일을 기억했다. 하지만 어머니에겐 멋진 트리였고 어머니는 딸이 만든 트리를 자랑스러워했다.

에이프릴은 어머니의 따뜻한 무릎 위에 앉아 과일이나 채소를 어떻게 병조림하는지 배웠던 일들을 회상했다.

오래전 어린 시절, 에이프릴은 잠에서 깨어 어떤 두 사람이 복도에 서 있는 것을 어렴풋이 보았던 적이 있었다. 그것은 어머니와 아버지였다. 그런데, 자세히 살펴보니 부모님이 아니었다. 그들의 눈은 노란 빛을 발했고, 발은 보이지 않았으며 그들은 마루 바닥으로부터 몇 인치 위에서 붕붕 떠다니는 것이었다. 그녀는 그들을 향해 베개를 집어 던졌지만 베개는 곧 그들을 통과하여 벽에 부딪혔다. 그녀는 이불을 머리까지 푹 뒤집어쓰고 몸을 웅크린 채로, 소리를 지르지도 못하고 숨소리도 내지 못했다.

에이프릴에게 부모님의 이미지는 더 이상 위에 언급한 마귀들의 이미지와 섞이지 않았다. 이제 부모님은 그저 사랑하는 엄마 아빠였다. 부모님 역시 에이프릴처럼 상처입고 연약한, 나이 많은 '어린아이' 일 뿐이다.

처음, 그 어둔 침실의 기억과 대면했을 때, 에이프릴이 대면하기 가장 두려워했던 것은 바로 이불을 뒤집어쓰고 있는 어린 자신의 모습이었다. 천천히 그리고 온화하게 하나님과 나는 그 이불을 걷어냈다. 이제 다 성장한 에이프릴은 침대 위에 웅크리고 있는 어린 에이프릴과 대면하게 되었다. 그리고 곧 그 둘은 친구가 되었다.

내가 이 글을 쓸 때에도, 하나님은 어린 에이프릴의 환상을 보여주셨다. 어느 오후 그녀는 너무 천진난만하게 분홍 공을 바닥에 튀기면서 놀고 있었다. 그런데 갑자기 하늘에서 눈이 내려 온 지면을 덮었다. 쌓인 눈이 너무 푹신해 공은 튀어 오르지 않았다. 에이프릴은 더 이상 공을 갖고 놀 수 없게 되었다. 그래서 에이프릴은 공을 들고 언덕 꼭대기로 올라가서 공을 굴렸다. 매번 굴릴 때마다 공 표면에 묻은 눈은 곧 뭉쳐졌다. 뭉친 눈에 나무 잎사귀, 작은 돌맹이가 붙었고, 또 눈이 그것을 덮고, 이렇게 반복되었다. 굴리면 굴릴수록 공의 분홍빛은 눈 속에 파묻히고 공은, 아니 눈 덩이는 점점 커져갔다.

에이프릴은 굴러가는 눈 덩이 뒤를 따라 달렸다. 평지에 이르러 눈덩이가 구르기를 멈췄을 때, 에이프릴은 자신의 키보다 훨씬 더 커져버린 눈덩이가 자신 앞에 있는 걸 멀뚱히 쳐다보고 있었다. 그 커다란 눈덩이 속 어딘가에는 분홍색 공이 있으리라… 에이프릴은 빨갛고 무감각해진 손가락을 호호 불어가며 눈을 파냈다. 하지만 분홍색 공은 보이지 않았다. 날은 어두워지고 기온도 내려가고 있었다. 그녀는 공 꺼내기를 포기하고, 집을 향해 무거운 발걸음을 옮겨야 했다.

그리고 어린 에이프릴은 그 공에 대해 까맣게 잊고 있었다. 그러나 태양은 기억하고 있었다. 봄이 되어 태양은 그 큰 눈덩이를 자신의 따뜻한 열로 녹였다. 한 층 한층 눈이 녹아 내렸고 층과 층 사이에 숨어 있던, 나무 잎사귀며 돌맹이들이 떨어져 나갔다. 나는 조금씩 에이프릴의 마음이 녹는 것을 보았다. 그리고 그 마음의 층 사이에 편안히 누워 있던 마귀들이 떨어져 나가는 것을 보았다.

어느 봄날, 이제 성인이 된 에이프릴이라는 이름의 여성이 그 언덕을 찾았다.

잔디 밭 위에 돌맹이들과 나뭇잎들이 흩어져 있는 자리에 분홍색 공이 놓여져 있는 걸 발견하고는, "예전에 내가 어디서 본 것 같은데… 아주 오래전에…" 라고 혼잣말을 되뇌었다. 순간 그녀는 자신이 아끼던 공이었음을 깨닫고 깊은 안도의 숨을 쉬었다.

그 공을 집어 든 순간, 갑자기 아주 나지막하게 속삭이는 소리가 들려왔다. "내가 당신의 말씀에 따라 고통 받으며 내 생명을 지켰나이다. 오 주님!" (나의 고난이 막심하오니 여호와여 주의 말씀대로 나를 소성케 하소서 시 119:107)

이제 에이프릴은 교회에서 예배드릴 수 있다. 더 이상 울면서 예배당 밖으로 떠날 필요가 없다. 우울증은 떠났고 근심과 걱정 무게는 점차 사라졌다. 그녀는 하나님의 음성을 분별하는데 있어서 자신감을 되찾게 되었다. 그녀가 찬송을 부를 때, 하나님의 손이 어깨에 와 닿는 것을 느꼈다. 그녀는 하나님의 손에 대해 "이 우주에서 가장 강하고 단단한 근육질의 손이었어요."라고 간증한다. 하나님의 보호하심은 구름 사이로 언뜻 언뜻 내비치는 햇살과 같았다.

모든 이에게 적용될 수 있는 교훈 A Lesson to All

에이프릴의 이야기는 극적이지만, 우리와는 거리가 먼 경험일 수 있다. "우리는 다 양 같아서 그릇 행하여 각기 제길로 갔거늘 여호와께서는 우리 무리의 죄악을 그에게 담당시키셨도다."(사 53:6) 우리로 사탄의 먹이가 되게 하는 것은 우리의 깊은 상처가 아니라, 상처에 대한 우리의 죄 된 반응이다. 아주 적은 상처에, 너무나 큰 쓴 뿌리를 키워내 심하게 마귀화된 사람들을 많이 만났다.

에이프릴의 이야기는 우리 모두를 위한 이야기다. 결국 우리 모두가 가능성을 지니고 있다는 얘기다.

에릭의 이야기 역시 우리 모두를 위한 이야기다. '육신' 속에 거하면, 나 역시 에릭과 마찬가지로 남을 괴롭히는 자가 될 뿐이다. 나는 에이프릴을 처음 만난 순간을 다음과 같이 상상해 보곤 한다. 그녀가 짤막하게 자신의 고통스런 삶에 대해 간증하는 중, 내가 "아, 여기까지. 일단 멈추십시오. 더 이상 들을 것도 없네요. 왜냐하면 예수님께서 당신의 죄 된 삶을 위해 이미 모든 것을 지불하셨고, 또 당신의 모든 아픔과 고통은 주님의 보혈 아래 있기 때문입니다."라고 말한다. 나는 그녀가 아픈 기억을 잊거나 그것을 과거에 묻도록 기도한다. 나는 그녀가 이미 새로운 피조물이기에 주님을 찬양하기만 하면 된다고 일러준다.

나의 멋진 해답을 듣고 돌아가지만, 그녀는 곧 또 다시 아픔으로 얼룩진 삶에 불평을 채우는 자신의 모습을 보게 된다. 그 다음 주, 동일한 불만을 품고 상담을 받으러 다시 찾은 그녀에게 나는 "당신은 믿음이 부족하군요."라며 질책을 가한다. 그리고 나는 그녀와 함께 십자가의 길을 걷는 것은 생각도 않은 채, 에이프릴에게 부활의 삶을 온전히 이루라고 명령하기 시작한다. 상상만으로도 끔찍한 일이 아닐 수 없다. 예수님의 십자가 사건은 이미 오래전에 이뤄진 일이지만 현재에도 살아있는 증거이다. "저가 한 제물로 이미 <u>거룩하게 된 자들을 영원히 온전케 하셨느니라.</u>"(히 10:14, 밑줄 그은 부분은 내 해석이다.) 만일 내가 위와 같이 했다면 그것은 그녀가 십자가를 부인하도록 묶는 것이며 어쩌면 그녀를 더 깊은 파멸의 길로 인도했을지 모르는 일이다. 그러면 곧 그녀는 구세주에 대하여 전심으로 환멸을 느낄 것이다.

또 나는 이런 상상을 해 본다. 단 하루 긴 시간을 할애하여 그녀에게 영향을 미쳤던 모든 마귀를 내쫓았다면 어떻게 됐을까? 오랜 기간의 상담을 통하여 회개로 인도하고 내적치유 사역을 시행하지 않았다면, 그녀는 그 다음 주에 동일한 불만을 품고 내게 찾아왔을 것이다. 나는 그녀가 믿음 위에 올바로 서지 못하여 다시금 축사가 필요하게 된 거라고 말하며 그녀를 꾸짖었을 것이다.

하지만 하나님의 은혜로, 나는 내가 저질렀을 법한 위와 같은 실수를 범치 않게 되었다. 주님은 내 길을 인도하신다.

에이프릴이, 그리고 제니와 프랭크가 마귀화된 것은 상처와 쓴 뿌리에 걸려 넘어지는 과정이 반복되며 날실과 씨실이 되어 직조해낸 결과이다. 전에 언급한 것처럼, 율법은 에이프릴이 곤경에 처해 있을지라도 쓴 뿌리에 대한 책임은 스스로가 져야 한다고 가르친다. 그리고 마귀에게 틈을 열어 준 장본인도 그녀가 만들어낸 거짓 방패였다. 이러한 상황에서 만일 내가 그녀의 모든 아픔을 단 하루 동안에 대면하도록 사역했다면 그녀는 정죄감과 자기혐오의 늪에 빠져 허우적거렸을 것이다. 그리고 참소를 주된 무기로 삼는 사탄에게는 아주 근사한 하루가 됐을 것이다.

내적치유와 축사 사역이 '전신갑주'에서 만난다면, 그곳에서 서두름으로 사탄에게 기회를 줘선 안 된다. 축사 사역은 회개와 치유로 인도하시는 주님의 온화한 속도에 발맞춰야 하기 때문이다.

예수님의 비유 속 탕자는 우리와 달리 완벽한 아버지를 가졌다. 하지만 완벽한 아버지를 가진 탕자 역시 아버지의 '은혜'에서 떨어져 나갔다. 그가 아버지께 돌아왔을 때, 그의 아버지는 아들의 모습 있는 그대로를 반겨주었다. 아버지는 돌아온 아들에게 정죄감이나 수치감을 안겨주지 않았다. 오히려 가족 내에서 그의 지위를 더 높여 주셨다. 그러므로 탕자와 같이 고통 받는 모든 이에게 우리도 '아버지'와 같은 동일한 마음을 갖고 사역해야 할 것이다.

7. 해야 할 일, 하지 말아야 할 일

The Do's and Don'ts of Deliverance

Mark

Deliverance and Inner Healing

어느 주일 저녁 예배에, 샌디(Sandy)라는 여성이 강단을 향해 걸어 나갔다. 그녀의 눈은 이미 촉촉이 젖어 있었다. 당시 부흥회 강사였던 목사님은 '거절 당한 사람들을 온화한 사랑으로 치유하시는 하나님'에 대해 설교하셨고, 설교를 들은 샌디는 희망과 두려움 사이에서 주저하고 있었다.

오래전, 샌디는 7년 동안 결혼생활 했던 짐(Jim)과 이혼한 뒤 3년 전 그와 재결합했다. 하지만 그녀는 화려한 재혼의 기쁨이 자신 안에 있는 거절감을 떨쳐내기에 부족했음을 깨달았다. 샌디와 짐은 재결합하는데 성공했지만, 짐은 샌디가 안고 있는 고통에 대해 어떻게 대화를 풀어내야 할지 알지 못했다. 결국 샌디의 고통은 지속되었다. 오래된 생채기에선 계속해서 피가 스며 나오기 마련이다. 상처가 치유될 때까지, 그녀의 마음은 남편을 향해 열릴 수 없었다. 샌디는 그날 저녁의 설교가 어쩌면 자신에게 해결책을 선사할 수 있을지도 모른다고 생각했다.

강단에 서 있는 샌디에게 목사님과 사모님은 안수했고, 몇몇 중보자들은 큰 소리로 방언기도하기 시작했다. 샌디는 겁에 질렸다. 이런 식으로 기도 받아본 적은 한 번도 없었기 때문이다. 겁에 질린 채로 가만히 서 있는 것, 이것이 샌디가 할 수 있는 전부였다.

하지만 샌디는 이날 밤 하나님의 임재를 느꼈고 약간의 해방감이 마음속에 일어나는 것을 감지했다. 그러나 그녀는 그 이상의 무언가를 필요로 했다. 그날 저녁 예배드리기 전, 샌디는 이들 목사님 내외가 교회 근처에 머무르며 '축사'라는 사역을 하고 있다는 얘기를 들었다. 그것이 마귀로부터의 축사라는 의미를 알지 못한 채, 샌디는 축사(deliverance : 구원이라는 뜻도 있고 축사라는 뜻도 있다)사역을 어떤 문제로부터 해방시켜 주는 사역이라고 오해했다. 그래서 목사님 내외가 샌디에게 손을 얹고 기도했을 때, 샌디는 그 기도를 통해 자신의 문제가 사라지기를 기대했다.

목사님 부부는 일주일 내내 꽉 찬 스케줄 때문에 샌디에게 할애할 시간은 조금도 없었다. 하지만 계획이 취소되는 경우엔 샌디를 만나기로 약속했다. 샌디는 이것이 하나님께서 내려주신 표적이라고 생각했다. 이제 마음의 문제가 해결 되리라는 기대가 그녀 안에 자리잡게 되었다.

공교롭게도 목사님 부부의 일정 중 하나가 취소되었고 샌디는 이때, 목사님을 만날 수 있었다. 그러나 문제는 여기서 출발한다. 아무런 질문도 상황에 대한 어떠한 설명도 듣지 않은 채, 목사님과 사모님은 샌디를 보자마자 곧 샌디를 향해 손을 펴고는 두려움의 귀신을 꾸짖기 시작했다. 그 순간 샌디는 바로 마룻바닥에 나자빠졌다. 귀신이 자신 안에 살고 있었다는 생각을 하니 너무 두렵고 무서운 나머지 샌디는 그 자리에 누워 울기 시작했다. 그나마 다행스러운 것은, 그 목사님 부부가 귀신에게 고함을 지르는 대신 조용한 목소리로 꾸짖기만 했다는 것이다. 목사님은 곧 샌디를 일으켜 의자에 앉히고, 두려움의 귀신에 대하여 축사의 기도를 이어가셨다.

샌디는 두려워했다. 그러나 사실 그들의 축사사역 방법 자체가 두려웠던 것이다. 하지만 목사님 내외가 샌디에게 아무런 질문을 하지 않았기에 샌디가 축사 사역을 두려워한다는 피드백이 이뤄지지 않았다. 결국 목사님은 샌디에게서 '두려움의 귀신들림' 현상이 나타난 것으로 착각하여 축사 사역을 계속 펼쳤다. 사역 후, 샌디는 정신이 멍해져서 집에 돌아왔다.

그날 밤, 샌디는 이상한 경험을 했다. 자신의 귓전에 기분 나쁜 비웃음 소리가 계속 들려온 것이다. 깜짝 놀라 잠에서 깼을 때, 소름끼치는 목소리가 조롱의 말들을 퍼부었다. "넌 우리 소유야. 넌 이제 우리 것이 되었다." 샌디는 겁에 질려 짐의 옆에 꼼짝 못하고 누워 있어야 했다. 샌디는 짐에게 자기를 보호해 달라고 얘기하고 싶었지만, 짐은 기독교인이 아니어서 이 상황에 대해 그에게 얘기하는 것이 어리석어 보였다. 그리고 비록 기독교인이었지만, 샌디는 어떻게 마귀를 쫓아야 하는지 알지 못했다. 이제 샌디는 불량배들에게 둘러 싸여 겁먹은 어린 아이처럼 몸을 웅크릴 수밖에 없었다.

다음날 아침, 샌디는 필사적으로 목사님 내외에게 전화를 걸었고, 다행히도 목사님 부부는 아직 마을을 떠나지 않았다. 샌디는 몸과 마음이 탈진한 상태로 목사님을 찾아 약속 시간을 잡았다. 그리고 목사님 내외가 '불량배들'을 쫓아 줄 거라고 기대했다.

하지만 그 목소리들에게 "멈추라!"고 명령하는 대신, 목사님 부부는 샌디의 속에 그러한 목소리들이 존재하고 있는 사실에 내심 즐거워했다. 목사님은 샌디를 괴롭히는 존재들을 쫓아내면서 동시에 '더 깊은 축사 사역이 필요하다'는 사인으로 삼을 수 있는 귀신이 드러난 현상들을 샌디에게 요구했다. 그 목소리의 주인공들은 목사님의 사역 방법에 흥미로워하며, 목소리의 강도를 더욱 높였다. 여기서 샌디는 목사님과 마귀 사이에서 괴롭힘 당하는 희생물에 지나지 않았다.

목사님 내외는 귀신들의 이름을 묻기 시작했다. 그것도 샌디의 목소리를 빌려서 이름을 말하도록 귀신에게 강요했다. 또 목사님은 기침을 통해 귀신을 내뱉으라고 샌디를 윽박질렀다. 구토를 하더라도 걱정할 것은 없다고 말했다. 또다시 귀신들은 샌디를 바닥에 내동댕이쳤고 샌디는 데굴데굴 구르기 시작했다. 이제 목사님은 샌디에게 남편에 관하여 묻기 시작했다. 짐이 기독교인이 아니라는 말에 목사님은 지금까지 일어난 일에 대해 남편에게 말하지 말라고 경고했다. 후에 샌디는 목사님의 충고를 들은 것을 후회했다.

　그날 저녁 샌디는 음식을 삼킬 수 없었다. 그녀의 위장에 경련이 일어났기 때문이다. 그녀는 속이 메스꺼웠고, 몇 차례 설사하며 탈진 상태에 이르렀다. 그녀의 귓전을 때리는 목소리는 더욱 심해졌다. 또다시 목사님에게 사역 받을 생각을 하니 두려웠지만, 목사님을 찾아가지 않으면 안 될 것 같은 생각에 더 두려웠다. 도대체 누가 이 소름 돋는 목소리를 멈출 수 있는가?

　결국 그녀는 지친 몸을 억지로 이끌고 세 번째 사역을 받으러 목사님을 찾아갔다. 이전보다 더 깊은 수렁에 빠진 느낌에 그녀의 마음은 한없이 무거웠다. 목사님 내외는 샌디에게서 더 많은 '귀신들림의 현상'이 나타나기를 강요했고, 또 그러한 현상들을 받아내는데 성공했다.

　매번 사역마다, 귀신들림의 현상들은 반복되어 나타났다. 사역할 때마다, 그녀는 자신의 몸과 마음의 통제력을 잃는 느낌이었다. 그리고 밤마다 들리는 목소리는 시간이 지날수록 심해졌고, 메스꺼움과 구토 증세 역시 점점 악화될 뿐이었다.

　마지막 사역을 받던 날, 그녀는 완전히 지쳐 버렸고, 머릿속은 혼동으로 가득 찼다. 학대하는 부모에게 순복하며 어쩔 수 없이 자신을 맡기는 어린아이처럼 샌디는 이들 목사님 부부를 신뢰했다. 하지만 이들은 그녀의 고통에 대해 무지하고 무관심했다. 이제 목사님이 안겨 준 상처, 부족한 수면, 그리고 마귀의 장난에 대한 노염에 가득 차서 샌디는 축사 사역팀에게 분노를 표출해 버렸다. 샌디의 분노는 극에 달했는데 두 명의 남자가 그녀를 저지해야 할 정도였다. 이

때 목사님 내외는 샌디 안에 분노의 마귀가 있다고 판단하여, 또다시 샌디를 향해 손을 펼쳐 마귀를 꾸짖기 시작했다. 그들은 샌디가 받은 상처에 대해선 관심이 없었다.

물론 우리 엘리야의 집에서도 죄가 마귀에게 통로를 열어 준다고 가르치지만, 우리는 피사역자들에게 마귀가 그들의 일부분이 될 수 없음은 분명히 일러둔다. 그렇기 때문에 우리가 마귀를 꾸짖을 때는 마귀를 꾸짖는 것이지 피사역자들을 꾸짖는 것이 아니라고 말한다. 그리고 피사역자들도 자신이 질책 받는다는 느낌을 갖지 않는다.

물론 샌디의 사역자들 역시 이 점을 설명해 줬다. 하지만 샌디에게 '귀신들린 현상'을 요구했을 때, 목사님 내외의 설명은 수포로 돌아갔다. 그들은 사탄이 활동할 수 있도록 많은 기회를 내주었기 때문에 사탄의 능력은 결국 샌디로 하여금 자신의 생각을 사탄의 생각과 분리시킬 수 없게 만들었다.

만일 사역팀의 관심과 초점이 귀신이 아닌 샌디에게 맞춰졌다면, 이러한 과오는 충분히 피할 수 있었을 것이다. 귀신이 드러난 현상들에 매료된 나머지 사역자들은 샌디의 마음을 살펴보는 것을 까맣게 잊고 있었다. 심지어 그들이 귀신에 대해 이야기할 때, 그들은 샌디가 그 자리에 없는 양, 샌디의 존재를 무시하면서 이야기를 나누곤 했다. 그리고 한 번은 목사님이 샌디의 눈을 의도적으로 힘 있게 바라보면서, 귀신에게 저주를 퍼부었는데 "너 이 돼지야, 어서 샌디에게서 나오라!" 했다. 목사님은 샌디의 어린 시절 그녀의 친구들이 샌디에게 "돼지"라고 부르며 놀려댔던 사실에 대해 알지 못했다. 만일 목사님이 진심 어린 마음으로 샌디를 살펴봤다면, 자신이 내뱉은 '돼지'라는 말에 샌디가 어떻게 반응했는지, 그리고 그 말에 샌디가 수치스러워 했다는 사실도 알아차렸을 것이다.

"당신 안에는 정욕이 있습니다." 하루는 목사님이 샌디에게 이렇게 말했다. 그에 대한 반응으로 샌디의 몸은 남자를 유혹하려는 듯 한 포즈를 취하게 되었는데, 오늘날까지 샌디는 정말로 자신 안에 귀신이 살아 역사했는지, 아니면, 목사님이 기대하는 대로 자신의 몸이 반응했던 것인지 혼란스러워했다. 목사님 부부는 정욕이 어떻게 샌디 안에 들어오게 되었는지에 대한 설명도, 또는 그 이유를 찾기 위한 질문도 하지 않았다.

샌디는 평정심을 유지하려고 분투했다. 하지만 붉어지는 얼굴 뒤로 두려움과 죄책감은 숨기기 어려웠다. "정욕이라구? 내 안에 정욕이 있다고는 생각한 적이 없는데…" 그녀는 곧, 정욕 외에 또 다른 어떤 죄가 자신 속에 숨어 있지는 않은가 하는 생각에 소스라쳤다. 하지만 사역팀 중, 그 어느 누구도 그녀의 걱정스런 얼굴에 관심을 기울이지 않았다. 그들의 시선은 오직 그들의 사냥감 즉 '정욕의 귀신'이 드러나는 것에만 초점이 맞춰져 있었다. 그 후 수년 동안, 샌디는 유행을 타는 옷을 입거나 짙은 화장을 할 때마다 자신이 성적으로 불결하다는 생각에 사로잡혀야 했다. 이를 떨쳐내는 것은 어려웠다. 또한 그럴 때마다 왜 그런 옷과 치장을 해야 하는지, 그 동기에 대해 스스로에게 물어야만 했다.

그녀가 마지막 축사 사역을 받은 날 밤, 샌디는 무감각한 상태로 잠자리에 들었다. 한 주간 자신에게 일어난 일들을 머릿속으로 정리하는 것은 거의 불가능했다. 그리고 더욱 심해진 위경련은 참기 힘든 정도였다.

"나는 하나님께서 목사님 부부를 찾아가라는 말씀을 하셨다고 생각해. 그런데, 이건 하나님의 일이 아닌 것 같아. 혹시 하나님이 하신 일이라면? 그렇다면, 내 안에 어떤 문제가 있어서 그 사역팀으로부터 제대로 사역 받지 못한 게 아닐까?"

샌디는 이제 더 이상 자신의 분별력을 신뢰할 수 없었다. 그녀가 하나님의 음성과 사탄의 소리를 분별해 낼 수 있을까? 하나님의 목소리건 사탄의 음성이건 모두 자신을 정죄하는 것만 같았다. 그리고 어디까지가 자신의 생각이고 어디까지가 사탄의 생각인지 알 수 없었다.

수년 전, 복음에 대해서 모르지만 누군가로부터 자신의 문제를 해결 받기 간절했던 샌디는 속으로 이렇게 말했다. "누구든 좋으니까, 날 도와주려거든 내게 와 주세요." 당시 그녀의 기도에 주님께서 응답하셨다. 그때 주님은 샌디를 '거듭남'이 어떤 것인지 알려 줄 수 있는 사람들에게로 인도하셨다.

마지막 사역을 받던 날 밤, 잠들기 전 샌디에게 환상이 열렸는데, 샌디가 본 것은 "누구든 좋으니까, 날 도와주려거든 내게 와 주세요."라고 외치는 자신의 모습이었다. 그러나 환상 가운데 그녀의 부탁에 응답한 것은 사탄이었다. 사탄은 그녀 안에 들어가기 위해 검은 구름을 주변에 두르고는 "너는 빛의 천사야"라고 말하며 샌디를 꾀었다. 사탄은 샌디로부터 치유뿐만 아니라 하나님의 은혜를 훔쳐가기 위해 갖은 노력을 기울였다.

다음 날 아침, 샌디는 사역팀을 다시 찾아갔다. 그들은 그 지역을 떠날 준비를 하고 있었다. 오랜 시간을 샌디와 함께 기도한 뒤, 믿음의 무기인 찬양으로 하나님께 경배하라는 충고를 남긴 채, 그들은 떠났다.

샌디가 하나님을 찬양하는 동안엔 몸의 통증이 멈췄다. 하지만 감정적으로 여전히 당혹스럽고 고통스러웠다. "내가 뭘 잘못한 걸까?" 끝없이 질문하는 가운데 그녀는 자신의 분별력을 더 이상 신뢰할 수 없게 되었고, 구원받은 사실조차 확신할 수 없게 되었다.

약 2년 가까이 샌디는 멍한 상태로 방황해야 했다. 그녀는 마귀에 겁먹은 나머지, 모든 사람 또, 모든 사물에서 마귀가 보인다고 생각했다. 그리고 자신이 하나님의 은혜로부터 완전히 끊어졌다고 느끼기 시작했다. 잠시 동안이긴 하지만 성경을 펼쳐 읽으려는 시도를 수차례 했었다. 하지만 성경을 읽을 때마다 위경련이 재발했다.

나중에 들었던 얘기지만, 샌디는 축사 사역팀과 보냈던 그 한 주간을 회고하면서 그 사역의 시간들이 '영적 강간'을 당한 시간들이었다고 했다. 그녀는 목사님 부부를 두려워했으나 어쩔 수 없이 그들을 찾아갔고, 그 부부가 '두려움 귀신'을 쫓아내려고 노력했을 때, 샌디가 두려움에 복종하는 결과가 초래됐다.

그들의 사역은 리더 마귀로 하여금 자신의 동료 마귀들과 함께 샌디에게 들어갈 수 있도록 길을 열어 준 셈이다. 샌디는 자신의 의지로 마귀를 저항할 수 있었음에도 불구하고 귀신들린 현상을 끈질기게 추궁했던 목사님 부부의 노력 때문에 마귀를 저항하는 것이 힘들었다.

엘리야의 집 세미나에 참여한 샌디는 존과 폴라 샌드포드의 온화한 매너에 이끌렸다. 그리고 그녀는 기도 사역을 하는 '플랫치(Fletch)와 베티(Betty Fletcher)' 부부로부터 지혜로운 상담을 받게 되었다. 그들이 샌디 내면의 고통과 쓴 뿌리로 겹겹이 사인 껍질들을 벗겨 내면서 샌디는 플랫치와 베티를 자신의 엄마 아빠로 여기게 되었다. 그들 엄마 아빠는 샌디가 남편에게서 받은 거절감의 상처를 다루었고, 축사 사역팀과 함께했던 그 끔찍한 일주일 동안의 상처도 만지기 시작했다. 그리고 샌디가 어렸을 때 겪은 마음속 큰 아픔들을 치유했다.

한번은 베티가 그녀를 위해 조용히 방언으로 기도하고 있었는데, 그때 샌디에게 환상이 다시금 열렸다. 이번에도 마찬가지로 그녀가 환상에서 본 것은 "누구든 좋으니까, 날 도와주려거든 내게 오길 바랍니다."라고 외치는 자신의 모습이었다. 하지만 이번엔 예수님이 응답하셨다. 주님께선 아주 특별한 방법으로 그녀에게 다가 오셨다.

성인이 된 샌디는 자신이 구원받은 사실을 알고 있다. 그녀의 믿음이 환상이나 초자연적인 경험에 기반하지 않는다는 사실도 알고 있다. 하지만 그녀의 내면에 아직 성장하지 못한 어린아이는 그녀가 머리로 아는 사실과 마음에 느끼는 두려움을 연결하는 데에 어려움을 겪고 있었다.

예수님은 샌디를 위해 좀 더 많은 시간을 기다리셨다. 그리고 예수님 자신의 말씀을 재확인시켜 주셨다. 그녀는 또 다시 어떤 환상을 보았는데, 환상 가운데 펼쳐진 자신의 모습은 매우 작고 어린 아이였다. 환상 속에서 예수님은 그 어린 소녀를 안아 주셨다. 그리고 그녀 주변에 드리워진 검은 구름들을 쫓아내신 뒤,

고개를 뒤로 젖혀 기쁘고 온화한 웃음과 미소를 보이셨다. 어둠의 권세로부터 그 어린 소녀를 자유케 하는 것이 주님의 기쁨이라는 사실을, 샌디는 두 눈으로 목격한 것이다. 샌디가 주님의 기쁨 속에 흠뻑 젖어 있을 때, 예수님께선 자신의 손을 내밀어 못자국을 보여 주시면서, '나는 구원받지 못했어'라는 그녀 마음속 깊은 두려움을 영원히 쫓아버리셨다.

처음으로 샌디를 자유케 했던 이 사역팀은 앞 장에서 봤던 에릭의 사역팀과는 달리 하나님의 일을 하기 위해 진심으로 노력했다. 그리고 샌디와 플랫치 부부는 축사 사역이 어떤 것인지 더 깊은 이해를 얻게 되었다. 잠언 19장 2절은 "지식 없이 열정만 갖는 것은 좋지 않다. 급하게 처리하면 정도에서 벗어난다"라고 경고한다. (지식 없는 소원은 선치 못하고 발이 급한 사람은 그릇 행하느니라.)

하나님께선 모든 것을 치유하신다. 하지만 사람들이 '그릇 행하지' 않기 원한다면, 여기 적어 둔 축사 사역에 대한 으뜸가는 성경의 원칙들을 기억해야 할 것이다. 이것은 아버지께서 2장에 언급한 개념의 반복일 수 있고 혹은 거기에서 조금 더 발전된 것일 수 있지만, 다음에 열거한 '해야 할 일'과 '해선 안 될 일'은 많은 도움을 줄 것이다.

원칙 1: 사탄에게 무대를 제공하지 마라
Rule #1: Do Not Five Satan a Stage

성경이 종종 시끄럽고, 소란스런 행동의 축사 사역들을 기록한 것은 사실이다. 빌립이 사마리아 땅에서 귀신들을 쫓아낼 때, 귀신들은 "큰 소리를 지르며" 떠났다.(행 8:7) 예수님은 종종 겉잡을 수 없이 발작하는 귀신들과 대면하셨다. 예수님께서 가버나움의 회당에서 만난 어떤 사람에게 축사 사역을 하셨을 때를 상기해 보라. "더러운 귀신이 그 사람으로 경련을 일으키게 하고 큰 소리를 지르며 나오는지라."(막 1:26)

하지만 그 어떤 경우에도 이러한 일들이 축사 사역 중에 반드시 일어나야 한다는 언급은 성경 어디에도 없다.

귀신들린 현상이 드러날 것을 요구하지 마라
Do Not Require a Manifestation

축사 사역을 언급한 성경구절의 대부분은, '귀신이 드러난 현상들'에 대해 전혀 언급하지 않고 있다. (이것은 축사 사역 중 아무 일도 일어나지 않았다는 것이 아니다. 현상들이 있었을지라도 그것이 기록되지 않았다는 뜻이다.) 주술의 영으로부터 자유케 된 소녀의 경우, 우리는 단지 "귀신이 즉시 나오니라"라는 기록을 읽을 뿐이다.(행 16:18) 귀신 들려 벙어리 된 자를 치유하는 과정에도 단지 귀신이 떠나고 벙어리가 말한다는 증거만이 기록되었을 뿐이다. "귀신이 쫓겨나고 벙어리가 말하거늘…"(마 9:33)

간질을 앓던 소년의 경우 마태복음 17장 18절은 어떠한 귀신의 현상에 대해서도 언급하지 않았다. 반면에 동일한 내용을 마가복음 9장 26절은 "귀신이 소리지르며 아이로 심히 경련을 일으키게 하고 나가니"라고 기록한다. 하지만 이 경우에도 우리는 예수님께서 드러난 현상을 경시하셨다는 사실을 알 수 있다. 소년에게 들어간 귀신은 예수님이 가까이 오는 것을 알아챘고 결국 자신이 소년으로부터 쫓겨나게 될 것이라는 자신의 운명을 알고 있었다. 귀신은 스스로 주목을 받기 위해 마지막 노력을 기울여 아이로 심히 경련을 일으키게 하고 땅에 엎드러져 굴며 입에 거품을 흘리게 한 것이다.(막 9:20) 그 아이 주변으로 사람들이 모여들었을 때, 그들은 귀신을 주목했고 이에 예수님께서는 더 많은 사람이 모이기 전에 서둘러 그 귀신을 쫓아내셨다.(막 9:25)

샌디의 경우, 사역을 주도했던 목사님 부부가 귀신의 현상들에 집착하였는데 이는 마귀로 하여금 샌디를 두려움에 가두도록 도와준 셈이다. 그들 부부는 샌디가 우발적으로 귀신의 드러난 현상을 보이는 것에 매료되었다. 결국 이러한 사역을 통해 샌디의 머릿속에 새겨진 하나님의 모습은 사탄의 모습과 비슷해졌다. 아니, 사탄의 힘이 더 강해 보였다. 우리가 사탄에게 활동할 수 있는 무대를 제공하면, 사탄은 숙련된 기술로 이러한 착각을 실제처럼 조장해낸다.

엘리야의 집에서는, 다른 많은 사역자들의 축사 사역 과정에서 일어나는 것보다 훨씬 더 적고, 훨씬 온화한 귀신의 현상들을 볼 것이다. 그 이유는 다음과 같다: 내적치유와 연계되어진 회개가 마귀의 힘을 앗아가기 때문이다. 힘의 원천이 봉쇄되어진 상태에서 마귀는 큰소리를 내지 못하고 조그만 소리로 훌쩍거리며 떠날 수밖에 없다. 그리고 사역자들은 귀신의 현상에 집중하지 않기 때문에 마귀가 떠나면서 훌쩍이는 소리에 마이크를 들이대는 일도 없다.

우리의 관심이 마귀가 아닌 하나님께 진정으로 초점 맞춰져 있다면, 귀신이 큰 소리로 발작하며 떠날 때 보다 훌쩍이며 조용히 떠날 때가 더 스릴 있다는 것을 알아야 한다.

마귀와 대화하지 마라 Do Not Converse With Demons

마귀는 주목받기를 좋아한다. 신학교 학창시절, 몇몇 친구들이 성도착증 남자에게 축사 사역을 한 적 있다. 성경의 원리에 대해선 전무했던 친구들은 어리석게도 마귀와 오랫동안 대화를 나누게 되었다. 마귀는 그 남자의 목소리를 이용하여 자신이 타락한 것을 깊이 후회하고 있다고 말하며 만일 하나님이 자신을 용서해준다면 다시금 천국으로 가고 싶다는 말들을 내뱉었다. 내 친구들은 마귀에게 이 남자를 떠날 것을 부탁했다. 그리고 떠난다면, 마귀가 용서받고 다시 천국에 갈 수 있도록 기도해 주겠다고 약속했다. 그리고 내 친구들은 마귀가 이 남자를 떠나는 것을 목격했다. 물론 마귀는 거짓으로 떠나는 척한 것이었다.

만일 내 친구들이 타락한 천사들은 절대로 회개하지 않는다는 성경말씀을 기억했더라면, 그날 저녁의 성과 없는 행동으로부터 스스로를 지켰을 것이다.(벧후 2:4) 또한 성경은 마귀들과 흥정하는 것에 대해 허락하지 않는다. 우리는 마귀에게 떠날 것을 '요청' 하지 않는다. 우리는 떠나라고 '명령' 한다. 친구들이 떠나라고 명령하는 대신 떠날 것을 부탁했기에 마귀는 거짓으로 떠나는 척 할 수 있었던 것이다.

이 사건에서 가장 중요한 점은 내 친구들이 마귀와 아예 대화의 물꼬를 트지 말았어야 했다는 것이다. 성경 어디에도, 하나님의 사역자들이 마귀와 대화하는 장면은 나오지 않는다. 실제로 예수님은 항상, 변함없이 마귀에게 입을 다물라고 명령하셨다. 예수님은 완벽한 타이밍에 자신이 메시아라는 사실을 드러내셔야 했다. 하지만 그 완벽한 타이밍을 방해하기 위해 마귀는 일찌감치 예수님 앞에 엎드려 그가 메시아임을 선포하곤 했다. 마가복음 1장 34절은 "귀신이 자기를 알므로 그 말하는 것을 허락지 아니하시니라"라고 기록하고 있다.

사도행전 16장 17절에 보면 점치고 주술하는 영에 사로잡힌 소녀가 바울과 실라를 따라다니며 "이들은 가장 높은 신의 종이다. 이들은 너희에게 구원의 길을 가르칠 것이다."라고 외쳤다. 그러나 어떠한 마귀도 복음이 선포되는 것을 좋아하지 않는다. 이 점을 기억하라! 이 마귀는 실제로 복음의 정수를 흐리고 묽게 만들기 위해 노력한 것이었다. 헬라어로 보면 마귀가 내뱉은 말 구원의 길은 유일한 길로서의 '길'을 의미하지 않는다. 여기서 마귀가 선택한 단어, '길'은 다신주의 문화권에서 손쉽게 접할 수 있는 '이단의 방법'을 지칭한다. 결국 바울은 그 마귀를 내쫓았다.

마귀는 우리에게 좋은 계획을 제안할 만큼 지혜로운 존재가 아니다. 결국 마귀로 하여금 말을 하도록 만든 사람은 마귀를 초대하여 하나님의 좋은 계획을 방해하도록 무대를 마련한 것이라 할 수 있다.

마귀에게 욕하지 마라 Do Not Curse Demons

샌디가 깨달은 바, 마귀를 저주하는 것은 비효율적이다. 사역팀의 리더가 샌디의 눈을 째려보며 마귀에게 '돼지'라고 말했을 때, 그 말은 단지 샌디의 수치심만을 증폭시켰을 뿐이다.

마귀를 저주하는 것이 피사역자에게 상처를 주지 않는다 할지라도, 저주하는 것은 여전히 잘못이다. 우리는 종종 축사 사역자들이 다음과 같은 말로써 마귀에게 천벌을 내리는 것을 목격한다. "난 네가 누군지 안다. 이 비열한 녀석아, 사악한 피조물아. 너는 잠시 동안 이 하나님의 아들을 괴롭게 했지? 두고 봐라. 네가 받을 고통은 더 크다. 너는 곧 지옥 불에 태워질 것이다."

이러한 말들은 꽤 영적인 것 같다. 성경이 이러한 욕설에 대해 다음과 같이 지적한다는 사실을 알기 전까지는 말이다. 베드로후서 2장 10절과 11절은 우리가 하늘의 존재에 대해 중상하는 것을 금하고 있다. 심지어 천사들도 마귀에 대해 헐뜯는 일을 할 수 없다고 경고한다. 유다서엔 이와 동일한 경고가 기록되었고, 마귀를 욕하지 못하는 것에 대한 대안도 적혀있다. "천사장 미가엘이 모세의 시체에 대하여 마귀와 다투어 변론할 때에 감히 훼방하는 판결을 쓰지 못하고 다만 말하되 '주께서 너를 꾸짖으시기를 원하노라' 하였거늘."(유 1:9)

하나님의 말씀은 이러한 중상을 금하는 이유에 대해선 설명하고 있지 않다. 하지만 내 생각에 약 두 가지 정도의 이유가 있지 않을까 한다. 첫째로, 우리가 마귀에게 욕하는 것은 그동안 마귀가 전문적으로 재배해 왔던 미움과 증오를 양산하는 일이기 때문이다. 둘째, 우리가 마귀에게 욕할 때, 우리는 하나님보다 마귀에게 더 큰 비중을 두게 되기 때문이다. 마귀는 그러한 관심조차 받을 자격이 없다. 우리가 하나님을 찬양하는 데에 시간을 보내며 성경에 등장하는 사역자들을 단순히 모방하기만 해도 축사 사역은 제대로 이뤄질 것이다. 단순한 꾸짖음으로 족하다.

마귀의 이름을 묻지 마라
Do Not Command Demons To Name Themselves

샌디에게 축사 사역했던 팀이나 혹은 다른 많은 사역자들이 예수께서 거라사 지역의 귀신들린 사람에게 질문한 것을 답습하는 것은, 이해는 할 수 있다.

"네 이름이 무엇이냐?"(막 5:9) 너무나 확실한 선례 아닌가?

하지만 그들은 착각하고 있다. 책의 2장에서 아버지가 언급한 것처럼, 헬라어 원문에 기록된 대로라면 예수님은 귀신들린 사람에게 질문하셨지 귀신에게 질문하신 게 아니었다. (만일 예수님께서 귀신에게 질문하신 거였다면 헬라어 원문에 "너희들의(your) 이름이 무엇이냐?"라고, 즉 복수로 기록되어야 했을 것이다. 그 사람에게 여러 귀신이 들어갔기 때문이다. 하지만 예수님께서는 "네(your) 이름이 무엇이냐?"라며 단수 의미로서의 your를 사용하여 질문하셨다. 즉 그 사람에게 물으신 것이다.) 이 성경 구절을 통해 우리가 사역 중에 마귀의 이름을 물어봐도 된다고 생각해 왔다면, 이제 그 가능성마저 제거되었음을 주목하라.

더군다나 마귀들이 우리에게 진실을 이야기하리라고 기대하는 이유는 무엇인가? 마귀는 처음부터 거짓말하는 자였다.(요 8:44) 만일 우리가 그들의 이름을 알고자 한다면, 또는 마귀가 어떻게 사람 속으로 들어갔는지 그 경로를 찾고자 한다면, 성령님께 물어보면 된다.

어떤 사람들은 예수님께서 마귀에게 이름을 말하라고 명령한 뒤에야 진정한 축사가 일어났다고 주장하면서 사역자들이 마귀의 이름을 묻는 것에 찬성한다. 그들은 '군대'가 거라사인에게 들어갔던 마귀의 이름이라고 생각한다.

아니다! 이 사건이 기록된 두 복음서의 헬라어 원문에 보면, "내 이름은 군대다."라고 대답한 것은 귀신이 아니라 귀신 들린 사람(he, 남성 단수 대명사)인 것을 알 수 있다. 이에 대하여 몇 몇 사람들은 마가복음 5장 8절에 사용된 '귀신'(evil spirit)이란 단어가 단수라는 사실에 착안하여 "내 이름은 군대다"라고 대답한 것이 귀신이라고 생각할는지도 모른다. "이는 예수께서 이미 저에게 이르시기를 더러운 귀신아 그 사람에게서 나오라 하셨음이라."(막 5:8) 그렇다고 해서 그 남자(he)가 귀신(evil spirit)일 수는 없지 않겠는가? 어쨌든 중요한 것은 "내 이름은 군대다"라고 대답한 주체가 귀신이 아니라 사람이라는 점이다.

어쨌든 상황은, 이 남자가 자신의 정체성에 혼란이 생겨 자신을 귀신이라고 주장한 것이든지, 아니면 지배하는 귀신이 그 남자를 조정하여 그의 입을 열어 말하게 한 것이든지, 둘 중에 하나 일 것이다. 어떤 경우에든, 예수님은 귀신에게 이름을 물은 게 아니라, 그 남자의 이름을 물었던 것이고, "군대니이다"라는 대답은 마귀의 거짓말이었다.

비록 우리의 사역이 신학적으로 볼 때 타당하지 않은 경우에도 하나님께선 우리가 그분의 사역을 그르치는 것으로부터 보호하신다.

하나님은 모든 것을 통제하신다. 또, 그분은 마귀로 하여금 이름을 말하도록 강요하실 힘이 있으시다. 그래서 우리가 잘 모르고 마귀에게 이름을 물었을 때에도, 마귀가 자신의 이름을 대답할 수 있을지도 모른다. 하지만 우리가 제대로 알면 알수록, 더 많은 주의를 기울일 수 있게 된다.

마귀는 스스로 논쟁거리를 만들어 낼 수 있다. 그들은 아무런 거리낌없이 상처 입은 사람들의 몸과 목소리를 이용하여 자신의 속임수를 능숙하고 능란하게 뽐내며 사역자들을 속일 수 있다.

원칙 2: 사역의 우선순위는 주님과의 관계이다
Rule #2: Mark Relationship Your First Priority of Ministry

'관계' 란 예수님이 우리들과 공유하고 싶어 하시는 것이다. 주님은 마귀에게 관계를 요구하시지 않는다. 이러한 이유로, 예수님은 마귀에게는 항상 침묵하라고 명령하셨지만, 마귀의 피해자들과는 대화하셨다. 하나님께서는 '관계'에 큰 관심이 있으시다. 실제로 하나님은 그분이 이미 알고 있는 일들도 우리의 입을 통해 듣고 싶어 하신다. "너희가 얻지 못함은 구하지 아니함이요."(약 4:2) 이 구절 다음엔 하나님께 구하는 것이 그분께 순종하는 방법의 하나라는 내용이 뒤따른다. 하나님께 구함으로 우리는 "마귀를 대적하게 되고 또 마귀는 우리를 피하게 된다."(약 4:7)

거라사 지방의 귀신들린 사람을 만났을 때, 예수님은 그 사람 속에 들어간 귀신이 아니라, 그 '사람'에게 관심을 가지셨다. 그에게 이름을 물음으로, (전에 아버지가 주장하신 것처럼) 예수님께서는 그가 제대로 생각할 수 있는지를 테스트하신 것이다. 그 귀신 들린 남자가 이해했을 지도 모르는 유일한 사실은 예수님께서 자신과 관계를 맺으시려고 노력했다는 것이다. 하지만 그는 이해하지 못했다. 그랬을지라도 주변에 모인 사람들은 예수님의 의도를 이해할 수 있었다. 주변에 모인 사람들에게 있어서 누군가가 이 남자에게 다가와 직접 말을 거는 것을 목격한 것은 수년 만에 처음 있는 일이었을 지도 모른다! 그리고 예수님께서는 이 남자가 이방인이나 이상한 사람이 아니라 그들과 같은 사람으로서, 존경받을 사람임을 일러주셨다. 그렇게 그 남자를 받아들이도록 주변에 모여든 사람들을 격려하셨다.

치유는 관계를 빚어 가는 것으로 시작된다. 관계가 회복되면 치유가 완성된다. 예수님께서 날 때부터 간질 귀신에 들린 아들을 데리고 온 남자와 만났을 때, 예수님은 즉시 그 아들에게서 귀신을 내쫓으실 수 있었지만 그렇게 하시지 않았다.(막 9:14-29)

그 아버지는 아들이 고통스러워하는 것을 수년 동안 지켜보면서 좌절했을 것이다. 예수님의 제자들이 아들로부터 귀신을 쫓아내지 못했을 때, 그 아버지의 실망감은 더 깊어졌을지도 모른다. 그래서 소년에게 축사 사역을 베풀기 전 예수님은 그의 아버지에게 물으셨다. "이 아이는 언제부터 이렇게 되었습니까?"

"날 때부터 이랬답니다, 선생님. 그리고 귀신이 이 아이를 죽이려고 불과 물에 자주 던졌습니다. 선생님께서 하실 수 있거든 우리를 불쌍히 여기시고 도와주십시오."

예수님은 귀신 들린 아이만을 다루시는 게 아니라, 하나님을 향한 그 아버지의 믿음까지도 다루고 계셨다. 그래서 예수님은 이렇게 대답하셨다. "'할 수 있거든' 이라니요? 믿는 자에겐 능치 못할 일이 없습니다."

자신의 말에 의심이 서려 있다는 사실에 부끄러운 나머지 소년의 아버지는 다음과 같이 불쑥 말해버렸다. "선생님, 제가 믿습니다." 동시에 주님을 온전히 신뢰하는 마음을 표현하며 덧붙이기를, "그리고…제 믿음 없음을 도와주십시오."

예수님은 그제서야 아이에게서 귀신을 쫓아내셨다. 게다가 그 아버지가 자신의 믿음 없음을 시인했을 때, 그의 고백을 고려하신 예수님께서는 소년의 아버지에게 확신을 주시기 위해 귀신더러 "다시 이 아이에게 들어가지 말라"고 명령하셨다. 그 아버지의 솔직한 고백에 대한 예수님의 배려였다. 이를 통해 아이의 아버지 마음속엔, 자신의 적은 믿음 때문에 하나님이 하신 일이 수포로 돌아가지 않을까하는 두려움이 온전히 사라지게 되었다.

결국 그 소년의 아버지는, '믿음을 요구하시지만 동시에 우리의 나약함에 대해 긍휼을 베푸시며 우리에게 다가가기를 원하시는 하나님' 과 관계를 맺게 되었다. 이제 치유된 소년을 품에 안고 있는 아버지의 모습을 상상할 수 있다. 아들을 꼭 안은 채 눈물을 흘리면서, 아버지는 아들에게 전보다 더 큰 사랑을 줄 수 있게 되었다. 소년은 이미 치유되었다. 그리고 그 아버지 역시 자신의 나약함으로부터 자유케 되었다.

인터뷰로 시작하라 Begin With on Interview

지속적인 내적치유 과정 속에서 반드시 축사가 이뤄질 필요는 없다. 반면에 사역자와 피사역자간에 신뢰감을 쌓는 것은 반드시, 그리고 가장 먼저 이뤄져야 한다.

샌디에게 사역했던 사람들은 '신뢰쌓기'를 하지 않았다. 그들의 주된 목적은 마귀를 대적하는 것이었다. 샌디는 축사 과정 중 귀신들린 현상을 보여야만 하는 일종의 '담보물'이 된 느낌을 받았다.

샌디가 처음 그 목사님 부부를 찾았을 때, 그 부부가 대화를 열기 위한 질문을 하지 않은 것은 참으로 애석한 일이었다. 만일 그들이 예수님처럼 인터뷰로 시작했더라면 간질병을 앓는 소년의 아버지처럼, 샌디는 맘속에 감춰둔 의심을 드러냈을 것이고, 이에 목사님 내외는 예수님이 하셨던 것처럼 샌디와 깊은 대화를 나눌 수 있었을 것이다. 만일 그들이 그녀의 몸짓에만 이라도 관심을 기울였다면 (당시 그녀의 몸은 심하게 떨렸고, 눈은 아래로 향했다) 그들은 샌디에게 "무슨 문제가 있나요?"라고 물었을 텐데 말이다. 그러면 샌디는 다른 사람이 자신의 머리에 손을 얹는 것이나, 방언으로 기도하는 것은 생소하기도 하고 또 약간 두려운 것이었다고 일러줬을 것이다. 그러면 그들 부부는 샌디에게 더 많이 주의를 기울여 접근해야 하리라는 것을 깨달았을 것이다.

샌디의 첫 번째 축사 사역은 목사님 부부가 많은 시간을 할애했던 사역이었다. 그 많은 시간 중 샌디와 대화할 약간의 시간도 없었던 것인가? 그 부부는 사역의 시작 부분에서 또 다른 좋은 기회를 놓치고 말았다. 만일 그들이 샌디에게 무엇을 원하는지를 물었더라면, 샌디가 원하는 것이 축사가 아니라는 것을 알았을 것이다. 샌디는 심지어 '축사'라는 단어의 뜻도 알지 못한 상태였다. 자세한 가르침이 있었다면 샌디는 축사 사역이 두려움과 고통으로 이뤄졌다는 잘못된 인식을 갖지 않았을 것이고, 사역에 대한 두려움도 떨쳐낼 수 있었을 지도 모른다.

목사님 부부가 샌디와 인터뷰를 통한 관계 성립을 이루지 못했기에 그들은 사역 내내 샌디의 마음을 얻지 못했다. 그들은 샌디의 감성적인 부분을 전혀 신경 쓰지 않았다. 또 밤마다 그녀를 괴롭혔던 마귀에 대한 두려움이 샌디 마음속에 자리 잡고 있다는 사실도 발견하지 못했다.

그 대신, 목사님 부부는 마귀 사냥에 흥분하여, 그녀의 두려움을 포악하게 다루었다. 심지어 그들이 샌디의 눈을 똑바로 쳐다보며 마귀를 향해 "돼지"라고 소리 질렀던 순간에도 목사님 부부는 그녀가 이에 대한 반응으로 수치심을 표했던 사실을 전혀 깨닫지 못했다. 그들이 샌디에게서 정욕의 마귀를 분별해 냈을 때, 그들은 샌디의 얼굴에 선명하게 드러난 당혹감과 죄책감을 읽지 못했다. 물론 그들은 아무런 설명도 해주지 않았다.

사역자들의 둔감하고 무감각함에 상처받은 샌디 내면의 어린아이는 결국 분노를 표하게 되었다. 그러나 그때도, 목사님 부부는 마귀가 그녀의 목소리를 이용하여 소리 지른다고 생각했을 뿐이었다. 그들은 '어린 샌디'를 마귀와 함께 마루바닥에 제압하여 눕혔다. 그리고 그들은 어리석게도 그녀와 마귀를 함께 묶었다. (이전 사역을 통해 만일 마귀가 떠났었다면) 그 마귀가 되돌아 온 것은 놀랄 일이 아니었다. 그리고 샌디가 예전에 구원받기 위해 도움을 요청했던 자신의 기도에 사탄이 응답했다고 믿게 된 것 역시 놀랄 일이 아니었다. 그 부부는 자신들도 모르는 사이에 하나님과 마귀의 모습을 비슷하게 그려내고 있었기 때문이다.

자연스럽게 행동하라! 그리고 그 사람에게 합당하게 사역하라
Be Yourself, and Appropriate to the Person

하나님은 인간의 개성을 무시하지 않으신다. 성경의 각 권이 저자의 성품에 따라 각기 다른 색채를 나타내는 것을 보라. 우리는 다윗의 열정, 야고보의 고집스러움, 바울의 힘, 누가의 학자적인 지혜, 사도 요한의 긍휼과 신비적인 성품을 쉽게 알 수 있지 않은가? 개개인이 성경을 저술 할 때 사용한 문체나, 어휘 선택에 있어서 개성과 성품을 자유로이 드러내고 있다.

복음은 항상 개인의 마음에 적합하게 적용되어 왔다. 예수님은 채찍으로 성전에서 환전하는 상인들을 쫓아냈다. 그리고 거만한 바리새인들을 향해 "너희는 회칠한 무덤이다"라고 소리치셨다. 하지만 간음의 현장에서 잡혀 두려워하고 수치스러워하는 여인에게는 온화하게 말씀하셨다. "나도 너를 정죄하지 않으니 가서 다시는 죄를 짓지 마라."(요 8:11을 보라.)

오직 우리를 만나기 위하여 하나님께서는 사역자들을 통해 인간의 언어, 생각의 한계 내에 스스로 들어오신다. (너무나 자연스러운 일이다.) 예수님께서는 육체를 입고 이 땅에 오셨다. 우리가 인간의 방법으로 행동하고 사역하는 것에 어려워하고 두려워할 이유는 아무것도 없다.

하지만 많은 사역자들은 그들이 다르게 행동해야 한다고 생각한다. 심지어 기괴한 행동을 해야 자신은 물론 다른 사람들로부터 '저 사람은 영적이야'라는 칭찬을 얻을 수 있다고 생각하기 때문이다.

전에 나는 어떤 사역자가 일상적인 목소리와 자연스런 제스쳐로 어떤 소녀와 대화하는 모습을 보았다. 그런데 갑자기 이 사역자는 소녀에게 축사 사역을 하는 것이었다. 이내 그는 심하게 떨리는 목소리로 고함을 질러대기 시작했다. 그리고 그 소녀에게 손을 얹고 기도하면서 그 여자 아이를 너무 심하게 흔드는 것이었다. 나는 그 여자 아이가 제대로 중심을 잡을 수나 있을까 염려스러웠다. 그 여아는 맥이 풀린 채, 힘들어 하고 있었지만, 남자는 아랑곳하지 않았다. 이제 그는 그녀에게 손을 펼쳐 천둥 같은 고함을 지르기 시작했다. 킹제임스 버전의 말투, 즉 고어체로 온갖 욕설을 뱉으며 또 각 단어를 말할 때마다 온몸에 경련을 일으켜 마귀를 꾸짖었다. 여자아이는 공포에 질려 펄쩍펄쩍 뛰기 시작했다.

"왜 저렇게 하지?" 나는 의아해했다. "저 남자의 평상시 말투나 자세가 영적이지 못해서 그런가?"

이상한 자세와 기괴한 목소리는 사람들을 하나님께로 인도하지 못한다. 그것들은 오히려 사람들을 하나님으로부터 분리시킨다. 이러한 끔찍한 광경을 목격하는 사람이라면, 그들은 하나님이 자신의 일상생활에 관여하지 않는 편이 오히려 나을 거라고 믿을 것이다. 그들에게 있어서 사역자들의 이상한 자세와 기괴한 목소리는 마치 하나님을 만나려면 또 다른 은하계에 진입해야만 한다는 의미로 다가올 것이다. 하나님께서는 우리를 만나시려고 우리에게 적응하시는데 말이다. 사도 바울은 고린도전서 9장 22절을 통해 "여러 사람에게 여러 모양이 된 것은 아무쪼록 몇몇 사람들을 구원코자 함이니"라고 말하고 있다.

이러한 이유로 마음이 약한 사람을 위해 기도할 때, 나는 큰 소리를 내지 않는다. 수줍어하는 사람에게 손을 얹고 기도할 때, 나는 그들을 흔들지 않으려고 노력한다. 나는 지식인들에게 기도할 때 복음주의에 절어 있는 상투적 표현을 자제하고, 길거리 아이들에게 사역할 때 킹 제임스 성경의 고어체를 사용하지 않는다. 그리고 나는 피상담자와 오랜 시간 대화를 통해 그들의 필요가 무엇인지 어떻게 그 필요가 충족될 수 있는지 분별한다.

동시에, 사역 중 나는 '나' 아닌 다른 사람이 되어 타협의 기술이나 여러 술수를 펼치는 일을 배제함도 잊지 않는다. 나는 나다. 나처럼 말하고 내가 기도하는 방법대로 기도한다.

방법을 우상시하지 마라 Do not Idolize Methods

실제로 하나님께선 사람들이 기도할 때 그들의 몸을 떨게 하실 때도 있다. 성령께서는 우리로 갑자기 소리 지르게 하시거나 평상시에 하지 않는 행동을 하도록 만드시기도 한다.

하지만 우리가 이러한 경험들을 신성한 것으로 여긴다면, 우리는 어쩌면 각 사람을 향한 하나님의 계획을 놓치게 될지 모른다. 우리는 만일 어떤 기술이 먹혀든다면 그 기술을 또 사용하고자 한다. 어쩌면 샌디의 축사 사역팀은 예전에 어느 피사역자에게 큰 소리로 방언기도를 해서 좋은 결과를 맛보았을 지도 모른다. 하지만 샌디에게 큰소리로 방언 기도한 것은 적절하지 못했고 오히려 샌디를 두려움에 떨게 만들었다.

한번은 어떤 내담자와 상담 사역을 시작하려고 했는데, 갑자기 나는 그 내담자가 마귀화 되었다는 것을 나도 모르게 불쑥 말해 버렸다. 그 순간 그 남자와 나 사이에 신뢰가 형성되었다. 그는 오래전부터 자신에게 마귀가 들어갔다는 것을 알고 있었다. 그리고 누군가, 적어도 한 사람만큼은 자신을 믿어 줬다는 사실에 안도했다.

그 순간의 성공에 너무나 기뻐, 나는 이렇게 하는 것을 사역의 방법으로 삼고자 했다. 나는 숨김없이 솔직하게 대면하는 접근법을 우상화하였다. 이런 일이 있고 얼마 지나지 않아 한 여성이 열두 살 먹은 딸을 데리고 상담을 받으러 찾아왔다. 나중에 알게 된 사실이지만 그 모녀는 마귀나, 축사에 대한 가르침을 한번도 받지 못했다. 어쨌든 나는 경험에 의지하여 그 소녀가 마귀화 되었다고 두 모녀에게 이야기해줬다. 그들은 정중히 앉아 있었지만, 상담이 끝날 때까지 매우 화가 난 모습이었다. 상담은 끝났고 그들은 자리에서 일어나 상담실 문을 나섰다. 나는 창밖으로 그 둘이 건물 밖으로 나서는 것을 보았다. 그리고 그들이 나눈 대화를 먼 발치서 듣게 되었다. 차에 오르기 전, 모녀는 서로를 쳐다보며 "세상에나… 무지 섬뜩하다!"라고 말하는 것이었다.

나는 그들을 다시 만날 수 없었다. 그 모녀에게, 내가 창조해 낸 우상을 존중하라고 강요할 권리는 없다.

그리스도의 몸 된 교회가 우상시하는 축사의 방법들이 있다. 그것들 중 어떤 것은 관계를 헤치고, 또 다른 방법들은 단지 필요 없는 행위일 뿐이다. 그중 몇 가지만 살펴보도록 하자.

마귀에게 소리 지르기 Shouting at Demons

때때로 사람들에게 치명적인 상처를 안겨주는 사역의 방법들 중 하나는 바로 마귀에게 소리 지르는 것이다. 마귀에 대한 우리의 권세를 행사하는 것과 목소리 크기와는 아무런 관계가 없다. 오히려 우리가 얼마나 그리스도의 성품을 닮았는지, 그래서 우리를 통해 하나님이 얼마나 많이 드러나는지에 더 깊이 연관되어 있다.

성경을 보면, 예수 그리스도가 항상 격앙된 목소리로 마귀에게 명령하시진 않는다. 그렇다고 항상 조용히 말씀하신 것도 아니다. 전에 살펴본 간질병 걸린 소년을 치유하신 경우, 예수님은 더 많은 사람들이 몰려들기 전에 서둘러 귀신을 쫓으셨는데(막 9:25) 그 상황에서는 조용히 말씀하셔야 했을 것이다. 만일 큰 소리로 귀신을 쫓으셨다면 더 많은 군중들이 몰려 들었을 테니까 말이다.

큰 소리가 적절한 때도 있다. 예전에 나는 앤(Anne)이라는 여성에게 사역을 했는데 그때, 큰 소리를 내어 귀신을 쫓아야 한다는 생각이 들었다. 사역 후에 앤은 웃으며 자신에게 어떻게 치유가 일어났는지를 설명해 줬다. 어린 시절, 앤의 오빠들은 무자비하게 앤을 놀려댔다. 그녀는 '내가 만일 내 스스로를 미워한다면 오빠들이 나에게 동정심을 갖겠지'라고 생각하여 오빠들이 자신을 괴롭히는 일을 멈출 거라고 생각했다. 하지만 이러한 거짓의 전신갑주는 오빠들로부터 더 많은 놀림과 공격을 불러들였다. 또한 거짓의 갑주를 통해 괴롭히는 마귀는 공격의 발판을 얻게 되었다. 앤은 누군가가 와서 자신에게 큰소리를 질러 마귀의 모든 공격을 쫓아내길 소망했다. 그리고 정말 누군가가 큰 소리를 질러 그렇게 했다!

제이(Jay)라는 이름의 남성은 좀 다른 경우였다. 그는 마음속에 양심의 가책이 너무 중한 나머지 상담을 받으러 나를 찾았다. 그는 자신의 실수에 대해선 전혀 관용을 베풀지 못했다. 직장에서 자신이 저지른 미미한 실수들에 대해 눈감지 못했던 것이다. 그런 건 고사하고 다른 사람들이 자신에게 베푸는 작은 친절마저 받아들이지 못했다. 결국 그는 '멍청이, 바보, 돌대가리'와 같은 욕을 자신에게 내뱉으며 스스로를 호되게 꾸짖었다. 나는 '자기 정죄'의 마귀가 이러한 그의 행동에 연결되어 있음을 분별했고 일상적인 목소리의 톤으로 그것을 꾸짖기 시작했다.

하지만 목소리에 약간의 힘을 실었을 때, 제이는 잠시 움츠러들었다. 내가 왜 그러냐고 물었을 때, 그는 큰 목소리를 들었을 때 갑자기 아버지가 생각나서 그랬다고 설명해 줬다. 그의 아버지는 종종 제이에게 멍청이, 바보, 돌대가리라는 욕설을 큰 목소리로 퍼붓곤 했었다. 지금은 그가 그 욕을 자신에게 던지고 있다. 나는 제이가 거짓의 흉배를 붙이고 있음을 보았다. 그는 아버지가 자신을 다뤘던 방법대로 스스로를 몰아갔을 때, 의로워질 거라고 믿고 있는 것 같았다. 나는 제이에게 그러한 학대가 반복되는 것을 원치 않았다. 그래서 나는 덜 위협적인 목소리로 그 마귀를 다시 꾸짖었다. 그러자, 갑작스런 성령님의 개입하심이 있었다. 곧 나는 제이에게, 스스로 큰 소리를 내어 그 마귀를 엄하게 꾸짖을 수 있는지 묻게 되었다. 제이는 고개를 끄덕였고 곧 큰 소리로 마귀를 엄하게 꾸짖었다. 그렇게 하고 나니까, 제이는 자신의 목소리를 되찾을 수 있었고, 사탄의 노력을 한 방에 제압할 수 있었다.

아무리 부드럽게, 조용히 말했을지라도, 그리스도의 이름엔 마귀를 움츠러들게 하는 권세가 있다. 우리는 목이 쉴 때까지 고함을 지르지 않아도 된다. 성령께서 그렇게 소리 지르라고 처방하시기 전까지, 소리를 지르건 조용히 말하건, 결과는 달라지지 않는다. 마귀에겐 고막이 없다는 것을 기억하라. 예수님께서 사탄을 이기신 그 권세가 목소리의 크기에 달려있지 않음을 기억하라!

마귀 앞에서 수다를 떨거나 아니면 침묵하는 것
Being Vocal or Silent Before Demons

나는 반드시 목소리를 내어 마귀를 묶어야 한다고 주장하는 사람들과 의견을 달리한다. 목소리의 크기와 주님의 권세에 상관관계가 없는 이유에서다. 나는 때때로 마귀의 유혹에 넘어져 짓게 된 죄를 아직 회개할 준비가 안 된 사람, 혹은 마귀가 존재한다는 사실을 믿지 않는 사람들에게 사역해야 했는데, 그 상황에서 큰 소리로 마귀를 묶을 수 없었다. 하지만 그들이 제대로 상담 받을 수 있도록 마귀를 내쫓아야 했음은 분명했다. 그래서 그때 나는 아무런 말도 내뱉지 않고 마귀를 묶었다.

어떤 사람들은 침묵으로 마귀를 꾸짖으면, 마귀가 목소리를 듣지도 못하고 마음도 읽지 못했기 때문에 소리 내지 않고 마귀를 묶는 것이 아무런 효과가 없다고 주장한다. 또 다른 사람들은 우리가 입을 다물고 있는 한, 우리는 마귀로부터 안전하다고 말한다. 만일 우리가 개인적인 정보를 다른 사람에게 말하면, 마귀가 그것을 듣고 우리에 대해 알게 된다는 것이다. 이런 사람들은 축사 사역자들에게 자신의 정보를 알리지 않는 것을 철칙으로 삼는다. 그들은 만일 마귀가 자신의 배우자, 자녀, 가정사, 매일의 삶에 대해 모르면, 마귀는 자신에게 어떻게 공격을 가해야 할지 모를 것이라고 생각한다.

이것은 먼저, 피상담자와 사역자 사이에 신뢰를 쌓지 못하게 하는 장벽이 되며, 또 사역자가 수년간 분투하며 때론 실수를 통해 배운 교훈이나 지혜의 말이 전달되지 못하도록 방해하는 귀마개 역할을 한다.

마귀는 무엇을 듣는가? 예수님이 바리새인들을 꾸짖는 중에 해답을 주셨다.

> 어찌하여 내 말을 깨닫지 못하느냐 이는 내 말을 들을 줄 알지 못함이로다 너희는 너희 아비 마귀에게서 났으니 너희 아비의 욕심을 너희도 행하고자 하느니라 저는 처음부터 살인한 자요 진리가 그 속에 없으므로 진리에 서지 못하고 거짓을 말할 때마다 제것으로 말하나니 이는 저가 거짓말쟁이요 거짓의 아비가 되었음이니라 - 요 8:43-44

마귀가 듣는 것은 거짓말들이다. '진실'이란 마귀가 이해할 수 없는 언어이다. 나는 골로새서 3장 3절의 말씀을 있는 그대로 받아들인다. "너는 죽었고, 네 삶은 이제 하나님 안에서 그리스도와 함께 감추졌다." 만일 우리가 진리 가운데 행한다면, 우리의 생각뿐 아니라 우리가 입 밖으로 낸 말들은 하나님 안에서 감춰진다. 감춰진다는 말은 진리 가운데 내뱉은 우리의 말을 마귀는 알아들을 수 없다는 것이다. 왜냐하면 마귀는 진리를 이해할 수 없기 때문이다. 우리가 외국에 갔을 때, 우리말을 알아듣는 사람이 하나도 없다면 우리는 사람들 앞에서 아무 말이나 할 수 있다. 그래도 거리낌이 없다. 마찬가지로, 진리 가운데 행한다면 우리는 우리의 영적인 적 앞에서 두려움에 떨며 침묵으로 일관할 필요가 없다.

골로새서 3장 5절은 "그러므로 땅에 있는 지체를 죽이라."고 말씀한다. 우리가 계속해서 거짓말 가운데 행하고 우리 안에 옛된 성품이 그대로 살아있다면 마귀는 우리가 침묵을 지키더라도 우리의 거짓말을 듣고 이해할 것이다.

마귀가 유일하게 듣고 이해할 수 있는 '진리'는 예수라는 이름이 모든 것을 정복한다는 것이다. 많은 기독교인들이 밤에 잘 때 목을 조르는 영들에게 공격을 받았다고 이야기 했다. 목이 졸린 상태에서 그들은 큰소리로 예수의 이름을 부르지 못했지만, 침묵 가운데 예수 이름으로 마귀를 꾸짖자 마귀는 도망쳤다고 한다. 물론 대부분의 경우, 우리는 큰 소리로 꾸짖는다. 하지만 우리가 소리를 내건, 소리를 내지 않건, 마귀의 영적인 귀는 듣는다. 침묵의 꾸짖음에도 마귀는 도망간다.

여기 우리가 당연시 여기는 다섯 가지 정도의 축사 사역 방법들을 기록한다. 첫째, 우리는 항상 마귀를 쫓아내기 전에 묶는다. 둘째, 우리는 한 사람으로부터 마귀가 나와 다른 사람에게 들어갈 가능성에 대비하여 기도한다. 셋째, 손을 얹고 축사하는 것을 금한다. 넷째, 우리가 마귀를 쫓았을 때, 우리는 마귀더러 깊은 구덩이(무저갱)에 들어가라고 명령한다. 다섯째, 그 구덩이에서 다시는 기어 나오지 말라고 명령한다.

위에 열거한 방법들이 성경적인가? 우리는 성령의 인도하심에 방해되는 어떠한 의식적인 행위도 피해야 할 것이며, 피사역자의 마음을 어렵게 하는 일들도 제거해야 한다. 자 이 다섯 가지 행동들을 차례대로 살펴보자.

쫓아내기 전에 묶기 Binding Before Casting Out

우리가 마귀를 쫓아내기 전, 주의를 기울여 그를 묶어야 하는가? 마태복음 12장 29절과 마가복음 3장 27절은 "사람이 먼저 강한 자를 결박하지 않고야 어떻게 그 강한 자의 집에 들어가겠는가?"라고 말한다. 여기서 "결박한다"는 말의 헬라어 원형은 deo이다. 누가복음 11장 22절엔 deo와 유사한 헬라어 nikao가 사용되었는데 그 뜻은 "공격하여 제압하다" 혹은 "…에 승리하다"이다.

위에 언급한 단어 중 어떤 것도 '결박하는 행동이 쫓아내는 행동보다 선행되어야 한다' 는 의미를 전달하지 않는다. 또한 예수님이나 그의 제자들이 두 단계 방법을 사용했다는 기록은 성경 어디에도 없다. 쫓아내는 것이 '승리하다' 라는 의미를 내포하기에, 쫓아내는 행위엔 이미 결박이 포함되어있다. 결국 결박과 쫓아냄은 동시에 이뤄지는 한 가지 행위이다.

하지만 특별한 종류의 묶음(쫓아냄과 다른)은 있다. 그리고 이는 성경적이다. 예수님께서 마귀를 쫓아내시기 전, 잠잠하라고 명령하신 적이 있다. (예. 눅 4:35) 그때, 예수님은 마귀에게 어떤 특정한 행동을 멈추라고 명령하셨다. 왜냐하면 그 행동이 축사 사역을 방해했기 때문이었다. 때때로, 축사 사역 받을 준비가 안 된 사람들에게 사역을 할 경우가 있는데, 그때 나는 먼저 마귀를 묶는 것이 효과적이라는 것을 알게 되었다. 마귀에게 활동을 멈추라고 명령하는 것이 피사역자가 자신의 죄를 돌아보며 마귀에게 내어준 틈이 어떤 것인지 살피는데 큰 도움을 주기 때문이다. (죄의 회개가 축사 사역을 돕는다.)

어떤 사람들은 사역 받을 준비가 되어있다. 이런 경우에 마귀를 묶는 것은 불필요한 공식이 된다. 어떤 사역자들은 매번 사역 시작하기 전에 마귀를 묶는다. 물론 대부분 좋은 성과를 거둔다. 하지만 만일 그들이 자신의 방법을 시금석이라고 생각하고 자신과 의견을 달리하는 사람을 이단 취급한다면 그것은 좋은 열매를 맺는 것이 아니다.

마귀가 다른 사람에게 전이되는 것을 막기 위해 묶는 것
Binding Spirits in Order to Avoid Transferences

마귀가 다른 사람에게 전이되는 것을 막기 위해 기도해야 하는가? 성경에 마귀가 전이된 예는 찾아볼 수 없지만 누가복음 11장엔 한 번 나갔던 귀신이 다시 그 사람에게 돌아오려고 노력한다는 이야기가 나온다. 마귀는 또한 다른 대상을 쉽게 찾아 전이되기도 한다. 나는 이러한 상황이 발생하는 것을 여러 번 보았다.

성경은 마귀의 전이를 막는 기도가 반드시 필요하다는 입장은 아니다. 그것은 개개인에 따라 다르기 때문이다. 어떤 경우이건, 우리는 성령께서 그렇게 기도하라고 하실 때를 분별해야만 한다. 두려움에서 비롯되지 않는다면 마귀의 전이를 막는 기도는 해로울 것이 없다.

귀신들린 상태와 같이, 의심스런 상태를 보이는 사람들과 대면할 때마다 마귀의 전이되는 것을 꾸짖는 한 남자를 알고 있다. 곧 그의 삶은 의심으로 가득 차게 되었다. 심지어 그는 우편함을 열어보기 전, 혹은 편지를 뜯어보기 전에도, 혹시 우편물의 발신자로부터 마귀가 자신에게 전이될까 두려워 마귀를 꾸짖는다.

어떤 교회는 마귀의 전이되는 두려움을 떨쳐내는 기도를 장로들만 할 수 있게 했다. 이는 일종의 계급주의를 양산하여, 평신도들은 축사 사역을 하지 못하는 분위기를 조성했다. 반면에 예수님께서는 이 사역에 모든 이가 동참할 것을 강요하셨다.(막 16:17)

위의 두 경우 모두 관계를 쌓는 일이 방해되었다.

안수를 금한다 Prohibiting Laying On of Hands

어떤 사람들은 접촉을 통해 마귀가 전이되는 것을 예방하는 차원에서 축사 사역 중 안수를 해선 안 된다고 믿는다. 하지만 생각해보라. 마귀는 사람과 사람사이의 짧은 공간은 쉽게 이동한다. 즉 마귀가 잠입하는 것이 접촉 때문이 아니라는 얘기다. 잠입경로가 되는 것은 회개하지 않은 죄다. 신중하고 올바른 접촉은 죄가 아니다. 예수님께서는 18년 동안 불구였던 여성에게 손을 얹으셨다.

(눅 13:13)

다시 한 번 말하지만 우리는 어떤 경우이던 성령님의 인도하심을 분별하여 순종해야 한다. 하지만 손을 얹지 못하게 제도화 하는 것은 손을 얹으므로 관계를 쌓을 수 있는 가능성의 문을 닫는 행위이다.

마귀를 무저갱(지옥)에 넣기 Sending Demons to the Pit

이것은 명백히 비성경적이다. 마태복음 25장 41절에서, 예수님은 마지막 날 최후의 심판을 통해 마귀들을 지옥에 보내실 때까지, 마귀는 지옥에 가지 않을 거라고 말씀하셨다. 예수님은 마귀를 지옥에 보낸 적이 없었다. 우리가 마귀를 쫓았다면, "그 귀신은 사람에게서 나와 물 없는 곳으로 다니며 쉬기를 구했으나 얻지 못했을 것이다."(눅 11:24) 심지어 "군대"처럼 많은 마귀가 쫓겨났을 때, 곧 그들은 예수님께 "무저갱으로 들어가라 하지 마시기를" 간구했다.(눅 8:31) 예수님께서는 무저갱으로 보내지 않으시고 대신에 돼지 떼로 귀신들을 보내셨다.

마귀더러 무저갱으로 들어가라고 명령하는 것은 별로 치명적인 잘못은 아니다. 그들은 알아서 건조한 땅에서 방황할 것이기 때문이다. 이러한 사역 방법은 불필요한 방법론으로 인해 사역자가 아주 미미한 실수를 저지를 수도 있다는 사실을 시사한다. 하지만 마귀를 지옥에 던져 넣는 시도를 통해 그리스도만이 지닌 권세를 우리의 것으로 만들지는 않는지, 또 그렇게 자기 스스로를 교만하게 만드는 것은 아닌지 생각해 봐야 할 것이다.

마귀더러 다시 돌아오지 말라고 명령하는 것
Commanding Demons Never to Return

성경에 마귀더러 다시 돌아오지 말라고 명령한 것은 단 한 번 기록되었다. 그것은 예수께서 간질을 앓는 소년으로부터 귀머거리와 벙어리 귀신을 쫓으셨을 때였다.(막 9:25) 이 경우, 전에 살펴본 것처럼, 소년의 아버지가 자신의 믿음 없음을 고백하자, 예수님께선 그의 믿음을 북돋아 주시기 위해 일부러 그렇게 하셨다.

그 외의 모든 경우에서 예수님이나 다른 사역자들이 이렇게 명령한 적은 없다. 실제로 마귀에게 돌아오지 말라고 명령하는 것은 별 의미가 없다. 왜냐하면, 죄가 회개되지 않으면, 마귀는 우리가 뭐라고 명령하든지 상관 않고 다시 돌아올 것이기 때문이다.

자신의 은사를 발견하라 Discover Your Own Gift

성경이 어떤 사역에 대해서 특정한 순서와 절차를 요구한다면, 우리는 그 순서대로 따라가야 한다. 하지만 성경에 언급되지 않은 영역에서는, 우리는 성령님의 인도를 따라야만 할 것이다. 그렇지 않으면, 과정과 절차에 지나칠 정도로 신경 쓰게 될 것이다. 이것은 우리가 성령님과 조율하면서 내담자들의 마음을 살피는 일에 아무런 도움을 주지 않는다.

성경을 따르고, 성령의 인도를 받는 원칙은 영 분별의 은사 영역에도 동일하게 적용된다. 어떤 이들은 다른 사람이 영 분별하는 것을 주의 깊게 관찰하여 그들의 방법을 그대로 모방하려고 노력한다. 그들은 아마도 이 은사자들의 방법이 성경에 기록된, 정통의 방법이라고 생각하는 모양이다. 그러나 성경은 영 분별에 있어서 특정한 방법들을 언급하고 있지 않다. 어떤 사람은 하나님께서 모든 사람에게 동일한 방법으로는 말씀하지 않는다는 사실을 모른 채, 다른 사람의 방법을 맹종하여 그와 똑같이 하려 든다. 그들의 행동은 곧 하나님과의 관계를 손상시킨다.

명확한 선례가 성경에 기록되지 않은 상황에서, 우리는 각 사람에게 성령께서 말씀하시고자 하는 특별한 방법이 무엇인지 발견해야 할 것이다. 물론 그 방법은 때와 장소에 따라 달라질 것이다.

마귀가 드러날 때, 나는 종종 갑작스런 압박이나 불안감이 내 주위에 맴도는 것을 느끼곤 한다. 때때로 나는 환상을 보기도 한다. (물론 내 육적인 눈이 보는 것은 아니지만 말이다.) 내가 보는 환상들이 내담자의 기억 속 사건들과 연관되어 있는 경우도 종종 있다.

한 번은 내가 어떤 여성을 위해 기도하는데, 환상이 열리고, 그 환상 가운데 나는 마귀가 그녀의 머리 위에 계란을 깨고 있는 장면을 목격했다. 이것을 그녀에게 말한다는 것은 어리석어 보였지만, 성령님께 순종하는 믿음의 행위로써 입을 열어 그녀에게 이야기했다. 그녀는 자신의 어린 시절, 언니가 자기 머리 위에 계란을 깨면서 자신을 놀려댄 기억을 떠올렸다. 물론 이것은 그녀가 남들에게 받은 여러 가지 학대, 그리고 성추행으로 인한 상처들 중, 아주 작은 부분이었다. 마귀는 실제로 계란을 깨진 않았다. 하지만 이것은 성인이 된 그녀에게 어린 시절의 수치심을 계속 느끼도록 마귀가 노력하고 있다는 상징이었다.

사람 안에 들어간 마귀가 그 사람의 몸에 일으킨 현상들과 동일한 반응이 내 몸에 일어난 적이 있다. 어떤 여성과 상담하던 중, 나는 내 배가 아파옴을 느꼈는데, 그녀는 그 아픔이 바로 자신이 앓는 위장병의 통증과 같다고 이야기해 줬다. 그리고 나는 그 통증의 원인이 미움의 마귀라는 것을 분별했다. (여기에는 이유가 있다. '위' 는 영어로 stomach이다. 그런데 stomach의 또 다른 뜻은 '미워하다' 이다.) 내가 미움의 마귀를 쫓았을 때, 내 배의 통증은 물론, 그녀 위장의 통증이 즉시 멈췄다.

때때로 나는 성령님이 주신 은사를 통해, 내담자가 앓고 있는 신체의 문제를 알곤 한다. 예전에 어떤 소년과 함께, 잔소리 많은 그의 어머니에 대해 이야기하고 있었는데, 갑자기, 내게 어떤 깨달음이 일어났다. 그것은 그 소년의 귀가 종종 들리지 않았다는 것인데 나는 성령의 은사를 통해 직감적으로 이를 알게 되었다. 소년은 실제로 몇 분 동안 귀가 들리지 않는 경험이 수차례 있었다고 토로했다. 물론 그 소년의 고백이 있기 전까지는, 내가 깨달은 사실은 입 밖으로 내기엔 기괴한 일임에 틀림없다. 하지만 나는 내가 알게 된 사실을 소년에게 이야기했고, 소년은 실제로 자신의 귀가 들리지 않았다는 경험을 나눔으로 인해 내가 깨달은 것은 사실임이 확증됐다. 나는 소년에게서 귀머거리의 마귀를 내쫓았고, 어머니를 향한 소년의 분노심을 다루기 시작했다. 소년은 어머니를 향한 분노를 오랫동안 억제해 왔다. 즉 어머니의 잔소리가 들릴 때마다 소년은 귀를 닫고 부인의 거짓 투구를 써온 것이다.

이런 일이 있는가 하면, 때로는 마귀가 드러난 것을 알고 바로 쫓아낸 적도 있었다. 나는 또한 마귀가 그의 처소가 되는 사람 속에 조장하는 감정들을 동일하게 느끼기도 한다. 그 감정은 미움, 분노, 혹은 시기 등이었다.

영을 분별하는 길은 여러 갈래다. 내 형 로렌(Loren)은 마귀를 분별할 때마다 머리카락 끝이 쭈뼛 서면서 거룩한 분노가 치밀어오는 것을 느낀다고 말한다. 엘리야의 집에서 간사로 일하는 캐롤 브라운(Carol Brown)은 마귀가 나타날 때, 자신이 더럽힘을 입는다는 생각, 그리고 불결한 느낌, 혹은 어지러움을 느낀다고 얘기한다. 우리 엘리야의 집 상담 간사 중, 산드라 스키너-영(Sandra Skinner-Young) 자매는 마귀가 나타날 때 그녀의 얼굴이 짓눌리는 느낌과 어지러움을 느낀다고 얘기한다. 그 외의 다른 사람들은 현기증을 느낀다고 얘기한다.

더 많은 분별의 방법을 말할 수 있지만, 개개인이 자신의 은사대로 영을 분별할 수 있을 것이다.

종합: 우리는 치유 사역자인가 아니면 "수리공"인가?
The Sun of the Matter: Will We Healers of "Mechanics"?

내가 아는 어떤 소아과 의사는 '신체 수리공' 과 같은 의사들을 혐오한다고 말했다. 의대생 시절부터 그는 의사들이 환자들에 대해 이야기할 때 "이 환자는 마흔 두 살 먹은 쓸개군" 혹은 "이 사람은 37년 된 비장이야."라고 말하는 것을 들어왔다. 그는 이들이 환자가 듣는 앞에서도 그렇게 말하는 것을 목격했다. 그 의사들의 대화를 들은 환자는 아마도 자신이 배양접시에 담긴 배양균과 같이 대접받는다고 느꼈을 것이다. 이 소아과 의사는 그런 의사들이야 말로 사람을 치료하는 의사가 아니라 사람을 수리하는 기술자들이라고 화를 내며 말해왔다.

샌디에게 사역을 했던 목사님 부부는 마치 '영혼 수리공' 처럼 행동했다. 그들은 문제를 해결하려 했지 사람을 치유하려 하지 않았다. 그래서 샌디는 자기 자신 보다 자신이 안고 있는 문제가 훨씬 더 중요하게 여겨진다는 느낌을 받게 된 것이다.

샌디의 축사 사역과정 이야기는 이보다 다섯 배나 중요한, '효과 없는 문제 해결 치료법' 이야기의 최신 버전이다. 그 효과 없는 문제 해결 치료법의 이야기는 '욥기' 이다. 샌디와 마찬가지로 욥은 불행을 겪었다. 욥의 가축은 다 죽었고 대부분의 몸종들은 살해당했다. 게다가 그의 아들과 딸들이 잔치하고 있을 때, 태풍이 불었는데 이에 집이 무너져 그들 위에 무너졌다. 결국 그들 모두 죽었다. 그리고 욥의 머리끝부터 발끝까지에는 견디기 힘든 욕창이 생겼다.

욥의 친구들, 엘리바스, 빌닷, 소발과 엘리후가 욥을 위로하러 찾았다. 그리고 욥은 그들에게 자신의 심경을 토로했다. "왜 내가 태어날 때, 바로 죽지 못했을까? 어머니의 자궁에서 나올 때 죽지 못했을까?"(욥 3:11) – 이 정도 상황이면 욥에게 '충고' 하는 것은 합당치 않다. 만일 어떤 사람의 감정이 격앙되어 그가 자살의 충동 가운데 있다면, 그에게는 다른 사람의 충고를 듣고 따를 의지가 거의 없다고 보면 된다. 하지만 욥의 친구들은 '영혼의 수리공' 이 되어 욥의 마음 속 울부짖음은 놓치고, 해결되어야 할 몇 가지 문제들만을 보기 시작했다.

첫 번째 문제: 욥은 너무 감정적이다. 친구들은 욥이 머리로 생각할 수 있게 도와야 한다고 판단했다.

엘리바스: "누가 네게 말하면 네가 염증이 나겠느냐? (이 말을 현대적으로

바꾸면 '헛소리 그만하고 이제 내 말 좀 들어!') 전에 네가 여러 사람을 교훈하였고 손이 늘어진 자면 강하게 하였고… 이제 이 일이 네게 임하매 네가 답답하여 하고 이 일이 네게 당하매 네가 놀라는구나."(욥 4:2-3, 5)

빌닷: "네가 어느 때까지 말을 찾겠느냐 깨달으라 그 후에야 우리가 말하리라."(욥 18:2)

욥: "내가 무슨 기력이 있관대 기다리겠느냐? 내 마지막이 어떠하겠관대 오히려 참겠느냐? 나의 도움이 내 속에 없지 아니하냐? 나의 지혜가 내게서 쫓겨나지 아니하였느냐?"(욥 6:11,13)

샌디에게 축사 사역했던 목사님 부부: "이봐요 샌디, 자매님의 감정으로 우리를 어렵게 하지 말아요. 우리는 지금 당신의 문제를 해결해야 한다구요."

두 번째 문제: 무슨 잘못을 했기에 욥에게 이런 일이 벌어졌는가?

엘리바스: "생각하여 보라 죄 없이 망한 자가 누구인가? 정직한 자의 끊어짐이 어디 있는가? 내가 보건대 악을 밭 갈고 독을 뿌리는 자는 그대로 거두나니."(욥 4:7-8)

만일 우리가 사람을 치유하는 것보다 문제를 해결하는 것에 더 많은 비중을 두면 윗 구절에서 엘리바스와 같이 우리도 혼자 다른 이의 문제를 보며 해결책을 찾게 될 것이다. 사역자로서 내가 혼자 논의하고 합의 보고 결론을 도출해 버리면, 사역 받는 '욥'은 집단 따돌림 당한 느낌을 받을 것이다.

욥의 응답: "너희가 만일 이르기를 우리가 그를 어떻게 칠꼬 하며 또 이르기를 일의 뿌리가 그에게 있다 할찐대 너희는 칼을 두려워 할찌니라 분노는 칼의 형벌을 부르나니 너희가 심판이 있는 줄을 알게 되리라."(욥 19:28-29)

'문제의 뿌리'를 찾는 노력을 기울일 때, 치유자로서 우리는 어쩌면 '영혼의 수리공'으로 전락할 수도 있다. 마지(Margie)라는 이름의 여성이 글래디스(Gladys)에게 기도 부탁을 했는데 마지는 전날 밤 괴한에게 강도당했고 심하게 머리를 얻어맞았다. 마지에게 이 사건은, 일년 전 강간당했을 때보다 더 끔찍했다.

"당신의 어린 시절은 어땠나요?" 글래디스가 물었다. "혹시 당신의 아버지로부터 학대를 당하지는 않았습니까?"

"네." 마지는 머뭇거리며 대답했다. 곧 눈물이 흐르기 시작했다.

위로 받기를 기대하면서 그녀는 글래디스에게 감정적으로 기대었다. 하지만 마지는 글래디스의 답에 흠칫 놀라야 했다. "만일 당신이 아버지에 대한 판단과 정죄의 쓴 뿌리를 키웠다면 그것 때문에 남자들이 당신을 학대하는 거라고 생각하면 됩니다."

마지는 뒤로 물러섰고 마음엔 분노와 공포가 일기 시작했다. '내가 남자들로 하여금 강간하도록 만들었다구? 남자들이 내게 강도 짓한 것이 내 책임이라구? 그녀는 생각했다. 글래디스는 마지의 놀란 표정에 아랑곳하지 않았다. 글래디스는 이미 이러한 마지의 반응을 예상하였고, 마지를 위해 위로와 치유의 기도를 하고 있었다. 하지만 마지는 글래디스의 기도소리를 들을 수 없었다. 마지는 그녀의 내면에서 어린 소녀가 울부짖는 소리를 듣느라 여념이 없었기 때문이었다. 그 아이의 울부짖음엔 아주 오래된 질문에 대한 혼란스러움이 베어있다. '내가 뭘 잘못했기에 아빠는 그토록 세게 나를 때렸을까?' 만일 글래디스가 마지와 대화를 나누며 좀 더 오랫동안 시간을 보냈다면, 마지가 학대당한 것이 그녀의 쓴 뿌리 판단 때문이 아니었음을 알게 되었을 것이다. 오히려, 그것은, 그녀가 언제 학대당했던지 상관없이, 그녀의 죄 때문이었다. 마지가 거둔 죄의 열매는, 욥의 경우처럼 반복되는 불행이 아니었다. 그 죄의 열매는 수치심이었고 글래디스는 마지의 수치심을 증폭시켜 주었다.

우리는 글래디스와 엘리바스와 같이 문제의 근원을 찾는데만 관심을 두지 않는가? 아니면 사람을 치유하는 것에 더 많이 관여하는가?

욥을 진정으로 이해했던 젊은 엘리후를 제외하면, 욥은 그의 나머지 친구들보다 더 나은 상담 사역자였다. 욥은 친구들의 의도를 잘 분별해냈다. "너희도 허망한 자라 너희가 두려운 일을 본즉 겁내는구나."(욥 6:21) 욥을 위로하려던 사람들은 무엇을 두려워했는가? 적어도 그들은 욥의 문제에 대한 해결책을 제시할 수 없음에 두려워했을 것이다. 내적치유에서건 축사 사역에서건, 문제의 해결책이 우리에게 달렸다고 생각하는 것은 곧 우리가 무거운 책임을 져야하는 아주 두렵고, 무서운 자리에 올라선다는 이야기다. 그리고 두려움은 우리로 하여금 괴상한 일들을 하게 만든다. 예를 들면, 우리 형제의 어려움을 해결하기 위해 너무 열심히 노력한 나머지 그의 얼굴에 나타난 고통의 표정이나, 그 고통을 말하고 싶어 하는 형제의 욕구를 무시하는 것이다. 또한 귀신이 드러나는 현상들이나 내담자가 갑자기 욕설을 퍼붓는 일들, 그리고 마귀와의 대화를 통해 주변 사람들로부터 '대단하군'이라는 칭찬을 듣는 것에 갈급해하는 것도 두려움에서 비롯된 행동이다. 혹은, 내가 아니라 하나님이 하신 일이라는 것을 사람들에게 강조하기 위해 하나님을 감동시키려고 애쓰는 행위들, 또는 의례적인 치유나 다른 사람의 은사를 모방하려는 행위, 하나님을 너무 기쁘시게 하려고 애쓴 나머지 우리가 하나님보다 앞선 행동, 또는 치유 받는 사람들을 우리의 뒤로 끌어당기는 일들 모두가 두려움에서 비롯된 것이다.

하나님이 주시는 말씀이 "문제를 수리하는" 태도를 정당화하지는 않는다
A Word from God Does Not Justify a "Fix-It"

잠깐! 엘리바스가 왜 잘못되었는가? 그가 주장하는 것은 하나님께서 욥에 대한 말씀을 자신에게 주셨다는 것인데:

> 무슨 말씀이 내게 가만히 임하고 그 가는 소리가 내 귀에 들렸었나니 곧 사람이 깊이 잠들 때쯤 하여서니라 내가 그 밤의 이상으로 하여 생각이 번거로울 때에 두려움과 떨림이 내게 이르러서 모든 골절이 흔들렸었나니

라 그때에 영이 내 앞으로 지나매 내 몸에 털이 주뼛하였었느니라 그 영이 서는데 그 형상을 분변치는 못하여도 오직 한 형상이 내 눈앞에 있었느니라 그때 내가 종용한 중에 목소리를 들으니 이르기를 인생이 어찌 하나님보다 의롭겠느냐 사람이 어찌 그 창조하신 이보다 성결하겠느냐

- 욥 4:12-17

여기서 엘리바스가 말한 영이 성령인지 혹은 천사인지 아니면 자신의 거짓됨을 정당화하기 위해 약간의 진실을 사용한 마귀인지는 알 수 없지만, 엘리바스가 전한 말은 욥기 마지막 부분에 하나님이 욥에게 하셨던 말씀과 동일하다. 여기에 우리가 주목해야 할 또 다른 교훈이 숨겨져 있다. 엘리바스는 자신만의 방법을 정당화하기 위해 하나님으로부터 내려진 것이라 볼 수 있는 말씀을 인용했다. 오늘날의 많은 축사 사역자들과 같이 엘리바스는 아마 이렇게 단정했을 것이다. '나는 욥에게 물어볼 필요가 없다. 바로 성령님께 물어볼 수 있기 때문이다.'

하지만 현명한 엘리후는 거의 매번 욥과 대화를 나눈다. 엘리후는 또한 욥에게 하나님의 음성을 들으라고 격려하기도 했다. "하나님은 모든 행하시는 것을 스스로 진술치 아니하시나니 네가 하나님과 변쟁함은 어찜이뇨 사람은 무관히 여겨도 하나님은 한 번 말씀하시고 다시 말씀하시되…."(욥 33:13-14) 그리고 엘리후는 욥에게 하나님의 말씀을 들을 수 있는 방법들을 제시해 줬다.

욥의 다른 세 친구들과는 달리, 엘리후는 욥의 무너져 내려 아픈 마음을 이해했다. 욥의 문제를 꺼내기 전, 엘리후는 욥을 비난하지 않겠다고 두 번 확신시켜줬다. "그가 내게 말을 내지 아니하였으니 나도 당신들의 말처럼 그에게 대답지 아니하리라."(욥 32:14) "나와 네가 하나님 앞에서 일반이니 나도 흙으로 지으심을 입었은즉 내 위엄으로는 너를 두렵게 하지 못하고 내 권세로는 너를 누르지 못하느니라."(욥 33:6-7)

매번 대화에서 엘리후는 욥이 하고자 하는 말에 관심이 있음을 표했고 확실히 들었다는 사인으로 욥이 한 말을 되뇌기도 했다.

영혼의 수리공들은 그들이 오로지 성령께만 의존한다는 것을 내세울 지도 모른다. 하지만 모든 정황들을 살펴볼 때: "진정한 치유자는 하나님의 마음뿐 아니라 사람들의 마음에도 반응한다."

샌디와 함께한 내적치유 과정 A Few Sessions With Sandy

이 장은 축사에 대해 주로 다루었다. 이제 당신은 "내적치유는 언제 다루나?"하고 생각할 것이다. 먼저, 내적치유가 축사 사역의 근간이 됨을 일러둔다. 왜냐하면 축사를 위해선 마음의 상처를 다루어야 하는데, 더 깊은 상처를 다루려면 더 많은 내적치유가 필요하기 때문이다. 그리고 엘리후와 같은 사역자라면, 축사를 하던 내적치유를 하던 그보다 앞서 오랜 시간 내담자와 함께 대화할 것이다. 바로 이것이 샌디와 함께했던 치유사역이었다.

샌디가 내게 찾아온 것은 엘리야의 집 세미나가 끝나고 플렛치 부부와의 실제적인 사역을 받은 후였다. 우리는 3일 동안 상담을 했다. 샌디의 첫인상을 통해 나는 그녀가 어떤 커다란 문제에 여전히 힘들어하고 있음을 알게 되었다. 하지만 나는 가벼운 화제로 대화를 풀어갔다. 날씨, 그녀의 고향, 남편의 직업 그리고 그녀가 살아온 동네에 대한 이야기를 나눴다. 짧은 시간이었지만 곧 나는 '샌디의 세계' 에 대해 알게 되었다. 대화가 진행되면서, 나는 그녀의 '싸이즈' 에 맞게 줄어 들었다. 샌디는 곧 내가 그녀의 치유 과정에 함께할 동반자임을 인식하게 되었고 나는 그녀가 제공한 자신의 삶 이야기에 감사를 표했다.

샌디와 내가 그녀의 어린시절로 들어간 순간 – 이미 그녀는 '자신의 이야기를 나눈다' 라는 물 속에 발가락을 담갔기 때문에 – 대화를 통해 그녀가 겪고 있는 심각한 문제들을 이야기하게 되었다. 샌디는 2년 전 집을 나간 아들의 이야기를 하다가 그가 너무 걱정된 나머지 크게 소리 내어 울기 시작했다. 그 아이는 지금 어디에 있을까? 그 아이는 무엇을 하고 있을까? 살아는 있는 걸까?

샌디는 고통으로 신음하는 중에 자신의 주변에 아무도 없고, 자기 혼자뿐이라는 외로움을 느꼈다. 남편은 샌디가 목사님 부부에게 축사 사역 받은 후 얼마 지나지 않아 예수님을 영접했으나 여전히 감정적으로는 하나님을 믿는 것에 조심스러워했다. 그래서 그런지 짐은 샌디가 걱정하는 문제를 놓고 대화하거나 함께 기도하는 것을 꺼려했다. 물론 다른 많은 방법으로 샌디를 위로하려고 노력했으나 짐은 아내의 상처를 이해하지 못했다. 그리고 짐은 최근에 직장에서 승진했기 때문에 예전처럼 점심시간을 통해 샌디를 만나는 것이 불가능해졌다. 결국 아무도 없는 집에 홀로 남아 샌디는 염려와 걱정 사이에서 마음 졸이며 고통스러워했던 것이다.

샌디의 이야기 중간중간에 나는 좀 더 넓은 그림을 그릴 수 있을 법한 질문들을 던지곤 했다. 그러한 질문들은 본격적으로 문제에 돌입하기 전, 조감도를 얻는데 도움이 되었다.

샌디의 딸은 비록 집을 나가진 않았지만, 여성 편력하는 남자아이와 깊이 사귀고 있어 샌디의 걱정거리였다. 딸이 거의 매달리다시피 만나고 있는 이 사내아이는 질투심을 일으켜 여자들을 교묘히 조종하는 비열한 아이였다. 만일 샌디가 딸에게 이러한 사실을 이야기하고 딸에게 주의를 주려고 했다면, 그 아이는 샌디에게 대들며 곧장 자기를 희롱하는 남자친구에게 달려갔을 것이다.

샌디의 딸은 예전에 마약 소지 혐의로 고발당한 적이 있었다. 이 때문에 샌디는 최근에 법정 소송 및 재판절차를 밟느라 힘겨운 시간을 보내야 했다. 비록 딸의 고소가 취하되긴 했지만 샌디는 딸의 앞날이 걱정되어 더욱 초조해졌다.

샌디의 자녀들이 비행하게 된 이유 중 일부는 그녀가 자녀의 일을 너무 걱정하고 염려하기 때문이었다. 이 사실을 그녀 자신도 잘 알고 있었다.

"나는 내 아이들을 가만히 두질 못해요. 지금도 그렇게 하지 못하고 있지요." 그녀는 울먹이며 말을 이었다. "내 딸애가 그 못된 남자아이로부터 등을 돌려 제게 돌아온 적이 있었는데, 그때 나는 딸에게 잔소리를 해댔습니다. 결국 다시 그 사내 녀석에게로 내 딸을 쫓아버린 셈이 되었어요. 그리고 나는 항상 하나님을 믿어야 한다고 내 아들 녀석에게 강요했는데, 그 아이는 내가 그렇게 하는 걸 무척 싫어했어요. 나는 또한 내 남편에게 가까이 다가설 수 없었지요. 그래서 그런지 아이들이 내 삶의 전부가 되어버렸습니다. 그런데 아이들은 이제 스스로의 삶을 갖기 원했고, 자신만의 삶을 찾기 위해 출발했지만 결국 잘못된 길을 선택했습니다."

순간 나는 다음과 같이 질문해야 하는 부담을 느꼈다. "부인은 종종 부인의 감정을 말로 표현하는데 어려움을 느끼셨습니까?" 샌디는 그렇다고 말했고, 무엇보다도 자신에게 긍휼이 필요하다는 감정 자체를 인정하는 것이 어렵다고 덧붙였다. "아이들의 문제에 대해 내가 비난 받아 마땅한 지경인데, 어떻게 내 자신을 불쌍하게 여길 수 있겠어요?"

내가 직감한 바, 그녀의 감정을 다루는 데에는 많은 시간이 걸릴 것이다. 샌디가 자기 비난을 떨쳐버리기 전까지 그녀는 자신의 고통을 인정하지 못할 것이고, 수치심의 껍질 속에 자신의 고통을 감출 것이다. 그녀가 자신의 고통을 인정하지 않는 이상, 그녀는 하나님으로 하여금 자신을 위로하도록 허락지 않을 것이다.

감정을 거부하게 되면, 사람들은 자신의 반응을 통제할 수 없게 되고, 자신의 감정이 어떤 것인지 해독해내는 기능마저 상실하게 된다. 그들은 마치 방향타 없는 선박에 오른 선원들과 같다. 게다가 별 빛 하나 없는 적막한 밤에 항해하며 어둠 속에 감춰져 있는 빙산에 배가 부딪치지 않을까 두려워하는 모습과 같다. 이제 더 이상 자신의 고통을 '가정'과 '아이들' 속에 숨길 수 없게 되자, 샌디의 선박은 감정이라는 암초에 부딪혀 좌초되었고 염려와 우울함의 파도가 밀려와 이내 배를 산산조각내고 있었.

순간 성령께서 내 마음에 무언가를 말씀하셨다. 그것은 "한 번도 제대로 된

적이 없어. 어떤 것도 좋았던 적이 없어!"라는 말이었다. 나는 샌디에게 이것을 이야기해 줬고 예전에 동일한 말을 들어본 적이 있냐고 물었다. 그녀는 들어봤다고 대답했다. 그 말은 거의 귀로 들을 수 있을 정도의 큰 소리였다. 다른 말도 들렸는데 그 말 역시 거의 귀로 들을 수 있을 정도였다: "너는 한 평생 싸워 왔는데, 별 소득이 없어 보이는군. 이제 여기서 그냥 끝내지 그러니?"

이런 말을 내뱉은 주인공은 좌절의 마귀였다. 하지만 그 마귀는 샌디를 강제로 좌절시키지 않았다. 마귀는 소리굽쇠 노릇만 했다. 샌디가 이미 좌절감에 조율해 놓은 상태였기에 마귀가 좌절의 음을 울렸을 때, 그녀는 조율된 소리굽쇠를 통해 '좌절'을 공명시켰다. 어둠의 향연이었다.

우리는 마귀를 내쫓았다. 그 후 그녀가 스스로 조율한 소리는 허밍으로 들리기 시작했다. 그리고 그 허밍은 곧 희미해졌다. 하지만 우리의 임무는 아직 완성되지 않았다. 샌디는 재조율할 필요가 있었다. 일단 첫 번째 상담은 거기까지였고, 그날 오후에 다시 상담을 재개하기로 했다.

"당신의 가족들은 감정을 어떻게 다루셨나요?" 샌디에게 물었다.

"언니는 나보다 자신의 감정을 숨기는데 더 탁월했어요. 아버지는 우리 자매가 감정이나 느낌을 갖는 것을 싫어했구요. 그분은 항상 나를 질책하셨죠. '너는 왜 네 언니처럼 되지 못하니?' 라고요. 아버지는 제가 눈물 보이는 것을 싫어했습니다. 눈물은 아버지를 분노케 했거든요."

"아버지가 위로해 주신 적은 없었나요?"

"제 기억으로, 딱 한번 있었는데, 제가 열여섯 되던 해였어요. 제가… 임신을 했거든요. 그때 아버지는 저를 위해 제 곁에 계셔 주셨어요. 좋은 기억이에요. 아버지는 사실 매우 감성적이신 분이었습니다. 당시 나는 아버지가 분노하실까봐 걱정했는데, 정말 의외였어요. 토네이도처럼 예상할 수 없는 상황이었죠."

"어머니는 어떠셨나요? 어머니는 자신의 감정을 잘 드러내시는 분이었습니까?"

"엄마는 감정을 거의 드러내지 않았어요. 엄마가 아주 어렸을 적 외할머니는 엄마더러 감정을 드러내지 말라고 했답니다. 엄마가 모든 고통을 대면했다고는 생각 안 해요. 오히려 그런 고통의 감정들을 어디엔가 묻어뒀을 겁니다. 비록 감추려고 했지만 엄마에겐 상처가 있었죠. 난 알아요. 엄마는 항상 내가 엄마를 닮았다고 이야기하셨어요. 물론 엄마가 날 안아 준 적은 한 번도 없었고요."

긴 시간의 대화를 통해 샌디 가계의 감정적인 부분의 내력을 알게 되었는데, 샌디가 정리하기를 "엄마와 아빠는 제가 항상 행복하고 강하길 원했어요. 하지만 나는 부모님이 원하는 대로 되기 힘들었어요."라고 했다.

이제 그녀는 다시 동일한 배에 올랐다. 우울증 때문에 샌디는 자신의 모습을 찾지 못했다. 남편을 사랑하고 섬겨야 했지만, 그녀는 잘 섬기지 못했다. (물론 짐은 샌디가 해준 것에 대해 감사하고 있지만 말이다.) 남편을 거짓으로 섬겨온 삶은 이제 대가를 치르게 되었다. 샌디는 자신의 의무를 회피했다는 죄책감을 느꼈다. 하지만 이제 잘못된 감정을 느끼는 것이 죄라는 사실을 배웠다.

"하나님이 날 용서하신다는 것을 알아요." 샌디는 후회하듯 말했다. "하지만 내 아들에게 너무 심하게 율법주의를 요구한 것에 대해선 용서 받지 못한 느낌이에요. 난 결국 내 아들을 쫓아낸 걸요." 그녀는 다른 사람에게 슬픔이나 분노를 드러내지 않도록 교육받았다. 하지만 그녀의 마음속에선 이미 누군가에게 화를 내고 있었다. 그 누군가는 자기 자신이었다. 결국 샌디는 자신의 죄에 대해 스스로를 호되게 책망한 것이었다.

때로 미움이나 증오의 감정을 부모님이나 혹은 우리가 정말 미워하는 사람에게 쏟기 보다는 자기 자신에게 돌리는 것이 훨씬 더 '올바른 것' 처럼 느껴지곤 한다. 그래서 샌디는 '거짓 의'의 훈배를 붙였던 것이다. 엄마, 남편 그리고 자녀를 향한 분노를 인정하는 대신, 그녀는 모든 분노의 화살을 자신에게 쏘아 버렸다.

그녀의 상처 입은 마음에 숨어있는 수치심의 껍데기들을 제거하기 위해 샌디는 울부짖으며 자신의 분노와 대면해야 했다. 그리고 우리는 용서의 기도를 권유했다. 샌디는 먼저 분노의 감정을 인정해야만, 어머니를 진심으로 용서할 수 있음을 배웠다. 그리고 그녀는 어머니의 죄에 대해선 어머니 스스로가 책임을 져야 한다는 사실을 배워야 했다.

결국 샌디는 어머니가 자기에게 엄하게 대한 것이 자신의 잘못이 아님을 깨닫게 되었다. 어머니가 그렇게 하기로 결정한 것이기 때문이다. 하나님은 수치심의 껍데기 뒤에 숨어 있는 어린아이를 위로하셨다. 그날 저녁 샌디와 헤어지기 전, 나는 그녀에게 물었다. "자매님, 자매님이 이제까지 무겁게 지고 왔던 자녀들의 죄 짐이 자매님의 책임이 아니라 자녀들 스스로의 책임이라고, 그렇게 자매님의 생각을 바꾸실 수 있겠습니까?"

다음 날 아침, 샌디는 다른 여러 가지 생각 속에 잠겼다. 그녀는 생각 속에서 '물' 속에 시험삼아 발을 담가 보았다. 좋았다. 그 물속에 들어가 일차적으로 하나님의 위로를 받아들여 몸을 씻은 후였기 때문에, 이제 가장 수치스러운 경험을 이야기할 수 있을 것 같았다.

그 아침에, 샌디는 기도하려고 했다. 그러나 곧 '인커버스'(잠자는 여인을 덮친다는 성적인 마귀) 마귀가 그녀를 공격했다. 인커버스 마귀는 그 숙주 되는 사람을 성적으로 공격하는 마귀이다. (남성을 성적으로 공격하는 마귀는 '서커버스'(매춘부) 마귀라고 불린다. 아버지께서 12장을 통해 이에 대해 더 자세히 다루실 것이다.) '별나라의 애인'(astral lovers)을 찾는 사탄숭배자들은 종종 의도적으로 이러한 마귀를 불러들인다. 하지만 이 마귀는 사탄 숭배자뿐 아니라 가끔씩 성적 변태기질을 갖는 사람들, 혹은 강간을 당했거나 성추행의 피해자들에게 다가가 그들을 성적으로 유혹하거나 공격을 가한다.

최근 몇 달 동안, 샌디는 무릎 꿇고 기도하려고 할 때마다 그러한 공격을 받는다고 내게 말했다. 변태적 성욕이 그녀의 생각과 꿈속에 차올랐다. 밤에 눈을 감으면 가끔씩 위협하는 얼굴이 나타나 공포에 떨곤 했다. 그리고 남편과 성관계를 할 때마다 항상 마음이 편치 못했다.

"혹시 성추행 당한 적이…?" 나는 주저하며 물었다. 이런 질문을 하는 것이 시기상조가 아니길 바라는 마음으로 조심스레 물었다.

샌디는 평정심을 유지하기 위해 잠시 침묵했다. "제가 세 살 때였어요." 그녀는 훌쩍이며 떨리는 목소리로 말했다. "고양이를 쫓아 가다가 삼촌의 차고로 들어가게 되었어요. 그리고 이웃의 한 남자가 나를 따라 들어왔습니다. 갑자기 그는 뒤에서 나를 붙잡고 벽으로 밀었어요. 그리고 내게 다가와 내 몸을 더듬으면서 입과 목 주위에 키스하기 시작했습니다. 그는 거칠게 숨을 쉬었습니다."

샌디는 역겨움을 떨쳐내려고 잠시 이야기를 멈췄다. "끔찍했어요. 그리고 그 남자는 제게 산책하자고 했습니다. 하지만 저는 그 남자를 밀치고 도망쳤습니다. 부모님께 이 얘기를 했더니 아버지는 고함을 지르기 시작했어요. 나는 이제야 아버지께서 당시 그 성추행범에게 화가나 고함을 질렀다는 것을 알게 되었죠. 하지만 그 당시, 나는 아버지가 제게 소리지른다고 생각했어요."

"당시 두 분 부모님 중에 당신을 안아 주거나 당신에게 잘못이 없다는 사실을 알려 준 분이 있었습니까?"

"아니요. 부모님은 제게 낯선 사람과 다시는 키스하지 말라고 경고하셨을 뿐입니다. 제 잘못 때문에 이런 일이 일어났다는 느낌을 받았습니다. 그래서 저는 제가 아주 나쁜 짓을 저질렀기 때문에 그 남자가 내 몸에 손을 대게끔 만든 것이라고 생각했습니다. 결국 저는 제가 우는 것이 합당하지 못하다고 생각했고, 곧 울음을 그쳤죠."

샌디는 흐느끼며 울기 시작했다. 나는 그녀의 어깨에 손을 얹고 눈물이 멈출 때까지 조용히 기도했다. 결국 그녀는 스스로를 추스르며 천천히 입을 열어 말했다. "나는 강간당할까 봐 항상 두려워했습니다. 심지어 집에 있을 때도 남편이 곁에 없으면 곧 두려움에 떨어야 했어요."

그녀의 흐느낌이 다시 시작되었다. 조용히 앉아 있는 동안, 나는 그 기억들이 샌디가 느끼는 수치심의 근원임을 깨닫게 되었다. 그 차고에서의 사건 후에 - 물론 그 후에 부모님이 그녀의 감정을 무시하는 말을 한 것도 영향이 컸지만 - 자기 비난은 곧 그 아픈 기억의 씨앗에 물을 주었다. 씨앗은 싹을 틔웠고 그녀의 생각 기반에 부정적인 뿌리를 내릴 때까지 자랐다. 그 씨앗은 다음과 같이 말했다. "내 주변에 일어난 일들에 대한 책임은 내게 있다. 만일 누군가가 내게 상처를 줬다면, 내가 그 사람을 막을 수도 있었는데 막지 못하고 그냥 상처받은 것이기 때문에 그것은 내 잘못이다. 그리고 만일 내가 아주 선한 사람이었다면, 나쁜 일은 애초에 일어나지 않았을 거다. 나쁜 일이 일어났다면 그것은 내 잘못이기 때문에, 그것에 대해 상처를 받거나 기분 나빠해선 안 된다."

여러 해 동안 굳어진 그녀의 이러한 사고방식 때문에 그녀가 부모님, 남편, 그리고 아이들로부터 상처받았을 때 그녀는 그 상처가 어떤 것인지 분별할 수 없었다. 대신에, 그녀는 성추행당한 사건에 대해 스스로를 비난했던 어린 소녀의 수치심 속에 더 많은 상처와 분노를 파묻었다.

"눈을 감으세요." 나는 샌디에게 부탁했다. "이제 당신을 성추행하려 했던 남자를 그려 보십시오. 그리고 그 남자에게 '네가 한 일에 대해 나는 비난 받을 필요가 없다' 라고 말하십시오."

"네가 한 일에 대해 나는 비난 받을 필요가 없다."

"이제 그에게 '이것은 당신의 죄다' 라고 말하십시오."

"어떻게 그렇게 합니까?" 그녀는 한숨을 쉬며 말했다. "이것은 그 남자를 정죄하는 거잖아요?"

"샌디, 어린 시절, 못된 행동을 했을 때 그것에 대해 아버지의 꾸지람을 들었나요?"

"네."

"만일 당신이 저지른 잘못에 대해 '내가 한 게 아니에요' 라고 거짓말하더라도, 아버지는 당신에게 잘못이 있다고 주장하셨겠죠?"

"네." 샌디는 잠시 골똘히 생각하고는 "아마도 아버지는 내가 뭔가 나쁜 짓을 저질렀을 거라고 생각하셨을 겁니다. 하지만 내가 나쁜 아이라고는 판단치 않았을 거예요. 왜냐하면 아버지는 저를 정죄하지 않았기 때문이에요."

"그렇다면, 그 남자에게 죄가 있습니까?"

그녀는 숨을 깊게 들이 마신 후, 한숨을 내쉬고는 "당신이 저지른 일에 대해 당신은 유죄입니다. 나는 당신이 그런 짓을 하도록 만들지 않았습니다. 그것은 당신의 죄입니다."라고 말했다.

샌디는 다시 흐느끼기 시작했다. 그리고 이번 흐느낌은 꽤 오래 지속되었다. 안정을 되찾았을 때, 그녀는 목사님 부부와 함께했던 축사 사역의 날들에 대해 이야기했다. 샌디는 그 사역 기간 동안 왜 자신이 영적으로 강간당한 느낌을 갖게 되었는지, 어떻게 자신을 비난하게 되었는지를 이야기했다.

하지만 방금 전 "그것은 당신의 죄입니다."라고 말했을 때 샌디는 이미 자기 비난의 남은 조각들을 눈물로 흘려보낸 상태였다. 샌디는 자신의 분노를 더 이상 내면에 가둬둘 수 없게 되었다. 그리고 그녀가 지금껏 미워했던 사람은 자기 자신이 아니라 그 성추행범이었다는 사실을 깨닫고 인정하게 되었다. 사실을 직시하고 인정하게 되자, 이제 기도 가운데 샌디는 그 남자를 진심으로 용서할 수 있게 되었다.

인커버스 마귀는 결국 합법적 잠입경로를 잃었고, 샌디의 '소리굽쇠'는 어둠의 화음을 만들어 낼 수 없게 되었다. 샌디는 자신이 겪은 학대가 당연한 결과라는 거짓말을 더 이상 믿지 않았다. 거짓의 아비는 그녀의 정직함에 물러나야만 했다.

조용히, 하지만 강하게 나는 "예수의 이름으로 내가 명하노니 인커버스 마귀는 떠나라." 명령했다. 샌디는 그 마귀의 불결한 영을 아주 가까이서 느껴왔다. 이제 그 마귀가 멀리 퇴각하고 그 대신 밝은 빛이 그 자리를 메우는 것을 느껴야 했다.

우리는 나중에 처리하고자 한 일들로 건설된 댐을 터뜨렸다. 그 댐은 샌디의 눈물을 가득 담아두고 있었다. 3일 상담 사역 중 남아 있던 시간 동안, 그리고 그 후 매주 방문할 때마다, 스스로를 용서하지 못하거나 하나님의 위로를 거부하도록 했던 작은 고통들을 분별하고 치유하는 일을 계속했다. 그녀의 주변에서 일어나는 모든 잘못된 일들에 대해 그녀가 책임이 없다는 사실을 받아들이기 시작하면서 샌디는 그 성추행범을 시작으로 부모님, 남편, 자녀들을 진심으로 용서하게 되었다.

후에 샌디는 그 목사님 부부와 함께했던 시간에 대해 이야기했다. 샌디는 그 일주일 간의 추락 이후, 스스로 무가치하고 수치스럽다는 느낌이 들었다고 이야기했다. 물론 그 부부는 그녀 안에 두려움, 거절감, 정욕의 문제들을 정확히 지적했다. 하지만 샌디는 실제로 그렇게 많이 정욕적이지 않았다. 그리고 그 부부는 샌디에게 상처를 준 성추행범의 정욕에 대한 샌디의 두려움을 적절하게 분별해 내진 못했다. (그 부부가 아마 느꼈을 수는 있다.) 다시 말하면, 정욕은 성추행범이 지적받을 부분이지 그녀가 지적받을 부분이 아니었다는 얘기다. 성추행범의 정욕에 대해 이제 샌디는 두려워하지 않는다. 다만 그것이 약간은 소름끼치는 정도의 성도착 증세였다고 생각할 뿐이다.

명확히 밝히지 않은 채로 "네 안에 정욕적인 것이 있다"라고 말함으로써 그 부부는 샌디를 더 깊은 '자기 비난' 가운데로 떨어뜨렸다. 그렇지 않아도 샌디는 이미 오랫동안 자기 비난의 문제로 고생해왔는데 말이다. 그 결과, 샌디는 변태적 성도착과 좌절의 마귀에게 자신을 던져 주게 되었고, 이에 인커버스 마귀와 그 무리들이 샌디를 공격하기에 이르렀다. 그녀가 그렇게도 없애려고 노력했지만 어찌할 수 없었던 수치심은 결국 온전한 사역자와의 만남을 통해 치유의 밀물 속에 그 자리를 잃어버리고 떠내려갔다. 그녀는 결국 오래전에 받았던 하나님의 용서를 그제서야 느낄 수 있게 되었다.

'용서'는 좋은 방법이기에 나는 용서에 대해 또다시 강조한다. 샌디가 생명의 강에 몸을 담가 자신을 깨끗게 했을 때, 우리는 그녀를 괴롭히던 마귀를 쫓아 건조한 땅에서 방황하게 만들었다.

샌디는 여전히 자녀들 걱정에 여념이 없었다. 어느 부모가 그렇지 않겠는가? 하지만 샌디는 이제 운전석을 하나님께 맡겼다. 더 이상 세상을 구해야겠다는 무모한 책임감은 그녀에게서 찾아볼 수 없다. 그녀는 아이들의 숨을 조이지 않고도 그들을 사랑할 수 있게 되었다. 샌디는 어디엔가 그의 아들이 살아있고, 하나님이 그 아이를 보호하심을 신뢰했다. 그리고 겉으로 보기에도 평안한 모습으로 아들이 돌아오기를 기다렸다. 또한 샌디는 딸이 스스로의 실수를 통해 하나님의 교훈을 배우게 될 거라고 믿었다. 샌디는 아이들에게 충고나 자극하는 말들을 적절히 삼가는 방법도 배웠다.

한동안은 어렵겠지만, 더 이상 희망 없는 삶은 아니다. 지금도 샌디는 플렛치 부부, 아니면 나에게 전화를 걸어, 또 다른 상담 사역을 받을 수 있는지를 묻거나 혹은 그냥 믿음을 키워 주는 말을 해 달라고 한다. 그러던 와중, 아들이 집에 돌아왔다. 또 그녀의 딸은 좋은 사람을 만나 결혼했고, 샌디의 남편은 영적으로 견고히 성장했으며 아내를 더 깊이 이해하는 남편, 아내를 긍휼히 여기는 자상한 남편으로 변했다. 하나님은 샌디가 겪은 시련을 통해 정금을 만들어 내셨다.

샌디는 그 물에 발가락을 더 깊이 담갔다. 그리고 물이 따뜻함을 알았다. 그녀는 간신히 아버지에게 나아갔는데, 그 안에서 쉼을 얻었고 하나님이 주시는 은혜의 강에 완전히 잠기게 되었다. 다른 사람들이 생명의 물로 다가설 때, 샌디와 같은 많은 사람들은 물에 빠져 허우적거리지는 않을까 두려워했다. 왜냐하면 과거 어느 때에 그들은 자신이 물에 던져졌던 기억이 있기 때문이다.

그렇기 때문에 그들에게 온화하고 사려 깊게 대해야 한다. 반드시 기억해야 할 것은 우리가 그들로 헤엄칠 수 있도록 가르쳐야 한다는 것이다.

8. 정신병과 정신질환에 대한 균형잡힌 관점

Balanced Attitude About Mental Illness and Disorders

　어떤 크리스천은 정신질환에 대해 아무런 지식이 없는 상태에서 내적치유나 축사 사역을 행하기도 하는데, 그런 경우 내담자에게 치유보다는 고통을 안겨주게 된다. 상처 입은 사람들에게 더 큰 고통을 안겨주는 오만함의 가능성을 제거하기 위해 그리고 정신병, 정신질환에 대한 잘못된 정보를 바로잡기 위해 우리는 '한계' 없는 하나님의 치유 능력과 치유 사역자의 능력의 한계 사이에서 건강한 균형을 잡는 겸손함이 필요하다.

　이러한 생각을 갖고 나는 약간은 두렵고 떨리는 마음으로 이 장을 기술한다. 그리고 전문가적 지식을 갖고 있는 동료의 도움으로, 우리가 알면 유익한 정보들도 이곳에 기록해 놓았다. 이 장에서 나는 어떻게 정신 질환을 치료하는지에 대해 설명하진 않을 것이다. 또 많은 질병들을 다루지도 않겠다. 단지 일반적으로 알려진 질병들 가운데 몇 가지 중요한 병에 대해서만 언급할 것이다. 또한 이들 질병들에 대해 언급하는 의도 역시 그 치유 과정의 개요를 설명하고자 함이 아니라는 것도 일러둔다. 단지 나는 독자들에게 각각의 질병에 대한 충분한 정보를 전달하여, 독자들 스스로가 그 병에 대해 알게 되고, 질병과 마귀화 되는 것을 구분하여 사역자들이 종종 범하는 실수를 피할 수 있도록 도움 주고자 할 뿐이다.

나는 다중 인격 장애에 대해 가장 많은 지면을 할애했다. 다중 인격은 논란의 대상이 되며 최근에 아주 악명 높은 질환이 되었기 때문이다. 그리고 내적치유 사역을 감당하다 보니 가장 많이 접하게 되는 것이 다중 인격 장애이기 때문에 관심을 기울여야 한다고 생각했다. 대부분의 많은 사람에게 다중 인격은 미스터리다. 그들은 "어떻게 한 사람이 여러 인격을 소유할 수 있지?"라고 묻는다. 여기에 나는 엘리스(Alice)라는 여성의 이야기를 통해 어떻게 그녀가 자신 안에 여러 인격들을 소유하게 되었는지 설명할 것이다.

다중 인격의 사례 A Case of Multiple Personality

나는 최근에 한 세미나에서 강의하기로 했는데, 강의 중 예화로 들기 위해 어려서부터 육체적인 학대와 언어폭력을 당한 소녀의 이야기를 지어냈다. 그런데 이야기를 쓰던 중 나도 모르게 그 소녀의 이름을 뭐라고 불러야 할지 하나님께 물어봐야 한다는 느낌을 받았다. 그리고 갑자기 머릿속에 '엘리스'라는 이름이 떠올랐다.

참 이상한 일이었다. 엘리스라는 이름은 내가 선택한 것이 아니었다. 어쨌든 강연 도중 나는 내가 지어낸 이야기를 죽 읽었다. 이야기가 진행되는 가운데 갑자기 관중석 첫째 줄에 앉은 어떤 여성이 울기 시작하는 것이었다. 확실히 이 이야기가 그녀에게 개인적인 의미로 다가갔을 거라고 생각했다. 실제로 그녀는 이 이야기에 깊이 영향을 받은 듯했다. 이야기가 진행되어 감정이 고조되는 부분에 접어들자 그녀에게 미치는 영향은 더욱 커져 갔다. 심지어 나는 강의

도중 그녀가 뛰쳐나가지 않을까 걱정했다.

그녀의 감정을 휘저어 놓았다는 생각에 책임감을 느낀 나는, 강의를 마치고 그녀에게 다가가서 괜찮은지 물었다. 그리고 만일 그녀가 원한다면 잠시 동안 상담과 기도를 해 주겠다고 제안했다.

"전 괜찮아요." 그녀는 대답했다. 그리고 "제가 바로 엘리스에요."라며 자신을 소개했다.

나는 그녀의 명찰을 바라봤다. 그러나 명찰에는 '지니'(Jeannie)라고 적혀 있었다.

"아, 이 엘리스의 이야기가 마치 자매님의 이야기와 같다는 말씀이신가요?"

"아니요. 제 이름이 엘리스라구요. 적어도 제가 다섯 살 때까지 제 이름은 엘리스였다구요."

나중에 그녀를 만나 상담했을 때, 그녀는 자신의 긴 사연을 들려줬다.

지니가 태에 있을 때 어머니는 낙태하려고 했다. 하지만 지니는 태어났고 태어날 당시 '엘리스'라는 이름을 받았다. 그리고 어머니는 엘리스를 낳자마자 집을 떠났다. 이제 엘리스는 세 명의 언니들 손에 맡겨졌다. 하지만 아버지가 외국의 유전에서 일을 마치고 귀국할 때마다 어머니는 집에 돌아오곤 했다. 그녀는 자신이 집을 나갔다는 사실이 남편에게 알려지기를 원치 않았다. 결국 남편으로부터 생활비를 원조 받기 위해, 그녀는 세 명의 딸에게 영원히 이 사실을 함구하라고 협박했다. 남편이 출장을 갈 때마다, 그녀는 몇 주 동안 집을 비운 채 여러 남자들과 함께 놀아나며 술과 유흥에 생활비를 탕진했다. 반면에 엘리스의 세 언니들은 돈이 없어 가족이 먹을 음식을 훔쳐야 했다.

이러한 사실을 알고 경악했던, 엘리스의 할아버지는 손녀들을 자신의 집으로 데려갔다. 할아버지의 집에서 자매들은 감정적으로 따뜻하고 안정적인 '가정'을 경험했다. 하지만 엘리스가 생후 구 개월 째 되던 어느 겨울 날, 할아버지의 집에 화재가 났다. 모든 것이 화염에 휩쓸렸다. 자매들의 유일한 피난처가 뜨거운 불에 소멸된 것이다. 엘리스는 그 사건을 생생히 기억한다. 그녀의 기억 속엔, 한 어린 소녀가 불타는 집을 바라보며 절망 가운데 눈밭에 엎드려 울고 있었다. 자신이 알고 있는 유일한 안식처가 검은 연기를 뿜으면서 무너져 내리는 장면이 기억 속에 깊이 새겨져 있는 것이다. 당시 그녀는 너무 어렸기 때문에 그 기억을 스스로 만들어 낸 것이 아닌가 하고 의심했다. 하지만 엘리스는 화재가 진압된 후 어떤 경찰관이 와서 자신의 겉옷으로 그녀를 감쌌던 일도 기억했다.

엘리스와 자매들은 다시 어머니의 손에 맡겨져야 했다. 고립된 느낌의 공포가 그녀의 어린 시절 기억 속에 너무 깊이 뿌리내려 있었다. 엘리스가 상기한 기억의 단편들은 당시 여덟 살이었던 언니 린다(Linda)의 증언에 의해 사실로 검증되었다. 엘리스가 두 살 되던 해, 린다는 맹장 수술을 받았다. 그녀가 퇴원하여 집에 왔을 땐, 옆구리의 꿰맨 자국이 여전히 아물지 않은 상태였다. 린다는 병원에 있을 때 어머니가 며칠 동안 집을 비웠고 그러한 일들이 반복되었다는 사실을 아버지에게 몰래 이야기했는데, 어머니는 이를 어떻게 알았는지 린다가 퇴원할 즈음에 몹시 화가 나 있었다.

어머니는 집에 돌아온 린다를 때리기 시작했다. 엘리스는 언니가 부엌에서 심하게 맞았다는 것을 기억했다. 아직 아물지 않은 상처가 터졌는지, 린다의 피가 사방에 흥건했기 때문이다. 그리고 어머니는 곧 엘리스를 붙잡았다. 그리고 부엌칼의 손잡이 접는 부분을 엘리스의 손가락에 끼우고는 곧 손잡이를 접어 버렸다. 어머니는 이런 식으로 엘리스의 손가락뼈 하나하나를 부러뜨리기 시작했다. 이것은 린다를 징벌하려는 의도였다. 냉장고 곁에 웅크린 채 린다는 어찌할 바 모르고 동생의 손가락이 부러지는 것을 지켜봐야만 했다. 어머니가 엘리스의 손가락을 다 부러뜨리고 이제 손목을 부러뜨리려던 참에 엘리스는 기절해 버렸다. 엘리스가 잠에서 깨웠을 땐 병원이었다. 엘리스의 몸속 거의 모든 뼈가 으스러진 상태였다. 어머니는 곧 구치소에 감금되었고 당시의 여러 정황을 듣게 된 아버지는 곧 어머니와 이혼했다. 엘리스는 차도가 생기는 동안 혼자 병원에 있어야 했다. 간병인도 문병 오는 사람도 없었다. 홀로 병실에 남겨진 엘리스는 아마 자신이 사랑한 린다 언니가 죽었을 거라고 생각하여 몇 개월 동안 슬픔에 잠겨 있었다. 하지만 시간이 흘러 엘리스와 린다의 건강은 회복되었다. 얼마 후 시 행정 사무 담당원이 네 자매를 기독교 고아원으로 불러 모았다. 엘리스는 엄마 같은 린다 언니가 살아 있음을 보고 너무 기뻤다. 하지만 기쁨도 잠시 이들은 자신의 앞에 무엇이 기다리고 있는지 알지 못했다. 기독교 고아원을 향해 네 자매는 먼길을 떠나야 했다. 그리고 고아원에 도착하자 키가 크고 엄격하게 생긴 보모가 이들을 맞이했다. "넌 나를 따라와." 보모는 곧 엘리스의 손을 잡아당겼다. "전 언니랑 있을래요." 또다시 언니를 잃을까 두려운 마음에 엘리스는 린다의 소매를 꼭 붙들었다. "안돼. 넌 이제부터 이곳의 엄격한 규율을 지켜야 해." 보모는 엘리스의 손을 낚아챘다. "너와 언니는 이제 함께 있을 수 없다. 알겠니?"

누군가가 세 명의 언니를 다른 층으로 인도해 옮겨갔다. 마지막 남아있는 안전지대, 즉 언니들의 품으로부터 또다시 엘리스만 떨어지게 되었다.

만일 우리가 우리 스스로를 고통의 기억으로부터 멀리 떨어지게 하는 능력(하나님이 주신 은사)을 갖췄다면, 우리는 더 심한 고통의 기억으로부터 스스로를 방어할 수 있는, 그 능력을 시험해 볼 수 있을 것이다. 만일 우리가 고통의 기억들을 마음속 상자 안에 가둬둘 수만 있다면, 우리는 일상생활하는 데에 아무런 지장을 받지 않을 것이다. 그러면 상자 속에 가둔 기억은? 더 나은 상황이 되면, 적절한 때에 꺼내어 다루면 된다. 이렇듯, 전도서를 통해 솔로몬은 인생의 황폐함을 씁쓸하게 서술했다. 그런 후에, 아픈 기억을 숨겨 놓는 방어술이야말로 바람직한 것이라고 말했다.

어떻게 왔든지 그대로 가리니 바람을 잡으려는 수고가 저에게 무엇이 유익하랴 일평생을 어두운 데서 먹으며 번뇌와 병과 분노가 저에게 있느니

라 – 전도서 5:16-17

이렇게 솔로몬은 인생의 황폐함을 기록한 후에 무익한 비관주의로부터 스스로를 방어하도록 하나님이 주신 은사를 받으라고 독자들을 격려한다.

> 사람이 하나님의 주신바 그 일평생에 먹고 마시며 해 아래서 수고하는 모든 수고 중에서 낙을 누리는 것이 선하고 아름다움을 내가 보았나니 이것이 그의 분복이로다. 어떤 사람에게든지 하나님이 재물과 부요를 주사 능히 누리게 하시며 분복을 받아 수고함으로 즐거워하게 하신 것은 하나님의 선물이라. 저는 그 생명의 날을 깊이 관념치 아니하리니 이는 하나님이 저의 마음의 기뻐하는 것으로 가득 채워주심이라 – 전도서 5:18-20

하지만 우리가 사는 삶이 반복해서 무너져 내리면, 일상생활이 엉망진창이 될 것은 물론이고 이에 따른 고통의 수위가 높아져 결국 우리가 일상의 삶으로 되돌아가는 것이 불가능해질 것이다. 그러한 상황에 처하면 우리가 할 수 있는 일은? 아무것도 없다.

엘리스는 살아남을 길을 찾아냈다. 그녀는 자신에게 일어난 불행을 부인하기 시작했다. 즉 자신의 불행이 다른 사람에게 일어난 일이라고 믿기 시작한 것이었다. 엘리스는 자신 안에 여러 인격을 창조해 놓고는 각각의 인격마다 다른 성격과 다른 이력을 부여했다. 엘리스는 '다중적'이 된 것이다. 엘리스의 혼이 여러 개로 갈라진 것은 아니다. 혼이 갈라진다는 생각은 성경적이지 못하다. 또한 각각의 인격에 마귀가 들어가 있는 것도 아니다. 인격의 분리는 분리 보다는 오히려 '복제'의 차원에서 생각해야 할 것이다. 엘리스의 서로 다른, 각각의 인격들은 엘리스(의학 용어로 '핵심 인격체')가 견뎌내기 힘든 아픔과 상처를 하나씩 지니고 있다. 만일 엘리스가 의식 있는 상태에서 자아를 분열시켜 별개의 인격들을 갖게 된 것이라면, 엘리스는 일반인들처럼 자신의 일상을 잘 살아갈 수 있었을 것이다. 그러나 엘리스는 그렇지 못했다. 결국 예수님을 알지 못한 상태에서, 다중적이 되는 것은 살아남기 위한 마지막 수단이었고 또 정상적인 생활을 가능케 해줄 엘리스의 유일한 희망이었던 것이다.

매순간 모든 것이 통제되어 있는 고아원에서는 더더욱 그랬다. 고아원은 심지어 용변 보는 것 까지 통제했다. 원생들은 아침 식사 전 한 번, 점심 식사 전 한 번만 화장실에 갈 수 있었다. 세 살배기 아이가 용변을 참지 못하는 것은 당연하다. 규정된 두 번의 때, 그 사이에 한 번 더 화장실을 가야 하는 상황이 생기더라도, 고아원은 강제로 참게 했다. 그리고 만일 엘리스가 사고를 치거나 잘못을 저지르면, 꾸중은 물론이거니와 심하게 맞아야 했다. 때론 피가 날 때까지, 또 뼈가 부러질 때까지 맞아야 했다.

엘리스는 고아원 마루 바닥 닦는 일을 했다. 하루에 세 번 수많은 계단을 닦고 문질러야만 했다. 하지만 어른들이 할 수 있는 일을 세 살 아이에게 기대할 수는 없지 않은가? 결국 하루 세 번씩 엘리스는 두들겨 맞아야 했다. 그리고 "네가 청소를 제대로 안 하기 때문에 하나님은 너를 미워하셔."라는 저주가 몽둥이에 실려 엘리스의 몸을 내리쳤다. 고아원에서는 원생들의 감정마저 통제했다. 고아원의 아이들은 큰 소리로 웃거나, 또는 운다는 이유로 맞았다. 엘리스가 가장 사랑하는 언니, 린다는 종종 엘리스를 만나러 몰래 아래층으로 내려가곤 했다. 걸렸을 땐, 물론 맞았다. 아이들에게 장난감은 주어지지 않았다. 물론 노는 시간이 없으니 장난감이 필요없었다.

엘리스가 겪은 이른바 '깊이를 헤아릴 수 없는' 아픔의 감정을 표현할 방법은 전혀 없었다. 엘리스는 자신의 상처를 숨길 수 있는, 자기 안의 더 많은 '다른 사람'들을 만들어 낼 뿐이었다. 그리고 자신의 상처를 품고 있는 그 '다른 사람'들을 너무 깊숙이 숨겨 놓은 나머지, 마흔이 될 때까지 엘리스는 그들의 존재를 알아채지 못했다.

예를 들면, 고아원 시절, 어느 날, 엘리스는 어두운 옷장에 가둬지는 벌을 받았다. 24시간 동안 엘리스는 그곳에 갇혀졌다. 24시간의 어둠이 어린이들에겐 영원의 암흑처럼 느껴졌을 것이다. 엘리스는 곧 그 기억을 다른 사람 속에 넣었는데, 내면의 그 사람은 수십 년 동안 옷장에 들어가기를 두려워했다. 그럼에도 불구하고 그 수십 년 동안 그 사람의 존재를 알아채지 못한 채, 엘리스는 비교적 차분하게 자신의 일상생활을 일구어 나갔다.

고아원의 아이들을 정기적으로 검진해 주는 의사가 있었다. 그는 할 수 있는 대로 많이, 엘리스와 그 자매들을 성추행했다. 엘리스는 그 아픈 기억을 또 다른 '다른 사람' 속에 숨겨 버렸다. (70살이 훌쩍 넘은 그 의사는 현재 성추행 죄로 수감 중이다.)

엘리스의 아버지는 매주 딸들을 면회하러 왔지만, 엘리스와의 만남은 갖지 않았다. 엘리스의 머리칼이 언니들이나 자신의 그것처럼 짙지 않고 색이 연하다는 이유로, 아버지는 엘리스가 자신의 친딸이 아니라 어머니가 바람난 시절에 임신해 온 아이라고 생각했기 때문이다. (후에 엘리스의 머리칼은 짙은 색으로 변했다.) 하루는 아버지가 세 딸을 자신의 집으로 데려가기 위해 새엄마와 동반하여 고아원을 찾았다. 아버지는 린다에게 땅콩 한 봉지를 쥐여 주며 "이것을 엘리스에게 가져다주라"고 했다. 그것을 마지막으로 어른이 될 때까지 린다와 엘리스는 서로의 얼굴을 마주하지 못했다. 엘리스는 또다시 홀로 '지옥'에 남겨져야 했다.

그해 말, 어떤 부부가 고아원을 방문하여 여덟 살 사내아이는 없냐고 문의해 왔다. 그 부부가 고아원을 방문한 것은 그들의 여덟 살 된 아들이 죽은 바로 뒤였다. 어머니는 슬픔을 대면하기 힘들어 자신의 슬픈 감정을 숨겨 놓을 '아들의 대체물'이 필요했던 것이다. 고아원엔 그 나이 또래의 사내아이는 없었다. 하지만 고아원의 보모는 그 부부에게 거짓말했고, 엘리스가 여덟 살이라고 소개했다. 어머니는 반대했지만 아버지는 엘리스에게 미소를 보냈고 아내를 설득하여 엘리스를 입양했다.

결국 엘리스도 가정을 갖게 되었다. 하지만 엘리스의 기쁨은 일시적이었다. 그 부부는 새 옷을 사주려고 엘리스를 백화점에 데려가 헌옷을 벗기고 점원에게 그 옷을 버리라고 일러뒀다. 부부는 엘리스 목에 걸려진 목걸이마저 던져 버렸다. 그 목걸이는 엘리스의 아버지가 사준 것인데, 이제 아버지와의 마지막 남은 연결고리마저 없어져 버린 것이다. 엘리스에게 새 옷을 입힌 후, 부부는 엘리스의 긴 머리를 짧게 잘랐다. 새 엄마는 또다시 아이를 잃는 것이 두려운 나머지 이전의 가족이나 친척들이 엘리스를 알아보지 못하도록 엘리스의 외양을 전혀 다른 사람처럼 바꾸고 싶어 했다.

"왜 그리 슬픈 표정이니?" 새엄마는 엘리스를 꾸짖었다. "우리가 널 위해 해준 일에 조금이라도 고마운 마음이 있다면, 웃어야 하지 않니?"

그리고는 마지막 일격이 가해졌다. 미용실로부터 집으로 가는 길에 새엄마는 엘리스에게 다음과 같이 말했다. "네 오빠는 항상 이렇게 말했단다. '만일 여동생이 생긴다면 지니라고 부를거에요.' 라고… 그래서 나도 이제부터 너를 지니라고 부르겠어."

"네 이름이 엘리스였다는 사실을 아무에게도 말하지 마라." 새엄마는 경고했다. "만일 우리가 널 위해 해준 일을 고마워한다면, 너는 고아원에서 있었던 일이나, 언니들, 친부모님의 이야기를 해선 안 된다. 절대로 말이다. 이제부터 네 이름은 지니다."

결국 '엘리스' 자신 역시 과거의 기억 속 어두운 옷장에 던져져 사라지게 되었다.

지니는 그녀의 죽은 오빠 사진으로 도배된 집에서 살게 되었다. 자신의 사진은 어디에도 걸려지지 않았다. 지니는 새엄마의 기억 속, 아무런 흠도 없는 완벽한 아들을 대체하기엔 역부족이었다.

나는 지니가 새엄마로부터 수없이 맞았던 일들, 아버지로부터의 무관심, 그리고 친언니, 친부모님과의 삶에 대해 언급했을 때 어머니로부터 가해진 무자비한 체벌들을 끊임없이 기록할 수 있다. 그리고 지옥과 같은 18년 동안 그녀가 육체적으로 언어적으로 자신을 학대하는 변태 성욕자 남편을 어떻게 견뎠는지도 이야기해 줄 수 있다. 하지만 이정도의 기록만으로도 엘리스의 아픔을 이해하는데 충분하리라는 판단에 여기서 이야기를 멈추겠다.

엘리스의 이야기는 이제 해피 엔딩을 향해 한 걸음, 한 걸음 내딛고 있다. 한 심리학자를 통해 그녀는 자신이 다중 인격임을 깨닫게 되었다. 비록 성인이 된 후의 변형된 인격만을 알게 되었지만 말이다. 그녀가 엘리야의 집 상담 세미나에 참가했을 때, 엘리스는 내 아버지에게 기도해달라고 부탁했다. 지니는 자신이 항상 무언가에 갇혀진 느낌이라고 이야기했다. 마치 자신의 일부가 내면의 무언가에 갇혀있는 느낌처럼 말이다. 아버지께서 기도를 시작하셨을 때, 그에게 환상이 열렸는데, 환상 가운데 아버지가 보신 것은 교회의 천정에 상자가 하나 매달려 있고 그 상자 속에 누군가가 갇혀있는 그림이었다.

아버지는 자신이 본 환상을 지니에게 이야기했고, 이 말에 지니는 깜짝 놀랐다. 왜냐하면 그녀는 오랫동안 꿈속에서 어떤 교회 천정에 상자가 매달린 그림을 자주 봤기 때문이었다. 고아원 시절, 보모는 종종 고아원을 '하나님의 집' 이라고 불렀다. 그리고 엘리스가 '하나님의 집' 의 규율들을 존중하지 않는다는 이유로 그녀를 때리곤 했다. 결국 엘리스는 하나님의 집, 즉 교회를 두려워하게 되었다. 오랫동안, 밤마다 그녀는 교회 천정에 올라가, 그 상자 속에 자신을 숨기고는 '하나님의 집' 에서 일어나는 일들로부터 자신을 분리하여 보호하는 꿈을 꾼 것이다.

그 상자는 다중 인격 장애를 상징하는 것으로 드러났다. 상자는 한 때 지니의 안전한 피난처역할을 했다. 하지만 이제 그 상자는 감옥이다. 지니는 자신의 일부분이 가리워져 결국 자신의 반(半)이 어디론가 사라진 느낌을 받는다고 말했다. 아버지는 하나님께서 그 상자를 열어주시도록 기도했고 상자가 열리자 그 속엔 다섯 살 된 엘리스가 웅크린 채로 있었다. 지니는 수년 동안 '엘리스'를 잊고 있었다. 그리고 엘리스 속에 숨어있는 다른 사람들도 잊은 채 살아온 것이다.

아버지와의 사역이 끝나고 몇 주가 지나, 지니는 내 강의를 듣게 되었다. 내 강의 속 엘리스의 이야기는 더도, 덜도 않고 정확히 지니의 삶을 그려낸 것이었다. 심지어 지니의 옛 이름 '엘리스' 까지도 정확했다! 엘리스의 이야기를 통해 하나님은 지니가 다섯 살 때 잃어버렸던 이름인 엘리스를 되찾아 주셨고 그 이름과 함께 그녀의 정체성도 되찾아 주셨다.

그 후, 지니는 훌륭한 상담가의 치료를 통해, 그리고 '엘리야의 집'으로의 방문을 통해 과거의 잃어버린 기억 속에 숨은 다른 사람들과 만나게 되었다. 하나, 하나, 차례대로 그 많은 다른 사람들은 자신의 고유한 인격을 포기하고 엘리스라는 한 덩어리의 인격체로 합쳐졌다. 지니가 회복의 단계에 들어선 것이다. 그러나 내적치유를 곁들인 빠른 회복일지라도 완전한 치유까지는 몇 년을 기다려야 한다. 어쨌든 엘리스는 회복되고 있었다.

변형된 인격인가 마귀인가? Alter Personalities or Demons?

내적치유는 다중 인격 장애 치료에 큰 도움을 줄 수 있다. 각각의 인격은 각기 다른 쓴뿌리 판단, 쓴 뿌리 기대 그리고 내적 맹세를 지니고 있다. 때때로 축사가 필요하다. 비록 인격들 자체는 마귀가 아니지만 인격들 중에 마귀화된 인격이 종종 발견되기 때문이다. 마귀는 때때로 다중 인격의 소유자가 사람들, 특히 그들이 신뢰할 수 없는 사람들로부터 스스로를 보호하기 위해 착용한 거짓 전신 갑주를 통해 이득을 취한다. 그 결과 다중 인격자는 자신의 인격이 여러 갈래로 분리된 채, 살아가게 된다. 이야기가 좀더 복잡해지겠지만, 마귀는 때때로 자신이 분리된 인격 중 하나인 것처럼 가장하기도 한다.

제임스 프라이슨(James Friesen) 박사는 변형된 인격과 마귀의 역사 두 가지 경우를 어떻게 구별하는지, 그 방법을 알려준다. (괄호 안은 내가 한 말이다.)

A. 마귀는 항상 교만하고 교활하다. 그리고 마귀는 관계를 가질 수 없다. 반면에 변형된 인격은 그렇지 않다. 심지어 화난 인격일지라도 동정심을 가질 수 있다. (예외는 있다. "사탄 스스로가 빛의 천사의 가면을 쓴다." 고후 11:14)

B. 환자 스스로는 마귀가 자신의 일부라고 생각하지 않는다. (마가복음 5장 9절 그리고 누가복음 8장 30절에 기록된 남자의 사건, 스스로를 "군대"라고 말했던 경우는 예외다.) 예전에는 있는지 조차 알지 못했던 자신의 변형된 인격을, 환자는 처음에는 자신의 일부로 느끼지 않다가 곧 그 인격이 자기 자신임을 인정하게 될 것이다.

C. 마귀는 혼란을 조장한다. 반면에 정상적인 치료 가운데 있는 환자에게선 명확함을 기대할 수 있다.

D. 마귀는 환자 내면의 우위를 점하기 위해 자신의 사악함을 드러내려고 노력한다. 그리고는 환자를 비난한다! 반면에 변형된 인격은 환자의 결정에 따르며 차츰 자신의 주변 환경에 적응하기 시작한다.

E. 마귀는 목소리로만 경험된다. 하지만 그 목소리와의 교감을 경험한 환자들을 더 깊이 조사해보면 교감된 목소리에는 인격이 없음을 알 수 있다.

F. 시끄럽게 말다툼하는 변형된 인격들은 단지 서로 경쟁하느라 시끄러운 것이다. 하지만 사탄의 목소리는 극도의 공포감을 불러 일으킨다.

상담을 어렵게 만드는 요인은, 상담을 위해 사역자가 다중 인격의 독특한 특성인 '집단 역학'에 대해 이해해야만 한다는 점이다. 한 사람 안에 여러 인격들이 존재하는데 물론 그중에 어떠한 인격들은 고무적이고 상담자의 노력에 상호협조적이다. 반면에 나머지 다른 인격들은 상담자의 노력에 저항한다. 어떠한 인격들은 정신 질환성이 짙고 또 다른 인격들은 제정신으로 멀쩡하다. 어떤 인격들은 자살 충동적이며 또 어떤 인격은 사탄숭배를 표방하지만 기독교적인 인격도 존재한다.

나는 이것이 성경적으로 볼 때 모순임을 깨달았다. 왜냐하면 한 사람은 '크리스천이거나 크리스천이 아니거나' 이다. 둘 중 하나다. 그러나 우리는 다중 인격의 현상을 '두 마음'의 극단적인 상태라고 볼 수도 있을 것이다. (약 4:8) 만일 어떤 크리스천이 두 마음을 품었다고 하자. 마음 한 편으론 하나님께 순종적이지만 다른 편에는 반항심이 도사리고 있다고 하자. 그렇다 해도 그는 크리스천이다. 그에겐 그저 회개가 필요할 뿐이다. 마찬가지로 기독교인의 다중성엔 사탄주의적인 인격이 포함되기도 한다. 하지만 그는 여전히 크리스천이다.

나는 현재 다중 인격 장애를 앓는 몇몇 사람들에게 상담사역을 하고 있다. 때로는 두렵고 떨리는 마음으로 그들을 상담하면서 나는 종종 그 분야에 경험이 많은 사람들의 충고를 듣는다. 물론 내 능력이 크진 않으나, 나는 일반적인 실수를 피하는 법에 대해선 어느 정도 일가견이 있다고 하겠다. 그래서 이를 설명하고 싶다. 어떤 다중 인격 환자들은 자신의 유별난 행동을 지켜보며 "이것은 귀신이 드러난 현상이다"라고 말해온 사람들로부터 깊은 상처를 받아왔다.

한때 지니도, 이런 식으로 인식된 적이 있었다. 어떤 사람은 지니가 강제로 거짓말시키는 마귀의 공격을 받는다고 생각했다. 그리고 지니 안에 있는 인격들 중 하나는 실제로 무례한 행동을 저지른 후 거짓말로 덮고 숨어버리는 양상을 반복적으로 보였다. 그 인격이 숨은 후엔 지니가 나타났다. 물론 지니는 자기 내면의 다른 인격이 저질렀던 무례한 일들을 알아차릴 리 없다. 한 예로, 지니의 새엄마는 어느 일요일, 주일학교에 보내기 위해 지니에게 고운 드레스를 입혀 놓았다. 하지만 새엄마는 지니가 이내 울타리 위로 기어 올라가는 것을 목격하게 되었다. 그래서 새엄마는 지니를 타일렀는데 지니는 자기가 울타리 위로 올라간 사실을 부인했고 어머니의 질책에 오히려 당황해하는 기색이었다.

결국 새엄마는 거짓말한 죄의 대가로 지니를 때렸다. 몇 년이 지나 지니는 그때 울타리 위로 올라간 것이 '토미'라는 이름의 인격이었음을 깨달았다. 삼십 대 후반에 이르러 남편과 이혼하게 된 지니는 새로 사귄 남자 친구로부터 거짓말 하지 말라는 경고를 끊임없이 받았다. 지니는 자신이 거짓말했다고 생각하지 않았기 때문에 그 남자친구는 뭔가 문제가 있음을 느꼈다. 남자친구는 지니에게 사역받기를 강요하고 축사 사역자에게 그녀를 데려갔다. 그 사역자는 적은 무리의 마귀들을 쫓아낸 경력이 있다고 알려진 사람이었다. 그러나 지니에게 행해진 축사 사역은 결실 없는 노력이었다. 지니는 좌절했고 마음이 아팠지만 깊은 상처를 받진 않았다. 그녀는 이것을 좋은 경험으로 삼아 앞으론 그 어느 누구도 자신을 강요하지 못하도록 방어했다. 결국 상태는 더 악화되었다.

다중 인격의 환자들은 대부분 그리 운이 좋지 못하다. 미스티(Misty)의 남편은 그녀를 데리고 한 목사님에게 갔는데, 그 목사님은 급진적으로, 순간순간 변하는 인격은 곧 마귀라고 규정지어 버린 분이었다. 몇 주 동안 미스티는 오랜 시간동안 계속되는 축사 사역에 괴롭힘을 당해야 했다. 그 사역의 결실은 거의 없었다. 결국 몸은 지쳤고 감정은 상처받은 채, 그녀는 울부짖었다. "더 이상 참지 못하겠어." 그녀는 필사적으로 목사님에게 협조하려고 했지만, 목사님은 그녀가 믿음이 적은데다가 순종하지 못한다며 참소했다.

그 목사님은 자신이 사탄의 일을 한다고는 생각하지 못했다. 수치심을 통해 사람들의 인격이 분리되는 경우가 가장 많다. 미스티는 예전에 사탄의 의식에 참여하도록 강요받았었다. 그 의식에는 폭력과 변태적 성행위가 가득했다. 그 곳에 참여했다는 죄책감이 곧 그녀가 스스로를 비난하고, 스스로를 수치스럽게 여기도록 만든 계기가 되었다. 학대를 통해, 마녀 집회 인도자(마녀단)들은 '정통 사탄 숭배의식'으로 일반에 알려진 행위들을 했다: 마녀단은 미스티를 괴롭혔다. 그리고 마녀단의 희생자는 자신에게 끔찍한 짓을 저지른 주체가 마녀단이라는 사실을 부인하도록 강요받았다. 그리고 마녀단은 미스티 내면의 변형된 각각의 인격들 속에 자신들이 학대했던 장면과 기억을 심어놓았다. 그리고 그 아픈 기억을 소지한 각각의 인격에 최면을 걸어 인격들의 의지를 조종했다.

최근 미스티의 경직된 행동들은 치유가 되고 있다는 표시였지 귀신이 드러난 현상이 아니었다. 미스티 내면에 숨어있던 자잘한 인격들이 겉으로 표출되는 사인이었다! 그런데 목사님은 미스티의 인격들을 마귀로 여기고 그들을 내쫓으려고 노력했다. 결국 목사님의 강압에 의해 미스티는 자신의 일부분과 결별해야 했다.

마녀단처럼 그 목사님은 미스티에게 욕설을 퍼부었다. 그리고 마치 고아원의 보모가 엘리스에게 했던 것처럼 목사님은 미스티에게 그 나이에 할 수 없는 일들을 하도록 강요했다. 이제 미스티는 그 마녀단 같은 목사님의 요구에 과감히 맞서 대응하려 했지만, 이에 목사님은 그녀가 불순종의 마음을 갖고 있다며 참소했다. 또 다시 미스티는 마음이 어려워졌다.

목사님이 마귀가 드러난 현상이라고 오인한 것에 대해서 비난할 수는 없다. 다중 인격 장애 환자들이 종종 드러내는 일련의 수상한 행동들을 보고 이것이 마귀가 드러난 현상이라 생각지 않을 사람이 어디 있겠는가? 그들에게 이름을 물어보면 한 번은 이런 이름, 한 번은 또 다른 이름으로 대답할 것이다. 이것은 마치 "나는 많은 사람이야"라고 말하는 것과 같다. 우리의 눈엔, 그들이 내면의 여러 목소리들을 듣고 응답하는 것처럼 보인다. 또 갑작스레 글씨를 써내려가는 그들의 모습을 보기도 하는데, 마치 뭔가에 홀린 것처럼 보인다. 그들이 쓴 글이나 말, 그들의 특이한 행동을 보면 우리는 다음의 사실을 알 수 있다. 그들의 핵심 인격체(자기 자신)에게 존재여부가 알려지지 않은 내면의 변형된 인격이 사용하는 표현과 행동은 특정적이지 않은 어투와 패턴으로 이뤄져 있다. 이러한 양상은 모두 마귀화되는 과정의 깊은 단계에서 발견될 가능성이 있다.

요즘 '지니'는 그녀가 축사 사역자들과 함께했던 시간이 사역자들의 겸손한 실수 시간이었다고 회고한다. 하지만 미스티에게 축사 사역했던 목사님의 실수는 욥의 위로자들에게서 발견된 거만함-두려움에서 기인한 거만함-이었다.

일반적인 방법으로 치유하고자 해도 이상한 행동을 보이며 치유에 반대하는 지니나 미스티같은 여성과 상담하는 것은 두려운 일일 수 있다. 그들의 문제점에 대한 해답을 찾지 못할 때 우리는 무기력감을 느낄 것이다. 욥을 위로하려 했던 사람들은 마치 그들이 해답을 손에 쥐고 있는 듯 행동함으로써 자신의 무기력함을 감췄다. 욥은 설득력있는 친구들의 발언에 대해 다음과 같이 대답했다. "너희가 잠잠하고 잠잠하기를 원하노라 이것이 너희의 지혜일 것이니라." (욥 13:5)

만일 그 목사님이 그의 자존심보다 미스티를 더 많이 배려했다면, 그는 그녀의 치유받기를 원하는 간절한 소망을 알게 되었을 것이고, 그녀를 비난하지 않았을 것이다. 자신의 무지를 인정하는 것은 위험을 감내하는 행위이다. 그러나 무지함을 인정할 때에야 비로소 새로운 것을 배울 필요가 있음을 깨닫게 된다.

정신분열증 Schizophrenia

일반에 널리 알려진 개념과 대조적으로, 정신분열증은 '분열된 인격'이 아니다. 분열된 인격이라는 말은 다중 인격에 더 가깝다. 정신분열증(Schizophrenia)은 현실과 동떨어진(schizo) 정신(phrenia)을 지칭한다.

정신분열의 원인에 대해선 의견이 분분하다. 일반적으로 이 증세는 유전적인 영향력이 크다고 알려졌다. 많은 이론가들은 정신분열증의 유일한 원인으로 두뇌 속 화학물질의 유전적 불균형을 꼽는다. 그들은 정신분열증 환자의 유년시절이 일반인의 그것과 별반 차이가 없다고 말한다. 하지만 이들 환자는 화학적 균형이 깨지기 쉬운 사람들이기 때문에 매일 매일의 스트레스 요인들에 조금씩 영향을 받다가 어느 강력한 충격에 의해 정신분열 증세를 보이게 된다.

다른 전문가들은 화학적 불균형만이 독보적인 원인은 아니라는 입장이다. 그들은 연구를 통해, 현재 정신분열증 환자들은 대부분 스트레스 요인이 극심한 가정에서 자라나 이미 어린 시절에 현실 감각을 상실했다고 본다. 그들은 이것이 정신분열증의 원인이라는 주장을 편다. (그들의 연구에 대한 논쟁은 매우 뜨겁다.)

부모로부터 듣는 모순된 이야기, 혹은 '이중 구속'은 정신분열 환자에게 일반적으로 나타나는 병의 원인이다. 티미(Timmy)의 어머니는 티미에게 사랑한다고 끊임없이 말했다. 하지만 티미가 들어온 '사랑한다'는 말은 항상 화난 목소리에 실려졌다. 티미의 아버지는 티미에게 체벌을 가할 때, 티미가 울 때까지는 절대로 회초리를 멈추지 않았다. 그리고 티미가 울기 시작하면, 운다고 때린다. 대부분의 경우, 모순 된 언행을 일삼는 부모들은 자신들의 모순에 대해 자녀가 비판을 가하면서 대응하는 것을 허용하지 않는다. 자녀로 하여금 부모의 언행엔 아무런 모순이 없는 것처럼 믿게 하는 것이다.

어떤 이론가는 정신분열 증세를 보이는 아이들의 경우 어쩔 수 없이 이중 구속을 선택했다고 주장한다. 모든 부모가 어느 정도는 이중적인 모습을 보인다. 우리 모두는 어렸을 때, 부모님의 모순된 말을 들었던 경험을 갖고 있을 것이다. 하지만 부모의 정상적인 이중성도 아이들에겐 큰 충격으로 작용하여 정신분열증의 초기 증세를 유발시킬 수 있다. 자신의 아이들에게서 정신병의 증세가 나타남에 놀라고 혼동된 부모는 이러한 증상을 멈추게 하려는 노력을 기울이는 과정 중, 더 심한 이중성을 띠게 될 수도 있다. 자녀들이 이상한 행동을 하지 못하도록 막아서는 가운데 부모는 "얘야 난 너를 사랑한단다, 그런데 너 때문에 미치겠어."와 같은 이중적인 감정을 드러내기 때문이다. 이러한 감정은 곧 더욱 모순 된 행동으로 이어지고 부모의 모순 된 행동에 의해 자녀들은 계속 헤어날 수 없는 이중 구속 안에 갇히게 된다. 결국 자녀가 통제 불능의 상태로 점점 '미쳐간다'는 생각이 들 때까지 이러한 악순환은 계속된다. 정신분열 환자들은 체내 화학물질의 불균형 혹은, 혼돈만 지속되는 삶의 방식(특히 유년기) 때문에 혹은, 이 두 요소 모두에 영향을 받아 대부분 현실 감각을 상실한 상태로 살아간다. 그들은 삶에 무감각하다. 집중력이 약하다. 그들은 한 장소에 오랫동안 앉아 있는 걸 싫어한다. 어떤 환자는 얼굴을 찌푸린 채 앉아 있고, 또 어떤 이는 안절부절 못하는 '긴장병' 증세를 보이기도 한다. 그들의 상태가 악화되면 될 수록, 실질적인 현실보단 '내면의 현실'이 주도권을 잡게 된다.

우리 모두는 자신이 저지른 잘못 때문에 과도한 스트레스를 받을 때가 있다. 그때 몽상을 하거나 상상의 나래를 펴, 우리가 실수 저지른 사실을 까맣게 잊은 경험이 있을 것이다. 이러한 생각을 '1차 사고과정'이라고 부르는데, 정신분열증 환자에게는 이러한 사고 단계가 계속된다. (많은 사람들이 1차 사고과정을 '백일몽'이라고 부른다.) 환자들의 귓전에 가끔씩 울리는 종소리는 이제 점점 커지다가 '웡웡'거리는 소리로 변한다. 생각은 꼬리에 꼬리를 물어 일관성이 없고 이들의 말에는 초점이 없기에 듣는 사람은 이해하기 힘들어 한다.

정신분열 환자는 그들이 본 '환각'을 현실이라고 느낀다. 마치 우리가 밤에 꿈꿀 때 그 꿈이 실제처럼 느껴지듯, 이들에게 '꿈 속 사물'이나 '환각 속의 사건'은 실제로 그들이 살아가는 환경에서 일어나는 일처럼 되어 버린다. 어떤 사람은 쓰레기를 뒤지거나 많은 군중들 속에 들어가 혼자 말을 내뱉는 등 기괴한 행동을 하기도 한다. 그들은 상황에 걸맞지 않은 웃음, 울음, 분노를 터뜨리곤 한다. 우리는 꿈속의 세계가 우리가 살고 있는 현실세계와 다르다는 것을 안다. 꿈속에서 우리는 때때로 대저택이나 혹은 집단촌에 살기도 한다. 어떤 사람은 꿈에서 반대의 성을 갖기도 한다. 마치 우리가 꿈꿀 때 실제인 것처럼 느끼듯 정신분열 환자도 그들의 환각 속에서 실제인 것처럼 느끼며 살아간다. 그들은 자신의 꿈과 현실이 다르다는 것을 알지 못한다. 그리고 더 심한 정신분열증을 앓는 환자들은 자신과 자신의 주변 환경에 대해 더 심한 환각을 일으킨다. 그들의 말은 기괴하기 때문에 우리가 들었을 때 전혀 말이 안 되는 경우가 태반이지만, 스스로에겐 의미가 있다.

정신분열증의 초기를 지나 후기에 다다르면, 그들의 정신세계는 전혀 종잡을 수 없게 되고 환자는 내면의 실제와 현실을 전혀 구분할 수 없게 된다. 그래서 자신이 환자라는 사실을 부인하고 자신의 행동이 지극히 정상적이라며 자기 방어 태세를 갖춘다. 스스로 통제할 능력을 상실한 채, 그들은 자해하기도 한다. 그들의 위생상태는 매우 심각하다. 어떤 환자는 침대에 소변을, 심한 경우 대변까지 배설한다. 혀로 자기 손을 핥거나 물어뜯는 경우는 다반사며, 머리를 벽에 부딪는 증세도 많이 목격된다.

정신분열증 환자 사례 A Schizophrenic Episode

마이클(Michael)은 일상의 문제들, 예를 들면, 근심, 우울증, 결혼 생활의 어려움으로 나를 찾아 도움을 요청했다. 그 중 큼직한 스트레스 요인은 그의 삶을 더 힘들게 만들기도 했다. 마이클은 오랫동안 허리에 통증을 호소했었는데, 허리 상태가 악화되면서 의사의 처방에 따라 직장을 그만두게 되었다. 일을 할 수 없게 되자, 밀린 집세며, 지불하지 못한 각종 요금 고지서들이 쌓이게 되었고 결국 마이클의 아내가 일을 해야 하는 상황에 이르렀다.

그런데 갑자기 이상한 일들이 발생하기 시작했다. 마이클의 생각이 심하게 혼돈되고, 귀에선 종소리가 들리기 시작했다. 가끔씩 마이클은 아무런 이유 없이 큰 소리로 울곤 했는데, 스스로 통제할 수 없는 울음이었다. 그는 벌레들이 자신의 팔에 기어오르는 듯한 환각을 보기도 했고, 가족을 살해한 뒤 스스로 목숨을 끊으라는 강압적인 음성을 수차례에 걸쳐 듣기도 했다. 심지어, 두세 번 정도 아내의 손가락이 잘려나가는 환각을 보았고, 아내의 이마에 도끼가 찍혀 있는 모습을 보기도 했다.

이러한 현상들은 마귀의 역사처럼 보이지만, 내가 분별했을 때, 마귀의 영향력은 그리 크게 작용하지 않았다. 마이클의 행동은 정신분열 증세로 볼 수 있었기 때문에 나는 곧장 인근 도서관으로 달려가 정신분열증에 관련된 모든 자료를 섭렵하기 시작했다.

나는 마이클에게 "정신분열증은 제 전문분야가 아닙니다."라고 이야기해 줬다. 만일 그와의 상담을 시작하지 않았더라면, 정신분열증에 더 깊이 관여하고 있는 사역자를 소개해 줬을 것이다. 하지만 이미 우리는 수차례 상담을 통해 어느 정도 깊은 단계에 진입한 상태였고 주중 1회의 상담이었기 때문에 중도 하차하면 마이클의 시간만 축낸 결과를 낳을 것이다. 그뿐 아니라 중도하차는 마이클이 예상치 못한 또 다른 스트레스 요인으로 작용할 것이었다. 게다가 마이클의 상태는 아주 심각한 상태가 아니었다. 그는 자신이 듣고 본 것이 현실이 아님을 충분히 인식하고 있었다.

결국 나는 마이클과의 상담 사역을 계속 진행했다. 그리고 마이클은 내게서 안정감을 얻었다. 그는 정신과 의사를 찾아 약물치료를 병행하여 받았는데, 병세가 호전되기도 했다. 후에 나는 마이클의 정신과 의사를 만나 마이클의 증세가 매주 어떻게 달라졌는지 이야기 나눴다. 마이클의 개인적인 문제들에 관해 의사와 상담하는 동안 마이클의 가족은 그의 증세가 가족에게 미치는 영향에 대해 지역 정신 건강 센터로부터 상담과 조언을 받았다. ("도략이 없으면 백성이 망하여도 모사(상담자)가 많으면 평안을 누리느니라."(잠 11:14)) 그리고 만일 마이클이 자신의 환각이나 꿈이 현실처럼 느껴진다고 얘기한다면 우리 모두는 언제든지 그를 병원에 입원시키기로 동의했다.

실로 마이클의 유년기는 '이중구속'으로 가득 찬 시간들이라고 할 수 있다. 마이클은 어릴 적 자전거에 부딪혀 다리뼈가 끔찍하게 드러날 정도로 살점이 심하게 찢어지는 사고를 기억했다. 당시 부모님은 마이클에게 '불가능한' 수준의 용기를 요구했다. 그의 아버지는 마이클을 병원에 데려가지 않고 대신에 소금 묻힌 천을 가져다가 마이클의 상처에 대고 문질렀다. 그는 아들이 울지 못하도록 엄포를 놓은 뒤, 전혀 아프지 않으니까 징징거리지 말라고 했다. 하지만 마이클이 느낀 고통은 너무 컸다. 마이클은 눈물이 흐르지 못하도록 필사적으로 아픔을 삼켰다. 그러나 아버지는 마이클이 몇 번 신음소리 낸 것에도 질책을 가했다.

  또 한 번은 수 시간 동안 뙤약볕 아래서 일을 했는데, 잠깐의 휴식도 없어서 마이클은 몸도 피곤하고 목도 말랐다. 일을 끝내고 나서 마이클은 아이스티 한 잔 마셔도 되냐고 아버지께 부탁했다. 그러자 아버지는 "이 게으름뱅이가 뭘 했다고 아이스티야? 아무짝에도 쓸모없는 녀석." 하며 질책을 퍼부었다.

  부모님의 끊임없는 질책은 마이클의 마음에 죄책감을 불러일으켰고, 스스로 무책임하다는 생각을 하도록 만들었다. 마이클은 모든 일에 스스로를 비난하는 법을 배웠다. 그것도 너무 어린 나이부터 말이다. 현재 마이클의 아픈 허리는 회복되는 단계에 있다. 하지만 마이클이 의사의 권유에 따라 집에서 쉬는 동안, 그는 자기 대신 자신의 반려자가 일을 해야 한다는 사실에 죄책감을 느껴야 했다.

  마이클에게서 내가 발견한 것은, 물론 많은 것을 발견했지만, 아래에 열거한 쓴 뿌리의 기대였다. 다른 사람을 즐겁게 해줘야 하는데 자신은 그렇게 할 수 없다는 기대, 죄책감은 자신을 영원토록 따라다닐 거라는 기대, 본인이 느끼게 될 고통은 참을 수 있는 한계 이상의 것이라는 기대, 그러한 고통을 느끼도록 강요는 받겠지만 고통 받는 아픔을 밖으로 표출해선 안 된다는 기대, 그리고 이 모든 아픔을 다른 사람에게 짐 지워선 안 된다는 기대가 그것이다.

  마이클의 정신병 증상이 귀신의 드러남과 비슷했음을 목격한 것은 한 번만이 아니었다. 실제로 많은 마귀가 마이클에게 달려들어 좌절감을 증폭시켰고, 스스로를 환멸하도록 부추겼으며 자학하는 것에도 일조했다. 하지만 마이클에게 달려든 마귀의 의도는, 다른 사람에게서와 마찬가지였다 – 마이클의 거짓 전신갑주를 뚫는 불화살을 쏘아 피해를 입히는 것이 그것이다. 마이클에게 있어서 마귀에게 포위되는 것은 가장 큰 스트레스 요인이었다. 정신분열증 환자에게 스트레스는 곧 '비현실'의 세계로 인도하는 안내자다.

  어떤 경우엔, 목소리를 듣는 것과 같은 특정한 증상들이 환자의 무의식속 정신착란의 산물이라기보다 드러난 마귀의 역사일 때가 있다. 어떤 경우가 정신착란 증세인지, 또 어떤 경우가 마귀의 역사인지를 분별하는데 도움 되는 매뉴얼이나 체크리스트는 없다. 우리는 겸손한 마음으로 침착하게 영적 분별력을 단련해야만 한다.

마이클의 정신분열이 전적으로 '이중구속' 때문인지, 아니면 이중구속 가설은 거짓이며 그가 겪은 일은 단지 별 다른 이유 없이 발생한 것인지, 전문가들조차 단정 짓지 못한다. 확실한 것 한 가지는 스트레스가 정신분열증 환자의 화학물질 균형을 해친다는 사실이다. 정상적인 내담자들에게와 마찬가지로 마이클이 받는 현재의 스트레스는 과거에 해결되지 않은 문제들을 직면토록 한다. 이러한 문제들을 해결했더니 마이클의 스트레스는 완화되고 약물치료의 효과는 상승했다. 매번의 상담 과정을 통해 마이클의 병세는 점차 호전되었다.

그러나 안타깝게도, 나는 마이클이 온전히 치유되기 전에 이사를 가야만 했다. 그나마 다행스러운 것은 3년 후 만난 마이클의 상태가 몰라보게 좋아졌다는 것이다. 다른 많은 상담 사역자들 역시 마이클과 비슷한 상황에 놓인 환자들에게 내적치유 사역을 해왔다. 그리고 내적치유에 따른 좋은 결과도 많이 보고되었다.

마이클과의 치유 사역을 통해 나는, 내가 정신 질환 환자를 돕는 데에는 한계가 있다는 사실을 뼈저리게 배웠다. 마이클의 정신분열 증세가 온전히 드러나기 전, 나는 이미 그와 함께 오랜 시간 상담했기 때문에, 그가 내 사역방법에 대해 어떻게 생각하는 지는 충분히 확인할 수 있었다. (정신 질환 영역이 내 분야가 아님을 다시 일러둔다.) 마이클은 나를 신뢰하였고, 자신의 스트레스를 해결하기 위해 내가 그의 삶에 관여한다는 사실도 충분히 이해하고 있었다. 신뢰를 통해 나는 마이클과의 치유 과정에서 자신감을 갖게 되었다.

내가 마이클의 이야기를 소개한 이유 중, 하나는 정신 질환에 관해 빈약한 지식과 불충분한 치유기술을 가진 사역자들이 이 영역에서 손을 떼도록 만들기 위해서다. 그들의 의도가 선할지라도 불충분한 지식과 기술이라면 포기해야 할 것이다. 하지만 마이클의 이야기를 소개한 주된 이유는 내 사역 방법이 미스티에게 축사 사역을 했던 그 목사님의 방법과 대조적임을 알리기 위함이다. 그러한 사역자의 방법은 결국 상처 입은 자들에게 더 큰 상처를 입히는 방법이라 할 수 있다.

나는 내가 할 수 있는 일의 한계를 넘어서는 방법을 시행치 않았다. 오히려 나는 다른 많은 내담자들에게 행해 온 방법을 마이클에게 적용하기 위해, 그가 현실을 충분히 지각하도록 하는 일에 매진했다. 그리고 나는 마이클의 증세 중, 다루기 힘든 부분은 정신과 의사에게 도움을 요청했다. 나는 정신분열증 환자들의 가족이 겪는 고통과 스트레스에 대해 다 아는 양 허세를 떨지 않았다. 나는 마이클의 가족에게 나보다 더 나은 상담자를 찾아보라고 조언했다. 만일 마이클이 완전히 미쳤더라면, 그의 복잡한 내면을 파헤치는 치유 과정 속에서 그가 내 방법을 놓치지 않고 따라오는 것이 그에게 얼마나 큰 스트레스가 되는지 나는 이해하지 못했을 것이다. 그리고는 그를 다른 사역자에게 보냈을지도 모른다.

당신은 어쩌면 내가 너무 세심하게 주의하는 것이 아닌가하고 느낄지 모른다. 혹은 내가 '믿음'을 전혀 의지하지 않는다고 생각할 지도 모른다. 하지만 그렇지 않다! 나는 어떤 경우에도 기적을 얕보지 않는다. 나는 전문가적 훈련을 받지 않은 사람들에게서 많은 환자들이 치유 받은 사건 소식을 들었다. 그처럼 놀라운 성령의 뜨거운 역사에 찬물을 끼얹을 생각은 조금도 없다. 하지만 특별한 경우에만 주어졌던 '성령의 기름 부으심'이, 마치 모든 상황에 적용되는 것처럼 생각하여 우리가 스스로를 '전문가'라고 선포해도 되는가? 그것은 옳지 않다. 하나님은 기적을 일으키실 장소와 때를 정해 두셨다. 하나님이 정해두신 때와 장소가 '언제나, 어디서나'가 아니기에 당신은 겸손의 태도를 취해야 한다.

축사 사역을 통해 실수로 정신병의 증세를 내 쫓았다면 그것은 죄가 아니다. 우리는 마귀의 드러난 현상을 목격해왔기 때문에 그와 비슷한 현상이 나타나면 쉽게 혼동할 수 있다. 하지만 다시 한 번 말하지만 자신의 무지함을 인정하려 들지 않는 사람들이 문제다. 마이클은 수많은 정신병 환자들과 만났는데 그들이 한결같이 말하길 "교회에서 엉뚱한 사역을 하는 사람들과는 만나기 싫다"고 했단다. 마이클 역시 이러한 사람들로부터 피해를 입은 경험이 있다.

"당신은 상담이 필요 없습니다." 어떤 사람이 마이클에게 말했다. "약도 던져 버리십시오. 당신은 하나님의 말씀에만 의존하세요. 그리고 더 많이 기도하시구요." 그래서 마이클은 성경을 읽었다. 또 많이 기도했다. 그리고 그의 정신분열 증세는 계속되었다.

어떤 사람은 마이클이 듣는 목소리가 마치 마귀인 양, 그 목소리에 대고 축사 사역을 했다. 아무 변화도 없었다. "마이클, 당신은 여전히 마음속에 죄를 품고 있군요." 사역자의 반응이었다. "그게 아니라면 당신은 믿음위에 서 있지 않는다는 얘긴데…" 그들이 내린 처방은 자신의 실패에 스스로를 위로했던 방법이었다. 마이클은 그들의 사역에 아무 효과를 보지 못했고, 이에 사역자들은 마이클을 비난하기 시작했다. 결국 마이클은 전보다 더 심한 스트레스 가운데 놓이게 되었고, 그의 정신 질환 증세는 악화되었다. 마이클은 그들의 이기심이라는 제단 위에 올려진 희생제물이었다.

양극형 조울증: 두 극단의 장애 (조증과 울증)
Bipolar(Minic-Depressive) Disorder

조울증은 마귀의 역사처럼 보일 수 있는 또 다른 질병이다. 여기 '정신 장애의 진단 및 통계 편람' 제3판에 나온 조울증의 설명을 적어 둔다.

"조증의 증상은 과도한 감정의 앙양, 팽창된 혹은 성미 급한 기분을 수반한다. 지극히 활동적인 성격(종종 동시 다발적으로, 필요이상으로 많은 활동에 관여한다), 끊임 없이 한 화제에서 다른 화제로 이동함, 지나친 자부심, 불면증, 온순하지 못함, 나쁜 결과가 양산될 가능성이 많은 활동에 과도하게 관여함, 그러나 이러한 것들이 인식되지 못함"

조증 환자의 경우 그들에게선 매우 폭넓은 사회적 관계 및 만남들이 목격된다. 반면에 울증 환자에게선 오래된 지인만을 만나거나 전화하는 것만 목격된다. 울증 환자들의 친구는, 그들과 대화하려는 시도가 곧 그들에게 강제적이며, 지나치게 요구하는 것이며, 권력을 휘두르는 것과 같이 느껴진다는 것을 인식한다. 하지만 환자들은 이를 감지하지 못한다.

"조증 환자들의 말소리는 크고 빠르다. 때로 말장난과 우스개 소리로 넘친다. 주제와 관련 없는 말장난을 즐기곤 한다. 이들의 말은 연극배우가 극적인 발성법으로 말하고 노래하는 것처럼 변한다. 거기에 어색한 운율이 섞이기도 한다. 만일 그들의 기분이 팽창된 수준 이상으로 흥분되었다면, 곧 불평과 적대적인 언질, 그리고 분노 섞인 장황한 연설이 터져 나올 것이다."

유전적인 이유로 조울증 증세를 갖게 된다는 것이 일반적으로 알려진 바다. 하지만 조울증은 어린시절의 특정한 정신적 외상에 의해 기인한다는 이론이 확실한 증거들로 뒷받침되고 있다. 대부분의 경우 부모님 또는 사랑하는 사람을 잃거나 너무 일찍 젖을 뗀 경우 혹은 너무 빨리 성장한 경우, 그리고 육체적 정신적으로 무관심 받았을 때의 정신적 충격 등이 조울증의 원인이 된다.

어떤 학설에 의하면, 조울증을 앓는 부모들은 자녀에게 지나친 요구를 일삼으며 자녀의 행동에 만족해 하지 않는다고 한다. 이러한 요인들은 극단적인 비관주의를 불러일으킨다. 필요한 도움을 주지 못하면 자녀들은 제대로 슬퍼하지도 못하고 또 자신의 슬픔을 억제할 수도 없게 된다. 성인이 되면, 스트레스로 인해 슬픔이 표출되는데 겉으로 표출된 슬픔은 곧 극도의 우울증으로 변한다.

조울증 환자들에게 나타나는 증상은 감정의 극한 고통으로부터의 탈출구 역할을 한다. 그들은 자신이 다친다는 사실을 깨닫지 못할 정도로, 다쳤다는 사실을 잊기 위해 빨리 달린다. 그들은 자신의 좌절감을 부인한다. 그리고 스스로가 행복한 삶을 살고 있다고 생각하며 다른 사람과의 경쟁에서 항상 승리할 수 있는 능력이 자신에게 있다는 생각으로 스스로를 속인다. 그렇게 해서 무기력과 수치심을 감춰낸다. 이것은 일반적인 내적치유와 축사 사역에서 다루는 문제들의 큰 버젼일 뿐이다. 정상적인 사람들은 대부분 스스로를 분주하게 하거나 억지로 행복한 미소를 짓거나 또는 사실을 부인하는 과정을 통해 과거의 상처로부터 도망친다. 상담자는 환자의 내면에 있는 슬픔이 겉으로 표출되는 것을 가로 막고 있는 뿌리가 무엇인지 밝혀야 한다. 때때로 그 뿌리는 '나의 부정적인 생각은 사람들에게 받아들여지지 않을 거야'라는 두려움을 포함한다. 또는 상처에 대해 생각하거나 다른 사람에게 이야기하지 않겠다는 내적 맹세, 자신에게 위로를 주지 못하는 사람들에 대한 쓴 뿌리 판단과 기대, 그리고 그 쓴 뿌리에 대한 수치심과 이 모든 것을 부인하려는 마음을 포함한다. 마음에 파묻혔던 슬픔이 겉으로 표출될 때, 환자는 위로와 치유의 기도를 갈급하게 될 것이다.

마귀화가 발생되기도 할 것이다. 왜냐하면 두려움, 쓴뿌리, 그리고 부인 등은 마귀화되는 과정에 필수요소들이기 때문이다. 가끔씩, 앞에서 언급한 증상들은 실제로 귀신이 드러난 현상일 때가 있다. 정신분열증 증세에서와 마찬가지로 귀신의 드러난 현상과 일반적인 조울증세를 분별할 수 있는데 도움을 주는 체크리스트는 없다. 여기서도 분별력과 겸손이 요구된다.

조울증 환자가 보이는 증상은 극단으로 치달을 수 있기 때문에 약물치료가 겸해져야 할지도 모른다. 그래서 나는 조울증을 다룸에 있어서 마이클과의 사역에서 했던 것처럼 세심한 주의를 기울인다. 환자에게서 나타나는 증상의 정도가 어떻든지, 사역자는 환자가 현실감각을 제대로 유지할 수 있도록 확실한 도움을 줘야 한다. 그래야 우리가 그들과 제대로 사역할 수 있다. 그리고 다루기 힘든 증세가 드러나면 자신보다 더 훌륭한 자격을 갖춘 전문가에게 치료를 맡겨야 한다. 특히 체내 화학물질의 불균형으로 발생한 문제들은 더욱 전문가의 손길이 필요하다.

조울증 환자들은 종종 마이클이 언급했던 '종교적 학대'를 당하곤 한다. 이것은 그리 놀랄 일이 아니다. 신디(Cindy)라는 여성이 내게 찾아와 일전에 자신을 상담했던 한 여성사역자에 대해 분노를 표현하기 시작했다. "우리 모두는 어느 정도 스트레스를 받는답니다. 그러니 자매님은 그저 인생의 밝은 면만 바라보세요." 그리고 그 여성 사역자는 계속해서 "우리는 당신에게서 우울증의 마귀를 쫓아낼 수 있어요. 그러면 우울증은 곧 사라질 겁니다."라고 말한 뒤, 신디에게 축사 사역을 했다. 사역이 끝난 후, 그 여성 사역자는 신디에게 성경을 꾸준히 읽지 않고 정기적으로 기도하지 않으면 치유의 효과가 사라질 거라고 경고했다. 하지만 사역 후 신디의 우울증은 더 심해졌다. 그럼에도 신디는 순종하는 맘으로 열심히 성경을 읽고 기도했다. 아무 소용이 없었다. 신디는 그 여성 사역자를 다시 찾아갔는데 그녀는 곧 신디가 충분히 성경을 읽지 않았고 기도의 양도 부족했다며 그녀를 질책했다. 만일 그녀가 더 많이 성경을 읽었고, 또 기도 시간도 늘렸다면 곧 사탄 앞에서 무너지는 일은 발생하지 않았을 거라는 게 그 사역자의 의견이었다.

신디는 그녀의 말을 그대로 받아들였다. 그리고 신디는 전보다 더 깊은 좌절감에 빠졌고 더 이상 하나님을 기쁘게 하지 못할 거라는 느낌도 갖게 되었다. 절망의 늪에 빠져 생명의 빛으로 나아갈 방법이 없었다. 단지 절망으로부터 도피하기 위한 수단으로 억지로라도 기뻐하기를 선택했는데, 이제 신디는 조증에 한 발짝 더 다가선 것이었다.

"세상 지식"을 두려워 말라
Don't Be Afraid of the "World's Knowledge"

여러분이 이미 생각했겠지만, 나는 '세속적'인 심리학 지침서들도 몇 권 읽었다. 어떤 사람은 내가 영적이지 못하다고 이야기할 것이다. 또 어떤 사람들은 성경 대신 심리학 서적에 의존했다며 나를 비난할 수도 있을 것이다. 하지만 나는 그들의 비난과 정반대로 성경과 어긋나는 심리학의 영역은 하나도 받아들이지 않았다.

하지만 심리학의 모든 영역을 '세속적'이거나 '사탄주의'라고 치부해버리는 것은 바람직하지 못하다. 사실 심리학의 저변에 깔린 철학 사상은 사탄주의이다. 그래서 사탄주의는 심리학의 많은 영역에 영향을 끼친다. 그 철학 사상은 바로 "인간은 본래 선하다"이다. 세속적인 치료법에 의하면, 인간에게는 구세주가 필요 없다. 우리는 그리스도와 죽고 부활할 필요가 없다. 쓴 뿌리를 제거할 필요도 없다. 그리고 인간은 타락하지 않았다. 단지 선을 드러내지 못하는 즉, 역기능을 나타낼 뿐이다. 결국 우리는 단지 선천적인 선을 회복하기만 하면 된다. 하나님은 없다. 있다 하더라도, 단지 '우리 안에 신이 있다' 정도로 여겨질 뿐이다. 만일 신이 인간의 내면에만 있는 것이 아니라 세상에 실존하는 것처럼 느껴질 지라도 그것은 구세주로서의 신이 아니라 "온 우주를 돕는 사람" 정도로 여겨진다. 그래서 우리가 선한 사람이 되도록 돕기만 하는 신일 것이다.

하지만 성경이 제공하지 않는 세부적인 정보가 필요할 때가 있다. 성경은 왜 어린 아이가 성추행 당했는지에 대한 단서를 제공하지 않는다. 성경은 자살 충동을 심하게 느끼고 있는 사람의 증후에 대해 말하지 않는다. 또한 정신분열증의 증세, 조울증 환자의 뇌에 어떤 화학 물질이 부족한지에 대해 언급해주지 않는다. 성경은 슬픔의 여러 단계에 대해서도 이야기하지 않는다. 근친상간을 당한 사람이 성인이 되었을 때, 어떠한 증상을 보이는지에 대해서도 언급이 없다.

이러한 종류의 정보는 철학사상이 아니다. 이러한 정보에 대해 도덕적으로 옳고 그른지 판단하는 것은 불가능하다. 이것은 가치중립적인 정보이기 때문이다. 다시 말해 관찰을 통해 얻어진 단순한 사실들일 뿐이다. 크리스천이 아닌 사람이 이러한 관찰을 시행했을 수도 있다. 그렇다고 거기서 얻어진 정보가 "마귀적인 것이다"라고는 말할 수 없다. 하나님이 이 세상을 창조했지 마귀가 창조한 것이 아니기 때문이다. 제발, 하나님께 속한 것을 사탄에게 넘겨주지 마라! 우리는 불신자들이 '하나님의 세계'를 관찰하여 얻어낸 정보를 수집하고, 성경의 가르침과 일치하는 정보들만을 추려내어 해석할 수 있다. 해석한 뒤, 사실은 취하고 그 외 나머지는 버리면 된다.

"심리(정신)적 장애"라는 병이 있다고 생각하는 것은 성경적인가?
Is the Idea of Psychological Disorder Scriptural?

어떤 사람들은 성경에 기록된 선례를 제시해 보라면서 이 장 전체를 반박할지도 모른다. "도대체 어느 성경이 정신분열증을 병이라고 말합니까? 다중 인격이 심리적 현상이라는 언급이 성경 어디에 기록되어있습니까? 정신분열증이나 다중 인격 둘 다 마귀의 역사 아닌가요?"

나는 위의 질문이 잘못되었다고 확신한다. 만일 당신이 성경에 기록된 선례를 찾는 사람이라면 일관되게 찾아보라. 많은 기독교인이 알코올 중독에 대해서 성경의 예를 찾지는 않는다. 식욕부진, 다식증, 각종 공포증, 그리고 후천성 장애등에 대해서도 선례를 필요로 하지 않는다. 우리는 단지 이들을 심리적이거나 유전적인 문제라고 여길 뿐이다. 그런데 왜 정신 질환에 대해서는 성경의 예를 찾는 것인가?

게다가 성경이 한 번이라도 정신질환 증세가 마귀 때문이라는 것을 명확히 밝힌 적이 있는가? 거의 없다. 하지만 그러한 증상이 존재하는 것을 부인할 수는 없다. 그러한 증상을 마귀역사로 봐야 하는가 아니면 정신 질환으로 봐야 하는가? 어떤 설명이 더 성경적인지 생각해보라. 성경에는 '군대' 마귀와 관련된 남자의 경우만이 마귀 때문에 정신질환 증세를 보였다고 기록하다.

성경은 그러한 증상들이 단지 마귀의 역사 때문이라기보다 오히려 사람의 생각 체계가 무너진 상태에서 마귀의 역사가 개입되어 더 심각한 상태를 야기했다는 의견에 가깝다. 성경은 종종 마귀의 개입에 대한 언급 없이 정신병에 대해 이야기하기도 한다.

아기스 왕의 분노를 피하기 위해 다윗은 '미친 척' 했다. (삼상 21:13) 그것은 문자 그대로 (히브리어 성경에 따르면) 다윗이 자신의 분별력을 흐릿하게 한 행동이다. 왜 성경은 다윗이 "귀신들림을 가장했다"라는 표현을 사용하지 않았는가? 히브리인들은 정신착란을 개인의 '생각 과정'에 문제가 발생한 것이라고 여겼기 때문인가? 느부갓네살 왕이 미쳤을 때, 그는 정신 질환 증세라고 볼 수 있는 가장 일반적인 증상을 보였다. (그 증상은 '망상'이었다.) 그는 자신이 짐승이라고 생각했다.(단 4:33) 그러나 여기에도 마귀에 대한 언급은 없다. 이 두 성경구절은 마귀가 항상 '주범'이 아닐 수도 있다는 가능성을 열어 준다.

정신 질환이란 정상인들이 갖고 있는 정신적 특성이 과장된 상태일 뿐이다. 이 사실을 이해하게 될 때, 우리가 정신병의 실재를 인정하는 것은 어렵지 않다. 스트레스를 받고 있는 상황에서 너나 할 것 없이 우리 모두는 약간 정신적인 흥분(과장) 상태를 경험한다. 그렇다면 엄청난 스트레스 아래에 정신적인 흥분 상태가 지속되어 조울증세가 나타난다면, 이것이 과연 놀랄 일이겠는가?

때때로 스트레스를 받으면 몽상을 통해 현실감각을 잃을 수도 있다. 스트레스를 받은 상태에서 "여기가 어디지?" 혹은 "내가 지금 뭘 하고 있었지?"라고 스스로 묻는 경우가 생길 것이다. 그런데 왜, 스트레스를 이길 수 없는 사람들이 현실감각을 잃어 영구적인 정신분열 증세를 보일 때는 놀랄 일이 되는가?

우리 모두는 스스로가 분열된 느낌을 받은 적이 있을 것이다. 예를 들면, 새로운 집으로의 이사를 준비하면서, 우리는 한편으론 떠나는 것에 흥분하고 좋아하다가 다른 한편으론 좀더 머무르고 싶은 욕구가 생겨 주저했던 경험 말이다. 또는 과거의 고통스런 순간을 되내이면서 이것은 실제가 아니라고 생각했던, 그래서 마치 그 사건이 다른 이에게 일어난 것처럼 착각했던 경험도 있을 것이다. 그런데 만일 어떤 사람이 극심한 사고를 당한 뒤 다중 인격의 성향을 보인다면, 당신은 이렇게 말한다. "그 사람 참 이상하네…"

만일 당신이 이 모든 가능성을 부인한다면 당신은 지금 인간의 타락성과 불완전성 모두를 축소하고 있는 것이다.

편집증의 사례 A Case of Paranoid Disorder

　우리는 사울 왕에게서 인간의 정상적인 특성이 극단으로 치닫는 예를 발견한다. 마귀가 그에게 임했다. 다윗은 그의 음악으로 사울에게 찾아온 마귀를 쫓았다.(삼상 16:14-23) 사울 왕은 다윗이 자신의 왕좌를 빼앗을까 두려워 했고 이에 마귀는 다윗을 죽이라고 사울을 유혹했다. 그리고 사울은 다윗에게 창을 던졌다.(삼상 18:11, 19:10)

　사울의 편집증세는 심해졌다. 수년간 사울은 군대를 이끌고 다윗의 뒤를 끈질기게 추적했다. 다윗은 두 번이나 사울에게 복수의 칼을 휘두를 기회가 있었으나 바로 포기해 버렸다.(삼상 24:1-7, 26:7-12) 두 번의 경우 모두, 사울은 회개하고 마음을 돌이켰다. 그러나 두 번의 회개 직후 편집증이 돌아왔다. 아들 요나단이 사울에게 다윗에 대해 올바르게 이야기하자, 사울은 그가 다윗과 한패라고 비난하며 아들에게도 창을 던졌다!(삼상 20:30-33)

　결국 사울의 '판단'과 '정죄'는 두려움의 구름을 몰아왔고 그 구름 속에 자신의 논리와 이성이 파묻혀졌다. 사울은 블레셋의 군대가 두려워 사무엘의 도움과 지원을 갈망했으나, 사무엘은 이미 죽은 상태였다. 그래서 사울은 엔도의 무녀를 찾아가 사무엘의 영을 죽은 가운데서 불러들이라고 명령했다. 사무엘의 영으로부터 사울은 위로와 격려를 받고자 했다. (사무엘의 영이 나타났는데 심지어 그가 선지자임에도 불구하고 사무엘의 영은 사울이 무당을 찾은 것에 대해 질책하지 않았다.) 그리고 사무엘의 영은 그 다음 날 전쟁에서 사울이 죽게 될 거라고 예언했다.

　사울은 거의 모든 편집 증세를 보였다. (정신분열증 타입의 증세는 아니다.) 여기 편집증에 대한 정의를 보라.

　　　　편집증, 혹은 과대망상은 스스로가 소외됐다고 느끼고, 남들이
　　　　자신을 이용해먹고, 자신은 적절한 대접을 받지 못한다고 느끼는

것, 남들이 자신을 대적하여 음모를 꾸미고, 누군가가 자신의 일거수일투족을 주시한다고 느끼는 것, 혹은 남(적)들에게 무시당한다고 생각하는 것을 포함하고 있다. 시간이 흐를수록 상황과 환경은 환자의 망상 시스템 속에 녹아들어 이후 환자의 추가적인 경험은 모두 곡해되거나 그의 망상 시스템의 조명 아래 해석된다.

환자의 편집증은 스스로의 주장을 정당화하는 수준까지 이른다는 설이 있다. 그 근거는 아직 논리 비약적이고, 일관되지 못하지만 그럼에도 불구하고 편집증 환자는 자신의 주장과 다른 어떠한 설명도, 논증도 받아들이기를 거부한다. 결국 편집증 환자와의 언쟁이나 논증은 소용없는 짓이다. 실제로 심문자가 어떤 질문을 던지더라도 그 환자의 망상 속, 심문자는 단지 자신의 정보를 캐내어 적에게 팔아먹으려는 사람일 뿐이다.

어떤 사람은 사울의 행동이 마귀의 공격에 기인한 것이라고 주장한다. 하지만 사울은 마귀가 그에게 임하기 이전에 이미 편집증 초기 증세를 보였다. 그는 항상 무언가를 '두려워하는' 남자였다. 왕 되는 것을 두려워해서 수레 사이에 숨어있었다.(삼상 10:22) 블레셋과의 전투 전, 사울은 그의 군사들이 흩어져 도망하는 것을 보고 두려운 나머지, 사무엘을 기다리지 못한 채, 스스로 번제를 드려버렸다.(삼상 13:7-12)

아말렉과의 전투 전, 사울은 가축과 사람 모두를 죽이라는 사무엘의 명령을 듣지 않고 가축 중, 보기 좋은 것을 감췄고 또 아말렉 왕의 목숨을 살려 두었다.(삼상 15:3-9) 사무엘이 사울을 대면해 그의 죄를 책문하자 사울은 스스로 책임지는 것을 두려워하여 자신의 군사들을 비난하였고, 가축은 하나님께 드릴 제사를 위하여 남겨둔 것이라고 핑계를 댔다.(삼상 15:21) 사울 안에 있는 두려움은 그에게 임한 마귀가 조성해 놓은 것이 아니다. 그 두려움은 스스로가 쌓아 올린 것이었다. 그는 자신 안에 두려움이 있다는 것을 알아차리지도 못했고 회개 하지도 않았다. 이것이 바로 정상이지만 정신적으로 어려움을 겪는 사람들과 마귀의 역사에 대한 이야기다. 마귀는 분노, 질투, 정욕을 창조해 내지 못한다. 이것은 모두 '육체가 만들어내는 작품' 이다.(갈 5:20) 사탄은 단지 이 육체의 작품을 빌려 자신의 사역에 요긴히 이용할 뿐이다.

약물치료는 어떤가? What About Medication?

이제 독자들은 정신 질환과 정신 장애가 단순히 마귀의 역사만이 아님을 인정할 것이다. 그렇다 할지라도 어떤 사람은, 여전히 약물치료에 대한 내 입장을 문제 삼을 것이다. 내가 믿음 대신 세속적인 방법을 택한 것인가? 치료를 위해선 내적치유와 축사만 의지하여야 하는가?

실제로 많은 정신 질환 환자들은 '뇌의 화학물질 불균형' 상태에 있다. 그 불균형을 하나님이 치료하실 거라 믿지 않는가? 만일 모든 질병이 기적을 통해 치유될거라 기대한다면 이 질문에 'Yes' 라고 대답할 것이다.

기적으로 치유된다면, 우리는 이를 믿음으로 받아들이면 된다. 하지만 성경은 의료로 치유된 사례를 간과하지 않는다.

> 너희 중에 병든 자가 있느냐 저는 교회의 장로들을 청할 것이요 그들은 주의 이름으로 기름을 바르며 위하여 기도할찌니라 믿음의 기도는 병든 자를 구원하리니 주께서 저를 일으키시리라 혹시 죄를 범하였을찌라도 사하심을 얻으리라 - 야고보서 5:14-15

표면상 위의 구절은 의료와는 아무 관련 없는 것 같아 보인다. 우리 문화에서 "기름 부음(바름)"은 상징적인 의미일 때가 많다. 그래서 어떤 신자는 다른 사람을 위해 기도할 때, 야고보의 가르침을 따라야 한다고 생각하여 이마에 기름을 바르곤 한다. 심지어 손가락 끝에 기름을 묻혀 이마 위에 십(十)자 성호를 긋는 사람도 있다.

　이렇게 하는 것이 잘못된 것은 아니지만 야고보가 의미했던 '기름부음'과는 거리가 멀다. 그리고 '기름부음(anoint)' 대신 사용할 수 있는 대체 용어가 많았다. 만일 그가 영적인 의미로서만 기름부음을 이야기했다면, 그는 헬라어 'chrio'(크리오)를 사용했을 것이다. 신약에선 예수님을 'Christos'(크리스토스)라고 표현하는데 그 뜻은 "하나님의 기름부음 받은 자"이다.(눅 4:18, 행 4:27) 그리고 그 'chrio' 라는 단어가 '희락의 기름'을 비유적으로 표현한 부분이 있다.(히 1:9) Chrio에서 파생된 단어 'enchrio'는 '문질러 안에 넣다'의 뜻이고 epichrio는 '문질러 바르다'라는 뜻이다. 두 단어 모두 '기름을 바르다'라는 표현에 사용될 것 같으나 이들 단어가 '기름'과 연계되어 사용된 것을 성경에선 찾아볼 수 없다. 또 다른 기름부음과 관련된 단어로는 murizo가 있는데 이는 사람을 장사 지내기 위한 "시체 위에 기름 붓다"의 뜻이다.(막 14:8)

　하지만 야고보는 'aleipho'를 선택했다. 이 단어는 영적인 기름부음뿐 아니라 시체 위에 기름 붓는 행동 그리고 기름을 바르거나 기름으로 문지르거나하는 거의 모든 종류의 '기름부음'의 행동에 사용된다. 하지만 의료 행위로서의 '기름부음'에는 aleipho만 쓰일 수 있다. 마가복음 6장 13절에 이 단어가 사용되었는데 예수님께서 병든 자를 치유하라고 신자들을 보내는 장면이다. 그리고 누가복음 10장 34절은 선한 사마리아 사람이 강도당해 쓰러져 있는 사람을 발견하고 그의 상처를 치료하는 장면인데 여기에도 aleipho가 사용되었다.

　상처 위에 기름 붓는 행동이 성경에 여러 번 기록되었는데, 그 가운데 상징적인 '기름부음'의 뜻으로 사용된 것은 한 군데도 없다. 성경이 기록된 당시, 약은 원시적인 수준이었고 기름을 몸에 바르는 것은 여러 질병을 치료하는 다목적 치료법으로 사용되었다. 야고보는 '믿음의 기도'를 통해 환자가 회복될 수 있다고 말함과 동시에 가능한 대로 의료를 적용해야 함을 주장하고 있다. 예수님도 친히 소경의 눈에 침과 진흙으로 '기름'을 부었다. 물론 시력이 회복되길 위해 기도하면서 동시에 '의료'를 행하신 것이다.(요 9:1-11) 요한복음에 기록된 이 사건에 대해 윌리엄 바클레이(William Barclay)는 "고대 사람들은, 침에, 특히 특별한 사람의 침에는 치료의 효과가 배어 있다고 믿었다. 그래서 자신이 보게 될 거라는 소경의 믿음에 불을 붙이시려고 예수님은 당시에 의사들이 환자에게 행했던 방법(침을 뱉어 환자에게 바르는)을 사용하셨다."라고 말한다.

우리는 종종 복용하던 모든 약을 변기에 버리고 믿음 만을 붙잡으라고 충고 받았다는 사람들의 이야기를 듣는다. 실제로 하나님께서 기적을 베푸셔서 약물치료가 필요 없게 된 경우도 있었다. 그러나 대부분은, 이들 '잘못된 열심 당원'의 선동에 무고한 생명이 큰 위험에 처하기도 했고 때때로 정신질환자들의 경우엔 증세가 극심해지기도 했다.

환자들에게 "약을 집어 던지고 믿음을 의지하세요!"라고 말하지 마라. 그렇게 말하는 것은 환자에게 해가 될 뿐 아니라, 성경의 가르침에 직접적으로 반항하는 행위이기 때문이다. 게다가 당신은 허가 없이 의술 행위를 펼쳤다는 법정 소송에 휘말릴 수도 있다. 이 경우 당신은 헤어날 길이 없다.

"순간의 상담자"가 되라 Be the "Counselor of the Moment"

이 장을 통해 내가 제시한 주의사항을 다시 한 번 살펴보라. 그리고 제대로 훈련되지 않은 사람이 정신 질환 환자나, 인격 장애를 앓는 사람들을 위해 무엇을 할 수 있는지 생각해보라. 나는 모든 사람이 상담 사역을 잘 감당할 자격이 갖춰졌다고 생각하지 않는다. 이것은 정신 질환 환자에게 뿐만 아니라, 6장에 언급한 제니와 프랭크 그리고 에이프릴의 경우처럼 일반인 보다 좀 더 심한 정상적인 문제들에 신음하는 사람들을 상담함에 있어서도 사실일 것이다. 이러한 상담은 잘 훈련된 전문가가 필요한 경우, 환자의 여러 가지 문제들이 복합된 상황을 다루는 과정일 수도 있다.

'지속적인 치료 요법'은 근대에 와서 생겼다. 하지만 상담 사역은 욥의 시대 이전부터 "필요가 생길 때마다" 계속 되었다. 그리고 욥의 친구들처럼 잘 훈련되지 않은(요즘의 기준에서 볼 때) 사람들에 의해서 시행되었다.

보통 사람들이 할 수 있는 것은, 욥의 친구 엘리후처럼, '순간의 상담자'가 되어 주는 것이다. 내적치유의 원리를 모르는 사람일지라도 어느 정도는 친구를 도울 수 있고 그에게 '듣는 귀'를 제공해 줄 수 있을 것이다. 나와 같은 '전문' 상담자들은 환자들에게 '보통 사람' 상담자가 줄 수 있는 것 보다 더 많은 도움을 주기 바란다. 그리고 전문가들로 인해 내담자의 복잡한 문제가 더 잘 해결되길 바란다.

나는 내적치유에 대해 전혀 들어보지 못한 한 목사님이 다중 인격 환자에게 그가 할 수 있는 최선을 다했는데, 그 환자가 복음을 듣고 변했다는 이야기를 들었다. 목사님은 상담 방법을 배운 적도 없었다. 그러나 목사님은 그 환자의 여러 인격들을 차례로 변화시켰고 결국엔 환자가 세례를 받을 수 있을 정도까지 병세가 호전되었다.

한 여성은 친구가 정신분열증 환자인데 그녀의 증상이 나타날 때마다 대신해서 식료품을 사다주는 등 잔심부름을 해 주었다. 그것이 그녀의 스트레스를 완화시켰고, 후에 상담가의 치유사역에 일조하게 되었다.

많은 환자들이 축사를 통해 도움 받기도 한다. 다른 많은 문제를 다룰 때처럼, 정신질환을 앓는 환자의 경우에도 그들의 근원되는 문제를 해결하기 위해서 축사가 필요한 경우가 있기 때문이다. 환자들 중엔 정신 병원에 감금되어 축사 사역자들의 돕는 손길이 닿지 않는 사람도 있다. 우리 눈에 그들은 치유될 가망이 없어 보인다. 하지만 좌절할 필요는 없다. 성령의 능력, 그리고 확고한 성경적 원리가 결여된 치유법일 지라도, 스트레스 요인만 제거해 주면 정신병 환자의 걷잡을 수 없는 증상은 안정세로 돌아선다. 만일 사역자가 환자와 대면할 수 없는 상황이거나, 혹은 환자가 축사사역에 대해 잘 알지 못하여 사역 자체가 그들에게 스트레스를 준다면, 우리는 그들의 면전에서 보다는 조금 거리를 둔 곳에서 축사 사역을 하면 된다.

이 경우 선례가 있다. 예수님은 시리아 여인의 딸에게서 마귀를 쫓아내셨는데, 그때 여인의 딸은 멀리 떨어져 있었다. 그리고 예수님은 그 딸을 한 번도 만난 적이 없었다!(막 7:25-30) 비록 원거리에서 사역했을 때, 병이 나았다는 사례는 매우 적지만, 멀리서 기도하고 축사사역 하는 것을 통해 환자들의 스트레스가 줄게 되고 또 이들이 후에 우리를 찾아 얼굴을 마주하고 상담 받는 일은 가능하다. (이것은 우리의 생각의 한계로 이해할 수 있는 것과는 다르다.)

비교적 덜 훈련된 기독교 사역자들도 내적치유 과정 중 문제가 생길 때마다 해결책을 모색하는 노력을 통해 문제 해결을 기할 수 있다. 마지라는 여성이, 바로 전날 밤 강도를 만나 머리를 다쳤다고 글래디스에게 전화하여 이야기했을 때, 글래디스는 해결책을 찾기 위해 진지하게 노력해야 했다.(7장을 읽어 보라.) 이 사건을 당한 마지는 1년 전, 강간당했던 아픈 기억이 되살아나는 듯했다. 이러한 그녀의 이야기를 듣자마자 글래디스는 "혹시 아버지로부터 학대받지 않았나요?"라고 물었다. 마지가 어리둥절한 채, 그렇다고 대답하였더니 글래디스는 곧 "당신의 쓴 뿌리 기대 때문에 남자들이 당신을 학대하는 거에요."라고 했다. 그 말을 들은 마지는 어린 시절 아버지의 학대를 떠올렸고, 한 때 스스로에게 책임을 물었던 고통스런 기억을 되살려야 했다. 마지의 어린 시절 수치심은 되돌아왔다. 그리고 그녀를 치유하려던 글래디스의 시도는 정반대의 결과를 빚어냈다.

마지를 치유하기 위해 글래디스에게 필요했던 것은 심리학 전공 학위가 아니다. 그녀는 단지 '듣는 기술'만 가지고 있으면 됐다. 글래디스가 마지에게 "속 얘기를 털어놓으라"고 말했다면, 마지의 이야기와 몸짓을 잘 듣고 봐야 하는 것은 글래디스의 의무이다. 만약 글래디스가 주의 깊게 보고 들었다면 마지에게 수치심이 깊이 도사리고 있음을 발견했을 것이다. 그리고 마지에게 영향을 끼친 진정한 쓴 뿌리가 무엇인지 찾았을 것이다. 그 쓴 뿌리 기대는 '항상 내게 문제가 있어' 라는 마지의 거짓된 생각이었다. 글래디스는 마지가 당한 일에 대해서 스스로에게 책임을 돌리지 못하도록 방어하는 기도로 인도했어야 했다. 책임은 마지에게 있는 것이 아니라 마지를 학대한 사람에게 있기 때문이다. 또한 글래디스는 용서와 회복을 위해 기도해야 했고 그렇게 했다면 마지의 영혼은 소성되었을 것이다.

정신병 환자들 역시 그들의 상태가 호전되면, 보통사람들이 겪는 문제와 똑같은 문제에 대하여 기도 받을 필요가 있다. 그들도 가끔씩 '보통'의 상담이 필요하다. (예배 직후 강대상 아래가 상담을 위한 최적 장소일 것이다.)

다시 말하지만 나는 글래디스와 같은 사람들이 마지와 같은 사람을 담당하는 것에 반대한다. 사역자들은 단지 환자가 필요로 할 때, 만나며, '들음의 원칙'을 적용하여, 회개와 회복을 기하면 될 뿐이다. 그것이 내적치유 아닌가?

그들은 이러한 단순한 사역을 통해 세계에서 가장 유능한 철학자들이 해낸 것보다 더 많은 일, 더 나은 일을 하고 있음을 깨닫게 될 것이다.

John

9. 축사사역과 내적치유가 적절하지 않은 때

When Deliverance and inner Healing Are Inappropriate

사역을 하다 보면, 축사나 내적치유 모두 부적절할 때가 종종 있다. 이런 때, 사역을 하면 도움이 되기는커녕 오히려 해가 된다. 또 내적치유는 필요하지만 축사 사역이 불필요하거나 축사는 꼭 필요하지만 내적치유가 필요 없는 경우도 생긴다. 그러므로 사역자들은 언제, 어떤 사역이 필요한지를 정확하게 알아야 한다. 특히 두 가지 사역 모두 적용하면 오히려 해가 될 경우를 잘 분별해야 할 것이다.

이제 내적치유나 축사 사역 모두가 적절하지 않은 경우를 살펴보자.

깊은 우울증 Deep Depression

하루 혹은 이틀 동안 우울함을 느끼는 것과 깊은 우울증에 빠지는 것 사이엔 큰 차이가 있다. (우울증에 완전히 노출된 경우를 살펴보려면, 「상처 입은 영혼의 치유」 7장을 읽어 보라.) 이 둘 사이의 차이를 굳이 설명하자면, 하루 이틀 정도 의기소침한 사람들, 쉽게 말해서 그들에겐 희망이 있다. 그들은 자신의 기분이 곧 나아질 것을 알고 있다. 만일 그가 운동을 하거나 음악을 듣거나 혹은 숙면을 취하거나 기도하면— 스스로의 기분전환 방법이 무엇이든지 그것을 하면 — 그의 어두웠던 기분이 밝아질 것이고, 심리 상태가 안정될 것이다.

그러나 깊은 우울증에 빠진 사람은 내일이 오늘과 비교해 달라질 것이 전혀 없다는 것을 안다. 그들은 소망 없이 하루하루를 살아간다. 내일은 오늘과 같이 어두울 게 분명하다. 이것은 지극히 정상적인 현실 감각으로 느끼는 그대로다. 삶에 대한 비관적인 태도나 환자의 망각 때문에 빚어진 결과가 아니다.

우울증에 시달리는 사람들, 그들의 영혼은 기능을 상실했다. 마치 점화장치가 망가진 가스레인지와 같다. 그는 자신의 상태를 호전시키기 위해 심리학의 모든 영역을 기웃거려 보고, 많은 심리 상담자들의 사무실 문을 노크해 봤을 것이다. 하지만 아무 변화가 없다. 단지 또 다른 실패만 맛볼 뿐이다. 사람들은 "더 열심히 해 봐." "기분 전환도 좀 하고, 매사에 긍정적으로 생각해." "믿음을 가져." "이 책을 읽어 보는 건 어때?" "참, 그 식이요법이 괜찮더라." "좀 더 안정을 취하지 그러니." 등 많은 조언을 해줬다. 하지만 안타깝게도 열거된 조언 모두 아무 도움이 안 된다. 게다가 그에겐 이런 일들을 실천으로 옮길 의지조차 없다. 사람들은 좋은 의도로 이러한 조언을 했겠지만, 이러한 조언은 그들이 그의 상태에 대해 전혀 이해하지 못한다는 사실을 방증(傍證)한다. 그들의 조언은 결국 그를 더 깊은 외로움과 절망의 수렁으로 끌어내린다.

우리는 감기에 걸렸다고 감기환자를 비난하거나 정죄하지 않는 것처럼, 우울증을 앓는다고 해서 그들에게 수치심을 안겨줘선 안된다. 우울증에 빠지는 것은 믿음이 적다는 사인이 아니다. 큰 믿음의 소유자들도 우울증에 걸릴 수 있다. 이것은 또한 나약함의 표시가 아니다. 강하고 안정된 사람들 역시 우울증에 빠지기 때문이다. 이 책이 다루는 주제와 관련하여, 우울증에 대해 기억해야 할 가장 중요한 것은 우울증이 마귀의 역사와 연관되거나 억압의 영과 혼돈될 성질의 것이 아니라는 점이다.

깊은 우울증은 여러 독특한 증상으로 특정지어진다. 우울증 환자의 눈은 빛이 흐릿하고 초점이 없다. 음침한 분노가 동공 뒤에 도사리고 있지만, 그 눈은 독기를 담아낼 힘조차 없다. 어깨는 축 처졌을 것이고 다리에 힘이 없어 걸을 때마다 발이 질질 끌릴 것이다. 피부엔 혈색이 돌지 않고 머리칼의 윤기는 사라진지 오래됐을 테다.

어떤 사람은 우울증이 오래 됐음에도 겉모습을 잘 꾸며 정상 상태인 것처럼 보이기도 한다. 그렇기 때문에 사역자는 그들의 말이나 행동을 잘 살펴봐야 할 것이다. 깊은 우울증을 앓는 대부분의 사람들은 스스로에게 우울증이 있다는 사실을 인식한다. 그리고 자신이 우울증 환자라는 사실을 당신에게 이야기해 줄 것이다. 만일 겉으로 드러난 증상이 우울증으로 확인된다면, 그들의 말을 믿으라.

그들의 일하는 패턴에 변화가 생긴다. 그들은 우울증을 앓기 전보다 더 천천히 일을 진행할 것이다. 또한 자주 낙담하며 직장을 그만두고 싶어 한다. 한 때, 그들은 직장생활 중 난관에 부딪칠 때마다 싸웠고 절망에 도전했던 사람들이었다.

깊은 우울증 환자들은 그들이 과거에 즐겼던 사회생활로부터 한 발짝 물러선다. 그들은 수면 시간이 부족하다고 불평할 것이고, 아무리 잠을 자도 개운해지지 않는다고 투덜댈 것이다. 과거에 보였던 활기찬 사회성은 더 이상 보이지 않는다. 남들의 비난을 대수롭잖게 여겼던 사람이 이제 그것을 붙들고 끙끙 앓기 시작한다. 그러다가 그 비난과 함께 깊은 수렁에 잠겨 더 이상 삶에 균형을 잡지 못하는 지경에까지 이른다.

우울증은 여러 가지 원인에 기인한다. 한 가지 요인, 혹은 두 세 가지 요인의 조합이 그 원인이 된다. 가장 주된 요인은 '성취적 기질'이다. (성취 기질에 대해 자세한 정보를 얻으려면, 「속사람의 변화」라는 책의 3장을 읽어 보라.) 어린 시절 우리가 어떤 일을 잘하지 못했을 때, '나는 사랑 받지 못할 것이다' 혹은 '나는 사랑받을 자격이 없어' 라는 거짓말을 믿으면, 우리는 성취적 기질에 지배받게 된다. 성취적 기질은 공력을 쌓아야 구원을 받을 수 있다는 신학적 오류와 동일한 가치를 표방한다. 성취적 기질을 갖고 있는 사람들에겐 두려움이 삶의 원동력이다. 그들은 거절당할 것 같은 두려움, 실패할 것 같은 두려움, 정해진 기준에 도달하지 못할 것 같은 두려움, 남들이 자기를 비하할 것 같은 두려움 때문에, 열심히 일하고 또 많은 것을 성취하려고 한다. 그들은 종교의 영이 노리는 손쉬운 '먹잇감' 이다.

사람들은 성취적 기질의 극단으로부터 추락해 우울증의 흑해 속으로 빠진다. 또 여러 가지 일에 성공하다가 깊은 우울증의 수렁에 갇히게 되기도 하는데, 그것은 성공하는 동안 '네가 잘해야 사랑받는다.' 라는 거짓말이 그 진가를 발휘했기 때문이다. 그가 지금까지 잘 해왔고 시간이 지나면서 더 많은 성공을 거뒀을지라도 더 많이 사랑받거나 훨씬 더 안정적이라는 느낌을 받지는 못한다. 그러므로 그는 "그래. 여기까지다. 난 더 이상 못해. 열심히 일했는데 아무 대가가 없으니 더 이상 못하겠어."라고 말한다. 이렇게 서서히 우울증에 빠져 들어 가게 된다. 반면에 만일 그가 어떤 일을 제대로 성취해내지 못한다면, 그는 스스로를 비난하면서 어떤 일에든 덜 성취하려고 할 것이다. 그래서 덜 성취하면 기분이 나빠지게 되고, 성취감의 동기가 사라져 이후에 그가 성취하는 것은 더 적어진다. 결국 이 경우에도 그는 나선을 돌면서 깊은 우울증으로 접어들게 되는 것이다.

사랑하는 사람이 죽거나, 이혼하는 경우, 사고를 당해 수족이 잘리는 경우, 퇴직 후 고향을 떠나 친구나 교회식구와 못 만나는 경우, 직장 일에 지치거나 장기간 출장으로 가족을 못 보는 경우, 또는 친구로부터 거절당하는 경우에 받는 상처들은 우리의 감정체계를 넘어뜨려 우리를 우울증에 빠뜨릴 수 있다. 그것이 나약하다는 증거인가? 다른 사람에게 자신의 좌절감이나 상처를 표출하지 않는 강한 사람들, 역경 가운데에서 흔들리지 않는 모습을 보이려고 무던히 노력하는 사람들은 대부분 에너지가 닳아 없어진 상태일 것이다. 마치 '감정' 은행에 잔고가 바닥나 개인 파산선고를 하는 것과 같다. (그들은 자신의 에너지 대부분을 남을 위해 써버렸다.) 그러다 보니 자신을 지탱할 에너지는 하나도 남지 않았다.

다른 사람에게 상처를 주지 않겠다는 욕구와 짝을 이룬 그의 정신력이 결국 '탈진'을 야기했다. 탈진의 증상들이 그에게 나타났음을 보면 알 수 있을 것이다. (이 장의 많은 지면을 통해 탈진에 대해 살펴볼 것이다.) 하지만 우울증은 '속사람의 생명 의지 부족'이 그 특징이다. 이와는 달리 탈진한 사람의 경우 그 안엔 여전히 삶의 욕구가 역동할는지도 모른다. 그들은 단지 극도로 피곤하여 자신의 욕구를 이룰 수 없는 상태일 뿐이다. 하지만 우울증에 빠져있는 사람은 삶의 욕구마저 상실했다. 열정을 쏟고 싶은 일에 더 이상 관심을 갖지 못한다는 사실이 상처로 다가온다. 열정을 쏟으려 노력했지만 수없이 실패를 맛봐야 했다. 우울증에 갇힌 속사람은 감정의 문을 닫아버렸다. 아무것도 느낄 수 없다. 그것은 너무 가슴 아픈 일이다.

여성의 경우 산후에 찾아오는 우울증을 앓기도 한다. 체내 화학물질의 불균형이 동반되는 경우도 있다. 어떤 종류의 우울증이라도, 그 이유가 무엇이든지 간에, 체내 화학물질의 불균형과 동반될 것이다. 우울증 때문에 화학물질이 불균형이 되었느냐 아니면, 화학물질의 불균형이 우울증을 초래했느냐 하는 것은 다소, "닭이 먼저냐? 알이 먼저냐?" 하는 질문과 같다. 중요한 것은 우울증이나 화학물질 불균형 모두 치료되어야 할 대상이라는 점이다. 그래서 사역자들은 우울증을 다루는데 있어서 의료계 종사자들과 협동해야 한다.

깊은 우울증 다루기 Treating Deep Depression

모든 경우의 깊은 우울증을 다룸에 있어 다음을 기억하라: 마귀가 우울증 환자를 부추겨 그로 하여금 높은 곳에서 떨어지게 할지라도 우울증 자체가 마귀적인 것은 아니다. 우울증이란 사람의 영이 죽음을 맞아 그 기능을 상실한 상태를 말한다. 그리고 이를 다루기 위해선 끈질긴 구원 사역이 필요하다. 우울증을 마귀의 역사라고 간주하여, 우울증 증상에 대고 축사 사역을 하려는 시도는 잔인하기까지 하다!

우울증 환자들은 대부분 지나칠 정도로 양심적, 이타적이다. 만일 당신이 우울증 환자에게서 압제의 영을 쫓아낸다면, 그 환자는 잠시 해방감을 느끼게 될 것이다. 그 후, 그는 스스로가 정상적인 상태로 회복될 수 있을 거라 생각하게 된다. 그래서 희망을 다시 쌓기 시작하고 삶을 회복하기 위해 온갖 노력을 기울일 것이다. 만일 자신에게 사역해 줬던 사람을 기쁘게 할 수만 있다면 말이다….

그러나 사역자가 쫓아낸 압제의 영은 주된 원인이 아니다. 단지 환자에게 좀 더 깊은 우울증세를 안겨줬던 외부적인 요인일 뿐이다. 압제의 영이 쫓겨났어도 그의 우울증은 여전히 극한 상태로 남아있다. 그 사람은 다시금 자유롭지 못하고 회복되지 못했다는 느낌을 받는다. 결국 그는 '나는 정말 구제 불능이야'라는 생각으로 결론지을 것이다. 그리고 마귀가 자신을 사로잡았다는 생각, 하나님도 자신을 돕지 못할 거라는 생각에 사로잡히게 된다. 사역자가 그를 돕겠다고 나섰을 때보다 그의 상태는 훨씬 더 악화될 것이다.

만일 당신이 환자에게서 압제의 영을 분별했다면, 그 사실을 환자에게 알리지 말라. 그것은 마치 두 손 두 발 다 묶인 사람에게 "뜨거운 증기 롤러가 당신 머리 위에 있어요. 빨리 피해요!"라고 말하는 것과 같다. 압제의 영에 대해 그들이 할 수 있는 일은 없다. 만일 압제의 영에 대해 이야기하면, 당신은 환자에게 두려움을 가득 안겨 주게 될 뿐이다. 압제의 영을 조용히 묶고 쫓아내라. 그리고 환자의 상태가 진전 없이 지속되면, 압제의 영의 공격으로부터 환자를 피신시켜라.

우리는 우울증 환자에게 약간의 축사 사역 혹은 내적치유를 적용한 뒤 "항

우울 치료제를 하수구에 쏟아버리라"고 명령하는 어리석은 축사 사역자, 혹은 내적치유 상담자에 대해 들어 본 경험이 있을 것이다.

당신은 절대로 그렇게 하지 마라! 이것은 명백히 무허가 의료행위이며 이 때문에 당신은 고소당할지도 모른다. 그렇게 해서 환자에게 무슨 일이라도 생기면 당신은 법적인 책임을 져야 한다. 만일 당신이 우울증 환자에게 사역을 하고 나서 그가 우울증으로부터 회복되기 시작하면, 다시금 그를 담당의사에게 보내어 얼마나 호전되었는지 살펴야 한다. 대부분의 의사들은 호전된 환자를 보고 너무 기쁜 나머지 약물 투여치를 증가시킬 것이다. 하지만 의사와 함께 환자를 치료하고 계신 주님은 우리가 예상할 수 있는 약물의 유독한 효과를 자신의 능력으로 제거해 주실 것이다. 당신은 단지 이를 위해 계속 기도하라.

내적치유는 깊은 우울증으로 고통 받는 환자들에겐 적합하지 않다. 왜냐하면 내적치유는 속사람의 영혼이 자기의 죄를 대면하여 그것을 십자가에 못 박아 죽일 수 있을 만큼의 의지를 필요로 하기 때문이다. 우울증 환자는 내적치유의 혹독함을 견딜 수 있을 만큼의 에너지가 없다. 속사람을 죽이는 과정을 통과하는 것은 결코 쉽지 않다. 내적치유 가운데 감정의 변화가 일어나곤 하는데 변화된 감정은 사람의 통제 영역 밖으로 튕겨나가기도 한다. 감정의 균형을 잡는 것엔 많은 에너지가 소비된다. 그러나 우울증 환자는 균형을 유지할 힘이 없다.

우울증세가 극에 달하기 전, 즉 환자가 여전히 내리막길에 놓여 있을 때 내적치유는 환자가 완전히 추락하는 것으로부터 구해줄 지도 모른다. 그리고 환자가 충분히 회복되면, 내적치유를 통해 우울증의 근본원인이 되는 뿌리를 다뤄야 한다. 그래야만 환자가 우울증으로 회귀하지 않는다.

마찬가지로 환자를 둘러싸고 있는 마귀를 축출하는 사역은 우울증 환자가 극한에 도달하기 전에 도움을 줄 수 있다. 그리고 그 후에 환자는 기력을 회복할 것이다. 사역 중에 회복되진 않는다.

이것은 우울증 환자를 다루는 사역자가 두 가지 사항을 인지해야 함을 말해

준다. 첫째, 환자의 우울증이 어떤 단계인지 알아야 하고, 둘째 마귀의 역사가 있는지, 만약 있다면, 마귀가 어느 정도 그 환자를 압제하고 있는지, 그리고 마귀의 압제받는 원인이 있는지를 알아야 한다는 것이다. 그래야 환자의 상태가 충분히 호전될 때, 그 원인을 다룰 수 있기 때문이다.

사역자는 자신의 경험을 통해 손쉽게 우울증 환자의 상태를 간파해 낼 수 있다. 하지만 압제의 영을 분별하는 것은 쉽지 않다. 분별하는 일반적인 방법은 다음과 같이 적용된다: "어떤 사람은 마귀의 냄새를 맡음으로 분별한다. 또 어떤 이유에선지 모르겠으나 어떤 이는 마귀를 보기도 한다." 즉 저마다 분별하는 방법이 다르다는 얘기다. (7장에 마크가 영분별에 대해 이야기한 것을 상기해 보라.)

나는 스스로 짐을 지는 타입이어서 그런지 환자에게서 압제의 영이 분별될 때, 내가 압제당하는 느낌을 받는다. 나는 환자가 느끼는 억압을 느끼게 되고 이것이 곧 마귀의 역사임을 알게 된다. 저마다의 "자동 표시기"가 있으니 그것이 무엇인지 알아야 한다.

때때로 어떤 특별한 이유 없이 갑작스레 우울증이 사라지기도 한다. 이것이 사역의 결과라면 그 효과는 장기적일 것이다. 그땐, 온전한 치유를 위하여 기도 동역자를 찾아 그리스도의 부활의 능력이 그 환자 안에 접목될 수 있도록 기도를 부탁하라. 환자가 다시금 생기를 회복할 때까지 중보기도는 계속되어야 한다. 중보자를 찾을 때, 주의할 것은 불평하는 자, 소리 내어 우는 자, 번민하는 사람이나 큰 소리 지르는 사람을 피해야 한다는 것이다. 비록 이들이 환자와 멀리 떨어진 곳에서 중보 기도할지라도 우울증 환자는 이들의 무거운 감정을 느낄 수 있고, 또 다른 짐을 어깨에 메는 고통을 받기 때문이다. 밝고, 명랑하고 긍정적인 중보자를 찾아라.

일대일로 사역하라. 그룹으로는 하지 마라. 우울증 환자는 여러 사람들이 모여 있으면 힘들어 한다. 그리고 우울증 환자 대부분이 매우 예민하기 때문에 모여 있는 다른 사람들을 신경 쓰느라 자신의 에너지를 소진해 버린다. 만일 사역자 한 명이 당신과 함께하려 한다면 그 사람을 좀 먼 곳에 위치시키거나 당신 뒤에 멀찍이 서게 하여 환자로 하여금 그에게 신경 쓰지 않도록 주의하라.

그리고 사역 중, 너무 길게 기도하지 마라. 또 환자의 머리나 어깨에 손을 얹지 마라. 우울증 환자는 다른 사람 손의 무게조차 감당치 못할 것이다. 그리고 그들에게 손을 대는 것은 위로보다는 그들에게 불안과 흥분을 안겨주기 때문이다. 만일 당신이 환자에게 손을 대야 할 것 같은 느낌을 받았다면 당신의 손으로 부드럽게 환자의 손을 받쳐 들어라. 환자의 손 위에 당신의 손을 얹지 마라. 그리고 명확하게 기도하라. 주님께서 그 환자를 사랑하시고 그의 영혼에 주님의 능력이 들어가고 있음을 기뻐하는 내용으로 명확하게 기도하라. 우울증 환자들은 예민하기 때문에 그들은 대부분, 주님의 임재를 느끼려고 노력할 것이다. (느끼지 못하는 경우가 많다.) 그럴 땐 즉시 다음과 같은 말을 덧붙이라.

"주님, 지금 이순간은 형제/자매가 주님의 능력을 느끼지 못하고, 또 어떤 일이 일어나고 있는지 잘 모를 것입니다. 하지만 형제/자매는 그것을 느낄 필요도, 또 어떤 일이 일어난다고 믿어야 할 필요도 없습니다. 형제/자매가 느끼던, 느끼지 못하던 주님께선 이 일을 이루고 계시기 때문입니다. 그리고 언젠가는 형제/자매의 상태가 회복될 것을 믿습니다. 그때가 되면 형제/자매의 믿음도 회복될 것입니다. 하지만 당장은 제 믿음만으로도 족한 줄 압니다. 형제/자매는 믿음을 회복하려 스스로 노력하지 않아도 됩니다. 그리고 지금 당장 아무개의 믿음이 회복되지 않았다는 것이 주님의 사랑에 흠집을 내진 못합니다. 주께서 형제/자매의 기도를 듣고 계심을 저는 믿습니다."

당신의 기도 가운데 '만일' 이라는 표현은 절대 금기이다. "이것이 만일 당신의 뜻이라면…"이라는 문구로 기도한다면 우울증 환자는 다시 한 번 절망에 빠지게 될 것이다.

기도가 끝나면 곧 바로 자리를 떠나라. 하지만 다음의 인사는 잊어선 안 된다. "나중에 다시 만나고 싶습니다." 그리고 정확한 약속 시간을 정하라. 환자가 당신을 찾아오기를 기대하진 마라. 당신이 환자를 찾아가야 할 것이다. 만일 기도를 했는데도 우울증이 사라지지 않는다면 환자는 더 이상 어떤 노력도 기울이지 않으려 할 것이다. 그래서 당신이 그를 찾아가야 한다.

환자에게 기도하기 위해 환자의 일상으로부터 떨어진 장소를 물색하는 것은 좋다. 가능하다면 그렇게 하라. 새로운 장소는 환자의 기분전환에도 도움을 주고 환경의 변화를 통해 환자의 믿음이 격려되기도 한다. 약속 시간은 철저히 지키라. 당신이 늦는다면, 그 이유가 무엇이든 환자는 "이럴 줄 알았어. 난 또 거절당했다구! 늘 그랬지. 난 다른 사람에게 귀찮은 존재거든…"라고 생각할 것이다.

환자를 위해 계속해서 기도하라. 끈질기게 기도하라. 함께 있을 때 기도하고, 따로 있을 때 기도하라. 환자가 우울증에서 해방될 때까지 말이다. 그러고 나서야, 당신은 환자에게 남아있는 쓴 뿌리가 무엇이든 그것을 제거할 수 있게 될 것이다.

우리 기독교인은 우울증을 치유할 수 있다. 하지만 항상 의사와 협력해야 한다. 그리고 우리는 주의 깊게 사역하여야 한다. 좋은 의도와 열정을 가졌을지라도 크리스천 사역자가 종종 우울증 환자에게 해를 입힌 경우가 많다. 이런 경우는 사역을 안 한것만 못하다. 이 책이 기독교인들로 하여금 부주의한 크리스천이 되는 것에 경각심을 주어 우울증 환자에게 해를 끼치지 않도록 막아서는 역할을 했다면, 적어도 이 책은 역할을 다 감당했다고 생각한다.

탈진 Burnout

탈진은 재충전 없이 에너지를 지속적으로 사용하여 고갈된 상태를 말한다. 탈진은 종종 다른 사람을 위해 혹독하리만치 자신을 희생하는 사람들에게 종종 발생한다. 탈진은 단순한 피로와는 다르다. 피로는 숙면을 취하거나 적절한

식이요법으로 해결될 수 있기 때문이다.

　탈진은 단지 신체적인 문제뿐만이 아니다. 감정과 영혼의 문제이기도 하다. 탈진은 오랜 기간 동안에 걸쳐, 세 단계의 과정을 차례로 밟아 발생한다. 각 단계마다 진행되는 증상들을 나열하거나 어떻게 치유하는지를 낱낱이 기술하기엔 지면이 부족하다. (내 아들 로렌의 책「상처 입은 전사들, 스트레스를 극복하기」에 이러한 증상과 치유법이 자세히 소개되어 있다.)

　그 책에 기록된 자세한 내용을 여기에 압축하여 놓았다. 주님의 종들이 적어도 기초적인 지식을 갖고 각 단계를 인식해야 함은 물론 이미 상처 입은 환자들에게 더 깊은 상처를 주지 않고 치유에 도움이 되도록 하기 위한 바램에서 적어놓았다. 독자들 스스로가 탈진 상태에 있는지 자가 분별하고 확인해 보도록 아래에 탈진의 단계 별 여러 증상들도 기록해 두었다. 정직하게 판단해보기 바란다. 또한, 주의를 기울여 사역을 받을 수 없는 경우라면, 2단계와 3단계에 속한 사람들은 내적치유와 축사 사역을 받지 않는 편이 낫다는 점을 기억하라.

1단계: 신체의 증상들　Stage 1: Physical Symptoms

　'만성 피로'가 1단계의 여러 증상들을 대표한다. 휴식은 별 도움이 안 된다. 당신의 기력회복은 쉽게 이뤄지지 않는다. 하루 종일 무거운 졸음과 싸우다가 막상 잠잘 시간이 되면 잠이 잘 오지 않는다. 잠시 낮잠을 자더라도 개운한 감은 없다. 낮잠에서 깨면 마취 상태에 있는 느낌만 들 뿐, 하루 종일 무겁고 나른한 기운은 여전히 남아있다. 아드레날린의 빠른 분비로 인해 피로한 상황에서도 왕성하게 활동할 수 있다. 하지만 그에 따른 대가를 치러야 한다: 당신의 턱뼈는 잘 맞지 않아 자주 걸리는 느낌이다. 그리고 무의식 중 이를 악물게 된다. 당신은 어깨에 끝없는 고통과 근육경련을 경험한다. 정기적인 두통과 복통을 앓기 시작하며 무의식 가운데 탁자에 손가락을 과민하게 두들기거나 다리를 가볍게 떨기 시작한다.

1단계: 감정적인 증상들 Stage 1: Emotional Symptoms

이름 모를 공포가 당신의 정신을 에워싸고 근심과 걱정이 전류처럼 끊임없이 흐른다. 당신은 이들 공포와 근심을 해결하기 위해 이것들을 자신 안에 꼭 붙들어 둬야 한다는 압박감에 사로잡힌다. 평소 종종 쉽게 떨쳐냈던 사소한 일들이 이제는 개인적인 문제로 다가오기 시작한다. 당신은 칭찬을 듣기 위해서라면 어떤 노력도 서슴지 않는다. 만일 칭찬을 받지 못하면, 대화를 잘 유도해 결국 칭찬을 얻어낸다. 그러나 스무 명이 칭찬을 해 주고 단 한 사람이 비판을 가했을지라도 당신은 감정의 균형을 잃은 상태이기에 스무 명의 칭찬의 효과는 곧 사라진다.

1단계: 영적인 증상들 Stage 1: Spiritual Symptoms

이 단계에서 당신은 성령의 기름부음과 체내에 아드레날린이 급격하게 분비된 상태를 구분할 수 없게 된다. 당신은 '나의 가치는 무엇인가? 내가 진정 쓸모가 있는가?' 하고 의문하기 시작한다. 문제들은 더 이상 당신의 건강에 위협적인 요소가 되지 않는다. 단지 고통만을 안겨 줄 뿐이다. 이제 당신은 축복은 하나님의 은혜로써가 아니라 당신이 모든 일을 제대로 이뤘을 때 받는다고 생각한다. (물론 당신은 하나님의 축복이 은혜로써 주어진다는 사실을 잘 알고 있다.) 지금도 기적은 일어나지만 다른 사람에게 일어나지 당신에게 일어난다는 생각지 않는다. 친구들은 당신이 내리막길을 걷고 있다고 경고하지만 당신은 내려가는 것을 멈출 수 없다. 말씀 묵상 할 때마다, '건조한' 시간이 점점 길어진다. 무엇엔가 눌려 있다는 생각이 빈번하게 찾아와 당신의 기도를 방해한다. 당신은 내리막길을 극복하기 위해 예배 중 '높은 곳'을 갈구하기 시작한다.

2단계: 신체의 증상들 Stage 2: Physical Symtoms

1단계에서 언급한 신체 증상들의 정도가 심각해진다. 잠자는 것은 고역을 치르는 일이고 꿈꾸는 것도 힘들다. 당신은 잠 못 이룬 채, 밤새도록 뒤척인다. 마음 속 생각들이 꼬리에 꼬리를 문다. 이 단계에 이르면 아드레날린의 분출은 없다. 대신 당신은 수차례 통증과 몸의 떨림을 경험하게 된다. 당신은 또한 스트레스 중독 증세를 보이게 된다. 일을 수행함에 있어서도 가장 마지막 순간까지 미루는 습관을 보이는데, 그렇게 해야 긴박함 가운데 일을 빨리 끝낼 수 있을 거라는 기대가 있기 때문이다. 하지만 그러한 긴박감은 결국 어지러움, 메스꺼움만을 안겨줄 뿐이다. 당신의 귀에 들리는 '텅' 하는 쇠 소리는 점점 커진다. 또한 1단계에선 일종의 대가를 치르고서라도 일에 대한 성취욕을 가질 수 있었던 반면, 2단계에선 그 성취욕마저 사라져 버린다. 당신의 에너지 은행에는 더 이상 빼내어 사용할 에너지가 없기 때문이다. 당신이 쉽게 떨쳐내던 질환들 – 예를 들면 최근에 쉽게 떨쳐버렸던 감기 같은 질환 – 때문에 당신은 자리에 눕게 된다. 그리고 회복하는 데에도 많은 시간이 소요된다.

2단계: 감정적 증상들 Stage 2: Emotional Symtoms

당신은 '안목'을 거의 잃어버린 상태다. 한 가족이 당신의 교회를 떠나고, 단골손님이 당신의 사업장을 떠난다. 그리고 당신의 기분은 최악이다. 당신은 이제 실패를 '소망' 한다. 당신은 감정을 조절하지 못한다. 그리고 사람들이 당신을 알아볼까봐 두려워한다. 그래서 당신은 사람들을 피하게 되는데 거의 대부분 당신에게 도움을 줄 수 있는 사람들을 피하는 것이다. 그리고 다른 모든 1단계의 감정적 증상늘이 더 심각한 단계로 변한다. 처음으로 당신의 성생활에 문제가 생긴다. 남성의 경우 지속적인 발기에 어려움을 느끼고 여성들은 성생활 자체가 자신을 괴롭히는 일이라고 간주하여 이를 꺼려한다.

2단계: 영적인 증상들 Stage 2: Spiritual Symtoms

당신은 텅 빈 자원을 갖고 사역한다는 느낌을 떨쳐버릴 수 없을 것이다. 당신은 안목을 잃어버렸기 때문에 수하에 있는 사람들이 제대로 일을 해낼지 의심한다. 결국 당신은 그들에게 책임을 위임하지 못한다. 당신은 당신 스스로가 책임을 지는 편이 차라리 낫지, 후에 그들에게서 받게 될 '실망감' 이라는 감정과 대면하고 싶지는 않을 것이다. 결국 당신은 자신의 어깨 위에 더 무거운 짐을 올려놓는다. 또한 당신은 스스로가 성령의 흐름 가운데 행동할 것이라고 믿지 못한다. 그래서 경험과 논리로 되돌아가고, 육체 가운데 더 열심히 노력하게 된다. 당신은 영적인 악몽을 꾸게 되는데, 꿈속에서 당신은 겉만 번지르르한 사역을 하게 된다.

친해야 하고, 상호간에 도움이 되어야 하는 주변 사람들로부터 당신은 더 많은 것을 얻어내려고 애쓴다. 당신은 당신의 사역 가운데 여전히 일어나고 있는 좋은 일에 대해선 장님과 같다. 사람들이 도와달라고 전화를 걸어오면, 당신의 속에선 분노가 일지만, 그들과 이야기 하게 되어 기쁜 척하는 자신의 모습을 볼 때 위선을 느낀다. 당신은 울거나 절망하는 외침을 동반하여 하나님께 분노를 표하기도 한다.

3단계: 신체적, 감정적, 영적인 증상들
Stage 3: Physical, Emotional and Spiritual Symtoms

3단계는 한 단어로 정의된다. 무능력이다. 이제 잠자는 것은 고통이다. 당신은 겉만 번지르르한 사역을 이끌고 가는 악몽을 꾼다. 뿐만 아니라, 그 악몽 속 영적 전쟁에 불려 나온 당신이 칼을 빼내었을 때, 그것도 힘에 겨워 아주 천천히 칼을 빼내었을 때, 그 칼은 물에 불은 국수가닥처럼 흐느적거린다! 당신은 마귀에게 소리를 지르나 단지 늘어난 카세트 테잎처럼 아주 느린 속도로 천천히 말하게 된다. 손가락을 두들기거나 신경질적으로 다리를 떠는 것도 이제 없다. 당신은 그렇게 할 힘도 없기 때문이다.

당신이 느끼는 통증은 매우 심하다. 당신은 척추지압사의 치료를 견디지 못한다. 척추에 연결된 신경조직에 에너지가 사라졌기 때문이다. 매일 두통이 수시로 찾아온다. 당신은 자주 소변을 보고 만성 소화 장애를 경험한다. 당분 섭취는 감히 생각도 못한다. 설탕을 먹었을 때 즉각적인 고통으로 이어지기 때문이다. 심장은 종종 박동을 멈춘다. 숨은 가빠진다.

다른 사람들과 친밀감을 갖는 것은 거의 불가능하다. 당신은 사람들이 당신의 면전에 있는 것을 참아내지 못한다. 당신의 배우자도 더 이상 반갑지 않다. 부정적인 생각을 떨쳐낼 수 없고, 다른 사람에게 책임을 위임할 수도 없다. 당신은 편집증 환자처럼 말하는 스스로의 모습을 발견하게 된다. 또한 편집증세와 거의 비슷한 증상을 보인다. 그러한 증상을 보이지 않으려고 애쓰니 차라리 나오는 대로 말하고 되는대로 행동하여 '미쳤다'는 소리를 듣는 편이 더 쉽다. 하지만 당신은 곧 그러한 모습을 절제할 것이다. 왜냐하면, 그러한 행동에 대한 다른 사람들의 곱지 않은 시선을 감당하며 살아갈 에너지가 없기 때문이다. 당신은 벼랑 끝에 서있다.

해야 할 것, 하지 말아야 할 것 What to Do, What Not to Do

좋은 의도를 갖고 있지만 무지한 크리스천 사역자들이 2,3단계에 있는 탈진 환자들에게 너무나 자주, 안 좋은 영향을 끼쳐왔다. 실제로, 하나님의 백성들은 무지해서 망한다.(호 4:6)

환자의 탈진 상태가 2단계까지 진행되면, 상황은 계속 더 악화되기 마련이다. 환자는 아마 바닥까지 내려갈 것이다. 그렇다 할지라도, 우리는 하지 말아야 할 것에 대해 알고 있어야 한다. 이미 말했지만, 축사 사역이나 내적치유 둘 다 부적합하다. 환자가 자신의 마음에 축조한 '육체'의 건물을 십자가의 죽음으로 인도하는 내적치유에는 많은 에너지가 필요하기 때문이다. 탈진 환자는 대부분 성실하기 때문에 '아무것도 할 수 없는 답답함'도 끈기 있게 견뎌낸다. 실제로, 탈진이라는 무게 아래 있는 많은 것들에 '죽음'이 일어났다. 성취적 기질, 자기 의, 자기 가치, 자기 통제, 자기희생 등이 죽음으로 인도되었다. 하지만 이들 중 어떤 것도 치유를 통해 죽음으로 인도되지 않았다. 주님은 이들의 일중독 기질을 이용하셔서 이들을 무너뜨리셨다.(마 21:44)

마귀는 탈진해있는 용사의 주변에 머물기를 좋아한다. 그 용사의 고민과 어려움을 이용하여 그를 더 압제할 수 있기 때문이다. 만일 당신이 마귀를 내쫓는다면, 그 환자는 짧은 시간 동안만 호전될 것이다. 그리고 얼마 안 있어 그의 상태는 악화된 상태로 복귀될 것이다. 탈진한 용사들 주위에는 그가 처해있는 상황을 이야기하지 않으면서 그를 보호할 수 있는 중보기도의 용사들이 필요하다.

2, 3단계에 있는 사람들은 충고하거나 질책, 또는 치유와 축사 사역을 하지 않은 채, 그저 기다려 줄 수 있는 친구가 필요하다. 2단계에 있는 환자들은 오후 한 때, 종교색깔 없는 유쾌한 대화 모임에 참여하기도 한다. 그들에겐 '악마 같은 전화'로부터 보호해 줄 수 있는 사람들도 필요하다. 이들은 아마 전화기로부터 1~2미터 떨어진 거리에 앉아있을 것이다. 그래서 전화가 오면 당신이 받아야 한다. 그리고 "지금 자리에 없습니다."라고 말하라. 그렇다고 해도 당신은 거짓말하는 것이 아니다. 왜냐하면, 감정적으로나 영적으로나 환자는 그 자리에 없기 때문이다.

당신이 환자를 위한 중간 차단막이 되어주는 것도 좋다. 모임에 갔을 때, 환자에게 달려드는 거머리를 제거하라. 두서없이 말 많은 사람들은 환자의 에너지만을 소진시킬 뿐이니 그러한 사람들로부터 환자를 보호하라.

만일 당신의 환자가 사역자였다면, 그의 얼굴을 보면서 앞으로 그의 사역 가운데 좋은 일만 생길 것이라고 반복하여 이야기해 주라. 그러나 그 좋은 일이 어떻게 진행될 것인지는 말하지 마라. 왜냐하면 그 좋은 일이 일어날 것에 대해 그가 책임을 느낄 수 있기 때문이다. 만일 좋은 일이 즉각적으로 발생하지 않으면 그는 스스로를 비난할 것이다.

그와 농담을 주고받으라. 그 사람 모르게 그의 짐을 떼어버리라. 그의 팔을 붙잡고 기도해 줄 수 있는 밝고 명랑하고 행복한 사람들을 구하라. 그가 쉴 수 있도록 그의 안식일을 철저히 보호하라. 심지어 그 사람 자신으로부터도 '안식'을 보호해 줘야 할 것이다. 그리고 그가 분노를 폭발하더라도 그를 질책하지 마라. 특히 그가 사랑하는 당신에게 화를 내거나 당신에게 곱지 않은 시선을 주더라도 그를 질책해선 안 된다.

    3단계 환자는 자신의 세계와 분리되어있다. 당신은 그를 찾아다녀야 할 것이다. 그를 만나면 애정의 표시로 자주 붙잡아주라. 그러나 머리에는 손을 대지 말고 가볍게 터치하는 정도로 붙잡아 주면서 격려의 말을 곁들이라. 앞에 언급한, '2단계 환자에게 해야 할' 모든 일을 하되 기도의 용사들은 두 배로 붙여줘야 한다. 그가 더 긴 시간 동안 휴식을 누리도록 그의 안식일을 연장시키는 것도 필요하다. 하지만 주의해야 할 것은 환자를 돌봄 없이 긴 시간의 안식을 허용하면, 병세가 오히려 악화 될 수 있다는 것이다. 이는 탈진으로부터 환자를 꺼내어 우울증의 블랙홀 속으로 빠뜨리는 경우라 하겠다.

    탈진 상태에 있는 사람들은 자신을 위해 스스로 지킬 수 있는 일들을 배워야 한다. 가벼운 식사를 하고, 당분 섭취는 되도록 피하며, 자주 휴식해야 한다. 전문가들이 처방한 방법으로 운동해야 하며, 안식일을 거룩하게 지켜야 한다. 근심을 잊을 수 있는 건전한 취미생활을 하고 무엇보다 가장 중요한 것은 동료와 말할 때, 진솔하게 그리고 마음을 열고 이야기하는 것이다. 탈진 환자들에게 공통점을 찾는다면 그것은 그들이 일중독자라는 점, 그리고 탈진으로부터 회복되는 유일한 방법은 화학치료에 의존하는 환자들이 회복되는 방법과 유사하다는 점이다. 그 방법은 "그들은 바닥까지 내려가야 한다."는 것이다.

    1단계의 환자를 돕는 사람은 상식적으로 할 수 있는 모든 것을 해야 한다. 그들에게 축사 사역 혹은 내적치유가 필요한지도 알아봐야 한다. 만일 당신의 사역이 1단계 환자들로 하여금 2단계로 진행되지 못하도록 막아서지 못할 경우 당신이 하지 말아야 할 한 가지는 "좌절하기"이다. 주님께서 환자의 일 중독

증만을 다루실 뿐, 사역 가운데 다른 어떤 일도 일어나지 않았다면, 그것은 아마도 그 환자를 바닥까지 치닫게 하시려는 주님의 계획 때문일 것이다. 주님의 계획이 그렇다 할지라도 우리는 환자의 보호를 위해 밤샘하며 기도해야 한다. 어둠의 권세가 틈타지 못하도록, 그리고 환자의 신경이 쇠약해지고, 그의 의지가 꺾여 넘어졌을 때, 성적인 유혹의 먹이로 전락하지 않도록 보호해야 한다.

탈진의 상태까지 이르는 데에는 수년이 걸린다. 마찬가지로 치료 역시 **빠르게 이뤄지지 않는다**. 3단계의 환자가 원기를 회복하기까지 최소한 3년의 시간이 걸린다. 그때까지 그들의 기력은 마치 얇은 얼음판 위에서 스케이트 타는 것 같은 양상을 보인다: 체내 에너지는 항상 떨어지는 추세에서 잠시 증가했다가 다시 떨어지는 양상을 취한다. 그들은 스스로 절제해야 한다. 마치 알콜 중독자 회복 프로그램이 환자의 회복 의지와 병행될 때 톡톡히 효과를 발휘하는 것처럼 그들을 위한 치료 프로그램이 제대로 작용하기 위해선 그들의 노력이 절실히 요구된다.

마지막으로 고려할 점: 대부분의 사업장, 그리고 안타깝게도 많은 교회에서 리더가 그들의 약점을 드러내기 시작하면 피 냄새를 맡은 '상어떼'가 주변을 맴돌기 시작한다. 우리 모두는 중상과 헛소문의 공포에 빠져 곤욕을 치르는 사람들을 보아왔다. 만일 당신이 속한 교회, 혹은 사업장의 리더가 탈진 상태에 있다면, 그를 사랑하는 당신과 그 일원들 모두는 세 가지 일을 해야 한다.

첫째, 당신은 사람들로부터 그를 보호해야 한다. 예를 들면, 리더의 상태를 사람들에게 말해주되, 리더의 상황에 대하여 되도록 적게 물어 볼 것 같은 리더의 측근에게만 이야기하라. 그렇지 않고 이 사람 저 사람에게 이야기한다면 많은 사람들은 당신이 하는 이야기를 가십거리로 만들 것이다. 그 이야기는 결국 리더의 귀에 들어가게 되고 이야기를 들은 리더는 신경쓰게 될 것이다. 당신은 수군대는 사람들의 입심이 리더에게 아무 영향을 끼치지 못하도록 방어하는 기도를 해야 한다. 그리고 좋은 의도지만, 축사 사역과 내적치유를 받지 못하도록 리더를 보호해야 한다.

둘째, 당신은 '욥의 위로자'를 이용하여 리더에게 힘을 행사하려는 마귀로부터 리더를 보호해야 한다. 하지만 당신이 이렇게 한다는 사실을 리더에게 이야기해선 안 된다.

마지막으로, 당신은 실망해선 안 된다. 리더 앞에서 항상 밝고 긍정적인 자세를 유지하되 자랑하는 모습은 보이지 마라. 리더의 현실감각이 떨어질 때, 당신은 리더가 의지할 수 있는 감정의 닻이 되어주라. 당신이 그의 친구이건, 배우자이건, 그는 당신의 사랑 가운데 안식해야 한다. 그리고 자신이 얼마만큼 추해지던지 당신의 사랑은 결코 흔들리지 않을 것이라는 사실, 당신이 그를 버리거나 그에게 화가 나서 그를 정죄하는 일은 절대 일어나지 않을 것이라는 사실을 그가 깨달을 수 있도록 도와야 한다. 그러므로 일어서라. 이 모든 일을 마친 후에 일어서라!(엡 6:13)

성추행과 근친상간 Molestation and Incest

성적으로 학대를 당하거나 근친상간 당한 사람에게 어떻게 사역하는지 가르치기 위해 지면을 할애하진 않겠다. 그것은 책 한 권 정도가 필요할 것이기 때문이다. (폴라의 책「성학대의 피해자를 치유하기」를 보라.) 나는 축사 사역이나 내적치유가 적절하지 않은 경우를 기록하는 것에 집중했다.

어린 시절 성추행 당한 경우 대부분 아이들은 믿었던 권위자로부터 성추행을 당했는데, 이들은 종종 마귀의 역사같이 보이는 행동을 한다. 이들은 어린 시절, 밤마다 갑작스런 두려움에 질리곤 했을 것이다. 현명하지 못한 축사 사역자들은 곧 그들에게 두려움의 마귀가 들어갔다고 이렇게 하면 문제가 해결되리라 생각하여 마귀를 쫓아내는 명령을 할 것이다. 그러나 문제는 두려움이 여전히 그곳에 있다는 것이다. 추행이 수개월 혹은 수년 동안 지속되지만 않는다면, 보통 어린이들은 추행당했던 기억을 곧 억눌러 버린다. 그 가능성이 없어졌을지라도, 아이들은 아픈 기억을 계속해서 억누를 것이다. 두려움 때문이다. 성추행 사건이 종료되었던, 아니면 여전히 지속되던 상관없이 피해 아동이 두려움을 갖는 것은 정상적이라 하겠다.

두려움의 마귀를 쫓아내는 사역은 부분적인 안정을 가져다 줄 수 있다. 하지만 두려움에 대한 근본적 원인은 남는다. 지속되는 두려움은 점차 심화될 것이다. 이들을 자녀로 둔 부모(상처를 주지 않는 부모)는 자녀를 목욕시킬 때, (자녀에게 직접, 혹은 자녀로부터 떨어져서) 자녀에게 위로하는 기도를 하라고 교육받아야 한다. "온전한 사랑은 두려움을 내어 쫓는다."(요일 4:18)

성추행을 당한 어린 아이는 아마도 포르노그라프에 집요하게 관심을 기울이며 관음증과 같은 변태적 증상을 보일 것이다. 그리고 다른 아이들을 성적으로 괴롭힐 것이다. 이들이 성장한 후엔, 어쩌면 난잡한 성행위를 일삼게 될지도 모른다. 그것을 정욕의 마귀 짓이라고 간주해 버리면 문제 해결은 쉽다. 그러나 마귀가 문제의 핵심은 아니다. 물론 그들의 증상에 마귀의 역사가 있을 수 있지만 말이다. 축사를 하면 더러운 마귀는 결국 쫓겨 나겠지만, 피해자가 마귀를 저항할 수 있을 때까지 온전한 치유가 이뤄지지 않으면, 마귀는 되돌아온다. 우리는 더 심한 일곱 귀신이 초대되는 것을 원하지 않는다.

이미 상처 입은 어린이들은 성숙하지 못한 교회 사역자들에 의해 다시금 깊은 상처를 입곤 한다. 사역자들은 어린이를 향해 손을 펼쳐 마귀에 대고 소리 지르는 사역을 한다. 사역한 다음 날, 아이가 회복되기를 기대했지만, 아이는 더 심한 상처를 덧입은 상태다. 결국 많은 아이들은 그리스도의 몸 된 교회를 떠나고 믿음을 져버리기도 한다. 그리고 자신 외에는 아무도 믿을 수 없다는 결론을 내리고 만다. 그들이 내린 결론은 그들을 더 큰 어려움과 문제 속으로 빠뜨린다.

성적으로 피해를 입은 어린이들은 과도할 정도로 다른 사람의 말에 의존한다. 하지만 그것은 순종하는 마음에서가 아니라 두려운 마음에서 기인한 행동이다. 그러나 그들이 스스로를 의존하기 시작하면서 오랫동안 억압해왔던 분노가 그들의 감정을 지배하여 그들은 반항적이고 폭력적인 행동을 취한다. 특히 십대에 이러한 현상이 잦은데, 권위자들이 그들의 신뢰감을 무너뜨렸기에 이들에겐 권위자에 대한 반항과 폭력이 지배적이다.

다시 한 번 말하지만 이것을 반항의 마귀 역사라고 간주해 버리면 문제는 간단하다. 하지만 마귀가 문제를 악화할 수는 있겠지만, 마귀가 문제의 근원은 아니다. 그리고 반항의 마귀를 쫓았다고 해도 별 도움이 되지 않을 것이다. 성폭력의 피해자가 용서할 준비가 되었을 때 마귀는 떠날 것이다. 용서야 말로 마귀가 발 붙일 수 있는 땅을 제거해 버리기 때문이다. 축사에는 명령하는 외침이 필요하기도 하지만 성숙함은 축사를 쉽게 한다. 오랫동안, 인내를 갖고 환자의 마음의 소리를 듣는 것, 그리고 그 마음을 끈질기게 치유하는 것은 축사에 선행되어야 한다. 그렇게 하지 않으면 이미 상처가 큰 환자에게 더 심한 상처를 안겨주게 된다.

분노 Angers

가끔씩, 오랫동안 묻어둔 분노는 겉으로 표출될 필요가 있다. 분노가 항상 적절한 방법으로 표출되는 것은 아니다. 실제로 대부분의 경우 적절한 방법으로 표출되지 않는다. 하지만 카타르시스로써 분노를 표출하고 있는 사람에게 "그만해! 이제 스스로를 통제하라구!" 라고 말하는 것은 주변사람들이 그의 마음을 이해하지 못한다는 사인이다. 더군다나, 그가 분노를 표출하는 것을 이렇게 막는다면 앞으로 수개월 혹은 수년을 더 기다려야 그 분노가 다시 드러나게 될 것이고 그때가 되어야 그 사람의 치유가 가능할 것이다. 그에겐 분노를 표현할 자유가 필요하다. 그리고 우리는 어디에 분노를 쏟아야 할지 알려줌으로써 그를 도와야 한다. 그러면 용서와 치유도 가능케 될 것이다.

우리는 자주 '잘못 표출된 분노' 라고 불리는 것을 다룬다. 분노가 깔끔하게,

표출되어야 할 영역에 제대로 표출 된 적은 거의 없다. 만일 약속시간을 까먹고 약속장소에 늦게 나와 아내를 추운 날씨에 오랫동안 기다리게 했던 남편에게 아내의 분노가 쏟아지는 경우를 보아라. 남편에게 정당하게 쏟을 분노 외에 종종 또 다른 분노가 더해진다. 이제 곧, 남편뿐만 아니라 다른 사람들, 예를 들면 어린시절 자신을 성적으로 학대했던 아버지에게 쏟아져야 할 분노가 남편 앞에서 표출되기 시작한다. 이런 내담자와 상담하는 상황에선, 결론으로 성급하게 뛰어들지 않는 사역자가 필요하다. 물론 이유가 명백하고 단순하지만 말이다.

때때로, 이러한 사람들에게 사역하기 위하여 약간의 이해, 혹은 동정심을 갖고 들을 귀만 준비하면 되는 경우가 있다. 눈앞에 드러난 내담자의 감정의 동요는 사역자가 보고 그냥 지나칠 수 없는 표식이 된다. 그래서 아픈 기억으로 가득 찬 그의 내면이 치유될 필요가 있다는 결론에 도달된다. 또 다른 경우, 치유가 전혀 일어나지 않을 수 있다. 가로막는 영이 자신의 현존을 위장하려고 그 사람의 분노를 이용할 수 있기 때문이다.

나는 사역자들이 지혜와 민감함을 갖추기를 부탁한다. 그래야 성령께서 우리를 통해 하고자 하는 일 그리고 환자가 원하는 일이 이뤄질 수 있기 때문이다.

큰 피해는 너무 빨리, 그리고 너무 쉽게 축사나 내적치유를 적용하는 사역자들에 의해 발생한다. 기억하자. 시간이 우리의 친구이고, 서두름은 우리의 적이라는 것을… 만일 우리가 실수를 저지를 상황이라면 "너무 적게 했기 때문에" 저지른 실수이길 바란다. "너무 많은 것을, 너무 쉽게 빨리" 했기에 벌어진 실수가 아니길 바란다. 성령을 기다리는 사람에게 성령의 인도가 있을 것이다.

다중 인격 장애 Multiple Personality Disorder

다중 인격 장애에 대해 마크가 8장의 일부분을 할애하여 다뤘다. 과거에는 다중 인격 장애의 사례가 꽤 드물었으나 최근에는 경악하리만치 빠른 속도로 환자가 증가하고 있다. 그 원인은 이 세대가 하나님으로부터 돌이켜 부패한 생각을 추구하기 때문에(롬 1:24-32) 많은 사람들이 어린 시절 커다란 상처를 받게 된 것에 기인한다.

다중 인격은, 앞서 살펴본 것처럼, 어린 시절의 상처와 충격으로 인한 고통을 다루기 위해 환자 스스로가 자신 안에 여러 인격들을 창조해놓기 때문에 발생한다. 개인의 내면에 있는 각각의 인격은 모두 깊은 상처를 안고 있으며 저마다 다른 삶의 내력을 갖고 있어서 서로의 존재를 인식하지 못한다. 그들 가운데 보통 '중심(주된) 인격'이 있어 문지기 역할을 하는데, 각각의 인격이 정해진 시간에 중앙 무대에 올라설 수 있도록 길을 터주고 문을 여닫는 역할을 담당한다.

이러한 사실을 알지 못하는 축사 사역자들은 겉으로 드러나는 현상이 그 사람의 정상적인 인격이라는 사실을 모를 것이다. (7장에 언급되었던 '미스티'의 경우처럼 말이다.) 그리고 사역자는 곧 마귀가 그 사람 안에 들어갔다고 결론지을 것이다. 하지만 이것은 마귀의 역사가 아니다. 겉으로 드러난 인격들은 그 사람의 일부분이다. 그러므로 성숙하지 못한 축사 사역을 통해 그 사람을 구성하고 있는 일부가 찢겨져 나가는 상황이 발생할 수도 있다. 그 사람의 인격들은 축출 대상이 아니라 오히려 받아들여지고, 구원되어야 할 대상인 것이다.

평상시엔 꼼꼼하고 예의바르게 보이는데 가끔씩 요부처럼 행동하는 여성이 있다. 그녀가 성숙치 못한 사역자를 만나 축사 사역과 '충돌' 하게 되었는데, 후에 어떤 일이 일어났느냐고 물었더니 그녀는 울면서 고백하기를 "내 안에 그녀가 죽었어요. 그녀가 죽었다구요."라고 했다. 사역자에 의해 그녀의 일부가 비참하게 도륙당한 것이다. 요부의 모습으로 대표됐던 그녀의 일부가 다시 살아나 치유받기까지는 수년의 시간이 걸렸다.

최근 다중 인격 장애에 대한 좋은 책들이 많이 나오고 있다. 당신이 이들 환자에게 사역하기 전, 여러 권의 책을 읽을 것을 권한다. 큰 피해는 서두름에서 주어진다. 또 사역자 자신이 단지 '믿는 자' 라는 이유로 능치 못함 없이 모든 것과 싸워 이길 수 있다는 과도한 자신감 때문에 환자들은 큰 피해를 입는 것이다.

간곡히 부탁하는데, 사도 바울의 두 가지 훈계를 기억하라. "스스로 지혜 있는 체 말라"(롬 12:16) 그리고 "내게 주신 은혜로 말미암아 너희 중 각 사람에게 말하노니 마땅히 생각할 그 이상의 생각을 품지 말고 오직 하나님께서 각 사람에게 나눠주신 믿음의 분량대로 지혜롭게 생각하라."(롬 12:3)

술과 마약 Alcohol and Drugs

술과 마약은 우리 육체 속에 '중독'을 창조해낸다. 이 두 가지 중독물의 이면엔 커다란 견고한 진과 '지배와 통제'라는 정사가 숨어 있다. 우리의 형제들을 눈멀게 하고 중독의 족쇄에 묶어 버린 마귀와 견고한 진을 대적하는 것은 도전할 만하다. 하지만 주님이 주시는 출전 명령 없이 전쟁에 나간다면 당신은 평생토록 풍차와 싸웠던 돈키호테와 다를 것이 없다!

술과 마약 중독자들을 다루기 위해선 축사와 내적치유 모두 필요하다. 그러나 적절한 때와 적절한 방법으로 이 두 가지 사역이 적용되어야 한다. 중독자들은 자신의 중독 사실을 부인하는데도 계속해서 내적치유와 축사 사역을 받으라고 강요하는 것은 어리석은 일이다.

부인에는 여러 단계가 있다. 가장 심한 단계는 약물 중독자가 자신에게 문제가 있음을 전혀 인정하려 들지 않는 경우이다. 그 다음 단계는 자신에게 어려운 점은 인정하지만 스스로 해결할 수 있다고 말하는 경우다. 하지만 그는 스스로를 통제할 수 없는 상황에 놓였다는 사실을 인정하지는 않는다. 마지막 단계, 그는 곧 "여기 탁자 위에 술 좀 갖다 놓지?"라고 말할 것이다. 그는 스스로가 중독자임을 인정한다.

자존심과 스스로 잘 해나갈 수 있다는 거짓된 생각을 온전히 내려놓기 전까지, 내적치유나 축사 사역은 그가 거부할 수 있는 영역이다. "이것 봐, 난 언제든지 도움을 받을 수 있어. 지금은 모든 것이 다 잘 되어 간다구. 그러니 날 좀 내버려 둬" 내적치유 혹은 축사 사역이 시도되기 전, 그는 반드시 절주를 선서

해야 한다. 그리고 자신이 선서한 것을 확고하게 지지해줄 수 있는 '금주 12단계 과정'과 같은 좋은 프로그램에 참여해야 한다.

나는 당신이 시간을 내어 당신이 거주하는 지역의 약물 남용자들과 만나보는 것을 권한다. 'AA 모임'(Alcoholics Anonymous:단주친목회)에 참석해보는 것도 좋다. 당신이 사는 마을에 전문가가 있다면 찾아가서 그들의 의견을 참고하라. 그들은 대부분 누군가가 자신의 지혜에 관심을 갖는다는 사실에 놀라고 기뻐할 것이다. 그들로부터 중독을 어떻게 멈추는지를 배우라.

이렇게 하는 과정 중에, 하나님이 당신더러 하지 말라고 하신 것을 축사와 내적치유로 행하려 했던 당신의 열정이 검토될 것이다. 당신은 곧 겸손해질 것이다. 당신이 사는 지역의 전문가들과 함께 일하라. 그리고 만일 내적치유나 축사 사역이 꼭 필요한 경우라면, 당신의 사역은 훨씬 더 적절해질 것이다. 그리고 환자에게 큰 도움을 주는 것은 물론 당신은 중독의 근원도 발견하게 될 것이다.

사역이 필요한, 다른 많은 경우 Other Ministry Situations

수없이 많은 경우를 예로 들 수 있다. 낙태의 경우, 그 배후에 마귀나 견고한 진이 도사리고 있어서 내적치유를 해야 할 필요성이 있다. 도망과 거절, 별거와 이혼, 가족 내 불화, 탐욕과 질투, 낙태, 그리고 입양되도록 버려진 아이들의 문제… 이러한 모든 상황의 배후에 마귀의 역사가 있을 수 있다. 그 근원을 제거하기 위해 내적치유가 필요하다.

어떤 사역이라도 사역에 임하기전 갖춰야할 으뜸가는 조건이 있다. 그리고 그 필수조건은 모든 사역에서 공통된다. 성령님과 피사역자에게 귀 기울이는 훈련, 성령님께 민감한 태도 그리고 주님께 순종하는 태도가 그것이다. 그리고 동역자들과 조화를 이루는 것 또 개개인의 겸손도 필요하다.

어떤 누구도 사역 가운데 넘어져선 안 된다. 아무리 성령님의 말씀을 듣고 행하려고 노력했을 지라도, 그리고 앞선 사역자들의 지혜를 답습하려고 노력했을 지라도, 우리 모두는 시행착오를 통해 배운다. 정직하고, 근면한 사역 중에 실수를 행하게 됐다면, 수치심을 느낄 필요는 없다. 주님은 우리가 실수할 것도 이미 염두에 두셨다. 우리가 주님을 위해 하는 모든 일에 대해 주님은 미리 아시고 이에 대해 암시해 두셨는데 인간의 더러운 물을 최상급의 포도주로 바꾸신 사건이 그것이다.(요 2:1-11)

사역 가운데 비난 받아야 할 때는, 다름 아닌 시행착오로부터 배우는 것, 믿음의 형제자매로부터 간증을 듣는 것이 싫어질 때이다. 이것은 우리가 교만하기 때문이다. 성령의 긴박한 부르심에 순종해야 한다는 가면 속에 도사리고 있는 교만 때문에 우리는 성급하게 일을 그르치곤 한다. - 이런 경험이 없는 사람이 누가 있겠는가? - 그럴 때마다 우리는 겸손한 맘으로 다음과 같이 기도해야 할 것이다. "주님, 내 육체의 열정을 죽음으로 인도해 주세요. 교만으로부터 나를 건지사, 당신의 말씀과 형제들의 간증을 듣게 하소서. 내가 사역하고 있는 사람들에게 내가 민감하게 반응하도록 도우시고, 당신의 일에 사용될 수 있도록 나를 빚어 주세요."

Section 2

마귀의 다양한 역사로부터의 축사사역과 내적치유

Deliveramce and Healing from Types and Functions of Demons

John

10.
장소를 축사하기

Deliverance and Inner Healing

Delivering Places

　몇 년 전, 하나님의 성회에 소속된 한 목사와 그의 아내가 내가 사는 지역으로 와서 경찰과 여러 목사들을 한데 불러 모으고는 확실한 소식통으로부터 들은 이야기라면서 그곳에 모인 사람들에게 사탄 숭배자들이 쿠어달렌(Coeur D' Alene) 근처 아이다호의 래스드럼(Rathdrum) 초원에 자신들의 본부를 짓고 있다고 말했다.

　그 목사의 아내는 회심하기 전, 한때 기독교 사역을 방해하려는 목적으로 여러 교회들에 파송된 사탄숭배교의 선교사였다. 그녀는 회중 속에서 '사역'을 했다. 그녀는 내면에 들리는 목소리를 통해 자신이 파송된 교회 소속의 교인들의 취약점을 알게 되고 회중 가운데 불신과 오해, 그리고 중상과 모략의 씨앗을 퍼뜨려 연합이 깨질 때 까지 분열을 일으켰다. 결국 교회는 어려움을 겪게 되었다. 그러면 그녀는 곧 다른 교회로 사역지를 옮겼다.

　그녀는 여전히 사탄 숭배자들과의 연결책을 유지하였기 때문에 그들의 계획을 알고 있었다. 사탄 숭배자들은 단지 사람들로부터 멀리 떨어진 곳, 고립되거나 아름다운 경치가 있는 장소에 그들의 본부를 건축하지 않는다. 그들은 어느 정도 죄악이 축적된 지역을 찾는다. 그러한 장소에서 안전함을 느끼기 때문이다. 그 목사님은 경찰관과 목사들에게, 과거에 이미 사탄 숭배자들이 래스드럼 초원에서 활동을 했었다고 이야기해 줬다. (그곳에서 그들의 활동은 믿음의 기도용사들이 모여 중보기도하며 그들을 쫓아낼 때까지 계속됐다.) 하지만 그 목사의 아내는 "당신들은 그들을 쫓아내는데 성공했지만, 악이 축적된 땅을 깨끗게 하는 것을 잊었습니다. 그래서 사탄 숭배자들이 다시 오는 것입니다. 우리는 그들의 회귀를 막을 시간이 있을 동안 정화하는 기도를 해야만 합니다." 모여 있던 목사들 중 몇몇은 자리를 박차고 떠나버렸다. 그들에게 이러한 이야기는 그들의 신학적 한계 너머에 있었기 때문이다. 하지만 나머지는 귀담아 들은 후, 기도하기 시작했다. 그리고 사탄 숭배자는 그곳에 돌아오지 않았다. 우리는 영적인 퇴적물이 한 지역에 '때를 묻힌다' 는 것을 배운 적이 없다. 그리고 마귀가 실제로 지역에 거주하는지 아닌지도 배워 본 적이 없다. 우리는 단지 예수님께 그 땅을 보혈로 씻어 주고, 그의 거룩한 불로 태워 마귀나 사탄 숭배자들이 진입할 통로가 무엇이든 그것을 제거해 달라고, 또 그 땅을 정결케 해 달라고 구했을 뿐이다.

땅, 장소의 더럽혀짐 Defilement of Lands and Places

우리는 어떤 경유로 영적 퇴적물이 땅에 남게 되는지 알 수 없다. 또한 그 퇴적물들이 무엇인지, 어떤 역할을 하는지도 알 길이 없다. 하지만 최근에 개발된 사진 기술을 통해 다음의 일은 가능해졌다. 만일 어떤 지역에 사람이 살았는데 그 사람이 스트레스를 많이 받았다고 하자. 그가 거주하던 지역을 떠나고 난 후 그곳에 남아있는 에너지가 무엇이던지 우리는 그것을 사진에 담아낼 수 있게 되었다. 과학자들은 푸른색 식물들이 '감각적인 인상' 을 담아낸다고 말한다.

그리고 돌, 광석은 실제로 그 근처에서 일어났던 사건을 '기록' 한다고 한다. 이 것은 창세기 4장 10절의 말씀을 기억나게 하는데 "네 아우의 핏 소리가 땅에서 부터 내게 호소하느니라." 그리고 이스라엘의 땅이 그 땅에 거주하는 자의 죄 때문에 더럽혀졌음도 기억하라.(레 18:24-25) 음악이나 음성이 레코드, 테잎 또는 CD에 저장되는 세대에서 어떤 장소가 영향을 받아 사람들이 이것을 느끼 거나 감지한다는 사실은 그리 놀랄 일이 아니다.

모텔 룸에 들어가면서 즉각적으로 생각하길, '이 장소에선 안 좋은 기분이 들어. 이 장소를 깨끗케 해 달라고 주님께 기도하기 전에는 잠을 이룰 수가 없 겠어.' 하는 신자가 얼마나 많은가?

중국에선, 집을 비우고 멀리 여행을 떠날 때, 이웃의 기독교 가족에게 "여행 기간 중, 우리 집에 와서 계시면 안 될까요?" 하고 부탁을 한다고 한다. 특히 가 족 중 누군가 죽었을 때, 기독교 가정에 이렇게 부탁하는 것이 일반화 되었다고 극동지역에서 돌아온 한 선교사가 이야기해 주었다. 그들이 집으로 돌아왔을 때, 기독교인들의 기도 때문에 자신의 집이 깨끗해지고, 온전한 분위기를 갖게 되었음을 감지한다.

한번은 수년 동안 행복한 결혼 생활을 즐겨왔던 부부가 상담을 받으러 나를 찾아왔다. 그들은 종종 의견의 불일치를 경험했지만 즉시 해결하곤 했다. 현재 그들은 끊임없이 싸우고 있다. 서로 이해해주지 못하는 것은 물론, 그리스도 안 에서 연합하지도 못한다. 그들 개인의 이력을 검토하면서, 나는 그 둘 모두 애 정 깊은 가정에서 자랐음을 발견했다. 그 둘 모두 다 온전한 사람들이다. 그러 나 그들이 다툴 때, 다툼의 내용이나, 정도 그리고 빈도는 그들의 성격이나 평 상시 그들이 반응하는 태도와 사뭇 달랐다.

성령께서 갑자기 내 마음에 그들이 거주하는 장소에 대해 물어보라는 감동 을 주셨다. 그 부부는 최근에 집을 장만하여 이주했는데, 그 집의 내력을 물었 더니 그들도 들어서 알게 된 사실을 이야기해 주었다. 앞서 그 집에 살았던 부부가 다섯 쌍이 있었는데 다섯 부부 모두 앙심을 품고 이혼을 했다는 것이다. 그래서 나는 그 건물 내에 무언가 축적된 것이 있음을 알게 되었다. 마귀는 분열시키는 것을 목적으로 집에 축적된 것을 이용하고, 또 그 영향력을 강화시켰다.

우리는 시간의 한계에 제한 받지 않으시는 주님께 그 집의 역사 속으로 들어가 마귀의 불결한 모든 것을 제거해 달라고 부탁했다. 우리는 그 집에 거하는 모든 마귀가 쫓겨나기를 기도했으며, 원한과 불화의 모든 앙금이 제거되어 집이 정결케 되기를 간구했다. 만일 우리가 그 집의 내력에 대해 주님께 묻지 않았더라면, 그 집엔 아마도 더 악한 마귀들이 들어 왔을 것이다. 깨끗이 소제된 사람 속에 일곱 귀신이 더 들어 온 경우에서처럼 말이다. 그렇게 기도한 후, 이 부부는 그 집에서 행복하게 살았다.

이 사례를 보면서, 내적치유와 축사 사역이 어떻게 접목될 수 있는가 생각해 보라. 전에 이야기했지만, '내적치유'는 바른 명칭이 아니다. 이것은 '성화'이다. 주님의 보혈과 십자가 그리고 부활을 구원받지 않은 영역이 어디든지 그곳에 적용하는 사역이다. 사람, 동물, 식물 그리고 장소는 모두 나름의 내력을 갖고 있다. (어떤 사건이 발생하면, 이들에게 흔적이 남는다.) 치유 받지 못한 자국이나, 마귀의 흔적은 마귀의 권세가 진입하는 통로가 되어 사탄의 역사를 가능케 한다.

회개하지 않은 상태에서 축사 사역을 하거나 내적치유를 하면 사람 속에 있는 사탄의 거주지가 제거되지 않는다. 마찬가지로, 그 부부가 살던 집의 내력 속, 마귀의 흔적들을 제거하지 않은 채 투쟁과 원한의 마귀를 내쫓는 것만으론 충분치 않았다.

사람, 동물, 장소 혹은 사물에도 내적치유와 축사 사역은 함께 이뤄져야 한다. 만일 마귀를 내쫓지 않고 내력만을 치유한다면, 우리의 사역은 가로 막는 영에 막혀 치유의 효과를 거의 보지 못하게 된다. 반대로 치유 없이 마귀만을 내쫓는 다면, 치유로 정결케 되지 않은 집은 마귀를 다시 초대하여 마귀에게 삶의 터전을 제공할 것이다. (오늘날까지 베두인 유목민들은 이러한 이유 때문에 바빌론의 폐허에 천막을 치지 않는다. 재밌는 것은 요한 계시록 18장 2절에 바빌론이 '마귀의 처소'라고 기록되어 있다는 것이다.)

주님이 정말 시간을 역행하여 역사를 횡단하시면서 치유하시는지 혹은 과거에 일어난 사건이 미치는 현재의 영향력만을 치유하시는지, 우리는 알 수도 없고 알 필요도 없다. (만일 주님이 시간을 초월하지 않으신다면, 십자가 사건의 효과는 예수님이 처형당하신 날 끝났을 것이고, 우리는 지금 죄 가운데 슬퍼할 것이다.) 어쨌든 나는 이 영역을 주님께 맡긴다. 우리 기도의 응답으로 주님께서 시간의 한계를 넘어서 치유하시는지, 아니면 현재까지 내려오는 효과를 치유하시는지 내가 알 수는 없다. 우리가 어떤 사물의 내력을 깨끗케 해달라고 기도하면 그분이 그렇게 하신다.

마태복음 12장 43절부터 45절까지, 주님께선 부정한 영이 어떤 남자로부터 나와 물없는 땅을 돌아다니며 쉴 곳을 찾아보려했으나 구하지 못했다고 말씀하신다. 그리고 마귀는 말하길 "내가 나왔던 내 집으로 돌아가야 겠다."고 했다. 마귀는 쉼을 얻을 장소와 거주할 집을 찾는다. 그들이 육체(살) 속으로 들어가 살기를 선호한다는 사실은 알고 있지만, 그들이 쉴 수 있는 장소는 어떤가? 그것이 실제 집인들 상관없지 않은가?

거주할 집과 장소 Inhabited Houses and Places

"이보게 호레이쇼, 하늘과 땅엔 자네가 생각하는 것 이상의 많은 것들이 있다네." 셰익스피어의 햄릿이 그의 친구에게 말했다.

1950년대 말, 폴라와 나는 일리노이 주, 스트리터 지역에 있는 "제일 회중교회(First Congregational Church)"를 섬겼다. 나는 당시 YMCA와 연결되어 있는 청년회에 소속되었다. 한번은 YMCA 사람들이 파티를 열고는 모든 회원 부부를 초대했다. 그 파티는 YMCA에서 최근에 구입한(싼 가격에) 큰 오두막에서 열릴 예정이었다. 그 오두막은 마을에서 15킬로미터 정도 떨어진 곳에 위치했다.

폴라와 내가 그곳에 갔을 때, 우리는 곧 근심과 염려가 맘속에 일어나는 것을 느꼈다. 그 장소엔 뭔가 잘못된 것이 있다는 느낌이었다. 하지만 너무나 많은 사람들이 그곳에 운집했기에 우리는 서로 떨어진 곳에 자리 잡게 되어, 대화를 나눌 수 없었다. 파티가 끝나고 나서야 서로 이야기할 수 있었는데, 폴라와 나는 서로의 느낌을 비교해본 후 파티가 진행되는 동안 서로가 같은 반응을 보였다는 사실을 알게 되었다.

식사 후, 연설 시간이 있었는데, 연설자는 높은 발코니로 올라가 그곳에서 몇 마디 이야기를 했다. 폴라와 나는 식사시간 내내 뭔가 잘못됐다는 느낌이 들었다. 그리고 연설자가 발코니에 올라가 이야기를 시작할 때 근심하기 시작했다.

연설자는 후에 우리에게 이야기하길, 긍정적이고 격려하는 메시지를 준비했으나 자기도 모르게 그곳에 모인 사람들의 근거 없는 허점들에 대해 통렬히 비난을 가하게 되었다고 했다. 그날의 파티는 씁쓸한 느낌으로 끝났다.

귀가한 뒤, 폴라와 나는 주님께 무엇이 잘못되었는지 물어봤다. 주님은 곧 우리에게 환상을 열어 주셨는데, 우리가 본 것은 키가 크고 몸이 야윈 남자가 밧줄과 체인에 묶인 채 바닥에 누워 있는 모습이었다. 그 남자는 증오를 발산하고 있었는데 그것이 그날 파티의 연설자를 더럽혀 남을 꾸짖는 발언을 하도록 한 것이었다.

우리는 주님께 밧줄에 묶인 남자가 누구인지 물었다. 그는 그 건물의 원래 주인으로서 1920년대 주 상원의원으로 지냈던 사람이라고 주님은 말씀하셨다. 그리고 그는 이곳에서 난잡한 성행위 파티 및 방종한 술잔치를 열었음을 알려 주셨다. 주님은 또한 그가 발코니 뒤편의 홀에서 자살했다고 말씀해 주셨다.

또한 동시에 우리 부부는 그 건물이 화염에 휩싸이는 동일한 환상을 보았다. 주님은 그 오두막 건물이 사탄의 '주유소' 역할을 하면서 사탄이 이 땅을 더럽히도록 돕는 장소였다고 말씀하셨다. 그리고 주님은 곧 그 건물을 파괴하고 그 땅을 정결케 하실 계획이라고 말씀하셨다. 환상 속에서 그 화염은 상원의원이 누웠던 곳으로 번져 나갔다. 우리는 그 남자에 대해 어떤 일을 해야 하는지 물었다. 주님은 "아무것도 할 것이 없다. 단지 그 남자를 내게 맡겨라."라고 대답하셨다.

그 후 며칠이 지나, 우리는 그 장소의 내력에 대해 이야기해 줄 수 있는 거의 모든 사람을 찾아 묻기 시작했다. 그 건물은 정말 상원의원의 소유지였고, 금주법이 시행된 기간 동안 난교 파티와 유흥의 건물로 사용되었다. 그리고 상원의원은 실제로 자살 했다. 아무도 그 건물을 사려고 하지 않았다. 그래서 YMCA가 싼 값에 그 건물을 살 수 있었던 것이다.

우리는 YMCA에 그 건물을 팔라고 충고했다. 물론 그 이유에 대해선 말하지 않았다. 그들은 어쨌든, 우리 충고를 듣고 6개월 뒤, 걸스카우트에 건물을 팔았다. 걸스카우트는 여름 캠프 장소를 구하려고 그 건물을 구입했다. 하지만 걸스카우트가 그 건물을 산 지 몇 주 지나지 않아 그 건물은 완전히 불타 없어져 버렸다. 다행히도 보험처리가 되어 걸스카우트는 그 장소에 새로운 건물을 지었는데, 후에 우리가 듣기로는, 그 장소가 십대의 어린 소녀들이 사용하기에 아주 아름다운 캠프장소가 되었다고 한다. 우리 주님은 그 장소를 정결케 하시고 구원하셔서 하나님 나라를 위한 장소로 사용하셨다!

오늘날까지 폴라와 나는 그 키 크고 야윈 남자의 모습 속에서 무엇을 보았는지 알지 못한다. 아마 우리는 가계의 영, 사람 혹은 가정에 배치된 사탄의 '천사'가 아니었나 생각한다. 그 마귀가 사람의 목소리와 인격을 흉내 낸 것이 아니었을까 생각한다. 아니면, 그 남자의 영이던지 말이다. (즉, 근처에 다가오는 사람은 누구든지 괴롭히는 유령 말이다.)

일부 교회는 사람이 죽으면 곧 바로 지옥으로 던져지든지, 천국에 들어가든지 둘 중 하나라고 강력하게 주장한다. 다른 교회에선 사람의 영이 어떤 이유에서든, 천상의 거주지로 들어가는 것이 아니라 이 땅에서 떠도는 영(문자 그대로 유령)이 된다고 믿는다.

나는 그리스도의 몸 된 교회의 모든 지체들에게 사역을 하기 때문에 이들의 논쟁에 휩싸이고 싶은 생각은 없다. 하지만 아래의 이야기는 '이 땅에서 떠도는 영'에 대해 조명해 볼 수 있는(혹은, 의구심을 일으킬 수 있는) 일종의 추론이 될 것이다.

영육간의 "분리"에 대한 성경의 미스테리
Mysteries in the Bible About the Departed

성경은 영육간의 분리에 대해 의구심을 불러일으킬 소재가 있는 내용들을 언급하고 있다.

> 이에 성소 휘장이 위로부터 아래까지 찢어져 둘이 되고 땅이 진동하며 바위가 터지고 무덤들이 열리며 자던 성도의 몸이 많이 일어나되 예수의 부활 후에 저희가 무덤에서 나와서 거룩한 성에 들어가 많은 사람에게 보이니라 – 마태복음 27:51-53 (NIV)

당시 이들의 영은 어디에 있었나? 본문은 단지 "자던(죽은) 성도의 몸이 많이 일어나되"라고 말할 뿐이다. 어떻게 영 없이 몸(육신)이 살아 움직일 수 있는가? 이들 성도는 후에 어떻게 됐는가? 그들이 안식하려고 천국으로 되돌아갔는가? 성경은 이야기하지 않는다. 하지만 분리된 영이 지옥이나 음부(스올 Sheol)에 내려가지도 않고 천국으로 올라가지도 않았다는 명백한 증거가 성경에 기록되어 있다.

베드로는 분리에 대해 이야기하면서 그 영이 어디에 거주하는지 말한다.

> 그리스도께서도 한 번 죄를 위하여 죽으사 의인으로서 불의한 자를 대신 하셨으니 이는 우리를 하나님 앞으로 인도하려 하심이라 육체로는 죽임을 당하시고 영으로는 살리심을 받으셨으니 저가 또한 감옥에 갇힌 영들에게 전파하시니라 그들은 전에 노아의 날 방주 예비할 동안 하나님이 오래 참고 기다리실 때에 순종치 아니하던 자들이라 방주에서 물로 말미암아 구원을 얻은 자가 몇 명뿐이니 겨우 여덟 명이라 –베드로전서 3:18-20 (밑줄 친 부분은 내 해석이다.)

> 이를 위하여 심지어 죽은 사람들에게도 복음이 전파되었으니 이는 육체로는 사람처럼 심판을 받으나 영으로는 하나님처럼 살게 하려 함이니라
> – 베드로전서 4:6 (밑줄 친 부분은 내 해석이다.)

감옥에 갇힌 영들과 죽은 사람들은 무엇을 의미하는가? 많은 교회에서는 하나님의 공의 아래, 대홍수 전에 살았던 영들에게 예수님이 찾아가 복음을 전했다는 설명에 동의한다. 어떤 이는 예수님께서 그들에게 설교하신 메시지는 단지 "너희들이 받은 형벌은 공의롭다"는 내용뿐이었다고 주장하지만 베드로 전서 4장 6절의 부인할 수 없는 말씀은 그들 역시 "하나님처럼(하나님의 뜻대로) 살게 하려고 예수님이 그들에게 복음을 전하셨다"고 증거 한다. 그러면 이 사람들은 어디에 있었나? 그것은 알 수 없지만, 분명한 것은 예수님께서 복음을 받아들인 사람들을 그들이 있었던 곳보다 더 나은 처소로, 즉 천국으로 옮기셨다는 것이다. 이것은 하나님의 은혜다. 성경에 의구심을 갖게 하는 또 다른 의문은 엔도 지역의 한 무녀에 관한 이야기에서 찾을 수 있다. 그녀는 사울 왕의 명령에 죽은 사무엘 선지자의 영을 불러 일으켰다.

여인이 사무엘을 보고 큰 소리로 외치며 사울에게 말하되 "당신이 어찌하여 나를 속이셨나이까? 당신이 사울이시니이다." 왕이 그에게 이르되 "두려워 말라 네가 무엇을 보았느냐?" 여인이 사울에게 이르되 "내가 신이 땅에서 올라오는 것을 보았나이다." 사울이 그에게 이르되 "그 모양이 어떠하냐?" 그가 가로되 "한 노인이 올라오는데 그가 겉옷을 입었나이다." 사울이 그가 사무엘인 줄 알고 그 얼굴을 땅에 대고 절하니라 사무엘이 사울에게 이르되 "네가 어찌하여 나를 불러 올려서 나로 분요케 하느냐?" 사울이 대답하되 "나는 심히 군급하니이다. 블레셋 사람은 나를 향하여 군대를 일으켰고 하나님은 나를 떠나서 다시는 선지자로도, 꿈으로도 내게 대답지 아니하시기로 나의 행할 일을 배우려고 당신을 올렸나이다" – 사무엘상 28:12-15

우리는 앞으로 15장에서 강신술(그리고 위의 이야기)에 대하여 더 자세히 살펴볼 것이다. 여기서는 단지, 오늘날의 강신술자들(무당)이, 죽음으로 인해 육체에서 분리된 영들보다는 가계의 영들과 더 많이 접촉한다고만 말해 두겠다. 위의 이야기에서 엔돌의 무녀가 안식하고 있는 사무엘을 실제로 불러 올렸다고 봐도 실수가 아닐 것이다. 그녀가 본 것은 신성한 모습으로 보이는 한 존재였다.(삼상 28:13) 하지만 그는 천국에서 내려온 존재가 아니고, 스올이나 음부 혹은 지옥에서 내려온 기원전 사람의 모습도 아니었다. 그는 신성한 모습으로 땅에서 올라왔다. 그는 단순히 땅에서 올라왔다. 그렇다면 사무엘의 영은 어디에 있었는가?

누가복음 16장 19절에서 31절에 기록된 거지 나사로의 이야기로부터 많은 학자들은 죽음으로 분리된 자들과 이 땅 사이에 큰 공간이 놓여 있다고 주장한다. 그래서 죽은 자들이 이 땅으로 돌아오는 것은 불가능하다고 이야기한다. 하지만 공간이 존재한다면 확실히 사무엘은 그 공간을 가로질러 사울에게 나타난 것일 테다!

성경은 풀리지 않은 수많은 미스테리와 수수께끼들로 가득 차있다. 그래서 우리가 겸손할 수 있고 편견을 갖지 않을 수 있는 것이다.

살아 있는 사람을 괴롭히는 유령들 혹은 가계의 영들
Ghosts or Familiars Afflictiong the Living

수없이 많은 경우 나는 살아있는 사람으로부터 죽은 사람의 영 혹은 유령을 쫓아달라는 부탁을 받았다. 대부분은 죽은 사람의 친척들이 이러한 부탁을 해 왔다. 일리노이주에서 내가 섬겼던 교회에 캐나다 출신의 한 여자 성도가 있었다. 그녀는 미국으로 건너와서 한 농부와 결혼했다. 하루는 그녀와 내가 그 가정 소유의 농장을 거닐다가, 예수님을 구주와 구세주로 영접하도록 그녀를 인도했다. 그리고 그녀가 이에 응했다.

순간 그 작은 여성에게서 아주 굵직한 남성의 목소리가 튀어나왔다. "나도, 구원 받을 수 있나?" 나는 뒤통수를 한대 얻어맞은 듯 멍하니 있다가 불현듯 마귀 혹은 유령 아니면 가계의 영(확실히 그녀가 아닌 무엇)이 그녀를 통해 내게 말을 걸고 있다는 사실을 깨달았다. 하지만 나는 아랑곳 않고 계속해서 그녀에게 복음을 전했다. 그리고 나는 그녀를 통해 말하고 있는 존재가 무엇이든 내가 전하는 복음을 듣고 있다는 사실을 알게 되었다.

우리가 그녀의 집으로 돌아왔을 때, 나는 정신을 가다듬고 그녀의 구원을 위해 그리고 그 존재로부터의 해방을 위해 기도할 준비를 했다. 그때 주님은 내게 말씀하시길, 어린 시절 그녀는 몰몬교도였던 양아버지를 위해 자신의 마음속에 특별한 자리를 마련해 두었다고 하셨다. 그리고 그녀의 결혼 생활이 불행했다고 말씀해 주셨다. 나는 주께서 주신 이 지혜의 말을 확인하기 위해 그녀에게 이야기했고 그녀는 정확하다고 대답했다. 그런 후 성령께서 말씀하시는 것 같았는데, 양아버지가 죽은 뒤 그의 영이 그녀를 돕기 위해 찾아 왔는데, 그의 영이 그녀에게 묶여 활동할 수 없었다는 것이다.

이것은 정말이지 내 신학적 사고와 지식을 넘어서는 이야기다! 나는 스스로 물었다. '혹시 내가 지금 속이는 영의 말을 듣고 있는 건가?'

오늘날까지, 나는 이것에 대해 모른다. 많은 사람들은 내가 모든 것을 혼미케 했다고 생각하면서 나의 무지에 대해 질책할 준비가 되어 있을 것이다. 어쩌면 그녀 속에 내재하던 가계의 영이 그런 말을 했을 수도 혹은 정말 속이는 영이 함정을 파 놓고 나로 하여금 거짓 교리를 믿도록 준비해 놓은 것일 수도 있다. 나는 비난 받을 것을 각오하고 여기에 내 경험을 이야기하겠다. 왜냐하면, 많은 주의 종들이 내가 겪은 것과 비슷한, 혼동되는 사건들을 경험한 뒤, 이단으로 치부될까 두려워 이러한 경험을 이야기하는 것을 꺼려하기 때문이다.

하나님의 자녀들이여! 빛 가운데로 걷자. 그리고 우리의 짐을 서로 나누자. 우리는 어쩌면 해답을 생각해낼 수 없을 지도 모른다. 주님께서 모든 진실을 우리에게 알려주시지 않았기 때문에 해답을 찾는 것은 불가능할 수 있다. 하지만 우리가 함께하면, 우리는 적어도 외로움을 물리칠 수 있다. 그리고 우리의 기력을 빼앗기 위해 사탄이 이용하는 두려움을 떨쳐낼 수 있다.

이러한 이야기를 들었거나 앞으로 듣게 될 사람에게 부탁하건데, 제발 성급히 결론짓고 당신의 형제, 자매가 당신의 시야를 넘어서는 일에 연관함으로 죄에 빠졌다고 비난하지 말길 바란다. 기독교인이라면 다른 어떤 사람들보다, 같은 기독교인에게 자유롭게 자기 자신을 드러내야 할 필요가 있다. 우리는 자신의 마음을 털어놓는 형제, 자매를 참소하거나 두렵게 하는 일은 해선 안 된다.

> 새 계명을 너희에게 주노니 서로 사랑하라 내가 너희를 사랑한 것같이 너희도 서로 사랑하라 너희가 서로 사랑하면 이로써 모든 사람이 너희가 내 제자인줄 알리라 - 요한복음 13:34-35

만일 당신의 형제가 와서 자신의 경험을 털어 놓는다면, 그리고 만일 그들의 경험이 마귀와 관련되어 있다면 당신은 당신 자신과 그 형제가 보호되기를 조용히 기도하라. 당신의 두려움은 당신 안에 가두라. 그리고 당신의 형제가 경험한 사건들을 다 이야기할 수 있도록 도우라. 당신이 해답을 줄 필요는 없다. 하지만 그 형제의 마음과 생각은 그 경험으로 인해 상처 받고 또 두려워할 것이니, 당신이 잠잠히 그들의 고백을 들어주는 것을 통해 중요한 치유가 이뤄지고 있음을 기억하라.

자 이제, 일리노이주의 농장으로 되돌아가자. 그 농부의 아내는 한 때 캐나다로 돌아가야만 한다는, 끊이지 않은 생각에 수년 동안 괴롭힘 당했다. 그러한 생각들은 이내 그녀의 정신을 파고들어 "여기는 내가 있을 곳이 못돼."라는 생각으로까지 자라났다. 그녀는 불행한 결혼 생활을 청산하고 고향으로 돌아가고 싶어 했다. 이제 그녀의 귀향욕구는 '죽음'의 욕구로 변하였고, 그러는 동안 그녀는 가끔씩 극단적인 슬픔과 외로움과 싸워야 했다. 이러한 느낌과 생각들이 며칠, 혹은 몇 주 동안 계속되는 가운데 그녀는 깊은 우울증 속으로 한 걸음, 한 걸음 빠져 들어갔다.

그러나 주님께선 오래 전에 그녀의 결혼 생활을 치유하셔서 당시 일리노이에서의 삶은 평안했다. 캐나다로 가야할 명백한 이유도 사라진 상황이었다. 하지만 그러한 생각들은 계속 되었다.

그녀 안에 있는 영의 정체는 정확히 알 수 없었지만, 그 영이 캐나다에 속해 있다는 것은 알았다. 그리고 그녀 안에 있는 그 영은 계속해서 캐나다로 돌아가야 한다는 생각을 했는데, 그 영은 마치 그녀가 이러한 생각을 스스로 한 것처럼 가장했음을 깨달았다. 그래서 나는 그녀와 함께 예수 그리스도를 구주와 구세주로 영접하는 기도를 드렸고, 주께서 그의 천사를 보내어 그 영을 쫓아달라고 기도했다. 그 영이 마땅히 가야 할 곳으로 가도록 말이다. 그리고 이 여인의 어린 시절을 치유해 달라고 주님께 부탁했다.

이 양아버지는, 그녀가 버림받았던 끔찍한 어린 시절 그녀에게 긍휼을 베풀었던 유일한 분이었기 때문에 그녀는 자신의 마음으로부터 단 한 번도 양아버지를 떠나보낼 수 없었다. 그래서 나는 그녀가 양아버지를 위해 애도할 수 있도록 그리고 정신적으로 그를 떠나보낼 수 있도록 도와달라고 주님께 기도했다. 그리고 주께서 이 여인의 일생에 함께 해달라는 기도와 함께 고통 가운데 주님이 가르쳐 주신 모든 것을 그녀가 소중히 간직할 수 있도록 인도해 달라고 주님께 부탁했다.

그녀 안에 일어났던 생각이나 느낌이 그 영으로부터 기인한 것인가? 아니면 그 생각들이 당시 주님을 구세주로 영접하지 않았던 그녀의 일부였다고 할 수 있는가? 남편과 행복한 결혼 생활을 영위했음에도 불구하고 아직 치유되지 않은 상처와 어린 시절 캐나다에서의 아픈 기억들로 가득 차있었기 때문에 그 생각들이 그녀를 괴롭혔던 것인가? 어쩌면 모두 가능성 있다. 어떠한 것이 사실이든, 우리가 기도한 뒤, 그녀는 '향수'의 느낌이나 캐나다로 돌아가야만 한다는 생각에 괴롭힘 당하지 않았다.

그녀의 성대를 통해 내게 말한 것은 누구, 혹은 무엇이었나? "양아버지의 영이 그녀의 영과 묶여 그녀를 떠날 수 없다"라고 말한 것은 성령님이었는가 아니면 속이는 영이었나? 사랑하는 사람이 죽었을 때 그들이 천국이나 지옥으로 가지 못한 채, 이 땅에 남아 있는 것이 가능한가? 양아버지를 떠나보내고 싶지 않은 그녀의 의지가 어느 정도 작용하여 그를 이 땅에 묶어 둔 것인가?

독자 중 몇몇은 그들이 이해한대로 해석한 성경말씀을 내게 보낼 것이다. 물론 그들은 자신의 성경에 대한 이해가 절대적이라고 생각할 것이다. 그러나 나는 "주님께서 말씀을 더 명료하게 하셨다면.." 하고 바랄 뿐이다. 그리고 그리스도의 몸 된 교회에게 간청하건데, 자신의 지식을 너무 '자신하지' 말길 바란다. 이 장에서 나는 일부러 내가 이해하는 영역 너머에 있는 미스터리 경험들을 기록해 두었다. 우리 모두는 겸손해야 한다. 구원의 중심이 되는 진리 외의 많은 일들에 독단적이 되어선 안 된다.

이 여성의 이야기는 축사와 내적치유가 병행된 경우다. 만일 그녀의 속사람이 많은 상처들 속에 파묻히기로 결심했다면, 내가 그녀에게서 쫓았던 것이 무엇이든지 그것은 다시 초청될 것이고, 열린 상처를 통해 되돌아오지 않았겠는가? 만일 내가 그것을 축사하지 않았다면, 그녀에게 행한 내적치유 사역이 방해되거나 치유효과가 사라지지 않았겠는가?

예수님께서 길가에 떨어진 씨앗에 대해 "마귀가 와서 그들의 마음에 뿌려진 말씀을 빼앗아, 그들로 하여금 믿지 못하게 하고 구원받지 못하게 한다."라고 말씀하신 것을 기억하라.(눅 8:12) 여기서 "구원"에 해당하는 헬라 어원은 '온전케 되다' 라는 뜻을 갖고 있다. 결국 이 말씀은 우리가 치유 받지 못하도록, 그리고 그리스도인으로 온전히 변화되지 못하도록 마귀가 우리의 마음으로부터 말씀을 빼앗아 간다는 이야기다. 온전한 치유와 그리스도 안에서의 풍성한 삶은, 많은 경우 내적치유와 축사 사역 없이는 불가능하다.

축사를 위한 기도 Prayers for Deliverance

이미 이야기했지만, YMCA의 파티에서 보았던 키가 크고 야윈 남자의 모습으로 나타난 존재가 무엇인지 폴라와 나는 알지 못한다. 우리가 여러 집과 교회에서 축사 사역 하는 중에 보았던 것이 죽은 사람의 유령인지 아니면 죽은 사람의 모습을 가장한 가계의 영인지 알지 못한다.

하지만 이런 것을 아는 것이 능력 있는 기도의 용사가 되기 위한 필수 조건은 아니다. 축사를 목표로 한다면, 유령인지 가계의 영인지를 아는 것은 중요하지 않다. 축사를 위한 기도는 오직 주님을 믿는 믿음으로 인해 효과를 나타내기 때문이다. 축사 기도는 어떤 특정한 신학을 옹호하는 기도가 아니다. 폴라와 내가 축사 사역을 해야 하는 상황에 처하면, 우리는 단지 예수의 이름으로 '그것'을 묶고(그것이 무엇인지는 중요치 않다) 주의 천사들에게 그것을 맡길 뿐이다.

죽음으로 육체와 분리된 기독교인의 영은 살아있는 사람을 괴롭히지 않는다. 그 영이 천국으로 곧장 들림 받지 않더라도 말이다. 하지만 사악한 사람이 죽은 후는 어떤가? 그의 영 혹은 그들의 가계의 영이 어떤 해를 끼칠지, 누가 알겠는가? 이것이야 말로 누구도 온전히 알 수 없는 미스터리이다.

나는 단지 이것에 대해 생각하고 기도하라는 말밖에 할 수 없다. 그러나 만일 어떤 사람이 죽었을 때, 만일 생전에 그가 주님을 믿지 않았고 이 땅에 살면서 많은 해악을 저질렀다면 천사들을 보내어 그러한 사람의 영이 가야 할 곳으로 보내 달라고 주님께 부탁하는 것은 잘못된 것이 아니다. 우리는 또한 그 사람의 악한 행실의 내력을 치유해 달라고 기도할 수 있다.

축사 사역을 하는 사람 중에는 마귀나 영들을 눈으로 보고 "이 사탄의 종아! 내가 너를 지옥의 구덩이로 쫓아내노라."하고 소리치는 사람이 있다. 나는 그렇게 마귀에게 심판을 내리는 것이 지혜롭지도 못하고 성경적이지도 못하다고 믿는다. 그리고 마귀에게 저주를 퍼붓는 것이 성경적이지 못할뿐더러, 지금은 아직 마귀에게 저주할 때가 아니라고 본다. 유다서의 말씀을 보라! "또 자기 지위를 지키지 아니하고 자기 처소를 떠난 천사들을 큰 날의 심판까지 영원한 결박으로 흑암에 가두셨으니."(유 1:6) 심지어 우리 주님도 이미 겉으로 드러난 거짓의 천사들을 '불의 구덩이'로 쫓아내지 않으셨음은 명백한 사실이다. 주님은 그들을 심판의 날까지 감금해 두고 계신다.

그러므로 심판의 날이 오기 전까지, 마귀가 어디로 쫓겨날 지는 우리와 아무 상관이 없다. 예수님께서 마귀의 '군대'에 사로잡혀 고통 하는 거라사인과 마주쳤을 때를 기억해보라. 예수님은 마귀들을 지옥의 구덩이로 쫓지 않으시고 돼지 때로 도망치도록 허락하셨다. 무슨 이유에선지 모르지만, 예수님은 지혜와 자비 가운데 그렇게 하셨다. 결국 돼지들은 바다로 뛰어들었고 거기서 익사했다. 우리가 맞서 싸우는 것이 마귀든지 유령이든지 상관없이 주님은 그의 천사를 보내셔서 그것을 쫓으실 것이다. 또 그것이 어디로 쫓겨나야 하는지는 주님이 가장 잘 아신다. 주님이 아신다!

나는 영들 혹은 유령들이 주변사람들에게 어떻게 영향을 끼치는지 알지 못한다. 또한 YMCA가 소유했던 오두막의 경우처럼, 장소나 건물이 어떻게 마귀의 주유소로 사용되는지도 알지 못한다.

내가 알고 있는 대로라면, 주유소는 악한 영들에게 에너지를 제공하는 교두보이다. 말하자면 그들의 휴식처, 혹은 주님의 천사들로부터 잠시 동안 안전하게 피할 수 있는 은신처 역할을 한다. 그곳은 명백히 어둠의 권세에 사로잡힌 지역으로서 마귀들이 전투를 위한 에너지를 충전할 수 있는 곳이다. 인간의 군대로 치면, 그곳은 장교들이 머무르는 기지로서 주님의 왕국 가운데 어디를 공격할지, 그 다음 공격 목표를 결정하는 곳이랄 수 있다.

기독교인의 민감함을 올바로 다루기
Rightly Handling Christian Sensitivities

한동안, 주님께선 우리 부부의 장소에 관한 민감함을 '미세조정' 하셔서 우리가 교회 건물이나 개인 소유지에 갈 때 곧 어떤 종류의 영이 그곳에 거주하는지 감지하게 하셨다. 그래서 우리는 교회든지 사업장이든지 그 곳의 리더들이 연합하는지 분열되었는지, 혹은 그 곳에 한번도 치유되지 않은 '좋지 못한 내력'이 있는지도 분별할 수 있었다.

우리가 이러한 민감함을 지녔던 초기엔, 끔찍한 내력이나 그 결과로 축적된 마귀의 흔적들을 감지하고 나서 생각하기를 "여기서 사역하는 것은 힘들겠는 걸. 마귀의 역사가 얼마나 강한지!"라고 말하곤 했다. 그리고 바로 거기까지가 우리 믿음의 한계였다. 우리는 생각한 만큼만 거뒀다! 그곳에서의 사역은 생각한대로 정말 힘들고 건조했다. 그러자 성령께서 우리에게 시편 84편 5절부터 7절의 말씀을 주셨다.

주께 힘을 얻고 그 마음에 시온의 대로가 있는 자는 복이 있나이다.

저희는 눈물 골짜기로 통행할 때에

그곳으로 많은 샘의 곳이 되게 하며

이른 비도 은택을 입히나이다.

저희는 힘을 얻고 더 얻어 나아가

시온에서 하나님 앞에 각기 나타나리이다

폴라와 나는 우리의 마음 상태가 사역의 분위기를 이끈다고 주님이 말씀하시는 것을 감지했다. 그리고 주님은 당신께서 우리 안에 계시기 때문에 우리가 정복자임을 아니 정복자 그 이상이라는 사실을 우리에게 인식시키고 계셨다. 그 후에, 우리는 어떤 장소든지 또 그곳에서 무엇을 경험하든지 상관없이 주님께서 그것을 이기시고 악을 선으로 바꾸신다는 사실을 단순히 믿기 시작했다. 우리는 주님의 승리하신 능력 보다 추측해낸 마귀의 능력을 더 크게 여겼던 나약한 믿음을 회개했다.

그렇게 하고 나니, 어떤 일이 일어나든, 혹은 어떠한 마귀의 흔적이 우리를 기다리고 있든 그것들을 분별하고 대처하는 것이 자연스러워졌다. 하지만 적극적인 믿음이 과도하게 되어 자칫 잘못하면 우리는 주님께서 승리하실 것을 알고 마귀의 흔적에 전혀 신경 쓰지 않게 되던가, 주님이 사막에 강을 만드실 것을 믿고 약간의 영적전쟁과 약간의 내적치유를 행한 뒤 마귀의 흔적에 대해 완전히 잊어버리던가 할 것이다. 그러므로 우리는 분별하는 노력과 적극적인 믿음 사이에 올바른 균형을 잡아야 한다.

소유지, 소유물을 축사하기 Delivering Properties

내 친구 중, 부동산 개발 사업을 하는 사람이 있는데, 한 번은 내게 도움을 요청했다. 그는 어느 지역의 야산 일부를 개발했는데, 그곳은 겉으로 보기엔 그의 가족이 살기에 안성맞춤이었다. 하지만 그곳에서 모든 과학적인 방법을 동원하여 식수를 얻으려는 노력을 펼쳤음에도 불구하고, 그가 파 놓은 우물은 모두 말라 있었다. 그래서 그는 어떤 영적인 존재가 샘의 근원을 막고 있는 것은 아닌가 하고 내게 물었다. 그리고 나를 그곳으로 데리고 갔다. 성령께서는 그 산의 능선이 과거 아메리칸 인디언들의 영적인 춤과 축제를 위한 모임 장소로 사용되었음을 밝혀주셨다.

인디언들은 지난 한 세기동안 그 땅을 빼앗겨 매우 화가 났고 그 땅을 저주하였는데 그들의 저주는 풀리지 않은 채로 남아 있었다.

우리는 강제로 그들의 땅을 빼앗은 것에 대해 회개하며, 주님께서 용서해 주시길 기도했다. 그리고 주님이 주신 권세를 가지고 그 땅의 저주를 풀어냈다. 그 후 우물을 팠을 때, 결과는 성공적이었다. 또 다른 부동산 개발업자는 훨씬 더 나은 경치를 보장하는 야산을 개발하고 싶어 했다. 하지만 그 산의 주인들, 그리고 환경론자들과의 협상은 항상 증오와 씁쓸함을 남기고 결렬됐다. 그 역시 내게 산에 한 번 와 달라고 부탁했다. 주님은 오래전 어떤 백인 형제들이 그 지역의 인디언들을 속여 그 땅에서 내쫓은 뒤, 그 산의 소유권을 놓고 다퉜다는 사실을 밝히 보여 주셨다. 내 기억이 제대로라면, 형제가 싸우는 과정에서 한 사람이 다른 한 사람을 죽였다. 확실한 것은 살인과 배신이 그 땅의 내력에 서려있다는 것이다.

확인해 본 결과 성령께서 말씀해준 것은 사실이었고 나는 제대로 분별한 것이었다. 나는 그 지역을 치유하는 기도를 했다. 하지만 부동산 개발업자, 실소유자, 그리고 환경론자 사이에서 의견일치는 이뤄지지 않은 상황이다. 어쨌든 지금도 나는 그 산에 가면 별로 좋지 않은 느낌을 받는다. 하지만 주님께서 그 산을 정결케 하기 위한 영적 전쟁을 계속하라고 나를 부르신다는 느낌은 없다. 아마 그것은 다른 누군가의 임무일 것이다 – 이것은 축사 사역과 내적치유 사역에서 배울 수 있는 또 다른 교훈이리라. 우리는 주님께서 하라고 하신 전쟁만을 해야 한다.

신비력 Psychometry

사탄은 주님이 하시는 모든 것을 모방한다. 어떤 지역에 무엇이 있는지 알기 위해 혹은 그곳의 내력을 감지하기 위해선 성령의 은사들로만 가능한 여러 기술이 필요하다. 성령의 음성을 민감하게 들음으로써 말이다. 하지만 어떤 사람은 성령의 도움 없이, 단지 물건을 손에 쥐거나, 어떤 지역을 걸을 때 그 사물이나 장소의 내력을 깨닫기도 한다. 그 기술은 신비력이라고 불리운다. 물론 이것은 주술과 같은 것으로서 금기시되어야만 한다.

많은 은사를 받은 신자의 경우, 성령께만 귀 기울이는 겸손함을 유지해야 한다. 그들은 다른 사람의 끈덕진 부탁과 유혹에 못 이겨 자신의 육체적 민감함을 이용하는 것을 조심해야 한다. 바로 이런 이유 때문에 두 번째 부동산 개발업자의 끈질긴 부탁에도, 그리고 그곳에서 아직 승리하지 못했음에도 불구하고, 나는 더 이상 그 싸움을 계속하지 않았던 것이다. 주님의 부르심 그 너머로까지 추진하는 것은 마귀에게 마음 문을 열고 "도와주세요" 하는 것과 같다.

'주님의 시야' 와 신비력 사이엔 아주 가느다란 경계선이 놓여 있다. 그 선은 절제의 버팀목으로 받쳐 지고 있다. 그 경계선은 바로 순종이다.

책임을 지는가 아니면 망설이는가? Charge In or Hold Back?

폴라와 내가 다른 나라에서 강연을 할 때였다. 우리를 초청한 사람들은 전망 좋은, 높은 장소에 우리를 데리고 갔는데 그곳에서 주님은 곧 내 눈을 여셨고, 나는 수백 년 전 그 근방의 한 산에서 살아 있는 사람들이 제물로 희생되는 것을 목격하게 되었다.

우리를 초청한 사람들은 그 지역의 이러한 역사를 잘 알고 있었다. 내가 환상 가운데 본 것을 설명했을 때, 사람들은 그 산과 우리가 서 있는 언덕에서 일어났던 일이 내가 본 것과 일치함에 놀라워했다. 그 지역의 내력이 남긴 '퇴적물'은 여전히 영향력을 발휘하며 현재의 거주자들까지 더럽히고 있었다. 지금은 그것의 영향력이 어떤 것인지 낱낱이 기억할 수는 없지만, 그 지역에 성적인 죄가 창궐했음을 기억한다. 그리고 그 지역은 살인 사건과 범죄율이 높았던 걸로 기억한다. 이렇게 범죄의 발생률이 높은 것은, 물론, 다른 이유 때문일 수도 있겠지만 영적으로 깨어 있는 기독교인이라면 과거 그 지역에 성행했던 '산 제사의 죄'가 마귀에게 힘을 실어줬음을 인지할 것이다. 결국 그 지역의 내력이 치유되고 축사를 통해 그 땅이 깨끗케 되기까지, 마귀가 그곳의 거주민들을 조정하여 범죄하도록 부추긴다는 사실을 부인할 수 있겠는가?

주님이 그의 종들의 눈을 열어 과거의 사건들을 보게 하시거나, 어떤 장소 혹은 사물 안에 마귀가 있음을 목격하게 하신다면, 주님은 그의 종이 눈으로 본 것에 대해 무언가를 하기 원하실 것이다. 그러므로 우리의 더 큰 목표는 주님의 뜻을 찾는데 있다.

때때로 주님은 중보기도로 우리를 부르신다. 또 어떤 때는 갑작스런 영적 전쟁으로 인도하신다. 때때로 주님의 종들은 자신이 본 것을, 문제의 원인이 되는 사람에게 말하도록 인도받는다. 그러나 또 어떤 때는 침묵과 익명을 유지하며 조용히 기도해야만 할 것이다. "무릇 많이 받은 자에게는 많이 찾을 것이요 많이 맡은 자에게는 많이 달라 할 것이니라."(눅 12:48) 이 영역에서 당신이 주님으로부터 많은 것을 받았다면 교만보다는 겸손으로 옷 입어야 한다.

그날 폴라와 나는 우리를 초청한 사람들과 함께 모여 기도했다. 우리는 주님의 인도에 따라 예수님의 용서를 그 지역에 풀어 그 땅을 정결케 하는 기도를 했다. 그리고 그 지역의 치유되지 못한 내력을 통해 마귀가 남긴 것이 무엇이든지 간에 그것을 쫓아내는 기도를 했다.

장소가 더럽혀지는 또 다른 사례를 보이겠다. 아델(Adele)이라는 이름의 여성이 도움을 얻고자 엘리야의 집을 찾았다. 그녀와의 대화 중 성령께서는 어떤 집의 그림을 내 생각 속에 넣어주셨다. 그 집은 정면에 베란다가 있고 정원은 나무 말뚝울타리로 둘려 있었다. 현관 중앙에는 출입문이 있고 측면 양쪽에는 커다란 창이 나있었다. 정원의 양쪽 가에는 큰 나무 두 그루가 서 있었다. 나는 이 집에 대해 아델에게 이야기해 줬다. 그리고 나는 주님께서 이 집 안으로 들어가 중앙의 계단을 밟고 2층으로 올라가는 모습을 보았다. 그리고 주님은 시야에서 사라졌다. 얼마 후 주님이 다시 계단을 내려 오셨는데 그의 목에는 한 작은 남자가 매달려 있었다. 그는 빨간 내의를 입었고 그 위에 멜빵을 하고 있었으며 징 박힌 장화를 신고 있었다. 그의 이마는 벗어졌고 얼굴은 불그스름했으며 눈은 구슬같이 동그랗고 코는 조그마하니 끝이 살짝 들려 있었다.

나는 이 남자가 아델의 가정에 끊임없는 문제의 원인이었으며 주님께서 그를 밖으로 끌어내시는 것을 알았다. 이 모든 것, 즉 내가 본 모든 것을 큰소리로 아델에게 이야기했을 때 아델은 매우 놀라워했다.

그녀는 그 집이 바로 자신이 자랐던 집이고 내가 묘사한 그대로라면서 흥분했다. 아델은 이어서 주님의 목에 매달린 그 남자는 오래전에 돌아가신 그녀의 할아버지인데 그의 생전에는 가족들을 고통스럽게 했다고 고백했다. 그녀의 할아버지는 내가 환상에서 본 그대로 옷을 입곤 했단다. 아델은 곧 그 할아버지가 자신에게 성추행을 저지른 사실을 이야기해 줬다.

주님이 내게 이 환상을 보여주신 데에는 몇 가지 이유가 있었다. 첫째, 환상의 정확성을 통해 아델은 예수님이 정말로 살아계시고 그녀를 대신해서 일하고 계신다는 것을 믿게 되었다. 둘째, 그녀의 치유를 위해 알아야 할 정보들이 환상 가운데 드러났다. 셋째, 이러한 방법으로 아델에 대한 정보를 알려주신 것은 그 할아버지의 유령(혹은 가계의 영)이 제거되어야 한다는 것을 주께서 이미 알고 계셨기 때문이었다. 만일 제거되지 않는다면, 그녀의 가족과 그녀가 받게 될 치유는 온전하지 못할 것이다.

접선책으로서의 골동품 Artifacts as Points of Contact

친구 중에 리 그리핀(Lee Griffin)이라는 크리스천 정신과 의사가 있다. 리와 그의 아내 신시아(Cynthia)는 스포케인(Spokane) 강 근방의 산꼭대기에 집을 짓고 살았다. 폴라와 나는 당시 스포케인으로부터 130킬로미터 정도 떨어진 아이다호(Idaho)의 월레스(Wallace)라는 마을에서 살고 있었다. 리 부부가 그 집으로 이사한 뒤 얼마 안 되었을 때의 일이다. 어느 날 밤, 거의 새벽 2시가 다 되어 전화벨이 울렸다. 리의 목소리였다. 당시 리는 공포에 질려있었던 걸로 기억한다. "신시아가 소리 지르며 복도를 가로질러 내게로 급하게 뛰어왔다네. 지금 그녀는 내 옆에 있어. 존, 마귀가 우리를 공격하는 것 같아. 도와줘!"

"이보게 리. 만일 자네가 정신과 의사라는 사실을 알지 못했다면 나는 '자네한텐 마귀 한 마리 정도는 필요할 텐데'라고 말했을 거야." 나는 중얼거렸다.

내가 해줄 수 있는 것이라곤 침대에서 일어나 대충 옷을 갈아입고, 차를 몰고 리 부부에게 가는 것이었다. 성령께서는 나로 하여금 부엌 벽에 붙어있는 긴 선반으로 내 시선을 옮기셨다. 거기에는 아프리카에서 온 조각상들이 놓여 있었다. 리 가족은 최근에 에티오피아에 선교 여행을 다녀왔었다. 선반 위에 놓인 물건들은 그곳의 원주민들이 리에게 선물한 기념품과 골동품들이었다. 에티오피아에서 마술과 주술을 행하는 원시적 형태의 의사들이 어둠의 권세를 불러들이기 위해 이들 조각상을 일종의 초대장으로 사용했던 사실에 대해 리 가족은 알지 못했다.

"나는 다시는 여기에 오지 않을 걸세" 나는 리에게 말했다. "여기 있는 조각들과 우상들을 태울 때까진 말일세."

그들은 곧 그것들을 불태웠다. 그리고 그 집안에 더 이상 마귀의 공격은 없었다. 우상과 조각상들은 주술행위에 사용되며, 마귀와의 접선책 그리고 그들의 출입구 역할을 한다. 고린도에서 바울은 효과적으로 설교하고 난 후, 여러 기적들을 행했는데 "마술을 행하던 많은 사람이 그 책을 모아 가지고 와서 모

든 사람 앞에서 불사르니 그 책값을 계산한즉 은 오만이나 되더라."(행 19:19)

　로렌 머피와 조지아 머피(Loren and Georgia Murphy)는 남태평양을 가로지르는 항해를 했다. 항해를 통해 그들은 한 지역에서 다른 지역으로 선교사들을 이동시키기도 했고, 또 여러 물건들을 운반하기도 했다. 그들은 내게 아래의 이야기를 해줬는데, 그들의 허락 하에 여기에 싣는다. 이것은 그들의 회보 1987년 11월~12월호에서 발췌한 것이다.

　　이틀 후 빌라 항(Port Vila)에 도착했다. 정부의 한 고위 관료가 얘기할 것이 있다면서 레이놀드(Raynold)와 학개호의 선원들, 그리고 '미국의 비행사' 호(로렌과 죠지아의 선박)의 선원들을 자신의 집 저녁식사에 초대했다. (빌라는 '바누아투' 국의 수도이다. 그리고 학개와 미국의 비행사는 선교를 위한 선박들이다.) 그 정부 관료와 가족은 이상한 질병과 원인 모를 무기력감에 몇 년 동안 고생해왔다. 그의 온 가족이 크리스천이었기에 그는 자신의 기도에 주님께서 응답해 주시길 바랐다.

　그의 집에 도착했을 때, 그곳엔 여러 가지 우상들이 널려 있었다. 이들 "골동품"에 관하여 물었을 때, 그는 예전에 자신이 바누아투국의 문화유산 관리부 장관이었다고 이야기해 줬다. 우리는 집에 우상을 들여놓는 것에 대해 성경이 어떻게 말하고 있는지를 이야기했다. 그리고 신명기 7장 25절, 26절의 말씀을 함께 살펴보았다. "너는 그들의 조각한 신상들을 불사르고 그것에 입힌 은이나 금을 탐내지 말며 취하지 말라 두렵건대 네가 그것으로 인하여 올무에 들까 하노니 이는 네 하나님 여호와의 가증히 여기시는 것임이니라 너는 가증한 것을 네 집에 들이지 말라 너도 그와 같이 진멸 당할 것이 될까 하노라 너는 그것을 극히 꺼리며 심히 미워하라 그것은 진멸 당할 것임이니라."

　그는 성경말씀을 마음에 새기고 곧 모든 방과 그 집 안팎에 두었던 우상들을 한 곳에 모았다. 우리는 우상 무더기에 큰 불을 놓아 모두 태워버렸다. 연기가 하늘로 치솟자, 그는 자신으로부터 중압감이 떠나는 것을 느꼈는지 큰 소리를 질렀다. 그 후에 그의 마음에선 용서를 구하는 회개 기도가 터졌다. 그리고 그 집의 분위기는 무거움에서 기쁨으로 바뀌었다. 주님을 찬양하라!

다음 날, 그는 레이놀드를 만나 우리가 그의 집에 방문한 것에 대해 감사를 표했다. 그의 가정은 온전히 변화되었다. 더 이상 원인 모를 무기력감은 없고 오직 희락과 평안만이 있을 뿐이었다. "예수께서 가라사대 오히려 하나님의 말씀을 듣고 지키는 자가 복이 있느니라 하시니라."(눅 11:28)

로렌과 죠지아는 이 이야기를 회보에 실으면서 겸손함을 나타낸 것 같다. 그들이 우리 부부와 개인적으로 만났을 땐, 그 정부 관료의 부인이 팔에 심각한 질병을 앓아 점점 쇠약해졌다고 이야기했다. 그 관료가 우상을 태우고 크게 소리를 지른 다음 날, 그녀의 병이 온전히 치유되었다.

마귀가 거주하는 교회 Inhabited Churches

지역의 마귀와 그 지역을 지배하는 영이 교회에 거주할 수도 있다. 오래 전, 폴라와 나는 한 작은 마을에 소재한 오순절파 교회를 섬겼는데, 그 교회는 반복되는 문제에 시달려 왔다. 목사님이 그 교회에 새로 부임할 때마다 사모님들이 갑작스런 죽음을 당했던 것이다. 그들 중 얼마는 질병사 했고 한 사모님은 비극적인 사고로 목숨을 잃었다.

우리가 기도했을 때 성령님은 욕설과 질투, 공격의 내력이 목사님의 부인들을 향해 포문을 열고 있는 것을 보여주셨고 욕설과 질투로 인해 그 지역을 지배하는 마귀가 교회건물 안으로 들어오게 되었음을 알려 주셨다. 그 마귀는 성도들의 마음을 지배하여 사모님을 향해 욕설, 질투, 공격을 퍼붓도록 조장했다. 우리는 그러한 내력이 치유되기를 기도하고 기독교인의 질투와 욕설에 대해 회개하였다. 그리고 축사사역을 통해 그 교회를 깨끗케 했다. 그리고 반복되는 사모님의 죽음 패턴은 거기서 종결되었다.

한 번은, 다른 교회에서 나를 불러 그 교회에 대해 주님이 뭐라고 말씀하시는지 알려 달라고 했다. 교회의 건물은 전체적으로 아름답게 장식되었고 현대적 감각이 물씬 풍겨나는 원형 디자인이었다. 내가 예배당에 들어섰을 때, 주님은 내 눈을 여셨다. 내가 그 교회의 교인들을 아직 만나지 못했지만, 주님은 내게 그 교인들이 어떻게 생겼는지 그리고 예배당의 어디에 주로 앉는지를 보여 주셨다. 주님은 곧, 마귀가 돌아다니며 어떻게 그들에게 영향력을 미치는지, 그래서 그들이 평상시에 하지 않을 행동들을 일삼는 것을 드러내셨다.

왜 그런지는 모르지만, 주님께선 마귀의 모습을 보여 주시진 않았다. 나는 단지 마귀가 교회 안에 존재한다는 것을 느낄 뿐이었고, 부주의한 교인들에게 어떻게 역사하는지를 알 뿐이었다. 그곳에 분노와 의혹, 판단을 주관하는 영이 있음을 감지했고 마귀가 어떤 성도에게 쉽게 접근하여 역사하는지도 알게 되었다. 그 교회에서 마귀가 떠났는지 나는 오늘날까지 알지 못한다. 성령께서는 내게 단지 보여주시기만 했고 또 본 것을 그 교회의 중보자들에게 알려주라고만 하셨기 때문이다.

다시 한 번, 강조하지만 주님이 원하시는 것은 그의 부르신 대로 순종하는 것이지 야망이나 영적 전쟁의 스릴감을 즐기는 것 혹은 "주님의 용사"로 알려지는 것에 대해 자랑하는 것이 아니다.

성수 Holy Water

성령님은 많은 경우에 성수를 사용하여 건물을 정결케 하도록 인도하셨다. 특히 교회 건물의 경우에 그랬다. 어떤 교파에선 성수를 정기적으로 사용한다.

나는 내가 성수에 대해 온전히 이해한다고 생각하진 않지만, 그 효과에 대해선 잘 안다.

성수는 일반적인 물이다. 단지 정화를 위한 기도로 깨끗케 되었을 뿐이다. (어떤 사람은 여기에 약간의 소금을 뿌리기도 한다.) 하나님은 일반적인 물건이나 물질을 접선책으로 사용하신다. 기름으로 치유와 정결함이 우리 안에 이루어진다는 성경 말씀을 보라.(시 133, 약 5:14) 바울이 지니고 다니던 앞치마나 손수건이 병자를 회복시키고 귀신을 떠나게 했다.(행 19:12)

덴버 주의 위트리지 빈야드 교회 (Wheatridge Vineyard)를 담임하는 톰 스타이프(Tom Stipe) 목사가 최근에 이사한 자신의 집으로 나를 초대했다. 그는 아직 그 집에서 편안함을 못 느낀다고 했다. 특히 몇몇 방에선 더욱 그렇다고 했다. 내가 그 집에 걸어 들어가는 순간 주님은 그 집에 먼저 살았던 사람들과 그 장소의 내력에 대해 말씀해 주셨다. 나는 물을 떠서 그 위에 기도하고 집안의 곳곳에 물을 뿌리며 돌아다녔다.

톰에게 이것은 생소한 경험이었다. 하지만 우리가 성수를 뿌리며 그 집의 구석구석 돌아다닐 때, 감지할 수 있을 정도로 그 집안의 분위기가 밝아졌고, 그 사실에 우리는 기뻐했다.

성령의 온전한 인도에 이끌려 톰과 내가 행했던 이 일은 교회사의 오랜 전통이었다는 사실을 알게 되었다. 한 번은 톰과 내가 새크라멘토의 어떤 강당에 운집한 3천 명가량의 로마 카톨릭 은사주의자들 앞에서 설교했었는데, 그 강당은 거룩하지 못한 목적의 행사들에 자주 사용되어 왔었다. 그 장소는 불결한 향내로 가득했다!

참석한 주교들 중 한 명이 축사를 위한 기도문을 읽었다. 그리고 성수통을 꺼내어 강당을 돌아다니며 출입문마다 성수를 뿌렸다. 그리고 기름으로 출입문 위에 십자 성호를 그었다. 모든 출입구에 주님의 거룩함이 임재 할 때까지 그는 계속 진행했고 그가 진행할 때 강당의 분위기가 바뀌는 것을 느낄 수 있었다.

불결함이 횡행하는 교회에서 설교할 때마다 나는 우리가 두려움과 편견을 버리고 다른 사람들이 깨달은 진리를 받아들일 아량을 갖춰야 한다고 생각하곤 했다.

앞서 말한 것처럼, 사탄은 모든 것을 모방하기 때문에 그리고 그들 역시 사물을 접선책으로 사용하기 때문에 물건들도 때때로는 악한 영으로부터 축사 사역 받아야 한다.

영적 전쟁을 치른 장소와 더럽혀진 장소를 깨끗케 함
Cleansing from Immediate Warface and Delilement

오랫동안 거주한 장소뿐만 아니라 축사 및 기도 사역과 영적 전쟁이 있었던 장소도 정결케 되어야 한다.

어느 토요일 아침, 한 남자가 우리 집을 찾아왔는데 그는 매우 화가 난 모습이었다. 당시 폴라와 나는 그 남자의 아내와 몇 주 동안 상담을 하고 있었는데, 그녀와의 상담은 남편에게로 다시 돌아가라는 권면이 대부분을 이뤘다. 하지만 그 남자는 몹시 흥분한 상태였고 세 시간 동안 소파 한쪽 끝에 앉아서 우리에게 욕을 퍼붓고 '애정 이전'(법률용어, 제 3자에 의해 부부 사이가 이간되는 것)으로 폴라와 나를 고소하겠다고 협박을 했다. 그가 떠나기 전, 성령님께서는 그를 진정시키셨고, 우리는 그에게 기도해 줄 수 있었다.

그곳에 마귀의 흔적이 남을 거라는 가능성은 생각도 못했다. 만일 생각했다면, 그 즉시 우리의 집이 정결케 되기를 기도했을 것이다. 그 남자가 떠난 후 나는 세 살 된 딸 안드레아(Andrea)를 안고 거실로 나왔는데 그 소파를 지날 때 갑자기 딸아이가 공포에 질린 모양으로 비명을 지르고 정확히 그 남자가 앉았던 곳을 가리키며 "저건 나빠! 저건 나빠!" 하는 것이었다.

우리는 안드레아가 단지 그 남자가 집에 와서 그 곳에 앉았다는 사실을 알고 있었을 뿐이라고 생각했다. 그래서 딸애를 진정시키기만 했다. 기도를 해야겠다는 생각 혹은 마귀가 우리 집에 영향력을 행사하고 있을 거라는 생각은 아예 없었다.

그날 밤 늦게, 우리 큰 아들 로렌(당시 스무 살 정도 됐었다)이 집에 왔을 때, 막내 동생이 마비된 상태로 아무 말 못하는 것을 발견했다. 마귀가 안드레아의 숨통을 죄고 있었던 것이었다. 그는 안드레아를 품에 안고 우리 침실로 들어와, 마귀에 대한 분노와 동생에 대한 사랑이 섞인 느낌으로 외치길 "어떤 마귀도 내 여동생은 못 건드려!" 했다.

우리는 안드레아로부터 마귀를 쫓았다. 하지만 마귀가 집에서 완전히 축출됐다는 안정감은 갖지 못했다. 그 다음 날 나는 우리와 믿음을 함께하는 동료 목사님을 찾아갔다. 그는 우리 집에서 마귀를 완전히 내 쫓았다.

내가 마귀를 온전히 못 쫓아냈다는 개인적인 간증을 여기에 싣는 이유는, 나를 포함하여, 그 어떤 누구도 스스로를 자랑해선 안 된다는 메시지를 전달하고 싶어서이다. 그때까지 우리는 능력 있는 축사 사역자로 세간에 많이 알려졌다. 하지만 우리 역시 다른 사람에게 도움을 요청해야 한다는 것을 알게 되었다. 결국 나는 우리 모두가 한 군대의 일원이라는 사실을 깨달았다. 서로 도와야 하는 한 군대 – 이것은 하나님의 디자인이다.

안드레아에게 있었던 일과 비슷한 경우도 있었다. 하루는 내가 그날의 마지막 내담자와 상담을 하고 있었는데 그녀는 자신 안에 마귀가 있는 것 같다고 말했다. 나는 그녀에게서 마귀의 어떤 영향력도 분별하지 못했다. 하지만 그녀가 극적인 것을 좋아한다는 사실을 깨달았다. 나는 그녀의 숨어있는 요구를 충족시키기 위해 축사 사역에 사용되는 "명령어"를 몇 마디 던져줬다. 마귀가 떠나는 현상은 없었지만 그녀는 훨씬 좋아졌다고 말하면서 자리를 떠났다. 만일 그녀가 "마귀화"되었다고 생각했다면 사역 후 나는 내 사무실과 집을 정결케 했을 것이다. (그 당시 우리 집 거실과 내 사무실은 복도로 연결되어 있었다.) 그러나 나는 그녀에게 마귀가 있다고는 생각하지 않았기에 그렇게 하지 않았다.

그날 저녁 식사 후, 내 사위 론(Ron)이 세 살 된 손자 제이슨(Jason)을 데리고 왔다. 론과 제이슨은 거실에서 함께 놀았는데, 거실 바닥에 론이 누웠고 제이슨은 복도를 지나 내 사무실 쪽으로 뛰다가 되돌아와 까르르 웃으면서 아빠의 배 위에 점프했다. 그리고 다시 뛰어갔다가 뒤로 돌아 아빠의 배 위에 올라타고 하기를 여러 번 반복했다.

그런데 한 번은 제이슨이 내 사무실 쪽으로 뛰다가 갑자기 멈추더니 겁에 질려 소리를 지르고는 아빠에게 달려왔다. "나빠! 나빠!" 주님은 사위 론의 눈을 열어 내 사무실 출입문 앞에 서 있는 마귀를 보게 하셨다. 우리는 마귀를 묶고 난 후 주님의 천사에게 마귀를 맡겼다. 그리고 제이슨을 안정시켰다.

이 경험을 통해 배웠던 또 다른 중요한 교훈은 어른이 보지 못하거나, 주님이 눈을 여셔야만 볼 수 있는 것들을 아이들은 자연스럽게 본다는 것이다. 우리의 눈이 영적으로 어두워 감지할 수 없는 것을 안드레아와 제이슨은 주님의 도움 없이도 볼 수 있었다.

아이들의 침실에서 일어나는 일과 아이들의 상상력
Bedrooms and Children's Imaginations

아이들은 종종 한 밤중에 "아빠! 엄마! 내 방에 누가 있어요!" 혹은 "내 방에 큰 개가 있어요."라고 울부짖곤 한다. 많은 부모님은 "그건 네가 상상한 거란다. 다시 자라."라고 타이른다.

마귀가 없을지라도 부모가 그렇게 하는 것은 잘못이다. 아이들의 말을 못 미더워하고, 혹은 그들의 말에 비웃는 듯한 인상을 주면 아이들은 자신의 상상력이 존중 받지 못한다고 생각한다. 이렇게 되면 후에 이 아이들은 올바른 상상력을 사용하는데 어려움을 겪게 된다.

만일 마귀가 있었다면, 부모의 이러한 행동을 통해 아이들은 무방비 상태로 내버려지는 것이다. 아프리카의 선교지에서 사역하는 선교사들의 말을 빌자면, 그곳의 어린이들 심지어 어른들까지도 소위 '검은 저주'라고 불리는 것에 거의 숨이 멎을 때까지 목졸림 당하는 일은 흔하다 한다. 폴라와 나 역시 밤에 자다가 마귀의 힘에 눌려 손가락하나 움직이지 못할 정도로 온 몸에 마비가 온 경험이 있다! 그 상황에서 어떻게 해야 하는지를 알았기에 우리는 조용한 목소리로 "예수님은 나의 주인이시고 어떤 마귀보다도 강하십니다."라고 기도했다. 그리고 큰 목소리로 명령하여 마귀를 쫓는다.

하지만 어떻게 기도해야 하는지 모르는 어린아이들은 어떤가?

부모님은 아이들의 침실로 가서 "그래, 나도 안다 얘야. 하지만 예수님도 여기에 계시지? 예수님께 그것을 쫓아달라고 부탁하려무나. 그리고 그의 힘센 천사들을 보내어 밤새도록 너를 지키게 해 달라고 기도해라. 예수님은 어떤 강한 사람보다도 더 강하단다."라고 말해주면 될 것이다.

아이의 침대 곁에 잠시 머물러 주는 것도 지혜로운 행동이다. 아이가 깊이 잠들 때까지 조용히 기도하고, 기도 가운데 주님의 신실함과 변하지 않는 그분의 사랑, 보호를 이야기하라.

만일 그 방에 아무것도 없어도, 부모님의 사랑스런 응답은 아이에게 자신의 상상력이 가치 있고 존중 받는다는 확신을 줄 것이다.

나는 유아 돌연사에 대해 궁금하게 여겨 왔다. 어떤 신체적인 문제가 있어서인지, 아니면 전혀 이유 없이 유아가 숨을 거두는지 알 수 없지만, 거기에 마귀의 영향력이 종종 개입될 수 있을 것이다. 우리는 사탄이 어린 아이들을 없애고 싶어 한다는 사실을 알고 있다. 특히 자라나서 주님의 강한 용사가 될 아이들을 말이다. 모세나 예수님이 태어났을 때 이러한 일이 일어난 것을 기억하라! 이집트에서 이스라엘의 장자는 모두 죽임을 당해야 했다. 베들레헴에서도 사탄은 두 살 이하의 모든 아이들의 생명을 앗아가려 했다. 그 아이들 중 하나가 사탄의 머리를 밟을 것이기 때문이었다.

집과 일터에 도사리고 있는 위험 Danger at Work and at Home

때때로 마귀는 건축현장에 두루 다니며 사고나 파손을 일으켜 해를 끼치려 한다. 어느 해 여름, 로렌(Loren)은 자신의 학비를 벌기 위해 내 친한 친구 리 그리핀(Lee Griffin)의 사업장에서 아르바이트를 했다. 리와 신시아(Cynthia)는 스포케인 강 입구를 아우르는 강둑 근처의 땅을 사두었는데, 그곳에 집과 선착장을 짓는 중이었다.

하루는 내가 밤에 꿈을 꾸었는데 로렌이 아주 높고 위험해 보이는 곳에 가느다란 줄에 매달려 있는 것이었다. 다음날 아침 로렌이 일을 하러 떠나려 할 때, 나는 로렌에게 "오늘은 어디서 일하니?"하고 물었다. 로렌은 선착장 근처에서 일한다고 했다. 꿈에서 보았던 높은 곳이 아니어서 안심했지만, 나는 로렌에게 꿈에서 안 좋은 징후를 보았다고 이야기해 주고 조심하라고 당부했다.

그날 늦게, 신시아가 두 명의 딸애를 데리고 집터를 조사하러 왔다. 신시아는 발레리나였기 때문에 몸의 균형 감각이 좋았다. 하지만 그녀가 기초 공사할 곳을 보려고 절벽의 끝에 쪼그려 앉았을 때, 무언가 강한 힘이 뒤에서 그녀를 밀었다! 그녀는 거의 2미터 아래 돌출된 곳으로 떨어졌다. 절벽의 반쯤 내려간 것이다. 당시 그녀의 척추 세 개가 부러졌다는 사실을 아무도 몰랐다.

로렌은 헬스를 해서 무거운 것을 곧잘 들었다. 그리고 몸의 균형을 잘 잡았고 꽤 민첩했다. 그는 절벽의 아래에서 출발하여 신시아가 쓰러져 있는 곳으로 올라갔다. 신시아의 두 딸은 길고 단단하게 생긴 노란색 전선을 가져다가 한 쪽 끝은 나무에 묶고 다른 끝은 신시아와 로렌에게 내려줬다. 로렌은 그의 허리에 전선을 묶었고 신시아를 조심스레 안아든 채로 절벽 아래까지 천천히 걸어 내려갔다.

아침에 내가 조심하라고 당부했기 때문에 로렌은 자신의 지프를 평소와는 다르게 절벽의 아래 쪽에 주차해 놓았다. 로렌은 신시아를 지프에 조심스레 눕히고 병원으로 갔다. 의사는 만일 로렌이 절벽을 내려오다 발을 헛디뎌 안고 있던 신시아를 놓쳤다면 그녀의 척추 신경이 끊어져 전신마비가 되거나 최악의 경우 죽음을 면치 못했을 거라고 말했다.

그 후, 3주 동안 주님은 신시아를 온전히 치유하셨다. 그리고 신시아는 더 이상의 후유증이 생기지 않도록 조심히 행동했다. 우리는 곧 그 공사 현장으로 달려가 마귀를 쫓아내어 주님의 손에 맡겨 버렸다. 두말할 것도 없다!

이제 독자들은 많은 사고의 경우, 단지 인간의 실수 때문만은 아니라고 생각하게 될 것이다. 우리 모두는 일터와 가정에서 일어날 가능성 있는 더럽혀짐과 마귀의 공격으로부터 깨끗케 되는 것을 위해 정기적으로 기도할 필요가 있다.

폴라와 내가 하는 것처럼 기도하는 것은 간단하다. "주님, 어떠한 마귀가 우리를 지켜보고 있는지 혹은 어떤 영적인 공격이 우리의 가정을 향하고 있는지 모르지만, 우리는 주께서 당신의 천사들을 통해 그것들을 쫓아주시길 기도합니다. 주 예수님, 우리와 우리의 가정을 깨끗케하여 주십시오. 주님 감사합니다."

도시와 지역과 나라를 축사함 Delivering Cities, Regions and Nations

도시와 지역과 나라에 마귀, 정사와 권세, 그리고 이 세상의 임금들이 거주한다. 우리는 다음에 출판할 「열방의 치유」라는 책을 통해 도시와 국가에서 어떻게 어둠의 세력을 쫓아내고, 또 어떻게 그 지역을 치유하는지 가르칠 것이다. 그 주제는 너무 방대하여 여기에 기록할 수 없다. 다행히도 이 주제에 대해 도움이 되는 책들은 많다. 나는 개인적으로 존 도슨(John Dawson)의 「하나님을 위하여 도시를 취하라.」(Taking Our Cities for God)라는 책을 추천한다.

크리스천의 권위 Authority for Every Christian

모든 크리스천은 모든 어둠의 세력에 대항하는 권세를 갖고 있다. 가장 작은 크리스천일 지라도 우리 주 예수 그리스도로 힘입고 그분의 부르심대로 나아간다면, 마귀의 무리들을 정복할 것이며 정사와 권세를 무너뜨릴 것이다! 그러므로 교회는 힘을 내야 한다. 우리 부부는 수차례 마귀의 공격을 받았다. 나는 그들의 공격도 주님의 허락하심 가운데 있다고 믿는다. 마귀의 공격을 통해 우리는 주님께서 실제로 그 어떤 마귀의 세력보다 강하시다는 사실을 마음과 생각의 깊은 곳에 새겨놓을 수 있었다. 그래서 우리가 주님 안에 거한다면 두려워할 것이 아무것도 없다는 확고한 믿음 위에 서게 되었다.

나는 시편 149편 5절부터 9절의 말씀을 인용하면서 이 장을 마무리하려고 한다. 이 말씀이 사람들, 왕들 그리고 귀족들에 대해 언급한 것이라면, 여기서는 마귀, 세상의 정사와 권세, 이 땅의 임금들에 대한 언급이라고 생각하자.

성도들은 영광 중에 즐거워하며
저희 침상에서 기쁨으로 노래할찌어다.
그 입에는 하나님의 존영이요
그 수중에는 두 날 가진 칼이로다.
이것으로 열방에 보수하며
민족들을 벌하며
저희 왕들은 사슬로,
저희 귀인은 철고랑으로 결박하고
기록한 판단대로 저희에게 시행할찌로다.
이런 영광은 그 모든 경건한 성도에게 있도다.
할렐루야!

John

Deliverance and Inner Healing

11. 동물과 사물을 축사하는 것

Delivering Animals and Objects

　보통 크리스천들은 마귀가 동물 안에 거주하는 것에 대해선 생각하지 않는다. 우리는 사람들에게 축사 사역 한다고 생각할 뿐이다. 하지만 성경은 적어도 한 번, 마귀가 동물 안으로 들어간 사례를 이야기한다. 예수님께서 마귀의 군대에게 돼지 떼 속으로 들어가는 것을 허락하신 부분이다. 그때 돼지들은 바다로 뛰어들어 익사했다. 우리는 왜 마귀들이 돼지 속으로 들어가게 해달라고 간청했는지 그 이유는 알지 못한다. 그러나 확실히 마귀는 '육'이라는 보호소 안에 거하며 사는 것을 더 안락하게 느낀다. 그것이 사람이건, 동물이건 간에…

　내가 캔자스에서 목회를 하고 있을 때의 일이다. 나는 내 교구에 속한 농부들 중 한 명을 불러 만났다. 그를 외양간에서 만났는데, 당시 그는 자신이 사육하는 소들 중 최상급의 소 때문에 걱정하고 있었다. 바로 전날 밤, 천둥 번개를 동반한 일시적 폭풍우가 그 지역을 휩쓸고 갔는데, 번개가 치는 동안 그 소는 들에 있었다. 비록 번개에 맞진 않았지만, 소는 천둥소리와 번쩍이는 불빛에 놀라 매우 겁을 먹고 주저앉아 일어서기를 거부하고 있었다. (만일 일어나지 않으면, 그 소는 곧 죽게 될 것이다.) 그는 소를 일으켜 세우기 위해 잡아당겨도 보고 밀어보기도 했지만, 소는 일어서지 않았다. 심지어 기중기를 이용하여 소를 외양간으로 운반했지만, 소는 그곳에서도 꿈쩍 않고 앉아만 있었다.

그 농부는 허드렛일을 마무리하려고 들판으로 갔고 외양간에는 나와 그 소만 대면한 채 남아있었다. 그때, 갑작스런 성령님의 감동이 느껴졌다. 나는 그 소 앞에 쪼그리고 앉아 소의 두 눈을 바라보면서 큰 소리로 기도했다. 그 소에게서 폭풍우의 끔찍한 기억을 치유하시고 또 두려움의 마귀를 쫓아달라고 주님께 간구했다. 그런 후에 나도 농부의 일을 도우러 들판으로 나갔다.

30분이 지났을까, 일을 마친 후 농부와 내가 외양간으로 돌아왔을 때, 우리는 그 소가 일어서서 되새김질 하는 모습을 보게 되었다. 그 농부는 손뼉을 치면서 소리쳤다. "Holy Cow!"

그 소는 정상으로 회복되었고 매년 봄마다 건강한 새끼를 낳았다. 그리고 그 일이 있은 후로 농부는 그 소를 Holy Cow라고 불렀다. (Holy Cow를 직역하면 '거룩한 소' 이지만, '맙소사', '세상에나' 의 뜻을 가진 감탄사로도 쓰인다.)

캔자스에서 사역할 때, 내 교구 식구들 중 한 여성 신도는 직장에서 은퇴한 뒤에 적적함을 달래고자, 친구로, 애완용으로 비글 강아지를 키우고 있었다. (비글: beagle 귀가 길고 다리가 짧은 사냥개. 주로 토끼 사냥용) 그 개는 어른에게는 친근했다. 심지어 처음 보는 사람일지라도 말이다. 하지만 아이들이 가까이 다가가면, 그 개는 갑자기 으르렁대며 적대감을 표했고 특히나 아이들이 곁에서 뛰거나 단지 빠른 속도로 걸어오기만 해도 두려운 나머지 바닥에 오줌을 싸곤 했다.

나는 그 개의 내력이 궁금했다. 그 개에 대해 알아본 결과는 이렇다. 그 개의 원래 주인에게는 자녀가 많았는데 그 아이들이 여기저기 뛰어다니며 소란을 피워도 부모는 아랑곳하지 않았다. 그리고 아이들은 자기 소유의 가축들에게 사악하게 대했는데, 한 조그만 강아지를 발로 걷어차며 즐거워했다.

그 강아지가 젖을 떼자 지금의 주인인 여자 성도가 그 강아지를 사서 자기 집으로 데려가 정성과 사랑을 쏟아부어 준 것이다. 그녀의 사랑과 정성을 받으면서 이 개는 사람들을 잘 따르게 되었고 성질도 온화해졌다. 하지만 어린 아이들이 다가오는 경우만은 예외였다. 그리고 그 개의 치유되지 못한 상처는 두려움의 마귀가 틈탈 수 있는 통로가 되었다.

여자 성도의 허락 하에, 나는 그 개를 내 무릎에 올려놓고 주님께서 그 개의 기억을 치유하셔서 더 이상 아이들을 두려워하지 않도록 변화시켜 달라는 기도를 드렸다. 그리고 두려움의 마귀를 쫓았다.

그 일이 있은 후 얼마 지나지 않아 나는 성찬을 하려고 그 여자 성도의 집으로 빵과 포도주를 가지고 갔다. 당시 네 살 된 아들 존(John)도 나와 함께 있었는데 존은 그 개의 성질에 대해 아무것도 몰랐다. 나 역시 존에게 개를 조심하라고 주의 주는 것을 깜빡했었다. 어쨌든, 존은 그 집에 들어가자마자 개를 향해 달려갔다. 그리고 개를 끌어안고 노는 것이다. 그 개 역시 존과 노는 것을 즐기는 것이 아닌가! 겁을 내며 으르렁거리거나 신경질적으로 짖지 않았다. 바닥에 오줌을 싸는 일도 없었다. 그 개는 이제 아이들을 좋아하는 평범한 개가 된 것이다.

소나, 개로부터 단지 두려움의 마귀를 내쫓는 것이 충분하지 않을 수도 있다. 그들의 치유되지 못한 기억이 더 심한 마귀를 들여보낼 통로가 될 수 있기 때문이다. 동물들로부터 그들의 아픈 기억만을 치유하는 것 역시 충분하지 않을 수 있다. 두려움의 마귀가 여전히 남아 치유되지 않은 다른 영역까지 그 세력을 확장시켰을 지도 모를 일이기 때문이다. (5장에서 마크가 마귀의 숨는 습관에 대해 언급한 것을 찾아보라.) 마귀가 거주하게 된 근본적인 원인이 치유되고, 마귀가 쫓겨나갔을 때에도 아직 치유되지 않은 부분이 남아 있다면, 비록 비좁아진 출입구지만 마귀는 그 틈새를 통해 되돌아올 수 있을 것이다.

동물들은 우리가 생각하는 것 이상으로 지각하고 경험한다. 동물에게도 내적치유와 축사 사역 둘 다 필요하여, 함께 시행되어야 할 때가 있다.

동물만의 특별한 성격과 기질
Animals' Unique Characters and Personalities

우리들 대부분이 어떤 동물은 아주 사악하고 또 어떤 동물은 '천사' 같다고 생각해 본 적이 있을 거라 믿는다.

내가 어렸을 때, 우리 집엔 소 두 마리가 있었다. 두 마리 중, '여왕'이라고 이름붙인 소는 너무 못 되서 나는 그 소를 도살장에 보내고 싶었다. 하지만 '봄'은 내가 사랑하는, 친구 같은 소였다. 그때 만일, 지금 내가 알고 있는 사실들을 알았더라면, 아마도 여왕이는 변화되었을 것이다! 부모님이 여왕이를 장에 내다 팔았을 때, 내가 얼마나 기뻐했는지!

오클라호마에 있는 외할아버지의 목장에서, 나는 어머니가 매일같이 등교할 때 타고 다녔다던 말을 보았다. 그 말의 이름은 '올드 조'였다. 올드 조는 아주 성자처럼 점잖고 똑똑했다. 외할아버지와 함께 하는 동안, 나는 매일 저녁마다 올드 조를 타고 초원으로 가서 가축하는 소를 방목하는 소 떼로부터 분리해 축사(畜舍)로 몰아오곤 했다. 올드 조는 가는 길, 오는 길을 잘 알고 있었고, 어떻게 소를 몰아야 하는지도 알고 있었다. 나는 단지 올드 조 위에 올라타기만 했을 뿐, 모든 일은 올드 조가 알아서 해냈다. 반면에 할아버지가 타셨던 말은 검은 종마였는데, 얼마나 성질이 사납던지, 할아버지 외에는 아무도 올라타지 못했고 심지어 그 근처에 가까이 가지도 못했다.

내가 이 기억을 독자들과 함께 나누는 이유는 동물들 역시 사람처럼 저마다 특별한 개성을 갖고 있다는 점과 우리가 사람을 대하는 것처럼, 동물을 다룰 때도 그들을 존중해 줘야 한다는 것을 이야기하기 위해서다. 각각의 동물은 나름의 내력이 있고 그에 따라 형성된 성격도 각기 다를 것이다. 그렇게 형성된 성격은 성령의 축복을 받을 수 있는 통로로서 작용하거나, 아니면 마귀의 세력이 거주하는 틈새로서 이용될 것이다.

나는 캔자스의 한 농장에 방문했던 일을 기억한다. 그 농장 주인은 내게 "말을 타고 싶지 않습니까?" 하고 물었다. 그리고 그에게는 십대 정도로 보이는 어린 딸이 있었는데, 그 딸이 내게 함께 말 타러 가자고 권했다. 말을 안 탄 지 꽤 오래되었기에 그 여자 아이는 나를 위해 늙은 암말에 안장을 지워주었고 자신은 안장 없이 조랑말에 올라탔다. 그리고 그 조랑말은 내가 타고 있는 암말의 새끼라고 말해 줬다. 모든 준비가 되자, 그 여자 아이는 나보다 앞서서 초원을 가로질러갔다.

Chapter 11

어떻게 된 영문인지 모르겠지만, 나는 내가 타고 있는 말이 무슨 생각을 하는지 알게 되었다. 동물들에게는 서열 순위가 있다. 그런데 내가 타고 있는 암말은 자신이 앞서 달려야 하는데 그 자리를 아들에게 내어준 것 때문에, 즉 조랑말이 자신보다 앞서 달리는 것에 점점 화가 나고 있었다. 나는 이 암말이 분노를 폭발할 기회를 노리면서 화를 꾹 참고 있다는 사실도 알게 되었다. 그런데 이 암말은 자신이 분노하고 있다는 사실을 내게 숨기려고 아주 유유히, 그리고 점잖게 터벅터벅 걷기만 했을 뿐이었다. 분노를 표출할 적절한 시간이 오기를 기다린 것이었다! 곧 경사진 언덕에 다다르자, 내가 탄 말이 갑자기 속력을 내어 뛰기 시작했다. 그리고 조랑말을 앞지르는 찰나, 내가 탄 암말은 냉혹하리만큼 그 조랑말의 머리를 뒷발로 한 대 걷어차는 것이었다. 그러고는 몸을 앞으로 기울였다가 왼쪽으로 비틀고 갑자기 멈춰 섰다. 나를 떨어뜨리기 위한 행동이었음이 분명했다.

동물이 생각할 줄 알고 모략을 계획한다는 것을, 그 어떤 누구도 내게 말해 준 적이 없었다. 그런데 이 암말은 그 모든 행동을 계획했다. 그 암말은 조랑말을 앞지르는 것은 성공했지만 나를 떨어뜨리는 모략에선 성공을 거두지 못했다. 만일 내가 승마초보자이거나 동물에 대해 문외한이었더라면, 그 암말의 모든 계획은 성공을 거뒀을 것이다. 어쨌든 그 말은 아주 **빠르고 재치 있는** 한 방으로 이 모든 일을 깔끔하게 처리해냈을 것이다.

여기서 나는 동물에게 영이 있는지를 논쟁하고 싶지는 않다.(나는 그들에게 영이 있다고 믿지 않는다.) 내가 말하고자 하는 바는 동물에겐 기억이 있고, 동물 역시 (그들 나름의 방법대로) 생각할 능력이 있기 때문에 동물 안에도 마귀의 영향력이 거주할 수 있다는 것, 마찬가지로 거룩한 영향력 역시 동물 안에 거할 수 있다는 것이다. 하나님께서 발람 선지자가 타고 다녔던 나귀의 입을 열었을 때, 나귀가 말했음을 기억하라.

> 나귀가 여호와의 사자를 보고 발람의 밑에 엎드리니 발람이 노하여 자기 지팡이로 나귀를 때리는지라 여호와께서 나귀 입을 여시니 발람에게 이르되 "내가 네게 무엇을 하였기에 나를 이같이 세 번을 때리느뇨?" 발람 발람이 나귀에게 말하되 "네가 나를 거역하는 연고니 내 손에 칼이 있었더면 곧 너를 죽였으리라." 나귀가 발람에게 이르되 "나는 네가 오늘까지 네 일생에 타는 나귀가 아니냐? 내가 언제든지 네게 이같이 하는 행습이 있더냐?" 가로되 "없었느니라." 때에 여호와께서 발람의 눈을 밝히시매 여호와의 사자가 손에 칼을 빼어들고 길에 선 것을 보고 머리를 숙이고 엎드리니 여호와의 사자가 그에게 이르되 "너는 어찌하여 네 나귀를 이같이 세 번 때렸느냐? 보라 네 길이 내 앞에 패역하므로 내가 너를 막으려고 나왔더니 나귀가 나를 보고 이같이 세 번을 돌이켜 내 앞에서 피하였느니라 나귀가 만일 돌이켜 나를 피하지 아니하였더면 내가 벌써 너를 죽이고 나귀는 살렸으리라" – 민수기 22:27-33

몇 가지 주목할 만한 사항이 있다. 첫째, 당나귀가 발람과 함께 해온 자신의 내력을 기억하고 있다는 것과 발람이 자신에게 어떻게 했는지를 알고 있다는 것이다. 둘째, 당나귀가 공의에 대해 잘 알고 있으며, 발람이 자신에게 행한 잘못에 대해 회개하라고 추궁한다는 것이다. 셋째, 당나귀에게는 하나님의 천사를 보는 능력이 있었으며, 거룩한 경외의 태도를 보일 줄 알았다는 것이다. (이것은 당연히 성령의 도움에 의한 것이다. 그리고 계시록 4장부터 6장에 언급되어있는 살아있는 네 짐승이 하나님의 보좌 아래 엎드려 장로들과 천사의 무리와 함께 하나님을 찬양한다는 것을 기억하라.) 넷째, 당나귀는 숫자를 셀 수 있다. 그리고 주인에게 세 번이나 맞았어도 자신을 위험으로 몰고 가는 것에는 끈질기게 저항했다는 점이다. 다섯째, 당나귀는 발람과 논쟁할 수 있었다. 당나귀가 당시 스트레스를 받은 상태임을 감안하면, 평상시의 경우엔 우리 중 어떤 누구보다 논리 정연할 것이라는 점이다. 여섯째, 당나귀에겐 지혜가 있었고, 그 주인을 죽음으로부터 구해내는데 자신의 지혜를 사용했다는 것이다.

물론 이것은 특별한 경우로써 성령께서 당나귀로 하여금 일반적인 짐승으로선 할 수 없는 행동을 하게 하신 것이다. 하지만 기억하라. 하나님의 말씀인 성경은, "하나님께서 단지 당나귀의 입을 여셨을 뿐이다. 하나님이 당나귀의 입을 통해 발람과 논쟁하신 것이 아니다. 당나귀 스스로 발람과 논쟁한 것이다!"라고 말한다. 그 상황을 보면 하나님께서 아담의 타락 이후 자연계에 입혀진 저주를 잠시 동안 거둬 가셨음을 알 수 있다. 그리고 하나님은 아담의 타락 이전에 동물들이 행동했던 것처럼, 당나귀로 하여금 발람과 논쟁하도록 허락하셨다.(롬 8:20-21)

이러한 생각이 얼마만큼의 진리를 담고 있는지, 혹은 아예 진리와 거리가 멀든지 간에, 동물에게 기억이 있고, 공의로움에 대한 지각이 있고, 생각할 수 있는 능력이 있다는 것은 사실이다. 그러므로 동물 역시 어둠의 세력에 의해 거주당할 수 있고 이용될 수 있다.

동물을 존중함 Respect for Animals

사람들에게 축사 사역을 하거나 치유 사역을 할 때와 마찬가지로 동물에게 사역할 때에도 동일한 원리가 적용된다. 우리는 동물의 자유의지를 존중해야 한다. 우리가 사람들에게 사역할 때처럼, 동물에게 사역할 때 동물의 혼과 대면할 수 있고 또 동물의 성격을 읽어낼 수 있다. 그러므로 각기 동물의 독특한 성품을 존중해야만 한다.

근본주의자들이나 율법주의자들은 동물에게 자유의지가 없고 독특한 성품도 있을 수 없다고 주장할 것이다. 하지만 농장에서 가축을 기르며 자랐던 사람들은 동물에게 그 나름의 의지도 있고 성품도 있음을 알 것이다.

사람에게서와 마찬가지로 동물들의 기억도 치유될 필요가 있다. 또한 동물에게서 마귀를 쫓아줘야 한다. 하지만 반드시 기억의 치유를 통해 어두운 세력의 출입구가 봉쇄되는 것을 전제하여야 한다. 만일 동물들이 치유 받고, 또 그 치유된 상태를 유지하고자 한다면, 사람과 마찬가지로 동물역시 사랑과 관심을 받아야 한다. 그리고 우리는 동물들로 하여금 자신의 문제를 해결해준 사람에게 감사와 사랑을 표현할 수 있도록 허락해야 한다.

천국에 동물이? Animals in Heaven?

동물이 영을 소유하지 못한다 해도, 나는 천국에 동물이 있지 않을까 의문을 품어왔다. 그리고 만약 천국에 동물이 있다면, 그것은 무엇을 의미하는 것인지 궁금해 했다. 만일 천국에 동물이 없다면, 예수님은 어떻게 천국에서 흰말을 타고 내려오실까?(계 6:2) 그리고 사람, 사자, 소, 독수리의 얼굴을 갖고 있는 살아있는 생물들이 어떻게 "거룩하다, 거룩하다, 거룩하다"를 외칠 수 있을까?(계 4:7-8)

이러한 생각은 이 장의 주제를 넘어선다. 하지만 나는 이 질문들을 이곳에 올려놓는다. 그 이유는 크리스천들이 이 분야에서 효과적인 사역을 하도록 하기위해서, 누군가는 진실의 망치로 편견의 벽을 부숴야만 하기 때문이다. 우리는 우리 영혼의 구원을 위해 주님께서 알려주신 필수적인 원리 너머에 무엇이 있는지 알지 못한다. 그러므로 우리는 겸손하고 열린 마음을 갖도록 기도해야만 할 것이다. 어떤 누구도 모든 원리와 모든 진리를 담아내는 신학을 펼칠 수는 없다. 만일 우리가 그러한 신학을 소유했다면, 주님은 이러한 영역에서 우리를 사용하시기 위해 그 신학을 없애버리셨을 것이다!

가계의 영으로 이용된 동물들 Animals Used as Familiars

이 주제를 끝내기 전에 동물들, 특히 고양이는, 점쟁이나 마녀들에게 가계의 영으로 이용된다는 사실을 이야기하겠다. 이러한 종류의 가계의 영은 사람에게서 볼 수 있는 가계의 영과는 다르다. 점쟁이나 마녀가 이용했던 가계의 영은 마귀에게 사로잡힌 동물이거나 주술과 마법으로 통제된 동물이다. 이러한 가계의 영은 전령이나 스파이로 사용된다. 마녀나 점술사들은 주술을 통해 이들 동물로 하여금 멀리 있는 사람이나 적의 동태를 정탐케 한다. 그리고 그들은 이들 동물의 눈과 귀를 통해 보고 듣는다.

여기에 아주 흔하지 않은 사건을 이야기하겠다. 폴라와 나는 캐나다 밴쿠버 섬의 빅토리아 지역에 있는 성 마리아 수녀원에서 치유에 관한 강연과 사역 세미나에 팀을 이끌고 참여하였다. 이 세미나를 위해 우리 팀은 아이다호의 켈로그 지역, 죠니 비사로(Johnnie Bisaro)의 집 지하실에 모여 미리 중보기도 했다. 그 지하실엔 의자 몇 개, 그리고 벽을 따라 소파 몇 개가 놓여있었다.

앞으로 있을 세미나를 위해 중보기도 하는 중, 성령님은 바울이 살라미스 섬(지금은 말타 섬으로 알려짐)에서 엘리마스라는 마술사에게 저지당했던 부분을 읽도록 인도하셨다.(행 13:4-12) 주님께서는 캐나다에서의 사역 가운데 우리가 점술자들과 맞서게 될 것, 그리고 마녀집회에 대항하게 될 것을 알게 하셨다. 그래서 우리는 점술자들과 마녀집회에 대적하는 기도를 시작했다.

그런데 그 순간, 갑자기 소파 밑에서 고양이 한 마리가 튀어나왔다. 고양이는 곧 날카로운 소리로 긴 비명을 지르고는 벽을 타고 오르다가 천정에 매달리려는 듯 천정을 미친 듯이 할퀴기 시작했다! 그러다가 그 고양이는 던 맷밀러 (Dawn Mattmiller)의 등에 뛰어내렸다. 던은 너무 놀란 나머지 반쯤 정신이 나간 듯 보였고, 고양이는 다시 벽을 타고 올라갔다. 고양이가 몇 차례 이 행동을 반복하고 나서야 우리는 고양이를 붙잡을 수 있었고, 붙잡힌 고양이는 우리를 향해 날카로운 울음을 울어댔다. 우리는 고양이의 목덜미를 강하게 붙잡아 들고 집밖으로 던졌다. 집 인 죠니는 그 고양이가 집 근처에 숨는 것을 보았지만 그때는 잡을 수 없었다고 말했고 그것이 집에 들어오는 것은 보지 못했다. 죠니는 그 고양이가 어떻게 집에 들어왔으며, 또 어떻게 지하실 까지 내려갔는지 도무지 알 수 없다고 말했다.

우리는 가계의 영이 침입했다는 것을 깨닫고는 더 열심히 기도했다!

우리가 빅토리아의 수녀원에 도착했을 때, 한 무리의 크리스천 여성들이 우리에게 다가와 "여기 오신 것을 환영합니다."라고 반겨줬고 "한 소년이 지금 병원에 있는데, 희귀한 혈액병에 걸려서 죽어가고 있습니다. 하지만 의사는 어떤 병인지 알아내지 못한답니다. 그런데 우리는 근처 섬에 사는 점쟁이와 그 무리의 소행이란 걸 알고 있습니다. 그들은 이 아이를 미워하기때문에 죽이려고 합니다."라고 말했다. 우리가 본격적으로 기도 사역에 들어가기 전, 그 소년이 죽었다는 소식을 듣게 되었다. 그 소식은 우리로 하여금 전쟁에 돌입하도록 하였고 그 전쟁은 몇 달간 계속되었다. 결국 그 점쟁이는 자동차 사고로 부상당했고 그의 무리들은 세력을 잃어 뿔뿔이 흩어지게 되었다.

어떤 크리스천들은 점쟁이와 마녀들이 사용하는 여러 종의 새, 특히 까마귀 종류에 대해 잘 알고 있다고 말한다. 많은 사람들은 뱀은 항상 마귀의 영향력 아래 있다고 믿는다. 나는 이러한 말들에 대해 동의하지 않지만, 그것들이 어떻게 마귀의 도구로 사용되는지 알고 있다.

이상한 행동을 하는 개나 고양이가 모두 다 가계의 영이라는 두려움은 갖지 말아야 한다. 그러한 가능성은 그리 크지 않다는 것을 기억하라. 대부분의 동물은 겉으로 보이는 것처럼 단순히 귀여운 애완동물일 뿐이다. 어떤 동물이 정말로 마귀의 도구로써 사용되는지를 알려면, 성령의 도움 가운데 분별하는 것이 필요하다. 30년 이상의 사역 가운데, 동물이 마귀의 도구로 사용되었던 선명한 경우는 위에 경험했던 고양이 사건이 유일하다.

만일 어떤 동물을 가계의 영이라고 의심해볼 만하다면, 크리스천들은 모여서 주님의 음성을 듣고 분별하여, 그 동물을 점쟁이나 마녀의 주술로부터 축사하면 된다. 우리는 정복자, 그 이상이다.

마귀가 거하는 물건들 Objects Inhabited by Demonic Powers

마귀의 영향력은 물건에도 거주할 수 있다. 1984년 말, 폴라와 나는 출판사의 원고 마감 재촉으로 「상처 입은 영혼의 치유」라는 책을 급하게 마무리하고 있었다. 당시 우리는 우리 집으로부터 북쪽으로 위치한 아름다운 호숫가 콘도에서 보낼 일주일 정도의 시간 여유가 있었기 때문에 새로 구입한 전동타자기를 들고 그곳에 갔다. 우리 친구이자 훌륭한 비서로 일하던 보니 크라우치(Bonnie Crouch)도 우리와 함께 콘도에 갔다. 그녀는 타자 치는 것을 도우려고 자신의 새 타자기를 들고 왔다.

앞으로 전개될 일에 대해 우리는 전혀 무방비상태였다. 우리가 책을 저술하면서 주술, 영지주의 그리고 축사 사역과 관련된 부분을 타이프하고 있을 때였다. 그런데 타이핑하려고 할 때마다 타자기 두 대 모두 제대로 작동하지 않는 것이었다. 우리는 타자기를 면밀히 검사해 봤지만, 아무 문제도 없었다. 두 대 모두 새것이었다. 그리고 아무런 손상이 가해지지 않았기에 정상적으로 작동했어야 했다. 하지만 타자기는 작동하지 않았다. 아니, 종종 전원조차 켜지지 않았고, 전원이 켜졌을 땐, 타자 친 대로 인쇄되지 않았다.

결국 이것은 단지 우발적으로 일어난 일이 아니라는 생각이 들었다. 마귀는 타이핑하려는 내용이 출판되는 것을 원치 않았던 것이다. 무슨 방법으로든 해결해 보려는 절박함 가운데, 우리는 타자기에 손을 얹고 타자기에 축사 사역을 했다. 갑자기 두 대의 타자기 모두 제대로 작동하기 시작했다. 그 후, 타자기가 작동을 멈출 때마다 우리는 타자기에 손을 얹고 축사했다.

그 내용을 마무리한 후에는 타자기 두 대 모두 아무 문제 없이 작동했다. 그리고 우리는 책의 나머지 부분을 제시간에 맞춰 끝낼 수 있었다.

그 일이 있은 후, 폴라와 나는 두 대의 신형 컴퓨터를 갖게 되었다. 그리고 또 다른 책을 집필하던 중, 마감 시간이 임박하여 서두르게 되었다. 우리는 전화나, 사람들의 방문으로부터 방해 받지 않기 위해 다시 그 콘도를 찾아 갔다. 그리고 두 대의 컴퓨터도 차에 싣고 이동했다. 이쯤 되면, 여러분은 두 대의 신형 컴퓨터가 제대로 작동하기를 거부했을 거라고 생각할 것이다. 맞다!

당시 나는 "사탄이 파놓은 함정은 육체의 속임수로 작용하여 부주의한 신자를 우상숭배와 간음으로 몰고 간다"는 내용을 집필하고 있었다. 그때 이상한 일이 벌어졌다. 프린터가 두 페이지 정도에 걸쳐 나를 향한 욕설을 내뱉은 것이다! 그 두 장의 인쇄 용지엔 만화책 캐릭터가 욕을 내뱉을 때, 만화가가 주로 그려 넣는 "!*!*/!*" 이러한 마크로 가득 차 있었다. 내가 인쇄 정지를 클릭해도 프린터는 멈추지 않았다. 그래서 결국 플러그를 뽑아버렸다.

이번엔 우리가 마귀로부터 욕을 먹은 것이다. 우리는 곧 컴퓨터에 대고 축사 사역을 시작했다. 그리고 더 이상의 문제는 없었다.

어떤 사람들은 축사하기 전까지 자동차가 제대로 작동치 않은 경우를 경험했을 것이다. 혹은 세탁기가, 복사기가, 아니면 공장의 큰 기계들이 축사하기 전까지 작동하지 않은 경험을 했을 것이다. 사탄은 그가 할 수 있는 모든 방법을 사용하여 귀찮게 한다.

파괴해 버려야 할 선물들 Gifts that Need to Be Destroyed

수년 전, 나는 한 세미나에서 내적치유에 대해 가르쳤다. 세미나가 끝났을 때, 그곳의 지도자가 나를 자기 집으로 초대하였다. 벽난로에 불을 피우고 이런저런 담소를 나누며 우리는 가을밤의 정취를 만끽하고 있었다. 그런데 갑자기 초인종이 울렸다. 내가 나가보니 세미나에 참석했던 어떤 남자가 밖에 서 있었다. 그는 손에 어떤 물건을 들고 있었다.

"그냥, 이것을 선물로 드려야 한다는 생각이 들어서 가지고 왔습니다."

"고맙습니다." 나는 선물을 받았고 그 남자는 추후의 어떤 말도 없이 떠났다.

집안으로 들어가 그 선물을 펴보니 소매 단추(cufflink)였는데 부처상을 조그맣게 만든 형태였다. 우리는 주님께 그 선물에 대해서 어떻게 하길 원하시냐고 물었더니 주님은 "태워버리라"고 말씀하셨다. 그 남자의 행동은 단지 내게 선물을 주려고 한 것이지만, 그의 무의식 속에선 내가 그의 우상을 없애버리기를 원했음을 이해하게 되었다. 그래서 우리는 벽난로 속 타오르는 화염 속에 그것을 던져버렸다. 나는 플라스틱이나 금속조각이 어느 정도의 밝기로, 또 어느 정도의 빛을 내며 타는지 알고 있었다. 하지만 이 소매단추는 범상치 않게 격렬한 빛을 내며 타들어갔다. 화염 가운데 이 우상들이 타면서 우리의 영혼이 매우 기뻐하는 것을 느낄 수 있었다.

하지만 나는 이 사건을 구약 시대 하나님께서 이러한 물건을 태우라고 명령하신 것과 연관짓지 못했다. 예를 들어 전 장의 로렌과 죠지아 머피의 회보에서 인용한 말씀의 명령과 연결하지 못했다는 것이다. 그들이 인용한 말씀을 여기에 다시 한 번 적어 보겠다. (아울러 신명기 7장 5절 그리고 12장 3절도 살펴보라.)

> 너는 그들의 조각한 신상들을 불사르고 그것에 입힌 은이나 금을 탐내지 말며 취하지 말라 두렵건대 네가 그것으로 인하여 올무에 들까 하노니 이는 네 하나님 여호와의 가증히 여기시는 것임이니라 너는 가증한 것을 네 집에 들이지 말라 너도 그와 같이 진멸 당할 것이 될까 하노라 너는 그것을 극히 꺼리며 심히 미워하라 그것은 진멸 당할 것임이니라 - 신명기 7:25-26

소매 단추의 경험 후, 나는 종종 그와 같은 선물을 받았을 때, 어떻게 해야 하는지 주님께 묻곤 한다. 주님의 대답은 항상 "태워 버리라"였다. 나는 다른 사람에게도 나와 같이 하라고 상담해줬다. 사람들은 우상이나, 실제로 이방신에게 바쳐진 물건들을 주의 종에게 선물한다. 때때로 그들은 주의 종을 덫에 걸리게 하기 위해 그렇게 하지만 대부분의 경우는 좋은 의도에서 선물하는 것이다. 선물이라는 단어가 독일어로는 "독"의 뜻이다. 참 아이러니하다! 사탄은 이러한 선물이 독이 되어, 자신의 공격 교두보가 되는 것을 목표로 삼는다. 하지만 우리의 순종은 마귀를 패배시킨다.

동물이나 물건에 축사 사역하는 가운데 더 극적인 경험을 간증할 크리스천은 많을 것이다. 하지만 위에 언급한 이야기만으로도 충분할지 모른다. 우리의 목적은 악마의 영향력이 존재한다는 것은 감지하지만 확신하지 못하는 사람들로 하여금 동물이나 물건에 축사 사역하는 것이 이상하지 않다고 생각하도록 인도하는 데 있지, 이 주제에 대한 여러 사례를 나열하는 것에 있지 않다. 동물이나 물건이 마귀의 영향력을 받았는지를 말씀하시도록 우리가 주님 곁으로 다가설 필요가 있다.

동물이나 물건을 마귀화되는 것으로부터 자유케 하는 것은 간단한 작업이다. 하지만 우리가 기억해야 할 것은 이 경우에도 내적치유나 축사 사역 중 한 가지만 따로 행해선 안 된다는 것이다. 둘 다 필요하기 때문이다.

균형과 지혜 Balance and Wisdom

나는 몇몇 성숙치 못한 크리스찬들이 약간의 기계적 결함을 고치면 그들의 자동차가 정상적으로 작동될 상황에도 불구하고, 너무 화가 난 나머지 자동차에 축사 사역 하는 것을 볼 수 있었다. 우리는 마귀를 다루는데 있어서 각별히 주의를 기울여야 한다. 그래야 불신자들이 우리가 미신을 좇는 바보이거나 그리스도의 대의를 변색시키는 사람들이라고 생각하지 않을 것이다.

주의를 기울여 주님의 목소리를 듣는 것은 어떤 경우의 축사 사역일지라도 항상 선행되어야 한다. 특히 불신자들에게 주님의 일에 대해 욕할만한 기회를 주지 않도록 주의해야 할 것이다.

반면에 마귀가 우리에게 복종한다는 것이 사실이고 진실임을 아는 것은 기쁨이다. 우리는 어떤 것도 두려워할 필요가 없다. 우리 안에 계신 주님은 이 세상과 이 세상 밖에 있는 그 어떤 것보다 더 강하다.

John

12. 전문가 마귀

Demonic Speciallists

    인간과 마찬가지로 마귀들 역시 저마다 독특한 인격과 제각기 서로 다른 특성을 갖는다. 그리고 우리가 어떤 행동을 꾸준히 반복하다 보면 우리의 성격과 인격에 변화가 생기기도 하는데 이는 마귀의 경우에도 마찬가지다. 어떠한 일을 오랫동안 반복하는 마귀는 그 일에 적응하게 되고, 또 이 때문에 그들의 특성과 성격이 변화되기도 한다.

    마귀는 한 영역에서 특화(전문적으로 다루는 것)한다. 어떤 마귀는 잔인하고 파괴적이다. 어떤 마귀는 빛의 천사로 가장한다.(고후 11:14) 또 어떤 마귀는 자비심 많은 모습을 보여주기도 한다. 인커버스 마귀(잠자는 여인을 덮친다는 영)는 종종 친근한 모습으로 다가오는데 이들에게 미혹된 여인들은 마귀가 자신의 가장 좋은 친구라고 생각하게 된다. 나는 이 여성들의 잘못된 생각을 단념시키는데 많은 노력을 기울였다. (인커버스 마귀에 대해선 후에 더 많이 살펴보겠다.)

우리는 지혜와 지식으로 무장할 필요가 있다. 물론 여러 마귀들의 행동과 그 유형에 대해선 다른 사람이 더 자세하게, 또 총체적으로 이야기할 것이다.

나는 이 장을 빌어, 우리가 주님의 용사로서 무장하기 위해 가장 필요하다고 생각되는 사항에 대해 이야기할 것이다. 마귀의 행동과 유형이라는 주제를 제대로 다루려면 각각의 마귀에 대한 세부사항을 기술하여야 하고 그 분량은 자그마치 책 한권에 달할 것이다. 또 각각의 마귀와 그에 관련된 여러 사례들, 또 이들을 어떻게 분별해야 하는지에 대한 충고, 그리고 마귀를 축사하는데 필요한 가르침을 포함시켜야 할 텐데, 이렇게 한다면 지면이 턱없이 부족할 것이다. 그래서 나는 독자들이 주님의 지혜를 통해 더 깊은 내용, 그리고 세부적인 사항을 스스로 알아낼 거라 믿는 가운데, 이 주제에 기초가 되는 사항만을 간추려 여기에 기록해뒀다.

미혹의 영들 Seductive Spirits

미혹의 마귀는 유혹을 전문적으로 행한다. '유혹' 이라는 영역에 특화했다는 이야기다. 오랜 기간 유혹의 기술을 갈고 닦아온 미혹의 마귀는 자신의 영향 아래 있게 될 사람의 약점이 무엇이든 그것을 토대로 자신의 실력을 발휘한다.

세상엔 여러 타입의 미혹의 영이 존재한다. 어떤 마귀는 권력지향과 교만의 영역에서 특화하여 사람들로 하여금 권력에 눈멀도록 유혹한다. 어떤 마귀는 성적인 부분을 특화하여 활동한다. 어떤 마귀는 디모데전서 4장 1절에 기록된 것처럼 정신적인 영역에서 사람들을 유혹한다. "그러나 성령이 밝히 말씀하시기를 후일에 어떤 사람들이 믿음에서 떠나 미혹케 하는 영과 귀신의 가르침을 좇으리라 하셨으니." (딤전 4:1) 어떤 마귀는 사람들의 관계 가운데 분열시키고, 원한을 갖게 하고, 중상과 모략을 퍼뜨리는 일에 특화한다. 어떤 마귀는 사람들을 재정적으로 유혹한다. 나는 세상에 죄짓는 모양이 많듯, 미혹의 영들에도 여러 타입이 있다고 생각한다.

정신적인 마귀들 Mental Demons

　나는 마음(정신)이야말로 '지배권' 쟁탈을 위한 치열한 전투가 매일매일, 시시각각 벌어지고 있는 장소라고 생각한다. 최초의 죄는 정신적인 영역에서 시작되었다 – 선과 악을 알게 하는 지혜의 나무로부터 열매를 따 먹으려는 생각 말이다.

　예수님은 골고다 언덕에서 십자가에 못 박히셨는데, 골고다를 번역하면 '해골의 장소' 이다. 해골은 정신, 생각이 거하는 곳이다. 사탄과 그 무리들은 인생의 여느 다른 측면보다 사람들의 생각을 어떻게 조종할 지에 더 많은 노력을 기울인다.

　마음속의 전쟁은 너무나도 중요하기 때문에 다음의 13장 전체를 할애하여 마귀가 개인의 생각 속 견고한 진을 통해 어떻게 역사하는지 그리고 세상의 정사와 이 땅의 임금들이 인류의 사고 체계 속에 내재하는 '견고한 진'을 통해 어떻게 역사하는지 살펴볼 것이다.

권력과 '자기 존중' 으로 유혹하는 마귀
Power-Grabbing and Self Exalting Spirits

　인류의 역사 가운데, 건전한 생각을 갖고 있는 귀족과 관대한 정치인들이 선한 마음에서 출발하여 유린되고 억압된 계층에게 이익을 주고 그들을 자유케 하려는 정치적 과업을 수행하다가 결국엔 폭정으로 끝나버린 경우가 얼마나 많은가? 이런 일들은 자주 반복되었고 특히나 중남미 혹은 아프리카에서 비일비재했다. 나폴레옹 역시 스스로를 황제라고 선포하면서 이러한 유혹에 무릎을 꿇고 말았다. 사탄이 권력으로 예수님을 유혹할 때 사탄 스스로가 미혹의 영 노릇을 했다. "마귀가 또 그를 데리고 지극히 높은 산으로 가서 천하만국과 그 영광을 보여 가로되 만일 내게 엎드려 경배하면 이 모든 것을 네게 주리라." (마 4:8-9)

권력의 유혹은 높은 지위에 있는 사람들에게만 해당하는 것은 아니다. 한 가족의 가장인 아버지 역시 가정을 관리하는 데 있어 권력의 유혹에 넘어질 수 있다. 일터에서의 십장, 고용주, 그리고 학생들을 담당하는 선생님 역시 마찬가지다. 예수님은 높아지기 원하는 자마다 낮은 데로 처해야 한다고 가르치셨다. 그리고 다른 사람을 다스리기 원하는 사람은, 반대로 그들을 섬겨야 함을 말씀하셨다.

유혹하는 마귀들은 우리로 하여금 이러한 예수님의 가르침을 잊도록 유도한다. 그리고 그들의 수하에 우리가 압제 당할 때까지 마귀는 우리의 교만한 마음을 확장시키고 권력을 향한 우리의 욕구가 십자가에 못 박히지 않도록 가로막는다. 그리고 마귀는 치유되지 않은 우리의 마음과, 어린 시절 배우고 본받았던 거짓된 가르침을 통해 우리로 하여금 다른 사람을 지배하고 통제하도록 유도한다.

이러한 유혹은 교회를 위기에 빠뜨린다. 세계적으로 유명해진 TV 복음 전도자들이 권력의 유혹에 넘어져 자신의 부르심 보다 스스로의 명성을 더 높이려고 할 때, 그리고 목사, 교사, 예언자처럼 행동하면서 그리스도의 몸 된 교회를 통제하려고 할 때, 혹은 자신의 이름으로 선교회나 세계적인 조직을 창립하려 할 때, 교회는 곧 위기에 처하게 된다. (빌리 그래함 목사님의 경우 자신이 영원히 누릴 수 있는 명예의 유혹에 단 한 번도 넘어지지 않았다.)

미혹하는 마귀가 교회의 리더로 하여금 자만하도록 유혹의 맹공격을 퍼부을 때, 우리는 무엇을 해야 하는가? 다시 한 번 강조하지만 여기서도 축사 사역과 내적치유의 관계를 이해하는 것이 중요하다. 여기엔 과대망상의 영이나 자만의 마귀를 분별하여 쫓아내는 것 이상의 노력이 필요하기 때문이다. 만일 축사만 한다면, 리더의 상태는 전보다 더 악화될 것이다. 어린 시절 권위자와 관련된 리더의 쓴 뿌리, 그리고 무의식 속에서 남을 지배하고 통제하고자 하는 욕구가 분별되어 그것이 십자가에 못 박힐 때까지, 리더는 회개와 죄 고백을 해야 한다.

먼저 마귀를 묶고 침묵하도록 명령하지 않으면, 마귀는 자신의 정체가 분별되는 것을 가로막을 것이며, 회개와 죄 고백이 이뤄지지 않도록 몸부림 칠 것이다.

모든 리더는 자신의 권력욕에 대해 마음 터놓고 진실 되게 이야기할 수 있는, 그리고 자신의 문제를 심각하게 다뤄줄 수 있는 일단의 사람들이 필요하다. 리더는 그들과 꾸준한 관계를 유지해야 한다. 그들은 리더의 삶에 친밀하게 다가가 미혹의 마귀가 리더를 유혹할 때를 정확히 분별해내야 할 것이다.

"머리는 외롭다." 어떠한 남자도, 여자도 높은 위치에 섰을 때 홀로 안정감을 가질 만큼 강하지 않다. 30년간 폴라와 나의 사역에 커다란 부분을 차지한 것은 리더들(주님의 군대 가운데 가장 유명했던 종들을 포함하는)의 치유였다. 나는 타락하고 좌절하는 리더들을 많이 보아왔다. 그리고 이들 넘어진 리더에게서 공통적으로 발견되는 사실은, 이들 주변엔 사랑으로 경고하거나 정확하게 조언해준 사람이 없었다는 것이다. 비록 수많은 사람들이 리더의 곁에 서서 리더를 구해주길 원하지만 각각의 리더들은 외로움 가운데 고립되었고, 그리스도의 몸 된 교회로부터 아무런 도움을 받지 못했다.

이 얼마나 슬픈 일인가? 나는 위험에 처해 있는 모든 리더를 붙잡고 그의 어깨를 흔들면서 "정신 차려요! 당신에게 격려하거나 훈계할 수 있는 강한 믿음의 사람들을 불러 모으십시오. 그리고 그들이 당신에게 훈계할 수 있도록 허락하십시오. 그들의 말을 듣고 순종하세요. 당신의 돌 같은 마음과 교만은 마귀의 공격에 무너져 버릴 겁니다. 친구들에게 당신의 마음을 터놓고 고백하십시오. 그들을 신뢰하고, 어떠한 비밀도 남지 않도록 다 털어버리십시오. 친구로 하여금 당신의 문제를 보게 하세요. 그리고 주변의 사람들이 당신을 잘 알 수 있도록 그들과 시간을 보내라구요!" 라고 이야기해 주고 싶다. 그러나 그렇게 하지 못하는 상황이 안타깝기 그지없다.

문자 그대로 '수백 명'의 넘어지고 좌절한 리더들을 상담해본 사람이 아니라면, 이 충고가 얼마나 절박한지 이해할 수 없을 것이다. 그리고 이러한 충고를 받아들일 리더가 거의 없다는 사실도 알지 못할 것이다.

　많은 리더의 경우 자신의 보호를 위해서 중보 기도자를 모집하는 데는 능숙하지만 리더가 주변사람들로부터 자기 스스로를 고립시킬 때, 그는 중보 기도팀의 기도를 무산시켜 버리는 것이다. 고립된 경우 마귀의 공격에 노출되기 십상이다. 마귀가 떠나기를 원치 않는 사람으로부터 마귀를 쫓을 수 없듯이, 당신은 유혹의 마귀를 꾸준히 초청하여 자신을 지배하도록 놔두는 리더를 보호할 수 없다.

　하나님께서 리더에게 겸손한 마음, 청종하는 마음을 주시도록 기도하라. 리더의 생각과 행동이 더 이상 마귀에게 틈을 내어주지 않을 때까지, 마귀를 내쫓는 권세를 행하라. 우리는 지도자를 위해 전쟁에서 승리하여야 한다. 사탄의 계획은 항상 똑같다. "먼저 목동을 치자. 양 무리는 자연스레 흩어질 것이다."

탐욕의 마귀 Demons of Greed

　사랑하는 사람이 탐욕의 유혹에 넘어지는 것을 목격해 보지 않은 사람이 있는가? 우리는 돈이나, 권력뿐만 아니라, 다른 것에도 탐욕을 부린다. 예를 들면, '경배 받고 싶은 마음'을 이야기할 수 있다. 사탄은 자신에게 경배할 사람을 찾기 위해 이 땅 구석구석을 뒤진다. 사탄이 예수님께 이 세상을 넘겨주려고 했을 때, 그 대가로 받으려 했던 것이 바로 "경배"였다.

　우리는 사탄과 그리 다르지 않다. 우리는 사람들이 우리를 존중해 주는 것, 우리에게 칭찬의 화관을 씌워주는 것을 탐한다. 이 세상의 시스템은 탐욕에 기초한다. 오스카 상('아카데미' 영화 시상식에서 주는 상), 에미상(TV관련자들에게 주는 상), 하이스만 트로피(미국 대학 스포츠 연맹에서 주는 상), 데이비스 컵(국가 대항 테니스 대회에서 주는 상), 올림픽 금메달, 월드시리즈 챔피언십(미국 프로야구) 등의 수상자들을 위한 축하 파티를 떠올려 보라. 이 외에도 우리가 하는 모든 행동은 '기본적인 욕구'로 인해 동기 부여 된다. 그 욕구란 칭찬과 보답에의 탐욕을 말한다.

거의 모든 인류의 약점이랄 수 있는 탐욕을 통해 마귀는 우리 마음속에서 뛰어놀 장소를 얻게 된다. 이러한 이유로 예수님은 다음의 말씀을 하셨다.

> 네가 누구에게나 혼인 잔치에 청함을 받았을 때에 상좌에 앉지 말라 그렇지 않으면 너보다 더 높은 사람이 청함을 받은 경우에 너와 저를 청한 자가 와서 너더러 "이 사람에게 자리를 내어 주라." 하리니 그때에 네가 부끄러워 말석으로 가게 되리라 청함을 받았을 때에 차라리 가서 말석에 앉으라. 그러면 너를 청한 자가 와서 너더러 "벗이여 올라앉으라." 하리니 그 때에야 함께 앉은 모든 사람 앞에 영광이 있으리라. 무릇 자기를 높이는 자는 낮아지고 자기를 낮추는 자는 높아지리라 – 누가복음 14:8-11

예수님은 이 말씀을 통해 테이블 매너를 알리시거나, 지혜로운 손님이 되라고 가르치시는 것이 아니다. 주님은 우리 모두의 마음속에 깊이 뿌리내린 탐욕, 즉 칭찬과 존경을 받고 싶어하는 욕구에 대해 경고하시는 것이다. 우리 모두는 다른 사람으로부터 박수갈채 받고 싶은 마음을 십자가로 끌고 가야 한다. 그렇지 않으면, 우리는 탐욕에 특화한 사탄의 공격에 무방비 상태가 되어 버린다.

부유한 사람이 자신의 소유에 만족하지 못한 채, 더 많은 돈을 벌기 위해 끙끙 앓는 것을 자주 볼 수 있지 않은가? 그들은 탐욕에 붙들린 바 되었고, 곧 이어 탐욕의 자손격인 시기와 질투에 사로잡히게 된다. 친구나 직장 동료의 월급이 엄청나게 인상되거나, 스포츠 대회에서 우승하거나 혹은 여러 이유로 사람들의 칭찬을 받게 될 때, 우리는 얼마나 자주 이를 갈며 슬퍼했는가? 우리 마음의 한 부분은 친구가 잘되어 기쁘다고 이야기하지만 또 다른 부분은 시기와 질투로 가득 찼을 것이다.

대책은 무엇인가? 주님 안에서 형제, 자매들은 서로의 마음속에 무엇이 있는지 지적해 줘야 할 것이다. 그리고 성령님으로 하여금 우리를 훈계하시도록 허락해야 한다. 하나님께 겸손한 마음을 달라고 구하라. 그리고 온전케 되기 위해 단지 소극적으로 질책을 수용하는 마음뿐 아니라 질책을 간절히 원하는 적극적인 마음을 달라고 기도하라.

만일 우리 안에서 역사하는 '탐욕'이 구원되지 않은 육체의 소욕이 아니고 마귀의 역사일 경우라면, 이것을 어떻게 알 수 있겠는가? 마귀가 역사하면, 탐욕은 우리의 통제를 벗어나기 시작하면서 탐심을 이루려는 내면의 욕구와 행동이 더 이상 멈추지 않는다. 물론 가끔은 이러한 증상이 육체의 결점일 때가 있다. 그렇기 때문에 우리는 성령의 분별력이 필요하다. 어쨌든, 만일 어떤 사람에게서 범상치 않은 탐욕의 동기를 보게 된다면, 우리는 깨어 기도하며, 정확히 분별하기 위해 주님의 지혜와 은사를 구해야 할 것이다.

다시 강조하지만 축사 사역은 우리의 육체를 극복하고 마귀를 쫓아내는 일이다. 이상하게도 돈과 권력에 대한 지나친 탐욕의 뿌리는 돈이 부족한 상황이나 돈 자체를 원하는 마음에 놓여 있지 않다. 대부분의 경우 돈에 대한 탐욕은 영아기 때부터 학교 다닐 나이에 이르는 기간 동안에 자신이 선택받지 못했다는 느낌이나 사랑받지 못한다는 느낌, 그리고 초등 학년에 이르러, 자신이 성취한 일에 대해 충분히 칭찬 받지 못했던 상황, 또는 애정 결핍과 관계가 깊다. 그러므로 성인이 되었어도 이들 내면의 '아이'는 여전히 부모님의 사랑과 인정에 대해 끊임없이 갈급해 한다. 그리고 이 욕구를 만족시키기 위해 그들은 열심히 돈을 벌려고 노력하는 것이다. 마귀는 이들의 무의식 속 욕구를 알고 이것을 적절히 이용하여 이들로 하여금 균형을 잃을 정도의 탐욕에 매이도록 유도한다.

탐욕의 마귀에게 소리 지르며 축사하는 것은 기껏해야 잠시 동안의 안정만을 가져다준다. 여기에는 두 종류의 분별이 필요한데, 영적인 존재에 대한 분별, 그리고 인간의 본성에 대한 분별이 그것이다. 모든 것을 마귀의 역사로 보는 것은 근시적이기 때문이다. 또한 모든 것을 오래된 육체의 본성으로 보는 것 역시 몰지각하다. 두 경우 모두 효과 없는 사역으로 인도할 것이다.

성욕의 마귀 Sexual Demons

성적인 유혹은 정신적인 유혹 다음으로 사탄이 중요하게 여기는 무기이다. 사탄은 우리의 육신이 성령의 내주하는 성전임을 알고 있다.(고전 3:16) 그래서 사탄은 그 성전을 그토록 무너뜨리고 싶어 하는 것이다. 사탄은 성적인 죄가 우리의 '몸 안에서, 몸에 대항하여' 행해지는 유일한 죄라는 사실도 알고 있다.(고전 6:18) 또한 사탄은 사람들 스스로가 간음을 통해 자신의 영혼을 파멸시킨다는 사실도 알고 있다.(잠 6:32) 계시록 12장 15절의 '레마'(rhema 계시의 말씀)는 오늘날 사탄이 성적으로 더럽혀진 것들을 매일같이 나이아가라 폭포수처럼 토해 내고 있음을 지적한다. "여자의 뒤에서 뱀이 그 입으로 물을 강 같이 토하여 여자를 물에 떠내려가게 하려 하되."(계 12:15) 사탄은 사용가능한 모든 매체-영화, TV, 소설, 잡지 등을 통하여 온갖 성적 유혹물을 토해 '여자', 즉 교회를 휩쓸어 버리려고 한다.

그의 노력이 지금까지 엄청난 성공을 거두고 있다는 사실은 얼마나 비통한 일인가? 처음 내가 목사가 된 때만 해도, 여성이 자신의 처녀성을 순수히 간직한 채 결혼식에 임하는 것은 평범한 일이었다. 안타깝게도 오늘날, 그것은 보기 드문 '예외'가 되어 버렸다. 요즈음 거의 모든 교회마다, 스스로를 훌륭한 기독교인이라고 말하면서 결혼 서약의 테두리 밖으로 넘어서는 부부가 얼마나 많은가? 이 문제점을 인식시키는 것에는 그리 많은 노력이 들지 않을 것이다. 성적인 죄의 창궐로 말미암아 에이즈의 '공포'가 세상 곳곳에 출몰하는 것을 보면 성적인 죄 문제를 인식하는 것은 어렵지 않기 때문이다.

인커버스와 서커바 마귀 Incubus and Succuba Demons

- 잠자는 여인을 덮치는 마귀, 그리고 잠자는 남자와 정을 통하는 마귀

성적으로 유혹하는 마귀들 중, 세분화된 영역에서 특화한 마귀들이 있다. 첫째로, 인커버스 마귀와 서커바 마귀를 예로 들 수 있는데, 인커버스는 여성을 성적으로 유혹하기 위해 점잖고 다정한 영으로, 혹은 예수님의 모습으로 가장하는 마귀다.

인커버스 마귀는 여성 크리스천에게 다가가 "예수님을 육체적으로 만족시켜 드리는 것은 그리스도의 신부가 가지는 권위이자 기쁨이 될 것이다"라고 속삭일 것이다. 마귀는 곧 그 자신을 아름답고 다정한 남자로 변장하여 그녀에게 다가간다. 그 마귀는 그녀를 흥분시켜 절정에 이를 때까지 자신의 손길을 펼친다. 그녀가 따뜻함을 느끼도록 조장할 것이다. 그러면 이 여성은 자신이 주님과 성관계를 즐긴 것이라고 생각하게 된다!

인커버스 마귀는 자신의 모습을 예수의 모습으로 가장하는 것이, 잘 속지 않는 여성에게는 아무런 효과가 없음을 알고 있다. 이 경우 인커버스는 자신을 그녀의 '수호천사'라고 주장할 것이다. 그리고 수호천사로부터의 사랑을 즐기는 것은 그녀의 권리라고 말해 줄 것이다. 하나님은 항상 자신에게 최선의 것을 허락하셨다고 믿어왔던 그녀는 또한 하나님께서 수호천사를 보내셨다고 믿게 된다.

그녀는 항상 외로웠다. 인커버스 마귀는 이제 자신이야말로 그녀가 의지할 수 있는 유일한 친구라고 말할 것이다. 그의 사랑은 결코 그녀를 실망시키지 않을 것이며 항상 그녀를 이해해 주고 그녀 곁에 함께 할 것이라고 주장할 것이다. 이제 그녀는 '수호천사'의 부드러운 터치가 자신이 찾을 수 있는 유일한 위로임을 알고 인커버스 마귀와 함께할 시간을 학수고대하게 된다. 그녀는 심지어 하나님께서 자신에게 그 '수호천사'를 보내 주셨다고 착각하여 하나님께 감사를 올리게 된다.

때때로 폴라와 나는 인커버스 마귀의 '희생자'들과 상담하면서 인커버스 마귀의 의도는 그들을 지옥으로 끌어내리는 것이라는 사실을 인식시키기 위해 많은 시간 그들과 다투기도 하며, 그들을 질책하기도 하고 그들에게 간청하기도 했다. 그들이 인커버스 마귀의 '사랑'을 갈구하는 한 우리는 마귀를 쫓아낼 수 없었다. 결국 그들의 눈이 열렸을 때, 그들은 감정의 극한 변화로 말미암아 위축되기도 하고, 속았다는 사실에 분노를 터뜨린다. 그리고 감사하게도, 결국엔 회개한다. 그러면 우리는 용서를 선포하고, 그들의 영혼을 주님의 보혈과 성수로 깨끗케 한 후, 자유를 선포한다.

바울은 부부가 잠자리를 하는 것을 '한몸'이 된다고 이야기한다.(고전 6:16) 하나님께선 성적인 친밀함을 통해 영과 영이 결합된다는 언약을 주셨다. 하나님은 여자를 창조하셨을 때, 여자의 영으로 하여금 그녀에게 들어가는 첫 번째 남자의 영과 연합되도록 디자인하셨다. 그래서 그녀는 첫째 남자와의 연합을 잊지 못하게 된다. 물론 그 후로, 그녀는 마음으로는 그를 잊었다 할지라도 그녀의 영은 첫 번째 남자를 찾아 그에게 위안이 되어 주길 원하고 그에게 자녀를 낳아 주고 싶어 한다. 만일 어떤 여인이 어떤 남자와 성관계를 가진 후 또 다른 남자와 성관계를 하면, 그녀의 영은 여기저기로 끌려 다니기 때문에 그녀는 극심한 혼란에 빠지게 된다.

남자 역시 처음 성관계한 여성과 연합하고 그의 사는 날 동안 그녀를 보호하고 그녀의 필요를 공급하도록 창조되었다. 그래서 여러 여성과 성관계를 하게 되면, 각각의 성관계를 통한 연합으로 그의 영은 매우 혼란에 빠지게 된다.

어떤 사람은 '한몸'의 성서적인 개념은 단지 '정신과 태도의 연합'만을 의미한다고 생각한다. 나는 이것에 동의하지 않는다. 그러한 해석은 아마도 인간의 본성에 대한 플라톤 사상 혹은 도세틱 사상에 기인했을 것이다. (플라톤 사상은 물질세계보다 영적인 세계를 이상화하고 있는 반면에 도세틱 사상은 "그리스도는 단지 사람일 뿐이었다"는 주장을 개진한다.) 하나님은 성관계로 연합한 부부가 실제로 '한몸'이 된다고 말씀하셨다.

사람들이 간음죄를 고백할 때, 우리는 회개한 사람에게 용서를 선포할 뿐 아니라 우리 주 그리스도 예수 안에 있는 권세를 갖고 그 사람의 영과 성관계 상대자의 영을 분리시켜야 한다.(마 18:18, 16:19) 우리는 그 사람의 영에 대고 직접 "그 연합을 잊으라!"고 명령해야 한다. 그런 후에 성관계 상대방에 대한 책임감으로부터 그 사람의 영을 풀어줄 수 있고 그 사람의 마음속에 내재한 감정들을 내보낼 수 있다.

우리의 마음은 죄를 잊어서는 안 된다. 죄에 대한 기억을 통해, 우리는 감사와 겸손을 배우게 된다. 그리고 다른 사람들에게 사역할 때, 이 기억은 많은 도움이 될 것이다. 이제 영혼과 감정은 자유케 되어 온전함 가운데 진정한 배우자와 함께 올바르게 연합할 수 있게 된다.

이와 동일한 연합이 인커버스 마귀와도 일어날 수 있다. 마귀는 이러한 연합을 이용하여 훨씬 더 큰 안정감을 갖게 된다. 성관계로 인커버스 마귀와 연합관계에 있는 여성들을 치유하는 사역자는, 여성으로 하여금 마귀를 거절하도록 인도해야 할 것은 물론, 권세를 사용하여 그 여성과 마귀와의 연합을 파기해야 한다. 그렇게 될 때, 이 여성은 후에 올바른 상대자를 만나 건전한 연합을 이룰 수 있다.

어린 시절, 이 여성이 어떤 이유 때문에 외롭게 되었는지, 그리고 그토록 쉽게 유혹에 넘어지게 된 이유가 무엇인지를 찾는 것도 필요하다. 인커버스 마귀와 간음하는 여성 대부분이 안고 있는 어린 시절의 상처는 대부분 거절감으로부터 온 것이다. 그리고 아버지로부터의 거절감이 주를 이루는데 이들의 상처는 아주 깊이 숨어있거나, 억제되어있다.

서커바 마귀는 사랑스런 여성의 모습으로 나타난다. 내가 사역했던 남자들 중에는 한밤중, 은은한 불빛 아래 '아름다운 여성'이 자신을 어루만지는 것을 느끼며 흥분하다가 깜짝 놀라 잠에서 깨곤 한다는 사람이 많았다. 그들은 여성으로 가장한 마귀의 모습에 자극되어, 성기는 발기되고 거의 사정하기 직전의 상태까지 이르다가 잠에서 깬다. 서커바 마귀는 예수님의 모습으로 가장하지는 못한다. 예수님은 '신랑'이기 때문이다. 이러한 이유로 서커바 마귀는 잠자는 남자에게 나타나, 그 남자가 스스로의 의지로 유혹을 이기지 못 하도록 계속 그를 흥분시키는 것일지 모른다. 그러한 일이 반복되면, 그는 곧 '그녀'의 방문을 즐기게 된다. 비록 그의 생각과 의식은 무언가 잘못되었다고 스스로에게 잔소리하지만 그는 '그녀'를 거부하고 싶어 하진 않는다. 혹은 스스로의 의지를 통해 그녀를 떨쳐내는 일을 할 수 없게 된다. 서커바 마귀는 남성과의 자연스런 연합을 통해 자신의 입지를 강화시킨다.

이 남자 역시, 자신을 더럽힌 서커바 마귀를 혐오해야 한다. 그리고 이 남자가 죄를 고백하고, 회개 기도를 하면 사역자는 용서를 선포하고 후에 반드시 축사사역을 해야 한다. 서커바 마귀와의 거짓 연합을 끊어야 한다는 것이다. 또한 문제의 뿌리를 발견하여 십자가에 못 박아야 한다. 가장 일반적인 원인은 어린 시절 어머니로부터 거절당했던 혹은 어머니에게 실망했던 상처들이다. 어머니로부터 선택받지 못한 느낌, 그리고 어머니의 손길을 받지 못한 느낌에 그 상처는 깊어진다. 때때로 남자가 어머니로부터 젖을 적게 수유 받았다든가 혹은 너무 일찍 젖을 뗀 것이 서커바 마귀의 유혹에 쉽게 넘어진 이유일 수 있다.

충족되지 않은 성욕구 때문에 서커바 마귀에게 계속해서 문을 열어준 어떤 미혼 남성에게 반복적으로 축사 사역한 경험이 있다. 우리가 그 남자의 모든 문제를 치유하기 위해 그의 내력 전체를 낱낱이 드러내어 그에게 대면시켰지만, 그는 '성적 순결'의 은혜를 받아들이려 하지 않았다. 그래서 우리는 지금까지, 서커바 마귀를 향해 열려 있는 그 남자의 마음 문을 닫지 못했다.

두 말할 필요가 없겠지만, 서커바 마귀를 쫓는 것보다 더 중요하고 어려운 과제는 서커바 마귀가 되돌아 오는 것을 막는 일이다.

불결한 영들, 성적 학대, 아동 성희롱과 근친상간
Incubus and Succuba Demons

우리 사회가 하나님으로부터 등을 돌리고 '타락에의 열정' 과 '부패한 마음'

(롬 1:26,28)을 추구하기 시작하면서, 아동 성추행, 근친상간 등의 성범죄는 경악할 만한 속도로 증가하고 있다. 그 결과는 다음과 같다. 깨어진 가정, 역기능 가족, 무의식적으로 자녀들을 다그치는 부모, 부모의 행동에 부서지고 무너지는 자녀들…

어린 자녀들에게 부모가 성적으로 학대를 가하거나 근친상간하는 것만큼 해로운 것은 없다. (폴라의 책 '성적 학대의 희생자를 치유하기'를 참고하라.) 성폭행, 그리고 근친상간, 이들 두 가지 죄를 통해 아이들은 권위자들을 신뢰하지 못하게 되고 자부심을 잃게 된다. 그리고 이들은 곧 자신이 '영화로운 존재'라는 사실을 쓰레기통에 쳐 넣으며, 불결한 영들을 받아들여 스스로를 더럽히기 시작한다. 이러한 아이들은 십대가 될 때 종종 난잡한 성교에 휘말리고, 성인이 되어선 (그들이 주의 깊고 온화한 치유 사역을 받지 못하는 한) 크리스천의 결혼 생활에서 얻을 수 있는 진정한 성관계의 즐거움을 느끼지 못한다.

불결한 영은 부모나 다른 어른들을 유혹하여 아이들을 성추행하게 하거나 근친상간의 죄를 범하게 하는 것뿐 아니라, 성추행의 피해자에게까지 들어가 역사하기도 한다. 폴라와 나는 종종 성인들에게서 불결의 영을 쫓아야 하는 상황에 맞닥뜨리곤 했다. 이들 불결의 영은 어린 시절 성추행이나 근친상간 당한 사람들에게 잠입하여 그들을 더럽히고 지배한다. 성추행을 당한 이후로 그들은 어쩌면, 정욕의 마음과 끊임없이 싸워야 했을지 모른다. 특히 그들은 이성의 나체를 상상하든가, 자위행위에 중독되는 경향, 그리고 포르노를 즐겨보는 정욕, 관음증, 스트립쇼나 성인 등급 영화를 보고 싶은 마음과 싸워야 했을 것이다.

불결한 영은 남자들을 유혹해서 그들의 아내가 기쁨으로 허용할 수 있는 수준 이상의 '성적인 행동들'을 요구하도록 만든다. 그들은 종종 다음과 같은 속임의 말을 사용하여 아내를 권고한다. "어떤 크리스천은 말이지, 결혼한 부부가 침실에서 무슨 짓을 하든지 거룩하다고 가르친단 말이다." 만일 그 말이 사실이라면, 바울은 다음의 말을 하지 않았을 것이다.

하나님의 뜻은 이것이니 너희의 거룩함이라 곧 음란을 버리고 각각 거룩함과 존귀함으로 자기의 아내 취할 줄을 알고 하나님을 모르는 이방인과 같이 <u>정욕에의 열정을 좇지 말고</u> – 데살로니가전서 4:3-5 (밑줄 친 것은 내 해석이다.)

속지 말라. 정욕의 죄는 자신의 아내에게도 범할 수 있다! 불결한 영이 남자에게 덮치면, 남자는 자신의 아내에게 오럴 섹스(입으로 성기를 애무하는 성교)나 애널 섹스(항문에 성기를 삽입하는 성교)를 하자고 요구하게 될 수도 있다. 물론 펠라치오(아내가 남편의 성기에 입을 가져다 댐으로 남편이 자위하는 것을 돕는 성행위)를 요구할 수도 있을 것이다. 부부간 서로를 존중하는 마음과 부부의 연합을 향상시키기 위해 결혼한 부부가 행하는 것은 무엇이든 '거룩'하고 '정결'하다. 그러나 결혼한 부부가 자기만족을 위하여 상대방을 이용하는 것은, 문자 그대로 '정욕'이다.

마귀는 성관계를 통해 연합을 이루려는 우리의 정상적인 욕구를 '타락한' 성관계의 불결한 욕구로 끌어내린다. 이제 성관계를 향한 열정과 즐거움은 거룩한 만남을 통해 상대방을 소중히 여기려는 마음보다 더 크게 자란다. 더 이상 남자는 거룩함과 존귀함으로 자기의 아내를 취하지 않는다. 그는 정욕의 열정 가운데 행한다.

물론 성관계에는 사랑의 터치와 즐거움의 나눔이 있어야 한다. 부부의 행동은 '거룩함의 그늘' 아래 있어야 한다. 그리고 그 안에는 건전한 원기 회복과 성취감이 있어야 한다. 그러나 타락한 열정은 이러한 거룩함을 파괴한다. 부부가 타락한 열정 가운데, 자극되고 흥분하여 일종의 기쁨을 느끼더라도 성교 후에는 좌절감과 죄책감만 남을 것이다.

불결한 영은 우리의 어린 시절 상처들을 통해 우리에게 역사하여 우리로 하여금 게이가 되거나 레즈비언이 될 경향이 짙어지게 만든다. 불결한 영은 곧 '동성애'라는 생각의 견고한 진을 자신의 무기로 삼는다. 그리고 동성애자들을 지배하기 위해 '정사와 권세'로부터 자신의 행동에 대한 정당성을 부여받는다.

나는 예전에 남편과 성관계를 할 때마다 스스로가 더럽힘을 입는다고 느끼는 한 여인과 상담을 했다. (그 부부에게는 일곱 명의 자녀가 있었다.) 섹스에 관한 그녀의 태도는 건전했다. 그리고 그녀의 어린 시절에 성희롱 당했거나 부정적인 느낌을 갖게 하는 아픈 경험도 없었다.

그러나 우리의 상담 이후, 그녀는 놀랄 만한 사실을 알게 되었다. 남편이 동성애자라는 사실을…. 남편은 자신이 동성애자라는 사실을 오랫동안 숨겨 왔다. 그리고 젊은 남자애들을 자기 소유의 별장에 주기적으로 불러들여 동성애를 즐긴 것이었다. 그렇다! 그녀가 더럽힘 입었다고 느낀 것은 당연했다.

불결의 영은, 여성을 향한 숨은 증오를 통해 남성으로 하여금 여성들과 난교하게 하거나 강간을 저지르도록 부추긴다. 여자들과의 불결한 관계를 갈구하는 남자는 여자를 전혀 사랑하지 않는다. 그가 어떻게 생각하든, 관계없다. 그는 여자를 사랑하지 않는다! 그는 여자를 미워하고 여자를 더럽히는 것을 사모한다.

그의 감정은 불결의 영에 지배당한다. "못된 열매 맺는 좋은 나무가 없고 또 좋은 열매 맺는 못된 나무가 없느니라."(눅 6:43) 사랑은 좋은 나무이다. 사랑이 악한 열매를 맺을 수는 없다. 간음과 간통은 악하다. 사랑이라는 좋은 나무는 간음과 간통이라는 열매를 맺지 못한다. 증오와 정욕의 마귀, 그리고 그 외의 여러 악한 나무들이 난잡한 섹스라는 열매를 낳는 것이다.

여성에게도 마찬가지다. 사랑이 아닌, 오직 남성을 향한 증오가 난교의 열매를 맺는다. 마귀는 여성이 로맨스를 필요로 한다는 점, 또 남성에게 선택받고, 남성으로부터 아름답다 여겨지는 느낌을 갈구한다는 점을 이용하여 호색하는 남자 앞에서 여자들이 무너져 내리도록 만들어 버린다.

'이 어둠의 세상 임금'이 대중 매체를 조종하여 섹스에 대한 사탄의 노래를 읊조리게 하고 세계를 파괴하려는 사탄의 전략을 홍보케 하는 이때가 바로 불결의 마귀가 누리는 전성기이다.

어떻게 해야 우리가 불결의 영에 갇힌 사람들을 자유케 할 수 있는가? 첫째, 불결한 영을 분별하라. 온전한 치유를 이룰 때까지 사역하라. 마귀를 묶고 내쫓으라. 어린 시절의 상처 및 그 뿌리가 무엇인지 찾아라. 특히 성적인 영역에서 마귀의 입구가 된 아픔이 무엇인지 찾아야 한다. 그리고 그리스도의 십자가와 은혜를 통해 그 사람의 마음을 치유하라.

하지만 거기서 멈춰선 안 된다. '부활의 사역'이 남아 있기 때문이다. 그 사람에게 온전한 생명이 들어가도록 기도하라. 아동기에 성추행을 당하거나 근친상간을 당해 연약함이 생겼다면, 불결함 가운데 버려진 그 '어린아이'를 끌어안으라. 내면의 마음과 인격이 다시 세워지도록 도우라. 이것은 오랜 시간의 상담을 의미할 수 있다. 그리고 그들에게 그리스도 안에서의 부모가 필요하다는 뜻일 수도 있다. 많은 사람들이 당신을 통해 주님의 온전함을 누릴 수 있도록 당신은 주님 손에 쥐어진 치유의 도구가 되어야 한다.

지배하고 통제하는 마귀들 Controlling and Domineering Spirits

1970년대 초, 세상에 가장 많이 알려졌고 믿음 위에 굳건하게 서있던 은사주의 개혁운동의 주도자들로부터 '양육과 제자화' 운동이 시작되었다. 그 운동의 목적은 그리스도의 몸 된 교회 가운데 진정한 연합을 부활시키는 것, 하나님의 백성들로 하여금 그리스도의 분량만큼 성숙케 하는 것, 반항적이고 성숙하지 못한 사람들의 마음과 생각 속에 권위자들에 대한 올바른 존경심을 심어주는 것이었다. 하지만 이 운동은 통제와 지배의 주술 운동으로 타락해 버렸다. 왜 이렇게 되었는가?

그것은 미혹하고, 지배하고 통제하는 마귀가 어두운 그늘을 드리워 이 운동을 좌초시켰기 때문이다.

1975년, 나는 이 '양육과 제자화 운동'에 일시적으로 참여하라는 주님의 명령을 받았다. 나는 주저하면서 순종했다. 그 운동에 참여하는 동안, 폴라와 나는 세인트루이스로 갔다. 당시 로마 카톨릭교 사제였던 프란시스 맥너트(Francis MacNutt)는 세인트루이스의 머튼 하우스(Merton House)에 거주했다. 맥너트씨는 저녁식사에 우리 부부를 초대했다. 식사 중, 우리는 그에게 양육과 제자화 운동에 대해 그가 어떻게 생각하는지를 물었다.

"우리 천주교인들과 개신교도들이 함께 할 때, 우리는 서로의 장점을 공유함과 동시에 안타깝게도 서로의 단점들도 공유하게 됩니다. 이 운동은 우리 천주교가 이제 막 헤어 나온 세 가지 견고한 진들 아래로 기어들어가고 있어요. 첫째, 이 운동은 지금, 상부로부터 하부에까지 지배와 통제가 넘쳐나고 있습니다. 둘째, 오직 사제나 목사만이 무슨 일이 일어나는지 알 수 있다는 믿음을 강조하여, 사람들의 삶을 위해 올바른 결정을 내릴 수 있는 것은 사제들뿐이라는 생각이 만연해졌습니다. 그리고 셋째, 성경의 해석은 오직 사제들에게만 속한다는 원칙이 그것입니다."

연합된 신자들에 대해 통제권과 지배권을 뽐냈던 '정사와 권세'는 권위를 통해 질서와 규율을 회복할 수 있다고 믿는 사람들에게 그 지배권을 넘겨 주었다. 지역의 마귀는 사람들의 마음 속 아직 치유되지 않은 영역에 다음의 것들을 쏟아 부었다: 의식적 혹은 무의식적으로 부모의 권위에 대항하고 싶은 분노, 아버지로부터 충분히 양육 받지 못했다는 아쉬움, 어딘가에 속하고 싶거나 선택되고 싶은 욕망들…. 통제하고 조정하는 어머니와 관련하여 발생된, 그러나 아직 치유되지 않은 남성들의 상처는 종종 '순종'이라는 허울 좋은 모토 아래, 여성들을 노예의 지위로 전락시키곤 했다.

그리고 이 운동에 대해 반대하는 사람들, 지혜의 말을 건네는 사람들, 혹은 억제하는 사람은 누구든지 '반항적이다'라고 참소당해야 했다. 그리고 이 운동을 떠나겠다고 말하는 사람은 누구든지 천국을 잃게 될 거라는 저주의 말을 들어야 했다. 두려움이 지배하기 시작했다.

한 번은 내가 친구들 앞에서 가르치게 되었다.(당시 내 강의는 '양육과 제자화 운동'과 관련 없는 주제였다.) 하지만 내가 강연하는 동안, 나는 어떤 힘의 움직임을 감지했다. 그것은 성령의 역사와 달랐다. 그 힘은 내 위로부터 흘러내려 청중들에게 뻗어갔다. 항상 내 말을 귀담아 들었던 사람들이었음에도 불구하고 그들은 두려움 가운데 떨면서, 눈을 크게 뜨고 나를 진지하게 바라보고 있었다. "타인의 음성은 알지 못하는고로 타인을 따르지 아니하고 도리어 도망하느니라."(요 10:5) 강의실에 그림자를 드리운 정사와 권세들, 지배하고 통제하는 마귀들은 곧, 청중이 오랫동안 신뢰했던 교사이자 친구인 나를 '타인'으로 만들어 버렸다. 그 강의 이후, 나는 주님께서 '양육과 제자화' 그룹에서 나오라고 명령하심을 느꼈다. 어느 날 오후 나는 몇 시간 동안 나와 같은 그룹에 속했던 형제 중 한 명에게 그 그룹을 나오라고 설득했다. 결국 그는 동의했다. 우리는 통제하고 지배하는 마귀로부터 그 형제가 정결케 되기를 기도했다. 그러나 집으로 가던 길에 그는 하나님 나라를 잃게 될까 두려워하기 시작했다. 결국 그는 '양육과 제자화' 운동으로 복귀하여 몇 년 동안 비참한 시간을 보냈다. 그러고 나서야 그 운동을 영원히 떠났다.

하나님께 감사드릴 것은, '양육과 제자화' 운동의 속임에 매여 있던 거의 모든 사람이 지금은 고군분투하며 자유를 찾았다는 것, 그리고 그 운동의 리더들이 자신의 잘못을 깨닫고 회개했다는 것이다. 나는 다음 장을 통해 내 친구를 설득했던 그 오후에, 즉 그 당시에는 알지 못했던 사실들을 이야기할 것이다. 즉 견고한 진이 무엇인지, 또 견고한 진이 어떻게 희생자들을 다시 사로잡게 되는지, 그리고 견고한 진으로부터 어떻게 희생자들을 구해내는지를 이야기할 것이다.

이세벨의 영 Jezebel Spirits

또 다른 영이 있어, 사람들은 이 영을 성적으로 유혹하는 영이라고 구분하지만, 나는 이 영을 지배와 통제하는 영으로 부르길 좋아한다. 사람들이 잘 알고 있는 이 영은 '이세벨' 이라고 불린다.

이세벨의 영은 친구들 사이에 분열과 깊은 원한을 조장한다. 시기와 질투, 중상과 모략을 일으킨다. 이 영이 많은 사람들을 난잡한 성교와 불륜의 덫에 걸리도록 하는데 이 덫이야 말로 매우 극적이고 또 가시적이기 때문에 많은 크리스천은 '이세벨' 의 중심 활동 무대가 성적인 영역이라고 생각한다. 하지만 그 영의 이름이 항상 조종하려들고 통제하고자 했던 아합 왕 아내의 이름 아닌가? "예로부터 아합과 같이 스스로 팔려 여호와 보시기에 악을 행한 자가 없음은 저가 그 아내 이세벨에게 충동되었음이라."(왕상 21:25)

내륙 국가인 이스라엘이 두로와 시돈의 페니키아 해상들과 동맹을 맺을 때에만 번영할 수 있었던 것은 아이러니가 아닌가? (두로와 시돈은 이스라엘을 통하는 대상로가 필요했다.) 하지만 이스라엘이 페니키아와 동맹할 때마다, 페니키아의 거짓 우상들이 들어와 이스라엘을 더럽혔다. 이스라엘은 두로나 시돈과의 빈약했던 관계를 견고히 해야겠다고 생각했다. 이에 아합은 페니키아의 공주 이세벨과 결혼했다. 하지만 이세벨은 이방의 거짓 신에게 헌신하기로 마음먹은 여자였고 다른 사람을 통제하는 능력을 갖추어 이스라엘에 들어오게 되었다.

이세벨의 영은 여자들을 통해 교회 리더를 유혹하며, 교회내에 다툼이나 질투를 불러일으키곤 한다. 그 영은 우상 숭배를 통해 역사한다. 여자들이 무의식 중에 성공, 칭찬, 야망, 자만, 그리고 권력의 이방신들에게 자신을 헌신할 때, 이세벨의 영은 "이때가 기회다"라며 자신의 힘을 과시하여 그리스도 안에서의 균형을 무너뜨리고 관점을 어지럽히며 일반 상식마저 파괴한다. 그리고 결국 연합을 와해시켜버린다. 남자들이 이러한 거짓 우상들을 섬길 때, 이세벨의 영은 그의 주변에 있는 여자를 통해 이 남자들을 조종케 한다. 그래서 남자로 하여금 분열과 증오를 야기하게 한다.

이세벨의 영이 지향하는 목표는 개개인을 무너뜨리는 것뿐만 아니라, 무너진 개개인을 통해 그들이 속한 교회를 분열시키는 데에도 있다.

　이세벨의 영에 영향을 받은 경우엔, 단지 이세벨의 영을 분별하여 이를 내쫓는다고 해서 구원과 자유가 보장되지는 않는다. 만일 그들 내면의 동기가 정확히 지적되어 회개하지 않으면, 동일한 영, 혹은 또 다른 영이 곧 되돌아 올 것이기 때문이다. 회개가 필요하다.

　만일 크리스천이, 자신의 사역, 자신의 은사, 그리고 교회 내에서 자신의 지위를 아브라함이 이삭을 제물로 드린 것처럼 제단 위에 올려놓지 않으면 주님은 그도, 그의 사역도 받지 않으실 것이다. 그리고 그들은 예수 그리스도의 종이라기보다 자신이 하고 있는 사역의 종이 될 것이다. 성령이 아닌 교만과 육체가 그들의 경배와 찬양을 인도할 것이다. 이세벨의 영이 이들 크리스천의 사역이야말로 자신이 활동하기 좋은 땅임을 깨달을 때까지는 그리 오랜 시간이 걸리지 않을 것이다. 그리고 이세벨의 영은 이들의 땅에서 열매를 거두게 될 것이다.

　여기서 잠시, 나는 지금 모든 독자가 다음의 기도를 따라하길 바란다.

　"주님, 여기 당신의 제단 위에 나의 모든 은사, 나의 모든 재능, 내 모든 명예와 지위 그리고 당신이 나를 불러주신 사명까지 올려놓습니다. 이 모든, 각각의 제물에 대해 내가 죽게 하소서. 당신이 내게 돌려주실 것을 압니다. 하지만 이 순간 이후로 이 모든 것은 당신의 소유이지 내 것이 아닙니다. 내 육체가 나를 다스리지 않도록 붙잡아 주십시오. 내 스스로의 힘으로 살아가기 위해 이방신을 섬겼음을 고백하며 주님께 용서를 구합니다. 나를 용서하시고 내게 평안을 주십시오. 주님 감사합니다. 주께서 나의 모든 야망을 온전한 죽음으로 인도하실 것을 믿으며 예수님의 이름으로 기도합니다. 아멘."

　우리는 위의 기도를 자주 반복할 필요가 있다. 더 큰 부르심과 은사를 받은 사람들은 더 많이, 더 자주 이 기도를 드려야 할 것이다.

　어린 시절 조성된 우리의 본성 안에 무엇이 뿌리를 내렸는지, 그래서 이세벨의 영으로 침투할 수 있도록 출입문을 열어줬는지 살피는 것은 두말할 나위 없이 중요하다. 뿌리를 찾았다면, 다음으로 기억해야 할 것은 그 뿌리를 오직 예수님과 함께 십자가에 못 박는 일이다. 끊임없이 십자가의 죽음으로 인도하는 길만이 재앙적인 마귀의 영향력으로부터 우리가 자유 할 수 있는 방법이다. 특히 이세벨의 영향력으로부터 말이다.(갈 2:20, 5:24)

'때까치'의 영 Shrike Spirits

때까치는 뾰족한 주둥이를 갖고 있는 새로서 먹이를 잡았을 때, 그 주둥이로 갈기갈기 찢는 특징을 갖고 있다. 이 새를 사람에 비유한다면, 과도한 성취적 기질을 갖고 있는 사람이라고 할 수 있는데 이들은 어려서부터 형제들이나 심지어 집안의 어른들보다 뛰어난 모습을 보여 사람들로부터 탁월하다는 평을 이끌어내는 사람이라고 할 수 있다. 크리스천 때까치는 '자기 의'를 이루려고 노력하는 사람으로서 누군가가 자신보다 더 의로운 것처럼 보이는 것을 절대 용납하지 못한다. 이러한 사람들이 가정이나 어떤 모임 가운데 있다면, 그들은 자신은 의로움으로 치장하고, 주변 사람들은 더럽힘을 입게 하여 주변사람들로 넘어지고 실수하고 심지어 죄에 빠지도록 만들 것이다.

다음의 얘기를 통해 독자들은 '때까치'에 대해 쉽게 이해할 수 있을 것이다. 어떤 누군가가 당신 옆에 오기만 하면, 이상하게도 당신은 최선의 모습을 보일 수 없게 되는, 그러한 사람이 당신 주변에 있지 않은가? 다른 곳에서, 다른 사람과 함께 있을 땐 잘 해냈던 일도 그 사람 곁에만 가면 그르치게 된다. 아무리 잘 해보려고 해도 결과는 마찬가지일 것이다. 온전히 정신을 차리기 전까지 당신은 계속해서 어리석은 행동을 하게 되는데 이러한 당신의 행동이 당신을 혼란스럽게 할 것이다. 그 사람과 함께 있으면, 당신은 당황하고, 창피하고, 불안하기까지 하다.

때까치의 영은 '인간 때까치들'을 자신의 주변에 징집하여 한 부대를 구성해낸다. 표면상으론 연약한 사람(예를 들면, 실수 많은 목사님)을 돕는 것이 이들의 목표이나 실제론 교회 내의 권위를 무시하고 의혹과 분열을 일으키는 것이 그들의 숨은 목표이다. 가정 혹은 교회에서, 이들 때까치만이 의로운 것처럼 보이고 다른 사람을 구해줄 능력을 가진 듯이 보인다. 실체가 드러날 때까지, 사람들은 '그들의 도움이 없었더라면 어떻게 견뎌낼 수 있었을까' 하고 의아해 한다. 때까치들은 소위 돕는 행위를 통해 자신의 먹이가 갖고 있던 자신감과 능력을 소멸시켜버린다. 그렇게 그들은 자신의 먹이를 갈기갈기 찢는 것이다.

당신 주변에 당신을 돕겠다고 나서지만, 당신이 그의 도움을 받을 때마다 점점 무기력해지는 느낌을 받게 되는, 그런 사람이 있는가? 딸이 피아노 치는 것을 도와주기 위해 피아노 의자에 딸과 함께 앉는 어떤 남자를 알고 있다. 아빠와 함께 앉은 지 몇 분 지나지 않아 이 딸은 좌절하고 낙망한 채 슬그머니 아빠로부터 멀리 떨어져 앉으려고 한다. 반면에 그녀의 아빠는 그 자리에 앉아 피아노 독주회를 하곤 한다! 그는 또한 아내가 요리하는 것을 돕기 위해 주방으로 가지만, 몇 분 지나지 않아 실수처럼 보이지도 않는 사소한 일에 아내를 호되게 꾸짖는다. 그녀는 마치 자기가 요리에 서투른 어린아이가 된 것 같은 느낌을 받는다. (물론 그녀는 요리에 재능이 많아 '미식가를 위한 요리 경연대회'에서 최고의 요리사로 선정되기까지 한 전문 요리사였다.)

스스로는 고도로 훈련된 기술자였으나, 그 남자는 계속해서 직장을 잃어야 했다. 새로운 직장에서 그는 빠른 속도로 일을 배웠다. 그리고는 모든 사람을 돕고 조언을 하려고 들었다. 그의 무의식 속에 자리 잡은 '때까치' 기질은 곧 주변사람들을 기운 잃게 만들었고, 직장동료들은 그에게 무시당하는 느낌마저 받게 되었다. 결국 사장은 사무실 내, 증가하는 불화와 실수의 원인이 그 남자라는 사실을 깨닫고는 그를 해고하기에 이른다. 일전에 나는 어떤 회의에 참석했었는데, 그 남자도 거기에 있었다. 그런데 그 회의에서 이 남자는 자신의 직장 상관의 말을 세 번이나 가로채 그에게 '도움'이 되는 비평과 첨삭의 말을 던지는 것이었다! (두말할 것도 없이 이 남자는 바로 직업을 잃게 되었다!) 자신을 궁지로 몰고 가는 것이 남에게 도움을 주고자 하는 스스로의 순수한 열정이 아니라는 것을 그는 알지 못했다. 그리고 자신의 무의식속, 다른 사람을 깎아내려 스스로를 높이고자 하는 욕구가 그 주범이라는 사실도 알지 못했다.

때까치는 어른의 몸속에 존재하는 상처 입은 어린아이이다. 그 아이는 사람들로부터 끊임없이 인정받고 싶고 칭찬 듣고 싶어 하는 강한 욕구를 갖고 있다. 그러나 그 아이는 사람들이 자신의 곁을 떠나버릴 일들만을 골라서 한다. 그렇기 때문에 더 열심히 노력하면 할수록, 다른 사람을 더럽히는 속도만을 가속화하고 피할 수 없는 거절감의 결과만을 맛보게 되는 것이다. 이런 상황은 마귀가 쟁기질 하고 씨를 뿌릴 수 있는 '옥토'로서 작용한다.

내 아들 로렌도 교회를 건축하는 과정에서 그를 열심히 '도우려는' 다섯 명의 때까치(두 명의 남자와 세 명의 여자)에 둘러싸여 거의 정신착란에 가까운 증세를 보인 적이 있었다. 그들은 성도간 연합의 줄을 끊어 교회를 분열케 했고 교회 내 '가족 공동체' 그룹을 뿔뿔히 흩어지게 했다. 그리고 그들은 교인들을 만날 때마다, 로렌 목사는 무슨 일을 해야 하는지 모르기 때문에 자신들의 도움이 반드시 필요하다고 주장하며 돌아다녔다. "로렌은 너무 어리고 미숙합니다. 그래서 우리가 그를 위해 기도해 줘야 하지 않겠어요?"

이것은 그들 본성적인 '때까치 기질'이라고만은 할 수 없다. 마귀의 개입이 있다. 마귀는 먼저 때까치들의 생각과 혀를 조종하여 그들의 말과 행동을 지배한 뒤, 이들의 혀로 내뱉어지는 말과 그들의 행동을 통해 더럽힘 받게 될 사람에게로 자신의 세를 확장해 나간다.

히브리서 3장 12절은 크리스천이 믿지 않는 마음을 갖게 되어 영생에서 사망으로 인도될 수 있다는 점을 설명하고 있다. 바울은 로마서 2장 28, 29절을 통해 마음에 받은 할례만이 진정한 할례임을 확증하고 있다.

하지만 크리스천 때까치들은 노력하지 않아도 구원받고 사랑 받을 수 있다는 사실을 마음에 믿지 못한다. 이러한 의미에서 그들은 '불신자'이고 '비웃는 자'이다. 그들이 왜 비웃는 자인가? 그들이 치유받기를 거부하기 때문이다. "난 괜찮아요. 당신의 도움이 필요한 사람은 저 많은 사람들이죠." 그들은 이렇게 거부함으로써 자신을 도울 수 있는 사람에게 비웃음을 던지는 것이다.

로렌의 이야기로 돌아가자. 결국 로렌은 자기희생의 노력을 통해, 그것도 아주 어렵게, 다섯 명 중 두 명을 불 속에서 건져내었다.(유 1:23) 그 두 명 중, 한 여성에게 사역하면서 사역자들은 하나님의 말씀을 가지고 그녀를 대면하였고 진리를 그녀의 마음과 생각 속에 계속 부어댔다. 나중에 그녀는 자신이 어떤 일을 했는지 직면하게 되었고 회개하면서 마루바닥에 쓰러졌다. 때까치의 마귀가 그녀에게서 쫓겨날 때, 그는 출구를 찾느라고 요란을 떨었고 이에 그녀의 몸은 비틀리고 경기를 일으켜야 했다.

내담자로 하여금 자신의 실수를 대면케 하는 것(온화한 말과 방법으로, 그러나 확실하게)과 축사 사역은 내담자가 때까치의 마귀로부터 자유케 될 수 있는 유일한 길이다. 한때 때까치의 마귀를 경험했던 사람들은 자신의 경험을 반복적으로 간증하여, 다른 '때까치들'이 진실의 면모를 선명하게 볼 수 있도록 도와야 한다. 이것은 그들에게 있어서 매우 고통스러운 과정이다. 때까치의 마귀는 자신의 존재를 뿌연 연기 속에 드리우기 때문에 이들의 영향 아래 놓인 사람들은 자신의 잘못이 무엇인지를 알지 못한다. 이러한 이유 때문에 때까치들의 마음에 진리를 주입하려는 노력은 계속 헛수고로 돌아가게 된다.

이들을 구원하고 치유하기 위한 수 없는 노력에도 불구하고, 때까치들이 들으려고도 않고 회개치도 않으려 한다면, 교회 내의 목사나 리더들은 단호한 자세로 그들에게 교회를 떠날 것을 종용해야 한다. 성경은 "거만한 자를 쫓아내면 다툼이 쉬고 싸움과 수욕이 그치느니라"고 조언한다.(잠 22:10) 하지만 마귀는 교회로부터의 추방을 원하지 않는다. 그것은 곧, 개교회에서 경영해 오던 자신의 효과적인 사역에 종지부를 찍는 일이기 때문이다. 그러므로 마귀는 때까치의 입을 빌어 사람들을 설득하기 시작한다. "우리를 사랑으로 품지 못하고 결국 쫓아내는 것을 보니, 목사님이나 교회가 얼마나 비기독교적입니까? 그들 안에 사랑은 있는 겁니까?"

나는 이러한 가르침을 펼치는데 있어서 매우 조심스럽다. 하지만 먼저 때까치 마귀의 영향력을 명확히 분별했는데, 그 영향력 아래 있는 사람이 치유받기를 거부한다면, 리더들은 확실한 의지로 결단해야 한다. (로렌의 교회에 있던 다른 세 명의 때까치들은 결국 교회를 떠났다. 그리고 교회에는 큰 평화가 회복되었다.) 그렇게 하지 않으면 교회 안에 권위에 대한 불신이 자라고 사람들은 연합하지 못하게 되어 결국 교회가 무너져 내릴 것이기 때문이다.

나는 마음에 상처를 입은 많은 목사님들에게 치유사역을 해 왔는데, 그들은 한 때, 건강했고 번창하던 교회에 시무했었다. 하지만 그들의 교회가 어느 시점에서 무너지기 시작했는데, 그들은 회중 가운데 도대체 무슨 일이 생겼는지 이해하지 못했다. 그 교회들에 어떤 일이 생긴 것인가? 때까치 마귀가 상냥하고 오래 참는 목사님의 인품을 이용하여 교회 안에 있는 '거만한 성도' 들을 내쫓지 못하고 붙잡아 두도록 역사한 것이었다. 이러한 관점에서 볼 때, 크리스천 리더들은 천성적으로 친절함과 긍휼을 베푸는 자신의 인품마저 주님의 제단 위에 올려놓아야 할 것이다. 그렇지 않으면 성령께서 엄격함과 결단력을 요구하시는 상황에도 그들은 '오래 참음' 을 고수하게 될 것이기 때문이다.

우리는 전시 상황에 있다. 이러한 종류의 전쟁에선, 겉으로는 비기독교적인 것처럼 보이는 결단도 내릴 필요가 있다. 그러면 때까치 마귀는 리더십의 위치에 있는 사람에게 다음의 사실을 주장할 것이다. 예수께서 아흔 아홉 마리의 양을 놔두고서라도 단 한 마리의 잃어버린 양을 찾으러 가신다는 사실 말이다. "뭐라고? 그렇게 하지 않겠다고? 예수처럼 하지 않고 어떻게 스스로를 예수 추종자라고 할 수 있어?" 이러한 마귀의 물음은 다음과 같이 재해석할 수 있다.

"지금 내가 너를 속임수로 조종할거야. 잘 들어. 만약 네가 그렇게 하지 않는다면, 나는 너보다 더 훌륭한 크리스천인 셈이다."

마귀는 상처로 인해 신음하는 불쌍한 사람들을 이용하여 속임수를 펼친다. 우리는 '거짓 긍휼'의 마음을 조장하는 마귀의 속임수에 넘어가선 안 된다. 우리는 마귀로 하여금 우리의 교회를 넘어뜨리는 일에 도움을 줘선 안 된다.

당신이 지금 출석하는 교회나 이전에 다녔던 교회에서 이러한 때까치들의 행동을 봤다면, 그러한 경험을 통해 나의 가르침을 한 번 확인해 보기 바란다. 나는 당신이 교회 분열의 동일한 패턴을 발견하게 될 거라고 생각한다.

마지막으로, 때까치가 된 크리스천은 종종 마귀의 거주를 당한 것처럼 보인다. 일찍이 이야기했듯이, 내 의견은 다음과 같다. 거듭난 후, 하나님의 성령으로 충만한 크리스천은 귀신들릴 수 없고 마귀의 침입도 당할 수 없다. 하지만 나는 완강해진 때까치들이 마귀화 되는 것은 물론, 마귀의 침입도 당하고 통제도 받음을 목격해 왔다. 어떻게 이러한 상황을 이해해야 하는 것일까?

내가 이 질문에 대해 곰곰이 생각하고 있을 때, 주님은 나사렛 사람들의 불신앙 때문에 그곳에서 기사와 이적을 많이 행하실 수 없었던 일을 상기 시켜주셨다. (마 13:58) 때까치 기질의 소유자는 사실, 마음으로 예수님을 믿지 않는 '불신자'이기 때문에 그들에게 임한 예수님의 임재는 포낭에 싸여 있었다. 예수님은 그들 안에서 아무런 역사를 나타내지 못하신다. (2장에는 마귀가 포낭에 싸이는 상황을 언급했는데, 예수님의 임재도 포낭에 갇힐 수 있는 것이다. 예수님의 임재가 어떻게 포낭에 싸이는지를 확인하기 위해 2장을 다시 한 번 읽어보는 것도 도움될 것이다.) 그러므로 성령님은 그 포낭 밖으로 나올 수 없게 되고 때까치의 영혼 안에서 소멸되고 만다. 하지만 그가 회개하면 성령의 능력은 곧 때까치의 마귀를 내쫓게 된다.

이러한 심사숙고가 내겐 큰 도움이 되었다. 독자들도 이것을 이해하고, 또 이것을 통해 도움을 얻기를 희망한다. 우리의 이해를 넘어서 존재하는 영적인 실제에 대해 이해하려고 아무리 노력해도 영적인 실제는 우리의 깔끔한 원리,

이론의 상자 안에 담기길 거부하는 것처럼 보인다. (우리의 생각으로 영적인 실제를 정확히 이해하기는 쉽지 않다.)

고통을 주는 마귀들 Afflicting Spirits

고통을 주는 마귀엔 많은 종류가 있다. 우리는 그들 중 가장 현저하게 드러난 몇 가지 경우만 살펴볼 것이다.

용사 마귀 Warrior Demons

고통을 주는 마귀들 중 용사 마귀는 미사일을 쏟아 붓는다. 그 미사일은 "악한 자의 모든 화전"이다.(엡 6:16) 대부분의 크리스천은 정신적인 이유라기보다 어떤 영적인 이유로 적어도 한 번쯤은 마치 누군가가 뾰족한 핀으로 갑자기 자신의 허벅지나 팔, 엉덩이를 찌르는 듯한 느낌을 받았을 것이다. 이러한 느낌은 곧 얼마동안 극심한 고통을 가져다준다. 어떤 크리스천은 밤에 잠잘 때 누군가가 자신을 '덮치는' 경험을 했을 것이다. 갑작스러운 공격에 몸은 마비되고 근육 하나 움직일 수 없는 상태가 되는 경험 말이다.

나는 마귀가 우리를 점령할 수 없음을 알고 난 후, 우리를 넘어뜨리기 위해 이러한 방식으로 우리를 놀래키거나 우리의 의지를 약화시키는 것이라고 생각한다. 하지만 마귀의 공격이 있을 때마다 우리는 우리 안에 거하시는 주님께서 '세상에 있는 그 어떤 것' 보다 더 강하다는 사실을 확고히 믿게 된다. 그래서 마귀가 공격을 개진할 때마다 주님께서 그들을 물리치신다는 사실이 전보다 더 깊은 깨달음으로 다가온다.

이전 장에 기록한 밴쿠버에서의 영적 전쟁 (점쟁이와 그의 마녀단과의 전쟁) 이후 나는 심신이 지쳐가고 있다는 것을 느꼈다. 그 후로 한 달이 지났을까, 지인들 중 예언의 은사가 있는 사람들은 내게 더 많은 보호가 필요하다고 말해 줬다.

어느 날 밤, 내가 친구들 앞에서 설교할 때, 자리에 앉아서 듣던 친구들의 눈에선 눈물이 흘렀다. 설교를 마치고 친구에게 찾아가서 "내가 설교한 것 때문에 운 겁니까?"라고 물었더니 "아니요. 존, 성령님이 우리의 눈을 여셔서 우리는 당신이 계속 얻어맞는 것을 봤어요. 매순간 그리고 날마다 얻어맞고 있는 것을 봤기 때문에 운 거에요." 실제로 나는 그 당시 주먹맛에 흠뻑 취해 여기저기 시퍼렇게 멍든 권투선수 같은 느낌이었다.

그 후, 내가 어느 수련회에서 강의하게 되었는데 거기에 참석했던 한 친구가 (그녀는 안마사로서의 재능이 있었다) 내 몸에 통증과 고통이 있다는 것을 보고는 "제가 마사지하면 좀 나아질 겁니다."라고 말했다. 조금 의심하긴 했지만, 회복하기 위해선 무엇이든 시도하려는 의지 가운데, 나는 다른 사람이 함께 있는 상황에서 마사지 치료를 받기로 했다. 우리는 풀밭에 담요를 펼쳤고 그녀는 내 등을 마사지하기 시작했다.

계속해서 그녀는 내 등의 정 중앙에 위치한 척추 오른쪽 부분을 문지르는 것이었다. 그녀는 약간 의아해하는 기색을 보였다. 나는 "왜 그러세요? 뭔가 잘못됐다는 표정인데요?"라고 물었다.

"존, 이해가 안가요. 나는 이런 것을 한 번도 본 적이 없는데, 여기엔 뭔가 사악한 것이 들어 있는 것 같아요."

우리는 수련회에 참여하고 있는 메릴린(Marilyn)이라는 여성을 불러왔다. 그녀는 영분별의 은사가 남달랐다. 그녀가 도착했을 때, 안마사 친구는 "존의 등에 뭔가가 있는데 저는 그것이 뭔지 모르겠어요. 그것이 없어지면 좋겠어요."라고 메릴린에게 말했다. 그리고 더 이상의 정보는 주지 않았다. 내 등의 어느 부분에 그것이 있는지도 말하지 않았다.

메릴린은 몇 분간 조용히 기도한 후 내 등의 바로 그 부분을 손으로 짚고는 큰 소리를 지르면서 내 등에서 뭔가를 빼내는 시늉을 했다. 나는 실제로 내 등에서 뭔가가 빠져나가는 느낌을 받았다. 곧, 나는 압박과 통증으로부터 자유케 되었다.

"그게 뭐였어요?" 우리는 물었다.

"화살이었어요." 메릴린은 평정을 되찾으면서 "그 사탄의 가증한 것이, 존의 등 바로 그 자리에 꽂혀 있더라구요."

이러한 일이 가능치 않다고 생각된다면, 이 성경말씀을 밝은 조명에 비춰보라: "모든 것 위에 믿음의 방패를 가지고 이로써 능히 악한 자의 모든 화전을 소멸하고."(엡 6:16) 주님께서 내게 이러한 일을 경험토록 허락하신 이유는, 때로는 이 성경말씀이 문자 그대로 일어날 수 있다는 것을 보여 주시며 우리의 의심을 제거하기 위해서일 것이다. 그 화전은 실제로 화전이었다. 어떤 누구도 그 화전에 대한 다른 설명을 할 수 없을 것이다. 그 화전 때문에 나는 통증을 느꼈다. 그리고 메릴린이 이것을 뽑아낼 때도 나는 무언가가 내 몸에서 빠져나가는 것을 느꼈고, 내 안에 건강과 평안이 다시 회복되는 것도 느꼈다.

용사 마귀는 사람 안에 거주할 필요가 없다. 그렇다고 그들이 거주하지 않는다는 것도 아니다. 축사를 통해 사람에게서 사탄의 영향력을 제거하는 사역자들은 종종 자신이 사탄의 '용사'들에게 공격받을 수 있다는 점을 명심하라. 주님 안에서 이러한 일들을 수년간 경험하고, 성장한 후 깨달았다. 이러한 사탄의 공격은 점점 횟수가 줄어들 것이고, 언젠가는 온전히 멈춰지리라는 것을….

주님 안에 깊숙이 거하는 사람에게 가까이 가는 것은 마귀에게 큰 고통이 된다. 주님의 빛과 능력이 구원받은 자로부터 흘러나와 사방으로 퍼지기 때문이다. 주님의 보혈은 계속해서 정결케 하신다. 주님의 천사들은 주님의 소유된 자녀의 주위에 배수진을 치고 그들을 구해낸다.(시 34:7) 결국 사탄의 앞잡이들은 더 이상 이들을 공격하기 위해 위험을 감수하진 않는다. 그들을 공격해 봤자 자신의 고통만 심해지고 성과는 적어지기 때문이다. 이것이 바로 사도 요한이 젊은이들에게 편지했을 때 의미한 바이다. "청년들아 내가 너희에게 쓴 것은 너희가 강하고 하나님의 말씀이 너희 속에 거하시고 너희가 흉악한 자를 이기었음이라."(요일 2:14)

고문하는 마귀 Tormenting Spirits

고문에 특화된 마귀가 있다. 「상처 입은 영혼의 치유」라는 책에서 폴라와 나는 책의 한 장을 통해 '감금된 영들'에 대해 저술했다. 영적으로 감금된 사람은 자신의 영혼이 삶으로부터 분리되어 갇혀 있기 때문에 '자신의 영혼 가운데 사는 삶'을 이루지 못한다. 이때 그 사람으로부터 분리된 그의 영혼을 둘러싸고 가두는 것은 고문하는 마귀인데, 이로 인해 희생자들은 인생의 목적과 풍성한 삶을 경험하는 대신 인생의 배설물만을 경험하게 된다. 고문하는 마귀는 종종 이렇게 갇혀있는 영혼들을 불러모은다. 희생자들은 마음이 멍들고 닳아 없어진 듯한 아픔을 느낀다. 겉으로 봐선 그들을 괴롭히는 요인이 전혀 없는 것처럼 보이지만 말이다. 그들은 누군가 자신을 지켜보고 있고 또 괴롭히고 있다는 느낌을 뒷받침해줄 아무런 증거를 찾지 못하여 혹시 편집증과 같은 정신 질환에 시달리는 것은 아닐까하는 의문을 갖기도 한다. 그것도 그럴 것이 사람이나 정부 기관, 눈에 보이는 그 어떤 것도 그들을 감시하거나 괴롭히지 않기 때문이다.

고문하는 마귀는 감금되지 않은 사람들 역시 괴롭힐 대상으로 삼는다. 고문하는 마귀가 잘 사용하는 사냥법은 다음과 같다. 그는 사람의 마음 깊은 곳에 치유되지 않은 영역이 있음을 발견한 뒤 그 약함을 먹이로 삼아 활동하기 시작한다.

예를 들어 어린 시절 알콜 중독자인 아버지가 예측할 수 없는 분노를 자주 터뜨렸던 환경 아래 자라난 여성은 어려서부터 일반적인 근심, 걱정을 마음에 품으면서 성장했을 것이다. 하지만 이제 그녀는 '무시무시한 공격'을 받는다. (이러한 일은 여성들에게 자주 발생한다.) 고문하는 마귀가 그녀의 두려움을 마치 바이올린 연주하듯 손쉽게 이용하는 것이다. 뱀, 거미, 심지어 개와 고양이를 두려워하는 사람들은 이제 이들 동물이 자신의 꿈속에 출현하여 자신을 덮치는 것을 경험하며 이러한 공격에 질리곤 한다.

이렇게 고문하는 마귀는 힘없는 아이들을 괴롭히는 뒷골목 불량배와 같다.

마귀는 사람들이 두려워하는 어떤 것-사물 혹은 동물-을 찾게 되면, 이것을 가지고 사람들을 괴롭히는 것에서 즐거움을 찾는다. 마귀가 찾아낸 무언가가 사람들을 '감정의 자기통제 불능 상태'로 몰고 가서 그들로 하여금 두려움과 분노 섞인 비명을 지르게 한다면 마귀는 훨씬 더 기뻐할 것이다.

고문하는 마귀를 다루기 위해 사역자는 내담자의 마음 속 두려움의 원인이 무엇인지 그리고 그 사람의 마음속에 충격을 입힌 것이 무엇인지 발견해야 한다. 그런 뒤, 주 예수 그리스도의 위로하고 치유하는 능력을 상처에 발라줘야 한다. 밤늦게 술에 취해 대문을 발로 차고, 사람들을 때렸던 자신의 아버지를 용서하기만 하면 내담자를 향해 쏟아졌던 무시무시한 공격의 대부분은 멈춰버린다. 이러한 경우 내담자는 마귀에게 고마워 해야 할지도 모른다. 왜냐하면, 마귀의 괴롭힘을 통해 내담자는 스스로가 인정하기 싫어하거나 인정할 수 없는 일들을 직시하게 되기 때문이다.

사탄은 자신의 힘을 과시하여 지나치게 행동하는 바보이다. 사탄의 지나친 행동은 사역자에게 내담자가 치유 받아야 할 영역이 무엇인지 알려준다. 이 후에 사역자는 내담자에게 그 비밀을 말해 준다.

병마 Spirits of Infirmity

고통을 주는 마귀 중 가장 흔한 종류는 병마이다. 이들은 사람들의 건강을 해치고 관절이나 신경, 근육이나 내장 기관 그리고 여러 호르몬 분비선들의 적절한 기능을 막기위해, 사람들의 신체에 들어간다. 이들은 어떻게 신체에 들어가는지 그 방법을 잘 알고 있다. 예수님은 병마의 영향력 아래 18년간 허리를 펴지 못했던 한 여성에게 축사하셨다.(눅 13:10-17)

질병은 종종 죄와 직접적인 관계를 갖고 있다. 예수님께서는 다음과 같이 말씀하시면서 죄와 질병의 직접적인 관계에 대해 가르쳐 주셨다.

"중풍병자에게 '네 죄 사함을 받았느니라.' 하는 말과 '일어나 네 상을 가지고 걸어가라.' 하는 말이 어느 것이 쉽겠느냐? 그러나 인자가 땅에서 죄를 사하는 권세가 있는 줄을 너희로 알게 하려하노라" 하시고 중풍병자에게 말씀하시되 내가 네게 이르노니 일어나 네 상을 가지고 집으로 가라" 하시니 그가 일어나 곧 상을 가지고 모든 사람 앞에서 나가거늘 저희가 다 놀라 영광을 하나님께 돌리며 가로되 "우리가 이런 일을 도무지 보지 못하였다" 하더라 – 마가복음 2:9-12

만일 어떤 사람이 어떤 특정한 병에 걸렸다고 하자. 하지만 그 사람이 그 병의 원인이 되는 죄를 지었다는 것은 아니다. 다른 사람이 지은 죄의 댓가를 그 사람이 맛보게 될 수도 있다는 얘기다. 우리 모두는 하나의 '인류' 이다. 어떤 사람의 죄가 다른 무고한 사람에게 고통 또는 죽음을 안겨 줄 수 있다. (수혈을 받아 에이즈에 걸리게 된 사람이나, 에이즈 환자를 다루다가 감염되는 의료진의 경우를 보라. 동성애자들의 죄로 인해 인류가 살고 있는 세상에 에이즈라는 병이 창궐케 된 경우도 그 예로 들 수 있다.) 여기서는 죄가 병의 원인이다. 하지만 환자 자신의 죄가 앓고 있는 병의 원인이란 법은 없다. 또한 질병은 세대 간에 반복되는 죄의 패턴, 즉 죄의 유전으로 인해 발생할 수도 있다.

지금까지 교회는 항상 죄를 두 종류로 분류해 왔다 – 첫째, 행하지 않은 죄, 둘째, 행한 죄. 둘째의 경우는 우리가 금지된 일을 범할 때마다 일어난다. 그리고 첫째의 경우는 우리가 해야 할 일을 하지 않을 때마다 발생한다. 이 두 가지에 더하여, 교회는 또 다른 두 종류의 죄 분류법을 추가적으로 시행해 왔다. – 고의적인 죄, 우발적인 죄. 사람은 자신이 해야 할 의무를 하지 않겠다고 결정할 수도 있고 그릇된 일을 해야겠다고 결정할 수도 있다. 혹은 무지함 가운데, 우연으로 실수하는 가운데 우발적인 행동을 할 수도 있다.

하나님은 긍휼의 눈으로 우리를 바라보신다. 예수님은 고의로 죄를 범하는 자는 호된 징계를 받게 될 것이고, 무지한 가운데 죄 범한 자는 약한 징계를 받게 될 거라고 말씀하셨다.(눅 12:47-48) 하지만 마귀는 긍휼히 여기는 마음이 없다. 또한 고의인지 우발적인지 구별하는 법도 없다. 마귀는 단지 율법을 어긴 사람들을 보면, "기회는 이때다" 하면서 그들을 괴롭힌다. "괴롭힐 사람을 괴롭히는 것"이라며, 마치 법적으로 계약한 것처럼 마귀는 그렇게 달려든다. 그래서 용서 받지 못한 죄를 발견하기만 하면 마귀는 그 '죄의 주인'에게 달려가 곧 신체적인 위협을 가하기 시작한다.

어떠한 질병은, 마귀의 개입이 있기 전에 이미, 개인적인 죄의 결과로 나타난다. 어떤 사람이 만일 기도도 하지 않고 주님 안에서 안식하지도 않는다면, 그의 신뢰는 주님의 공급하심에 있지 않다고 하겠다. 그는 궤양, 두통, 고혈압 등에 노출 될 수 있을지 모른다. 그의 약한 영역이 질병의 발발을 허락하는 것이다. 아직 마귀의 개입은 없을 것이다. 마귀는 무소부재하지 못하다. 하지만 만일 마귀가 틈을 찾았다면 그는 곧 그의 안에 들어가 이미 아픈 몸에 더 큰 고통을 안겨주며 생명을 위협하는 수준으로 질병을 확장시킬 것이다. 혹은, 몸속에 입장한 마귀의 영향으로 인해 생명이 위협받는 수준까지는 아니더라도, 더 큰 고통이 주어진다는 것 만큼은 확실히 보장된다.

어린 시절, 성추행 당했거나 강간당한 여성을 생각해 보라. 자라면서 그녀는 계속해서 화를 뿜어낼 것이다. 그녀에겐 화를 낼 이유가 충분하다. 그리고 분노 자체는 죄가 아니다. 하지만 해가 질 때까지 분노를 품으면 마귀에게 틈을 내주게 된다.(엡 4:26-27) 하나님의 은혜로 말미암아 주님은 해가 지지 않도록 우리 안의 해를 '붙들고' 계실지 모른다. 그가 우리의 마음을 충분히 치료하셔서 용서의 의지가 생길 때까지 말이다. 모든 만물과 마찬가지로 시간 역시 주님의 것이다. 그에게 하루는 천년과도 같지 않은가? 그리고 강간이나 성폭행의 희생자가 가해자를 용서하기까지 많은 시간이 걸린다는 것을 주님은 이해하고 계신다.

그러나 만일 그녀가, 고의적으로 그리고 부작위로, 기도를 통해 자신의 분노를 내보내지 않은 채 많은 해가 지도록 오랜 시간을 흘려보낸다면, 그녀는 마귀의 공격에 자신을 노출하게 되고 심지어 무정한 하나님의 법에 무방비 상태가 될 것이다. 그 무정한 법은 "우리가 우리에게 죄지은 자를 용서하지 않으면 우리도 마찬가지로 용서받지 못할 것이다."이다.(마 6:15) 회개하지 않은 마음의 분노는 영과 혼과 육체 가운데 곪아 터지게 되고 이에 따른 질병과 악한 감정들을 창조해 낼 것이다. 그리고 영적인 성장을 방해할 것이다.

다음은 '리더스 다이제스트 의학 대백과'에서 발췌, 인용한 것이다.

우리 몸의 뼈는 혈액이 왕성하게 생산되는 장소이다. 혈장(血漿) 안에 칼슘 성분을 공급하는 것도 뼈이다. 뼈에 난 구멍 속엔 붉은 빛의 골수가 가득 들어있다. 그리고 골수를 이루는 대부분은 생성 단계에 있는 혈구들이다. 약 5백만 개의 성숙한 적혈구가 생산되며 매 초마다 혈액 속으로 분출된다. 혈액을 응고시키는 혈소판과 <u>감염으로부터 우리 몸을 보호하는 백혈구 역시 이 붉은 골수에서 생성된다.</u> 다리와 팔의 뼈는 속이 비었고 노란 골수로 채워져 있다. 노란 골수는 아직 그 기능이 발견되지 않았다. (밑줄 친 것은 나의 해석이다.)

자 이제, 뼈에 대해 성경이 말하고 있는 부분들 중 몇 개만 살펴보자.

주의 진노로 인하여 내 살에 성한 곳이 없사오며 <u>나의 죄로 인하여 내 뼈에 건강함이 없나이다</u> – 시편 38:3

마음의 화평은 육신의 생명이나 <u>성적인 열정은 뼈의 썩음이니라</u> [여기서 열정은 건전한 성적 열정이 아니라 부정한 감정을 말한다.] – 잠언 14:30

> 마음의 즐거움은 양약이라도 심령의 근심은 뼈로 마르게 하느니라
>
> – 잠언 17:22

> 너는 마음을 다하여 여호와를 의뢰하고 네 명철을 의지하지 말라 너는 범사에 그를 인정하라 그리하면 네 길을 지도하시리라 스스로 지혜롭게 여기지 말찌어다 여호와를 경외하며 악을 떠날찌어다 이것이 곧 네 몸의 '치유'이며 또 네 골수로 윤택하게 하리라 – 잠언 3:5-8

여기서 정신의 영향 아래 질병이 있다는 것을 발견할 수 있지 않은가? 오백만 개의 적혈구가 초 단위로 뼈 속 골수에서 생산되는데 죄와 잘못된 감정은 뼈를 마르게 한다! 우리 몸 면역체계의 용사라 할 수 있는 백혈구도 뼈에서 생산된다. '그런데 죄 때문에 내 뼈가 건강할 수 없다'는 것이다. 성적인 범죄의 결과랄 수 있는 에이즈로 인해 수백만 명의 사람들이 목숨을 잃었고 점차 증가하는 에이즈의 희생자들을 돌보느라 우리의 경제가 큰 타격을 입는 것은 더 이상 놀랄 일이 아니다.

어떤 사람은 지금 우리가 넷을 만들어 내기 위해 둘에 둘을 끌어와서 짜 맞추는 격이라고 생각할지도 모르겠다. 다른 어떤 요인이 변수로 작용하지 않는다는 가정 하에 만일 남편과 아내가 올바른 성관계를 갖는다면, 질병은 힘을 잃는다. 이것은 사실이다. 하지만 이 사실은 잘 알려지지 않았다. 온전한 결혼 안에서의 섹스는 질병을 유발하지 않는다. 그러나 옳지 못한 성관계는 곧 매독, 임질, 성기 부위 포진(현재, 포진 가운데 어떤 종류는 불치병이라고 선고되었다), 에이즈 그리고 그 외의 많은 질병을 일으킨다. 죄는 실로 뼈를 마르게 하고 신체 면역체계를 무너뜨린다!

이 모든 것이 병마의 활동영역으로 작용한다. 우리는 이 모든 것이 "사탄의 입으로부터 흘러나온 폭포수가 여인을 휩쓸고 가려는 의도"에서 기인한 것임

을 알 수 있다. (계 12:15) 사탄의 노력에, 더 많은 크리스천이 죄에 가담되고 사탄은 하나님의 성전인 크리스천의 몸을 더 많이 파괴하게 되는 것이다.

그러므로 아픈 사람이 낫기를 위해 기도하는 것으론 불충분하다. 만일 질병이 정신적인 영역에 영향을 받은 결과로 발생한 것이라면, 그리고 죄 된 성품이 용서 받지 못하고 십자가에서 죽지 않는다면, 동일한 참상 혹은 또 다른 질병이 되돌아 올 것이기 때문이다. 기도를 통해 병이 나은 듯이 보였다고 하자. 그러나 병마귀가 쫓겨나지 않고 죄, 혹은 죄 된 성품을 통해 질병을 더 크게 할 가능성이 있다면, 병이 나은 것처럼 보이는 그 상태가 얼마나 오랫동안 유지될 수 있겠는가? 이러한 이유로 야고보 사도는 다음과 같이 심혈을 기울여 이야기했을 테다.

> 너희 중에 병든 자가 있느냐 저는 교회의 장로들을 청할 것이요 그들은 주의 이름으로 기름을 바르며 위하여 기도할찌니라 믿음의 기도는 병든 자를 구원하리니 주께서 저를 일으키시리라 혹시 죄를 범하였을찌라도 사하심을 얻으리라 이러므로 너희 죄를 서로 고하며 병 낫기를 위하여 서로 기도하라 의인의 간구는 역사하는 힘이 많으니라 - 야고보서 5:14-16

간질 마귀(Epileptic Demons). 주님의 종이 반드시 알고 있어야 한다고 생각되는 구체적인 병마가 있다. 그 중에 하나로 간질 증세를 강화시키는 마귀가 있는데, 마귀가 간질 증세의 주범인지 아니면 이미 간질 증세를 앓고 있는 사람에게서 마귀가 유익을 취한 것인지를 물어보는 것은 "닭이 먼저냐 알이 먼저냐"를 묻는 것과 같다. 어떤 경우는 간질 증세가 먼저이나, 다른 경우엔 마귀가 주된 원인 혹은 간질의 유일한 이유일 때도 있다.

간질 마귀는 쫓아내기 어렵기 때문에 환자를 치유하는 조건도 열악하다 하겠다. 예수님의 제자들이 간질을 앓는 소년에게서 마귀를 쫓아내지 못했던 사건을 기억하라. 제자의 질문에 이어진 예수님의 설명은 다음과 같다. "기도와

금식 없이는 이러한 유가 나갈 수 없느니라."(막 9:29, 마 17:20)

내적치유의 모든 과정 가운데 깊은 위로를 구하는 기도가 뒤따라야 한다. 그리고 하나님께서 그 환자를 창조하셨을 때 이미 의도하셨던 대로 그 사람이 죽고 부활하는 것을 가능케하는 기도가 이어져야 한다. 내가 간질 환자에게 사역할 때는, 시작부분에선 축사를 위한 기도를 하지 않는다. 후에 그 사람의 믿음이 자라고 건강이 좋아질 때, 축사를 위한 직접적인 기도를 시작한다. 이렇게 되기까지는 상담과 기도가 병행되는 인내의 시간들 – 몇 달이 걸릴 수도 있다 – 이 필수적이다. (비록 다른 사람들은 더 빨리 간질환자를 치유하는지 모르겠지만 말이다.)

죽음 마귀(Death with demons)(죽음을 갈망케 하는 마귀). 내가 경험했던 병마 중 가장 위험한 마귀는 사망의 영이다. 이들은 주로 우울증 증세가 있는 사람들을 충동하여 자살로 이끈다. 이 마귀는 사람의 마음 깊은 곳에 숨어 있는 '죽음에의 갈망'을 이용하여 이들에게 극한 질병을 선사한다.

물론 모든 종류의 극한 질병의 배후에 '죽음에의 갈망'이 있는 것은 아니다. 하지만 우리의 사역 가운데, 환자가 죽음 마귀를 불러 들여 자신의 질병이 마귀의 영향력 아래 놓여있는 것이 발견된 적이 있었다. 복합적인 경화증, 근 위축증 환자 모두가 죽음 마귀를 품고 있거나 그 영향력 아래 있는 것은 아니지만 내가 사역했던 이들 환자 가운데 대부분은 어린 시절부터 죽음을 갈망해 왔고 '죽고 싶다'는 소망이 그들 마음 깊이 내재해 있었다. 심지어 이들에게 마귀가 발붙일 틈을 찾기 훨씬 이전부터 말이다.

그러나 죽음에의 갈망이나 이로 인해 들어온 마귀는 단지 발견되는 것만으로는 굴복하지 않는다. 이들에게서 마귀를 축출하려면 먼저 심도 있는 내적치유가 있어야 한다. 특히 이들이 모태에서 조성될 때 받은 상처 중심으로 치유 사역이 이뤄져야 한다.(태아 시절 받는 상처에 대해 금시초문이거나 태속에서 상처 받을 수 있다는 가능성에 의심을 제기하는 독자라면 「상처입은 영혼의 치유」의 1-4장을 읽기 바란다. 또는 '엘리야의 집'에서 제작한 크리스천의 상담학교 비디오 테잎을 신청하여 보면 도움이 될 것이다.) 사람이 어머니의 자궁 속에서 최초로 '인생'을 경험하는 순간부터 태아는 영적인 생활을 하기 시작한다. (하나님의 섭리로 그들이 모태에서 조성될 때, 하나님은 그들에게 영을 주신다.) 그러나 태아의 영은 곧 사회의 오염, 사회의 어두운 영역, 그리고 아담의 본죄에 현기증을 느끼게 되고 '삶'으로부터 달아나고 싶어 한다. 이것이 반항의 죄이자 죽음을 갈망하는 죄의 출발점일 것이다. 그리고 이 죄로 인해 죽음의 마귀가 들어오게 된다.

죽음에의 갈망이 질병 혹은 자살로 귀결되지 않더라도 이것은 여러 관점에서 매우 위험하다. 달란트의 비유에서 그 위험성이 잘 드러나는데, 예수님의 예화 속에 등장하는 한 달란트 받은 게으른 종은 자신이 받은 한 달란트를 땅에 묻었고 이에 화가 난 주인은 그가 가진 한 달란트를 빼앗아 열 달란트 가진 종에게 주었다. (그 종은 처음 다섯 달란트를 받아 열심히 장사하여 다섯을 더 남겼다.) "무릇 있는 자는 받아 풍족하게 되고 없는 자는 그 있는 것까지 빼앗기리라."(마 25:29)

표면상으로 볼 때, 이러한 주인의 처사는 불공평하다. 하지만 더 많이 받은 자는 무엇을 했는가? 그는 신뢰했다. 그는 자신이 받은 달란트로 모험을 한 것이다. 가진 것을 다 잃을 수 있는 모험이었으나 결국엔 더 많은 것을 얻게 되었다. 그러면, 자신의 소유라고 생각했던 한 달란트마저 빼앗긴 자가 하지 않은 것은 무엇인가? 그것 역시 '신뢰'였다. 그는 신뢰하지 않았다. 그는 두려워서 신뢰하지 못했고 결국 자신의 달란트를 땅에 묻었다.

두려움과 불신 가운데 자신의 달란트를 땅에 묻은 사람들은 자신의 소유라고 생각한 것 마저 잃게 될 것이다. 나는 이것이 절대적인 원칙임을 깨달았다. 사람들이 모태에서 혹은 이후의 삶 가운데 인생의 어려움을 만나 위축될 때, 즉 두려움과 불신으로 자신의 마음을 채울 때 마다, 자신이 가진 것을 잃곤 한다.

직장, 친구, 배우자, 소망, 그리고 심지어 건강까지도 말이다.

만일 당신이 죽음의 소망으로부터 사람들을 축사하기 원한다면, 당신은 언제가 적기인지 그리고 무엇이 원인인지 알아야 한다. 그들이 태속에 있을 때, 그들의 부모의 삶 가운데 충격적인 사건이 있었는가? 그들의 부모가 그들이 태어나는 것을 원하지 않았는가? 혹은 부모의 혼전 성관계로 인해 임신된 아이였는가? 부모가 딸을 원했는데 아들로 태어나거나, 아들을 원했는데 딸로 때어난 것은 아닌가? 주변의 어렵고 억압된 삶을 살아가는 사람들을 위해 항상 부담을 안고 살지는 않은가? 그들을 '생명' 으로부터 등 돌리게 한 것은 무엇인가?

우리가 찾은 이유가 무엇이든, 근본적인 원인은 바로 영적인 반항임을 기억해야 한다. 그 사람은 마음 속 깊은 곳에서 하나님이 주신 생명을 거절해 왔다. 그는 회개해야 하고 용서를 받아들여야 할 것이다. 그리고 생명을 향해 닫혀 있던 마음의 문과 그 인격 구조가 십자가의 죽음을 맞이할 때, 사망의 마귀는 온전히 쫓김을 받아 떠날 것이다.

마지막으로 '부활'의 생명이 적용되어야 한다. 이들은 살아오면서, 슬픔과 어려움을 겪어왔을 것이다. 나는 내가 동원할 수 있는 모든 거룩한 방법으로 그들에게 하나님의 사랑을 표현한다. 그리고 다음과 같이 기도하도록 그들을 설득한다. "주님, 나는 죽음을 선택하지 않습니다. 내가 선택하는 것은 생명입니다. 나는 생명 가운데 있기로 선택합니다. 나는 삶 가운데 찾아오는 어려움들을 맞설 것입니다. 도망하지 않을 것입니다. 죽음에의 갈망과 그것에 연결된 모든 영들을 거절합니다. 나는 온전케 되기를 선택합니다."

예수님이 한 남자에게 "네가 낫고자(온전케 되고자) 하느냐"(요 5:6)라고 하신 말씀을 기억하라. 우리는 이들에게 동일한 질문을 던져야 한다. 우리는 그들에게 생명을 향한 온전한 결단과 의지를 큰 소리로, 명확하게 선포하도록 강요해야 한다. 거듭해서 말이다.

뱀파이어 마귀(Vampiric Spirits). 또 다른 종류의 병마가 있다. 나는 그것을 "뱀파이어 마귀"라고 부른다. 이 마귀는 희생자의 가슴이나 등에 달라붙어 가끔씩 그 사람의 원기를 흡수하여 지치게 만든다. 마치 뱀파이어가 사람의 피를 빨아먹는 것처럼 말이다.

나는 이들 마귀의 역사로 인해 실제로 피해자의 혈액량이 현저하게 줄어들 것이라곤 생각지 않는다. 하지만 이들은 생명의 근원이 되는 에너지를 빼앗아 간다. 희생자들은 아무렇지도 않다가 몇 분만에 에너지가 소진됐다는 느낌이 들어 곧 자리에 눕거나 잠잘 준비를 하게 된다. 이러한 증상은 예측 불허이다. 심한 운동을 한 후에야 느낄 수 있을 정도의 엄청난 에너지 손실을 아무 때나 느끼게 된다. 하루 중 언제든지 심지어 가장 왕성하게 활동할 때에도 느낄 수 있고, 혹은 극심한 피로를 느낄 때에도 이러한 증상이 찾아온다. 이들은 마치 감기에 걸린 듯 온몸이 쑤시는 통증을 느끼지만 고열은 없다.

이들 뱀파이어 마귀의 표식은 '변덕'이다. 그들이 공격을 가하는 데는 특정한 이유도, 일관된 패턴도 없다. 민감한 크리스천 사역자들은 마치 어떤 불결한 것이 희생자들을 만지고 있다고 느낄 것이고, 그렇지 않은 크리스천은 단지 희생자들이 가슴이나 등, 허리에 부담을 느낀다고 생각할 것이다. (보통은 가슴 쪽이다.)

뱀파이어 마귀는 천성적으로 다른 사람의 아픔이나 고통을 대신 지려고 하는 크리스천에게 가장 많이 달라붙는다. ('짐 지는 사람'에 대해선 '상처 입은 영혼의 치유'와 엘리야의 집에서 제작한 비디오에 자세히 다뤄 놓았다.) 주님은 우리에게 서로의 짐을 질 것을 명령하셨다. 바울은 서로 짐 지는 것에 대해 갈라디아서 6장 2절에서 '그리스도의 법을 성취하는 방법'이라고 말한다. "너희가 짐을 서로 지라 그리하여 그리스도의 법을 성취하라."(갈 6:2) 물론 하나님이 우리를 사랑하신 것처럼 우리도 서로 사랑하는 가운데 서로의 짐을 져야 할 것이다.(요 13:34)

하지만 여기서 '서로의 짐지기'는 주께서 다른 사람의 아픔과 죽음을 대신

지실 때, 우리가 그 짐을 주님과 나눠짐으로 완수된다.(고후 4:10-12, 빌 3:10-11) 결국 짐은 우리가 져선 안 된다는 얘기다. 짐을 져야 할 분은 우리가 아니라 바로 주님이다. 다른 이의 짐을 어디까지 지어주고 또 어디에서 그 짐을 내려놓아 그로 하여금 자기 짐을 들고 가게 해야 할 지는 주님만이 아신다. 그리고 갈라디아서 6장 5절은 우리 각자가 자신의 짐을 져야 한다고 말한다. 주님께서 다른 이의 짐을 지실 때는, 그 사람이 짐의 무게에 눌려 명확히 생각하고 기도하는 것이 불가능해지지 않을 정도까지만 짐을 지신다.

이러한 관점에서 볼 때, '서로의 짐 지기'는 다른 이가 스스로의 마음을 추스르도록 도울 수 있는 주된 방법이다. '서로의 짐 지기'는 상대방의 마음속에 존재하는 충격으로 인한 상처를 제거한 후 사랑으로 그 마음을 만질 수 있도록 인도한다. 그리고 그 사람으로 하여금 스스로 생각하고 기도하쳐 치유를 위해 회개하고 죄를 고백하도록 인도한다.

다른 이의 짐을 지는 사람들은 보통 주님과 교제하는 가운데 주께서 누군가의 무거운 짐을 대신 지실 때, 자신도 갑작스런 부담을 느끼는데 익숙해져 있다. 우리가 주님 안에서 올바로 짐을 진다면 그것이 슬픔의 짐일지라도 우리에겐 기쁨이 찾아오고 짐의 무게도 가볍게 느껴질 것이다. "이는 내 멍에는 쉽고 내 짐은 가벼움이라 하시니라."(마 11:30)

하지만 때때로 이들 '짐 지는' 주님의 종은 그들이 느끼는 갑작스런 부담감이 기쁘지도 않고 가볍지도 않을 때를 잘 분별하지 못한다. 그래서 뱀파이어 마귀는 주님의 종이 부담을 느끼는 것에 익숙하다는 점에 착안하여 그들이 지는 짐 가운데 슬그머니 달라붙는다. 그래서 자신을 숨긴 채로 그들 안에 잠입하여 그들의 몸속에서 에너지를 빼앗아 간다.

하지만 주님의 종 안에 들어온 진짜 짐은 곧 제거된다. 뱀파이어 마귀도 이 사실을 알기 때문에, 짐이 제거됨과 동시에 그들 역시 희생자의 몸에서 에너지 빨던 일을 멈춘다. 그렇게 되면 이 크리스천은 뭔가 잘못되었다고 감지할 수는 있겠지만, 정확히 어떤 일이 벌어졌는지는 전혀 알 수 없게 된다. 이렇게 뱀파이어 마귀는 짐이 제거된 이후에도 희생자 안에 남아 정기적으로 힘과 에너지를 흡수할 수 있게 된다.

"내 백성이 지식이 없으므로 망하는도다."(호 4:6상) 사실, 짐 지는 것에 대한 가르침은 거의 없다. 그리고 뱀파이어 마귀가 어떤 존재인지에 대한 지식은 더 없다. 그러므로 지혜와 지식 없이 많은 크리스천이 방치되어 있다고 하겠다. (전 7:12)

원기가 소진되는 느낌은 저혈당증과 같은 신체적인 문제에 기인한 것일 수도 있다. 그 증상은 뱀파이어 마귀의 영향 아래 있을 때의 증상과 거의 동일하다. 단지 저혈당증으로 인한 피곤은 혈당이나 체내 포도당이 저하될 때 발생하므로 어느 정도 예견이 가능하다는 점이다. 그것이 다를 뿐이다. 정기적인 피로는 여러 가지 많은 신체적 요인에 기인할 수 있기 때문에 뱀파이어 마귀의 영향력이 있는지를 알아내려면 분별의 은사가 필요하다.

뱀파이어 마귀는 예수 이름의 권세로 묶임을 받고 쫓겨난다. 하지만 그 마귀가 달라붙었던 신체의 부위에 치유의 연고, 치유의 기름이 부어지도록 기도해야만 한다. 엘리야의 집에서 우리는 치유를 위해 기도하고, 후에 그 사람이 열어 둔 채 마귀의 통로가 된 모든 문이 닫혀지도록 기도한다.

어떤 의미에서 보면, 뱀파이어 마귀는 사람의 내면에서부터 마귀화 작업을 한다고 할 수 있겠지만, 그들은 몸에 달라붙는다. 이것을 마귀가 사람의 마음과 혼에 들어와서 안주하는 것과 동일하게 볼 수는 없고 생각한다. 물론 뱀파이어 마귀에 의해서 크리스천이 마귀화될 수 있다. 뿐만 아니라, 이들 마귀는 짐을 지는 사람에게 가장 잘 달라붙기 때문에, 성령 충만한 크리스천이 성령 충만치 않은 크리스천이나, 비 크리스천보다 더 많은 공격을 받을 수 있다.

뱀파이어 마귀가 되돌아오는 것을 막으려면 더 깊은 기도가 뒤따라야 할 것이다. 짐을 지는 사람들은 히브리서 4장 12절의 기도를 배워야 한다. 이 기도는 영과 혼의 역할을 올바로 분리하기 위한 기도다. "하나님의 말씀은 살았고 운동력이 있어 좌우에 날선 어떤 검보다도 예리하여 혼과 영과 및 관절과 골수를 찔러 쪼개기까지 하며 또 마음의 생각과 뜻을 감찰하나니."(히 4:12) 우리는 자동차 모터와 같다. 자동차의 모터엔 연료와 물, 그리고 엔진오일을 분리해 놓도록 각각의 저장소가 구비되어 있다. 연료, 물, 그리고 엔진오일은 각각 분리된 채로 있어야 한다. 만일 연료나, 물, 오일이 뒤섞이면 자동차가 달리지 않거나, 엔진이 폭발해 버리기 때문이다.

마찬가지로 우리에게도 생각이 우리를 지배하는 시간이 있고, 감정이 우리의 통제실을 점령할 때가 있다. 또한 우리가 우리의 영 가운데 행할 때가 있다. (이때는 우리가 말씀 묵상을 하거나 예배를 드릴 때라고 할 수 있다.)

하지만 사탄은 아담의 죄를 통해 우리의 분리된 영역을 뒤섞어 놓아 생각과 감정이 전쟁 상황에 놓이곤 한다. 감정이 이리저리 날뛰거나, 혹은 생각으로 인해 감정이 닫혀지곤 한다. 만일 다른 사람의 짐을 지는 사람이 자신의 혼과 영이 올바르게 분리되도록 기도하지 않으면 주님께서 그들의 영에 짐을 지우실 때(영은 바로 우리가 짐을 지는 장소이다) 그들의 생각과 감정이 필요 이상으로 말려들기 시작한다. 그렇게 될 때, 우리의 정신과 마음이 짐 지는 것을 부담으로 여기게 되어 영적으로 짐을 지는 것은 곧 육적인 의무가 되어 버리고 성가신 일이 되고 만다. 감정과 생각 역시 너무 많이 개입되어 오직 영으로 다뤄져야 할 일이 감정과 생각의 일이 되어 버리기도 한다.

극단적 '짐꾼'이었던 나는 짐으로 인해 종종 너무 지쳐 한 발짝도 앞으로 내딛지 못하는 상황에 이르곤 한다. 짐이란 것은 내 영 가운데 주님과 함께 지도록 되어 있는데, 짐 때문에 나는 내 존재의 일부가 수렁에 빠지는 것을 느껴야 했다. 그 후, 나는 내 영과 혼의 기능을 분리시키는 기도를 배우게 되었다. 이제는 주님께서 무거운 짐, 슬픔의 짐을 내 어깨에 올려놓으시더라도 나는 즐거운 마음으로 설교할 수 있고 내 손자 녀석들과 함께 재밌게 놀 수도 있다. 비록 내 영으로는 잃어버린 영혼을 향한 주님의 슬픔을 나눌지라도 내 마음과 생각은 이에 영향 받지 않기 때문에 나는 기쁨 가운데 내 일을 할 수 있는 것이다.

이 모든 것은 다음을 이야기하기 위해서 말한 것이다. 만일 짐 지는 자가 자신의 영과 혼의 기능을 분리하도록 기도하지 않는다면, 그는 피곤해졌을 때 그 피곤함이 주님이 주시는 가벼운 멍에인지 아니면 뱀파이어 마귀의 강한 공격인지 분별하는데 어려움을 느낄 것이다. 내가 누군가로부터 뱀파이어 마귀를 분별하고 쫓아낼 때마다 나는 그가 히브리서 4장 12절의 기도를 이해하고 있는지를 확인하고 또 그가 올바른 분리를 위해 기도했는지 검토한다.

그 기도는 간단하다. 만일 당신이 한 번도 이러한 기도를 한 적이 없다면 지금 할 것을 권한다. 아직 그 기도에 대해 온전히 이해하지 못한 채 기도한다고 해서 전혀 잘못될 게 없다. 그리고 기도를 통해 큰 기쁨과 자유가 당신의 지친 존재 속으로 풀어질 것이다.

"주 예수님, 당신의 진리의 검이 내 안에 들어와 내 영과 내 혼의 기능을 쪼개기를 기도합니다. 내 마음을 안정시키시고, 내 감정을 잠잠케 하소서. 그리고 내 영혼에 평안을 선포하여 주소서. 내면의 질서를 허락하시고 내 안의 생각과 감정 사이의 전쟁이 종결되게 하소서. 내 혼과 내 영을 가르사, 당신이 내 마음에 문제를 주실 때, 내 감정은 이리저리 날뛰더라도, 내 영은 안식을 누리게 하소서. 혹은 당신이 내 영에 짐을 올려 주실 때, 내 마음과 생각은 이것에 방해 받지 않도록 하소서. 나는 더 이상, 한꺼번에 내 영과 내 혼이 고통으로 울부짖을 필요가 없습니다. 주님 감사합니다."

당신은 정기적으로 이 기도를 되뇔 필요가 있을 것이다. 하나님은 당신이 처음 이 기도를 했을 때 이미 들으셨다. 하지만 당신이 점진적으로 히브리서 4장 9절부터 11절에 약속된 온전한 안식일의 쉼을 얻을 동안, 당신 내면의 존재가 이 기도에 동의해야 할 필요가 있기 때문에 당신은 이 기도를 반복해야 한다.

잠 마귀(Soporific Spirits). 내가 가르치기 원하는 병마 중 마지막은 잠 마귀이다. 잠 마귀는 사람들을 유혹하여 적절치 않은 시간과 장소에서 깊은 잠에 빠지도록 한다. 신나는 경배와 찬양 중에 혹은 목사님의 재미있는 설교 중에 꾸벅이며 조는 형제, 자매를 본 적이 있는가? 그러한 현상이 한 번, 혹은 두 번 정도 나타났다면, 전날의 힘든 일과에 지쳐 피곤하거나 너무 긴장한 나머지 자연스레 편안한 안식을 취하는 것이라고 말할 수 있다.

하지만 이러한 현상이 계속 나타난다면, 마귀의 역사가 아닌지 의심해 봐야 한다. 그런 잠은, 자고 나도 피곤이 가시거나 컨디션이 회복되는 일은 없다. 잠에서 깨도 몸은 여전히 무겁고 약에 취한 듯 정신은 계속 멍한 느낌이다. 사탄이 최면술사 노릇을 했다. 이는 마치 사탄이 그 사람에게 최면을 걸어 그가 진실을 듣지 못하도록 방해한 것과 같다. 결국 그는 자유를 누리지 못하게 될 것이다.

졸음 마귀는 그들의 활동 영역을 예배, 설교시간, 수업시간으로만 제한하지 않는다. 졸음 마귀는 우리의 신체 활동으로 인한 자연스런 피로에 무거움을 가중시켜 운전할 때(예를 들면) 운전자로 하여금 졸음 운전을 하게 하여 사고가 나도록 조장한다. 혹은 우리가 중요 과제를 수행하는데 있어서 필요한 준비 작업을 해야 하는 시간에, 우리를 갑작스런 수면 상태로 몰고 가거나 몸에 무거운 느낌을 주어 우리가 제대로 준비하지 못하도록 만들기도 한다. 중요한 시간을 잠으로 낭비한 뒤 우리가 선택하는 것은 '과제의 포기' 이다. 나는 예전에 피곤 때문에 성생활을 망쳐 버린 어떤 부부에게 사역한 적이 있다. 남편이 부인과 성관계를 하려고 할 때마다 갑자기 몰려드는 피로에 남편의 성기가 발기하지 않는 것은 물론 남편은 갑작스런 피로를 못 이겨 곧장 깊은 잠에 들어가기 일쑤였다.

시와 때를 가리지 않고 깊이 잠드는 상황은 종종 마귀가 그 원인이 되곤 한다. 이러한 수면증의 주된 증상으로는 잠시 동안의 주체할 수 없는 '깊은 잠' 이다. 졸음 마귀에 의해 졸음이 올 때는 항상 무언가를 하고 있거나, 누군가의 말을 듣고 있을 때이다. 반면에 자연적인 질병으로서의 수면증은 환자의 상태와 상관없이 언제나 졸음이 찾아온다.

졸음 마귀를 쫓는 데에는 '인지' 의 은사가 필요하다. 졸음은 피로나 낙심 등의 자연적인 이유에서 비롯될 수도 있기 때문이다. 내 어머니와 마찬가지로, 대학생 자녀를 둔 어머니는 자녀가 학교에서 돌아오면 대부분 잠자는 것 외에 아무것도 하지 않는 것에 대해 불평을 늘어놓는다. 그것은 잠 마귀의 역사가 아니다. 그들은 단지 열심히 공부하고 나서, 축적된 피로를 적당한 장소와 시간을 통해 해소하는 것뿐이다. 잠을 통해 기력을 회복하려는 자녀에게 마귀가 들어갔다고 단정 짓고 축사 사역을 펼치는 어리석은 크리스천이 되지 않기를 바란다.

졸음 마귀의 존재 여부를 분별하는 데 도움이 되는 조언을 하겠다. 만일 당신이 누군가에게 사역하는 가운데 갑자기 설명할 수 없는 졸음이 찾아온다면, 그것은 내담자 안에 졸음 마귀가 역사하고 있다는 증거가 될 것이다.

오래되지 않은 일이다. 폴라와 나는 어떤 부부를 상담하고 있었다. 우리는 남편을 위해 기도한 후, 부인을 위해 기도하려고 했다. 그런데 갑자기 이유를 알 수 없는 졸음이 몰려왔다. 나는 졸지 않으려고 투쟁하는 내 자신을 발견했다. 눈꺼풀이 무겁고 안구에 핏발이 서는 것을 느꼈다. 상담 받던 여인은 "존, 피곤해 보이네요. 이쯤해서 쉬고 잠시 후에 다시 하면 어떨까요?"라고 말했다. 그러나 나는 내가 느끼고 있는 이 졸음이 첫째, 갑작스레 찾아온 것이고, 둘째, 그 원인을 설명할 수 없는 것임을 알고는 그녀 안에서 졸음 마귀의 역사를 분별해 냈다. 그 마귀는 나로 하여금 "나는 지금 졸리니까 이 여인에게 사역하는 것을 다음으로 미루자."라고 생각하도록 유도한 것이다. 내가 그녀에게 이 모든 것을 설명하고 졸음 마귀를 쫓았을 때, 나는 졸음이 가시고 원기가 회복되는 것을 느꼈다. 나는 다시 온전히 깨어 있게 되었다.

졸음 마귀는 단순히 떠나라는 명령에는 떠나가지 않을 것이다. 졸음 마귀의 경우 출입 통로가 있다. 예를 들어 과도한 성취 기질의 소유자들은 철저하게 쉬고 싶어 하지만 쉬는 것이 양심에 걸려 스스로가 쉬는 것을 용납하지 않는다. 그의 내면에선 잠시 앉아서 쉬고 싶어 하지만 그의 생각은 그 욕구를 반대한다. 졸음 마귀는 사람의 내면에 쉬고자 하는 갈망이 있을 때, 그것을 기회로 삼아 그 사람을 '쉬게' 함으로써 통제하고 지배하기 시작한다. 어떤 사람은 막중한 업무 스트레스로 인해 의식, 혹은 무의식 가운데 직장을 그만두고 싶어 한다. 그의 의식은 직장을 포기하려는 욕망을 잠재운다. 하지만 졸음 마귀는 그의 무의식 속 욕구를 알고 있다. 그리고 그 무의식 속 욕구를 통해 열려진 문으로 들어가 그에게 역사하기 시작한다. 그의 몸에 피곤함, 졸음, 무거운 느낌을 안겨 준다. 이때 졸음은 자신이 원치 않는 상황으로부터 도피하는 수단이 된다.

치유는 졸음 마귀에게 기회를 제공한 출입구를 발견하고 그것을 용서하는 과정을 통해 제거하면 완성된다. 치유 후에는 현실로부터 도피하려는 마음을 십자가에 못 박고 죄 된 성품 가운데 열려진 문에 십자가를 적용시켜야 한다.

요약 In Summary

사람들은 계속 "혹시 이러 이러한 종류의 마귀도 있나요?" 하고 묻는다. 마귀의 종류를 열거해 놓은 목록이 있어서 우리가 그들을 분류하여 이름표를 붙여 놓으면 피해를 받지 않을 수 있을 거라 생각한다. 그러나 어떤 것도 진리보다 앞서지 않는다. 우리가 기억해야 할 중요한 진리는 죄로 인해 문이 열려진 곳에는 어떤 종류의 마귀든지 들어갈 수 있다는 것이다.

이 장에 언급된 모든 종류의 마귀를 다루는 데 있어서 나는 독자들이 다음의 사실을 깨닫길 바란다. 마귀에겐 활동할 집이 필요하다. 그러므로 우리는 단지 마귀를 쫓아낼 뿐만 아니라 마귀에게 틈을 열어 준 성품, 즉 마귀가 거주하던 집의 구조를 무너뜨려야 한다. 축사가 먼저냐 내적치유가 먼저냐 하는 것은 그리 중요하지 않다. 물론 어떤 경우에는 그 순서가 중요하겠지만 말이다. 결과적으로 말하면 주님의 종은 항상 주님의 음성과 내담자의 마음에 귀를 기울여야 한다.

내담자의 확실한 치유를 위해 우리는 주님의 인내심을 갖고 내담자를 존중하는 마음으로 사역에 임해야 한다. 단지 우리가 내담자를 시험 대상으로 삼아 최근에 익힌 사역 기술을 연습한다면, 이미 받은 상처 때문에 힘들어하는 환자의 상처를 더 크게 만들 뿐이다. 시간은 우리의 친구다. 서두름은 우리의 적이다. 사람들은 피부에 와 닿는 사랑을 원한다. 마귀의 공격 아래 있는 사람은 자신이 주님으로부터 이러한 사랑을 받는다는 사실을 얼마 동안은 깨닫지 못한다. 그러므로 그러한 시간에 우리가 그들에게 다가가야 한다. 그들이 느낄 수 있는 사랑의 피부가 되어 줘야 한다.

우리가 주님의 인도하심에 따라 예수의 이름으로 마귀를 내쫓을 때, 주님께서 직접 마귀를 쫓아내신다. 그러므로 우리가 대면하게 될 마귀가 어떤 종류이든 우리의 승리는 보장된 것이다. 우리는 단지 주님의 음성과, 그리고 내담자의 마음을 잘 들으면 된다.

13.
견고한 진
-개인 차원/ 진단 차원

Strongholds, Individual and Corporate

　사탄이 가장 중점적으로 성취하려고 애쓰는 목표는 사람의 생각을 사로잡아 그들의 혼에까지 자신의 세를 확장하는 일이다. 사람의 생각은 사람의 혼이 거하는 장소다. 사람의 생각이 성령의 기름부음 아래 있는 경우, 그들의 생각은 성령을 따라 마음을 다스릴 것이고 삶의 방향도 결정할 것이다. 하지만 만일 사탄이 우리의 생각을 다스리게 되면, 사탄은 우리 삶의 모든 영역에 자신의 통치권을 확장하게 된다. 사탄은 이러한 사실을 잘 알기에 우리의 생각을 얻으려고 그렇게 열심히 노력하는 것이다.

　그러나 우리의 의식 속에 존재하는 생각이 사탄의 유일한 표적은 아니다. "대저 그는 마음에 생각하는 대로 될 것이다."(잠 23:7, 밑줄 그은 부분은 내 해석이다.) 결국 사탄은 우리의 생각뿐만 아니라 우리의 마음까지도 통제하기 위해 의식 속, 생각의 깊은 영역을 지배하려는 것이다. 그는 사람들의 마음을 얻기 위해 자신의 극악한 화력을 집중시켜 이 '전투'에 쏟아붓는다. 마음을 얻기 위한 전쟁에서의 사탄의 노력은 다른 어떤 전쟁에서의 노력보다 치열하다.

바울은 이러한 영적 전투에 대해 다음의 글을 남겼다. 실제로 이 성경구절은 사람의 마음속 생각에 관한 것이지 일반적인 마귀의 역사에 관한 것은 아니다.

> 우리가 육체에 있어 행하나 육체대로 싸우지 아니하노니 우리의 싸우는 병기는 육체에 속한 것이 아니요 오직 하나님 앞에서 견고한 진을 파하는 강력이라 모든 이론을 파하며 하나님 아는 것을 대적하여 높아진 것을 다 파하고 모든 생각을 사로잡아 그리스도에게 복종케 하니
>
> – 고린도후서 10:3-5

여기서 바울은 '견고한 진,' '모든 이론,' 그리고 '하나님 아는 것을 대적하여 높아진 것'과의 싸움을 이야기한다. 성경의 다른 곳에서도 바울은 마귀와의 전쟁에 관해 상세하게 설명하는데,(예를 들면 에베소서 6장 10절) 여기서는 우리의 생각, 우리의 마음을 걸고 마귀와 벌이는 싸움이 주제이다.

고대 사람들은 자신의 도시에 성벽을 둘러 요새를 구축하고 그 안에 물과 식량을 조달하기 위한 통로 및 관계시설, 식량 저장고등을 마련해 두었다. 적의 침략이 있을 때, 모든 시민은 요새를 보호하기 위해 전쟁에 참여했다. 적들은 성을 포위하기 위해 성벽 주변 곳곳에 도랑을 팠을 것이고, 또한 성을 공격하기 위한 무기를 성벽 둘레에 배치해 놓았을 것이다. 그들은 성안으로 진격하기 위해 성벽의 취약한 부분을 탐색했을 것이고 그 부분을 무너뜨리기 위해 투석기로 공격을 가했을 것이다. 그리고 성벽을 향해 소이탄(불이 잘 붙는 기름을 넣어 만든 폭탄)을 던져 화염 가운데 방어 군력을 흩어지게 하여 제대로 성벽을 수비하지 못하도록 유도했을 것이다.

편지 수신자의 마음속에 자리한 거짓된 방어 성벽을 무너뜨리기 위해 바울은 하나님의 말씀과 능력을 투석하였고 또한 그들의 성벽에 꺼지지 않는 불을

놓기 위해 소이탄을 던졌다. 이를 설명하기 위해 바울은 사람들이 갖고 있는 전쟁지식을 이용하였다. 바울은 진리의 돌덩이를 던져 독자들의 마음 가운데 믿지 못하는 성벽이 무너지고 그 틈으로 하나님의 말씀이 들어갈 수 있도록 안간힘을 다했다. 비록 하나님의 말씀을 전하는 바울 자신도 약함을 가지고 있었지만 말이다. 바울이 말하길 하나님의 말씀은, 그것을 전하는 사람의 약함에 제한받지 않는다고 했다. 하나님의 말씀은 사람의 이론을 파하고 생각의 견고한 진을 무너뜨리기에 충분할 만큼 강력하다! 하나님의 거룩하고 능력 있는 말씀을 통해 우리는 사람의 생각을 사로잡아 그리스도께 순종하도록 인도할 수 있다.

이 장을 통해 나는 정신적인 견고한 진, 개인의 견고한 진, 집단 차원의 견고한 진에 대해 설명할 것이다. 그리고 마귀, 정사와 권세가 어떻게 견고한 진을 이용하여 개인과 집단과 국가를 조종하는지를 설명할 것이다.

여기서 마귀가 우리의 생각을 통제하기 위해 사용하는 무기를 살펴볼 것이다. 하지만 시작하기에 앞서 우리가 기억해야 할 것이 있다. 바로 우리의 무기는 마귀의 어떤 무기보다 훨씬 더 강력하다는 사실이다. (우리의 무기는 성령의 검, 하나님의 사랑, 예수의 보혈, 믿음의 방패 그리고 기도와 회개를 포함한다.) 우리는 육체의 무기로 싸우는 것이 아니라 영원한 용사이신 하나님의 무기로 전쟁에 임하기 때문에 어떠한 견고한 진이 우리 앞에 놓여 있을지라도 파괴할 수 있다.

개인의 생각(정신)의 견고한 진 Individual Mental Strongholds

개인 차원의 '생각의 견고한 진' 이라 함은 우리 각자가 스스로의 삶을 살아가면서 자신 안에 형성해 놓은 '생각하는 방법' 과 '느끼는 방법' 을 말한다. 우리는 하나님의 이미지로 창조되었다. 그리고 자유의지를 갖고 있다. 하나님의 이미지(창조성)에 따라 우리도 창조력을 갖고 우리 내면에 무언가를 창조해 놓았다. 하나님에 의해 창조된 우리가 생명과 자유의지를 가진 것처럼, 우리가 창조한 것이 무엇이든지 그 안에는 역시, 생명이 있고 자유의지가 있다. 예를 들어 만일 우리가 화내는 습관이나 질투하는 습관 혹은 알콜 중독의 습관을 창조해 냈다면 그 습관은 우리 속에 하나의 '생명'이 되어 자유의지를 선포하며 죽기를 거부할 것이다.

우리는 다시는 화를 내지 않겠다고 결심하곤 한다. 안타까운 것은 우리의 '확고한' 결단이 그 습관을 죽이지 못한다는 것이다. 얼마 지나지 않아 '제때'가 되면 분노, 질투심, 술 취함의 습관이 발동한다. 그리고 살아 있는 분노의 습관이 여전히 우리를 통제한다는 사실에 좌절하게 된다.

그러나 개인의 견고한 진은 습관, 그 이상이다. 견고한 진은 통제사령관이다. 즉 견고한 진은 지휘봉을 휘둘러 죄 된 습관들을 부리면서 우리 안에 육적인 통제를 가하는 통제 사령관이랄 수 있다. 또한 생각의 견고한 진은 '우리의 생각과 감정'의 요새이다. 그리고 '우리의 생각과 감정' 속 중심을 이루고 있는 '이기심 왕국'의 방어벽이기도 하다.

견고한 진은 우리가 설교를 들을 때, 혹은 교훈이나 상담을 받을 때, 우리의 생각에 연막(smokescreen)을 쳐서 진리가 우리 속에 들어오지 못하도록 가로막는다. 진리를 받아들이지 못하면 우리는 회개할 기회, 자유롭게 될 기회를 놓치게 된다. 또한 생각의 견고한 진은 '거짓'을 수호하며 우리를 '육체'와 '이기심' 속에 가둬 놓는다. 견고한 진의 임무에는 이렇듯 '외부 요인'(진리의 말씀)을 차단하는 것뿐 아니라, 그리스도를 믿는 믿음으로 인해 새로워진 우리의 영과 마음에 진리가 적용되지 못하도록 방해하는 일도 있는 것이다. 그리고 견고한 진은 우리로 하여금 편협한 시각을 갖게 하여 일반상식으로 봐도 잘못된 것을 옳다고 판단하게 만든다. 견고한 진은 거짓과 참혹의 줄로 우리의 속사람을 묶어놓는다.

각각의 견고한 진의 중심엔 거짓말이 있고 그 거짓말의 중심엔 우리의 육적인 생각이 배치되어 있다. 만일 어린 시절 아버지에게 성추행을 당한 여성의 경우, 그녀는 곧 '나는 가치 없어!' 라는 거짓말을 마음에 심을 것이다. 그 거짓말은 곧 견고한 진의 성벽이 되어 다음과 같은 생각으로 발전될 것이다. "다 내 잘못이야. 내게 죄가 있어. 나는 창녀라구! 예전에도 창녀였고 지금도, 앞으로도 계속 창녀일 거야! 나는 남자들의 노리개로 밖에는 쓸모가 없어. 난 못생겼어. [그녀는 실제로 아름다우나 이러한 외침은 스스로를 향한 자신의 생각에 동조하는 표현이다.] 내 실체를 알게 되면 어떤 누구도 나를 좋아할 수 없을 거야. 아무도 나를 모른다구! 누구도 나를 신경 쓰지 않고 내 모습 있는 그대로를 원하는 사람은 아무도 없어!"

하나님의 축복이나 진리는 거짓의 성벽을 위협한다. 이에 견고한 진의 통제 센터엔 비상이 걸리고 더 많은 거짓말과 속임으로 성벽의 취약점을 보완하느라 바빠진다. 그리고 진리로 인해 성벽이 무너지고 사람이 자유케 되는 것을 가까스로 막아낸다. 사람들이 진실과 대면한 순간 다음과 같이 불쑥 말하는 것을 얼마나 많이 목격해 왔는가? "그래? 흠, 그런데 그게 뭐 어떻다는 거야?"

이어서 성벽의 나머지 부분을 이루고 있는 거짓말의 벽돌이 불거져 나온다. "그래. 그게 사실인 것 같아. 하지만 아무도 나를 좋아하지 않는 걸? 난 무가치하다구! 그것이 진리라고 치자. 그래도 지금의 나는 변한 게 없어. 내가 변하는 것은 불가능해." 개인의 생각 속 견고한 진은 우리로 하여금 올바른 생각, 회개하려는 마음을 갖지 못하도록 방해한다. 혹은 우리가 육적인 생각을 주관하는 거짓성벽을 무너뜨리는 기도를 하지 못하도록 차단해 버린다.

견고한 진은 뇌(생각하는 기관) 속에 포진되어 있는 종양과 같다. 종양과 마찬가지로 견고한 진에는 고통의 '핵' 이 있고 뒤틀린 감정과 생각의 '고름' 이 그 주위를 둘러싸고 있다. 견고한 진은 우리의 인격과 성품에 고통을 안겨 주는 핵이다. 그래서 주님의 끈질긴 사랑을 습포제(수분이 함유되어 있는 외용 소염 진통제)로 그 사람의 머리에 붙여야 한다. 진리와 용서의 흡입력이 종양의 핵을 빨아들여 제거시켜야 할 필요가 있다. 일단 견고한 진의 통제 센터가 무너지거나 축출되면, 견고한 진을 둘러싸고 있는 거짓말은 그리스도의 십자가 위에 하나씩 죽음을 맞이하게 된다. 그래서 결국 '고름'이 몸 밖으로 빠져나가고 '치유'가 몸 안으로 들어가게 된다.

히브리서 2장 15절은 주 예수님이 "죽기를 무서워하므로 일생에 매여 종노릇하는 모든 자들을 놓아 주려고" 인간의 모습을 하고 이 땅에 오셨음을 증거한다. 여기서 크리스천이 무서워하는 죽음은 육신의 죽음이 아니다. 육신의 죽음은 오히려 "할렐루야"다. 우리가 본향에 계신 아버지께로 돌아갈 수 있기 때문이다! 여기서의 죽음은 바로 우리가 통제 불능의 상태가 되는 것을 말한다. 성령께서 우리의 생각과 마음을 다스릴 수 없는, 그런 상황이 되는 것을 말하는 것이다. 두려움은 견고한 진의 주된 무기이다. 우리는 두려운 나머지 하나님이 선하다는 사실을 신뢰하지 못한다.

그러나 온전한 사랑은 두려움을 내쫓는다.(요일 4:18) 견고한 진에 대해 선전포고를 하는 것은 다름 아닌 사랑이다. 사랑은 우리로 하여금 진리를 목도하게 만든다. 사랑이야말로 자기기만, 자기 속임의 견고한 성벽에 진리의 돌을 투석하는 무기이다. 사랑은 우리로 회개케 한다. 사랑은 우리로 하여금 오래 참게 하고, 거짓과 속임의 폭풍을 뚫고 자유를 향해 악착같이 투쟁하도록 만든다.

마귀가 어떻게 견고한 진을 사용하는지 깨닫는 것은 쉽다. 일단 마귀는 사람의 속에 둥지를 틀어 그곳에 깃들인 후 자신의 통제권을 유지하기 위해 다른 마귀들(가로막는 영, 통제하는 영)을 불러모아 자신의 수하에 둔다. 그렇게 되면 그 사람의 견고한 진은 이제, 진리를 가로막는 역할을 수행할 수 있다. 왜냐하면 가로막는 영들이 견고한 진 안에서 '완벽한 은신'을 하며 활개칠 수 있기 때문이다. 또한 견고한 진은 마귀로 하여금 인간의 감정과 생각을 통제, 조종할 수 있도록 자리를 마련한다. 견고한 진은 멍석 깔린 마귀의 작전 상황실이 되었다. 통제하는 영들의 '완벽한 가정'이 된 것이다.

견고한 진은 육적인 동기와 감정을 불러 모은다. 그렇게 소집된 육적인 '동기'와 '감정'은 증오, 두려움, 시기, 정욕, 중상, 모략의 영역에 특화한 마귀들이 안전하게 착륙할 수 있는 활주로 역할을 한다. 정신적인 견고한 진을 육적인 의미로 견주어 볼 때, '힘세고 사악한 사람'과 같고 영적인 의미로 본다면 마귀의 집과 같다. 물론 마귀가 사람 안에 들어와 둥지를 틀기 전에 견고한 진이 완전히 구축되는 일은 거의 없다.

마귀의 거주를 입은 사람을 자유케 하는 데에, '힘세고 사악한 사람'을 묶고 내쫓는 것으론 충분하지 않다. 견고한 진의 세력이 무너져야 한다. 그 전까지 우리는 그 힘세고 사악한 사람의 집에 들어가 세간을 약탈할 수 없다. 다시 말하지만 끈질긴 사랑과 진리만이 정신적인 견고한 진을 무너뜨리고, 사악한 사람을 무장 해제시킨다.

당신은 견고한 진이 언제 무너져 내렸는지를 분별할 수 있다. 갑자기 내담자의 표정이 밝아지거나 당신이 이야기한 진리에 그가 처음으로 동조한다면, 이것이 바로 그 사람의 견고한 진이 무너졌다는 표식일 것이다. 그는 이제 스스로의 힘으로 사물의 이치를 정확하게 판단할 것이다. 그는 또한 연막을 쳐서 당신이 말한 진리를 가로막는 대신, 당신의 사역을 도울 것이며, 자신 안에 진리가 들어올 수 있도록 노력할 것이다. 견고한 진이 무너졌으니 이제 사악한 자의 세간을 약탈할 준비가 되었다. 희망의 빛이 그의 얼굴에 내리쬐고 있다. 그의 신앙은 다시 견고해졌다. 물론 당신이 그 사람 속에 있는 또 다른 견고한 진을 발견하여 그것을 다루려고 할 때, 그 사람은 다시금 당신의 사역을 막아설지도 모른다. 하지만 그는 이미 자유의 느낌을 맛보았기 때문에 승리는 보장된 것이나 다름없다. 영적 전쟁 가운데 진리의 작전은 한쪽 끝에서부터 다른 쪽 끝에 포진된 적들을 하나하나 섬멸케 한다. 도미노처럼 말이다. 전쟁이 진행되면서 남아 있는 견고한 진들을 무너뜨리는 것은 점차 쉬워진다.

자유케 하는 핵심 진리 Key Truths to Set Free

나는 남자들을 향해 '판단'의 견고한 진을 세워 놓은 한 여성과 상담하고 있었다. 프레다(Freda)라는 이름의 이 여성은 사랑하는 남편과 거리를 두었기 때문에 남편의 가치를 깨닫지 못하고 있었다. 그리고 그녀의 생각 속에 둘러쳐진 연막 때문에 그녀는 자신이 안고 있는 결혼생활의 문제의 근원을 알 수가 없었다. 문제의 근원은 그녀의 어린 시절 '아버지'였다.

상담 사역 중, 주님의 사랑이 내게 넘치도록 부어져 그녀에게 흘러들어 갔고 이에 나는 그녀 안에 깊고 고통스런 외로움이 도사리고 있다는 것을 깨닫게 되었다. 따뜻함과 긍휼의 마음으로 나는 그녀의 내면 속 어린 아이에게 말을 걸었다. "프레다야. 나는 네가 얼마나, 얼마나 외로웠는지 안다. 또 그것을 느끼고 있단다." 그녀는 곧 눈물을 터뜨렸고 훌쩍이기 시작했다. 그녀 안의 외로움과 그로 인한 쓴 뿌리가 '강하고 사악한 자'의 집, 즉, 견고한 진이 된 것이다. 그리고 바로 그 견고한 진 때문에 그녀의 생각과 여러 감정들이 거미줄처럼 얽히게 된 것이다.

프레다는 자신의 삶의 고통스런 기억을 되 내이고, 아픈 기억에 관계된 사람들을 용서하여, 스스로가 더 이상 독방 안에 갇히기를 거부했다. 그리고 마음을 열어 남편을 받아들이기로 결심 했다. 물론 나로 하여금 그녀 안에 있는 견고한 진을 무너뜨리는 일에도 협조하기 시작했다.

자신의 직장 상사와 잘 지내지 못하고 항상 문제를 빚는 한 남자가 우리 엘리야의 집을 찾았다. 에릭(Erik)이라는 이 남자는 상사가 보지 않을 때에도 다른 사람들보다 더 열심히 일하는 성실한 사람이었다. 하지만 어떤 이유에선지, 다른 사람들이 저지른 실수에 대해 항상 그가 대신 징계를 받곤 했다. 이런 일이 반복되자, 그는 곧 자신을 도우려는 동료의 제안이나 충고를 자신을 향한 비판과 공격으로 간주하기 시작했다. 직장 내에서 만일 누군가가 해고된다는 소문이 돌면, 그는 "내가 해고될 거야."라는 생각을 하게 되었다. (직장 내에 그의 위치가 높음에도 불구하고 그는 이러한 생각을 한다.)

에릭의 아버지가 한 번도 에릭을 인정해 주지 않았고 에릭에 대해 혹평을 해 왔다는 사실을 발견하는 데는 그리 오랜 시간이 걸리지 않았다. 하지만 에릭으로 하여금 이 사실을 인정하게 하는 것은 별개의 문제였다. 반항과 분노의 벽돌로 쌓아 올린 에릭의 견고한 진은 그가 현재 겪는 문제가 오로지 직장 상사의 잘못으로 인한 것이라고 말하며 에릭을 속였다. "이것 보세요, 사실을 직시해 보라구요!" 에릭은 내게 거의 소리 치다시피 이야기했다.

에릭은 원인과 결과의 끈을 대면하고 싶지 않았다. 그의 견고한 진은 우리를 '황금 사과' 라고 불리는 상태로 몰고 갔다. 황금 사과란 상담학 용어로서, 조그마한 단서를 지칭하는데, 그 단서는 처음엔 문제의 원인으로 상담자를 인도하는 듯 하지만 결국 그 단서로 인해 상담자는 미궁에 빠지게 된다. 이런 식으로 미궁에 빠진 상태를 우리는 황금 사과라고 부른다. (황금 사과는 그리스 신화에 등장한다. 케산드라가 자신보다 발 빠른 남성과 달리기 경주를 하는데, 경주 중 그녀는 황금 사과를 자신 보다 앞서서 달리는 남자 앞에 던졌다. 남자는 달리는 것을 멈추고 그 사과를 집어 들었다. 결국 그 남자는 경주에서 졌다.) 만일 상담 사역자가 황금 사과 같은, 문제의 핵심과 관련 없는 단서들을 집어 든다면, 견고한 진의 주인인 '사악하고 강한' 자가 경주에서 승리하게 된다. 그리고 견고한 진은 감지되지 못한 채로 남게 된다.

에릭은 자신의 직장에서 일어나는 모순과 그것에 관한 세부사항을 계속 늘어놓아 우리의 주의를 다른 곳으로 이끌었다. 하지만 그가 내놓은 황금사과가 나를 곁길로 새도록 하는 일에 실패하자 그는 고등학생 시절 선생님에게서 받은 상처, 자신의 능력을 과소평가한 운동부 코치, 자신의 말을 귀담아 듣지 않은 동아리 친구들의 이야기를 꺼내기 시작했다. 그러한 이야기가 에릭이나 나로 하여금 문제의 원인을 보지 못하도록 방해하는 한, 견고한 진의 의도는 계속해서 성공을 거둘 것이다. 강한 자의 전폭적인 지지를 받는 견고한 진은 진리의 침입을 막기 위해 무슨 짓이든 하려고 들었다.

　에릭을 자유케 한 핵심 진리는 '두려움에 대한 인정'이었다. 거절감에 대한 두려움, 정해진 기준에 도달하지 못할 것 같은 두려움 말이다. 그리고 진리가 그의 마음속에 들어갈 수 있도록 인도한 핵심 행동은 바로 단순히 그를 인정해 주고 신뢰해 주는 것이었다. 이제 문제는 간단해졌다. 그가 아무 조건 없이 사랑(우리는 그에게 아무런 비판을 가하지 않는다는, 그리고 그가 겪은 모든 일에 대해 '그는 참 멋진 사람이야'라고 생각하고 있다는 확신)을 받고 있다고 느끼기 시작했을 때, 그의 마음은 봄볕에 녹아 피어나는 새 순처럼 활짝 열리게 되었다.

　때때로 우리는 사악한 자와 견고한 진을 묶은 후에야 사람의 마음을 만질 수 있게 된다. 폴라와 나는 보통 내담자의 이야기를 들으면서 침묵 가운데 그들의 맘속에 있는 견고한 진과 사악한 자를 묶는다. 내담자가 일단 자유케 되기를 갈망하기 시작하면, 우리는 큰 소리로 그 사악한 자를 내쫓는다. 필요한 순간엔 직접적인 명령을 내리기도 한다.

　이것이 에릭과 사역할 때 우리가 밟아야 했던 과정이었다. 우리가 그를 이해하고 있고 그를 향해 긍휼의 마음을 가지고 있음을 보여주면서 우리는 침묵 가운데 에릭을 가둬놓은 견고한 진과 사악한 자를 묶었다. 마침내 그는 자유케 되었다. 그리고 최근에 들은 소식인데, 에릭은 동일한 직장에서 10년 이상 근무했단다.

적의 저항 (반대 공격) Counterattacks

　견고한 진과 사악하고 강한 자는 저항한다. 그러므로 우리는 온전한 치유가 정착되기까지 오랜 시간 동안 끈질긴 노력을 기울여야 하고, 그 사람에게 좋은 경험들이 충분히 쌓일 때까지 전쟁을 중단해선 안 된다. 견고한 진으로부터 자유케 된 사람의 주변엔 그 사람을 사랑으로 보살펴 줄 사람들이 필요하다. 그러나 때때로 그 사람의 주변 사람 즉, 가족들이 그와 동일한 종류의 견고한 진을 소유한 경우가 있다. 그런 경우, 해방되었던 그 사람이 견고한 진 안으로 다시 감금되는 일이 발생한다. 그렇기 때문에 그리스도 안에서 구원받은 그의 가족은 사랑과 기도의 요새로 그 사람을 감싸줘야 한다.

"뻐꾸기 둥지 위로 날아간 새"(One Flew Over the Cuckoo's Nest)라는 영화에서 잭 니콜슨(Jack Nicholson)은 정신병원에 수감된 전과자로 나오는데 그의 내면에 잠재한 자유가 그곳의 환자들을 조금씩 자유케 하기 시작한다. 영화는 그 병원에 갇힌 모든 환자들이 어느 멋진 밤, 파티를 즐기는 장면에서 클라이맥스에 도달한다. 그 파티를 통해 심각할 정도로 내성적이었던 한 남자 환자가 자기 내면의 속박으로부터 뛰쳐나오게 된다. 그리고 처음으로 '인생'과 직면하게 된다. 물론 그가 삶을 직면했던 방법은 성적으로 부도덕하기 때문에 나는 결코 그 방법이 옳다고 이야기하지 않을 것이다. 하지만 영화는 그 남자가 삶의 모험에 뛰어들기로 결단했다는 메시지를 전하는 데는 성공했다. 그 파티가 끝나고, 다음 날 아침이 되어, 수간호사가 출근 했을 때, (이 영화에서 가장 비통한 장면 중 하나다) 그녀는 다음과 같이 추궁하므로 그 남자에게 고통을 안겨 준다. "당신이 한 일을 어머니가 알면 어떻게 생각하시겠어요?" 영화를 본 사람이라면, 그녀의 이러한 질문 때문에 이 남자는 자신에게 거절감과 수치심을 안겨주었던 견고한 진과 '강한 자'를 상기하게 되었다는 사실을 알 수 있을 것이다. 이 남자는 결국 다시 절망과 패배의 성벽 속에 갇히게 되었다.

가족들, 특히 구원 받지 않은 가족들은, 우리의 사역을 통해 자유케 된 사람을 다시금 절망과 패배의 성벽 안에 가둔다. 물론 대부분의 경우 고의가 아니다. 하지만 가족 안에 부정적인 생각의 구조가 숨어 있기 때문에 그 사람은 더 심한 견고한 진으로 들어가게 된다. 그러므로 우리는 치유 이후에도 그 효과가 지속되도록 심혈을 기울여야 한다. 자유케 된 사람들은 주변에 온전하고 긍정적인 태도와, 비난 하지 않는 자세를 갖춘 친구가 필요하다. 그러한 친구로부터 자신의 실수에 대한 용납과 아무 조건 없이 주어지는 사랑을 보장받아야 할 것이다.

때때로 교회 안의 형제자매가 '강한 자'의 통제 아래 놓이기도 한다. 상담을 통해 그가 자유케 되었을 지라도 그를 상담해 주었던 사역자는 그가 교회로 돌아갔을 때, 어떻게 될지 알고 있기에 마음이 어렵다. 그가 소속된 교회가 서로를 정죄하는 분위기로 가득 찬 곳이라면, 그가 새롭게 얻은 자유는 곧 파기될 것이다. 엘리야의 집에서, 우리는 그리스도의 몸 된 교회의 연합을 위해 노력하기 때문에, 그들에게 교회를 떠나라고 충고하는 것을 주저한다. 하지만 가끔씩 필요에 의해, 내담자에게 잠시 교회를 피하라는 충고를 한다. 후에 그가 다시금 회복되면, 그가 교회로 복귀할 것은 물론 교회 내에 억압된 다른 사람들을 자유케 하는 일을 도울 수 있기 때문이다.

집단의 견고한 진 Corporate Strongholds

개개인의 견고한 진들은 집단적 견고한 진으로 통합될 것이다. 그러면 견고한 진을 무너뜨리는 것은 훨씬 어려워진다. 집단의 견고한 진은 집단 내 구성원 전체가 공유하는 정신구조로서 구성원들 모두가 생각하는 방법, 느끼는 방법, 행동하는 방법을 지칭한다. 개인의 견고한 진이 어린 시절의 거짓말에 기초하여 세워지는 것처럼 집단의 견고한 진 역시 특정한 문화 아래 오랫동안 전해 내려온 생각의 방법과 거짓 속임수에 기초하여 세워진다. 견고한 진의 성벽은 철학, 전통, 집단에의 충성심, 종교적 의식과 금기사항, 문화적 기준과 가치 등으로 구성된다.

바울은 골로새서에 "누가 철학과 헛된 속임수로 너희를 노략할까 주의하라 이것이 사람의 유전과 세상의 초등 학문을 좇음이요 그리스도를 좇음이 아니니라"(골 2:8)고 적었다.

만일 철학이 헛된 속임수라면 우리는 생각하기를 어떻게 철학이 사람을 노략할 수 있는지 의심할 것이다. 이에 대한 대답은, 철학과 전통은 종이에 적혀 아무 능력 없는 글씨나, 무해한 삶의 양식이 아니라는 것이다. 철학과 전통은 집단의 견고한 진이 된다. 그럴 경우, 철학과 전통은 실제가 되고 강력한 세력이 되어 사람들의 마음을 휘어잡고 실제로 사람들을 통제하게 된다.

'쥴스 번'(Jules Verne)의 소설 '해저 2만리'(20,000 Leagues Under the Sea)를 보면, 니모 선장(Captain Nemo)의 노틸러스호(Nautilus)를 공격하는 거대한 오징어가 등장하는데 집단적 견고한 진을 그 오징어로 생각해 보라. 그 대형 오징어는 적재적소에 숨어 있다. 그리고 사람들이 자신의 곁으로 헤엄쳐 오길 기다리고 있다가 근접한 거리까지 오면 자신의 긴 다리로 사람을 휘감은 뒤, 촉수로 공격을 가한다. 마찬가지로 사람들이 어떤 특정한 방법으로 생각하기 시작할 때 적재적소에 숨어 있는 정사와 권세가 그 기회를 놓칠 리 없다. 정사와 권세는 그 사람이 생각하는 특정한 방법 사이사이에 견고한 진을 풀어놓는다. 그리고 견고한 진은 그 사람을 휘감고 촉수로 공격하여 그 사람에게서 생각할 수 있는 자유를 빼앗아 간다.

개인의 견고한 진은 지역의 마귀들이 거주하는 장소가 되는 반면, 집단의 견고한 진은 바울이 아래의 성경을 통해 언급한 것들 - 정사와 권세, 세상주관자, 악의 영들 - 의 안식처 역할을 한다.

> 마귀의 궤계를 능히 대적하기 위하여 하나님의 전신갑주를 입으라 우리의 씨름은 혈과 육에 대한 것이 아니요 정사와 권세와 이 어두움의 세상 주관자들과 하늘에 있는 악의 영들에게 대함이라 - 에베소서 6:11-12

민족, 나라, 도시, 교단, 지역 교회, 정치 집단 혹은 심지어 박애주의 집단 등, 이러한 집단의 생각을 가두고 그들의 마음을 통제하기 위해 정사와 권세, 사탄은 집단적 견고한 진을 사용한다.

만일 당신이 "어떻게 정사와 권세가 이 어둠의 세상 주관자가 될 수 있습니까?"라고 묻는다면, 최상의 대답은 이것이다: "집단의 견고한 진을 통해서…."

집단의 견고한 진은 집단을 구성하는 사람들의 마음을 가둔다. 그래서 그들이 견고한 진과 반대되는 생각을 하려 할 때, 견고한 진은 그 생각이 무엇이든 – 그것이 불변의 진리이건, 논리이건 간에 – 그들로부터 생각할 수 있는 자유를 빼앗아 버린다. 집단의 견고한 진이 뿜어내는 저주 아래 놓인 자는 최면에 걸려 하나님의 말씀을 볼 수 없게 된다. 하나님의 말씀이야말로 그들을 미혹의 손아귀에서 자유케 할 유일한 방법인데도 불구하고 말이다.

> 그러나 저희 마음이 완고하여 오늘까지라도 구약을 읽을 때에 그 수건이 오히려 벗어지지 아니하고 있으니 그 수건은 그리스도 안에서 없어질 것이라 오늘까지 모세의 글을 읽을 때에 수건이 오히려 그 마음을 덮었도다 그러나 언제든지 주께로 돌아가면 그 수건이 벗어지리라
>
> – 고린도후서 3:14-16

내 생각에 그 수건은 불신으로 대표되는 집단의 견고한 진이다. 그 수건은 유태인이라는 집단이 예수를 불신하고 거절하는 과정에서 스스로 자신의 눈을 가려버린 집단의 견고한 진이다. 사탄의 수하에 있는 가장 높은 마귀는 수건이 벗겨지는 것을 막아서도록 징집된 어둠의 군사이다. 그래서 유태인 집단으로 하여금 진실을 보지 못하게 하고 예수가 진정한 메시아임을 믿지 못하게 만들었다.

> 만일 우리 복음이 가리웠으면 망하는 자들에게 가리운 것이라 그중에 이 세상 신이 믿지 아니하는 자들의 마음을 혼미케 하여 그리스도의 영광의 복음의 광채가 비취지 못하게 함이니 그리스도는 하나님의 형상이니라
>
> – 고린도후서 4:3-4

어떻게 이 어둠의 세상 주관자들이 사람을 속이고 통제하는 것이 가능한가? 집단적 견고한 진의 힘을 빌어서 가능하다.

현대 역사에 나타난 사례 An Example from Recent History

2차 세계대전이 발발하기 전, 독일의 아돌프 히틀러(Adolf Hitler)는 '아리안 우월주의'를 외치기 시작했다. 인종 우월주의는 이 어둠의 세상 주관자들로 하여금 견고한 진을 독일인의 정신구조에 접목시키도록 허락했다. 독일인 중 하나님의 사랑과 하나님의 말씀에 기초하지 않은 사람은 누구든지 이 집단적 견고한 진에 정복당하여 스스로가 우월하다고 믿기 시작했다. 그리고 이 어둠의 세상 주관자는 지역의 마귀 무리를 불러들여서 독일인의 눈을 수건으로 가리게 했다. 그래서 독일 민족은 인류애나 양심, 긍휼의 마음을 잃어버리게 되었다.

인종 우월주의의 역사는 깊다. 이는 과거에도, 현재에도 방어체계가 매우 잘 갖춰진 집단적 견고한 진이랄 수 있다. 유대인 스스로가 다른 어떤 민족보다 우월하다고 생각하던 때, 그리고 갈릴리 지방의 혼혈족과 같은 덜 적합한 민족을 경멸하던 때, 훨씬 이전부터 민족 우월주의는 존재해 왔다.

히틀러는 곧 제3 독일 제국을 설립하겠다고 선포하기 시작했다. 그리고 자신의 계획을 '문명의 선두에 자리한 인류의 영광'에 비하며 이에 반대하는 자는 누구든지 사형시켰다. 그의 사상에는 두 가지 커다란 견고한 진이 도사리고 있었는데, 첫 번째 견고한 진은 인류를 높은 곳에 올려놓겠다는 '유토피아적 꿈'이었고(이 견고한 진은 바벨탑 사건이 있던 때만큼 역사가 깊다) 두 번째는 인류사 내내 전해 내려온 '무력의 견고한 진'이었다. 무력의 견고한 진은 아주 오래전부터 전쟁을 통해 사람들을 통제하고 다스려왔다. 칭기즈칸, 알렉산더 대왕, 로마의 시저, 훈 족, 무어 족, 서로마의 샤를마뉴 대제, 십자군, 나폴레옹, 독일의 카이저 대제는 이 견고한 진에 놀아난 희생자들이었다. 어둠의 세력은 무력의 견고한 진을 독일인들의 정신 속에 접목시키고 그 안에 둥지를 틀게 하였다. 그리스도 안에서, 견고한 믿음 위에 서지 못한 독일인들은 '무릎을 굽히지 않고 행진하며' 전쟁에 나서는 군인들 틈에서 자신의 모습을 발견하게 되거나, 군대를 환호하는 무리에 섞여 나치 깃발을 흔들어야 했다.

히틀러는 자신의 마음속에 유대인을 파멸시켜야겠다는, 역사 깊은 편견을 활성화시켰다. 이 오래된 편견은 고대의 견고한 진으로서, 사탄이 유대 땅을 증오하면서부터 시작되었는데 사탄은 유대에서 구세주가 탄생하고, 그가 십자가의 죽음을 통해 자신을 무너뜨린다는 사실을 알았기 때문에 유대인들을 증오한 것이었다. 역사를 통해 알 수 있듯이, 사탄은 그 증오의 견고한 진을 강화하여 유태인들을 죽음으로 몰고 갔다. 그 견고한 진에 의해 오늘에 이르기까지 세기를 거듭하며, 또 나라와 나라를 거듭하여, 여러 민족으로부터 유태인들은 거절당하고 학살당해야 했다.

비록 히틀러의 선전활동은 지옥의 깊은 곳에서 연유한 것이지만, 많은 독일 사람들은 이 견고한 진에 마취되어 하나님의 아들을 죽인 유태인을 멸하는 것이 하나님께 영광을 돌리는 행위라고 착각하게 되었다. 히틀러는 '나의 투쟁(Mein Kampf)'을 통해 "오늘날 나는 전능하신 창조자의 뜻에 부합하는 일을 한다고 확신한다. 내 자신을 유태인으로부터 보호하면서, 동시에 나는 주님이 이 땅에서 하신 일을 온전히 이루기 위해 싸우는 것이다."

예수를 자신의 구세주로 영접한 유태인 학자 중 시드 로스(Sid Roth)라는 사람이 있는데, 그는 자신의 책 '시간이 모자라다'(Time is running short)에서 교회의 치욕적인 역사를 기술했다. 아래에 인용한 부분을 보면서 인종 우월주의와 증오의 견고한 진에 대해 생각해 보길 바란다.

마틴 루터(Martin Luther)는 "유태인은 단순한 노예가 되어선 안 된다. 그들은 노예들의 노예가 되어야 한다. 그리고 그들이 크리스천의 회중에 들어와선 안 된다"라고 말하면서 격정을 부추겼다. 그는 자신의 책 '있는 그대로의 이름'(Schem Hamphoras)에서 '유태인들은 의식적인 살인마이며 우물에 독을 탄 사람들'이라고 지적했다. 그리고 그들의 회당과 탈무드는 파괴되어야 할 대상이라고 주장했다.

1543년 작 「유태인과 그들의 거짓말(Von den Juden und Ihren Luegen)」이라는 책에서 루터는 "그렇다면 우리 크리스천들은 이 저주받고 버림받은 유태인종들에게 어떻게 대해야 하는가? 그들은 우리와 함께 살면서 거짓과 저주를 일삼는다. 우리는 유태인들의 거짓말, 저주, 신성모독에 대해 알고 있다. 만일 우리 크리스천들이 유태인의 거짓말, 저주, 신성모독에 동참하기를 원치 않는다면, 그들을 용납해선 안 될 것이다. 우리는 기도하는 마음, 겸손한 마음으로 그들에게 자비로운 가혹행위를 보여줘야 한다."라고 말했다.

유태 민족에 대해 마틴 루터가 어떤 관점을 갖고 있었는지 살펴보는 것을 마치기 전에 '유태인 백과 사전'이 마틴 루터의 태도에 대해 어떻게 반응하는지 살펴봐야 한다. "아우슈비츠 가스 실험실과 유태인 말살 정책은 별개로 하더라도, 전체적인 나치의 유태인 대학살 계획은 이미 루터에 의해 윤곽이 잡혀진 일이었다."

당신은 루터주의자나 독일 국민 모두가 잘못했다고 생각하지 않을 수도 있다. 그렇다 해도 기독교 역사를 통해 여러 사람들이 입을 열어 말하고 행한 것에 대한 시드 로스의 이야기를 들어볼 필요는 있을 것이다.

저스틴 마터(Justin Martyr A.D. 167)는 유태인들이 초대 교회의 크리스천들을 죽이라고 명령한 것에 대해 처음으로 비난한 사람들 중 하나다.

오리겐(Origen A.D. 254)은 크리스천을 죽이려는 모의를 꾀했다고 유태인을 비난했다.

유세비오(Eusebius A.D. 300)는 매년 부림절마다 유태인들이 크리스천 아동들을 관례적으로 죽이는 일에 관여했다며, 확증된 증거 없는 주장을 펼쳤다.

포이티어의 성 힐러리(St. Hilary of Poitier A.D. 367)는 유태인들은 완고하고 사악한 민족이어서 영원한 하나님의 저주 아래 있다고 말했다.

성 에브라임(St. Ephraim A.D. 373)은 초대 교회 성가 곡을 많이 작사했는데, 그중 일부는 유태인에 대한 악의를 담고 있다. 심지어 그 성가 중에는 유태인의 회당을 '창녀촌'이라고 명한 것도 있다.

성 존 크리소스톰(St. John Chrysostom A.D. 344-407)은 유태인들에 대한 속죄는 절대로 없을 것이며 그렇기 때문에 하나님은 유태인들을 언제나 미워하신다고 말했다. 그리고 유태인을 증오하는 것은 모든 크리스천의 의무라고 말했다. 왜냐하면 유태인들은 그리스도를 암살했고 사탄을 숭배했기 때문이라는 것이 그의 주장이다.

이에 대해 말콤 해이(Malcolm Hay)는 "성 존 크리소스톰이 유태인을 비난하는 설교 가운데 사용했던 거친 언어는 역사상 기록된 모든 설교자들의 욕설, 거친 언어를 능가하는 수준이었다."라고 기록했다.

존 크리소스톰의 설교 가운데는 "유태인의 회당은 창녀촌보다 못하다. 그곳은 깡패 소굴이고 들짐승이나 출입하는 곳이다. 또 그곳은 마귀의 성전이자 우상숭배가 판치는 곳이기도 하다. 도적과 난봉꾼들의 은신처이며 마귀의 토굴이다."라는 언급도 있었다.

성 키릴(St. Cyril A.D. 444)은 그의 교구 내에 있는 유태인들에게 개종하거나, 망명하거나 이것도 저것도 아니면 돌에 맞아 죽으라는, 세 가지 선택권을 주었다.

성 제롬(성 히에로니무스(St. Jerome A.D. 420)은 라틴어로 성경을 번역한 사람이다. 그는 유태인들에게는 성경을 이해하는 능력이 없음을 입증했고 만일 유태인들이 참된 진리를 고백하지 않으면 처참하게 죽음을 당해야 한다고 주장했다.

성 어거스틴(St. Augustine A.D. 430)은 유대 사상은 부패했다고 말했다. 또한 유태인의 진정한 이미지는 영원한 죄인이자 영적 무식쟁이인 가롯 유다로 대표된다고 말했다. 어거스틴이 말하길 유태인은 자신과 자신이 속한 사회의 유익을 위해 노예의 신분으로 되돌아가야 한다고 했다. 이러한 어거스틴의 주장은 이후 성 토마스 아퀴나스(St. Thomas Aquinas A.D. 1274)에 의해 다시 주창되었다. 그는 유대 사회가 영원한 노예사회로 전락해야 한다고 피력했다.

탈마지(F. E. Talmadge) 교수에 의하면, 성 어거스틴은 다음과 같은 믿음을 갖고 있었다. "유태인들이 그리스도를 죽이는 죄를 범했기 때문에 유태인들은 마땅히 죽임을 당해야 한다. 그러나 그들은 죽어선 안 된다. 무죄한 아벨을 죽인 가인처럼 저주 받아 평생을 이 땅에서 유리해야 할 것이다. 왜냐하면 유태인들은 자신의 불법과 기독교의 진리가 어떻게 서로 상반된 결과를 낳는지에 대한 증거물이 되어야 하기 때문이다. 즉, 유태인들은 기독교의 산 증인이 되어야 한다."

십자군(A.D. 1099)은 모든 유태인들을 예루살렘의 회당에 가둬 놓았다. 유태인들이 회당 안에서 평안함을 누리려 할 때 십자군은 그곳에 불을 놓았다. 그리고 이들 십자군은 귀에 신선하게 들렸던 배교(背敎)의 설교와 거짓말에 취해 화염에 싸인 회당 주변을 행진하면서 "그리스도여 당신을 높여 드립니다"라고 찬양했다.

앞으로 계속 살펴보겠지만, 우리가 견고한 진에 관여했던 죄를 회개하지 않는 한, 우리는 견고한 진을 무너뜨릴 수 없다. 시드 로스의 책을 읽으면서 나는 며칠 동안 계속 회개하며 울었다. 나는 지금도 이 부분을 읽을 때마다 눈물이 난다. 우리는 반유대주의를 표방하며 유태인들을 추방했던 러시아에 대해 비난을 가하지 않았는가? 성 존 크리소스톰은 그리스 정교회 신자였다. 러시아 정교회는 크리소스톰의 계통을 이었는데, 이로 인해 크리소스톰의 반유대 사상이 러시아에 전해져서 러시아가 자신의 영토에서 유태인들을 추방한 것이 아닌가? 이러한 기독교 역사를 보면서 반유대주의의 견고한 진이 우리의 정신 속에 얼마나 깊이 파고들었는지 깨달을 수 있지 않은가?

제3 독일 제국의 나치 당원들은 말로 형언할 수 없는 잔혹함을 행했다. 인류 역사상 유래 없는 참상이 '조국'의 이름 아래 자행된 것이다. 반대하는 사람은 누구든지 국외로 추방당하거나 유태인과 함께 죽음을 당해야 했다. (당시 독일의 유태인 학살에 반대하는 사람과 신실한 기독교인들이 처형당했는데 그 수가 적어도 3백만은 된다고 밝혀졌다.) 이 견고한 진의 힘은 너무나 막강하여 히틀러의 군대는 수백만의 집시, 동성애자들, 러시아 소작농들을 죽였고, 또한 제3 독일 천년 제국에 적응하지 못할 것 같은, '인간 이하의 기준'에 해당하는 사람들을 제거하기에 이르렀다. 당시 독일 대부분의 교회는 독일군의 학살 만행을 반대하지 않았다. 하지만 패전 이후로 많은 교회가 당시에 침묵으로 일관한 것에 대해 용서를 구해왔다. 아마도 그 견고한 진의 세력이 무너지기 시작하는 것일 게다. 여기에 내가 시드 로스의 책을 많이 인용한 이유는, 독일의 교회뿐 아니라 우리 전체 기독교가 이러한 사실들을 눈으로 보고 자각하고 회개할 때에만, 이 견고한 진을 영원히 파괴할 수 있기 때문이다.

견고한 진의 핵심 기능은 그 수하에 있는 사람들의 양심, 긍휼하는 마음, 인정을 무너뜨리는 것이다. 오늘날 미국의 백인 우월주의자들이나 영국의 스킨헤드 족에 의해 자행된 일을 보라. 그리고 그들의 마음에 독을 뿜어내고 있는 증오심을 보라. 심지어 아직까지도 반유태 백인 아리안 교회 총회 본부는 (지금 내가 글 쓰고 있는 이곳에서 불과 3마일 정도밖에 안 떨어진 곳에 위치한) 나치주의의 부활과 유태인에 대한 증오심이 회복되는 것을 위해 고군분투하고 있다. 이러한 열성분자들은 수 년 동안 생각의 자유를 견고한 진에 빼앗겨 왔다. 그리고 이젠 미혹의 영에 조종당하며, 증오심과 우월감을 위시한 고대의 견고한 진으로부터 집단적 증오심을 부여받게 될 것이다.

이 어둠의 세상 주관자들에 의해 기동되는 견고한 진이야 말로 기독교에 가장 큰 위협을 가해온 주범이었다! 특히 오늘날 그 위협은 더욱 심해졌다. 이전 세대가 경험하지 못했던 대중 매체를 통해 견고한 진의 활동이 극대화되었기 때문이다. 우리 기독교인들이 마귀에 대항하여 서고자 할 때, 우리를 무너뜨리기 위해 마귀가 사용하는 대응 전략을 살펴보자.

마약의 견고한 진 The Stronghold of Drugs

마약의 견고한 진의 역사는 술 취하고 방탕했던 노아 시대로 거슬러 올라간다. 십대의 자녀들이 술, 마리화나, 코카인등을 경험한 후에 그들의 부모님과 자연스레 대화하고 부모님의 말씀에 이성적으로 판단하여 순종하는 것을 본 적이 있는가? 술과 마약을 일삼는 십대들에게서 '논리' 라는 영역은 사라지고 없다. "부모님은 늙은 세대여서 우리를 이해 못해요. 그래도 상관없어요. 어쨌든 난 내가 하고 싶은 걸 할 테니까, 제발 염려하지 마세요! 중독되진 않을 테니까요."

견고한 진은 그 수하에 있는 사람들로부터 논리적인 생각을 제거한 뒤, 현실을 반영하지 못하는 사고로 그 빈자리를 메워 넣는다. 그리고 사람들로 하여금 분노를 터뜨리도록 만든다. 당신은 '인류애' 라는 대의 가운데 동성애자와 함께 동역할 수 있다. 그러면 그들은 당신에게서 친절함과 긍휼의 마음을 느끼게 될 것이고, 당신이 지혜로운 삶, 균형 잡힌 삶을 살고 있다고 생각할 것이다. 그러나 당신이 '동성애는 죄다' 라고 말하는 순간 그들 눈에 비친 당신의 모습은 단지 증오로 가득 찬 고집불통밖에 되지 않을 것이다.

동성애의 정사와 권세는 당신이 내뱉은 진리(동성애는 죄라는)를 통해 동성애자의 마음 속 견고한 진이 무너지는 것을 막을 것이다. "나는 당신의 말을 들을 필요가 없습니다. 당신의 마음은 증오로 가득하고, 당신의 이론은 백 년이나 뒤떨어진 것이니까요. 백 년 전으로 돌아가세요!" 이 모든 것은 동성애의 견고한 진과 모더니즘, 자유주의, 인본주의와 인권의 견고한 진이 한데 뭉쳐진 결과이다.

내 아들 존(John)은 반항심으로 가득 찬 십대를 보내면서 마약에 손을 대기 시작했다. 존이 마약을 하면서부터 우리 부자에게 논리적인 대화는 불가능했다. 폴라와 나는 마약에 의한 피해를 존에게 알려주기 위해 과학적 연구 결과 및 여러 피해 사례 자료를 찾아서 보여 줬다. 그러자 존은 "엄마 아빠, 참 웃기네요. 그건 말도 안 돼요. 마약은 절대 나를 해치지 못해요." 결국 우리 부부는 아들이 마약을 끊도록 기도해야 했지, 논리로 대화해선 안 됐다.

그 후 동생 프랭크(Frank)가 절망에 빠져 연락했다. 프랭크에겐 존 나이 또래의 딸 둘이 있다. "형, 내 딸이 마약에 손대기 시작했어요. 그리고 내가 하는 말은 한 마디도 들으려 하지 않으니 답답합니다. 참, 존은 마약을 끊었다지요? 어쩌면 딸애는 존 얘기라면 들을지도 몰라요. 그러니 존을 좀 보내주세요."

나는 존을 프랭크에게 보내어 조카딸들을 설득하게 했다. 두 시간이 지났을까? 존은 투덜거리며 돌아왔다. "걔네들은 제가 무슨 말을 하든 전혀 듣지 않으려고 해요! 게다가 나더러 '구세대'라고 하더라구요."

'구세대…' 여기서 당신은 십대들이 입버릇처럼 반복하는 문구를 발견했을 것이다. 전혀 논리적이지 않은 문구를 말이다. (폴라와 나는 프랭크와 함께 중보했고 내 조카들은 마약에서 완전히 손을 떼었다.)

성적인 "자유"의 견고한 진 The Stronghold of Sexual "Freedom"

생각을 지배하려는 사탄의 몸부림 다음으로 인류를 파멸하기 위해 사탄이 가장 심혈을 기울이는 영역이 바로 '성적인 견고한 진'이다. 이 견고한 진을 통해 사탄은 인류 파멸의 '위대한' 계획을 수행하게 되었다.

계몽 시대 이후, 지난 한 세기 동안 지식이 급증하고 기술이 발전하면서, 사탄은 인간의 자존심을 부추겨 성경을 비하하도록 만들었다. 사탄은 '심도 있는 비판'이라는 가면 아래 자신의 정체를 숨긴 후, 성경의 진리를 전면 해체시키려고 시도했다. (그러나 성경에 어떠한 공격이 가해지더라도 하나님의 말씀은 견고하게 서서 이 모든 공격을 막아냈으며, 성경의 놀라운 정확성은 성경의 사실성에 반대를 표명한 많은 학자들을 어리둥절하게 만들었다.) 사탄의 숨은 목표는 성경을 절대적인 계시라고 믿는 사람들의 믿음을 무너뜨리는 것이다. 만일 사탄이 '성경은 하나님의 계시를 담은 말씀'이라는 사람들의 믿음에 피해를 끼쳤다면, 그들은 십계명을 모세의 때에나 유효한 것, 혹은 인간이 만들어낸 규례정도로 밖에 여기지 않을 것이다.

믿음을 손상시키면 사탄은 십계명뿐 아니라 다른 모든 성경의 진리로부터 사람의 마음을 돌이키게 할 수 있을 것이다. 그렇게 되면 사람들은 하나님 경외하는 마음을 버리게 되고, 사탄은 이제 경건한 양심의 기반으로부터 인간을 '자유'케 할 것이다. 양심을 필두로, 사탄의 자유케 하는 행위는 끝이 없다! 교회 안에서조차 사람들은 자신의 죄 된 성품을 해결하지 못한 채, '자유'라는 이름 아래서 매우 비양심적이고 비도덕적이 되어 버린다. 이전 세대들은 하나님에 대한 두려움 그리고 하나님의 율법이 절대적이라는 생각을 갖고 있었기에 어느 정도의 양심을 지킬 수 있었다. 그러나 지금 세대의 마음과 생각 속에는 그러한 규제 장치마저 무너진 지 오래다.

> 저희가 허탄한 자랑의 말을 토하여 미혹한데 행하는 사람들에게서 겨우 피한 자들을 음란으로써 육체의 정욕 중에서 유혹하여 저희에게 자유를 준다 하여도 자기는 멸망의 종들이니 누구든지 진 자는 이긴 자의 종이 됨이니라 만일 저희가 우리 주 되신 구주 예수 그리스도를 앎으로 세상의 더러움을 피한 후에 다시 그중에 얽매이고 지면 그 나중 형편이 처음보다 더 심하리니 – 베드로후서 2:18-20

모더니즘, 해방주의 그리고 "자유사상"의 견고한 진
The Strongholds of Modernism, Liberalism and "Free Thinking"

사탄은 정성을 기울여 자유주의와 모더니즘의 견고한 진을 쌓아놓았다. 어떤 누구도 자신의 속임수를 간파하지 못하도록, 사탄은 넓은 영역에 걸쳐 배수진을 쳐놓았다. 그래서 사람들로 하여금 견고한 진에서 헤어나지 못하게 했다. 율법의 절대성을 신뢰하는 사람들은 곧 앞뒤가 꽉 막힌 구세대라고 주변에서 비난받게 되거나 혹은 스스로가 다른 사람을 정죄하는 습관에 빠지게 되어 버렸다. 이제 사람들은 아량 있는 모습, 다른 사람을 참아 주는 모습, 현명한 모습을 보여야 하는 압박을 받고 있다. 왜냐하면 현 세대는 과거의 가치를 고수하는 사람의 무의식 가운데 일종의 증오심이 숨어 있다고 생각하기 때문이다.

나는 시카고 신학대학원에서 교육받았다. 당시 그곳은 자유주의와 모더니즘의 메카였다. 졸업식 날, 나는 '내가 이곳에서 배운 것의 대부분이 그릇된 것'이라고 마음속 깊이 되새겼다. 그리고 앞으로는 성경을 있는 그대로 믿겠다고 다짐하였다. (내가 이렇게 결심한 데에는 장인어른과 장모님의 기도가 컸다.) 졸업식을 마치고, 나는 대학원 친구들과 모여 잠시 이야기를 나누었다. 나는 그들과의 대화를 절대로 잊지 못할 것이다.

"존, 나는 계속 생각해 봤어. 그리고 어떤 누구도 내게 진리를 이야기해 주거나 진리를 믿으라고 설득하지 않았어. 그래서 나 혼자 곰곰이 생각해 봤는데 난 예수님이 처녀에게서 태어났다고 믿지 않아. 요즘에 많은 사람들이 나와 동일하게 생각하잖아? 마찬가지로 신약에 기록된 모든 기적들 역시 실제로 일어났다고는 생각하지 않는다. 그것은 단지 미신일 뿐이야. 어쩌면 예수님은 십자가에서 죽지 않았을지도 몰라. 잠시 혼수상태에 빠졌다가 의식이 돌아와 무덤 밖으로 나온 것일 수도 있어."

이러한 그의 생각은 꼬리에 꼬리를 물고 계속되었다. 그가 말하기 시작한 순간부터, 나는 그가 말하려는 것이 무엇인지 정확하게 알 수 있었다. 그의 생각이나, 그가 내뱉은 말들은 내가 예측한 그대로였다. 그는 자유주의와 모더니즘의 견고한 진이 그의 억압된 마음에 불어넣어 준 생각들을 입 밖으로 내뱉었을 뿐이었다. 그의 마음은 갇혀 있었다. 자유가 없었던 것이다. 성경은 주의 영이 계신 곳에는 자유가 있다고 말한다.(고후3:17) 그렇다면 주님의 영이 계시지 않는 곳에는 자유가 없다.

동성애의 견고한 진
The Stronghold of Homosexuality and Lesbianism

성경의 절대성에 대한 우리의 믿음이 무너지면 이제 사탄은 우리에게 동성애의 견고한 진을 가져다 줄 것이다. 사탄은 변태적인 성욕구와 청년기의 반항심을 이용하여 '동성애의 권리'(gay right)라는 말을 젊은이들의 표어로 만들어 버렸다. 그것은 마치 이전 세대에게 'flower power'(히피족을 지칭하는 은어)가 캐치프레이즈였던 것처럼 말이다. 이런 식으로 사탄은 수많은 사람들을 자신이 파놓은 함정에 빠뜨렸다. 그리고 동성애와 자유주의라는 견고한 진을 이용하여 성경말씀을 왜곡하기 시작했다. 그렇게 함으로써 함정에 빠진 사람들은 성경의 진리를 볼 수 없었고, 자유롭게 될 수도 없었다.

> 너는 여자와 교합함같이 남자와 교합하지 말라 이는 가증한 일이니라
> - 레위기18:22

> 누구든지 여인과 교합하듯 남자와 교합하면 둘 다 가증한 일을 행함인즉
> 반드시 죽일찌니 그 피가 자기에게로 돌아가리라 - 레위기 20:13

내가 한 남성 동성애자에게 위의 성경을 읽도록 권유했을 때 그 남성은 다음과 같이 대답했다. "하지만 존, 이 성경말씀은 부도덕함(외도)에 관한 거잖아요. 저는 절대 외도하지 않아요. 한 남자하고만 관계를 갖습니다. 바람피웠던 적도 없었고요. 그러므로 이 성경말씀은 제게 해당되지 않아요."

창세기 19장 1절부터 29절을 보면 알겠지만, 소돔(Sodom)과 고모라

(Gomorrah)는 동성애가 창궐했던 이유로 멸망당했다. (그래서 'sodomy'라는 단어가 동성애를 지칭하게 되었다. 물론, 지금은 'sodomize'라는 단어가 항문에 성기를 삽입하는 섹스를 지칭하는 말이 되었지만 말이다.) 최근에 한 레즈비언 목사가 TV토크쇼에 출연해서 소돔이 멸망당한 이유는 그 땅의 거주자들이 나그네에게 불친절했기 때문이라고 이야기했다. (그녀는 아마 에스겔서 16장 49절부터 50절까지를 인용했을 것이다.) 동성애는 요즘 들어서 불거진 이슈가 아니다. 아주 오래전부터 존재해 온 문제였다. 사도 바울이 "이에 숨은 부끄러움의 일을 버리고 궤휼 가운데 행하지 아니하며 하나님의 말씀을 혼잡케 아니하고 오직 진리를 나타냄으로 하나님 앞에서 각 사람의 양심에 대하여 스스로 천거하노라."(고후4:2)라고 말한 것은 놀랄 일이 아니다.

권리 운동의 견고한 진 The Stronghold of the Rights Movement

사탄은 이제 동성애와 자유주의의 견고한 진을 권리 운동의 견고한 진과 함께 결합시켰다. 미국이란 나라는 법 아래 평등한 대우를 얻기 위해 조국을 떠난 사람들, 소위 '억압받은 사람들'에 의해 건국되었다. '법 아래 평등한 대우' 그것을 다른 말로 하면 '권리'일 것이다. 성경 시대, 군주들은 '왕권신수설'로써 자연스레 폭정을 펼쳤다. 우리 미국의 조상들도 영국의 폭정 아래 있었다. 억압을 피해 공정한 대우를 찾았던 조상들의 노력은 결국 '권리장전'이라는 결과를 낳았고, 미국은 물론 전 세계가 권리장전의 혜택을 누리게 되었다. 하지만 권리를 찾으려는 노력이 하나님을 대적하는 사람들을 만나 어둠의 세력과 결합하게 되면, '권리'는 곧 견고한 진이 되어 버린다. 금세기에 이러한 일이 벌어지고 있다. 내가 어렸을 때, 사람들의 대화나 매스컴에서 권리라는 단어가 사용된 것은 손에 꼽을 정도였다. 우리는 의무에 대해서 교육받았고, 우리가 이 세상을 떠나기 전, 인류에 어떤 공헌을 해야 할 지에 대해서 배웠을 뿐이있다. 그러나 오늘날 권리 운동은 홍수처럼 넘치고 있다. 일반 상식으로도 이해할 수 없는 권리들을 주장하는 사람도 많다. 이들이 주장하는 권리는 균형 잡히지 않은 것들이어서 이들에게 손을 들어주는 사법기관은 불공정함의 온상처럼 보이기도 한다.

그러나 그것이 바로 견고한 진의 기능이다. 생각에 균형 잡는 능력, 논리적으로 생각하는 능력, 상식선에서 생각하는 능력을 내 쫓는 것 말이다. 권리운동의 견고한 진의 역사로 말미암아, 거의 모든 미국 국민이 오심 판결에 고생한 경험이 있을 것이다. 판사와 변호사들은 논리를 사용하도록 훈련받았겠지만, 이 어둠의 세상 주관자들에 의해 조종당하여 상식선에서 생각하는 능력을 잃어버리곤 한다. 그러는 와중에 에이즈는 이제 수백만의 목숨을 앗아가기에 이르렀고 의료 제도를 와해시켰으며, 여러 보험 회사는 에이즈라는 질환으로 인해 재정적 파산을 맞이해야 했다. 전염될까 두려워하는 마음에 모든 국민이 정신적 불구자가 되어야 했으며 배가하는 에이즈 환자를 보살피기 위해 국가 경제는 무거운 짐을 져야만 했다. 하지만 정치인들은 지지도 하락을 염려하여 '동성애 찬성 운동 협회'에 대항하기를 두려워한다. 동성애 찬성 운동 협회는 동성애의 권리를 강력하게 주장한 나머지 에이즈 보균자들이 국가의 검역과 관리를 받지 않은 채, 에이즈 균을 자유로이 퍼뜨릴 수 있도록 만든 장본인이다.

당신은 이제 이 어둠의 세상 주관자들이 사용하는 견고한 진이 바로 사탄의 강력한 무기임을 알게 됐을 것이다.

외도와 이혼의 견고한 진
The Strongholds of Unfaithfulness and Divorce

일단 절대적인 가치가 자유주의에 의해 무너지게 되면, '결혼의 신성한 언약'을 파기하는 것은 쉽다. 부부의 경건하고 정결한 결속은 남녀의 불경건한 이기심으로 인해 제거된다.

세상의 군왕들이 나서며 관원들이 서로 꾀하여 여호와와 그 기름 받은 자

를 대적하며 우리가 그 맨 것을 끊고 그 결박을 벗어 버리자 하도다

– 시편 2:2-3

당신은 이제 누가 '군왕'이고 '관원'인지 말하지 않아도 알 것이다. 사탄은 성경의 '거룩한 족쇄'로부터 우리를 '자유케(?)' 하기 위해 집단의 견고한 진을 사용해 왔다. 하지만 하나님의 말씀이란 족쇄에 묶여 있을 때에만 우리는 진정한 자유를 누릴 수 있다. 말씀에 갇힐 때, 우리는 육체와 이기주의의 마귀, 자기비하의 마귀, 그리고 우리를 참혹함에 내어주게 될 불경건한 욕심으로부터 풀려나게 된다. 우리가 하나님의 말씀 안에서 살 때, 우리는 스스로 특정한 결정('이혼'과 같이 우리가 내려서는 안 되는 결정)을 내려야 한다는 내면의 압박으로부터 자유케 된다.

하나님의 영원한 말씀은 결혼에 대해 이렇게 이야기한다. "이러한즉 이제 둘이 아니요 한몸이니 그러므로 하나님이 짝지어 주신 것을 사람이 나누지 못할찌니라 하시니."(마 19:6) 예수님은 어떤 남자도 아내의 "음행한 연고 없이" 이혼해선 안 된다고 말씀하셨다.(마 5:32) 이 말씀은 곧 내게 다가와 현실이 되었다. 이 땅에는 남자와 여자가 내릴 수 없는 결정들이 있다. 그래서 하나님은 우리가 그러한 결정을 내리지 못하도록 우리로부터 결정권을 치워버리셨다. 평생토록 나는 폴라와 이혼해야 할지 말아야 할지 결정할 수 있는 권리가 내게 있다고 말한 적이 한 번도 없다. 하나님께서는 내가 이러한 결정을 내릴 때 받게 될 고통과 두려움으로부터 나를 구원해 주셨다. 그러므로 나는 자유하다. 내가 그분에게 얽매인 종이기 때문이다.

하지만 '군왕'과 '관원'들은 하나님 율법의 선한 족쇄를 끊어 사람들을 자유케 했다. 그러나 사탄이 안겨 준 자유는 책임을 수반한 건전한 자유가 아니라, 불경건한 일을 자유로이 행할 수 있도록 유도하는 더러운 면허증일 뿐이다. 사탄의 자유를 붙잡은 부부의 경우 주님께서 그들의 결혼 생활에 구원과 자유

를 베푸시기까지 남편과 아내는 기다리지 못하고 또 서로에게 책임과 의무도 다 하지 않는다. 그들은 결혼이라는 거룩한 속박으로부터 풀려날 보석금을 부여 받은 것이다.

처음 열여섯 해 동안, 폴라와 나의 결혼 생활은 순탄하지 못했다. 폴라의 성취적 기질과 나의 죄된 성품이 서로를 향해 정죄를 퍼부었기 때문이다. 하지만 시간이 지나면서 이러한 기질과 성품은 십자가에서 죽게 되었다. 나는 하나님을 찬양한다. 하나님께선 내 스스로 결혼생활을 끝낼 수 있는 '자유'를 주신 적이 없기 때문이다. 그의 거룩한 율법은 나와 폴라를 하나로 묶었다. 하나님이 아니었다면, 아내를 통해 주께서 내게 주셨던 가장 값진 보물, 내 인생을 통틀어 그 무엇에도 비할 수 없는 보물을 나는 맛볼 수 없었을 것이다. 미국에서 절반에 달하는 숫자의 부부가 이혼으로 결혼생활을 마감한다는 사실은 비극이 아닐 수 없다.

부부가 결혼 생활의 어려운 시기를 맞아 별거 혹은 이혼을 고려하고 있다면, 그들은 즉각적인 도움의 손길을 받아야 한다. 세상의 주관자들은 빠른 속도로 이혼의 견고한 진을 들어다 그 부부의 마음속에 옮겨놓을 것이고 그들의 생각은 짙은 안개 속에 갇히게 될 것이기 때문이다. 이제 그들은 자녀의 인생에 대해 책임을 져야 한다는 생각을 하지 못한다. 또한 과거의 좋았던 순간을 기억하지 못하고 앞으로 다가올 행복을 기대하지 못할 것이다. 사탄과 견고한 진은 그들로 하여금 당면한 순간의 고통만을 바라보도록 시야를 제한할 것이다. 결국 그 부부는 고통스런 결혼 생활에서 빠져나올 궁리만 하게 된다.

그들은 서로에 대해 궁휼하는 마음, 이해하는 마음을 접어버리고, 비난하는 마음을 택할 것이다. 친구들은 더 이상 그들을 설득할 수 없다. 그들은 다음과 같은 속 빈 말들을 습관처럼 내 뱉을 것이다. "하나님은 내가 행복해 하길 원하셔. 하나님도 기뻐하시고, 내가 행복해지는 길을 선택하는데도 그분이 나를 질책하실까?" "내가 한 번 살지 두 번 사니? 어차피 한 번 사는 인생인데 좀 행복하게 살자." "난 그를(그녀를) 더 이상 사랑하지 않아."

하지만 사랑은(현대인이 생각하는 로맨스의 견고한 진과 달리) 감정이 아니다. 사랑은 다른 이의 행복을 위해 내 자신의 삶을 내려놓겠다는, 돌이킬 수 없는 헌신이자 결단이다.

가정 파괴의 견고한 진 The Stronghold for Destroying Families

결혼을 파괴한 후, 사탄은 다음에 무엇을 파괴해야 할지 잘 알고 있다. 그는 성령의 뜻대로 참된 사랑을 생산해낼 공장, 즉 가정을 파괴할 것이다. 사탄은 사람의 마음으로부터 '절대적인 것'들을 제거하기 위해 자유주의의 견고한 진을 건축했다. 자유주의의 견고한 진을 통해 사탄은 불경건한 성 욕구를 풀어 놓았고, 결국 이 올무에 매인 남자와 여자는 경건치 못한 성적 연합을 이루게 되었다. 인간의 양심을 연약하게 만든 사탄은 그 양심을 아예 제거해 버리고 '영원한 언약은 없다'는 생각을 마음속에 불어 넣어 준다. 이제 사탄은 가정을 무너뜨릴 수 있게 되었다.

사탄의 주된 목표는 '전 인류의 멸망'이다. 인류의 파멸을 위해 사탄이 공략할 장소는 가정이다. 왜냐하면 하나님께서 온전한 인간을 창조하시는 장소가 바로 가정이기 때문이다. 첫째는 육신의 가정, 그리고 후에는 영적인 가정 안에서 인간은 온전케 된다.(고전 15:46) 육신의 가정을 무너뜨리는 것은 영적인 가정 안에서 경건하게 살 수 있는 가능성을 파괴하는 것이다. 왜냐하면, 거의 모든 사람에게 있어서 출생 후 처음 6년 동안 인격이 형성되기 때문이다.

종교의 견고한 진 Religious Stronholds

그리스도 안에서 거듭나면 지옥을 향해 내딛던 인생이 돌이켜 천국을 향하게 된다. 우리의 죄가 깨끗이 씻겨나가며 아버지 하나님과의 관계가 회복되고 사람들과의 관계도 새로이 정립된다. 그리고 우리는 새로운 영을 입는다.

여기서 거듭남은 우리의 성품이 그리스도를 닮은 성품으로 완성되었음을 의미하는 것이 아니라, 그 과정이 단지 시작되었음을 의미하는 것이다. 사탄은 이것을 잘 알고 있다. 그래서 그리스도를 이미 영접한 사람에게도 사탄이 공략할 기회는 많다. 어떤 사람은 온전히 거듭나서 사탄의 공략이 닿지 않을 수도 있을 것이다. 그렇다 할지라도 사탄은 그 사람이 그리스도의 온전함에 이르는 것을 막기 위해 계속 노력할 것이다. 사탄은 사람의 마음 가운데 아직 회개하지 않은 영역을 집중 공략하여 그리스도가 그의 안에 이루신 구원의 열매를 망쳐 버릴 수 있다.

사탄의 다음 계획은 사람들의 마음에 불완전한 구원의 신학을 넣는 것이다. 이를 통해 사람들은 자신의 구원이 이미 완성되었다고 생각하게 된다. 하지만 실제로, 구원의 과정은 단지 시작 단계에 있을 뿐이다.

미국에 두 번째 대각성(Great Awakening)이 일어날 무렵(이 운동은 1812년의 전쟁이 있은 후 1차 세계대전이 발발하기 전까지 계속되었다) 교회는 근대사 가운데 처음으로 교인들의 대이동을 경험하게 되었다. 당시 많은 미국인들은 서부로 이동하기 시작했고, 인구의 서진은 급속도로 진행되었다. 성령께서는 많은 사람들에게 복음이 전파될 수 있는 새로운 방법들을 계속해서 고안해 내셨다.

성령님은 필수적인 요소들을 추려 복음을 간결하게 재정리하셨다. 간결해진 복음의 내용은 다음과 같다: 하나님은 거룩하시기 때문에 죄인에겐 공의의 심판이 기다리고 있다. 두려움에 빠진 죄인이 용서받고 구원 얻을 길은 오직 한 사람, 예수 그리스도를 믿는 것이다.

성령님의 새로운 전도 방법은 곧 수많은 죄인들을 예수 그리스도의 사랑의 품으로 인도했다.

이 방법은 틀리지도 않았고 신학적인 문제도 없었다. 그리고 실제로 이 방법은 대성공을 거두었다. 미국의 절반 이상이 복음을 받아들여 크리스천이 되었다. 하지만 간결해진 복음은 그리스도 안에서의 삶에 대한 온전한 진리를 담고 있지 않았다.

많은 사람들이 믿음을 버리고 죄 가운데 빠진 오늘날, '톱밥과 눈물 회개'의 설교는 그 어느 때보다 절실하다. 그렇지만 그러한 설교는 변화와 성숙에 대한 가르침을 전반적으로 아우르지 못한다. 거의 한 세기 동안 사람들은 간결해진 복음만을 들어야 했다. 하나님의 부름을 받아 많은 사람들이 성경을 들고 길거리로 나와 복음을 전하지만 그들은 성화의 과정에 대해서 아는 것이 거의 없다. 그렇기 때문에 그들로부터 복음을 전해들은 사람들은 성화에 대하여 아는 것이 더 없다.

예수회(Jesuit)의 창시자, 성 이냐시오 로욜라(St. Ignatius Loyola)는 온전히 거듭난 사람이었다. 하지만 그는 거듭남의 경험이 성화의 완성이 아니라 그리스도를 닮아가는 과정의 시작일 뿐이라는 것을 알았다. 결국 그는 아주 힘든 제자화 프로그램을 만들게 되었고 자신의 추종자들로 하여금 그 프로그램을 완수하도록 강요했다. 힘든 제자화 프로그램을 마치지 않으면 그들은 복음을 전하러 나갈 수 없었다. 이러한 과정은 베네딕트회의 고행과 비슷하다.

위대한 복음 전도자 존 웨슬리와 찰스 웨슬리(John & Charles Wesley)는, "거듭난 신자들은 모두 기독교의 가치와 도덕, 양심의 기준에 부합해야 한다"고 말했다. 그렇기 때문에 그들의 추종자들이 '감리도'라고 불려졌다. 감리도들은 개심한 후, 성화를 위해 엄격한 방법과 규율을 따라야 했다. 이처럼 교회가 자기 금욕과 자기 부정을 표방하고 나서기 시작한 것은 니케아 이전의 교부들(Ante-Nicene fathers A.D. 325년 전) 시대로 거슬러 올라간다.

미국의 두 번째 대각성 기간 동안, 기독교로 회심한 세대는 회심한 후에 무엇을 해야 할지 몰랐다. 사람들은 성경의 진리보다 개종의 경험을 더 높은 가치로 삼기 시작했다. 그들은 주님의 제단 앞에 나오는 사람은 누구나 온전히, 그리고 즉각적으로 변화 받을 것이라고 이야기했다. 물론 사실이다. 거듭나는 순간 우리 모두는 예수 안에서 온전해졌기 때문이다. 하지만 이와 동시에, 성경은

"두려움과 떨림"의 과정을 통해 구원을 이루라고 이야기한다.(빌 2:12) 그러나 '즉각적인 성화'를 믿는 사고의 틀에서, 두려움과 떨림으로 구원을 이루라는 진리는 다음의 의미로 잘못 인식되었다. "네가 이미 갖고 있는 '온전한' 구원을 잃어버리지 않으려면 너는 더 열심히 노력해야 한다." 그래서 사람들로 하여금 구원을 잃지 않으려고 노력에 노력을 거듭하며, 또 그렇게 하지 못하는 사람들을 정죄하는 바리새인들로 변화시켰다.

즉각적으로 성화가 이뤄지고, 성화의 과정에 고통이 수반되지 않는다는 잘못된 교리는 그동안 많은 교회에서 선포되어 왔다. 만일, 단지 회심한 것을 통해 당신이 온전한 피조물로 변화된다면, 당신은 죄를 대면하여 회개하고, 매일매일 자신 십자가 위에서 죽는 일을 하지 않아도 될 것이다. 그러나 예수님은 "또 무리에게 이르시되 아무든지 나를 따라 오려거든 자기를 부인하고 날마다 제 십자가를 지고 나를 좇을 것이니라"고 하셨다.(눅 9:23)

이러한 교리는 사람들로 하여금 회심의 경험을 우상시하게 하여 결국 사탄에게 틈탈 기회를 제공하였다. 만일 사탄이 이러한 이론으로 사람들 마음에 속임의 견고한 진을 구축한다면, 기독교인은 물론 비 기독교인들도 혼란을 겪게 될 것이다.

기독교로 회심한 사람들은 처음에는, 어디를 가든지 그리스도의 향기를 나타낼 수 있다고 생각한다. 하지만 성령의 기름부으심이 사라질 즈음, 예수님처럼 살려고 고군분투했던 노력이 실패로 돌아간다. 그들은 더 열심히 노력한다. 그러나 실패를 맛보게 되어 이제는 바리새인처럼 되는 방법도, 혹은 회심하기 전의 상태로 돌아가는 길도 포기해 버린다. 그리고 "그 어느 누구도 주님처럼 살 수 없다"는 결론을 내리게 된다. 게다가 그들의 명백한 실패는 예수의 이름에 먹칠을 하여 많은 사람들을 신앙에서 떨어져 나가게 한다.

이러한 이야기는 흔하지 않은가? 오늘날 TV강단을 통해 잘 알려진 복음 전도자들의 수치스러운 이야기들을 들어 보라. 추문을 들은 사람들 특히, 예수 믿을 가능성 있는 사람들은 "기독교인은 죄다 사기꾼이네"라고 말하며 회심하기를 포기할 것이다. 왜 그런가? 복음전도자들은 그들이 들어왔던 '간결한 복음'만을 전했기 때문이다. 회심한 이후에도 성화되고 변화되는 과정이 있다는 사실, 성화로 인한 풍부한 생명이 준비되어있다는 사실이 제거된 복음 때문이다. 곧 그들은 믿음의 시작과 끝이 잘려져 나간 복음을 받았기 때문에 어둠의 세력은 이러한 무지를 이용하여 크리스천들이 죄의 함정에 빠지도록 덫을 놓을 수 있었다.

한 유명한 TV 설교자가 불경건한 욕구에 이끌려 창녀촌에 갔다면, 이는 어떻게 된 일인가? 그는 스스로 이러한 욕구를 가져서는 안 된다고 생각한다. "나는 새 피조물이 아닌가?" 이러한 그의 제한적인 신학은 자신의 내면에 회개해야 할 쓴 뿌리가 있다는 사실을 간과하게 했다. 이 때문에 그의 구원의 경험은 무가치한 것처럼 보일 것이다. 어떻게 쓴 뿌리가 그의 마음에 자리하게 되었는가? 그는 이미 그리스도와 함께 죽지 않았는가? 죄를 지으려는 그의 욕구는 '보혈'로 덮이지 않은가? 결국 그는 제한적인 신학에 의해 자신의 문제를 고백하지 못할뿐더러 그의 성품 가운데 다뤄지지 않은 영역이 있음을 인정하지 못할 것이다. 그는 마귀 때문에 유혹을 받아 죄짓게 된 거라고 생각하여 마귀를 꾸짖고 쫓아낼 것이다. 하지만 효과는 없다. 왜냐하면 그가 안고 있는 문제의 주된 요인은 마귀가 아니라 아직 구원받지 못한 그의 마음이기 때문이다.

히브리서의 저자가 "형제들아 너희가 삼가 혹 너희 중에 누가 믿지 아니하는 악심을 품고 살아 계신 하나님에게서 떨어질까 염려할 것이요"(히 3:12)라고 경고한 것은 이미 거듭난 크리스천을 향해서였다. 하지만 간결해진 복음만을 고수하는 사람들은 이 경고를 받아들이지 못한다.

'육적인 신학'의 견고한 진 The Stronghold of Carnal Theology

우리가 지금까지 살펴온 과정은 자연스러운 이유로 인간이 파멸되는 과정이 아니라, 마귀가 지옥에서 갖고 온 전략 하에 이뤄지는 인간의 파멸임을 기억하길 바란다. 만일 사탄이 간결한 복음을 정형화하여 육적인 신학으로 변질시킨다면, 그는 간결한 복음을 견고한 진으로 삼고 여러 마귀를 불러들여 방어선을 구축할 것이다. 육적인 신학, 이 견고한 진의 기능은 사람들의 눈을 가리워, 반쪽짜리 복음만으론 부족하다는 사실을 깨닫지 못하게 하는 것이다. 또한 그들이 보고 있는 진리의 일부가 마치 진리의 전부인 양 착각하도록 만드는 것이다.

마귀의 임무는 사람들이 육적인 신학에 순종하도록, 그래서 다른 사람의 도움을 구하지 않아도 된다고 생각하도록 만드는 것이다. 육적인 신학 아래, 회심한 사람들은 스스로를 새로운 피조물이라고 생각하여, 다른 사람의 상담을 받거나 도움을 구하지 않으려 들 것이다. 도움을 받는 행위는 자신이 아직 구원받지 못했음을 방증하는 일로 간주되기 때문이다. 어떤 TV 설교자는 오늘날 증가하는 이혼율은 많은 사람들이 결혼 문제로 상담자를 찾아가기 때문이라고 이야기했다. 하지만 나는 그의 말이 성서적이라고는 생각지 않는다. 그것은 오히려 그 사람을 지배하는 정사와 권세가 육적인 신학의 견고한 진을 통해 발설한 것이다.

내면의 죄와 대면해야 한다고 주장하는 크리스천의 입을 막기 위해, 그리고 아직 우리의 죄 된 성품이 십자가에 못 박히지 않아 반드시 회개해야 한다고 가르치는 크리스천을 공격하기 위해 마귀는 육적인 신학에 길들여진 크리스천을 양산해 낸다. 적절하지 못한 신학에 혼미해진 사람들은, "우리는 온전하다. 우리가 온전히 변화되지 않았다는 생각은 이단적이다!"라고 말할 것이다.

크리스천 리더를 향한 성적인 유혹
The Sexual Seduction of Christian Leaders

폴라와 나는 그리스도의 몸 된 많은 교회 가운데 상담자로 알려졌기 때문에 교회의 리더들은 우리를 신뢰하며 자신의 속 얘기를 털어놓기 시작했다. 만일 얼마나 많은 목사님들이 그들의 사역 가운데 성적인 범죄를 짓게 되었는지를 이야기하면 독자들은 경악을 금치 못하고, 혹은 믿지 못할 것이다. 리더들뿐 아니라 교회 내 신도들에게서도 성적인 범죄는 많이 발견된다. 그들은 자신의 배우자 외에 다른 사람과 잠자리를 같이 거나 혹은 아예 동거하면서도, 교회에 정기적으로 출석한다는 이유만으로 자신을 훌륭한 크리스천이라고 생각한다.

사탄은 우리가 회심한 순간, 그 즉시 온전케 된다는 거짓된 교리를 우리 마음속에 세운 뒤, 여기에 섹스의 견고한 진을 합쳐놓는다. 육적인 신학의 견고한 진 아래서, 크리스천 리더들은 자신의 죄 된 성품을 살펴보지 않으려고 하기 때문에, 그들의 눈은 가리워져 있고 섹스의 견고한 진에 무방비로 노출된 상태이다. 마음에 숨겨진 정욕 가운데 그들의 속사람은 성적인 유혹과 변태적 성욕에 특화한 마귀가 둥지를 틀 수 있도록 좋은 장소를 제공해 준다. 얼마나 많은 믿음의 리더들이 사탄의 궤계에 넘어지는지를 보라!

그들이 어떻게 유혹을 뿌리치겠는가? 그들은 다음과 같이 무방비 상태로 있다. 첫째, 그들이 믿는 신앙에 의하면, 크리스천은 마귀화 될 수 없다. 둘째, 그들은 마음속 죄의 뿌리를 제거하지 못한다. 왜냐하면 그 뿌리가 마음속에 있다고 생각하지 않기 때문이다. 셋째, 그들은 그리스도 안에서의 형제와 자매들이 하는 충고를 들으려 하지 않는다. ("저 사람은 나한테 상담을 받아보라고 얘기해선 안 돼. 만일 저 사람의 신학이 옳다면, 나에겐 상담이 필요없다는 사실을 알게 될 테니까 말이야.") 어떤 유명한 TV 설교자는 자신이 속한 교단에서 자신에게 내린 질책을 받아들이지 않았다. 그는 단지 자신이 받은 구원에만 매달릴 것이며 앞으로 별 문제가 없을 거라고 이야기했다. 그는 고통스런 경험을 통해 충분히 교훈을 얻었다고 이야기했으나 계속되는 그의 범죄는 그렇지 않음을 증명해 줬다.

사탄은 교회 리더들의 마음속에 '뒤틀린 신학'이 채워져 있는지 항상 확인한다. 그리고 진리로 인해 뒤틀린 신학이 무너져 교회의 리더들이 자유케 되지 않도록 주의를 기울인다.

여기서 요약하자. 사탄의 주된 계획은 첫째, 육신의 가정을 파괴하는 것, 둘째 교회를 분열시키는 것이다. 회심한 즉시 온전히 성화된다는 거짓된 교리를 통해 사탄은 교회를 무너뜨리고, 세상이 보는 가운데 교회를 욕되게 한다. 자유주의, 모더니즘, 인본주의와 동성애, 낙태의 견고한 진을 통해 사탄은 그리스도를 위해 가장 효과적으로 일할 수 있는 교단을 여러 토막내 버렸다. 교회와 교단은 자신들이 집단적 견고한 진의 노리개로 사용된다는 사실을 깨닫지 못한 채, 예수님이 혐오할 일들을 옹호하고 나섰다.

나는 사탄의 모든 마스터 플랜을 사람들에게 알려왔다. 그리고 우리 엘리야의 집의 목표는 그리스도의 몸 된 교회를 무장시켜, 교회로 하여금 개인과 여러 집단을 치유하게 하고 축사하게 하는 것이다. 내가 쓰고 있는 이 글도 현재 마귀의 영향력 아래 있는 교회에 축사 사역을 적용하는 것이다.

솔직하게 이야기하겠다. 교회는 사탄의 존재에 대해선 떠들어 대지만, 사탄의 계획이나 사탄의 특성은 알지 못한다. 한 명의 크리스천이 마귀화될 수 있는 것처럼, 교회 전체가 마귀화 될 수 있다. 장기 고수전에서 고수가 심혈을 기울여 한 수 한 수 두듯이 정사와 권세 역시 집단의 견고한 진을 교묘하게 한 수 한 수 둬 나간다. 준비하지 못한 교회는 무방비로 당하게 된다.

몇 년 전, 폴라와 나는 목회자, 교사, 리더, 상담 사역자를 대상으로 성적인 죄에 대한 세미나를 열었다. 시작하면서, 우리는 세미나 참여자에게 설문조사를 실시했다. 솔직한 답변을 얻고 싶었기 때문에 익명으로 할 것을 요청했다. 그리고 그들의 답변은 비밀로 지켜질 거라고 확신시켜 주었다. 조사 결과는 다음과 같았다.

- 얼마나 많은 사람이 간통죄를 지었는가? 52%
- 간음죄와 연관된 사람은? 51%
- 예수님을 영접한 이후, 간음을 저지른 사람은? 42% (9%~10% 정도의 차이가 있을 뿐이다.)

우리는 주님 앞에서 부끄러웠고 답답할 뿐이었다.

교회 내의 이혼율은 세상의 이혼율과 별반 다를 게 없다. 그리스도의 몸 가운데 아동 폭력 및 학대가 만연해 있으며, 성폭력과 근친상간 역시 교회 안에서 증가하고 있는 추세다. 실제로 세상의 성범죄율과 교회 내의 성범죄 비율이 아무 차이가 나지 않는다는 사실이 수치스러울 뿐이다.

이렇게 암울한 그림을 그리게 되어 안타깝다. 물론 경건하고, 겸손한 마음과 순종의 믿음으로 무엇을 어떻게 해야 할지 잘 알고 있는 크리스천도 많다. 하지만 집단적 견고한 진과 공중 권세 잡은 자들의 영적인 힘을 통해 교회는 점차 마귀화되고 세상에 수치심을 드러내게 되었다. 엘리사가 기도했을 때, 게하시의 눈이 열려 불 병거가 산등성이를 둘러싸고 있음을 보게 된 것처럼(왕하 6:17) 우리 역시, 우리를 유혹하기 위해 주변을 둘러싼 마귀들만을 볼 것이 아니라 하나님의 천군 천사가 사탄의 궤계와 마귀를 무찌르며 우리를 자유케 하기 위해, 우리가 회개하기만을 기다리고 있다는 사실을 눈으로 확인해야 할 것이다.

당신이 이 책을 읽는 가운데, 성령의 기름 부으심이 내려오는 것을 느끼고 있는가? 성령의 기름이 부어져, 당신을 유혹하고 있는 족쇄가 끊어졌는가? 진정한 영적 전쟁이 어디에서 시작되는지 알게 되었는가? 만일 우리가 우리를 두르고 있는 견고한 진을 보지 못하면, 그리고 이 세상 주관자들이 견고한 진 안에 우리를 가둬 놓고 있다는 사실을 깨닫지 못하면 우리는 기껏해야 싸움에 능숙하지 못한 용사일 테고, 최악의 경우, 스스로는 그리스도 안에서 자유롭다고 생각하나 사탄의 조종 아래 발광하는 사람일 것이다!

지식을 겸비한 주님의 군대가 일어나야 한다. 우리 모두는 권리운동의 족쇄를 던져버리고 한데 뭉쳐야 한다. 중보의 용사는 환상을 통해 무엇이 우리의 표적인지 분별해야 하며 중보기도의 광선은 필요한 곳곳에 레이저 빔을 쏘아야 할 것이다. 창궐한 성적 범죄, 자유주의와 인본주의를 등에 업고 판치는 동성애, 낙태의 견고한 진을 무너뜨려야 한다.

우리는 미혹된 사람들을 비난할 수 없다. 비난해서도 안 된다. 왜냐하면 우리 자신도 오직 하나님의 은혜로 말미암아 스스로의 죄 된 모습을 볼 수 있었기 때문이다. 물론 우리는 '악한 것을 올바르게 증오' 할 수 있다.(롬 12:9) 그 증오란, 인류와 그리스도의 몸 된 교회를 미혹하는 힘에 대한 증오이다.

좋든 싫든, 자발적으로 선택했든 그렇지 않든, 우리는 교회를 축사하고 치유하며 또 교회를 통해 세상을 치유하는 영적 전쟁에 이미 참전했다. 우리는 이 전쟁이 어디에서 일어나든지 항상 준비해야 한다. 어떻게 준비해야 하는지는 우리가 배워야 할 과제이다.

Chapter 13 견고한 진을 무너뜨리고 갇힌 자를 자유케 하기
Overcoming Strongholds and Setting People Free

어떻게 해야 집단의 견고한 진을 무너뜨릴 수 있으며 그 안에 갇힌 사람들을 자유케 할 수 있겠는가? 이를 위해선 적어도 여섯 단계를 거쳐야 한다.

첫째, 우리는 견고한 진이 어떻게 우리 안에 들어오게 됐는지 반드시 살펴봐야 한다. 그래야만 회개를 통해 사탄의 가시를 제거할 수 있다.

둘째, 우리는 회개해야 한다. 우리의 눈에서 들보를 제거하기 전에 우리는 밝히 볼 수 없고 효과적으로 사역할 수도 없다.(마 7:3-5)

셋째, 확실한 지도를 받아야 한다. 하나님께서 명령하시지 않으면, 견고한 진이나 속이는 자를 제거할 수 없다. 동일한 원리가 마귀를 쫓을 때도 적용된다. 하나님의 명령을 따르지 않는다면, 무너졌던 견고한 진이 이후에 더 험악한 정사와 권세들을 데리고 돌아올 것이기 때문에 나중 상태가 처음 상태보다 더 악화된다고 하겠다.

넷째, 우리는 군인으로서 전투하는 법을 배워야 한다. 우리가 명확하고 확실한 지도를 따른다면 혼자서도 집단의 견고한 진, 정사와 권세들을 공격할 수 있다.

다섯째, 우리는 사탄의 대응 사격에 대해 방어할 태세를 갖춰야 한다. 그러나 우리는 이미 주 예수 그리스도 안에서 승리를 얻었음을 기억해야 한다.

한때, 나는 한 여성 단체의 지역 이사회 자문위원으로 일했던 적이 있었다. 단체의 한 회원이 '제국의 영' 이라고 불리는 견고한 진, 그리고 정사와 권세의 환상을 보았다. 제국의 영은 워싱턴 동부와 아이다호 북부를 아우르는 방대한 지역을 주관하고 있는 어둠의 세력이었다. 다른 사람들 역시 그녀가 본 환상의 진실성을 증명했다. 제국의 영은 사업가들로 하여금 자신의 제국을 세우는데 모든 것을 희생하도록 조종했다. 또한 그 영은 교회의 목사님들을 유혹해 자신만의 영적인 제국을 세우는 일을 교회의 '하나됨' 보다 더 높은 가치로 삼게 하였다. 그뿐 아니라, 제국의 영은 가정, 사업장, 여러 모임과 교회에까지 자신의 세력을 넓혔다.

그 여성 단체의 지역 이사회는 그 견고한 진을 무너뜨리기로 결정했기 때문에 내게 와서 자문을 구했다.

"여러분은 정말 이 일을 하도록 부름 받았습니까?" 내가 물었다.

"그럼요. 확실해요."

"그런데 남성들은 어디에 있습니까? 이 일은 여성들 홀로 할 성질의 것이 아닙니다."

"남자들한테 얘기했는데, 별로 관심을 보이지 않더군요."

"이 일에 여러분만 가담해선 안 됩니다."

"하지만 존, 우리는 이 일을 하도록 부름 받았어요. 누군가는 이것을 해야 한다구요."

"좋아요…" 나는 주저하며 말을 이었다. "여러분이 결단했다면, 그렇게 하십시오. 하지만 사탄의 대응 공격이 있을 겁니다. 조심하셔야 해요. 철저히 준비하셔야 하구요."

그 이사회는 항상 연합하는 모습을 보였다. 그들은 서로를 사랑했고, 함께 주님을 섬기는 일을 즐거워했다. 그러나 영적 전쟁에 나섰던 그 일 년 동안 그들의 조직력은 와해되었다. 서로 사랑하는 대신 서로 헐뜯는 데 혈안이 되었다.

결국 여성회장이 내게 전화해서 다음과 같이 이야기했다. "존, 우리는 견고한 진을 무너뜨리는 일을 나중으로 미루고 후퇴했어요. 이러한 결정이 그리 바람직하진 않다고 생각해요. 존, 이번 주말 우리 기도모임에 와 주실래요?"

그 모임에 가서 나는 예전에 마귀의 대응공격에 대해 경고했던 것을 다시 한 번 상기시켜 주었다. 당시 여성회원들은 야망, 시기, 질투, 물욕의 영과 전쟁을 하고 있었다. 그런데 회원들 자신이 야망, 시기, 물욕의 감정들을 드러내고 있었다. 그들은 주말 내내 이러한 자신의 모습을 깨닫고 회개하며 서로의 깊은 상처가 치유되기를 기도했다. 그들은 이 기도 모임을 통해 회복되었고 다시금 서로를 사랑하게 되었다.

여섯째, 참고 견디라. 집단의 견고한 진, 정사와 권세를 대면하는 것은 짧은 시간동안 치르는 전투가 아님을 기억하라. 이것은 오랫동안 지속될 투쟁이다.

한 집단이 견고한 진을 대항하여 싸우도록 부름을 받은 후, 집단의 견고한 진을 확실히 분별하고 또 자신이 그것에 관여한 잘못을 회개하면, 이제 그 견고한 진을 묶을 차례가 된 것이다.(마 18:18, 16:19) 확실히 이야기해 두는데, 견고한 진은 마귀가 아니다. 견고한 진은 육체다. 개인적인 육체 혹은 집단의 육체이다. 쫓겨날 대상이 아니다. 육체이기 때문에 견고한 진은 회개와 십자가에서의 죽음을 통해 구원받아야 하는 대상이다. 그러므로 우리는 견고한 진을 묶어 잠잠하라고 명령할 수 있다. 하지만 절대로 내쫓아선 안 된다. 우리가 묶어서 내쫓아야 하는 것은 견고한 진을 이용하여 우리를 조종하는 이 어둠의 세상 주관자들이다. 하지만 우리는 그 영들을 쫓은 뒤에도 그들이 접근하지 못하도록 끈질기게 막아서야 한다.

중보기도의 노력 후엔 가르침이 뒤따라야 한다. 그리고 우리의 도움을 통해 자유를 얻게 될 사람은 먼저 회개해야 한다. 그가 회개하지 않으면, 우리는 전쟁에서 지게 되고 견고한 진은 온전히 회복되어 다시 일어날 것이다. 하지만 우리는 누구에게도 올바른 선택을 하라고 강요할 수 없다. 하나님 왕국의 특징은 예의, 점잖음이다. 그러므로 우리는 올바른 일을 하도록 강요하기 위해 사람들의 자유의지를 무시하는 우를 범하지 않도록 주의해야 한다.

그들이 회개했다면, 우리는 견고한 진을 무너뜨려 달라고 주님께 간구할 수 있다. 주님은 단지 그 견고한 진을 무너뜨리기만 하는 게 아니다. 만일 우리가 우리 안에 견고한 진이 존재함을 깨닫고 회개하면, 주님은 우리에게 지혜를 주셔서 다시는 동일한 실수를 범하지 않도록 인도하기까지 하신다.

「마음의 회복」(The Renewal of the Mind)」이라는 책을 통해 로렌과 나는 치유를 유지하기 위해 우리가 지켜야 할 규율을 가르쳤다. 동일한 규율이 사탄의 대응 공격에 맞서는 데에도 필요하다. 나는 독자들이 견고한 진, 정사와 권세들과 맞서기 전에 그 책을 면밀히 공부하길 바란다.

우리는 그리스도 안에서 형제와 자매들의 상호 간섭과 보살핌 속에 겸손함을 가지고 살아야 한다.

우리의 형제자매가 내게 대하여 지적한 것이 부자연스럽게 들리거나 틀린 것처럼 느껴질지라도 우리는 그들의 이야기를 들은 후, 회개하고 어린 양의 보혈 가운데 정결케 되기를 갈망해야 한다. 가장 큰 참사를 가져오는 일은, 우리 스스로가 '나는 아무 잘못 없어'라는 생각을 고집하는 일이다. 만일 우리가 잘못한 것이 없을 지라도 회개하는 것은 아무런 해가 되지 않는다. 하지만 우리가 잘못했다면, 그 회개를 통해 자유를 얻을 것이다.

영적 전쟁에 참전한 사람이라면, 매일 밤, 성령의 소나기에 충분히 젖어야 할 것이다. 폴라와 나는 "사랑하는 주 하나님 아버지, 당신의 성령을 소나기처럼 우리 위에 부어 주십시오. 그래서 오늘 우리에게 더럽혀진 부분이 있다면 그것이 무엇이든 깨끗이 씻겨 나가길 원합니다."라고 기도한다.

우리는 게으른 자세로 기다리며 우리가 사랑하는 형제자매가 죄와 파멸의 구렁으로 들어가는 것을 지켜봐선 안 된다. 하나님은 우리를 부르셔서 무장시켜 주셨다. 우리는 그리스도 안에서 '정복자'이다. 아니, 그 이상이다. 하지만 우리는 기도 모임, 중보기도회를 통해 우리 사회와 교회 내에 만연해진 견고한 진을 어떻게 무너뜨리는지 배워야 한다.

여호와여 진노로 일어나사

내 대적들의 노를 막으시며 나를 위하여 깨소서

주께서 심판을 명하셨나이다

민족들의 집회로 주를 두르게 하시고

그 위 높은 자리에 돌아오소서

여호와께서 만민에게 심판을 행하시오니

여호와여 나의 의와 내게 있는 성실함을 따라 나를 판단하소서

악인의 악을 끊고 의인을 세우소서

의로우신 하나님이 사람의 심장을 감찰하시나이다

나의 방패는 마음이 정직한 자를 구원하시는 하나님께 있도다.

– 시편 7:6-10

Section 3

신비사술, 이교, 강신술과 마귀의 관계 그리고 이에 대한 축사사역과 내적치유

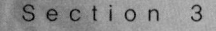

The Relationship of Occultism,
Spiritualism and Cults to Demons,
Deliverance and Inner Healing

John

Deliverance and Inner Healing

14. 신비사술과 마귀

Occult Involvement and Demons 1

이장의 많은 부분은
존 & 폴라 샌드포드의 상처입은 영혼의 치유(Healing the Wounded Spirit)에서 발췌했다.

일반적으로 크리스천들은 어둠의 세력으로부터 숨기운 바 되었다. "이는 너희가 죽었고 너희 생명이 그리스도와 함께 하나님 안에 감취었음이니라."(골 3:3) 그리고 크리스천은 보호받는다. "이는 저가 너를 새 사냥군의 올무에서와 극한 염병에서 건지실 것임이로다. 저가 너를 그 깃으로 덮으시리니 네가 그 날개 아래 피하리로다. 그의 진실함은 방패와 손 방패가 되나니…저가 너를 위하여 그 사자들을 명하사 네 모든 길에 너를 지키게 하심이라."(시 91:3-4, 11)

사탄과 그의 무리들은 무소부재하지도 전지전능하지도 않다. 그러므로 매일의 삶 가운데 우리는 마귀의 존재 때문에 방해받지도 않고 모든 해악으로부터도 안전하다.

이것은 주님을 알고 주님을 사랑하는 사람들을 향한 하나님의 은혜이다.

공격에 노출되다 Open to Attack

하지만 어떤 특정한 이유에 의해 우리는 마귀의 공격에 노출된다. 의지적으로 반복되는 죄는 마귀의 거주를 허용한다. 우리 마음속에 존재하고 있는 용서하지 못하는 마음, 증오, 분노, 시기, 탐욕과 쓴 뿌리는 마귀의 집이 된다. 아직 구원 받지 못한, 세대 간의 죄 된 패턴 역시 침략자의 교두보가 된다.

우리 마음에 죄가 있다고 해서 반드시 마귀의 침투가 있는 것은 아니다. 아직 구원받지 못한 삶의 영역을 드러내며 수시로 죄를 반복해도 마귀의 거주가 있지 않을 수 있다. 하지만 전신갑주에 드러난 구멍, 갈라진 틈으로 언젠가는 마귀의 공격이 들어올 것이다. 물론 마귀의 무리가 아직 초대장을 받지 못했거나, 그 사람의 저항이 그들의 침투를 막기에 충분했을 지도 모른다.

이것은 질병을 일으키는 세균의 경우와 흡사하다. 어떤 사람은 특정한 미세균(감기 바이러스와 같은)에 민감하지만 그러한 균이 많은 장소에 가더라도 병에 걸리지 않는다. 평상시 그 사람의 신체 면역체계는 어떠한 세균과 접촉을 해도 그것들을 방어할 만큼 강하기 때문이다. 하지만 어떤 특정한 날, 면역기능이 약해졌을 때, 동일한 바이러스 균에 노출되면 그 사람은 병에 걸릴 것이다.

위와 동일한 방법으로 이해해보자. 만일 어떤 죄가 삶 가운데 존재 하는데 그 죄는 아직 마귀의 '도움'을 받지 못한 상태라고 하자. 그렇다면, 만일 이 사람이 성적인 범죄에 빠졌을 때, 그는 오직 자기 스스로의 정욕 때문에 죄를 범한 것이라 할 수 있다. (물론 더 많은 경우 성적인 죄에 빠지는 패턴을 보면, 마귀의 유혹과 철저한 계획에 의한 결과임이 드러난다. 그 후에 정욕의 마귀가 거주하게 된다.) 그러나 차츰, 구원되지 못한 상태가 오랫동안 지속되거나, 우리의 죄가 반복되면, 마귀가 개입할 가능성이 농후해 진다. 이러한 이유 때문에 주님께서는 신속하게 회개하여 구원을 받으라고 촉구하신 것이다.

안전한 장난은 없다 No Safe Dabbling

하지만 신비 사술(Occult)에 관여하는 경우, 위에 이야기했던 세균 이야기는 전혀 적용되지 않는다! 신비 사술에 발을 들여놓는 순간, 당신은 그 즉시 마귀의 손아귀에 들어가게 된다. 마귀는 우리가 신비 사술에 개입하는 것을 '자동 초대장'으로 여길뿐더러 우리 안에 거주할 수 있는 법적 계약이 성립된 거라고 생각한다. 비록 신비사술이 '과학적 연구'라는 가면을 쓰고 있지만, 신비사술에 있어서 안전한 장난은 없다. '그냥 한 번 장난삼아…'는 변명이 될 수 없다는 얘기다. 단 한 번의 장난일지라도 마귀에겐 충분하다.

신비 사술을 경험하면, 우리는 마귀의 공격에 완전히 노출된다. 그것은 우리가 사탄의 소유지에 들어갔기 때문이다. 이 죄는 우리를 보호하는 주님의 장막을 걷어치우고 사탄으로 하여금 우리의 마음과 생각 속에 합법적으로 침입하도록 인도한다. 그리고 사탄은 우리가 생각하는 방식, 우리가 느끼는 방식을 통제하려고 시도할 것이다. 사탄의 통제하는 정도는, 우리가 얼마나 깊이 신비사술에 관여했는지에 따라 다르다. 또한 우리 성품 속, 구원받지 못한 영역은 신비사술로 침입한 사탄으로 하여금 거주하고 통제할 수 있는 장소를 더 많이 제공할 것이다.

안타깝게도 많은 크리스천이 신비사술에 대해 무지하기 때문에 순진하게, 아니 미련하게 신비사술을 경험한다. 그것은 마치 겨자탄(이피리트) 가스로 가득한 방 안에 들어가는 것과 같다. 당신이 겨우겨우 살아서 그 방을 빠져 나왔다 쳐도, 당신의 허파는 이미 여기 저기 상처를 입은 상태고, 어쩌면 남은 여생동안 이로 인한 후유증에 시달릴 수도 있을 것이다. 마찬가지로 많은 크리스천이 어리석게도 신비사술에 관여한 후, 여기저기 상처를 입고 영적인 통증에 시달린다. 물론 그들이 의도적으로 신비사술에 관여하지 않았을 지라도 상처와 통증은 맹렬하다.

내가 보수주의 교회에서 자랐던 어린 시절엔 그 어떤 누구도 일간지에 실린 '오늘의 운세'를 읽는 것을 단순한 장난으로 여기지 않았다. 그러나 지금의 크리스천은 손금을 보거나, 대학 축제 때 사주보는 것을 재미있는 장난쯤으로 여긴다. 교회는 이제 하나님의 율법의 절대성을 인정하지 않는 것처럼 보인다. 우리가 교회 안에 얼마나 많은 마귀의 출입을 끌어들였는지 모른다.

오늘날, 성경 지식에 해박한 교회들은 성경에 확실히 드러난 금기사항의 구렁 속에는 잘 빠지지 않는다. 그러나 그들에게 있어서 신앙을 붙드는 것 그리고 마술을 믿는 것 사이에는 아주 얇은 경계선만 놓여 있을 뿐이다. 그 선을 넘는 것은 쉽다! 그러므로 성숙한 크리스천이라면 어떤 것이 신비사술이고, 어떤 것이 아닌지 분별해야 할 필요성이 있다. "지혜도 보호하는 것이 되고 돈도 보호하는 것이 되나 지식이 더욱 아름다움은 지혜는 지혜 얻은 자의 생명을 보존함이니라."(전 7:12) 나는 신비사술이 무엇인지 알 수 있도록 지혜롭게, 그리고 가능한 완전히 해부하여 알려 주고 싶다.

시작하기에 앞서 어떤 종류든 신비사술에 관여하기만 하면 우리 개개인의 영이 상처를 입는다는 사실을 말하겠다. 그러므로 신비사술에 발을 담갔던 사람들을 사역할 때에는 축사와 용서는 물론 내적치유도 병행해야 할 것이다. 축사 사역자와 내적치유 사역자가 함께 협력하여, 그 사람의 죄 된 내력 가운데 마귀의 유혹에 넘어지도록 만든 원인이 무엇인지 살펴야 할 것이다. 우리는 죄의 결과인 상처를 치유할 뿐 아니라 죄의 원인까지도 치유해야 한다.

많은 교회가 이 원리를 받아들였지만, 어떤 교회는 이 원리를 온전히 이해하지 못한 것 같다. 많은 사역자들이 용서를 위해 그리스도의 보혈을, 신비사술의 습관이 죽음을 맞도록 그리스도의 십자가를, 축사를 위해 권세를, 훈계를 위해 하나님의 말씀을 올바로 적용한다. 그리고 거기서 멈춘다. 마치 구원의 모든 사역이 완성된 것처럼 생각한 모양이다. 그러나 뚜껑을 열어보면, 여전히 동일한 상처가 치유되지 않은 채, 그대로 남아있다. 내담자로 하여금 신비 사술을 찾게 했던 바로 그 원인(상처)이 조금도 건드려지지 않은 채, 살아 있는 것이다. 물론 상처로 인한 영적인 고통도 그대로다. 그러므로 교회는 내담자의 상처가 아물 때까지, 그리고 그가 자유케 될 뿐 아니라 온전함을 입을 때까지 끈질기게 사역해야 한다.

신비사술(Occult)은 '숨겨진 것' 혹은 '무언가를 숨기는 행위' 라는 뜻을 깃고 있다. '감춘다' 라는 의미에서 비롯되어, 점성학에선 낮 동안 별을 감추는

'태양빛'은 '신비사술 가운데 일어난 일'이라고 불린다. 이러한 의미로만 본다면, 신비사술은 부정적인 의미가 전혀 담겨 있지 않은 '과학적 속임수'라는 말로도 해석해 볼 수 있을 것이다. 그러나 신비 종교 집단에서 사용하는 '신비 사술'은 마술, 연금술, 점성술, 접신술과 관계된 용어이기도 하다.

우리는 마술, 연금술, 점성술, 접신술 각각을 살펴볼 것이다. 하지만 시작하기에 앞서, 하나님은 신비사술을 분명히, 명확히 금하고 계신다는 사실을 일러둔다.

> 네 하나님 여호와께서 네게 주시는 땅에 들어가거든 너는 그 민족들의 가증한 행위를 본받지 말 것이니 그 아들이나 딸을 불 가운데로 지나게 하는 자나 복술자나 길흉을 말하는 자나 요술하는 자나 무당이나 진언자나 신접자나 박수나 초혼자를 너의 중에 용납하지 말라 무릇 이런 일을 행하는 자는 여호와께서 가증히 여기시나니 이런 가증한 일로 인하여 네 하나님 여호와께서 그들을 네 앞에서 쫓아 내시느니라… 네가 쫓아낼 이 민족들은 길흉을 말하는 자나 복술자의 말을 듣거니와 네게는 네 하나님 여호와께서 이런 일을 용납지 아니하시느니라 – 신명기 18:9-12, 14

마술 Magic

여기서 마술은 오늘날 마술사들이 사람들 앞에서 공연하는 '눈속임 쇼'를 의미하지 않는다. 이러한 기술은 엄밀히 말해 '눈속임'이라고 불려야 할 것이다. 여기서의 마술은 영적인 존재를 강요하여 어떤 사건에 영향을 미치거나, 사술을 불러들여 자연의 원칙을 조종하는 행위를 가리킨다. 이러한 마술에는 두 가지 차원이 있다.

자기 능력 One's Own Power

첫 번째 차원에서의 마술은 원하는 바를 이루기 위해 우리의 염력으로 자연의 원칙을 조종하는 능력을 지칭한다. 이 차원의 마술사는 혼자 활동한다. 자신이 목표한 것을 이루기 위해 그의 염력을 동원하여 자연 현상에 영향을 끼치거나 자연 현상을 이용한다. 이들은 사탄이나, 정사와 권세에 의해 조종 받기도 한다. 그러나 자신이 조종 받는다는 사실을 깨닫지 못한다. 이들은 스스로의 염력에 의존하기 때문에 적어도 의식이 깨어 있는 상태에서는 다른 힘의 원천을 사용하거나 다른 세력과 연합하는 일은 없다.

여기서 잠시, 하나님의 원칙을 어떻게 적용해야 부자가 될 수 있는지를 말해 주는 책들은 어떤가? 헌금 시간 바로 전에 듣는 토막 설교는? 어떤 것은 바람직하다. 하지만 많은 경우, 헌금 시간 직전, 목회자들은 믿음으로 심을 때 몇 갑절로 거두는 원칙을 성도들에게 필요 이상으로 강조한다. 이것은 어쩌면, 하나님을 코너로 몰아넣어 "우리가 드렸으니 그 대가로 우리에게 큰 복을 주시지요?"라고 협박하는, 즉 하나님에게 마술을 행하여 우리의 목적한 바를 성취하는 법을 가르치는 행위가 아닌가? 부와 번영을 강조하는 설교자들은, 개인의 욕망을 성취하기 위해 거룩한 하나님의 원칙을 마술처럼 이용하도록 성도들을 가르치는데, 그렇게 해선 안 된다. 이점을 조심해야 할 것이다.

교회가 어떤 것이 마술이고 마술이 아닌지 구분해야 할 필요성이 절실함을 여기서 볼 수 있지 않은가? 이러한 지식을 갖추게 되면, 예전부터 교회 안에 일반적으로 받아들여 시행해 온 마술로부터 교회를 정결케 할 것이다. 기도와 믿음, 그리고 마술 사이에는 아주 얇은 선만이 드리워져 있음을 기억하라. 그리고 신비 사술에 관해서 '무죄 지대'는 없음을 기억하라. 왜냐하면, 거기엔 항상 마귀의 세력이 관여되어 있기 때문이다. 우리가 다른 크리스천으로 하여금 하나님의 원칙을 이용하여 그들이 원하는 것을 얻도록 가르칠 때, 우리는 어떤 마귀의 무리를 교회 안으로 들여보내게 되는 것일까? 깊이 생각해 볼 문제이다.

하나님의 원칙은 진실되고 또 우리가 기대하는 결과를 가져오겠지만, 결과는 절대로 동기를 정당화하진 않는다. 메리 베이커 에디(Mary Baker Eddy)는

'크리스천 과학(Christian Science)'의 창시자인데, 그는 육신의 치료를 위한 믿음의 방법들을 가르쳤다. 그리고 이 방법 하에 많은 기적이 일어났다. 하지만 그녀의 신학은 고대 '도세티즘'이라는 이단과 별반 다를 게 없었다. (도세티즘은 헬라어 dokein이라는 단어에서 유래되었는데 그 뜻은 '그렇게 보이다'이다. 즉 도세티즘은 그리스도가 단지 인간의 몸을 가진 것처럼, 그저 '그렇게 보인다'고 믿는 이단이다.) 그녀가 보인 기적(결과)은 그녀(그녀의 동기)가 옳다는 것을 증명하진 않는다. 단지 하나님의 원칙이 진실되고 우리가 기대하는 결과를 가져온다는 사실만 증명될 뿐이었다.

그러므로 우리는 누군가가 하나님의 원칙을 적용하는 것을 목격할 때마다, 그가 어떤 목적에서, 또 누구를 위해서 그 원칙을 사용하는지 알아야 한다.

어떤 사람들은 "만일 당신이 원하는 것이 있다면, 그것을 마음속에 떠올리세요. 그리고 당신이 그것을 가졌다고 믿으세요."라고 가르친다. 이것이 바로 신비 사술에서 하는 일이다. 이러한 사술을 연습하는 크리스천은 아마도 자신의 목적을 이루기 위해선 자신의 힘을 의지해야 한다는 원칙을 적용하게 될 것이다.

하지만 실제로 자신이 원하는 것을 얻게 하는 것은 자신을 의지하는 믿음이 아니라 하나님을 의지하는 믿음이다. 하나님이 그의 믿음을 통해 자유로이 역사하실 때 이러한 일이 가능한 것이다.

어떤 행동이 마술인지, 또 믿음인지는 그 행동 가운데 성령님이 계신지, 아닌지에 의해 결정된다. 십자가에서 자신의 생명을 포기(양보)하신 그리스도 예수를 생각하면, 하나님 나라의 특징은 양보와 복종임을 알 수 있을 것이다. 하나님의 뜻은 그 어떤 누구도 멸망하지 않는 것이다. 그렇다고 해서 하나님이 그분의 뜻에 복종하도록 우리에게 강요하지는 않으신다. 또한 그분은 우리가 올바른 선택을 하도록 통제하거나 조종하지도 않으신다.

반면에 사탄의 왕국은 '무례함'으로 특정 지워진다. 다른 사람을 조종하기 위해 마술을 사용하고, 통제하고 강요하는 것이 사탄의 전략이다.

참된 기도에는 하나님의 주권을 존중하는 마음이 담겨 있다. 그것은 하나님께서 자유롭게 일하실 수 있도록 진실된 마음으로 겸손하게 간구하며 탄원하는 기도이다. 또한 하나님의 뜻에 따라 "예", "아니요"를 결단하는 기도이기도 하다. 그러나 가끔씩 우리는 기도하는 중에, 하나님이 들도록 여러 성경구절, 특히 그분이 직접 말씀하신 약속들을 내뱉는다. 이렇게 해서라도 우리는 하나님을 협박하여 그분이 약속을 지키시도록 만든다. 이러한 기도는 하나님의 약속을 저당 잡아 하나님의 응답을 조종하려는 노력과 다르지 않다. 이것은 곧 마술의 핵심이다.

물론 기도 중에 성경말씀을 인용하는 것은 "하나님께서 하신다!"라는 믿음을 더욱 견고하게 할 수 있다. 실제로 성경 속 등장인물 가운데 믿음의 선진들은 몇몇 구절을 통해 "주님, 주께서 약속하신 것들을 기억하사…"라고 말하고 있다. 우리가 주의해야 할 것은, 주님께서 우리가 원하는 방법대로 일하시겠다는 특별한 응답을 주시지 않는 한, 우리는 우리가 원하는 대로 성경말씀을 적용해선 안 된다는 것이다. 성경말씀을 참되게 이용했는지, 마술로 사용했는지 구분 짓는 것은 그 성경말씀을 사용하게 된 동기이다. 우리가 우리의 믿음을 견고케 하기 위해 말씀을 사용했다면, 잘한 것이다. 하지만 주문처럼 말씀을 입으로 외우면서 하나님께 약속을 상기시켜 그분의 응답을 강제로 얻어내려 한다면, 우리의 동기는 마술과 멀지 않다.

마술은 선택의 자유를 파괴한다. 마술사는 마술을 통해 다른 사람의 자유의지를 무너뜨리고 자신이 원하는 대로 일하도록 그들을 조종한다. 예를 들어 어떤 목사님이 당신에게 헌금을 요구하는 편지를 보내면서, 봉투 안에 1센트짜리 동전을 동봉했다고 하자. 그렇다면 그는 실제로 당신에게 마술을 펼친 것이다. 당신에게 1센트를 줬으니 당신은 그에게 1센트 이상의 더 큰 돈을 보낼 것이다. 그는 이러한 마술을 통해 당신의 자유의지를 무너뜨리고 "받은 것 이상으로 돌려줘야 한다"는 원칙을 당신의 마음에 상기시켰다. 봉투를 뜯는 순간 당신은 이제, 받은 돈 이상으로 더 많이 보내야 하는 강요를 느낄 것이다. 헌금을 얻어내기 위해 사람들에게 선물을 제공하는 사역자들은 사람들의 마음을 조종하는 원칙에 능숙하다.

만일 어떤 크리스천이 이러한 원칙을 거절한다면, 그 이유는 단 한 가지 – 그가 하나님을 신뢰하기 때문이다. 이러한 크리스천은 누군가를 강요하여 상황을 바꾸기보다 하나님이 직접 상황을 바꿔주시기를 기다리는 사람이다. "또 여호와를 기뻐하라. 저가 네 마음의 소원을 이루어 주시리로다."(시 37:4) 이 믿음과 반대로 모든 마술의 배후에는 불신이 도사리고 있다. 마술의 원칙을 사용하는 사람은 하나님이 그의 필요를 공급하실 거라고 믿지 않는다. 그러므로 그는 마술을 사용할 수밖에 없는 것이다. "내가 선물을 보내면, 그들은 내게 더 큰 것을 보낼 거야" 하지만 여기에 마귀가 개입할 것이다.

기금 조성자들이 기부자들을 설득하기 위해 광고업의 책략을 사용할 때, 그들은 사람들을 교묘히 다루는 마술을 펼치는 것이다. 폴라와 나는 어려운 길을 택했다. 엘리야의 집 사역 초기부터, 우리는 교회에 손을 벌리는 대신 하나님께서 우리의 필요를 공급하신다는 믿음으로 한걸음, 한걸음을 내딛었다. 몇 년 전, 사역의 규모가 커지자, 우리는 '믿음' 만으로는 비용을 충당할 수 없을 정도의 재정난을 겪게 되었다. 어쩌면 그것은 테스트였을지도 모른다. 아니면 우리의 기도에 능력이 부족했기 때문일지도 모른다. 하지만 어떤 경우였는지 모르지만, 우리는 그 문제를 단순한 재정문제라고 여기지 않기로 했다. 그리고 기도하는 가운데 우리는 교회에 도움을 구해도 된다는 성령님의 인도하심을 받았고, 이에 확신을 갖게 되었다.

우리 최고 경영자인 켄 캠블(Ken Campbell)은 어떤 남자를 만났는데 그는 '성경이 아닌 것' 은 절대 행하지 않을 것이며, 우리 후원자들로부터 도움을 얻기 위해 어떠한 술수도 쓰지 않을 거라고 말했다. 우리는 그를 재정 컨설턴트로 고용했다. 하지만 우리는 안타깝게도, 그를 통해 '속임의 견고한 진' 이 우리의 후원자들을 어떻게 괴롭히는지를 목격해야 했다. 이 남자는 스스로 진정한 크리스천이라고 생각했지만, 온갖 속임수를 동원해 우리 후원자들로부터 돈을 뜯어냈다. 그는 실제로 마술을 행한 것이었다. 그는 다른 기관에서도 동일한 방법을 사용한다고 말하면서 자신이 벌인 일을 정당화했다. "이것이 바로 교회로부터 후원금을 얻어내는 방법이에요. 효과가 있잖아요?"

그는 주님 앞에서 우리를 수치스럽게 만들 법한 몇 통의 편지를 이미 여러 교회에 보냈다. 우리는 회개하고 그를 해고했다. 올바른 방법으로 교회의 도움을 요구하는 것과 교회를 조종하여 도움을 얻어내는 것은 실제로 종이 한 장 차이였다!

다른 존재로부터 빌려온 능력 Power from Other Beings

두 번째 차원의 마술에서, 마술을 휘두르는 사람은 위에 언급한 원칙들을 펼치는 수준이 아니다. 그 이상을 훨씬 넘어선다. 그는 다른 존재의 힘을 주문으로 불러들인다. 이러한 종류의 마술에는 사령(死靈)과의 접교(죽은 사람의 영을 불러들이는 점술), 강신술, 요술(마법), 그리고 영매(靈媒)법 등이 포함된다.

사령점술은 앞으로 일어날 일에 대한 정보를 알기 위한, 혹은 원하는 일을 일어나게 하기 위한 목적으로 특정한 물건을 이용하여 죽은 사람과 접교하는 기술이다.

강신술은 죽은 지 얼마 되지 않은 사람의 영과 접선하는 기술이다. 당신이 만일 어떤, 지혜롭지 못한, 크리스천이 신비사술의 덫에 걸렸다고 내게 말한다면, 나는 그 사람을 옭아맸을 거라고 생각되는 여러 가지 것들 중, 제일 먼저 강신술을 떠올릴 것이다. 실제로 몇몇 크리스천은 뉴에이지 운동의 '채널링'에 심취해 있다. 채널링은 채널(channel)이라는 사람(영매)을 통해 우리 시대보다 앞서 살았던 '위인들, 장인들'과 만나 대화하는 기술이다. 강신술보다 채널링은 현대인들이 받아들이기에 거리낌없다. 그러나 채널링은 이름만 근사할 뿐, 실은 오래전부터 행해진 강신술과 다를 바 없다. (사탄은 새로운 것을 창조하지 못한다. 그는 오로지 오래되어 닳고 닳은 죄들로 사람들을 유혹할 뿐이다.)

강신술에 대해 하나님은 간명하고 엄격한 입장을 취하신다. "음란하듯 신접한 자와 박수를 추종하는 자에게는 내가 진노하여 그를 그 백성 중에서 끊으리니."(레 20:6) 요술 혹은 마법(sorcery)이라고 불리는 이 기술은 마술의 일종으로 다른 사람의 영이나 힘을 빌려 자연 현상을 조종하거나 어떤 일이 일어나게 만들 때 사용된다. 우리는 이 장의 후반부에서, 요술에 대해 더 자세히 살펴볼 것이다. 영매술은 영매가 죽은 자의 영과 접선하여 자신의 성대를 통해 죽은 자의 음성을 들려주는 기술이다. 하나님의 말씀은 영매술에 대해 엄격한 입장이다. "남자나 여자가 신접하거나 박수가 되거든 반드시 죽일지니 곧 돌로 그를 치라. 그 피가 자기에게로 돌아가리라."(레 20:27) 레위기 19장 31절에도 동일한 명령이 나온다. "너희는 신접한 자와 박수를 믿지 말며 그들을 추종하여 스스로 더럽히지 말라. 나는 너희 하나님 여호와니라." 나는 다음 장에서 영매술에 대해 더 깊이 다룰 것이다.

연금술 Alchemy

연금술은 고대에 성행했던 과학으로 히브리 국가 성립 이전에도 이미 존재했던 기술이다. 후에 크리스천들과 다른 많은 이들의 핍박에 연금술사들은 본래의 의도는 숨긴 채, 다음의 '네 가지 믿기 어려운 일들'만을 목표로 삼겠노라 다짐했다.

1. 비금속을 금으로 바꾼다.
2. 모든 것을 녹이는 용해제를 만든다.(모든 것을 용해하는 솔벤트 산)
3. 불로액을 만든다.(마시는 자는 영원한 젊음을 유지하게 된다.) 어떤 역사학자는 Ponce de Leon이 이러한 불로용액을 찾으러 세계를 돌아다니다

가 미국의 플로리다를 발견하게 되었다고 말한다.
4. 영원히 멈추지 않는 기계를 만든다.

위에 열거된 목표는 불가능한 것이기 때문에 연금술사들은 당시 바보처럼 여겨졌다. 실제로 초등학생들이 가끔씩 머리에 쓰는 '바보 모자'(고깔모자, 영어로는 dunce cap인데 dunce는 '바보, 멍청이'를 뜻하는 단어이다)는 중세시대에 연금술사들이 쓰던 모자에서 유래되었다. 하지만 연금술사는 바보가 아니었고 그들이 쓰던 모자도 고깔 형태가 아니었다. 사실 그들은 매사에 신중한 사람들이었다. 그들은 인류 최초의 죄를 다시금 실현시킨 사람들이다. 그들은 쉴 새 없는 연구와 끊임없는 노력을 통해 스스로 하나님처럼 높아지고 하나님과 같은 능력을 휘두르려고 했다. 그것이 이들 연금술사를 통해 재현된 인류 최초의 범죄였다. 그들의 진정한 목표는 신처럼 완벽한 인간이 되는 것이었다.

그러므로 연금술은 영지주의와 비슷하다고 하겠다. 영지주의는 올바른 지식을 통해 구원받는다는 이단적 교리를 받았다. 또, 연금술은 원죄를 부인하는 펠라지안(Pelagian)교와 같다. 펠라지안 교도들은 인간이 예수 그리스도를 구세주로 영접하지 않고도 스스로의 힘으로 구원받을 수 있다고 믿는, 아마 앞으로도 계속 존재할 이단적 교리를 가슴에 품고 있다.

많은 세대를 거쳐 사랑 받아온 알라딘의 램프 이야기는 실제로 연금술에 관한 이야기다. 알라딘은 세 개의 연속된 동굴을 이곳저곳 탐색한다. (연금술사들은 인간의 내면에 존재하는 '연속된 세 개의 동굴'에 감춰진 비밀을 이야기한다. 여기서 세 개의 동굴은 각각 인간의 정신, 마음, 영혼을 대표한다: 연금술사들은 영혼의 깊은 곳으로부터 놀라운 지식을 얻을 수 있다고 생각했다) 세 개의 동굴 중, 가장 깊은 동굴(영혼)에서 알라딘은 요술 램프를 찾는다. 이 요술 램프는 '지식'을 상징한다고 일반에 널리 알려졌다. 그가 램프를 문질렀을 때, 지니가 나타나 알라딘의 소원이 무엇이든 다 들어주겠다고 말한다. 문지르는 행위는 두 사물(손과 램프표면)간의 마찰을 일으켜 열을 발생시킨다. 연금술사들은 이렇게 문질러서 얻게 된 '은빛' 광택에 대해 다음과 같이 정의했다. "은빛은 타오르는 불꽃의 금색 빛이 담아내는 광택이다. 연금술사가 부리는 금빛의 불꽃 속에서 사람의 영혼은 즐겁고 놀라운 일을 할 수 있다. 그 '놀라운 일'의 결과물이 바로 은빛이다." 다시 말해 불꽃이 타오를 때 그 불꽃 속에 있던 영혼은 흥분하여 연금술사가 조종하는 대로 놀라운 일을 하게 되는데 그 놀라운 일의 결과물이 바로 은빛 광택이라는 설명이다.

월터 레슬리 윔헐스트(Walter Leslie Wilmhurst)는 연금술에 대해 다음과 같이 말한다.

우리가 연금술을 일종의 기술이라고 생각한다면, 그것은 연금술을 주제로 다룬 많은 문학작품에서 연금술을 하나의 기술로 표현했기 때문일 것이다. 하지만 연금술은 기술이라기보다 과학이다. 그리고 이것은 신성한 과학이다. 연금술을 가르치는 교수들은 연금술을 가리켜 '거룩한 연금술'이라고 부른다. 연금술은 인간의 정신적, 감정적, 영혼적인 요소를 아는 지식, 그리고 그 안에서 사람들을 어떻게 조종할 수 있는지 그 방법을 다루는 과학이다.

그리고, 간단히 말해 허미티즘이라고도 불리는 연금술의 가장 큰 목표는 인간의 영을 '혼의 감각' 속에 갇혀 있는 상태로부터 꺼내어 완벽한 모습으로, 즉 창조 당시의 신성함과 고귀함을 지닌 모습으로 회복시키는 것이다. 곧 연금술은 인간의 혼에 대한 철학적이고 과학적인 탐구다.

여기서 '완벽한 모습'은 골로새서 3장 12절부터 17절에 기록된 것과 같은, 도덕적으로나 윤리적으로 그리스도의 장성한 분량에까지 이르는 '성숙한 모습'을 의미하지 않는다. 여기서의 완벽함은 인간의 '영' 속에 깊이 숨어 있는 잠재력이 유감없이 발휘되는 것을 목표로, 혼의 기능을 억제, 혹은 제거한 상태를 말한다. 연금술의 목적은 하나님의 개입 없이 기적을 일으키는 것이다. 근대 인본주의자들 역시 인간의 능력을 존중했건만, 이들 연금술사 앞에서는 꼬리를 내려야 할 것이다!

윔헐스트는 연금술에 대해 이렇게 이야기하기도 한다.

> 연금술에서는 사람을(사람의 혼 혹은 사람의 자아를) 끔찍한 타락의 참사로부터 온전함으로 회복되는 과정에 있다고 본다. 다른 존재의 힘과 자연의 법칙 아래서의 회복과정을 통해 사람은 혼돈과 무질서로부터 어느 정도 구원된다. 그리고 그의 지성과 의지를 올바로 적용할 수 있는 수준까지 이르게 될 때, 갱생이 가능해진다.

과학의 발전을 통해 인류는 원자탄 하나로 25마일 반경에 있는 모든 것을 파괴하는 능력을 소유하게 되었다. 원자탄처럼 작은 것도 이와 같은 큰 힘을 발휘하는데, 사람의 영에는 얼마나 큰 힘이 감춰져 있겠는가? 우리는 하나님의 형상으로 창조되었기 때문에 모든 사람은 실제로 엄청난 능력을 갖고 있다.

하지만 아담의 마음에 죄가 들어왔을 때, 하나님은 아담 안에 창조하셨던 능력의 문을 닫으셨다. 한 남자의 죄가 여러 개의 수소폭탄보다 더 큰 파괴력을 보였기 때문이다. "피조물이 허무한데 굴복하는 것은 자기 뜻이 아니요 오직 굴복케 하시는 이로 말미암음이라 그 바라는 것은 피조물도 썩어짐의 종노릇한 데서 해방되어 하나님의 자녀들의 영광의 자유에 이르는 것이니라."(롬 8:20-21) 이것은 마치 전등의 조절기를 '밝음'에서 '가장 어둠'으로 조정한 것과 같이 하나님께서 자연과 인류로부터 그 '능력'을 앗아가신 것이다. 하나님께서 사람 안에 심어 놓으신 능력이 부패한 생각과 타락한 마음을 만나 잘못된 목적에 사용되지 않도록 미리 막으신 처사라고 할 수 있다.

하지만 사탄은 타락 이후, 계속해서 인간의 능력을 풀어내려고 노력하고 있다. 하나님이 막아놓은 능력을, 아직 때가 이르지도 않았는데, 사탄은 풀어내려고 하는 것이다. 이렇게 사탄은 하나님이 금하신 신비사술의 영역으로 인간을 이끌어간다. 하나님의 지혜 가운데 때가 이르면, 하나님은 영광의 풍성함으로 사람을 회복시키실 것이다. 바울이 아래에 기록한 것처럼 말이다.

> 돌에 써서 새긴 죽게 하는 의문의 직분도 영광이 있어 이스라엘 자손들이 모세의 얼굴의 없어질 영광을 인하여 그 얼굴을 주목하지 못하였거든 하물며 영의 직분이 더욱 영광이 있지 아니하겠느냐 정죄의 직분도 영광이 있은즉 의의 직분은 영광이 더욱 넘치리라 – 고린도후서 3:7-9

인류의 마음에서 죄가 온전히 사라질 때까지 하나님은 인간의 능력을 회복하지 않으실 것이다. 하지만 사탄은 인류의 능력을 회복해 주려고 노력한다. 심지어 사탄은 예수님에게도 그 능력을 주겠다고 유혹하기까지 했다(마 4:9, 눅 4:6) 만일 하나님이 정하신 때가 아닌 시간에 인간의 능력이 회복될 경우, 인간이 입게 될 피해에 대해 사탄은 잘 알고 있다. 사탄은 오늘날의 아담과 하와를 꾀어 '너는 하나님 없이도 하나님처럼 잘 살 수 있다' 고 유혹한다. 또한 사탄은 우리로 하여금 능력을 갖는 것이 얼마나 좋은지 알려주며, 그래서 섭리가운데 우리의 능력을 막아버린 하나님을 늙은 구두쇠로 생각하게 만든다. 이러한 영역에서 교회는 종종 시대에 뒤떨어져야 하며 인류의 선함에 반대하도록 부름받았다. 왜냐하면 주님의 교회는 모든 인류의 소망처럼 보이는 '우리는 모든 것을 할 수 있다' 라는 거짓말에 동조하지 않기 때문이다. 악한 정사와 권세는 이 거짓말에 마음 문을 연 크리스천(혹은 그 어떤 누구라도)에게 '속임의 견고한 진' 을 베푼다.

뉴에이지 운동(혹은 능력을 약속하는 신비사술은 무엇이든)이 매력 있어 보이는 이유는, 물론 다른 많은 이유도 있겠지만, 창조된 당시의 모습으로 회복되고자 하는 인간의 욕구 때문일 것이다. 하지만 사람이 태초에 창조된 모습으로 회복되는 유일한 길은 그리스도와 함께 십자가에 못 박혀 죽고 그리스도와 함께 부활하여 그리스도 안에서 풍성한 삶을 누리는 것뿐이다. 이 진리에서 벗어난 사람은 누구든지 어두운 유혹의 손쉬운 먹이가 될 것이다.

거짓된 희망에 스스로를 내어던지지 말라. 하나님은 그리스도의 왕국이 사람들의 마음을 지배할 때만이 인류의 능력을 회복하실 때라는 것을 알고 계신다. (롬 8:18-21) 그 이전엔 어림없다! 크리스천들이여! 여기서, 우리 안에 능력이 없는 것에 대해 만족하자는 이야기가 아니다. 우리가 오직 성령의 능력만으로 살아가야 함에 만족하고 기뻐하자는 것이다. 비록 점점 악해져가는 이 사회에서 오늘날 많은 사람들이 능력을 갈구하기 때문에 신비사술이 엄청난 속도로 전파되고 있지만, 확실히 알아야 할 한 가지는 우리 주 그리스도 예수만이 유일한 해답이요, 성령만이 유일한 능력이라는 사실이다. 우리에겐 다른 어떤 것도 필요 없다.

흰 돌 White Stones

연금술사들은 '라피스 라줄리(lapis lazuli)' 다른 말로 '흰 돌'에 대해 이야기하는 것을 좋아한다. 여기서 흰 돌은 실제로 흰색의 돌이 아니라 푸른빛 나는 청금석을 지칭한다. 훈련과 교육이 충분히 진행되어 혼의 정화 과정이 완성되면, 이제는 최면 상태로 들어가 인간의 혼은 곧 흰 돌에 응결되는 경지에 이른다. 연금술사들은 흰 돌을 '철학자의 돌'이라고 부른다. 인간의 영과 혼은 이제 최면술사의 인도에 따라 여러 지역을 여행한다. 그리고 그의 영혼은 모든 만물의 지식을 소유한 '유일한 존재'가 되기 위해 '에테르'라는 용매를 통과하게 된다. 결국 모든 인류의 지식은 최면술사의 '손가락 튕기는' 행동에 담겨 있다고 하겠다. (에테르란 원래 맑고 깨끗한 대기라는 뜻이며 빛을 파동으로 생각했을 때 이 파동을 전파하는 매질로 생각되던 가상적인 물질이다.)

연금술사들은 '완벽한 돌' 속으로 자신의 영혼을 집어넣는 방법을 모색하기 위해 과학과 주술을 이용했다. 실제로 그들은 이세상의 모든 지혜와 지식을 알게 해 줄 흰 돌이 되기 원했다. 오늘날 많은 점쟁이들은 수정구를 들여다보며 여러 지역을 둘러보고 앞으로 일어날 일이나 먼 곳에서 일어나고 있는 일에 대해 알게 되는데 이것은 다름 아닌 연금술을 모방한 행위이다. 그들이 갖고 있는 수정구는 철학자의 돌, 청금석 즉 '흰 돌' 의 모조품 정도로 생각하면 된다.

인류와 사탄은 지금까지 하나님의 일을 모방해 왔다. 먼 곳에서 일어나는 일, 그리고 장래의 일에 대해 알 수 있는 능력은 하나님이 신중하게 고려하신 뒤 성령의 두 가지 은사를 통해 그의 자녀에게 주시는 선물이다. 그 두 가지 은사는 지혜와 계시이다. 연금술사들은 "성령을 통해 주겠다"고 하나님께서 약속하신 것을, 하나님을 통하지 않고 얻어내기 위해 노력했다. "보혜사 곧 아버지께서 내 이름으로 보내실 성령 그가 너희에게 모든 것을 가르치시고 내가 너희에게 말한 모든 것을 생각나게 하시리라."(요 14:26)

바보섬에서 바울은 엘루마를 만났다. 엘루마는 마술사인데 연금술사와 같은 격이었다. 엘루마가 "주의 바른 길을 굽게 하기를 그치지 아니하자" 바울은 그의 눈을 멀게 했다.(행 13:10)

베드로 사도는 "본도, 갈라디아, 갑바도기아, 아시아와 비두니아에 흩어진 나그네"에게 편지했다.(벧전 1:1) 당시 이 지역에는 많은 연금술사들이 활동하고 있었다. 오늘날 교회의 새신자들, 기독교 입문자들에게 연금술은 꽤 매력 있어 보인다. 능력을 얻을 수 있는 지름길로 보이기 때문이다. 우리는 베드로가 연금술에 대해서 아는지 또 그 영향력에 대해 주지하고 있었는지는 알 수 없다. 하지만 베드로는 베드로전서 2장을 통해 '돌' 에 대해 많이 언급했다. 그리고 베드로가 말하길 예수님은 고귀한 '모퉁이돌' 이라고 이야기했다. 이를 통해 예수님만이 완벽한 혼을 갖고 계셨음을 이야기한 것이다.

밧모섬에 유배된 사도 요한이 연금술에 대해 알고 있었는지 우리는 알 수 없지만, 성령님은 연금술에 대해 분명히 알고 계셨고 "성령이 너희에게 모든 것을 가르치신다"는 주님의 약속은 사실이었다.

> 귀 있는 자는 성령이 교회들에게 하시는 말씀을 들을찌어다 이기는 그에게는 내가 감추었던 만나를 주고 또 '흰 돌'을 줄 터인데 그 돌 위에 새 이름을 기록한 것이 있나니 받는 자 밖에는 그 이름을 알 사람이 없느니라 - 요한계시록 2:17

유대 문화에서, 큰 죄를 사함 받은 자는 흰 돌을 갖고 다닌다. 만일 어떤 사람이 흰 돌을 몸에 지니고 다니면, 그 사람은 용서 받았다는 사실을 지역 사회에 알리는 것이다. 그러나 이 말씀을 통해 성령께서는 흰 돌에 대해 다음과 같이 말씀하신다. "이기는 자에게만 내가 완벽한 혼을 주리니, 연금술을 펼치더라도 너희는 완벽한 혼을 얻지 못할 것이다." 모든 크리스천은 그리스도의 장성한 분량에까지 이르는 변화와 성숙의 과정에 있다. 이 과정은 하나님의 은혜로 말미암아 눈 깜짝할 새에 완성될 것이다. "마지막 나팔에 순식간에 홀연히 다 변화하리니 나팔 소리가 나매 죽은 자들이 썩지 아니할 것으로 다시 살고 우리도 변화하리라."(고전 15:51-52) 변화와 성숙은 하나님의 은혜로 가능하다. 연금술이나 연금술의 현대판인 뉴에이지 인본주의 운동에 의해 완성되는 것이 아니다.

현자의 지혜 The "Wisdom of the Wise"

당연한 이야기지만, 철학자 혹은 연금술사들은 그들이 갈망하던 목표를 성취하지 못했다. 그들은 모조품만을 만들어냈다. 사도행전 8장에 나오는 '노조품' 만을 만들어냈던 마술사 시몬이 사도들의 참된 기적을 보고, 돈으로 성령의 능력을 사려 했던 사건을 보아도 알 수 있을 것이다.(행 8:19) 하지만 연금술사나 요술쟁이들 역시 일반인들을 놀래킬 만큼의 충분한 기술은 갖고 있었다. 마술사 시몬 역시 사마리아 지역의 사람들을 놀라게 하며 자칭 '큰 자'라 할 만큼의 능력은 갖고 있었던 것이다. "마술을 행하여 사마리아 백성을 놀라게 하며 자칭 큰 자라 하니,"(행 8:9) 이들 연금술사나 요술쟁이들은 자신이 이룬 일을 보며 '나는 올바른 일을 하고 있다'고 스스로를 속였다.

모세와 대결을 펼쳤던 이집트의 마술사들이 한 일을 생각해 보라. 아마도 연금술이 아니었을까 생각해본다. 그렇지 않았을지라도 그들은 바로 앞에서 모세와 아론이 보여 준 첫 번째 기적을 모방하였다. 어쨌든 그들의 지팡이도 뱀으로 변했다. 물론 아론의 지팡이가 그것들을 삼켰지만 말이다.(출 7:12) 아론이 나일강을 지팡이로 쳤을 때, 물은 피로 변했다. 그때, 이집트의 마술사들도 그들만의 비법을 통해 동일한 일을 행했다.(출 7:22) 그리고 그들 역시 개구리로 이집트 온 땅을 덮을 수 있었다.(출 8:7)

하지만 아론이 이집트 전역에 이를 올라오게 했을 때, "술객들이 자기 술법으로 이같이 행하여 이를 내려 하였으나 못 하였다."(출 8:18) 여기서 재밌는 사실은 마술사들이 다음과 같이 말했다는 것이다. "이는 하나님의 권능이니이다."(출 8:19)

그리스 철학이 번영했을 때, 그 중심에는 연금술의 과학이 자리하고 있었다. 이것을 염두에 두고 다음의 성경 구절을 읽으면 흥미로운 점을 발견하게 될 것이다.

> 기록된바 내가 지혜 있는 자들의 지혜를 멸하고 총명한 자들의 총명을 폐하리라 하였으니 지혜 있는 자가 어디 있느뇨? 선비가 어디 있느뇨? 이 세대에 변사가 어디 있느뇨? 하나님께서 이 세상의 지혜를 미련케 하신 것이 아니뇨? 하나님의 지혜에 있어서는 이 세상이 자기 지혜로 하나님을

알지 못하는고로 하나님께서 전도의 미련한 것으로 믿는 자들을 구원하시기를 기뻐하셨도다 유대인은 표적을 구하고 그리스인(헬라인)은 지혜를 찾으나 우리는 십자가에 못 박힌 그리스도를 전하니 유대인에게는 거리끼는 것이요 이방인에게는 미련한 것이로되 오직 부르심을 입은 자들에게는 유대인이나 헬라인이나 그리스도는 하나님의 능력이요 하나님의 지혜니라 하나님의 미련한 것이 사람보다 지혜 있고 하나님의 약한 것이 사람보다 강하니라 – 고린도전서 1:19-25 (밑줄 그은 부분은 내 해석이다.)

고린도전서 2장에서 바울은 이어서 다음과 같이 말한다.

내 말과 내 전도함이 지혜의 권하는 말로 하지 아니하고 다만 성령의 나타남과 능력으로 하여 너희 믿음이 사람의 지혜에 있지 아니하고 다만 하나님의 능력에 있게 하려 하였노라. 그러나 우리가 온전한 자들 중에서 지혜를 말하노니 이는 이 세상의 지혜가 아니요 또 이 세상의 없어질 관원의 지혜도 아니요 오직 비밀한 가운데 있는 하나님의 지혜를 말하는 것이니 곧 감취었던 것인데 하나님이 우리의 영광을 위하사 만세 전에 미리 정하신 것이라. 이 지혜는 이 세대의 관원이 하나도 알지 못하였나니 만일 알았더면 영광의 주를 십자가에 못 박지 아니하였으리라.

– 고전 1:4-8 (밑줄 그은 부분이 내 해석이다.)

연금술사들이 얻고자 노력했던 것이 무엇인지 안다면, 우리는 바울이 "너희 믿음이 사람의 지혜에 있지 아니하고 다만 하나님의 능력에 있게 하려 하였노라"라고 말 한 이유를 더 깊이 이해할 수 있을 것이다. 사람의 지혜가 아닌, 오직 그리스도만이 우리를 회복하고 온전케 할 수 있다.

이 세대의 지혜 "Wisdom" in This Age

연금술사들의 실수를 우리라고 저지르지 않는다는 보장은 없다. 앞에서 나는 '부자 되는 원칙'의 책 시리즈물에 대해 이야기했다. 또 기독교 사상이나 성서에 근거를 뒀다는 '스스로의 힘으로 해내기…' 이러한 원칙을 알려주는 책은 어떤가? 이러한 책들 가운데, 예수님과 성경을 어떻게 이용해야 자신의 인격을 성숙시킬 수 있는지 알려주는 책들을 접했을 때, 나는 경악을 금치 못했다.

많은 크리스천 교사들이 하나님의 말씀을 이용하여 사람들의 인격을 성숙시키는 방법을 가르칠 때, 그들은 연금술사들이 저지른 죄와 동일한 죄의 함정에 빠지게 된다.

단지 성경을 이용했다는 것이 다를 뿐, 인간의 혼을 온전케 하기 위해 지혜를 이용한다는 연금술의 방법과 다를 것이 없다는 얘기다. 이것은 예수님께서 용서해주신 '과거의 오래된 죄'로 우리를 회귀케 하는 일이다. 과거의 오래된 죄 즉, 스스로를 완벽하게 만들려는 '종교적인 노력' 말이다. 하지만 진정한 축사와 내적치유는 정반대를 이야기한다: "인격의 성숙을 위한 우리의 종교적인 노력이 죽어야 함은 물론이고 심지어 우리 자신도 십자가에서 죽어야 한다. 그래야만 주님께서 홀로 우리의 인격을 세워주실 수 있다."(벧전 2:1-10)

우리가 잘 알고 있는 것처럼, 하나님은 우리의 인격을 세우시고 변화시키는 역사를 베푸신다. "우리가 믿음으로 서 있는 이 은혜에 들어감을 얻었으며 하나님의 영광을 바라고 즐거워하느니라. 다만 이뿐 아니라 우리가 환난 중에도 즐거워하나니 이는 환난은 인내를, 인내는 연단을, 연단은 소망을 이루는 줄 앎이로다."(롬 5:3-4) 우리로 환난을 경험케 하시고 그 경험을 통해 우리의 인격을 세우시는 분은 하나님이시다. 하지만 연금술사들과 뉴에이지 운동가들, 그리고 '스스로의 힘으로 해내기'를 가르치는 교사들은 다음과 같이 말한다. "고맙지만 하나님의 도움은 필요 없어요. 우리 힘으로 홀로 설 수 있거든요." 혹은 다음과 같이 미묘하게 말한다. "하나님, 도와주셔서 고맙습니다. 당신의 도움

덕분에 이제 우리 스스로 설 수 있게 되었거든요."

만일 우리가 마술이나 연금술을 단순히 '미련한 행동' 정도로 여긴다면, 우리는 큰 실수를 저지르는 것이다. 물론 바울이 이야기한 것처럼, 하나님은 이것을 미련한 것이라고 말씀하셨다. 하지만 마술이나 연금술이 말 그대로 무해한 장난이라면, 하나님께서는 이것을 엄금하지 않았을 것이다. 마술과 연금술에 관여된 사람들은 아마 대부분이 이 방면에 어설픈 지식을 갖고 있는 사람일 것이다. 그들은 마술과 연금술을 경험하고 나서 자신이 상상해 본 것과 조금도 다르지 않다고 생각할 것이다. 하지만 연금술은 상상이 아니라 실제다. 겁 날 정도로 실제이다. 그 '실제'로 말미암아 저주받은 가나안 족속은 하나님의 진노 가운데 놓이게 되었다. 또한 하나님은 이스라엘 백성에게 그 '실제'에 대하여 연거푸 경고하셨다.

마술사들에게 내려진 하나님의 형벌은 무당에게 내려진 형벌만큼이나 엄했다. 앞에서 NASB버전으로 읽었던 레위기 20장 27절의 말씀을 RSV로 읽어보면 다음과 같다. "남자나 여자가 신접하거나 마술사가 되거든 반드시 죽일지니 곧 돌로 그를 치라 그 피가 자기에게로 돌아가리라."

요술: 사탄의 공격 Sorcery: A Satanic Attack

지금까지 우리는 마술, 연금술 그리고 마법에 대해 살펴봤다. 어떤 마법사들은 100% 연금술의 마법을 행한다. 다른 마법사들은 천상의 영들과 여러 영적인 세력들을 이용하는 요술을 통해 자연을 조종하거나 여러 가지 사건을 일으키는 죄를 범한다.

사탄은 온갖 속임수로 어떤 마술은 단지 재미로 하는 것일 뿐 아무 죄도 아니라는 생각을 우리의 머릿속에 주입시킨다. 사탄은 그렇게 우리를 '안전지대(?)'로 미혹하지만, 모든 마술은 죄다.

소위 '하얀 마술'을 펼치는 마술사는 스스로 선을 행한다고 생각한다. 그의 의도는 선할 수 있다. 하지만 그것도 역시 '죄'를 통한 선행이다. '요술'(Sorcery)은 시작부터 하얀 마술과 다르다. 요술은 처음부터 검은 마술이다. 요술의 의도는 악하다. 요술을 행하는 방법도 사악하다. 요술은 남을 위한 것이 아니라 자기의 유익을 위한 마술이다.

사탄의 신비 사술자들은 요술을 통해 교회를 공격한다. 그들은 교회에 이유를 알 수 없는 기계 고장, 회중간의 분노, 중상모략, 간음을 일으키기 위해 주문을 외운다. 과학 기술의 첨단을 달리는 21세기, 그 21세기를 살아가는 사람들이 이러한 주술적 행위에 관계한다는 것은 부자연스럽기도 하고, 그 행위 자체가 그리 효과가 없는 것처럼 보이기도 한다. 하지만 폴라와 나는 실제로 요술과 관련된 영적 전쟁을 치렀었고, 요술사들이 주문을 외울 때 그들이 의도했던 일이 일어난 것을 경험을 통해 알고 있다. 나는 앞에서 밴쿠버 섬의 한 점쟁이와 영적 전쟁했던 일을 이야기했다. 전쟁 중에 내 등에 화살이 박혔던 이야기를 기억하는가?

요술을 펼치는 사람들이 그들의 적을 해하기 위해 공중의 영들을 불러 모은다는 사실을 보여 주는 또 다른 사례를 이야기하겠다. 내 친구 중 한 명이 영국에서 성경말씀을 가르치고 있었다. 어느 날 한 목사님이 그 친구에게 다가와서 "세 명의 점쟁이가 나를 증오하여 죽음으로 몰고 가려고 힘을 합쳤습니다."라고 이야기했다. 그 목사님은 매일 매일 그들의 공격을 몸으로 느끼고 있었다. 내 친구는 주님께 어떻게 해야 할지를 물었고 주님은 내 친구에게 "그들의 공격이 반사되도록 기도하라"고 말씀해 주셨다. 친구는 곧 성령의 기름부으심 가운데 그렇게 기도했고 점쟁이들의 공격이 다시 자신들에게 되돌아 가는 것을 환상 중에 목격했다. 그리고 바로 그 다음날 세 명의 점쟁이는 싸늘한 주검으로 발견됐다. 주님께선 그들이 심은 증오를 그들 자신이 거두도록 인도하셨다.

주님의 사랑을 받은 사도 요한 역시 동일한 원칙을 말하고 있다. "그 형제를 미워하는 자마다 살인하는 자니 살인하는 자마다 영생이 그 속에 거하지 아니하는 것을 너희가 아는 바라."(요일 3:15) 증오는 실제로 살인을 낳는다.

　내가 캐나다에서 사역했을 때의 일이다. 한번은 태속에서부터 어머니에 의해 사탄에게 바쳐진 한 여성에게 사역했는데, 그녀의 부모와 여러 다른 사탄 숭배자들은 말로 할 수 없을 만큼 추악한 섹스의식의 제물로써 그녀를 사용했다. 그들은 사탄의 제사를 위해 먹어야 할 빵이라면서 그녀에게 대변을 먹였다. 그들이 이 여성에게 저질렀던 일들은 인간의 상식으로 생각할 수 없을 만큼 추하기에 여기에 다 기록하지 않겠다. 사도 바울은 "너희는 열매 없는 어두움의 일에 참예하지 말고 도리어 책망하라 저희의 은밀히 행하는 것들은 말하기도 부끄러움이라."라고 말했다.(엡 5:11-12) 그런데 놀랍게도 시간이 지나면서 이 여성 안에 있는 무언가가 사탄의 제사를 계속 저항했다. 결국 캐나다 정부에 탄원함으로써 그녀는 사탄 숭배자들의 학대로부터 풀려나게 되었고, 주님은 그녀를 구원하셨다. 지금 그녀는 자신의 기억 속에 잠재되어 여전히 악몽과 두려움을 주는 끔찍했던 사건들로부터 치유 받고 싶어 한다.

　내가 이러한 이야기를 나누는 이유는 그리스도의 몸 된 교회가 모래 속에 처박아 뒀던 머리를 이제는 꺼낼 때가 되었음을 말하기 위해서다. 나는 과거에 사탄숭배자였던 사람들에게 사역을 했는데 그들은 아주 추한 형태의 요술에 깊이 관여했었다. 현대를 살아가는, 당신을 포함한, 많은 사람들은 어쩌면 미신을 믿지 않기에, 사탄의 의식은 오늘날 존재하지 않는다거나 단순한 장난일 뿐이라고 생각할는지도 모른다. 그렇다면 오산이다. 이 세계가 하나님의 말씀으로부터 등을 돌리고 있는 지금, 마귀의 역사는 창궐할 뿐 아니라 점차 증가하고 있다. "또한 저희가 마음에 하나님 두기를 싫어하매 하나님께서 저희를 그 상실한 마음대로 내어 버려두사 합당치 못한 일을 하게 하셨으니 곧 모든 불의, 추악, 탐욕, 악의가 가득한 자요 시기, 살인, 분쟁, 사기, 악독이 가득한 자요 수군수군하는 자요 비방하는 자요 하나님의 미워하시는 자요 능욕하는 자요 교만한 자요 자랑하는 자요 악을 도모하는 자요 부모를 거역하는 자요 우매한 자요 배약하는 자요 무정한 자요 무자비한 자라 저희가 이같은 일을 행하는 자는 사형에 해당하다고 하나님의 정하심을 알고도 자기들만 행할 뿐 아니라 또한 그 일을 행하는 자를 옳다 하느니라."(롬 1:28-32)

주님은 요술에 빠진 사람들을 구원하기 원하신다. 그리고 교회는 주님이 구원하기 원하시는 사람들을 사탄의 요술로부터 자유케 해야 한다. 우리는 그들을 덫에 빠지게 만든 존재들과 싸워 승리하는 법도 배워야 한다. 그리고 우리는 사탄 숭배자들의 악행에 상처받은 희생자들을 치유하는 법도 배워야 한다.

아프리카와 하이티에서 온 선교사들은 종종 그 지역의 마녀들이 지역 주민들에게 고통을 주기위해 사용하는 '힘'에 대해 보고한다. 그들의 보고에 따르면, 이들 마녀는 멀리 떨어져 있는 사람에게도 해를 입힐 수 있다고 한다. 나는 앞에서 폴라와 내가 잠잘 때, 목 조르는 마귀의 기습 공격에 대해 이야기했다. 우리가 예수의 이름을 부를 때까지 그 마귀의 힘은 계속 우리의 목을 조르고 있었다. 그래서 우리는 아프리카의 주민들이 '검은 저주'(마귀의 목 졸림)라고 불리는 상황에서 어떻게 죽음을 맞게 되었는지 이해하게 되었다.

당신에겐 이상하게 들릴 수도 있겠지만, 우리는 사탄의 공격에 단 한 번도 움츠러든 적이 없다. 그들의 공격은 단지 귀찮고 성가실 뿐이다. 우리는 하나님을 믿는 믿음 가운데 마귀가 우리를 죽일 수 없다는 것을 알았다. 주님의 보호하심을 확신했기 때문에 마귀에게 목이 졸린 경험 직후에도 우리는 다시 평안함 가운데 잠을 청할 수 있었다. 하지만 동일한 상황 속에서 아프리카의 많은 주민들은 두려움 때문에 죽음을 맞이해야 했다. 그리고 그들의 두려움은 마녀와 그 배후에 있는 마귀에게 더 큰 힘을 실어 주었다.

이와 비슷한 경험을 했던 사람들은 내가 말한 것이 사실임을 알 것이다. 요술을 부리는 사람들은 마귀의 힘을 휘둘러 사람들을 괴롭히며, 마귀와의 협력을 통해 육체적인 고통을 안겨 주기도 한다.

점성술 Astrology

요즘 많은 크리스천들은 점성술을 주님이 엄금하는 악행이라고 생각하지 않지만, 옥스퍼드 사전은 점성술을 신비사술로 정의하고 있다. 그렇다면 사전이 정의하는 점성술은 주님이 엄금하는 악행이다. 사전의 정의가 못 미덥다면, 성경을 보라. 하나님의 말씀은 정확하다. 선지자 이사야는 요술과 점성술에 빠진 이스라엘을 향해 질책을 가한다.

> 이제 너는 젊어서부터 힘쓰던 진언과 많은 사술을 가지고 서서 시험하여 보라 혹시 유익을 얻을 수 있을는지, 혹시 원수를 이길 수 있을는지, 네가 많은 모략을 인하여 피곤케 되었도다 하늘을 살피는 자와 별을 보는 자와 월삭에 예고하는 자들로 일어나 네게 임할 그 일에서 너를 구원케 하여 보라 보라 그들은 초개 같아서 불에 타리니 그 불꽃의 세력에서 스스로 구원치 못할 것이라 이 불은 더웁게 할 숯불이 아니요 그 앞에 앉을 만한 불도 아니니라 너의 근로하던 것들이 네게 이같이 되리니 너 어려서부터 너와 함께 무역하던 자들이 각기 소향대로 유리하고 너를 구원할 자 없으리라 - 이사야 47:12-15

점성술은 미래의 일이나 알지 못하는 일을 '흘낏 보는' 즉 복술(점치는 행위)의 죄인데 이것은 성령이 주시는 지혜와 계시의 은사를 사탄이 모방한 것이다. 이 땅의 아버지들이 자녀가 온전히 성숙하여 이해할 수 있는 나이가 되기까지 어떤 일에 대해(예를 들면, 섹스와 같은 것들) 말하지 않으려는 것처럼 때때로 하나님 역시 어떤 것은 우리에게 말씀하기를 원치 않으신다. "일을 숨기는 것은 하나님의 영화요 일을 살피는 것은 왕의 영화니라."(잠 25:2)

주께서 우리에게 어떤 사실을 알려 주시고자 할 때, 그는 우리의 성숙한 정도에 따라, 여러 방법을 통해 우리를 "왕"이 되게 하실 것이다. 그때, 왕으로서 우리는 일을 살피게 될 것이다. "내가 아직도 너희에게 이를 것이 많으나 지금은 너희가 감당치 못하리라."(요 16:12) 하나님은 언제 지식을 감춰야 할지, 또 언제 그것을 드러내야 할지를 아신다. 미래를 흘낏 보는 것은 하나님의 영역을 침범하는 행위다.

우리 모두는 자신의 삶을 스스로 주관하고 싶어 한다. 그래서 우리는 앞으로 일어날 일에 대비하기 위해 장차 어떤 일이 벌어지게 될지 알고 싶어 한다. 물론 앞으로 일어날 가능성을 예상하여 대비하려는 계획의 일환으로 우리의 생각(혹은 컴퓨터)을 사용하는 것은 점치는 행위가 아니다. 하나님이 우리에게 주신 지혜를 사용하는 일이다.

하지만 우리가 '불법'으로 얻은 지혜를 통해 미래를 대비하려 한다면, 이 시도는 복술이다. 점치는 죄의 배후에는 두려움과 불신이 자리하고 있다. 주님의 인도하심을 더 이상 신뢰하지 못하게 될 때, 우리는 하나님의 왕좌에 다른 것을 올려놓게 된다.

복술가, 손금 읽는 사람, 그리고 차 잎맥을 읽는 사람들은 모두 점치는 자들이다. 하나님이 금하는 일을 행하는 자들이다. "그 아들이나 딸을 불 가운데로 지나게 하는 자나 복술자나 길흉을 말하는 자나 요술하는 자나 무당이나 진언자나 신접자나 박수나 초혼자를 너의 중에 용납하지 말라."(신 18:10-11)

믿음과 기도 그리고 마술 사이에 아주 미세한 경계선만이 있는 것처럼, 주님의 인도하심을 구하는 것과 무의식적으로 복술가를 찾는 행위 사이에도 얇은 경계선만이 드리워져 있다. 최근에 주님께선, 지금은 사라질 위기에 처해 있는 많은 은사들을 교회 안에 회복하고 계신다. 특히 사도, 선지자, 복음 전도자, 목사, 교사들로 이뤄진 오중 직임의 은사를 회복하고 계신다.(엡 4:11) 최근 몇 년 동안 많은 크리스천들이 선지자가 선포하는 공중 예언 혹은 개인 예언을 듣기 위해 먼 곳까지 여행하는 일이 잦아지면서 선지자의 직임이 도드라졌다. 이러한 예언적 은사는 선지자의 기능 가운데 가장 적은 부분이다. 하지만 예언은 사람들의 눈에 가장 신비롭고 놀라운 은사일 것이다. 그래서 사람들은 자신을 향한 예언을 듣기 위해 선지자 주변으로 구름처럼 몰려든다. 하지만 예언의 은사가 잘못 사용되기라도 하는 날엔, 선지자의 말은 하나님의 진리로부터 떠나 복술이 되어 버린다.

성령이 선지자의 입을 통해 바나바와 바울을 따로 세우라고 명령 하셨을 때를 상기해 보라. 성령께서 바울과 바나바를 따로 세우신 것은 "내가 불러 시키는 일을 위하여"서다.(행 13:2) 바나바와 바울은 이미 개인적으로 하나님의 음성(계획)을 들었다. 바울과 바나바에게 있어서 선지자의 예언은, 자신이 이미 받은 하나님의 음성에 대해 교회로부터 확인 받는 차원에서였다.

우리 스스로가 하나님의 음성을 듣는데 실패하여, 다른 사람에게 의존한다면, 그래서 자신이 나아갈 방향을 듣고자 한다면, 그것은 잘못 얻어진 정보와 지혜 위에 우리의 신뢰를 쌓는 행위이다. 개인 예언이 축복이 되는 유일한 때는, 주께서 우리에게 수행하라고 부탁하신 일이라 믿으며 겸손한 마음으로 그 분의 말씀에 순종하고자 할 때, 비록 그 일에 대해 100% 확신하지는 않지만, 주님을 섬기는 마음으로 첫 삽을 뜨고자 할 때이다. 그때 우리에게 주시는 예언은 이미 들었던 하나님 말씀의 검증, 확인의 차원으로, 혹은 우리의 마음을 돌이키는 경고의 말씀으로 다가올 것이다. 하지만 이것을 주의하라. 우리에게 평안과 삶의 방향을 알려주기 위해 선지자를 보내신 분은 하나님이다. 그렇기 때문에 우리는 선지자들에게 달려가는 대신, 무릎을 꿇고 하나님의 인도를 구하는 것이 더 중요하다.

이스라엘의 왕들은 하나님이 세운 선지자들을 계속해서 찾았다. 그리고는 "우리를 대신하여 주님께 이것, 저것을 요구하시오!"라고 명했다. 물론 때때로 그들의 마음은 올바르기도 했지만, 어떤 때는 너무 두려운 나머지 하나님의 선지자를 불러 점치는 일을 시킨 것이었다.

잘못된 '마음'에 의해 선지자의 예언이 점치는 말로 둔갑하는 것처럼, 일상생활에서 하는 말들 역시 점치는 말이 될 수도 있다. 폴라와 나는 아칸소에 사는 한 친구를 만났다. 그는 농장을 경영했는데 그가 경작하는 콩밭을 자동차로 달리면서 우리는 콩의 상태가 좋지 못함을 보고 그에게 뭐가 잘못되었는지를 물었다. 그는 오랫동안의 농사 경험과 지혜를 이용해 그 해에 밀을 심으려고 했었다. 하지만 그는 모든 일을 하기 전에 하나님의 구체적인 음성을 듣기 원했고, 결국 하나님께서 그에게 콩을 심으라는 음성을 주셨다고 확신했다. 하지만 그 해 작물이 한창 자라는 시기의 날씨는 밀이 자라기엔 최적이었으나 콩이 성장하는 데는 최악이었다. 당시 그는 많은 빚에 허덕이고 있었다.

모든 일에 있어서 하나님의 음성을 듣고자 하는 태도는 바람직하기 때문에 그가 당한 일은 매우 이해하기 힘든 일이었다. 하지만 하나님은 우리가 노예로 전락하거나 로봇처럼 되는 것을 원치 않으신다. 하나님은 우리에게 좋은 생각을 주시고 우리가 그 생각을 사용하기를 기대하신다.

그에게 여러 가지 질문을 던진 결과 우리는 그가 실패할 것을 두려워했다는 사실을 알게 되었다. 그는 자신의 판단력과 결단력을 사용하는 것이 두려워 하나님의 지도를 바랐던 것이다. 즉 잘못된 결정을 내릴까 봐 두려워 그는 하나님의 결정을 바랐고, 하나님의 음성이라 생각되는 것에 지나치게 확신을 가졌던 것이다. 결국 하나님의 음성을 들으려는 마음은 곧 복술의 죄로 변하였다. 만일 하나님께서 그에게 "이 작물 대신 저 작물을 심어라" 말씀하시고자 했다면, 적어도 두 명의 증인을 붙여 주셔서 그에게 확인을 시켜 주셨을 것이다. 하지만 그 친구의 두려워하는 마음은 결국 어떤 음성도 듣지 못하도록 가로막았다. 주님은 교훈을 주기 위해, 그리고 훈계하시기 위해 그 친구가 엉뚱한 음성 듣는 것을 허용하셨다.

이것은 아주 힘들게, 큰 대가를 치르며 진리를 배우는 방법이었다. 하지만 이 일을 통해 그 친구의 마음엔 주님의 교훈이 깊이 새겨졌을 것이다. 그가 배운 교훈은 "주님이 말하시기 원할 때 들어라. 듣기 원한다고 해서 주님을 강요하지 마라. 주님을 강요하여 말씀하게 하는 복술은 행하지 마라."이다.

하나님은 우리가 그분의 말씀을 청종하길 원하신다. 그리고 우리가 말씀 들은 대로 순종하길 원하신다. 하지만 진정한 청종과 복술을 구분 짓는 것은 우리 마음의 동기이다. 이 농부는 실패하는 것을 지나치게 두려워했다. 일반적으로는 하나님께서 허락하지 않으시는 성공의 보증수표를, 그는 갈구했던 것이다. "만일 하나님을 강요하여 앞으로 일어날 일들을 말씀하시도록 만든다면, 나는 올바른 선택을 할 수 있을 거야"라고 그는 생각했다. 이것이 바로 점성술, 복술에서 행하는 일이다. 앞으로의 실패를 피하기 위해 미래에 일어날 일을 점치는 것, 이것이 바로 성경 속 세속적인 왕들이 점쟁이를 고용했던 이유고, 독일의 히틀러가 점성술자를 불러들인 이유였다. 잠시, 다음의 기도를 살펴보자. 이것은 점성술과 완전히 다르다. "주님, 당신의 뜻대로 나를 인도하소서. 만일 당신의 특별한 말씀이 없다면, 저는 제 이성을 사용하겠습니다. 그리고 당신께서 축복하시고 보호하실 것을 신뢰합니다."

많은 교회에서 내 친구가 저질렀던 실수와 동일한 실수가 벌어지고 있다. 또 그로인한 참혹한 결과들이 생기고 있다. '점성술의 영'에 이끌린다고 생각지 못하고 오히려 성령의 인도를 받는다고 착각한 많은 남자들이 직장을 그만두기도 하고 어떤 경우엔 아내와 가정을 버리기도 한다.

접신론 Theosophy

접신론자들은 자신이 영계, 혹은 자연의 구성에 대한 비밀스런 지식을 가지고 있다고 주장한다. 여기서 말하는 영의 세계에는 우리 개인적인 영계뿐 아니라, 모든 것을 아우르는 영적인 세계도 포함된다. 접신론자들은 그들의 철학이 정통 종교의 교리보다도 더 깊고 심오하여서 오직 계몽된 자신들만이 진리를 비밀스럽게 견지할 수 있다고 말한다.

다시 말하지만 이들의 죄는 영지주의다. 이것은 바로 교만이다. 접신론자들은 자신이 갖고 있는 비밀의 지식에 의해 구원받는다고 믿는다. 이들은 '거장' 혹은 '광명파'로도 알려졌는데 이들은 자신 보다 덜 광명한 사람들에게 가르침을 주는 것이 자신의 임무라고 생각했다. 하지만 그들은 미혹의 정사와 권세에 눌려 있다. 결국 그들의 가르침은 '사람의 교리' 만으로 가득했다.

> 외식하는 자들아 이사야가 너희에게 대하여 잘 예언하였도다 일렀으되 이 백성이 입술로는 나를 존경하되 마음은 내게서 멀도다 사람의 계명으로 교훈을 삼아 가르치니 나를 헛되이 경배하는도다 하였느니라 하시고
> – 마태복음 15:7–9

더 심각한 것은 그들은 사람의 교리를 넘어서서 이젠 마귀의 교리를 가르친다는 것이다. 왜냐하면, 근대의 접신론자들은 불교와 브라만 사상을 그들의 지식에 접목하였기 때문이다.

> 그러나 성령이 밝히 말씀하시기를 후일에 어떤 사람들이 믿음에서 떠나 미혹케 하는 영과 귀신의 가르침을 좇으리라 하셨으니 – 디모데전서 4:1

이 예언의 말씀은 오늘날 뉴에이지 운동가들에 의해 성취되었다. 그들이 채널러(channeler; 일종의 영매)들의 말을 들을 때, 그들은 시대를 먼저 살다 간 '지혜의 거장'들로부터 지혜를 듣는다고 생각한다. 하지만 그들이 듣는 것은 '인류에 도움 되는 지혜'라고 포장된 마귀의 속임수일 뿐이다.

접신론자들은 매우 종교적이며 스스로가 유신론자라고 불리는 것을 좋아하지만 연금술사와 마찬가지로 이들 접신론자들 역시 펠라지안 교도(인간의 원죄를 부정, 신 없이도 구원 받는다고 믿음)이고 인본주의자들이다. 장미 십자 회원들의 행동(1484년 Christian Rosenkreuz가 독일에 창설했다고 하는 연

금 마법술을 행하는 비밀결사의 회원)이나 마담 블라바츠키의 문학 작품들이 그 예이다. 블라바츠키는 남러시아의 예카테리노슬라프 출신이다. 어릴 때부터 초자연적 현상을 경험한 그녀는 20세 무렵 당시 최고의 영매로서 유럽, 미국, 이집트에서 활약하는 한편, 세계 각지를 여행하면서 비교종교학, 민족학, 박물학을 연구했을 뿐 아니라, 티벳 밀교, 가발라, 이집트 마술의 행법을 개발하는 데 힘썼다. 그 후 1875년 뉴욕에 '신지협회'를 설립하였다. 접신론자는 경험으로 진리를 발견하려고 노력한다. (안타깝게도 그들이 말하는 경험은 성령의 보호 아래 경험되고 또 믿음의 형제자매가 확인해 준, 하나님이 허락하신 경험이 아니다.) 그들은 비밀스럽고 신비한 경험 가운데 형성된 거짓 교리를 이해하려고 노력한다. 그들은 점점 더 깊고 깊은 미스터리 속으로 사람들을 끌고 간다.

연금술사와 마찬가지로 접신론자 역시 인간이 창조된 당시의 '완벽한 아담의 모습'으로 회복되기 위해 온전함을 갈구한다. 그들은 방법에서만 다를 뿐이다. 접신론자들은, 철저한 자기 절제를 통해 흰 돌이 되고자 하는 연금술사들의 엄격한 방법론을 참지 못한다. 하지만 우리는 연금술사의 방법도, 접신론자의 방법도 무익함을 알고 있다. 왜냐하면 주님께서는 "나로 말미암지 않고는 아버지께로 올 자가 없느니라."고 말씀하셨기 때문이다.(요 14:6)

사탄과 많은 사람들은 십자가 외에 '하나님의 왕국'으로 회복될 수 있는 다른 길을 찾기 위해 꾸준히 노력해 왔다. 사탄은 십자가의 좁고 힘든 길 대신 넓고 부드러운 길을 제공해서 많은 사람들을 패망으로 이끌기 위해 갖은 책략을 이용했을 것이다. 그는 항상 "너의 본 모습으로 회복되라"는 말로 우리의 욕구를 부추겼다. 이 말은 그가 하와를 유혹할 때 사용했던 말과 동일하다. 하와의 눈앞에 반짝거리며 먹음직스럽게 빛나고 있던 유혹은 이것이다:

"너는 스스로 온전해질 수 있어. 때론 다른 사람의 도움을 받을 때도 있겠지만 확실한 것은 하나님의 도움 없이도 너는 완벽해질 수 있다는 것이야!"

최면술 Hypnotism

신명기 18장 11절에 열거된 신비 사술자들 가운데 "주문을 거는 자"가 있다. 독일의 물리학자였던 프리드리히 안톤 메스머(Friedrich Anton Mesmer, 1733-1815)는 근대 최면술의 재발견자로 세간에 알려졌다. 메스머는 점성학의 영향을 받은 '자기성'(사람의 마음을 끄는 힘)을 믿었다. 그는 자기성을 통해 최면술을 펼칠 수 있다고 생각하고, 이를 이용하여 병을 치료하려고 했다.

오늘날 최면술을 메스머리즘(메스머의 이름을 따서 만든 단어, 과거에는 최면술을 메스머리즘이라고 불렀다)이라고 부르는 경우는 거의 없지만, 메스머라는 이름은 여전히 우리의 뇌리에 남아 있다. 어떤 공연이나 영화에 심취해 있을 때 '메스머라이즈드'(mesmerized) 곧, '최면에 걸렸다'고 말한다. 성경 시대에 최면술은 '주문을 거는 행위'로 불렸고, 최면술사들은 '주문을 외는 사람'(charmer)이라고 불렸다.

최면술은 엄금사항이다. 그 이유 중 하나는, 우리는 예수님 외에 다른 사람에게 우리의 의지를 넘겨줘선 안 되기 때문이다. 두 번째 이유는 그렇게 의지를 넘겨줄 경우, 주님만이 열고 들어오실 심령의 문이 열려지기 때문이다. 세 번째 이유는 그리스도 외엔 아무도 믿을 수 없고, 주님 외의 그 어떤 누구도 우리의 의지를 다스려서는 안 되기 때문이다.

최면술이 사람의 의지를 거스르지 않기 때문에 안전하다는 말은 사실이 아니다. 만일 최면술사가 의뢰인의 마음속에 증오, 분노, 후회와 같은 강한 감정이 있다는 것을 발견하게 되면 그는 그 사람의 마음을 이용하여 그 사람이 정상적인 상태에서는 절대 하지 않을 행동을 하게끔 만들 수 있다.

내가 한 세미나에서 최면술이 아닌 다른 주제로 강의하고 있을 때였다. 그때, 어떤 학생이 최면술에 관련된 질문을 했는데, 나는 하나님의 말씀이 최면술을 금지하고 있고 장난삼아 최면을 거는 것은 어리석은 죄라고 설명해 줬다. 크리스천 상담가나 정신과 의사는 절대로 최면술을 사용해선 안 된다. 만일 자신의 내담자, 혹은 환자에 관해 알고 싶다면, 성령님께 물어보라. 그가 지혜와 분별의 은사를 통해 밝히 알려 주실 것이다. 나는 "주님께서 아직 치유하실 준비가 되지 않은 일들도 최면술은 밝혀낼 수 있을 거라고, 그리고 그에 따른 위험이 있다"고 말했다. 최면술과 달리 성령님은 내담자의 치유 받을 준비가 된 영역만을 알려주신다. 마취가 잘 되지 않는 환자에게 수술할 때, 최면을 사용하는 것은 어떠냐는 질문도 있었다. 나는 그것에 대해 내가 말 할 수 있는 것은 없다고 대답했다. 하지만 하나님의 말씀은 최면술을 금지하고 있다는 것을 말해야 했다.

강의를 마치고 나는 점심을 먹으러 식당에 갔는데, 맞은편에 한 크리스천 구강 외과의사가 앉아 있었다. 그는 자신이 의학용 최면술을 보급하는 의사 협회 회장이라고 말했다. 그는 최면술에 대한 성경의 경고에 대해 전적으로 동의한다고 말했지만 잘 마취되지 않는 환자에겐 최면술을 사용했노라고 말했다.

10년이 지나고 또 다른 세미나에서 나는 그를 만났다. 세미나를 마치고 강의실을 나서는데 그는 내게 다가와 이렇게 말했다. "존, 주님은 내게 어려운 길을 택하라고 하셨어요. 나는 이제 어떤 목적으로든, 다시는 최면술을 사용하지 않을 겁니다." 그에게 무슨 변화가 일어났는지 채 묻기도 전에 우리는 사람들에게 휩쓸려 헤어져야 했다.

그가 어떤 경험을 했기에 그러한 결단을 내린 것일까? 나는 알 수가 없었다. 내가 또 다른 세미나에서 최면술에 대한 주제로 강의하고 있을 때, 어떤 정신과 의사가 자리에서 일어나 자신은 과거에 최면술을 사용했지만, 앞으로는 최면술을 쓰지 않겠다고 간증했다. 그 사람이 왜 그런 결정을 내렸는지 이유를 알고 싶었지만, 시간이 허락질 않았다. 하지만 우리는 그 이유를 알 필요가 없다. 하나님께 순종하는 것만으로 충분하다. 전문적으로 훈련된 그분의 종에게 당신의 말씀을 들려주고 계시하시는 하나님을 찬양한다.

'목회적 양육 학교'에서 학생들이 어떤 크리스천 심리학자에게 최면술에 관한 질문을 던졌다. 그에 대한 답변으로 심리학자는 최면술을 반대한다고 이야기했다. 그리고 다음의 사례를 이야기해 줬는데, 그것은 어떤 상담자가 내담자와 상담 중 최면술을 사용한 사례였다. 그 상담자는 최면 중 내담자에게 담배를 피우지 말라는 충고를 했다. 그것은 효과를 거뒀다. 내담자는 담배를 끊게 되었다. 하지만 2주 후, 그 내담자는 2층 창문에서 뛰어내렸다. 그 크리스천 심리학자는 위의 사례를 이야기하면서 다음과 같이 결론을 맺었다. "그 상담가는 내담자의 마음에 압박을 가하고 있던 상처를 치유하지 않은 채, 스팀 벨브를 연 것입니다. 이것은 어리석은 방법입니다. 그리고 최면술을 사용했을 때 얻게 되는 결과가 좋지 못함을 알려 줄 뿐 아니라, 최면술을 사용한 것 자체가 잘못이라는 것을 확인시켜 준 사례입니다."

신비 사술에 관련하게 된 뿌리와 그 결과들
Root and Results of Occult Involvement

다른 형태의 신비 사술이 많이 있다. 하지만 거의 모든 형태가 앞서 언급한 것들의 범주에 속할 것이다. 우리의 목적은 단지 신비 사술의 여러 종류를 하나님의 말씀에 비춰보고 진열하는 것이 아니다. 우리의 목적은 그리스도의 몸 된 교회를 가르쳐 신비사술에 관련했던 사람들을 치유하는 것이다.

신비사술의 죄의 뿌리에는 교만이 자리하고 있다. 십자가의 주요한 목적은 우리를 겸손케 하는 것이다. 하나님의 계획은 매일같이 십자가의 죽음을 통해, 우리에게서 교만의 옷을 벗기는 것이다. "그런즉 자랑할 데가 어디뇨? 있을 수가 없느니라. 무슨 법으로냐? 행위로냐? 아니라 오직 믿음의 법으로니라."(롬 3:27) 신비사술의 핵심은 우리를 '높여주는 힘'을 마음대로 휘두르는데 있다. 심지어 마술사 시몬도 사람들이 자기를 '높은 자'로 봐주기 원했다. 이러한 죄의 경향에 대해 바울은 이렇게 말한다.

> 만일 누가 아무것도 되지 못하고 된 줄로 생각하면 스스로 속임이니라
>
> – 갈라디아서 6:3

> 만일 누구든지 무엇을 아는 줄로 생각하면 아직도 마땅히 알 것을 알지 못하는 것이요 – 고린도전서 8:2

> 아무도 자기를 속이지 말라 너희 중에 누구든지 이 세상에서 지혜 있는 줄로 생각하거든 미련한 자가 되어라 그리하여야 지혜로운 자가 되리라 이 세상 지혜는 하나님께 미련한 것이니 기록된바 지혜 있는 자들로 하여금 자기 궤휼에 빠지게 하시는 이라 하였고 – 고린도전서 3:18-19

신비사술에 관여하는 사람은 모두 상처를 입는다. 하나님은 우리가 상처받도록 창조하지 않으셨다. 우리가 인식하는 가운데 혹은 인식하지 못하는 가운데 신비사술을 사용하든 신비사술에 이용당하든, 신비사술에 관여하게 되면 우리 삶의 체계가 뒤틀린다. 신비사술에 관여하는 것은 소프라노 가수에게 베이스 음역의 노래를 하도록 강요하는 것과 같다. 그렇게 할 때, 소프라노 가수의 성대는 심하게 상처를 입는다.

마크와 나는 신비 사술에 관여한 사람을 상담하거나 그것의 영향력을 치유하는 사역자들에게 셰익스피어(Shakespeare)의 희곡 맥베스(Macbeth)를 읽도록 추천한다. 그들은 맥베스를 읽으면서 신비사술이 어떻게 사람과 자연을 순리로부터 벗어나게 하는지 배우게 될 것이다. 이미 맥베스를 읽었다면 처음 부분을 상기해 보라. 세 명의 마녀가 맥베스를 영화롭게 하는 거짓 예언을 한다. 계속 읽다 보면 우리의 몸과 영혼이 자연의 섭리를 따르지 않고 신비사술의 길로 접어들 때, 우리를 순리로부터 뒤틀어버리는 요술의 효과가 어떤 것인지

살펴볼 수 있을 것이다. 여기에 하나님이 주신 '양심과 생각'을 죽이는 과정이 적나라하게 드러난다. 셰익스피어는 맥베스 부인(Lady Macbeth)의 입을 통해 이것을 분명히 말해 준다.

> 오라, 영들이여,
> 와서 나를 성불구(탈성)시키라!
> 이후에 최악의 잔인성을 내 머리끝에서 발끝까지 가득 채워다오!
> 내 피를 탁하고 더럽게 만들어 동정심이 생기지 않도록
> 내면의 통로를 막아라!
> 본성 가운데 자리한 긍휼의 마음이 날 찾아와
> 잔인함을 향한 내 목표가 흔들리지 않도록 하라.
> 잔인함이 달성될 때까지 내가 편히 쉬지 못하도록 하라!
> 살인의 마귀들아,
> 내 가슴의 젖을 빨고 내 유방의 담즙을 취하라,
> 너희들의 보이지 않는 육체가 어디에서 자연의 악행을 시중들든,
> 내게 오라, 짙은 밤아!
> 지옥의 가장 검은 연기가 네 몸을 휘휘 감을찌니
> 내 칼로 네 몸에 상처를 낸다 한들,
> 내 칼은 연기에 눈이 어두워 그 상처를 보지 못할 것이다.
> 하늘 역시 짙은 어둠의 장막으로 가리워지니,
> 장막의 작은 틈으로 엿볼지라도
> "멈추어라" 외칠 수 없을 것이다.
> – 맥베스 1막 5장

죄, 특히 신비 사술의 죄는 육체 속, 영의 흐름을 완전히 무너뜨린다. 맥베스

는 잘 알려진 독백(제 2막 2장)을 통해 다음과 같이 말한다.

> 내 머리 속에 한 목소리가 외치고 있었소.
> "나는 더 이상 잠 잘 수 없소.
> 맥베스가 잠을 죽여 버렸기 때문이오!"
> 무고한 잠, 죄 없는 잠을 말이오.
> 엉클어진 근심의 타래를 풀어주는 잠.
> 하루 삶의 멈춤이고 노고를 씻어주는 잠,
> 상한 마음의 진통제며 대자연의 고급향연인 잠을…
> 내가 죽였소! 이 삶의 식탁에서 주된 음식인 그 잠을 말이오!
> – 맥베스 2막 2장

많은 사람들이 자신은 정기적으로 신비사술을 행하지 않기 때문에 신비사술은 그들이 겪는 문제의 근원이 될 수 없다고 생각하는데, 이것은 잘못이다. 그들은 아마도 어린 시절 친구 따라 손금을 봐주고 그들의 과거와 미래를 예견해준 사람을 찾아간 일에 대해 까맣게 잊고 있을지 모른다. 혹은 어렸을 때 "Quija"(퀴자) 보드게임이나 혹은, 오늘날 꽤 유명해진, 마귀에 의해 만들어진 카드 게임 "던전스 앤 드래곤즈"(지옥과 용들)를 하며 놀던 기억을 잊었을지도 모른다. (이 게임은 실제로 게임 참여자들에게 직접 신비사술을 경험하는 기회를 준다.) 혹은 장난삼아 친구들끼리 서로 최면을 거는 행위, 혹은 심령회를 모조한 놀이를 한 기억을 잊었을 것이다. 하지만 아무리 무해해 보일지라도, 죄는 어디까지나 죄다. 그리고 이 죄는 악한 세력에게 힘을 실어 준다. 우리는 이 죄를 반드시 다뤄야 한다.

하나님께선 아이들의 장난에 화를 내시진 않는다. 게다가 하나님의 성품은 자비와 긍휼로 가득하다.(시 103) 하지만 절대 불변의 율법은 자비롭지도 않고 관대하지도 않다.

아무리 믿음이 강한 사람이라고 해도 20층 건물에서 뛰어내린다면 그 결과는 뻔하다. 우리가 중력의 법칙을 거스릴 수 없듯, 단지 어리석은 아이의 순진한 잘못이라고 해서 하나님이 율법을 무효화하시지는 않을 것이다. 만일 어떤 꼬마가 스쿠버 다이빙 장비를 갖추지 않고 해저 동굴에 헤엄쳐 들어간다면, 우리는 그 꼬마 아이가 익사하리라 생각한다. 그러나 그 꼬마의 죽음에 대해 하나님에게 책임을 문책할 사람은 거의 없을 것이다. 이 경우 꼬마의 어리석은 행동에 대한 열매는 5분 만에 나타날 것이다.

하지만 어떤 경우엔 심은 것을 거두는 데에 많은 시간이 걸린다. 베트남 참전 용사들이 수십 년 전 고엽제(Agent Orange)에 노출되었는데 그로 인한 심각한 결과는 최근에야 드러나게 되었다. 마찬가지로 어린 시절 신비사술에 관여한 행동의 결과는 성장한 후에 나타나게 될 수도 있다.

상담자가 이해해야 할 사항은, 우리는 법적인 원인과 법적인 결과를 다룬다는 것이다. 신비사술에 장난삼아 관계한 사람들은 그들이 뿌린 것을 즉시 거두지 않는다. 하지만 법에 따라 그들은 언젠가는 자신이 뿌린 것을 거둬야만 한다.

신비사술에 관여하게 되면, 적어도 여덟 가지의 결과를 거두게 되는데, 이제 이것들을 하나하나 차례로 살펴볼 것이며, 또 어떻게 치유해야 하는지 그 과정도 살펴볼 것이다.

잠을 제대로 이루지 못함 Disturbed Sleep

신비사술에 관련했던 사람에게서 가장 일반적으로 나타나는 현상은 잠을 잘 이루지 못하는 것이다. 불면증, 잠잘 때 초조함이나 악몽은 그 원인이 여러 가지이겠지만, 엘리야의 집 상담사역자들이 자주 발견하게 되는 불면증의 원인 중 하나는 과거나 현재에 신비사술에 관련한 경험, 혹은 신비사술의 공격이다. 불면증을 앓는 내담자에게 여러 가지 질문을 던지면, 그가 신비사술에 관련되어 있음이 드러나곤 한다.

불면증은 첫째, 환자가 신비사술에 관련했던 경험을 용서받고 둘째, 주께서 신비사술에 관련하여 열려진 문을 닫으시면 바로 치유된다. 당신이 순진한 호기심으로 신비사술의 문을 열었다면, 그 문이 닫혀 있을 때 전혀 들어올 수 없는 어둠의 세력들이 바로 그 열려진 문을 통해 들어오게 된다. "만군의 여호와가 이르노라 너희가 내 단 위에 헛되이 불사르지 못하게 하기 위하여 너희 중에 성전 문을 닫을 자가 있었으면 좋겠도다. 내가 너희를 기뻐하지 아니하며 손으로 드리는 것을 받지도 아니하리라."(말 1:10) 이 구절의 1차적인 의미는 일단 접어두자. (이 구절은 하나님께 흠 있는 제사를 드리는 것에 대해서 개탄해하는 말씀이다) 나는 성령께서 신비사술로 인해 생긴 상처를 치료하시기 위해 이 구절을 적용하신다고 생각한다. 크리스천 상담 사역자는 주님께서 내담자의 열려진 모든 심령의 문을 닫으시도록 기도해야 한다. 특히 기도의 불이 붙었을 때 말이다.

셋째, 불면증은 '숨음'으로써 치유될 수 있다. "이는 너희가 죽었고 너희 생명이 그리스도와 함께 하나님 안에 감취었음이니라."(골 3:3) 이 장의 처음 부분에 말한 것처럼, 크리스천은 일반적으로 하나님의 천사들의 보호아래 있어서 사탄의 시야에 발각되지 않는다. 그러므로 사탄의 능력으로는 어떻게 크리스천을 찾아내어 피해 입히고 어떻게 해야 그들의 계획을 무너뜨리는지 알 수 없다.

하지만 죄는, 특히 신비사술의 죄는 크리스천을 사탄의 가시권 안으로 들어오게 만든다. J. R. R. 톨킨의 판타지 소설 '반지의 제왕'(The Lord of the Rings)을 보면, 주인공 프로도가 마법의 반지를 자신의 손가락에 낄 때마다 투명인간이 되어 아무도 그를 찾지 못하는 장면이 나온다. 그러나 그때 어둠의 세력은 프로도가 어디에 있는지 안다! 그가 마법을 이용해 어둠의 세계로 들어갔기 때문이다. 그래서 어둠의 세력은 물질세계에 있는 프로도보다 반지를 끼고 어둠의 세계에 입장한 프로도를 더 선명하게 볼 수 있는 것이다.

마찬가지로, 신비사술을 통해 우리는 사탄의 세계에 발을 들여놓게 된다. 그리고 사탄의 앞잡이들은 우리의 위치를 선명하게 확인한다. 사역자는 다시금 천사의 보호가운데 그가 감춰지도록 기도함으로써 그의 치유를 도울 수 있다.

때때로 나는 다음과 같이 기도한다. "주님, 롯의 집에 거하던 주님의 천사가 소돔 사람들의 눈을 멀게 하여 그들이 문손잡이를 찾지 못해 밤새도록 헤맸던 것처럼, 지금 나는 이 사람을 그리스도의 몸 안에 감추고 어두운 세력의 모든 눈을 멀게 합니다. 그들은 더 이상 이 형제[혹은 자매]를 찾지 못할 것입니다. 지금 이 순간부터 이 형제는 마귀의 시야로부터 숨습니다. 이 형제는 그들의 가시권에서 벗어났고, 나는 어둠의 세력이 이 형제의 뒤를 밟아 쫓아올 법한 모든 통로를 감춥니다." 그리고 나는 시편 35편 6절을 인용한다. "저희 길을 어둡고 미끄럽게 하시고 여호와의 사자로 저희를 따르게 하소서."

넷째, 우리는 육체의 치유를 위해 기도한다. 그 사람의 몸과 영혼에 치유의 기름이 부어지도록 하나님께 간구한다. 그리고 마귀가 심어놓았던 모든 악한 도구들을 제거해 달라고 하나님께 기도한다.

마음속의 목소리 Inner Voices

신비 사술이 끼치는 두 번째 영향은 마음속에서 울려나는 '짜증나는' 목소리에 의해 고통당하는 것이다. 때때로 이러한 목소리가 들리는 데에는 정신적인 이유가 기여한다. 마찬가지로 신비사술에 관련한 이유일 수도 있다. 혹은 신비 사술이 유일한 이유일 때도 있을 것이다. 내담자가 듣는 목소리의 원인이 무엇인지는 내담자에게 여러 가지 질문을 던지거나, 영분별을 통해서 찾아낼 수 있을 것이다. 만일 이유가 무엇인지 확실치 않다면, 마귀의 영향력을 내쫓는 기도를 하라. 그렇게 해도 문제되지 않는다.

하지만 신비사술의 가능성을 항상 염두에 두라. 신비사술엔 마귀가 직접적으로 관련하기 때문에 목소리를 듣는 내담자가 신비사술을 통해 '마귀화' 되었을 가능성은 농후하다. 사역에 앞서, 마귀를 묶는 것이 필요할 수도 있다. 왜냐하면, 마귀는 진리를 받아들이지 못하도록 내담자를 가로막을 것이며 치유가 일어나지 못하도록 저항할 것이기 때문이다.

가끔씩 내담자를 치유하는 과정 중, 축사의 명령을 하지 않았는데도, 마귀가 거주할 곳을 잃고 떠나는 경우가 있다. 거주했던 장소가 사라지면 마귀가 떠나는 것은 당연한 일이다. 나는 이 사실을 알기 때문에 종종 축사 사역 전에 내담자의 마음을 치유하는 기도를 한다.

하지만 마귀의 드러난 현상이 있거나 마귀가 내적치유를 방해할 경우, 나는 마귀를 묶고 직접 명령하여 내쫓는다. 그 반대로 내적치유를 통해 내담자가 자유케 될 수 있는 상황이라면, 나는 직접적인 축사 사역은 하지 않으려고 한다. 주된 이유는 마귀를 향해 직접 "마귀는 떠날지어다"라고 명령하지 않고도 마귀를 내 쫓을 수 있고, 또 침묵 가운데 마귀를 쫓으면, 주목받기 좋아하는 사탄은 아무런 관심도, 영광도 받지 못하기 때문이다.

목소리를 듣는 사람들을 사역함에 있어서 앞서 언급된 네 단계가 적용되어야 한다. 용서, 문 닫음, 숨김, 신체의 치유. 여기에 우리는 다섯째 단계를 더할 수 있다. 우리는 어둠의 영들과 그 목소리를 꾸짖고 그들을 내쫓은 뒤, 침묵하고 잠잠할 것을 예수이름으로 명령한다. 이것이 바로 다섯 번째 단계, '명령' 이다. 이것은 위에 이야기한 침묵의 축사 사역과는 다르다. 이 경우 마귀들은 어느 정도 그 사람에게 달라 붙어있거나, 혹은, 그 사람 안에서 거주하고 있을 것이다. 신비사술은, 그것에 관계된 사람 주변으로 마귀의 무리들을 불러 들인다. 마치 캠프파이어에 나방이 몰려들듯이 말이다. 우리는 이같이 구름처럼 몰려든 마귀를 나가라고 명령하여 쫓아낼 필요가 있다. 때때로 이것은 그 사람 주변을 둘러싸고 있는 분위기를 쇄도하여 완전히 정화하는 작업으로서, 만반의 대세를 갖추고 축사 사역에 임해야 할 것이다.

반복되는 사고 Reccurrent Accidents

신비 사술이 끼치는 일반적인 영향, 세 번째는 반복되는 사고나 참사이다. 불가사의한 일처럼 어떤 사람이 처참한 사고나 비극을 반복적으로 경험할 때, 우리는 그 원인이 될법한 쓴 뿌리 판단과 쓴 뿌리 기대를 분별하고 제거하기 위해 기도하는데, 그렇게 기도한 후에도 그 사람이 동일한 비극에 여전히 노출되어 있는 경우가 있다. 그 경우, 성령님은 그 사람이 언젠가 신비사술에 관련했기 때문에 어둠의 세력이 그 사람을 향해 손을 뻗어 그가 쌓아올리려고 하는 것을 마음껏 무너뜨리고 파괴하는 것을 보여주실 것이다.

우리 모두는 '머피의 법칙'을 경험해 왔다. 예를 들면, 중요한 약속 때문에 집을 나서자마자 누군가가 더 중요한 일로 전화를 했다든가, 가기 싫은 모임이 있었는데 연락을 늦게 받아 참석 못할 경우 "다행이다."라고 생각하며 좋아했는데, 나중에 알고 보니까 그 모임에서 아주 중요한 사항들이 언급되어 막대한 피해를 보는 경우를 말할 수 있다. 하지만 이러한 경우에도 크리스천들은 주님의 적절한 타이밍과 적절한 공급으로 인해 기뻐하고 주님의 섭리에 놀라워한다. 올바른 '우연'이 연속으로 발생해도, 모든 것은 합력하여 아름답게 된다.

하지만 신비사술에 의해 방해받는 사람들에게는 상황이 정반대로 작용된다. 만일 그들이 하는 일 가운데 일을 망칠 수 있는 요소나, 그르치게 될 허점이 보인다면, 그 허점은 정확히 일을 망쳐버린다. 일초의 오차도 없는 시계처럼 아주 정확하게 작동된다! 이러한 일을 경험한 사람이라면 다음과 같이 말할 것이다. "이렇게 된 것이 운이 나빠서가 아니라면, 나는 운이 좋았어도 이 일을 망쳤겠군."

우리는 앞서 언급한 네 단계의 과정을 통해 사탄의 장난을 멈출 수 있다. 용서, 문 닫음, 숨김, 치유와 축사. 그리고 우리는 기도 가운데 그 사람의 삶에 계속되어온 사탄의 침략을 멈추는 명령을 첨가할 수 있다. 그의 삶에서 손을 떼라고 사탄에게 명령하는 것이다.

그러한 명령은 반드시 첨가되어야 한다. 왜냐하면, 그들이 겪는 사고나 끔찍한 사건들의 가장 주된 원인은 '저주' 이기 때문이다. 여기서의 저주는 어둠의 세력, 혹은 요술에 관계한 사람들이 퍼붓는 악한 말, 혹은 주문을 의미한다. 우리는 예수 이름의 권세가 담긴 명령으로 그 저주를 끊어야 한다.

반복되는 참사를 당하는 경우 그 스스로가 무의식 속에서 부모님을 향해 쓴 뿌리 판단을 가하며 아버지나 어머니를 저주했기 때문에, 그 저주가 자신에게 돌아오는 것일 수도 있다. 예수님은 그를 따르는 자들에게 "모세는 네 부모를 공경하라 하고 또 아비나 어미를 훼방하는 자는 반드시 죽으리라 하였거늘"(막 7:10)이라고 말씀하셨다. 예수님이 말씀하신 '우리가 맞이하게 될 죽음'은 풍성한 삶의 끝을 의미한다. 하나님께서 신명기 27장과 28장을 통해 이스라엘이 언제 축복을 받고 언제 저주를 받게 될지 그 상황들을 나열하셨는데, 하나님의 말씀에 따라, 우리가 아버지와 어머니를 저주할 땐 우리 자신의 삶은 저주로 가득 차게 될 것이다. 부모님을 저주한 순간부터 어떤 일도 순조롭게 풀리지 않을 것이다.

이 이야기를 중간에 삽입한 데는 나름의 이유가 있다. 만일 상담자가 내담자로부터 신비사술의 영향력을 분별하여 쫓았는데 내담자와 내담자의 부모 사이에 용서가 자리하지 못하면, 내담자에게 반복적으로 나타나는 재앙은 결코 멈추지 않을 것이다. 우리가 부모를 용서하지 않으면 인생이라는 주머니에 저주를 담아 넣고 걸어 다니는 것과 같다. 용서하지 않은 마음은 계속해서 사탄에게 침입 경로를 열어주기 때문이다. 우리는 여기서 또다시 내적치유와 축사 사역이 병행되어야 할 필요성을 보게 된다.

신체의 질병 Physical Illness

신비 사술의 네 번째 결과는 신체의 질병이다. 신비 사술에 관여한 사람은 몸이 아프거나 고통스러운 느낌을 받게 될 것이다. 혹은 의사도 그 치료법을 찾을 수 없는 피부 발진이나 원인 모를 사소한 질병들에 계속해서 시달릴 것이다. 또 다시 말하지만 여기에는 심령적인 이유, 혹은 신체적인 이유가 있을 수 있다. 하지만 신비사술 영향력의 가능성을 고려하는 것은 현명한 처사일 것이다.

우리가 인도하는 기도모임에서 있었던 일이다. 모임에 참여했던 한 여인은 자신의 몸이 건강한 컨디션에 도달할 수 없다는 이유로 불만을 토로해왔다. 그녀는 자신의 몸에 항상 뭔가 석연치 않은 것이 있다는 느낌을 받고 있었다. 나는 그녀의 가계에 신비사술의 내력이 있음을 보았고 그것이 멈추기를 기도했다. 그리고 오랜 시간이 지났다. 어느 날 그녀는 내게 편지 한 장을 보냈는데, 거기엔 우리 기도모임에서의 기도를 통해 그녀가 자유케 되었다는 내용과 기쁨, 감사의 말들이 가득 담겨 있었다.

가끔씩 신체의 질병은 과거에 신비사술에 관여한 결과로 나타나기 보단, 현재의 영적 전투 때문에 발생하기도 한다. (점쟁이와의 영적 전쟁을 치른 뒤 내 등에서 발견된 화살을 생각해 보라.)

사역자 친구 중 한 여성이 외국에서 한 무리의 마녀들과 정면 대결을 펼쳤다. 그것은 마치 그녀가 벌통을 쑤신 것과 같았다. 이 전쟁은 두통, 피로, 설교 중 머릿속이 멍해지는 현상, 근심, 낙담, 자기비하의 감정들을 통해 그녀에게 고통을 안겨 주었다. 그녀는 내게 도움을 요청했다. 성령의 도우심 가운데, 나는 이미 그녀가 스스로 할 수 있는 모든 노력을 기울였음을 알았기 때문에 다음과 같이 이야기해 줬다. "자연 속으로 들어가 보는 건 어때? 숲속을 걷든가 잔디밭에서 뒹굴어 보라구." 그녀는 내 제안대로 했고 실제로 효과가 있었다. 마치 그녀 안에서 역사하던 부정적인 요소가 몸 밖으로 빠져나가는 듯 했다. 그녀의 답신에는 이렇게 적혀 있었다. "사람들은 나를 잔디밭에서 뒹구는 미친 여자로 생각했겠지만, 내 상태는 확실히 나아졌어!"

내 조상은 오세이지 인디언(Osage Indian)인데 그들은 "백인들은 자연으로부터 멀리 떨어진 곳에서 살고 있다"라고 말하곤 했다. 그것은 사실이다. 도시

아이들이 자연환경의 영향을 접해볼 기회가 없기 때문에 정부가 나서서 자연캠프를 건립하는 것이 아닌가? 물론 치유를 위한 기도도 중요하지만 나는 신비사술의 해독제로서 자연으로 들어가 많은 시간 보낼 것을 추천한다. 내담자들이 안고 있는 문제들이 나의 마음에 차곡차곡 쌓여갈 때 나는 더럽혀짐을 느낀다. 그때마다 나는 상담 시작하기 전 10분정도, 정원의 흙을 만지기도 하고 정원을 거닐기도 한다. 그리고 내게 입혀진 더러움이 빠져나가는 것을 느낀다. 그래서 내가 정화되기를 위해 더 이상 기도할 필요가 없어지게 된다.

팔레스타인의 여러 도시를 순회하며 사역하는 가운데 더럽혀짐을 입었을 때, 예수님은 어디에서 회복을 얻으셨는가? 예수님은 산으로 가셨다. 자연이 제공하는 '치유의 연고'를 얻기 위해 산으로 가셨다. 그리고 하나님의 보내신 천사가 예정보다 21일이나 늦게 다니엘을 찾았을 때, 다니엘은 도심 속에 있지 않았다. 그는 큰 강의 둑에 있었다.(단 10:4)

뉴에이지 운동가들이 표방하고 나서는 것 가운데 가장 큰 주제는 자연이다. 이처럼 사탄이 주님의 일을 모방했을 때, 안타깝게도, 너무나 많은 소심한 크리스천이 자연으로부터 치유 얻는 것을 마귀의 역사라고 생각하게 되었다. 그리고 그 영역에 손대기를 꺼려했다. 그러나 우리는 정복자다. 그 이상이다. 이 사실을 알게 된 지금도 '자연으로부터의 치유'라는 영역에 손대기를 두려워 할 것인가? 두려워하지 말라! "땅과 거기 충만한 것과 세계와 그중에 거하는 자가 다 여호와의 것이로다."(시 24:1)

기억의 손실 Lapses of Memory

신비사술의 다섯 번째 영향(공격)은 기억의 손실이다. 이것은 생각의 흐름이 막히는 것, 물건을 어디에 뒀는지 기억 못하거나, 혹은 무슨 일을 하고 있었는지 갑자기 생각이 안 나는 것, 말하는 도중에 자신이 무슨 말을 하고 있었는지 전혀 생각나지 않는 상황을 포함한다. 어떤 경우엔 체내 혈당량 저하로 인해 기억의 손실을 경험하기도 하고, 또 어떤 경우엔 과도한 스트레스 때문에 기억의 손실을 경험한다. 그러므로 1차적 원인은 신체적인, 아니면 심령의 요인이랄 수 있다. 하지만 영분별을 통해 이러한 증상이 신비사술과 연관되었고 밝혀질 때가 있다. 물론 신체적인 요인이라고 분별됐을 지라도 다른 요인의 작용 가능성을 배제할 필요는 없다.

만일 신비사술이 주범이 아니라면, 그 사람의 신체적 요인을 다룰 때 이러한 기억의 손실 증상은 극복될 수 있을 것이다. 그러나 만일 피로 혹은 과도한 스트레스가 원인이 아니라면 그 사람으로부터 마귀의 신비사술 공격을 제거해내면 될 것이다. 신체적 요인이 전혀 없는 경우라면, 이러한 증상은 신비사술이 그 원인임에 틀림없을 것이다.

아그네스 샌드포드 여사가 '저항하는 마귀'의 역사를 처음 깨닫게 되었을 즈음, (저항의 마귀는 그녀의 생각을 가로막고, 그녀의 목을 죄었다) 나는 그녀와 함께 팀을 이루어 이곳저곳을 여행했다. 당시 나는 사람들 앞에서 설교하는 일이 거의 없었다. 설교하기 위해 그 팀에 합류한 것이 아니었기 때문이다. 우리 팀은 낮 동안에 함께 기도했다. 그리고 저녁에 세미나가 열리면 나는 성경봉독과 기도를 맡아서 했고 샌드포드 여사는 설교를 담당했다. 그녀의 설교 후엔 내가 마침기도를 인도했다.

그런데 어느 날 저녁, 샌드포드 여사가 강의하고 있을 때였다. 나는 앞자리에 앉아 샌드포드 여사를 가까이서 보며 강의 내내 그녀를 위해 중보하고 있었다. 내가 기억하고 있는 대로라면 나는 그녀가 가르치는 내용이 청중들에게 방해 받음 없이 흘러가도록 중보하며 나의 임무를 다하고 있었는데, 그때였다. 어떤 이상한 힘이 그녀의 몸속으로 끊임없이 들어가는 것을 내 눈으로 목격하게 되었다. 그리고 샌드포드 여사는 뭔가를 까먹은 듯, 말을 하다 멈추곤 했다. 당시 그녀는 긴장으로 인한 두통에 시달리고 있었는데, 중보기도를 해야 하는 부담 때문이기도 하고 세미나 중 말을 많이 해야 한다는 스트레스 때문이기도 했다. 하지만 신비사술의 반대세력 때문이기도 했다. 나는 거기서 그녀가 강의에 집중할 수 있도록 보호하는 기도를 했다.

많은 설교자들이 중보기도의 용사들을 모집해야 할 필요성을 알고 있다. 어떤 설교가는 순회 선교팀 가운데 보호벽 역할을 하라고 중보 기도자들을 합류시키기도 한다. 시편 8편 2절에서처럼 말이다. "주의 대적을 인하여 어린아이와 젖먹이의 입으로 말미암아 권능을 세우심이여 이는 원수와 보수자로 잠잠케 하려 하심이니이다."

소란 Turmoil

여섯 번째 결과는 가정 내에 일어나는 끊임없는 소란과 비극이다. 사탄은 종종 가족을 통해 주님의 종들에게 고통을 안겨 준다. 그러므로 교회는 목회자의 가정을 위해 계속해서 기도해야 한다. 여행 중인 교사나, 선지자, 혹은 복음전도자들은 자신을 대신하여 그들의 가정을 보살피고 기도해 줄 사람들이 필요하다. 이들의 잦은 출타로 인해 가족들은 이들을 향한 분노와 원한의 감정에 넘어지기도 하고 사탄의 공격에 쉽게 무너질 수 있기 때문이다.

주님을 섬기는 일 때문에 가족들이 공격받는 경우를 제외하고라도, 살아가면서 신비사술에 관여해온 사람들은 닫혀 있어야 할 '가정의 문'을 열어놓는다. 다시 한 번, 강령회에 관여하는 사람들을 향해 주님께서 경고하시는 말씀을 여기에 적어놓겠다. "나는 그를 그 민족에게서 끊을 것이다."(레 20:6) 여기엔 심은 대로 거두는 법칙이 작용한다. 어떤 사람이 신비사술에 관여할 때, 그는 주님으로부터 스스로를 끊어버린다. 그리고 그 모든 죄의 대가는 자신이 져야 한다. 그가 심은 것이 신비사술이기 때문에 거두는 것도 신비사술의 저주이다.

어둠의 세력은 심고 거두는 법칙에 '소란' 과 '비극' 의 파괴행위를 더함으로써 이득을 챙겨간다. 십자가의 길로 인도되는 것을 방해하는 우리 마음 속 '적책감' 은 마귀가 우리를 공격할 때 사용하는 무기가 되었다. 우리는 이러한 마귀의 침투를, 가정 내에서의 용서와 치유, 문 닫음과 숨김을 통해 막아야 한다.

하지만 신비사술에 가담하여 입게 된 영혼의 상처가 치유되지 않는 한, 상처는 마귀의 재진입을 가능케 하는 통로 역할을 할 것이다. 상처의 치유 없이 사탄이 멀리 쫓기는 것은 불가능하다. 그리고 치유되지 않은 상처는 이내 열린 문이 되어 사탄은 그 문을 통해 가정 안으로 재 침입하게 될 것이다. 가족 구성원 간의 어긋난 감정과 깨어진 관계에는 보수공사가 필요하고 안식과 위로가 더해져야 할 것이다.

재정의 유출 Financial Drain

재정의 유출은 위에 언급된 6가지 결과의 다음 순위에 오를 수도 있지만, 따로 떼어 놓고 생각해 볼 가치가 있다. 가끔씩 가정에서 지출되는 비용은 한도 끝도 없는 것처럼 보일 때가 있다. 숨 고르기 위해 겨우겨우 물 밖으로 머리를 내밀어 한숨 들이쉬려는 찰나, 예상치 못한 지출은 다시금 우리의 머리를 물속으로 밀어넣는다. 긴 터널 끝에서 비치는 빛은 비록 어슴푸레하지만 희망으로 보이는 듯하다. 하지만 이것도 결국엔 환각일 뿐이다.

재정지출은 전혀 예상치 못했던 부분에 가장 부당한 방법으로 발생한다! 인생은 순탄하지 못하다. 예산은 항상 예상치 못한 일이 터질 때마다 적자를 봐야 한다. 마치 우리의 가정에 가난의 저주가 날뛰는 것 같다.

만일 우리가 십일조를 하지 않으면, 가정의 재정에는 방해가 있을 것이다. 십일조의 문제가 가장 먼저 해결되어야 할 것이다.

> 사람이 어찌 하나님의 것을 도적질하겠느냐? 그러나 너희는 나의 것을 도적질하고도 말하기를 "우리가 어떻게 주의 것을 도적질하였나이까?" 하도다 이는 곧 십일조와 헌물이라 너희 곧 온 나라가 나의 것을 도적질하였으므로 너희가 저주를 받았느니라 만군의 여호와가 이르노라 너희의 온전

> 한 십일조를 창고에 들여 나의 집에 양식이 있게 하고 그것으로 나를 시험하여 내가 하늘 문을 열고 너희에게 복을 쌓을 곳이 없도록 붓지 아니하나 보라 – 말라기 3:8-10

그러나 가끔씩 우리는 충실하게 십일조를 하는데도 십일조하기 이전보다 더 심한 재정난을 겪게 되어 하나님의 약속이 거짓이라는 느낌을 받을 때가 있다. "나는 내가 할 임무를 했어! 그런데 하나님은 왜 약속대로 안하시는 거지? 이건 불공평해!" 그러나 어쩌면 우리가 신비사술에 관여한 결과로 재정난이 찾아온 것일 수 있다. 우리가 주목해야 할 점은 이런 경우, 재정난에 의한 심적 고통보다 하나님에 대한 불신이 더 심각하다는 것이다. 하나님의 신실하심을 불신하게 만드는 것보다 사탄이 더 좋아하는 계략은 없다.

때때로 나는 기도 중에 이런 환상을 본다. 하나님이 큰 강물과 같은 축복을 부어 주시려고 준비하고 계신다. 우리는 축복의 강물을 담을 만한 병을 준비했고 한 방울도 흘리지 않기 위해 병 입구에 깔때기를 꽂아 놓았다. 이제 하나님이 부어 주시기만 하면 축복의 강물은 순탄한 물줄기를 이루며 우리가 준비한 병 속으로 흘러들어 올 것이다. 그런데 갑자기 신비사술로 인한 저주가 개입되어 깔때기를 뒤집어 놓는다. 엄청난 축복의 강물이 쏟아지지만 병속으로 들어가지 못하고 병 밖으로 흘러 버린다. 깔때기의 좁은 입구를 통해 병 속에 들어간 축복은 겨우 몇 방울 정도였다. 믿음으로 우리는 하나님이 주시는 축복의 공급라인을 가로막은 마귀의 손을 치워 버리고 깔때기를 올바르게 꽂아야 할 것이다. 그래서 인자하심과 선하심의 물줄기가 하나님의 자녀와 가정에 흘러가도록 인도해야 한다.

우리는 재정의 손실로 인한 사람들의 마음속 상처에 치유를 적용해야 한다. 또한 재정의 궁핍으로 인해 그들이 하나님의 신실하심을 불신하게 되었다면, 관계의 회복을 위한 치유 역시 적용해야 한다. 바울이 강요한 것처럼 그들은

"하나님과 화목"해야 한다.(고후 5:20) 어떤 면에서 보면, 하나님과의 화목은 "하나님을 용서"해야 한다는 의미이다. 물론 하나님은 우리의 용서를 받을 만한, 잘못 행하신 일이 없으시다. 그러나 우리는 완벽하신 하나님을 향해 분노의 감정을 품고 있을 수 있다. 하나님을 용서할 때, 우리 마음에 도사리고 있던 독이 빠져나가게 된다.

하나님을 용서함으로 화목을 이루는 방법은 우리가 이 책에서 다뤘던 모든 상처에 적용될 수 있다. 하지만 재정의 유출이라 경우는 '특정한 하나님의 약속'에 대해 하나님을 불신하게 된 상황이기 때문에 다른 어떤 상처의 경우보다 하나님을 용서하는 원칙이 더 중요하다고 하겠다.

세대를 거쳐 받는 피해 Generation Harm

여덟 번째는 예측 가능한 결과일 뿐 아니라, '심고 거두는' 법칙에 의해 발생하는 결과이다. 이것은 세대를 거듭하여 가계에 내려오는 피해이다.(신 5:9) 가계의 죄라는 주제는 책 한권을 다 들여도 모자랄 만큼 방대한 주제다. 독자들은 '상처 입은 영혼의 치유'라는 책, 13장에서 가계의 죄에 대해 자세히 살펴볼 수 있을 것이다. 세대를 거쳐 받는 피해에 대해 요점만 간단히 말하면, 부모 세대에 심은 것을 자녀 세대가 거둔다는 것이다. 이 법칙의 좋은 점은 성경이 말하는 것처럼, "선인은 그 산업을 자자손손에게 끼친다"(잠 13:20)는 것이다. 반면에, 다윗이 범죄를 심었을 때, 그 아들이 죽음을 거둔 경우가 있다.(삼하 12)

이 패턴이 그리스도의 십자가에서 멈춰지지 않으면, 부모세대의 모든 죄로 인해 자녀들은 '피해'를 거두게 된다. 게다가 신비사술의 죄가 마귀와 직접적인 연관이 있음을 생각한다면, 부모세대가 신비사술의 죄를 심었을 때, (물론 여기에 마귀의 영향력이 가담될 것이고) 결국 자녀가 거두게 될 피해는, 피해라고 부르기보다 '참사'라고 해야 어울릴 정도로 커지게 될 것이다. 그러므로 우리는 신비사술의 죄를 용서받기 위해 기도해야 하고, 그리스도의 십자가 위에서 '죄 된 열매의 추수'를 멈춰야 한다.

하나님의 복수 Executing the Vengeance of God

이것은 신비사술에 관련함으로 인해 발생하는 가장 흔한 결과이다. 이 장에서 나는 일반적인 마귀의 공격과 신비사술을 구분짓지 않았다. 하지만 이 둘을 따로따로 분리해서 생각해야 할 때가 있다. 왜냐하면, 마귀의 공격이 없는 상태에서도 우리는 신비사술의 죄를 범하기 때문이다. 어쩌면 우리가 신비사술의 죄를 범하는 대부분의 경우에 마귀의 공격이 없을 것이다. 하지만 우리는 이 장을 통해 신비사술에 대해 이야기하였고, 종종 크리스천이 받는 공격의 배후에 이들 신비사술자들이나 사탄 숭배자가 있음을 보았기 때문에 이 장에서 신비사술과 마귀의 공격을 함께 이야기한 것이다.

예수 그리스도의 몸 된 교회는 자신의 권세와 능력이 무엇인지 알아야 한다. 주님의 부르심이 급하기 때문이다.

> 하나님이 하나님의 회 가운데 서시며 재판장들 중에서 판단하시되 "너희가 불공평한 판단을 하며 악인의 낯 보기를 언제까지 하려느냐? 가난한 자와 고아를 위하여 판단하며 곤란한 자와 빈궁한 자에게 공의를 베풀찌며, 가난한 자와 궁핍한 자를 구원하여 악인들의 손에서 건질찌니라." 하시는도다 - 시편 82:1-4

권세는 주어졌다.

> 예수께서 나아와 일러 가라사대 "하늘과 땅의 모든 권세를 내게 주셨으니" - 마태복음 28:18

믿는 자들에게는 이런 표적이 따르리니 곧 저희가 내 이름으로 귀신을 쫓
아내며 새 방언을 말하며 - 마가복음 16:17

가장 작은 크리스천도 온전한 권세를 휘두르며 영적전쟁에서 승리의 기쁨을 누릴 수 있다. 우리가 '하나님의 복수'를 시행해야 할 첫 번째 대상인 세상 임금과 세상 나라는 바로 마귀의 권세며 어두움의 세력이다.

성도들은 영광중에 즐거워하며 저희 침상에서 기쁨으로 노래할찌어다. 그 입에는 하나님의 존영이요 그 수중에는 두 날 가진 칼이로다. 이것으로 열방에 보수하며 민족들을 벌하며 저희 왕들은 사슬로, 저희 귀인은 철고랑으로 결박하고, 기록한 판단대로 저희에게 시행할찌로다 이런 영광은 그 모든 성도에게 있도다. 할렐루야! - 시편 149:5-9

John

Deliverance and Inner Healing

15.
강신술, 미혹, 이교

Spiritualism, Delusims and Cults

이장의 많은 부분은
존&폴라 샌드포드의 책 「상한 영의 치유」(Healing the Wounded Spirit)에서 발췌했다.

음란하듯 신접한 자와 박수를 추종하는 자에게는 내가 진노하여 그를 그 백성 중에서 끊으리니 - 레위기 20:6

남자나 여자가 신접하거나 박수가 되거든 반드시 죽일지니 곧 돌로 그를 치라 그 피가 자기에게로 돌아가리라 - 레위기 20:27

성경 지식이 부족하거나 믿음이 적은 사람에게 강신술은 매력 있어 보인다. 강신술은 죽은 사람들과 접선하여 대화하는 것을 시도하는 행위이다. 강신술은 영매, 즉 죽은 사람과의 통로가 되는 무당에 의해 이뤄진다.

왜 크리스천들이 강신술을 찾는가? Why Peolple Turn to Spiritualism

크리스천이 강신술을 찾는 데에는 여러 이유가 있다. 사랑하는 이를 먼저 천국으로 보낸 사람의 경우, 그들은 너무나 외로운 나머지 자신도 이 땅에서 생을 마치면 곧, 먼저 간 자와 함께 영생을 누린다는 사실을 믿지 못하게 된다. 그래서 그는 먼저 간 사람과의 만남을 원하고 이를 위한 수단으로 강신술을 찾는 것이다. 그들은 하나님께서 강신술을 금하고 계신다는 사실을 전혀 알지 못한다. 알더라도 별로 의식하지 않을 것이다. 그들에겐 죽은 사람과의 만남을 통해 현재 느끼는 마음의 아픔을 위로 받는 것이 급선무이기 때문이다.

어떤 사람들은 잃어버린 금고 열쇠를 찾으려고 할 때나 선친의 유언장을 잃어버렸을 때처럼, 뭔가 필요한 것을 얻지 못할 때 곧잘 죽은 사람을 찾아 자신의 필요를 물어보려고 한다. "피트(Pete) 삼촌에게 물어보자. 삼촌이 나타나서 우리한테 얘기해 줄꺼야. 뭐 잘못된 거 없잖아?"

어떤 이들은 죽음의 공포 때문에, 정확히 말하면, 죽은 후에 자신의 전존재가 아예 없어질 것만 같은 두려움 때문에 먼저 죽은 사람의 간증(?)을 듣고 싶어서 강신술을 찾는다. 그들은 예수님의 부활을 온전히 믿지 못하기 때문에(물론 입술로는 믿는다고 이야기한다) 자신이 무덤에 묻힌 이후에도 삶이 존재함을 확인하고 싶어 한다. 그래서 무당을 찾는다. 무당을 통하면, 확실한 답을 들을 것만 같은 생각이기 때문이다.

하지만 하나님은 그들의 질문과 궁금증에 대해 훨씬 탁월한 방법으로 답변하신다. 그리고 어떠한 경우에도 강신술은 정당화 될 수 없다.

위의 성경 구절을 보면, 하나님께서 강신술을 엄금하고 계신다는 사실을 알 수 있다. 그러나 하나님은 왜 그것을 엄금하셨는지 그 이유는 말씀하지 않으신다. 단지 "너는 나 외에는 다른 신들을 네게 있게 말찌니라."(출 20:3)라고 말씀하실 뿐이다. 이 말씀은 어떤 형태로든 죽은 사람과 접촉하게 될 때, 우리가 우상숭배의 죄를 범하게 된다는 사실을 넌지시 비춘다. 하나님은 자신이 하신 일에 대해 일일이 설명해 주실 필요가 없다. 그가 금하셨다면, 금하신 것이다!

그렇다 해도 우리는 그가 강신술을 금하신 이유를 쉽게 발견할 수 있다. 첫째 이유는 위에 언급한 대로 강신술이 우상숭배이기 때문이다. 나는 강신술에 너무 깊이 빠진 나머지 죽은 사람의 영과 상담하지 않고는 어떠한 결정도 내리지 못하는 사람들을 알고 있다. 그들은 하나님께 돌려야 할 믿음과 신뢰를 마귀에게 선사하는 것이다. (종종 마귀는 '피트 삼촌' '뱃시 이모'의 가면을 쓰고 나타난다.) "너의 길을 여호와께 맡기라 저를 의지하면 저가 이루시고"(시 37:5) "너의 행사를 여호와께 맡기라 그리하면 너의 경영하는 것이 이루리라." (잠 16:3)

하나님께서 강신술을 금하신 두 번째 이유는 강신술을 통해 마귀의 즉각적인 침투가 가능해지고 또 그로 인해 우리 안에 마귀의 터전이 마련되기 때문이다. 마귀의 무리는 강령회나 영매 주변에 득실거린다. 이것은 누구든지 강신술에 발을 들여놓게 되면, 그는 하나님께 불순종하였으므로 심령의 문이 열려지고 마귀는 합법적으로 그 문을 통해 들어갈 수 있기 때문이다. 마귀는 이 사실을 잘 알고 있기에 강령회 장소나 무당 주변에 구름처럼 모여드는 것이다. 세 번째 이유는 더럽힘을 입기 때문이다.

어떤 신학자는 죽음과 동시에 죽은 자의 영은 영원히 천국이나 혹은 지옥의 불 속으로 들어가게 된다고 말한다. 그들은 강신술자나 영매가 절대로 죽은 사람과 접촉할 수 없다고 말하면서 사탄 수하에 있는 타락한 천사들이나 혹은 그 죽은 사람의 삶을 지켜봐 온 가계의 영이 죽은 자의 목소리를 완벽하게 위조해 내는 것이라고 피력한다. 죽은 사람의 평생을 지켜 봐 왔기 때문에 가계의 영은 죽은 자만 알고 있는 비밀도 안다는 것이 그들의 주장이다.

본서의 2장에서 나는 한 감리교 교회에서 열린 강령회에 참가했던 일을 이야기했다. 그 강령회는 심령 현상을 연구하는 모임에서 기획, 스폰서했다. 그 모임은 죽음 이후에도 삶은 계속된다는 것을 과학적으로 증명했던 강령회였고, 그곳에서 강신술사들은 실제로 죽은 사람들과 접촉을 이뤄냈다.

하지만 기독교적 의미에서라면, 전자의 경우가 증명되어야 하지 않는가? 죽은 자의 영이 영원히 천국이나 지옥으로 가야 한다는 것이 증명되어야 하지 않느냐는 말이다. 나로서는 도무지 알 수가 없었다. 어쨌든 그날의 영매는 아서 포드(Arthur Ford) 목사였는데 그는 당시 저명한 강신술사였고 스스로를 신실한 기독교인이라고 생각했던 사람이었다.

이 집회는 내가 기독교로 개종하기 전에 개최되었다. 하지만 당시에, 나는 아무도 묻지 않을 법한 질문을 할 수 있을 정도로 기독교적인 센스가 있었던 것 같다. 내 안에서 우러나온 의문은 "우리가 듣고 있는 목소리가 정말 죽은 사람으로부터 나오는 목소리 인지, 아니면 마귀의 소리인지 어떻게 알 수 있겠는가?"였다. 집회에서 포드 목사의 목소리는 여러 번 바뀌었다. 바뀔 때마다 그 목소리는, 자신이 교회 안에 있는 누구누구의 친척이라고 주장했다. 그리고 목소리는 곧 그의 유족들에게 여러 가지 정보를 알려 주기 시작했다. 유족들이 잃어버린 물건이 무엇이고 어디를 뒤져 보면 그것을 찾을 수 있는지를 말한 것이다. 그리고 교회 안에 있는, 그 어떤 누구도 알지 못하는 비밀들을 말하기 시작했다.

포드 목사는 유족들에게 자신의 목소리를 녹음하여, 집회가 끝나고 집으로 돌아가면 그 목소리가 말한 내용이 사실인지 확인해보라고 했다. 즉 잃어버린 물건이 무엇이며, 또 그것이 숨겨져 있는 장소 그리고 그 목소리가 말해준 비밀의 사실여부를 확인하도록 한 것이다. 그 다음 집회에서, 아서 포드의 목소리를 통해 이야기한 것은 그 유족들의 죽은 친족으로 밝혀졌다.

그리고 또 다른 집회 시간에 아서 포드의 목소리가 한 여성에게 말하기를 "네가 소중히 간직했지만 오래전에 잃어버린 팔찌는 책장 뒤쪽으로 떨어졌다. 책장을 치우면 팔찌를 찾게 될거야."라고 했다. 그곳에 참여한 사람들은 흥분했고 또 매우 흥미로워했다. 하지만 내 안에서는 무언가 불편한 심기가 올라왔다. 나는 그들이 왜 마귀의 개입 가능성은 배제하는지 계속 의문을 갖게 되었다.

오늘날, 뉴에이지 운동가들은 이제는 죽은 지 오래된 '장인들, 대가들'과 대화를 나누며 이 땅의 그 어떤 누구로부터도 전수 받을 수 없는 지혜의 보고를 소유하고 싶어서 많은 영매들을 불러 모은다. 그러나 이들 역시 사탄의 동일한 속임에 빠지는 것이다.

결국 그들은 과거 내가 경험했던 사탄의 침입에 동일하게 노출되어 있는 상태다. 진실을 찾고자 시작했던 일은 '진리의 발견'으로 끝나지 않고 오히려 유일한 '진리'이신 예수 그리스도로부터 끊어지는 결과를 낳았다. 강신술의 속임은 하나님의 말씀을 알지도 못하고 믿지도 못하는 사람들을 붙잡고 있다. 그들은 보혜사 성령께서 오셔서 우리를 온전한 진리 가운데로 인도하신다는 예수님의 약속을 신뢰하지 않는다. 강신술의 끝은 이생에서도, 또한 다음 생에서도 지옥이다.

우리는 살아있는 사람들로부터 '더럽힘'을 입기도 한다. 누군가가 우리 주변에 있을 때, 혹은 그들이 주변에 없어도 그들의 영에서 발산되는 것이 우리를 더럽히는 것이다. 여기 기록된 예수님의 말씀을 보라 "여자를 보고 음욕을 품는 자마다 마음에 이미 간음하였느니라."(마 5:28) 영어성경에는 이렇게 적혀 있다. "Anyone who looks at a woman lustfully has already committed adultery with her in his heart." 예수님은 이 사람이 단지 '간음을 저질렀다'(committed adultery)고만 말씀하신 게 아니다. 예수님은 이 남자가 '그 여자' 즉, 자기가 바라보고 음욕을 품었던 그 여성과 간음했다고(committed adultery with her) 말씀하신다. 그 남자의 영은 공간을 뛰어넘어 자신이 바라보고 있는 여성을 더럽혔다. 이것은 불공평하고 약간은 잔인한 일이기도 하다. 이 여성은 아무 잘못이 없는데도 다른 사람의 정욕 때문에 더럽힘을 입었기 때문이다. 여기에 우리가 끊임없이 주님을 예배해야 하는 이유가 있다. 예배가운데 예수님이 우리를 정결케 하시기 때문이다. 더럽혀지는 것은 죄로 가득 찬 세상을 살아가면서 우리가 지불해야 하는 대가 중 하나이다. (이사야 6장 5절을 참고하라.)

하지만 살아있는 사람의 영은 반드시 자신의 육체 속에 거해야 한다. 죽은 사람의 영이 살아 있는 몸에 거하거나, 살아있는 몸이 사람 모양을 한 마귀를 들여서는 안 된다. 마귀는 어떤 특정한 육체에만 거하지 않기 때문에 그들은 돌아다니면서 살아 있는 사람에게 붙기도 하고 또 그 안에 들어가 거주하다가 결국엔 그 사람을 지배하는 경우도 있다.

순진한 사람들은 장난삼아 강신술에 참여하는 것을 좋아한다. 그들은 또한 다른 사람들과 함께 여러 가지 신비사술을 즐긴다. 어떤 사람은 순진하게, 단지 재미삼아 강령회에 참석한다. 또 어떤 사람은 그곳에서 일어나는 모든 일이 꾸며진 것이며 강신술 따위는 아예 없다고 믿기 때문에 그곳에서 허점, 속임수를 찾아보려고 강령회에 참여하기도 한다. 실제로 그곳에선 기대한 것과 같은, '실제'처럼 보이는 일(영과의 접촉)은 일어나지 않는다. 그래서 그곳에 참여한 사람들은 강신술이란 존재하지 않는다고 믿는 경우도 있다. 여기에 강신술이 금기된 네 번째 이유가 있다. 어떠한 영과도 접촉하지 않았을 지라도 위에 언급한 세 가지 사항들 – 우상숭배, 마귀의 공격에 노출됨, 더럽혀짐 – 은 단지 그곳에 참여하는 것만으로도 발생하기 때문이다. 영들과의 접촉이 없을 지라도 우리가 계속해서 강신술에 관여할 때, 귀신이나 마귀에 연결될 가능성이 높아진다. 이 때문에 하나님께서는 강신술을 금하신 것이다.

단순한 무지로 말미암아 강신술에 관여해도 주님께서는 이것을 불순종으로 생각하신다. 심지어, 강신술이 성공적이지 못했더라도 우리 내면 속 금기의 문은 열리게 되고 그 열린 문을 통해 뿌려진 씨앗은 이 후, 심판의 열매로 자라날 것이다.

접신된 영들은 절대 믿을 만한 존재들이 아니다. 하지만 마귀가 누군가에게 쉽게 입증될 수 있는 사실을 알려주면(영매나 발성 매체등을 통해), 그는 곧 마귀와 신뢰를 쌓을 것이다. 일단 신뢰가 형성되면 마귀는 조금씩 속임수로 그 사람을 유도한다. 그리고 결국엔 거짓 교리로 끌고 간다.

계속되는 접신을 통해 사람의 영과 혼에 마귀의 터전이 점점 넓어지고 그 사람이 온전히 덫에 걸려 지옥의 길에 들어서기까지 마귀의 역사는 계속될 것이다. (나는 아서 포드 목사에게 이러한 일이 실제로 일어났다고 믿는다.) 강신술을 행하는 많은 교회는 예수님을 주라고 부르고 자신이 온전한 크리스천이라고 생각하는데, 그들이 알지 못하는 한 가지 사실은 자신이 영원한 고통의 길에 올라서 있다는 점이다. 사탄은 그들의 눈을 멀게 하여(고후 4:4) 레위기 20장 6절, 20장 27절과 같은 말씀을 보지 못하게 한다. 그리고 사탄은 그들에게 다음과 같이 조심스레 격려한다. "너는 하나님께 기도도 열심히 해야 한다. 그리고 교회를 떠나선 안 돼." 그들을 치장해주고 있는 '훌륭한 크리스천'이라는 포장지가 그들의 몸에서 벗겨지는 순간, 마귀는 자신의 속임수와 계략이 빛 가운데 드러나게 될 것을 잘 알고 있다. 그래서 사탄은 이들이 스스로 '기독교의 포장지'를 두르고 있기를 원한다. 물론 실제로 그들을 결박하고 있는 것은 사탄의 포승줄이지만 말이다.

영매는 누구와 접선하는가? Whom Do Mediums Contact?

어떤 학자들은 영매(무당)는 실제로 죽은 사람과 접선하는 것이 아니라 '모조품 영'과 접선한다는 주장을 고수한다. 하지만 우리는 이 주제에 대해 너무 독단적이 되어선 안 된다. 사울 왕의 경우를 보자. 사울 왕이 블레셋 군대와의 큰 전쟁을 앞두고 안절부절 못하고 있을 때 어떤 선지자도 하나님의 말씀을 전해 주지 않아 사울의 초조함은 더해 갔다. 그는 결국 적진을 등지고 엔돌의 무당을 찾아갔다. 사울은 무당을 찾아가는 것이 금기라는 것을 알고 있었다. 게다가 그는 신접한 자와 박수를 그 땅에서 멸절시켰다.(삼상 28:9) 하지만 너무나 간절한 마음에, 그리고 두려움과 초조함을 이기지 못해 사울은 영매를 찾게 된 것이다.

사울은 곧 영매에게 사무엘을 불러 올리라고 명령했다. 그러나 성경 어디에도 사울이 실제로 사무엘과 직접 대화했다는 기록은 없다.

> 여인이 사무엘을 보고 큰소리로 외치며 사울에게 말하여 가로되 "당신이 어찌하여 나를 속이셨나이까? 당신이 사울이시니이다." 왕이 그에게 이르되 "두려워 말라. 네가 무엇을 보았느냐?" 여인이 사울에게 이르되 "내가 신이 땅에서 올라오는 것을 보았나이다."
>
> 사울이 그에게 이르되 "그 모양이 어떠하냐?" 그가 가로되 "한 노인이 올라오는데 그가 겉옷을 입었나이다." 사울이 그가 사무엘인 줄 알고 그 얼굴을 땅에 대고 절하니라. 사무엘이 사울에게 이르되 "네가 어찌하여 나를 불러 올려서 나로 분요케 하느냐?" 사울이 대답하되 "나는 심히 군급하니이다. 블레셋 사람은 나를 향하여 군대를 일켰고 하나님은 나를 떠나서 다시는 선지자로도 꿈으로도 내게 대답지 아니하시기로 나의 행할 일을 배우려고 당신을 불러 올렸나이다."
>
> 사무엘이 가로되 "여호와께서 너를 떠나 네 대적이 되셨거늘 네가 어찌하여 내게 묻느냐? 여호와께서 나로 말씀하신 대로 네게 행하사 나라를 네 손에서 떼어 네 이웃 다윗에게 주셨느니라 네가 여호와의 목소리를 순종치 아니하고 그의 진노를 아말렉에게 쏟지 아니하였으므로 여호와께서 오늘날 이 일을 네게 행하셨고 여호와께서 이스라엘을 너와 함께 블레셋 사람의 손에 붙이시리니 내일 너와 네 아들들이 나와 함께 있으리라 여호와께서 또 이스라엘 군대를 블레셋 사람의 손에 붙이시리라."
>
> – 사무엘상 28:12-19

사울이 전쟁터에서 죽게 될 것과 상관없이 사무엘은 사울을 '죽은 자' 라고 불렀다. 왜냐하면 누구든지 무당을 찾는 자는 하나님이 그 민족에게서 끊어버린다고 하셨기 때문이다.

이 성경 말씀을 통해 영매가 죽은 사람과 만나는 것이 가능하다는 것을 알수 있다. 사무엘은 구약시대를 살았다. 그러나 신약을 살아가는 크리스천은 구약의 사무엘이 분요케 된 것처럼, 분요케 되진 않을지도 모른다. 어쨌든 우리는 성경이 의문의 여지를 남긴 영역에 대해 단정적인 발언을 하지 말아야 할 것이다. 사울에게 나타난 사무엘의 모습은 의심할 것 없이 사무엘의 모습 그대로였다. 그러므로 영매들이 접선하는 죽은 사람들도 진짜일 수 있다.

진짜 죽은 사람과 접선하던, 죽은 사람으로 가장한 영과 접선하던, 어쨌든 하나님은 죽은 자와 접선하는 시도 자체를 금하신다. 하나님이 금하셨다면 그것은 금기이다. 하나님의 명령 – 신자에겐 이것으로 족하다.

여기서 엔도의 무당이 사울 왕에게 음식을 먹으라고 설득하는 부분은 참 흥미로운 장면이다. 무당이 사울 왕에게 친절함을 보인 것은 왕에 대한 예를 갖춘 일 뿐 아니라, 스스로 살 길을 모색하는 처사이기도 했다. 당시의 관습에 의하면, 만일 당신이 누군가의 소금을 먹었을 때 당신은 그를 해할 수 없다. 그것이 일반에 가장 널리 받아들여진 관습이었다. 이 무당은 나라의 모든 무당을 멸절한 사울이 자기의 처소에 들어오자 겁을 먹고 두려워했다. 사울 왕이 제정신을 차리게 되어 자신을 '멸절' 시키면 어떡하나 두려웠던 것이다. 하지만 그녀가 준비한 음식을 사울이 먹었을 때, 사울 왕은 그녀의 소금을 섭취하게 되었고, 무당은 이제 안전지대에 들어서게 되었다. 즉 이 무당은 사울 왕에게 '식사대접, 친절 베풂'을 통해 자신이 죽음을 면할 수 있다고 생각한 것이었다.

동일하게 오늘날의 많은 강신술자들은 "우리가 행한 선한 일들을 보십시오."라고 말하며 스스로가 구원받을 수 있다고 생각한다. "우리가 선행을 베풀지 않았습니까? 우리는 사악하지 않아요. 정말이지 하나님도 우리를 거절하지 못할 겁니다!" 그러나 최후 심판의 날, 엔돌의 무당도, 선한 동기를 갖고 선행을 베풀었다는 강신술자들도 하나님의 법으로부터 도망칠 수는 없다. 죄는 죄다. 우리의 성품이 훌륭하고, 친절하더라도, 그리고 좋은 의도에서였다고 해도, 죄는 어디까지나 죄다.

강신술의 속임수 The Delusion of Spiritualism

예전에 나는 병원 사역을 했다. 병원에 정기적인 방문을 했는데, 그날은 벳시(Bessie)라는 여성에게 사역을 하러 갔었다. 벳시는 당시 침대에 누워 임종을 준비하고 있었다. 내가 그녀의 방에 들어서자 그녀는 눈을 크게 뜨며 이렇게 외쳤다. "오! 세상에나… 최고의 일꾼들이 당신 주위를 둘러싸고 있어요!"

나는 곧 벳시가 강신술사임을 알게 되었다. 왜냐하면 나는 영들을 일컬어 '일꾼'이라고 부르는 강신술사들을 많이 알고 있었기 때문이다. (이들 '일꾼' 가운데 어떤 영들은 선하고, 또 어떤 영들은 악하고 신뢰할 만하지 못하다.) "그래요 벳시, 당신이 보고 있는 것은 아마 예수 그리스도와 그의 천사들일겁니다."

벳시와 나는 이렇게 대화를 풀어갔다. 그리고 오랫동안 강신술에 몸담았던 그녀가 그리스도를 구세주로 영접하게 되었다. 그녀는 이렇게 이야기했다. "저는 이미 강신술 행하는 교회를 통해서 예수님을 알게 되었지요. 하지만 그 교회에서가 아니었다면, 저는 이미 기쁨가운데 예수님을 구세주로 받아들였을 거에요." 나는 그녀의 말에 동의했다. 그녀는 이미 예수님에 대해 알고 있었다.

나는 벳시가 예수님을 영접하도록 인도했다. 벳시가 용서 받고 거듭나도록 예수님 영접하기를 권했을 때, 그녀는 고개를 끄덕거렸다. 그리고 기도 가운데 예수님을 그녀의 구세주로 영접했다.

나는 곧, "벳시, 당신은 예수님을 당신의 구세주로 영접했어요. 이제는 당신의 '일꾼'들을 꾸짖고 쫓아내셔야 합니다."

그러자 벳시는 반대했다. "안돼요. 난 일꾼들이 필요해요."

"아니에요 벳시. 당신은 이제 예수님 말고는 아무도 필요 없습니다."

"아니라구요! 난 일꾼들이 필요하다구요!"

그 순간, 나는 하나님의 임재가 벳시 위에 강하게 내리는 걸 느꼈다. 나는 벳시 또한 하나님의 강한 임재를 느끼고 있다는 사실을 알았다. 왜냐하면 그녀의 온 몸이 고통과 두려움가운데 몸부림치고 있었고 하나님의 임재로부터 뒤로 물러서려고 했기 때문이다. "벳시, 이제 말 안 해도 아시겠죠? 지금 당신의 일꾼들이 하나님의 임재를 두려워하고 있어요. 그러나 벳시는 두려워할게 없어요. 왜냐하면 벳시는 하나님의 자녀니까요. 하나님은 벳시를 사랑하십니다. 지금 일꾼들을 쫓아 보내면, 괜찮아질 겁니다."

"안 돼! 난 그렇게 할 수 없어요."

나는 하나님의 영광이 이전보다 더 강하게 임하는 것을 감지했고, 또다시 벳시는 두려움에 새파랗게 질리게 되었다.

"일꾼들을 내보내세요. 벳시, 예수님은 당신을 사랑하십니다. 괜찮아요."

"전 못해요."

"아니요. 할 수 있어요."

벳시와 나의 줄다리기는 계속되었다. 마침내 하나님의 은혜가 그녀를 만졌고, 그분의 압도하는 사랑이 그녀를 덮었다. 그리고 벳시는 말했다.

"좋아요. 일꾼들을 내보내겠어요."

그녀의 결심에, 나는 모든 귀신과 마귀에게 떠나라고 명령했고, 벳시가 범한 강신술의 죄에 대해 예수님의 용서를 선포했다. 벳시는 평안해졌다. 그리고 또다시 하나님의 영광이 벳시 위에 임했다. 하지만 이번엔 평안했다! 더 이상 두려워할 이유가 없었기 때문이다. 사역을 마치고 벳시의 방을 나설 때, 나는 그녀의 얼굴에 고요함과 잔잔한 평화가 깃든 것을 보았다. 이후 벳시의 가족을 통해 그녀가 평안함 가운데 눈을 감았다는 소식을 전해 들었다.

강신술을 행하는 교회나 뉴에이지 운동 그룹에 관여한 사람들은, 그들의 인생이 순탄하게 흘러가기 때문에 더 깊은 미혹 속으로 빠지게 될 것이다. 그들은 자신이 무언가 선한 일을 한다고 생각한다. 아마도 하나님을 기쁘시게 하는 일을 수행한다고 생각할 것이다. 그러나 실제는 어떠한가? 그들이 속임수에 순응한 것이다. 그들은 더 이상 사탄의 속임에 저항하지 않는다. 그리고 사탄은 더 이상 속임수로 그들을 괴롭히지 않을 것이다. 생각해보라, 그들은 이미 사탄의 통제 아래 있지 않은가?

만일 사탄의 미혹 가운데 있는 사람이 하나님께 가까이 나아가 하나님의 교훈과 책망을 받으려 한다면(히 12:8) 사탄은 그에게 "당신은 예수 그리스도의 참된 종입니다. 그렇기 때문에 당신이 하나님께 돌아가면 그분은 당신의 죄에 대해 당신을 벌하시고 '멸절' 할 것입니다."라고 엄포를 놓을 것이다. 만일 사탄의 미혹을 받아 그 사람이 하나님으로부터 아주 멀리 떠나, 더 이상 하나님의 다루심도 받지 못하고 훈계도 못 받는 상황이 되면, 그에겐 사탄의 괴롭힘도 없을 것이다.

이교에서 해방됨 Deliverance from Cults

사탄의 미혹은 항상 육체의 기쁨이 된다. 미혹은 항상 사람들을 기분 좋게 만든다. 적어도 처음엔 말이다. 교만과 권세 그리고 다른 사람보다 더 많은 지식을 갖고 있다는 생각이 사람들을 기쁘게 한다. 심지어 미혹 가운데 사람들은 전보다 더 건강해졌다고 생각하기도 한다. 그러므로 그들은 자신이 믿기 시작한 속임수가 삶에 도움이 된다고 생각한다. 미혹 가운데 있는 사람의 가르침, 즉 거짓말들을 듣기 위해 종종 많은 사람들이 몰려든다. 왜냐하면 미혹은 육체에 호소하기 때문이다. "너희는 세상에 속한 고로 세상에 속한 말을 하매 세상이 저희 말을 듣느니라."(요일 4:5)

이러한 이유로 미혹하는 자들과 이단종교는 항상 흥행하였다. 그리고 다수의 사람들이 관여한다는 사실에, 이교에 빠진 사람들은 자신이 올바른 길을 걷는다고 생각한다. 사탄은 그들이 다음과 같은 주님의 가르침을 기억해 내지 못하도록 노력하고 또 확인한다. "좁은 문으로 들어가라. 멸망으로 인도하는 문은 크고 그 길이 넓어 그리로 들어가는 자가 많고 생명으로 인도하는 문은 좁고 길이 협착하여 찾는 이가 적음이니라."(마 7:13-14) 만일 어떤 사람이 사탄의 속임에 말려들어 미혹되는 가운데 이단에 빠지려 한다면 사탄은 바로 위의 성경말씀을 인용하여 그 사람에게 확신을 준다. "그래, 그거야. 네가 바로 좁은 길을 택하기 위해 넓은 길을 포기한 소수의 사람 중 한 명이다."

미혹으로부터 해독하는 방법은? 주님 앞에서 겸손히 행하고, 모든 것을 하나님의 말씀에 비춰보며(요일 4:1-3) 주님 안에서 윗사람, 그리고 형제들의 충고를 귀담아 듣는 것이다.

하지만 위에 예로 든 세 가지 방법 - 겸손히 행하기, 말씀에 비춰보기, 충고를 듣기 - 은 우연의 일치는 아니지만, 이단 교주들이 사람들을 통제하기 위해 사용하는 방법이기도 하다. 그러므로 이러한 방법뿐 아니라 아래에 예시된 여러 조언들도 병행되어야 할 것이다. 지속되는 성령의 열매를 구하라. 주님이 아닌 모든 껍질은 벗겨지도록 주님께 기도하라. 진리를 알기 원한다면 주님의 몸된 여러 교회, 교파의 이야기를 듣고 확인해보라. 왜냐하면 이단은 항상 독단적이기 때문이다. 그리고, 이상하게 들리겠지만, 즐겁게 놀아라. 게임을 하고, 코미디를 보고 친구와 가족들과 함께 신나게 웃어라. 이단은 과도할 정도로 심각한 삶의 방식을 호소한다. 즐거움, 웃음은 종종 마귀의 견고한 진을 무너뜨리는 경향이 있다.(시 2:4)

축사와 내적치유 Deliverance and Inner Healing

만일 어떤 사람이 미혹과 이단의 속임으로부터 빠져나와 자유를 얻으려 한다면, 우리는 그 사람에게 축사와 내적치유를 병행해야 한다. 이단에 관여했던 사람의 경우, 대부분은 성격 가운데 상처 받고 부서진 영역이 있어 그 영역을 통해 그들의 의지가 쉽게 무너져 내리는 경향이 있기 때문이다. 나는 삶이 거의 파탄에 이를 정도로 악화된 상태에서 이단으로부터 빠져나온 크리스천들을 많이 알고 있다. 그들은 그 경험을 통해 확실히 뭔가를 깨달았다고 생각한다. 그들은 "다시는 이단에 빠지지 않을 거야!"라고 다짐하지만 결단력은 얼마 가지 못한다. 곧 자신이 빠져나왔던 이단만큼이나 위험한 그룹에 발을 들여놓기 시작한다. 왜 그럴까? 그것은 그들의 의지를 나약하게 만든, 성격의 결함이 아직 치유되지 못했기 때문이다.

내가 아는 한 젊은이는 사람들을 엄하게 통제하는 이단에서 빠져나온 후, 안도의 숨을 내쉬며 "정말 힘들었습니다. 하지만 적어도 나는 한 가지 교훈은 깨닫지 않았습니까? 다시는 이러한 이단에 빠지지 않을 거에요."라고 다짐했다.

그 젊은이는 어려서부터 엄한 아버지 밑에서 자랐다. 아버지는 이 젊은이에게 항상 비판을 가했고 젊은이는 아버지의 비판을 참고 견디는데 이골이 났다. 이 젊은 청년의 경우, 자신의 아버지로 인해 속상했던 마음은 단 한 번도 치유 받은 적이 없었다. 특히 자신에게 항상 불만을 토하는 아버지를 어떻게 해서든 만족시켜 드려야 한다는 그의 강박관념이 다뤄진 적이 없었던 것이다. 결국, 이단에서 빠져 온 지 불과 몇 달 되지 않아 이 청년은 강한 아버지의 형상을 한 영에 이끌려 또다시 율법을 강요하며 사람들을 엄하게 통제하는 이단에 발을 들이게 되었다.

그렇기 때문에 크리스천들은 축사와 함께 내적치유를 시행하는 방법을 배워야 한다. 이단 종교에 중독되는 경향을 제거해 내기 위해선 종종 꾸준한 축사 기도가 필요하다. 그리고 많은 사역팀이 시시각각으로 벌떼같이 몰려들어, 그가 믿어왔던 거짓말이 온전히 제거되고 미혹의 말이 발붙일 기반을 잃게 되기까지 진리와 사실들을 그에게 쏟아부어야 할 것이다. 마귀가 떠나면서 거짓의 껍질은 한 꺼풀, 한 꺼풀 차례로 벗겨질 것이다. 이렇게 하기 위해선 직접적인 축사 명령이 필요하다. 물론 때로는 진리가 거짓의 자리를 비집고 들어서자마자 자연스럽게 축사가 일어나는 경우도 있지만 말이다.

그리고 상처 입은 영혼이 회복되기 위해선 충분한 위로가 필요하다. 사랑과 용납의 손길은 멍들고 상처 입은 감정을 치유해낼 것이다.

위로를 통해 회복이 일어나고 감정이 안정을 찾게 되면, 이제 내적치유를 시행해야 한다. 어려서부터 비판과 정죄를 받으며 자랐던 사람들은, 마치 어린아이들이 어린애 취급당하는 것을 싫어하듯, 자신이 받는 정죄와 판단을 싫어할 것이다. 하지만 정죄와 판단은 그들이 경험한 유일한 삶이자 사랑이다. 그들은 자기도 모르게 판단과 정죄를 사랑표현으로 여기게 되었을 것이다.

축사 사역을 시작한 처음 몇 주 동안은 많은 사람들이 이들을 찾아 기도해주고 관심을 가져주지만, 곧 개인적인 바쁜 일로 인해 이들을 찾는 발걸음은 뜸해진다. 그러면 이들은 사랑의 손길을 다시 갈급해 하기 시작한다. 이들은 '애정과 관심, 무조건적인 용납'이 진정한 사랑이라는 사실을 아직 마음속에 인식하지 못한 상태다.

만일 내적치유를 했지만 그의 마음속에 각인된, 사랑에 대한 거짓 정의가 아직 십자가에서 죽음을 맞이하지 못했다면, 그들은 여전히 이단의 속임에 무릎 꿇을 가능성이 있다고 하겠다. 충분한 상담이 이뤄지지 못해, 그들 스스로 결단하는 능력이 회복되지 못하고, 스스로 설 수도 없는 상태라면, 이들은 다시 퇴행하여 자신을 통제하고 정죄하며 판단하는 강력한 리더를 찾게 될 것이다. 왜냐하면, 이들의 마음에 정의 된 사랑은, 아직까지는 '정죄와 판단'이기 때문이다. 이러한 일을 나는 수없이 보아왔다.

남에게 의존하는 성격을 치유하기 위해선 그들 스스로 자유를 성취할 수 있을 때까지, 충분한 사랑과 관심을 표해야 하며, 그리고 꾸준히 상담해야 한다. 통제하는 영을 쫓아내고 정신적인 해독을 한다고 해서 끝날 일이 아니라는 것이다.

결국, 이단에 사로잡혔거나, 미혹되는 영에 갇혔던 사람들을 자유케 하고 치유하기 위해선 그들을 넘어지게 하고 약하게 만든 뿌리를 제거해야 한다는 결론에 도달한다. 그리고 우리는 그들이 사랑과 치유로 섬길 줄 아는 크리스천 공동체에 뿌리내리도록 도와야 할 것이다. 그 공동체 안에서 친밀함 가운데 교제하고 사랑을 나눌 때 그들은 힘을 얻어 "자신의 침상을 들고 일어나 걷게 될 것이다."

우리를 사랑하는 하늘의 아버지는 모든 것을 합하여 결국엔 선을 이루시기 때문에, 이단에 빠졌던 사람들이 축사되고 치유되면, 그들은 자신이 경험했던 아픔과 그로 인해 발견한 값진 지혜를 많은 교회와 공동체에 알려 줄 것이다. 그들은 특별한 지혜를 갖고 있다.(히 2:18) 그들은 이제 이단의 속임과 사탄의 미혹을 바로바로 분별해낼 것이다. 또한 이단과 미혹에 갇힌 사람들을 향해 긍휼의 마음을 베풀 것이다. 자신을 약하게 만든 원인과 대면했기 때문에 그들은 다른 사람에게서도 자신이 갖고 있는 동일한 뿌리를 발견할 것이다. 겉으로는 이단에 다시 빠지지 않겠다고 다짐했으나, 이단으로 회귀하고픈 내면의 욕망과 싸워 봤기 때문에, 그들은 이단으로 다시 발을 들여놓는 연약한 크리스천들에게 분노하거나 정죄를 퍼붓지 않을 것이다. 그리고 이들이 얻게 된 모든 것 중, 가장 좋은 것은 바로 겸손일 것이다.

우리의 죄에도 불구하고, 우리가 얻은 모든 것은 오직 하나님의 은혜로만 가능했다.

이단에 빠졌던 아픈 과거에 스스로를 정죄하며 마치 많은 세월을 허송하며 보냈다고 생각하는 사람들에게 개인적으로 당부한다. "용기를 내어라. 자신을 정죄했던 마음이 있었다면, 이제 그 마음을 하나님이 허락한 구원에 대해 감사할 수 있는 겸손의 마음으로 바꾸라. 그리고 하나님의 은혜를 통해 당신이 얻게 된 지혜를 소중히 여기라. 당신은 그 아픔의 세월 동안 시간 낭비한 것이 아니다. 그 아픔을 통해 훈련되어진 것이다. 하나님을 찬양하라. 그리고 잘 훈련된 당신의 자원을 다른 사람을 자유케 하는 일에 사용하라."

부록 1.
축사 사역에 대해
성경은
이렇게 말하고 있다

예수께서 온 갈릴리에 두루 다니사 저희 회당에서 가르치시며 천국 복음을 전파하시며 백성 중에 모든 병과 모든 약한 것을 고치시니 그의 소문이 온 수리아에 퍼진지라 사람들이 모든 앓는 자 곧 각색 병과 고통에 걸린 자, 귀신 들린 자, 간질하는 자, 중풍병자들을 데려오니 저희를 고치시더라
마 4:23-24

저물매 사람들이 귀신 들린 자를 많이 데리고 예수께 오거늘 예수께서 말씀으로 귀신들을 쫓아내시고 병든 자를 다 고치시니 이는 선지자 이사야로 하신 말씀에 우리 연약한 것을 친히 담당하시고 병을 짊어지셨도다 함을 이루려 하심이더라
마 8:16-17

예수님이 가다라 지역에서 두 명의 남자로부터 마귀를 쫓아내셨다.
마 8:28-34

저희가 나갈 때에 귀신 들려 벙어리 된 자를 예수께 데려오니 귀신이 쫓겨나고 벙어리가 말하거늘 무리가 기이히 여겨 가로되 이스라엘 가운데서 이런 일을 본 때가 없다 하되 바리새인들은 가로되 저가 귀신의 왕을 빙자하여 귀신을 쫓아낸다 하더라
마 9:32-34

예수께서 그 열 두 제자를 부르사 더러운 귀신을 쫓아내며 모든 병과 모든 약한 것을 고치는 권능을 주시니라
마 10:1

병든 자를 고치며 죽은 자를 살리며 문둥이를 깨끗하게 하며 귀신을 쫓아내되 너희가 거저 받았으니 거저 주어라
마 10:8

그때에 귀신들려 눈멀고 벙어리 된 자를 데리고 왔거늘 예수께서 고쳐 주시매 그 벙어리가 말하며 보게 된지라
마 12:22

더러운 귀신이 사람에게서 나갔을 때에 물 없는 곳으로 다니며 쉬기를 구하되 얻지 못하고 이에 가로되 내가 나온 내 집으로 돌아가리라 하고 와 보니 그 집이 비고 소제되고 수리되었거늘 이에 가서 저보다 더 악한 귀신 일곱을 데리고 들어가서 거하니 그 사람의 나중 형편이 전보다 더욱 심하게 되느니라 이 악한 세대가 또한 이렇게 되리라
마 12:43-45

예수님은 가나안 족속 여인의 딸에게 축사사역을 하셨다.
마 15:21-28

저희가 무리에게 이르매 한 사람이 예수께 와서 꿇어 엎드리어 가로되 주여 내 아들을 불쌍히 여기소서 저가 간질로 심히 고생하여 자주 불에도 넘어지며 물에도 넘어지는지라 내가 주의 제자들에게 데리고 왔으나 능히 고치지 못하더이다 예수께서 대답하여 가라사대 믿음이 없고 패역한 세대여 내가 얼마나 너희와 함께 있으며 얼마나 너희를 참으리요 그를 이리로 데려오라 하시다 이에 예수께서 꾸짖으시니 귀신이 나가고 아이가 그때부터 나으니라 이때에 제자들이 종용히 예수께 나아와 가로되 우리는 어찌하여 쫓아내지 못하였나이까 가라사대 너희 믿음이 적은 연고니라 진실로 너희에게 이르노니 너희가 만일 믿음이 한 겨자씨 만큼만 있으면 이 산을 명하여 여기서 저기로 옮기라 하여도 옮길 것이요 또 너희가 못할 것이 없으리라
마 17:14-21

예수님은 한 남자에게서 불결한 영을 쫓아내셨다.
막 1:21-28

저물어 해 질 때에 모든 병자와 귀신들린 자를 예수께 데려오니					막 1:32

예수님은 거라사 사람에게서 마귀의 군대를 쫓아내셨다.					막 5:1-20

예수님은 시리아 여인의 딸에게 축사 사역을 하셨다.					막 7:24-30

믿는 자들에게는 이런 표적이 따르리니 곧 저희가 내 이름으로 귀신을 쫓아내며 새 방언을 말하며					막 16:17

회당에 더러운 귀신 들린 사람이 있어 크게 소리질러 가로되 아 나사렛 예수여 우리가 당신과 무슨 상관이 있나이까 우리를 멸하러 왔나이까 나는 당신이 누구인줄 아노니 하나님의 거룩한 자니이다 예수께서 꾸룩어 가라사대 잠잠하고 그 사람에게서 나오라 하시니 귀신이 그 사람을 무리 중에 넘어뜨리고 나오되 그 사람은 상하지 아니한지라 다 놀라 서로 말하여 가로되 이 어떠한 말씀인고 권세와 능력으로 더러운 귀신을 명하매 나가는도다 하더라					눅 4:33-36

예수께서 저희와 함께 내려오사 평지에 서시니 그 제자의 허다한 무리와 또 예수의 말씀도 듣고 병 고침을 얻으려고 유대 사방과 예루살렘과 및 두로와 시돈의 해안으로부터 온 많은 백성도 있더라 더러운 귀신에게 고난 받는 자들도 고침을 얻은지라					눅 6:17-18

이 후에 예수께서 각 성과 촌에 두루 다니시며 하나님의 나라를 반포하시며 그 복음을 전하실쌔 열두 제자가 함께하였고 또한 악귀를 쫓아내심과 병 고침을 받은 어떤 여자들 곧 일곱 귀신이 나간 자 막달라인이라 하는 마리아와					눅 8:1-2

예수님께서는 거라사 지방의 남자에게서 마귀의 군대를 쫓아내셨다.					눅 8:24-39

예수께서 열두 제자를 불러 모으사 모든 귀신을 제어하며 병을 고치는 능력과 권세를 주시고   눅 9:1

예수님께서는 소년에게서 간질 마귀를 쫓아내셨다.   눅 9:37-43

칠십인이 기뻐 돌아와 가로되 주여 주의 이름으로 귀신들도 우리에게 항복하더이다 예수께서 이르시되 사단이 하늘로서 번개같이 떨어지는 것을 내가 보았노라 내가 너희에게 뱀과 전갈을 밟으며 원수의 모든 능력을 제어할 권세를 주었으니 너희를 해할 자가 결단코 없으리라 그러나 귀신들이 너희에게 항복하는 것으로 기뻐하지 말고 너희 이름이 하늘에 기록된 것으로 기뻐하라 하시니라   눅 10:17-20

예수님께서는 벙어리 귀신을 쫓아내셨다. 어떤 사람들은 예수님에게 바알세불이 지폈다고 했으나 예수님은 그렇다면 사탄은 스스로 분열될 것이라고 대답하셨다.
                                                                눅 11:14-22

더러운 귀신이 사람에게서 나갔을 때에 물 없는 곳으로 다니며 쉬기를 구하되 얻지 못하고 이에 가로되 내가 나온 내 집으로 돌아가리라 하고 와 보니 그 집이 소제되고 수리되었거늘 이에 가서 저보다 더 악한 귀신 일곱을 데리고 들어가서 거하니 그 사람의 나중 형편이 전보다 더 심하게 되느니라   눅 11:24-26

안식일에 한 회당에서 가르치실 때에 십팔 년 동안을 귀신들려 앓으며 꼬부라져 조금도 펴지 못하는 한 여자가 있더라 예수께서 보시고 불러 이르시되 여자여 네가 네 병에서 놓였다 하시고 안수하시매 여자가 곧 펴고 하나님께 영광을 돌리는지라
                                                                눅 13:10-13

가라사대 가서 저 여우에게 이르되 오늘과 내일 내가 귀신을 쫓아내며 병을 낫게 하

다가 제 삼일에는 완전하여지리라 하라   눅 13:32

사탄이 아나니아와 삽비라의 마음에 들어왔고, 이 부부는 죽음을 당했다.   행 5:1-11

예루살렘 근읍 허다한 사람들도 모여 병든 사람과 더러운 귀신에게 괴로움 받는 사람을 데리고 와서 다 나음을 얻으니라   행 5:16

무리가 빌립의 말도 듣고 행하는 표적도 보고 일심으로 그의 말하는 것을 좇더라 많은 사람에게 붙었던 더러운 귀신들이 크게 소리를 지르며 나가고 또 많은 중풍병자와 앉은뱅이가 나으니   행 8:6-7

우리가 기도하는 곳에 가다가 점하는 귀신 들린 여종 하나를 만나니 점으로 그 주인들을 크게 이하게 하는 자라 바울과 우리를 좇아와서 소리질러 가로되 이 사람들은 지극히 높은 하나님의 종으로 구원의 길을 너희에게 전하는 자라 하며 이같이 여러 날을 하는지라 바울이 심히 괴로와하여 돌이켜 그 귀신에게 이르되 예수 그리스도의 이름으로 내가 네게 명하노니 그에게서 나오라 하니 귀신이 즉시 나오니라
                                                                행 16:16-18

하나님이 바울의 손으로 희한한 능을 행하게 하시니 심지어 사람들이 바울의 몸에서 손수건이나 앞치마를 가져다가 병든 사람에게 얹으면 그 병이 떠나고 악귀도 나가더라 이에 돌아다니며 마술하는 어떤 유대인들이 시험적으로 악귀 들린 자들에게 대하여 주 예수의 이름을 불러 말하되 내가 바울의 전파하는 예수를 빙자하여 너희를 명하노라 하더라 유대의 한 제사장 스게와의 일곱 아들도 이 일을 행하더니 악귀가 대답하여 가로되 예수도 내가 알고 바울도 내가 알거니와 너희는 누구냐 하며 악귀 들린 사람이 그 두 사람에게 뛰어올라 억제하여 이기니 저희가 상하여 벗은 몸으로 그 집에서 도망하는지라
                                                                행 19:11-16

부록 2. 속사람의 변화에 대해 성경은 이렇게 말한다

1. "속사람의 변화"와 관련된 성경말씀

시편 51:6
마태복음 3:10
에베소서 4:22-24, 31-32
디모데후서 2:20-21
야고보서 5:13-16
요한1서 3:1-3

이사야 51:1-3
로마서 12:1-2
골로새서 3:5-10
히브리서 12:15
베드로전서 2:1

요한계시록 1장, 3장. 여러 교회들에 보내는 편지로, 각각의 편지에는 "이기는 자에게는"이라는 조건이 제시되어 있다. 여기서 이겨야 하는 것은 무엇인가? 육체가 아니면 무엇이겠는가?

2. 변화에 대한 예수님의 말씀

마태복음 5:8, 15:16-20, 23:25-26
누가복음 4:18-19(이사야 61:1-2를 인용한 것임), 6:41-49, 11:39-41

3. 용서와 치유를 가능케 하는 '권세'에 대한 성경 말씀

시편 103:1-14
마태복음 16:19, 18:18-20
야고보서 5:13-16

이사야 53:1-6, 55:6-13
요한복음 20:22-23

4. 어린 시절, 우리 영혼의 죄에 대한 성경 말씀

시편 32:1-6 (2절 "마음에 간사가 없고"), 51:5, 51:10-12, 58:3

이사야 48:8 에스겔 11:19, 36:26

고린도후서 7:1 에베소서 4:17-18

5. 상담 중, 진단을 위한 성경말씀

신명기 5:16 이사야 11:1-5

마태복음 7:1-2, 15-20 누가복음 12:2

갈라디아서 6:7 히브리서 4:12-13

6. 영적인 감금과 우울증에 대한 성경 말씀

시편 28:1, 30:1-3, 40:1-3, 88편 전체

이사야 42:7, 21-22

7. 잠자는 영에 대한 성경 말씀

이사야 52:1-2, 56:10 로마서 13:11-14

에베소서 5:13-14 데살로니가전서 5:4-6

요한계시록 16:15

8. 동성애에 대한 성경 말씀

레위기 18:22, 20:13 로마서 1:21-27

고린도전서 6:9 디모데전서 1:10

9. 더 깊은 사역을 위한 성경말씀

기초를 재정비하기 위해: 누가복음 6:46-49

2.0의 시력(완벽한 시력)을 위해: 잠언 20:20, 27

매일 죽기 위해: 고린도전서 15:31

그리스도와 십자가에 못 박히기 위해: 누가복음 14:27, 갈라디아서 2:20, 5:24

온전함을 위해: 에베소서 3:19

성장을 위해: 고린도전서 13:11, 고린도후서 3:18, 4:16, 에베소서 4:15, 빌립보서 1:6, 2:12, 3:10-13

부록 3.
상처 입은
영의 치유에 대해
성경은 이렇게 말한다

1. 사람의 영에 관한 말씀

사람의 속에는 심령이 있고 전능자의 기운이 사람에게 총명을 주시나니 욥 32:8

사람의 영혼은 여호와의 등불이라 사람의 깊은 속을 살피느니라 잠 20:27

그러므로 우리가 낙심하지 아니하노니 겉사람은 후패하나 우리의 속은 날로 새롭도다
고후 4:16

값으로 산 것이 되었으니 그런즉 (하나님의 소유인) 너희 몸으로, (그리고 너희 영으로) 하나님께 영광을 돌리라 고전 6:20, 괄호 안은 KJV역

흙은 여전히 땅으로 돌아가고 신은 그 주신 하나님께로 돌아가기 전에 기억하라
전 12:7

2. 사람이 영 가운데 시행할 수 있거나 경험할 수 있는 것

예수님은 영 가운데 '어려움을' 느끼셨다.

예수께서 … 심령에 민망하여 증거하여 가라사대 요 13:21

바울은 영으로 '비탄'을 느꼈다.

바울이 … 온 성에 우상이 가득한 것을 보고 마음에 분하여   행 17:16

너희는 다시 무서워하는 종의 영을 받지 아니하였고 양자의 영을 받았으므로 아바 아버지라 부르짖느니라 성령이 친히 우리 영으로 더불어 우리가 하나님의 자녀인 것을 증거하시나니   롬 8:15-16

내가 만일 방언으로 기도하면 나의 영이 기도하거니와 나의 마음은 열매를 맺히지 못하리라   고전 14:14

내가 영으로 찬미하고   고전 14:15

…영으로 축복한다   고전 14:16

너희가 하나님이 우리 속에 거하게 하신 성령이 시기하기까지 사모한다 하신 말씀을 헛된 줄로 생각하느뇨?   약 4:5

…하나님께 충성치 아니한 세대…그 심령은 하나님께 충성치 아니한…   시 78:8

밤에 내 영혼이 주를 사모 하였사온즉: 아침에 내 영혼이 주를 갈급하나이다   사 26:9

보라 네 문안하는 소리가 내 귀에 들릴 때에 아이[세례 요한]가 내 복중에서 기쁨으로 뛰놀았도다   눅 1:44

악인은 모태에서부터 멀어졌음이여 나면서부터 곁길로 나아가 거짓을 말하는도다   시 58:3

3. 치유에 대한 하나님의 관심

그는 실로 우리의 질고를 지고 우리의 슬픔을 당하였거늘…그가 찔림은 우리의 허물을 인함이요 그가 상함은 우리의 죄악을 인함이라 그가 징계를 받음으로 우리가 평화를 누리고 그가 채찍에 맞음으로 우리가 나음을 입었도다 사 53:4-5

내가 그 길을 보았은즉 그를 고쳐줄 것이라 그를 인도하며 그와 그의 슬퍼하는 자에게 위로를 다시 얻게 하리라 사 57:18

여호와여 주는 나의 찬송이시오니 나를 고치소서 그리하시면 내가 낫겠나이다 나를 구원하소서 그리하시면 내가 구원을 얻으리이다 렘 17:14

오라 우리가 여호와께로 돌아가자 여호와께서 우리를 찢으셨으나 도로 낫게 하실 것이요 우리를 치셨으나 싸매어 주실 것임이라 호 6:1

내가 저희의 패역을 고치고 호 14:4

나를 보내사 포로 된 자에게 자유를, 눈먼 자에게 다시 보게 함을 전파하며 눌린 자를 자유케 하고 눅 4:18

4. 관계회복에 대한 하나님의 관심

하나님께서 그리스도 안에 계시사 세상을 자기와 화목하게 하시며… 화목하게 하는 말씀을 우리에게 부탁하셨느니라 고후 5:19

너희는 하나님과 화목하라 고후 5:20

하나님께서는 사람들이 서로 화목케 하신다.

또 십자가로 이 둘을 한 몸으로 하나님과 화목하게 하려 하심이라…   엡 2:16

하나님께서는 만물과 화목하셨다.

그의 십자가의 피로 화평을 이루사 만물 곧 땅에 있는 것들이나 하늘에 있는 것들을 그로 말미암아 자기와 화목케 되기를 기뻐하심이라   골 1:20

5. 하나님께서는 사람에게 새 영을 주신다 (이 경우에는 성령이 아니다)

내가 그들에게 일치한 마음을 주고 그 속에 새 신을 주며 그 몸에서 굳은 마음을 제하고 부드러운 마음을 주어서   겔 11:19

너희는 범한 모든 죄악을 버리고 마음과 영을 새롭게 할찌어다 이스라엘 족속아 너희가 어찌하여 죽고자 하느냐   겔 18:31

하나님이여 내 속에 정한 마음을 창조하시고 내 안에 정직한 영을 새롭게 하소서 나를 주 앞에서 쫓아내지 마시며 주의 성신을 내게서 거두지 마소서 주의 구원의 즐거움을 내게 회복시키시고 자원하는 심령을 주사 나를 붙드소서   시 51:10-12

6. 아비 없는 자녀를 향한 하나님의 관심

주께서는 보셨나이다 잔해와 원한을 감찰하시고 주의 손으로 갚으려 하시오니 외로운 자가 주를 의지하나이다 주는 벌써부터 고아를 도우시는 자니이다   시 10:14

그 거룩한 처소에 계신 하나님은 고아의 아버지시며 과부의 재판장이시라 하나님은 고독한 자로 가속 중에 처하게 하시며 수금된 자를 이끌어 내사 형통케 하시느라 오직 거역하는 자의 거처는 메마른 땅이로다   시 68:5-6

여호와께서 객을 보호하시며 고아와 과부를 붙드시고 악인의 길은 굽게 하시는도다

시 146:9

고아가 주께로 말미암아 긍휼을 얻음이니이다

호 14:3

가난한 자와 고아를 위하여 판단하며 곤란한 자와 빈궁한 자에게 공의를 베풀찌며

시 82:3

7. 도움이 필요한 자들을 향한 하나님의 관심

나는 가난하고 궁핍하오나 주께서는 나를 생각하시오니 주는 나의 도움이시요 건지시는 자시라 나의 하나님이여 지체하지 마소서

시 40:17

저는 궁핍한 자의 부르짖을 때에 건지며 도움이 없는 가난한 자도 건지며

시 72:12

주 여호와여 주의 이름을 인하여 나를 선대하시며 주의 인자하심이 선함을 인하여 나를 건지소서 나는 가난하고 궁핍하여 중심이 상함이니이다

시 109:21-22

우리 모두는 입양되었다.

이뿐 아니라 또한 우리 곧 성령의 처음 익은 열매를 받은 우리까지도 속으로 탄식하여 양자 될것 곧 우리 몸의 구속을 기다리느니라

롬 8:23

부록 4.
과정을 위한 '능력': 마술이 아님!

찬송하리로다 우리 주 예수 그리스도의 아버지 하나님이 그 많으신 긍휼대로 예수 그리스도의 죽은 자 가운데서 부활하심으로 말미암아 우리를 거듭나게 하사 산 소망이 있게 하시며 썩지 않고 더럽지 않고 쇠하지 아니하는 기업을 잇게 하시나니 곧 너희를 위하여 하늘에 간직하신 것이라 너희가 말세에 나타내기로 예비하신 구원을 얻기 위하여 믿음으로 말미암아 하나님의 능력으로 보호하심을 입었나니 벧전 1:3-5

너희를 위하여 하늘에 쌓아둔 소망을 인함이니 곧 너희가 전에 복음 진리의 말씀을 들은 것이라 골 1:5

전에 악한 행실로 멀리 떠나 마음으로 원수가 되었던 너희를 이제는 그의 육체의 죽음으로 말미암아 화목케 하사 너희를 거룩하고 흠 없고 책망할 것이 없는 자로 그 앞에 세우고자 하셨으니 만일 너희가 믿음에 거하고 터 위에 굳게 서서 너희 들은바 복음의 소망에서 흔들리지 아니하면 그리하리라 이 복음은 천하 만민에게 전파된 바요 나 바울은 이 복음의 일군이 되었노라 골 1:21-23

우리가 간절히 원하는 것은 너희 각 사람이 동일한 부지런을 나타내어 끝까지 소망의 풍성함에 이르러 게으르지 아니하고 믿음과 오래 참음으로 말미암아 약속들을 기업으로 받는 자들을 본받는 자 되게 하려는 것이니라 히 6:11-12

이는 너희가 죽었고 너희 생명이 그리스도와 함께 하나님 안에 감취었음이니라 우리 생명이신 그리스도께서 나타나실 그때에 너희도 그와 함께 영광 중에 나타나리라 그러므로 땅에 있는 지체를 죽이라 곧 음란과 부정과 사욕과 악한 정욕과 탐심이니 탐심은 우상 숭배니라… 이제는 너희가 이 모든 것을 벗어버리라 곧 분과 악의와 훼방과 너희 입의 부끄러운 말이라 너희가 서로 거짓말을 말라 옛 사람과 그 행위를 벗어버리고 새 사람을 입었으니 이는 자기를 창조하신 자의 형상을 좇아 지식에까지 새롭게 하심을 받는 자니라…너희는 하나님의 택하신 거룩하고 사랑하신 자처럼 긍휼과 자비와 겸손과 온유와 오래 참음을 옷입고 누가 뉘게 혐의가 있거든 서로 용납하여 피차 용서하되 주께서 너희를 용서하신 것과 같이 너희도 그리하고 이 모든 것 위에 사랑을 더하라 이는 온전하게 매는 띠니라 그리스도의 평강이 너희 마음을 주장하게 하라 평강을 위하여 너희가 한 몸으로 부르심을 받았나니 또한 너희는 감사하는 자가 되라

골 3:3-15

너희는 누룩 없는 자인데 새 덩어리가 되기 위하여 묵은 누룩을 내어버리라 우리의 유월절 양 곧 그리스도께서 희생이 되셨느니라 고전 5:7

두렵고 떨림으로 너희 구원을 이루라 빌 2:12

내가 이미 얻었다 함도 아니요 온전히 이루었다 함도 아니라 오직 내가 그리스도 예수께 잡힌바 된 그것을 잡으려고 좇아가노라 빌 3:12

그러므로 모든 악독과 모든 궤휼과 외식과 시기와 모든 비방하는 말을 버리고 갓난 아이들 같이 순전하고 신령한 젖을 사모하라 이는 이로 말미암아 너희로 구원에 이르도록 자라게 하려 함이라 너희가 주의 인자하심을 맛보았으면 그리하라 벧전 2:1-3

그리스도의 말씀이 너희 속에 풍성히 거하여 모든 지혜로 피차 가르치며 권면하고 시

와 찬미와 신령한 노래를 부르며 마음에 감사함으로 하나님을 찬양하고　　　골 3:16

하나님의 말씀은 살았고 운동력이 있어 좌우에 날선 어떤 검보다도 예리하여 혼과 영과 및 관절과 골수를 찔러 쪼개기까지 하며 또 마음의 생각과 뜻을 감찰하나니
　　　　　　　　　　　　　　　　　　　　　　　　　　　　　　　　　히 4:12

나는 날마다 죽노라　　　　　　　　　　　　　　　　　　　고전 15:31

우리의 속은 날로 새롭도다　　　　　　　　　　　　　　　고후 4:16

모든 생각을 사로잡아 그리스도에게 복종케 하니　　　　　고후 10:5

우리가 다 수건을 벗은 얼굴로 거울을 보는 것 같이 주의 영광을 보매 저와 같은 형상으로 화하여 영광으로 영광에 이르니 곧 주의 영으로 말미암음이니라　고후 3:18

내가 자책할 아무 것도 깨닫지 못하나 그러나 이를 인하여 의롭다 함을 얻지 못하노라 다만 나를 판단하실 이는 주시니라 그러므로 때가 이르기 전 곧 주께서 오시기까지 아무것도 판단치 말라 그가 어두움에 감추인 것들을 드러내고 마음의 뜻을 나타내시리니 그때에 각 사람에게 하나님께로부터 칭찬이 있으리라　　고전 4:4-5

그러나 책망을 받는 모든 것이 빛으로 나타나나니 나타나지는 것마다 빛이니라 그러므로 이르시기를 잠자는 자여 깨어서 죽은 자들 가운데서 일어나라 그리스도께서 네게 비취시리라 하셨느니라　　　　　　　　　　　　　　　　엡 5:13-14

또한 너희가 이 시기를 알거니와 자다가 깰 때가 벌써 되었으니 이는 이제 우리의 구원이 처음 믿을 때보다 가까왔음이니라 밤이 깊고 낮이 가까왔으니 그러므로 우리가

어두움의 일을 벗고 빛의 갑옷을 입자 낮에와 같이 단정히 행하고 방탕과 술취하지 말며 음란과 호색하지 말며 쟁투와 시기하지 말고 오직 주 예수 그리스도로 옷입고 정욕을 위하여 육신의 일을 도모하지 말라 롬 13:11-14

시온이여 깰찌어다 깰찌어다 네 힘을 입을찌어다 거룩한 성 예루살렘이여 네 아름다운 옷을 입을찌어다 이제부터 할례 받지 않은 자와 부정한 자가 다시는 네게로 들어옴이 없을 것임이니라 너는 티끌을 떨어버릴찌어다 예루살렘이여 일어나 보좌에 앉을찌어다 사로잡힌 딸 시온이여 네 목의 줄을 스스로 풀찌어다 사 52:-2

그러므로 자기를 힘입어 하나님께 나아가는 자들을 온전히 구원하실 수 있으니 이는 그가 항상 살아서 저희를 위하여 간구하심이니라 히 7:25

너희 속에 착한 일을 시작하신 이가 그리스도 예수의 날까지 이루실 줄을 우리가 확신하노라 빌 1:6

예수께서 대답하여 가라사대 심은 것마다 내 천부께서 심으시지 않은 것은 뽑힐 것이니 마 15:13

마음에서 나오는 것은 악한 생각과 살인과 간음과 음란과 도적질과 거짓 증거와 훼방이니 이런 것들이 사람을 더럽게 하는 것이요 씻지 않은 손으로 먹는 것은 사람을 더럽게 하지 못하느니라 마 15:19-20

너희는 돌아보아 하나님 은혜에 이르지 못하는 자가 있는가 두려워하고 또 쓴 뿌리가 나서 괴롭게 하고 많은 사람이 이로 말미암아 더러움을 입을까 두려워하고 히 12:15

이미 도끼가 나무 뿌리에 놓였으니 좋은 열매 맺지 아니하는 나무마다 찍어 불에 던지우리라   마 3:10

못된 열매 맺는 좋은 나무가 없고 또 좋은 열매 맺는 못된 나무가 없느니라 나무는 각각 그 열매로 아나니 가시나무에서 무화과를, 또는 찔레에서 포도를 따지 못하느니라 선한 사람은 마음의 쌓은 선에서 선을 내고 악한 자는 그 쌓은 악에서 악을 내나니 이는 마음의 가득한 것을 입으로 말함이니라   눅 6:43-45

너희는 나를 불러 주여 주여 하면서도 어찌하여 나의 말하는 것을 행치 아니하느냐 내게 나아와 내 말을 듣고 행하는 자마다 누구와 같은 것을 너희에게 보이리라 집을 짓되 깊이 파고 주초를 반석 위에 놓은 사람과 같으니 큰 물이 나서 탁류가 그 집에 부딪히되 잘 지은 연고로 능히 요동케 못하였거니와 듣고 행치 아니하는 자는 주초 없이 흙 위에 집 지은 사람과 같으니 탁류가 부딪히매 집이 곧 무너져 파괴됨이 심하니라 하시니라   눅 6:46-49

너희 마음에 그리스도를 주로 삼아 거룩하게 하고   벧전 3:15

너희 조상 아브라함과 너희를 생산한 사라를 생각하여 보라…대저 나 여호와가 시온을 위로하되 그 모든 황폐한 곳을 위로하여 그 광야로 에덴 같고 그 사막으로 여호와의 동산 같게 하였나니…   사 51:2-3

이러하므로 내가 하늘과 땅에 있는 각 족속에게 이름을 주신 아버지 앞에 무릎을 꿇고 비노니 그 영광의 풍성을 따라 그의 성령으로 말미암아 너희 속 사람을 능력으로 강건하게 하옵시며 믿음으로 말미암아 그리스도께서 너희 마음에 계시게 하옵시고 너희가 사랑 가운데서 뿌리가 박히고 터가 굳어져서 능히 모든 성도와 함께 지식에 넘치는 그리스도의 사랑을 알아 그 넓이와 길이와 높이와 깊이가 어떠함을 깨달아 하나님의 모든 충만하신 것으로 너희에게 충만하게 하시기를 구하노라   엡 3:14-19

또 무리에게 이르시되 아무든지 나를 따라 오려거든 자기를 부인하고 날마다 제 십자가를 지고 나를 좇을 것이니라 누구든지 제 목숨을 구원코자 하면 잃을 것이요 누구든지 나를 위하여 제 목숨을 잃으면 구원하리라
눅 9:23-24

또 새 영을 너희 속에 두고 새 마음을 너희에게 주되 너희 육신에서 굳은 마음을 제하고 부드러운 마음을 줄 것이며 또 내 신을 너희 속에 두어 너희로 내 율례를 행하게 하리니 너희가 내 규례를 지켜 행할찌라
겔 36:26-27

눈은 몸의 등불이니 그러므로 네 눈이 성하면 온 몸이 밝을 것이요 눈이 나쁘면 온 몸이 어두울 것이니 그러므로 네게 있는 빛이 어두우면 그 어두움이 얼마나 하겠느뇨
마 6:22-23

만일 네 오른눈이 너로 실족케 하거든 빼어 내버리라 네 백체 중 하나가 없어지고 온 몸이 지옥에 던지우지 않는 것이 유익하며
마 5:29

외식하는 자여 먼저 네 눈속에서 들보를 빼어라 그 후에야 밝히 보고 형제의 눈속에서 티를 빼리라
마 7:5

자기의 아비나 어미를 저주하는 자는 그 등불이 유암 중에 꺼짐을 당하리라
잠 20:20

너는 너의 하나님 여호와의 명한대로 네 부모를 공경하라 그리하면…복을 누리리라
신 5:16

그 입은 우유 기름보다 미끄러워도 그 마음은 전쟁이요 그 말은 기름보다 유하여도 실상은 뽑힌 칼이로다
시 55:21

중심에 진실함을 주께서 원하시오니 내 속에 지혜를 알게 하시리이다   시 51:6

주께서 이르시되 너희 바리새인은 지금 잔과 대접의 겉은 깨끗이 하나 너희 속인즉 탐욕과 악독이 가득하도다 어리석은 자들아 밖을 만드신 이가 속도 만들지 아니하셨느냐 오직 그 안에 있는 것으로 구제하라 그리하면 모든 것이 너희에게 깨끗하리라
    눅 11:39-41

그들이 내 백성의 상처를 심상히 고쳐주며 말하기를 "평강하다, 평강하다." 하나 평강이 없도다   렘 6:14

주 여호와의 신이 내게 임하셨으니 이는 여호와께서 내게 기름을 부으사 가난한 자에게 아름다운 소식을 전하게 하려 하심이라 나를 보내사 마음이 상한 자를 고치며 포로된 자에게 자유를, 갇힌 자에게 놓임을 전파하며 여호와의 은혜의 해와 우리 하나님의 신원의 날을 전파하여 모든 슬픈 자를 위로하되 무릇 시온에서 슬퍼하는 자에게 화관을 주어 그 재를 대신하며 희락의 기름으로 그 슬픔을 대신하며 찬송의 옷으로 그 근심을 대신하시고 그들로 의의 나무 곧 여호와의 심으신바 그 영광을 나타낼 자라 일컬음을 얻게 하려 하심이니라   사 61:1-3

무릇 내게 있어 과실을 맺지 아니하는 가지는 아버지께서 이를 제해 버리시고 무릇 과실을 맺는 가지는 더 과실을 맺게 하려하여 이를 깨끗케 하시느니라   요 15:2

너희가 사람의 과실을 용서하면 너희 천부께서도 너희 과실을 용서하시려니와 너희가 사람의 과실을 용서하지 아니하면 너희 아버지께서도 너희 과실을 용서하지 아니하시리라   마 6:14-15

너희의 비판하는 그 비판으로 너희가 비판을 받을 것이요 너희의 헤아리는 그 헤아림으로 너희가 헤아림을 받을 것이니라
마 7:2

스스로 속이지 말라 하나님은 만홀히 여김을 받지 아니하시나니 사람이 무엇으로 심든지 그대로 거두리라
갈 6:7

만일 우리가 그의 죽으심을 본받아 연합한 자가 되었으면 또한 그의 부활을 본받아 연합한 자가 되리라 그의 죽으심은 죄에 대하여 단번에 죽으심이요 그의 살으심은 하나님께 대하여 살으심이니 이와 같이 너희도 너희 자신을 죄에 대하여는 죽은 자요 그리스도 예수 안에서 하나님을 대하여는 산 자로 여길찌어다 그러므로 너희는 죄로 너희 죽을 몸에 왕노릇하지 못하게 하여 몸의 사욕을 순종치 말고 또한 너희 지체를 불의의 병기로 죄에게 드리지 말고 오직 너희 자신을 죽은 자 가운데서 다시 산 자 같이 하나님께 드리며 너희 지체를 의의 병기로 하나님께 드리라
롬 6:5, 10-13

오직 우리의 시민권은 하늘에 있는지라 거기로서 구원하는 자 곧 주 예수 그리스도를 기다리노니 그가 만물을 자기에게 복종케 하실 수 있는 자의 역사로 우리의 낮은 몸을 자기 영광의 몸의 형체와 같이 변케 하시리라
빌 3:20-21

오직 사랑 안에서 참된 것을 하여 범사에 그에게까지 자랄찌라 그는 머리니 곧 그리스도라
엡 4:15

이러므로 너희 죄를 서로 고하며 병 낫기를 위하여 서로 기도하라 의인의 간구는 역사하는 힘이 많으니라
약 5:16

부록 5.
태아기의 상처와 죄에 대해 성경은 이렇게 말한다

1. 성경은 우리의 영이 죄를 지을 수 있음을 시사한다

마음에 간사가 없고 여호와께 정죄를 당치 않은 자는 복이 있도다.

시 32:2

하나님이여 내 속에 정한 마음을 창조하시고 내 안에 정직한 영을 새롭게 하소서

시 51:10

또 새 영을 너희 속에 두고 새 마음을 너희에게 주되 너희 육신에서 굳은 마음을 제하고 부드러운 마음을 줄 것이며 또 내 신을 너희 속에 두어 너희로 내 율례를 행하게 하리니 너희가 내 규례를 지켜 행할찌라

겔 36:26-27 (겔 11:19 과 엡 4:17-18도 참조하라)

그런즉 사랑하는 자들아 이 약속을 가진 우리가 하나님을 두려워하는 가운데서 거룩함을 온전히 이루어 육과 영의 온갖 더러운 것에서 자신을 깨끗케 하자

고후 7:1(잠 16:18, 25:28 약 4:5도 참조하라)

그 열조 곧 완고하고 패역하여 그 마음이 정직하지 못하며 그 심령은 하나님께 충성치 아니한 세대와 같지 않게 하려 하심이로다

시 78:8

2. 성경은 우리가 삶의 출발시점부터 죄를 짓는다고 이야기한다

악인은 모태에서부터 멀어졌음이여 나면서부터 곁길로 나아가 거짓을 말하는도다

시 58:3

네가 과연 듣지도 못하였고 알지도 못하였으며 네 귀가 옛적부터 열리지 못하였나니 이는 네가 궤휼하고 궤휼하여 모태에서부터 패역한 자라 칭함을 입은 줄을 내가 알았음이라

사 48:8

내가 죄악 중에 출생하였음이여 모친이 죄 중에 나를 잉태하였나이다 중심에 진실함을 주께서 원하시오니 내 속에 지혜를 알게 하시리이다

시 51:5-6

3. 우리의 영이 우리의 몸에 생명을 준다

영혼 없는 몸이 죽은 것 같이 행함이 없는 믿음은 죽은 것이니라

약 2:26

4. 우리가 죽으면, 우리의 영은 하나님께로 회귀한다

흙은 여전히 땅으로 돌아가고 신은 그 주신 하나님께로 돌아가기 전에 기억하라

전 12:7

5. 전능하신 하나님의 성령께서 선물로 '영'을 우리 안에 불어넣으셨다

하나님의 신이 나를 지으셨고 전능자의 기운(숨)이 나를 살리시느니

욥 33:4

6. 태아일지라도 '영'으로 지각하고 이해한다

사람의 속에는 심령이 있고 전능자의 기운이 사람에게 총명을 주시나니

욥 32:8

엘리사벳이 마리아의 문안함을 들으매 아이가 복중에서 뛰노는지라 엘리사벳이 성령의 충만함을 입어 보라 네 문안하는 소리가 내 귀에 들릴 때에 아이가 내 복중에서 기쁨으로 뛰놀았도다

눅 1:41, 44

7. 하나님께서는 우리를 찾으시고 우리 내면의 상처와 걱정, 근심을 다루신다

주께서 내 장부를 지으시며 나의 모태에서 나를 조직하셨나이다 내가 주께 감사하옴은 나를 지으심이 신묘막측하심이라 주의 행사가 기이함을 내 영혼이 잘 아나이다 내가 은밀한데서 지음을 받고 땅의 깊은 곳에서 기이하게 지음을 받은 때에 나의 형체가 주의 앞에 숨기우지 못하였나이다… 내 형질이 이루기 전에 주의 눈이 보셨으며 나를 위하여 정한 날이 하나도 되기 전에 주의 책에 다 기록이 되었나이다 하나님이여 나를 살피사 내 마음을 아시며 나를 시험하사 내 뜻을 아옵소서 내게 무슨 악한 행위가 있나 보시고 나를 영원한 길로 인도하소서

시 139:13-24

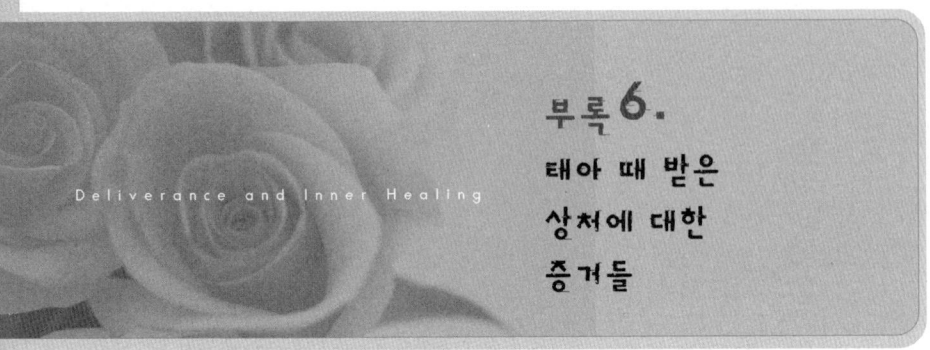

부록 6.
태아 때 받은
상처에 대한
증거들

1. 태속에서의 상태는 종종 출생 후의 성격, 태도에 영향을 주는 것으로 관찰된다

부모가 임신을 원치 않은 경우 – 아이는 강한 성취 기질을 갖게 되고, 자신의 존재를 정당화하기 위해 많은 일을 수행하며, 남의 마음에 들기 위해 지나친 노력을 기울인다. (혹은 그 반대로 자신이 거절당하기 전, 남을 먼저 거절해 버린다.) 긴장, 변명, 분노, 죽음에의 소원, 잦은 질병, 소속감의 결여, 무정함 혹은 지나치게 애정을 요구함

혼외 임신된 태아의 경우 – 깊은 수치감, 빈약한 소속감

부모가 재정적으로 어려운 시절에 임신된 태아의 경우 – "난 짐이야"

부모가 너무 어려 아직 준비되지 않았을 때 임신된 태아의 경우 – "난 사생활 침해꾼이야"

산모의 건강이 좋지 못한 경우 – 자신의 존재를 죄로 여기고, 어머니에 대해 감정적인 책임감을 느낄 수도 있다.

부모가 반대 성(性)을 가진 아이를 원한 경우 – 성적 정체성의 성립에 어려움을 느낌, 때때로 동성애의 원인이 되기도 함, 부모가 원하는 대로 살아가려고 노력함, 무능함,

패배주의 태도 "난 시작부터 잘못되었어"

형, 언니가 죽은 뒤에 임신된 아이의 경우 – 필요 이상으로 심각함, 과도한 성취욕, 생활력, 죽은 형제의 몫까지 열심히 일함, 죽은 형제의 "대체"라는 생각에 화를 내지만, "나"의 모습을 찾지 못함.

산모가 출산에 대해 필요 이상으로 두려워한 경우 – 두려움, 불안감, 성장 후 출산에 대한 두려움

가정 내에 싸움과 불화의 경우 – 긴장, 초조, 두려움, 신경과민, 자신의 의견에 반대되는 이견이 개진되려고 하면 곧바로 토론을 통제하고 조종함, 죄책감, 역기능 부모(부모에 대해 감정적으로 책임을 짐), "내가 싸움의 원인이야."

태에서 아버지의 사망, 혹은 이별을 경험한 경우 – 죄책감, 분노, 거절당할 거라는 쓴 뿌리 기대, 아버지를 찾으려는 무모한 시도, 죽고 싶은 마음, 우울증, "내 잘못이야"

사랑하는 사람을 잃은 산모의 태에서 자란 아이의 경우 – 깊은 슬픔, 우울증, 죽고 싶은 마음, 죽음에의 공포, 외로움, "아무도 나를 도와주지 않아. 나는 내 자신만 의지해야 해."

바람직하지 않은 성관계로 임신된 경우, 아버지가 어머니에게 폭력적인 성관계를 한 경우 혹은, 아버지가 한 침대에서 둘 이상의 여자와 성관계를 하던 중 임신된 아이의 경우 – 성관계를 혐오함, 남성의 성기에 대한 두려움, 일반적으로 건강하지 못한 태도

임신 중 체중이 늘까 봐 산모가 적절한 음식 섭취를 하지 않은 경우 – 식탐, 분노

산모가 골초인 경우 – 자주 극도의 불안감을 느낌

산모가 카페인을 과다 복용한 경우 – 아이의 근육이 약하고, 활동 능력 저하

산모의 음주 – 화학적인 영향 이외에도, 산모가 술을 먹게 된 동기 즉, 슬픔, 괴로움 등의 부정적인 감정을 아이가 그대로 흡수함

출산시 다리부터 나온 아이의 경우 – 삶의 문제를 배우는데 어려움

분만 시 산모가 엄청난 고통을 느낀 경우 – 표출할 길 없는 분노, 위장병, 우울증

비교적 평범한 출산 – 분만시 태아 혹은 산모의 고통이 임신 중 태아의 거절감을 확인시키는 역할을 할 경우 아이는 분노한다

유도 분만 – 어머니와 아이의 결속에 영향을 끼친다, 성적 변태나 마조히즘(피학대성애) 기질을 보인다

제왕절개(C-Section) – 거의 모든 신체적 접촉을 탐한다, '사적인 공간'의 의미를 이해하는데 어려움, 서투름(부주의)

탯줄을 목에 감고 출생한 아이의 경우 – 후두관련 질환, 음식이나 침등을 삼키는 것에 어려움, 언어장애, 반사회적 혹은 범죄적 습성

2. 치유의 말씀

시편 139편 전체

악인은 모태에서부터 멀어졌음이여 나면서부터 곁길로 나아가 거짓을 말하는도다
시 58:3

내 부모는 나를 버렸으나 여호와는 나를 영접하시리이다   시 27:10

그 거룩한 처소에 계신 하나님은 고아의 아버지시며 과부의 재판장이시라 하나님은 고독한 자로 가속 중에 처하게 하시며 수금된 자를 이끌어 내사 형통케 하시느니라 오직 거역하는 자의 거처는 메마른 땅이로다   시 68:5-6

시 10:14 후반부도 참고하라.

오직 주께서 나를 모태에서 나오게 하시고 내 모친의 젖을 먹을 때에 의지하게 하셨나이다 내가 날 때부터 주께 맡긴바 되었고 모태에서 나올 때부터 주는 내 하나님이 되셨사오니   시 22:9-10